# 한국의 언론통제

언론통제에 대한 마지막 기록이길 염원하며

## 한국의 언론통제

초판1쇄 발행일 • 2008년 12월 22일
제2판(개정판) 1쇄 발행일 • 2009년 2월 5일
           2쇄 발행일 • 2009년 3월 20일

지은이 • 김주언
펴낸이 • 이재호
펴낸곳 • 리북
등 록 • 1995년 12월 20일 제13-663호
주 소 • 서울시 마포구 솔내1길 19 서연빌딩 2층
전 화 • 02-322-6435
팩 스 • 02-322-6752

정 가 • 26,000원

ISBN 978-89-87315-91-1

# 한국의 언론통제

언론통제에 대한 마지막 기록이길 염원하며

김 주 언 지음

리북

* 이 책은 한국언론재단의 언론인 연구저술지원기금의 지원을 받아
  출판되었습니다.

# 이명박정부가
# 언론장악 기도를 포기하길 기대하며

 과거 한국 독재정권의 언론통제의 역사와 구조를 책으로 엮어내며 다시는 언론통제의 부끄러운 역사가 반복되지 않고 한국에서 영원히 사라져야 할 유물이라고 믿고 싶었다. 그래서 책의 부제도 '언론통제에 대한 마지막 기록이길 염원하며'라고 붙였다. 그러나 이러한 염원은 이명박정부가 언론 장악을 위해 무리수를 두기 시작하면서 무너지기 시작했다.

 이명박 대통령 취임 초 방송통신위원회 등 언론기관과 KBS 등 방송사에 자신의 측근을 심고, 이에 반대하는 언론인들을 파면하거나 해임하는 것을 보면서 과거 독재정권의 언론인 강제해직을 떠올리지 않을 수 없었다. 또한 2008년 전국을 달구었던 촛불시위에 대응하여 MBC-TV 'PD수첩' 제작진을 수사하고 보수언론 광고주 불매운동에 나섰던 누리꾼을 구속, 재판에 회부하는 상황을 지켜보면서 대한민국이 과거 독재정권시절로 돌아가는 듯한 느낌을 받았다.

 역사의 뒷걸음질은 극복되고 청산되어야 할 부끄러운 역사의 반복과 부활의 걸음마로 시작된다. 오늘 우리는 언론통제의 음습한 '과거의 기억'과 징후들을 또다시 현장에서 목도하고 있는 것이다.

 이명박정부의 이러한 역주행은 한나라당이 2008년 12월 정기국회에서 이른바 '7대 언론악법' 등 'MB악법'을 통과시키기 위해 '속도전'

을 내걸었을 때 최고조에 달했다. 국정원을 동원하여 언론을 사찰하고, 인터넷을 옥죄어 표현의 자유를 말살하고, 재벌방송을 만들어 자신에 유리한 여론만을 조성하겠다는 의도가 뻔히 들여다보였다. 과거 독재정권의 섬뜩한 언론통제를 떠올리지 않을 수 없었다.

이명박정부의 언론장악 기도는 물리력만 동원하지 않았을 뿐 과거 독재정권을 그대로 닮았다. '전두환 옷을 입고 박정희를 닮으려는 것' 같다고나 할까. 커뮤니케이션 전 과정에서 전방위적으로 몰아붙이는 언론통제는 한국사회가 파시즘 체제로 전환될 수 있다는 우려도 낳고 있다. 어떻게 이룬 민주주의인데, 이럴 수는 없다. 이명박정부가 언론통제의 끈을 놓기를 기대하는 간절한 마음으로, 이명박정부의 언론통제 내용을 추가하여 출간 2개월여 만에 개정판을 내놓는다.

2009년 1월
'언론광장' 사무실에서

# 진정한 '언론자유'를 꿈꾸며

언론계에 거의 30년 가까이 종사해 오면서 느낀 소감은 한 마디로 '진정한 자유언론은 없었다'는 점이다. 과거 군사독재정권은 물리력을 동원해 언론을 통제하면서 언론을 '정권 홍보도구'로 만들어 언론은 '권력의 나팔수'로 전락할 수밖에 없었다. 1987년 6.10시민항쟁으로 한국사회가 민주화되면서 언론도 오랜 권력 통제의 늪에서 빠져나올 수 있었지만, 언론은 곧바로 자본(언론자본 포함)이라는 거대한 괴물 앞에서 또 다시 굴종의 세월을 살아갈 수밖에 없게 됐다.

과거 군사독재정권은 언론을 장악하기 위해 언론사 통폐합, 언론인 강제 해직, 보도지침 하달 등 폭압적인 방법을 동원했지만, 새로 등장한 자본권력은 '보이지 않는 손(invisible hand)'을 동원해 알게 모르게 언론을 자본의 노예로 만들어가고 있다. 자본에 의해 장악된 언론은 자본이 저지르는 범죄를 감추고 자본이 세뇌시키는 대로 물건을 구입할 수밖에 없게 만든다. 특히 언론은 자본을 대변하는 정치권력의 뜻대로 움직이며 자본을 위한 검열기구로 작동한다.

영국의 국제정치학자 마크 커티스(Mark Curtis)는 정치권력이나 자본권력이 언론을 장악하려는 것은 '기만의 그물망(Web of Deceit)'을 짜고 유지하기 위해서라고 밝힌 바 있다(Mark Curtis, 〈Web of Deceit : Britain's role in the World〉, London : Vintage, 2003년). 독재권력은 보도지침 등을 통해 언론에 침묵을 강요하거나 메시지(message)를 왜곡해 여론을 조작했다. 자본 권력도 마찬가지로 자본의 의도대로 표현의 왜곡과 침묵을 구조화시키고 있다. 이에 따라 언론은 자본과 권력을 위한 프로파간다(propaganda) 수단이 될 수밖에 없는 것이다.

미국 밀워키(Milwaukee) 대학의 언론학 교수 로렌스 소울리(Lawrence Soley)는 '침묵당한 미디어(Muted Media)'는 자신의 문제에 대한 지식과 이해, 성찰과 비판을 시작조차 하기 어려운 상황이 되고 만다고 지적했다(Lawrence Soley, 〈Censorship INC.,: The Corporate Threat to Free Speech in the United States〉, New York: Monthly Review, 2002년). 자본의 이익에 충실한 이명박정부가 신문과 방송을 대자본의 지배 아래 두려고 하는 이유도 여기에 있을 것이다.

권력의 언론통제에 관심을 갖기 시작한 것은 대학시절로 거슬러 올라간다. 대학시절 학생운동에 참여하면서 1974년 '민청학련 사건'으로 짧은 기간 동안이나마 '젊은 수인(囚人)' 생활을 겪기도 했지만, 당시 박정희정권의 동아일보 광고탄압 사태가 빚어지면서 친구들과 함께 용돈을 모아 민주화를 염원하는 격려광고를 냈다. 박정희 독재정권의 언론통제에 맞서 외롭게 싸우는 언론인들과 동참하기로 약속했던 것이다.

강제로 군대에 끌려갔다가 복학한 다음 언론현장에서 쫓겨난 동아자유언론수호투쟁위원회 선배들이 경영하던 출판사에 아르바이트로 근무하다가 그들의 언론자유와 민주주의에 대한 열정을 볼 수 있었다. 이를 계기로 전공(화학)과는 전혀 다른 직업(한국일보 기자)을 택했다고 해도 과언은 아니다.

그러나 신문사에 입사한 새내기 기자에게는 감당할 수 없을 만큼의 전무후무한 전두환정권의 폭압적인 언론탄압이 벌어졌다. 당시 새내기 기자들은 서울시청에 마련된 보도검열단에 신문 대장을 들고 가 군인들 앞에서 검열을 받는 일을 도맡아 했다. 당시 어린 마음이었지만, 군복 입은 검열관이 마음대로 기사를 삭제토록 지시하는 것이 얼마나 가슴 아팠던지 지금도 당시의 기억이 새록새록 떠오른다. 이후 언론사가 통폐합되고 선배 기자들이 쫓겨나는 것을 지켜보면서 함께 통음(痛飮)했던 일도 떠오른다.

잠시 동안의 견습 생활을 끝내고 취재현장에 투입됐을 때는 기자라는 사명감으로 일해 보려고 노력했다. 그러나 세상일이 마음대로 이뤄지지 않는 것은 예나 지금이나 변한 게 없었다. 난생 처음으로 정부 지원으로 해외취재에 나서는 영광(?)을 얻기도 하고 취재원으로부터 남다른 대접을 받기도 했다. 그러나 한편으론 민주화를 위해 싸우는 친구들과 후배들의 모습을 보면서 용기 없음을 한탄하기도 했다. 더구나 '제도언론'이라는 손가락질은 견딜 수 없는 모멸감으로 받아들여지기도 했다.

몇 차례에 걸쳐 선후배들과 비밀리에 모여 '언론자유 선언'이란 걸 발표하기도 하고, 민주언론운동협의회(언협) 김태홍 선배 등과 어울리기도 하고, 언협 기관지인 〈말〉지에 신문에 보도되지 않은 얘기를 기고하면서 〈말〉지를 신문사에 배포하기도 했다. 그러던 중 신문사 편집국 데스크(desk) 책상에 놓여 있던 권력의 '보도지침'을 보면서 이를 국민에게 알려야 한다는 결심을 하게 됐다. 그 길만이 '제도언론 기자'라는 불명예에서 벗어날 수 있는 길이라고 믿었다.

결국 1986년 초 보도지침 철을 언협에 넘겨주었고 언협에서 〈말〉 특집호로 보도지침을 공개했을 때 한편으론 뿌듯하면서도 닥쳐올 고난을 예상할 수밖에 없었다. 당시에는 첫딸(소현이)이 막 걸음마를 배우기 시작할 무렵이었다. 곧바로 경찰에 연행되어 남영동 대공분실에 끌려가 견디기 힘든 고난을 겪어야 했다. 밤을 새우며 진행되던 경찰의 윽박지름을 견뎌 낸 뒤 유치장에서 피곤한 몸을 뉘인 채 잠들 때는 아내(지경혜)와 딸의 얼굴이 겹쳐 떠올랐다. 이후 서대문 서울구치소에서는 면회 온 아내의 모습을 볼 수 있었지만, 딸의 얼굴은 재판정에 들어설 때 먼발치에서나 볼 수 있었다. 딸의 돌잔치는 회사 동료들이 치러주었다는 소식을 들을 수 있었다.

'보도지침 사건'은 기자로서의 마음가짐을 새롭게 다져주는 계기가 되었다. 1987년 6.10시민항쟁으로 민주화가 진척되면서 신문사에서 다시 기자로서 근무할 수 있게 됐다. 시민의 힘으로 원래의 직장에서 기자로서 일할 수 있는 계기가 주어진 것이다. 그때부터 박정희정권과 전두환정권의 언론통제 실상을 정리해야겠다는 다짐을 했다. 당시 관훈클럽 신영기금에서 운영하는 저술지원에 응모하여 언론통제사를 쓰기로 계약했다. 그러나 한국일보사에서 언론사 최초로 노동조합을 결성하고, 편집권 독립 투쟁 및 언론사 노동조합 연대투쟁에 나서고, 한국기자협회장으로 일하면서 그러한 다짐과 약속은 미뤄질 수밖에 없었다.

민주화 과정에서 언론이 권력화되고 있다는 징후가 나타나기 시작했고, 뜻있는 언론계 인사들은 이제 '언론개혁 운동'에 나설 때라는 데 의견을 모았다. 몇 개월간의 작업 끝에 1998년 8월 27일 언론개혁시민연대가 창립되어 초대 사무총장을 맡았다. 상임 공동대표는 김중배 선생이었다. 언론개혁시민연대 살림살이를 맡으면서 과거의 언론통제 실상을 정리하겠다는 다짐은 우선순위에서 밀렸다. 과거의 잘못된 언론사를 정리하는 것 보다는 언론개혁 방향을 정하고 이를 추진하는 것이 더 절박한 과제였기 때문이다.

우여곡절 끝에 언론개혁시민연대 활동을 접고 2002년 한국언론재단에 연구이사로 들어갔다. 언론재단에 근무하면서 성균관대 신문방송대학원에 입학하여 커뮤니케이션 이론 공부에 들어갔다. 과정을 마친 뒤 석사학위 논문(논문 지도교수 방정배)으로 언론통제 관련 내용을 쓰기로 하고 예비심사까지 마쳤다. 관련 논문과 자료도 수집했다. 그 중에는 군국주의 일본과 나치 독일의 언론통제와 관련된 문헌도 포함됐다. 그러나 게으름 때문이기도 하지만, 임기를 마치고 언론재단을 떠나면서 중단할 수밖에 없었다. 더구나 잠시 쉬었다가 신문발전위원회 사무국장을 맡으면서 다시 지체되고 말았다. 그러나 언론개혁시민연대 창립 당시 전시회에 내걸었던 '이승복 사건'과 관련된 조선일보의 명예훼손 피소사건이 유죄로 확정됨에 따라 타의로 신문발전위원회를 그만둘 수밖에 없었다.

2005년 당시 노무현 대통령은 주요 국가기관의 과거사정리 위원회를 발족했고, 국가정보원과 국방부 등에서 언론통제 등 과거사 진상규명작업이 벌어졌다. 국정원과 국방부의 과거사정리 위원회는 2007년, 과거 정부 문서와 당사자 등을 조사해 각각 〈과거와 대화 미래의 성찰〉 5권, 〈국방부 과거사진상규명위원회 종합보고서〉 3권을 발간했다. 그동안 일반에 알려지지 않았던 중앙정보부, 국가안전기획부, 보안사 등의 언론통제 관련 문건이 공개된 것이다. 개인적으로도 국회회의록과 청와대와 문공부의 언론통제 관련 문건을 수집할 수 있었다.

국정원과 국방부의 과거사 보고서는 그동안 의혹사건이나 인권침해 등에 대한 종합보고서였다. 그 중에는 언론통제와 관련된 부분도 포함됐다. 보고서에는 박정희정권과 전두환정권의 언론통제에 대한 비밀문건이 다수 공개됐다. 1988년 한국일보가 1980년 언론사 통폐합과 언론인 강제해직 과정의 비밀문건을 보도하고, 1993년에는 1980년 당시 보도검열단과 합동수사본부에서 근무했던 김기철씨가 〈합수부 사람들과 오리발 각서〉(중앙일보사)라는 책을 통해 언론탄압 문건을 공개했다. 또한 1997년 80년 해직언론인협의회와 한국기자협회가 공편(共編)으로 펴낸 〈80년 언론인 해직 백서-80년 5월의 민주언론〉(나남출판)에는 1980년 당시의 언론인 해직과 관련된 문건이 수록되어 있다. 그러나 이는 일부에 불과할 뿐이었다. 국정원과 국방부의 보고서에도 과거 주요한 언론탄압 사건의 문서는 누락되었지만, 처음 공개된 문건도 많았다.

새로운 비밀문건의 공개는 박정희정권과 전두환정권의 언론통제를 정리해야 한다는 의지를 불태웠다. 언론 현장과 언론계 공직, 그리고 시민단체를 떠나 책을 쓸 수 있는 시간적·정신적 여유가 생긴 것도 뒷받침됐다. 특히 현재까지의 언론탄압에 대한 문헌이

거의 대부분 피해자 중심의 기록이나 증언에 의존했다. 이제 가해자의 기록이 공개됐으므로 가해자와 피해자의 기록을 적절히 보완하면 독재정권의 언론탄압 실상에 좀 더 가까이 다가갈 수 있다는 믿음도 생겼다.

현재까지 발행된 언론사 관련 책들은 대부분 통사(通史) 형태로 박정희정권과 전두환정권의 언론탄압 실상에 대해서는 간단한 역사적 사실을 나열하는 형태로 기술되어 있다. 또한 관련 논문들도 특정 사건과 관련된 사안이 대부분이었다. 특히 1988년 민주언론운동협의회가 펴낸 〈보도지침〉(두레)과 동아자유언론수호투쟁위원회의 〈자유언론-1975~2005 동아투위 30년 발자취〉(해담솔)와 조선자유언론수호투쟁위원회의 〈자유언론, 내릴 수 없는 깃발〉(두레), 한국일보 '74노조출판위원회'의 〈유신치하 한국일보 기자노조 투쟁사 - 1974년 겨울〉 등은 특정 사건이나 단체의 활동을 담은 기록이었다. 이에 따라 박정희정권과 전두환정권의 언론탄압 실상을 종합적으로 담아 보려고 노력했다.

언론탄압 실상에 대한 기술 방식도 기존 역사관련 서적이 주로 사용해왔던 방식을 탈피해 박정희정권과 전두환정권의 언론탄압이 어떻게 전방위적으로 이뤄졌는지에 대해 연구해 보기로 했다. 언론탄압의 실상도 간략하게 정리하기 보다는 의미 있는 진전사항을 담는 것이 좋겠다고 생각했다. 다만 정권의 언론통제에 대항해 싸웠던 언론인들의 피나는 투쟁 보다는 정치권력이 왜, 그리고 어떻게 언론을 통제했는지에 초점을 맞췄다. 또한 나름대로 나치 독일이나 군국주의 일본, 한국의 군사독재정권 등 파시즘(fascism) 체제의 언론통제 유형이 얼마나 유사한 지를 밝혀 보려고 시도했다. 따라서 '언론통제의 이론과 실제' 또는 '언론통제 방법론'을 기술한 것이 아니냐는 비판이 있을 수도 있지만, 다시는 독재정권이 발을 붙이지 못하게 하는 국민적 공감대를 조성하기 위해 일조할 수 있을 것이라는 생각도 들었다.

제1부 언론통제의 이론적 고찰에서는 기존연구를 통해 한국의 군사독재정권과 나치 독일, 군국주의 일본 등 파시즘체제의 언론통제 유형과 언론통제의 이론적 배경을 살펴보았다. 언론통제에 무슨 이론적 배경이 있겠느냐는 반론도 있을 수 있으나 과거 국가의 권위를 존중하여 파시즘 체제의 형성에 기여한 철학적 배경에는 '권위주의적 이론'이 있다. 국가는 개인의 사익을 뛰어넘는 최고의 권위를 가지고 있으므로 모든 국민은 이에 복종해야 하고 언론도 예외는 아니라는 것이다. 물론 이 이론은 독재권력의 정당화에 이바지했다. 특히 알튀세(Althusser)의 지적대로 '이데올로기적 국가기구'인 언론은 국가의 통치기구로 작동할 수밖에 없다.

제2부 언론통제의 구조에서는 나치 독일과 군국주의 일본, 한국의 군사독재정권의 언론통제의 유사성을 역사적 사례를 통해 비교해보고, 이들 체제의 언론통제가 커뮤니케이션 모델의 전 과정에서 전방위적으로 어떻게 행해졌는지 알아보고자 했다. 독일의 커뮤니케이션(communication) 학자인 G. 말레츠케(Maletzke)는 C(communicator, 커뮤니케이터)-M(message, 메시지)-M(media, 미디어)-R(receiver, 수용자) 모델을 제시했다. 매스미디어의 경우 언론인 등을 커뮤니케이터라고 하면, 언론인이 메시지(기사 등 보도내용)를 미디어(신문 방송 등 언론매체)를 통해 수용자(독자 또는 시청자)에게 전달하는 방식으로 정보가 흐른다는 것이다. 독재정권들은 커뮤니케이션의 각 단계에서 어떤 수법을 활용하여 언론을 통제하고 여론을 조작했는가를 밝히는 것이다.

제1장 커뮤니케이터 통제는 박정희정권과 전두환정권이 커뮤니케이터, 즉 언론인을 어떻게 통제했는가에 대한 사례 분석이다. 군사독재정권은 쿠데타 직후 비판적인 언론인들을 강제로 해직하고 정권을 잡은 이후에도 자신에 저항하는 언론인들은 경영진에게 압력을 가해 취재일선에서 쫓아냈다.

또한 언론인들을 반공법 등 위반혐의를 적용해 재판에 회부하거나 정보기관에 연행해 고문 등 물리적 폭력을 자행했다. 이를 통해 다른 언론인들도 비판적인 기사를 쓰지 못하도록 위압적인 분위기를 조성한 것이다. 이와 함께 자신에 우호적인 언론인은 정·관계로 끌어들이고 언론인들에게 경제적 특혜를 부여했다. 또한 정부가 언론인의 자격기준을 심사하는 프레스카드(presscard)제를 도입해 언론인의 자격을 제한했다.

제2장 미디어통제는 박정희정권과 전두환정권이 방송사나 신문사 등 미디어를 어떤 방식으로 장악하여 순치(馴致)시켰느냐에 대한 분석이다. 군사독재정권은 한결같이 쿠데타 직후 자신에 비판적인 언론사를 강제로 폐간시키거나 강탈, 또는 제3자에게 강제로 매각시켰다. 특히 박정희정권은 당시 혁신계 신문이었던 〈민족일보〉를 폐간하고 조용수 사장을 사형했다.

또한 박정권은 중앙정보부를 동원하여 당시 정권에 비판적인 논조를 보이던 〈동아일보〉의 광고주들에게 광고를 싣지 못하도록 압력을 가하는 우회적인 수법으로 탄압해 경영진의 항복 선언을 받아냈다. 독재정권은 언론사에 대한 '당근'도 마다하지 않았다. 경쟁언론사의 진출을 원천적으로 봉쇄하여 기존 언론사의 독과점체제를 만들어 주었고, 신문사에 대한 저리 특별융자와 관세 감면 혜택을 베풀었다.

제3장 메시지 통제는 독자나 시청자에게 전달되는 기사내용을 어떻게 조작했는가에 대한 고찰이다. 독재정권은 우선 군사기밀보호법 등을 통해 자신에게 불리한 정보가 소통되지 못하도록 막았으며 박정희정권은 긴급조치 1호와 9호를 통해 유언비어조차 통제했다. 전두환정권은 언론을 철저하게 규제하는 언론기본법을 제정해 정권의 보도지침을 지키지 않을 경우 문공부 장관이 신문사의 등록을 취소할 수 있는 권한을 주었다. 독재정권은 정권이 출범하기 직전 비상계엄 하에서 시행하던 언론에 대한 사전검열을 정권 출범 이후에도 그대로 활용했다.

독재정권은 보도지침을 통해 신문이나 방송의 편집과정에 시시콜콜하게 간섭하면서 자신에 불리한 기사는 전면 통제하고 유리한 기사는 확대 보도토록 강요하면서 국민 여론을 조작했다. 특히 김대중 납치사건이나 금강산댐 사건 등 사회적인 여론이 비등하던 사건에 대해서는 철저하게 여론을 조작하여 '극일(克日) 여론'을 불러일으키거나 '반공 이데올로기' 확산에 주력했다. 또한 민주화와 인권을 요구하는 외국 언론의 비판적인 여론이 국내에 들어오지 못하도록 외국 간행물의 특정기사를 삭제하거나 배포를 금지시켰으며 일본 신문사의 국내 지국을 폐쇄하기도 했다. 주한 외국 특파원들에 대해서는 미행하고 도청하며 상시 감시했다.

제3부 '언론탄압의 완결판' 보도지침은 박정희정권과 전두환정권이 자행했던 보도지침에 대한 분석과 보도지침 내용을 통한 독재정권의 성격을 분석한 것이다. 우선 1986년 있었던 '보도지침 사건'의 발생부터 대법원 판결까지 진전과정을 살펴본 이후 보도지침의 하달 경로와 언론사에서의 처리 방식을 추적했다. 보도지침은 박정권 때는 중앙정보부, 전정권 때는 문화공보부 홍보조정실에서 관장했으나 청와대 등 거의 전 부처에서 관여했으며 언론사의 보도지침 이행률은 70%선이었다.

특히 보도지침을 지키지 않을 경우 정보기관에 연행해 고문을 자행하기도 했다. 보도지침은 보도 여부는 물론, 기사의 크기, 제목, 사진 사용여부 등 시시콜콜하게 지시했다. 보도지침 내용은 야당 등 민주화세력은 비판적으로 대통령이나 정부에 대해서는 우호적으로 보도하도록 강요했으며 북한 등 공산권 국가 관련사항은 엄격한 통제 대상이었다. 특히 미국 등 우방국의 민주화 요구 여론에 대해서는 보도를 엄격하게 금지했다. 보도지침을 통해 본 독재정권의 성격은 반민족적, 반민주적, 반민중적 그 자체였다.

제4부 군사정권 이후의 정부와 언론은 1987년 6.10시민항쟁 이후 민주화가 진전되면서 변화한 정부와 언론과의 관계를 일별한 것이

다. 노태우정권 이후의 언론과 정부의 관계에 대해서는 아직 구체적으로 논의된 적이 드물다. 다만 독재정권이라는 강력한 권력이 사라지면서 권력의 공백기를 틈타 언론이 대통령선거 때마다 '대통령 만들기'에 나설 만큼 새로운 권력으로 등장했다. 언론권력은 특히 '공익' 보다는 '사익' 추구에 바빴다는 비판을 받았다. 이 시기의 정부와 언론의 관계에 대해서는 아직 구체적으로 정리되지 않았다. 정부와 언론의 관계에 대해 정치권력의 언론통제가 시행되거나 작동했는지, 또는 언론권력의 정부에 대한 막무가내식 비판이 성행했는지에 대해서는 좀 더 많은 연구가 필요하다. 따라서 그동안 틈틈이 정리해 두었던 대표적이고 상징적인 사례를 통해 정부와 언론과의 관계를 더듬어 보았다.

이 책을 쓰면서 많은 사람들의 저술에 도움 받은 바 크다. 언론계의 큰 스승인 송건호 선생을 비롯한 동아투위와 조선투위 선배들, 그리고 언론탄압에 맞서 말없이 투쟁해 온 언론계 선후배, 한국언론의 상황을 예리하게 분석해 나아갈 길을 모색해 온 언론학자들의 땀에 배인 흔적들이 녹아 있다. 또한 전두환정권의 언론탄압과 이에 대한 언론계의 저항을 기록한 김성우 선배와 이채주 선배의 저술에 힘입은 바 크다. 특히 뒷자리에서 남 몰래 후원해 주신 김중배 선생과 정경희 선생 등 언론계의 원로들과 재야 사학자 이이화 선생께 감사드린다.

그러나 무엇보다도 생활비도 제대로 건네주지 못하는 가장을 믿고 뒷전에서 응원해 주던 아내 지경혜와 두 딸 소현이와 지현이를 잊을 수 없다. 감히 이 책을 아내와 두 딸에게 바친다.

2008년 12월
'언론광장' 사무실에서

# ■ 목 차

18

제1부

# 언론통제의 이론적 고찰

흔히 언론은 사회의 거울이라고 한다. 언론의 긍정적인 기능을 강조하는 사람들은 언론은 사회의 목탁이라고도 말한다. 더 나아가 언론을 '제4부'로 부르는 학자들도 있다. 미국의 언론학자 윌버 슈람(Wilbur Schramm)은 '제4의 권력(The Fourth Power)'이라고 지칭하기도 했다. 언론이 사회 여론을 반영하는 환경감시기능을 수행한다고 보았기 때문이다.

그러나 과거의 언론 보도내용을 분석해 보면 언론이 제 기능을 제대로 수행했다고 보기는 어렵다. 특히 파시즘 체제 하에서의 언론은 정치권력의 정권 유지 또는 정권 홍보를 위한 도구로 활용됐다. 이를 위해 권력은 언론 보도를 사전 검열하거나 보도지침으로 언론 보도를 철저하게 통제했다. 또한 언론사를 권력의 소유, 또는 지배 하에 두었으며, 비판적인 언론인을 투옥하거나 언론현장에서 쫓아냈다. 언론을 장악함으로써 여론을 권력의 마음대로 좌지우지했다.

동서고금을 통해 권력을 쥔 통치자들은 언론장악을 최우선의 목표로 하여 정책을 펼쳤다. 나치 독일의 히틀러(Hitler)나 군국주의 일본의 도조 히데키(東條英機) 내각 등 흔히 파시즘 체제의 전형이라고 불리는 독재정권들은 언론을 통한 여론조작으로 침략전쟁에 나서기도 했다. 한국에서도 박정희정권과 전두환정권 등 쿠데타로 정권을 침탈한 군부 독재정권들은 이들의 전철을 그대로 밟았다.

역대 파시즘 체제의 독재정권들은 단순히 언론을 통제하는 데 그치지만은 않았다. 자신에 우호적인 언론사와 언론인에 대해서는 많은 혜택을 베풀었다. 언론사에 대해서는 다른 언론사가 출현하지 못하도록 '진입장벽'을 펼쳐 독과점 혜택을 누리도록 했다. 심지어는 세금감면 혜택과 저리 융자를 통해 언론사를 순치시켰다. 또한 우호적인 언론인들을 정·관계로 끌어 들여 언론통제에 활용했다. 이에 대해 언론은 소극적으로 저항할 수밖에 없었다.

한국 사회에서 군사독재정권 시절의 언론에 대해 일반적으로 '제도 언론'으로 부른다. 독재권력으로부터 주어진 틀(제도) 안에서 소극적인 언론활동을 행할 뿐 권력을 감시하고 비판하는 언론 본래의 기능을 상실한 언론이라는 뜻이다. 그러나 '제도언론'이란 말은 학술적인 용어라고 보기는 어렵다. 당시 민주화운동 세력이 붙여준 별칭일 뿐이다.

언론학자들은 이러한 현상에 대해 '국가흡수적 언론통제', 또는 '국가 개입에 의한 관제언론'이라고 부른다. 독재권력의 강권과 회유에 의해 언론은 국가기구에 통합되어 있는 일종의 공보기구로서의 역할을 주로 담당했다고 볼 수밖에 없다. 따라서 언론의 보도성향은 획일적으로 정권 옹호적이었으며 경직된 반공주의와 안보제일주의를 재생산하는 이념적 기구의 수준에 머물러 있었다. 또한 군사독재정권은 강성국가였지만, 정권의 '정당성'이란 측면에선 '약성국가'였다. 따라서 군사독재정권은 약한 성격을 보완하기 위해 언론에 개입해 언론을 관제기구로 활용했다.

언론학자들은 언론의 역사적 발달과정을 살펴 권위주의 이론, 사회주의 이론, 공산주의 이론, 사회책임 이론 등 '매스컴 4이론'을 내세웠다. 파시즘 체제의 언론은 이 중 '권위주의 이론'을 통해 살펴볼 수 있다. 권위주의 이론은 국가를 개인보다는 우선하는 상위개념으로 파악한다. 국가란 집단적 최고 표현으로서 개인을 종속시키며 개인이 발전하는 데 국가를 통해서만 가능하다고 한다. 언론 역시 정치권력에 의해 결정되고 수행되는 정부 정책을 지지하고 발전하는 데 일차적인 임무가 있다는 것이다. 따라서 언론은 정부정책을 발전시키는 데 필요하므로 언론은 국가에 통제됨이 정당화되는 것이다.

언론은 알튀세(Althusser)가 말하는 이데올로기적 국가기구라고 할 수 있다. 미디어는 지배이데올로기를 위해 봉사하고 미디어 담론은 지배계급의 지속적인 지배와 지배적 관계의 재생산을 수행하도록 강요한다. 언론보도 내용 자체가 이데올로기적 담론인 셈이다. 한국의 군사독재체제에서 언론은 반공이데올로기를 수행하는 국가기구였으며 독재정권의 반민족적, 반민주적, 반민중적인 이데올로기를 전달하는 첨병이기도 했다.

# 제1장  파시즘체제의 언론통제

박정희정권과 전두환정권 등 군사정권의 언론정책은 폭압적인 언론통제의 집합체라고 해도 과언은 아닐 것이다. 박정희정권은 언론기관 통폐합과 긴급조치, 보도지침, 방송구조 개편 등 언론을 정부의 예속기관으로 두려는 통제정책을 시행했다. 이어 등장한 전두환정권은 박정권처럼 언론기관 통폐합과 보도지침 시달 등을 강행하는 한편으로 언론인 강제해직과 언론기본법 제정 등을 통해 물리력에 의한 언론장악을 목표로 다양하고도 충격적인 언론통제 조치를 단행함으로써 언론을 정권에 예속시켰다.

군사정권 하의 언론은 '제도언론'이라는 '이데올로기적 국가기구'로 전락, 정권유지를 위한 도구로 기능했다. 군사정권은 불안정한 권력기반을 확고하게 다지기 위해서는 완전한 언론장악을 통한 여론조작이 정권유지에 절대적으로 필요하다고 인식했으므로 언론통제를 위해 모든 권력수단을 총동원하였다.[1]

군사정권은 강압과 회유의 수단으로 이용할 수 있는 자원을 충분히 활용하여 언론을 순치할 수 있는 제도적 터전을 마련했으며 이러한 상황에서 언론은 국가기구에 통합되어 있는 일종의 공보기구로서의 역할을 주로 담당했다고 볼 수 있다. 따라서 언론의 보도성향은 획일적으로 정권 옹호적이었으며 언론을 통해 형성된 공적 영역의 정치적 다양성이 극도로 제한되어서 경직된 반공주의와 안보제일주의를 재생산하는 이념적 기구의 수준에 머물러 있었다.

---

1) 윤영철, '사회변동과 언론통제', 〈한국사회변동과 언론〉, 유재천 외, 1995년, 소화, p.193.

군사정권의 언론통제는 기본적으로 국가성격에 기인한 것이라고 볼 수 있다. N. 풀란차스(Poulantzas)[2]가 말하는 이른바 '예외적' 국가 형태의 하나인 군부독재에 속하는 군사정권은 정권획득의 방법과 절차에 있어서 국민적 동의를 확보하지 못하고 강압적인 물리력을 통해 지배권을 행사했던 '강성국가'였기 때문이다. 그러나 물리적 강제력을 바탕으로 다양한 사회세력을 통제했다는 점에서 군사정권은 강성국가였지만, 동시에 정권의 '정당성'이란 측면에선 '약성국가'였기 때문에 언론을 취약한 정당성을 제고하는 수단으로 동원하려 한 것은 너무나 당연한 일이었다. 결국 군사정권에서 "국가의 강한 성격은 언론에 대한 국가의 전면적인 개입을 가능하게 하였고, 국가의 약한 성격은 언론에 대한 국가 개입의 계속적인 동인(動因)이 되었다."[3]

## 1. 한국의 군사정권

한국에서 군사독재체제에서 국가(정치권력)-자본-시민사회 간의 관계는 압도적으로 국가우위적인 형태였다. 따라서 언론의 성격을 규정짓는 세 조건 중에서 가장 강력하게 작용했던 것은 국가의 개입이다. 권위주의 체제는 억압과 강제를 통하여 시민사회의 형성을 억제하고 있었기 때문에, 언론에 대한 시민사회의 압력은 미미한 수준에 머무르고 있었다. 반면에 군대라는 물리력을 권력기반으로 삼고 있던 군사정권은 자본과 지배연합을 이루고 언론을 일개 통치수단으로 전락시키고 말았다. 1960년대 이후 한국언론의 성격변화과정을 검토한 김해식은 한국언론에 영향력을 행사한 변수로 국가, 자본(언론자본 포함), 제국주의를 들면서 전두환정권까지는 특히

---

2) Nicos Poulantzas, 〈*Fascism and Dictatorship*〉, London, New Left Books.
3) 김해식, '1960년대 이후 한국언론의 성격변화과정에 대한 사회학적 연구', 서울대 박사학위 논문, 1993년, p.74.

국가의 개입이 가장 중요한 변수였다고 보고 있다.[4]

한국의 경우 군사독재체제에서는 국가 개입에 의한 언론통제가 일상화되어 있었다. 그렇다고 해서 대한민국 국가 수립이후 국가 개입에 의한 언론통제가 전혀 없었던 것은 아니다. 자유당정부는 1955년 동아일보 정간, 대구매일신문 습격사건과 1958년 함석헌씨 필화사건, 1959년 경향신문 폐간 등 물리력을 동원한 언론통제를 시행했다. 4.19혁명으로 이승만 대통령이 하야하고 등장한 제2공화국은 자유방임적인 언론정책을 시행했으나 5.16 군사쿠데타 후 집권세력들은 보다 강압적인 언론통제정책을 시행했다. 보도 사전검열은 물론, 민국일보 이혜복 사회부장의 유언비어 날조혐의 구속, 민족일보 폐간, 언론기관 통폐합, 사이비기자 검거, 동아일보와 민국일보 필화사건[5] 등의 강압적인 언론통제정책을 시행했다.

이러한 언론통제는 유신정권에 들어서는 더욱 고도화되었다. 박정희정권은 1972년 10월 17일 유신체제를 위한 비상계엄령을 선포하면서 언론 출판에 대한 사전검열을 실시한다고 발표했으며, 12월 13일에는 비상계엄령을 해제하면서 언론자유를 대폭 제한할 수 있는 '군사기밀보호법'을 제정했고 '출판사 및 인쇄소 등록에 관한 법률'을 개정해 법적인 통제장치를 마련했다. 특히 1970년부터 1975년까지 '개헌 등에 관한 보도 금지' 등을 규정한 긴급조치 1호를 포함해 모두 17건의 언론규제 법률이 제정되거나 개정됐다. 이와 함께 유신정권은 대한일보 폐간, 지방신문의 통폐합을 강행했으며, 보도내용을 통제하기 위해 방송프로그램 사전심의제 도입, 보도지침 시달, 취재 보도를 제한하기 위해 프레스카드제 도입, 대변인제 도입 등을 강행했다. 유신정권은 이러한 언론통제에 반발해 소장기자들을 중심으로 일어난 언론자유수호운동을 탄압하기 위해 광고탄압이라는

---

4) 양승목, '한국의 민주화와 언론의 성격변화: 자율언론의 딜레마', 〈한국사회변동과 언론〉, 소화, 1995년, pp.103~104.

5) 남영진, '우리나라 언론통제정책의 유형분석', 고려대 석사학위논문, 1991년, p.17.

초유의 폭거를 저지르기도 했다.

1980년 광주민주화운동을 무력으로 진압하고 등장한 신군부세력은 과거 정권이 동원한 거의 모든 유형의 통제방식을 총동원하여 언론을 장악했다. 언론사 통폐합과 언론인 강제해직은 물론, 언론기본법 제정, 보도지침 시달, 프레스카드제 도입, 언론인과 언론사에 대한 각종 혜택 부여, 언론인 강제 연행 등 동원 가능한 모든 수법을 활용했다.

이러한 언론통제는 나치하의 독일이나 군국주의하의 일본의 통제방식과 매우 유사하다. 나치는 언론인 강제해직, 언론사의 통폐합, 보도지침의 시달, 유언비어와 불온유인물의 단속 등 언론을 국가이데올로기의 선전도구로 그리고 동조기구, 옹호기구로 이용하기 위한 수법들을 활용했다. 일본 군국주의도 1931년 만주사변에 돌입하면서 통신사를 하나로 통폐합했고 '1현 1지'의 원칙으로 신문사를 정비했으며 신문기자의 등록을 의무화했고 '세론(世論)지도'라는 명목으로 보도지침을 남발하기도 했다.[6]

## 2. 나치 독일과 군국주의 일본

한국 군사정권의 언론통제는 나치 치하의 독일과 군국주의 치하의 일본의 언론통제 정책을 그대로 본받아 이뤄졌다. 이들 정권은 언론을 파시즘 체제를 유지하기 위한 이데올로기적 국가기구로 편입시켰다.

군사정권의 언론통제정책이 나치 치하의 독일이나 군국주의 치하의 일본과 유사하다는 점은 앞서 밝힌 바와 같다. 파시즘(우익독재)이라는 성격을 지니고 있는 이들 정권은 언론을 '정권의 홍보도

---

6) 김주언, '언론학살과 5공 핵심 언론인 집중탐구-이진희 · 이원홍 · 허문도', 〈저널리즘〉 1988년 겨울호, 한국기자협회, p.54.

구'로 만들었다. 특히 1987년 6월 시민항쟁이후 밝혀진 전두환정권의 언론통제 정책 수행과정에서 전두환정권의 언론통제 정책 입안자들은 일본 군국주의 사례를 참조했다는 의혹이 제기되기도 했다.

더구나 일본 군국주의의 언론통제 방식은 독일 나치의 통제방식을 그대로 따른 것으로 지적됐다. 당시 아사히(朝日)신문 정치부 기자였던 사이구사 시게오(三枝重雄)[7]은 1941년 도조 히데키(東條英機) 내각이 출범한 이후에는 "일본의 통제는 나치 독일의 통제를 그대로 따랐다"고 지적했다. 신문의 보도, 평론의 자유는 완전히 빼앗기고, 전황(戰況)의 발전에 대한 낙관적인 보도, 국민에 대한 기만, 국민과 군대 사이에 야만적인 적개심의 고양 등 모두 정보국의 강력한 통제 하에 들어갔다는 것이다. 특히 군부는 당시까지의 종군기자 제도를 폐지하고 독일을 방식을 따라 신문 통신사 외에 문사, 화가, 방송국원, 사진반 등 약 300명을 징용하여 남방에 파견하고 보도반, 사진반을 조직하여 군대에 배속시켜 진중(陳中)신문을 발행하게 한다든지 점령지 주민에 대한 선전을 담당하게 했다.

---

7) 사이구사 시게오(三枝重雄), 〈言論昭和史〉, 일본평론신사, 1958년, p.136.

# 제2장   독재권력과 언론통제 유형

 언론은 객관적 현실을 있는 그대로 반영하는 것이 아니라 일정한 인식틀을 통해 사회현실을 구성하여 특별한 정치적 의미를 부여하는 이른바 이데올로기적 기능을 수행하므로 모든 권력자(집단)들은 권력유지나 권력창출에 도움이 되는 정치적 이데올로기를 사회에 확산하기 위해서 언론에 힘을 행사해왔다.(윤영철, pp.185~186.)

 통치체계와 언론체계는 불가분적이며 상호 규정적 관계에 있으며 효과적 통치는 효과적 언론행위에 의해서만 가능하다고 할 수 있다. 민주제도 하에서 언론체제는 자유와 자율성을 기초로 한 사회적 기능, 역할, 실적 행사와 정치행정체계의 자율에 입각한 정책결정행위 사이에는 합법적이고 합리적 등가원칙이 형성되며 양 체제는 상호 독립적이면서 기능적으로 상대적 관계이고, 갈등하면서도 서로가 서로를 필요로 하는 보완적 사회 하위체계로 공존하게 된다. 이런 등가 원칙의 균형이 일그러지면, '강력한 정부에 허약한 언론'이나 '독재권력에 시녀언론'이란 기형적인 모습으로 나타나는 것이다.[8]

 어느 시대나 사회체제를 막론하고 정부는 언론을 효율적인 통치 수단으로 이용하려는 노력을 기울여왔다. 한 사회를 지배하는 통치 철학의 차이에 따라 언론을 이용하는 방식은 달랐지만 모든 국가권력은 언론을 통제의 대상으로 인식하고 통치의 수단으로 삼아왔으며 나름대로 언론통제를 정당화하는 도덕적 근거를 마련해 왔다.

 따라서 언론의 보도시각은 사회의 권력구조가 어떠한 모습을 지

---

8) 김세현, '한국의 언론통제 정책에 관한 연구', 중앙대 신문방송대학원 석사학위논문, 1987년, p.4.

니는가에 따라 그 성격이 결정된다고 하겠다. 한 사회의 권력이 특정한 권력자(집단)에게 독점되어 있을 경우 그 권력자(집단)는 언론에 강도 높은 통제력을 발휘하여 언론을 쉽게 지배하고 억압할 수 있다.

정부의 언론에 대한 통제는 언론사가 사실이나 사건을 취재하고 보도 논평하는데 있어 정부 권력이 특정사항을 반드시 보도하게 하거나 특정사항의 보도를 금지시키는 행동이다. 정부가 언론을 통제하는 이유로는 사회의 안녕질서의 유지와 기밀누설의 금지, 당국자의 이익 때문에 행해지며 국가가 언론을 통제하는 방법으로는 크게 법적 통제와 정치적 통제 그리고 경제적 통제의 3가지로 나눌 수 있다.

## 1. 국가흡수적 언론통제

정부의 언론통제는 정부의 언론에 대한 권력행사라는 개념으로 파악될 수 있다. 언론에 대한 권력행사를 위해 동원하는 수단의 성격에 따라 언론통제의 방식은 달라진다. 권력행사의 대표적인 두 가지 수단은 보상과 벌칙이라는 행태학적 용어로 표현될 수 있는데 많은 학자들이 이러한 맥락에서 권력행사를 개념화하고 있다. J. K. 갈브레이스(Galbraith)는 보답에 의거한 권력행사와 형벌에 기초한 권력행사, 마크 갬슨(Marc Gamson)은 유인과 강제, 그리고 안토니오 그람시(Antonio Gramsci)는 동의와 강압에 의한 권력행사를 지적하고 있다.

이러한 권력행사의 두 가지 수단-회유 혹은 유인과 강압-은 흔히 '당근'과 '채찍'이라는 은유적 용어와 일맥상통하는 것인데 전자는 언론에게 다양한 혜택과 이익을 제공하고 보장함으로써 언론을 포섭하는 통제과정을 수반하며, 후자의 경우에는 폭력이나 폭력행사의 위협 등 제재를 가함으로써 언론을 강압적으로 길들이는 통제방식에 의존한다.

유인과 강압을 어떻게 배합하느냐에 따라 언론통제 유형은 네 가지로 분류될 수 있다. ① 보상과 혜택을 통한 유인보다는 제재에 의존하는 억압적 방식, ② 언론에 대한 간섭을 최소화하는 자유주의적 방식, ③ 강도 높은 유인책을 사용하는 동시에 강권력을 항시적으로 사용하는 국가흡수적 방식, ④ 노골적이고 강압적인 제재보다는 은밀한 유인책을 통한 포섭적 방식이 있다.

윤영철은 이를 토대로 전두환정권의 언론통제를 국가흡수적 방식으로 규정했다. 언론인들은 국가가 제공하는 각종 사회 경제적 혜택으로 말미암아 순치되어 정부의 통제를 순순히 받아들이는 한편, 이를 거부한 언론인들은 강압에 의해 자신의 재산을 포기하거나 해직되는 제재를 당하거나 물리적 폭력에 직면한다는 것이다. 이런 상황에서 언론은 정부가 제공하는 갖가지 '당근'과 '채찍'의 위력에 눌려서 자율성을 전혀 발휘하지 못하게 되므로 정부의 언론조작은 극적인 효과를 얻게 된다. 이렇게 되면 독립적인 법적 지위를 지니고 있는 언론사라고 하더라도 기능적 측면에서는 국가기구에 통합, 흡수되다시피 한 완벽한 통제 상태에 이르게 된다.

전두환정권 시절의 '국가흡수적' 언론통제 상황에서 언론인들은 이중적인 통제사슬에 묶여 활동의 자율성이 극도로 제한되는 경험을 맛보았다. 하나는 정부가 직접 언론인에 대해 펼친 각종 회유 및 억압정책으로 인한 것이며 또 다른 하나는 정부가 언론사 소유주를 순치시킨 다음 이들을 대리통제의 주체로 이용하는 간접적 통제 방식에 의한 것이었다. 전두환정권은 언론사의 소유주나 경영인들을 완전히 장악하고 그들로 하여금 언론사의 내적 통제를 강화시키는 전략을 취했던 동시에 언론인들에 대한 직접적인 통제의 고삐도 늦추지 않았다.

이 과정에서 전두환정권은 언론사 소유주들과 언론인들에게 고도의 보상과 벌칙을 동원하여 동의를 구하는 한편 그것이 효과를 보지 못할 경우 서슴지 않고 강압적인 제재를 가했다. 물론 군사정권 권위주의체제에서도 이미 이러한 유형의 언론통제가 보편화되었으나 전두환정권에 들어서서 언론에 대한 유인책에 소요되는 경제적 자원을 대폭 확대했으며 강압적인 통제도 보다 노골적이고 대담하게 이루어졌음을 알 수 있다. 국민들로부터 정권의 정통성을 인정받지 못했던 전두환정권은 불안정한 권력기반을 확고하게 다지기 위해서라도 완전한 언론장악을 통한 여론조작이 정권유지에 절대적으로 필요하다고 인식했으므로 언론통제를 위해 모든 권력수단을 총동원하였다.

다시 말해서 전두환정권은 정권초기부터 강압과 회유의 수단으로 이용할 수 있는 자원을 충분히 활용하여 언론을 순치할 수 있는 제도적 터전을 마련했으며, 이러한 상황에서의 언론은 국가기구에 통합되어 있는 일종의 공보기구로서의 역할을 주로 담당했다고 볼 수 있다. 따라서 언론의 보도성향은 획일적으로 정권 옹호적이었으며 언론을 통해 형성된 공적영역의 정치적 다양성이 극도로 제한되어서 경직된 반공주의와 안보제일주의를 재생산하는 이념적 기구의 수준에 머물러 있었다.


## 2. 국가개입에 의한 '관제언론'

한국의 경우 본격적인 민주화국면에 진입하기 전, 특히 군사독재체제에서 국가(정치권력)-자본-시민사회 간의 관계는 압도적으로 국가우위적인 형태였다. 따라서 언론의 성격을 규정짓는 세 조건 중에서 가장 강력하게 작용했던 것은 국가의 개입이다. 권위주의체제는 억압과 강제를 통하여 시민사회의 형성을 억제하고 있었기 때문에, 언론에 대한 시민사회의 압력은 미미한 수준에 머무르고 있었다. 반면에 군대라는 물리력을 권력기반으로 삼고 있던 군부정권은 자본과 지배연합을 이루고 언론을 일개 통치수단으로 전락시키고 말았다. 1960년대 이후 한국언론의 성격변화 과정을 검토한 김해식은 한국언론에 영향력을 행사한 변수로 국가, 자본(언론자본 포함), 제국주의를 들면서 전두환정권까지는 특히 국가의 개입이 가장 중요한 변수였다고 보고 있다.

특히 전두환정권은 처음부터 전례 없는 강압조치를 통해 언론을 무력화시키고 권력의 도구로 삼았다. 전두환정권이 출범하기도 전인 1980년 신군부 세력은 사회정화라는 명분을 내세워 정기간행물 대규모를 폐간 조치했으며, 7월과 8월에는 언론계 정화를 명목으로 언론인을 강제 해직하도록 했다. 또한 전두환정권 출범 이후인 1980년 11월 12일에 단행된 언론통폐합은 전두환정권의 언론장악 기도를 실증한다. 언론인 해직과 언론통폐합이 물리력을 바탕으로 이루어진 강압적 조치였다면 1980년 12월 31일 공포된 '언론기본법'은 언론의 권력예속을 법적으로 제도화시킨 것이었다. 당시 국회기능을 대신하고 있던 입법회의에서 제정된 이 법은 우리나라에서는 처음 보는 포괄적인 언론관계 단일법이었는데, 언론자유를 보장하고 언론의 사회적 책임을 강화하기 위해 제정했다는 입법취지에도 불구하고 '책임이라는 족쇄'를 통해 언론자유를 위협하는 독소조항을 담고 있었다.

결국 언론기본법은 정부의 자의적 판단에 따라 언론에 대해 어떤 조치라도 취할 수 있는 합법적인 제도적 장치였다. 그러나 전두환정권의 언론통제는 결코 법적 통제에 머물지 않고 기자와 편집인에 대한 폭행과 체포, 촌지와 각종 융자 및 세금감면을 통한 경제적 회유가 끊이지 않았다. 무엇보다도 청와대와 안기부의 지휘 하에 문공부 홍보조정실을 거쳐 언론에 전달된 보도지침은 전두환정권의 언론통제를 극명하게 보여주는 사례였다.

전두환정권의 언론통제방식은 이처럼 위협적인 '채찍' 정책에 한정된 것이 아니라 언론인과 언론사를 회유하기 위한 '당근' 정책을 병행하였다. 언론과 언론인에 대한 조세를 감면하는 특혜조치를 실시하고, 언론통폐합에 따른 독점체제로 언론사에 막대한 경영이익을 보장해 주었으며, 방송광고공사를 통해 조성한 공익자금을 통해 언론인에 대한 각종 후생복지사업과 언론단체에 대한 지원을 병행하였던 것이다. 양승목은 이를 토대로 전두환정권의 언론을 국가개입에 의한 '관제언론'으로 규정한다.

군사정권의 언론통제는 기본적으로 국가성격에 기인한 것이라고 볼 수 있다. 풀란차스가 말하는 이른바 '예외적' 국가형태의 하나인 군부독재정권은 정권획득의 방법과 절차에 있어서 국민적 동의를 확보하지 못하고 강압적인 물리력을 통해 지배권을 행사했던 '강성국가'였기 때문이다. 풀란차스는 독점자본주의의 개입주의적 국가를 '예외적' 국가형태와 '정상적' 국가형태로 구분하고 있다. 정상적 국가가 국민의 지지와 동의를 주요 지배수단으로 삼고 있는 데 비하여 헤게모니의 위기에 대응하는 예외적 국가는 물리적 억압에 주로 의존하는 데 파시즘(fascism), 군부독재, 보나파르티즘(bonapartisme)이 여기에 해당된다.

그러나 물리적 강제력을 바탕으로 다양한 사회세력을 통제했다는 점에서 군사정권은 강성국가였지만, 동시에 정권의 '정당성'이란 측면에선 '약성국가'였기 때문에 언론을 취약한 정당성을 제고하는 수단으로 동원하려 한 것은 너무나 당연한 일이었다.

# 제3장 언론통제의 이론적 배경

　언론과 사회의 관계에서 언론을 사회의 반영물로 보는 사회중심적 관점에 속하는 이론형태의 하나는 언론체제에 관한 규범이론이다. 규범이론은 한 사회의 언론구조와 언론활동이 기본적으로 그 사회의 지배적인 규범과 철학에 의해 규정된다고 보고 언론-사회 관계를 당위론적 차원에서 구분한다. 대표적인 것으로 1950년대부터 시작된 프레드 시버트(Fred Siebert), 테오도르 피터슨(Theodore Peterson), 윌버 슈람(Wilbur Schramm) 등 3명이 분류한 것으로, 언론이 겪어온 역사적 발달과정에서 권위주의이론, 사회주의이론, 공산주의이론, 사회책임이론 등 매스컴 4이론9)을 들 수 있다.

　이밖에 전후세계의 언론모델을 '시장'모델과 '마르크스주의'모델, '발전'모델로 구분한 허버트 알철(Herbert Aitschull),10) 국가-언론 관계를 기준으로 언론이론을 권위주의이론과 자유주의이론, 사회책임이론, 사회민주이론으로 구분한 피카드(Picard)가 있고, 맥퀘일(Mcquail)11)은 시버트 등의 '언론 4이론'에 발전이론과 민주적 참여이론을 추가하였다.

　사회변동과 관련해 생각해 볼 수 있는 대표적인 것으로는 마르크

---

9) F. S. Siebert · T. A. Perterson · W. Schramm, 〈*Four Theories of the Press*〉, Stanford University Press(국내 번역판은 〈매스컴 4이론〉, 이규종 · 한병규 공역, 문맥사, 1991년).

10) J. Herbert Altschull, 〈*Agents of Power : The Roles of News Media in Human Affairs*〉, Longman, 1984년(국내 번역판은 〈지배권력과 제도언론〉, 강상현 · 윤영철 공역, 나남, 1991년).

11) Denis Mcquail · Sven Windahl, 〈*Communication Models : for the Study of Mass Communication*〉(국내 번역판은 〈커뮤니케이션 모델〉, 임상원 옮김, 나남, 2001년).

스주의에 입각한 비판적 언론이론을 들 수 있다. 전통적으로 마르크스주의이론은 사회관계의 분석에서 생산관계에 기초한 계급구조를 핵심적인 것으로 간주하며, 사회변동의 근본원인은 사회구성체내의 계급관계에 있다고 본다. 따라서 그러한 계급관계가 변하지 않는 한 지배계급의 이데올로기적 도구에 불과한 언론이 독자적으로 사회변동을 유발하는 것은 어렵다고 본다. 말하자면 자본주의사회에서 언론은 '이데올로기적 국가기구'로 지배계급의 헤게모니(hegemony)와 자본주의질서를 유지하는 기능을 수행할 뿐이다.(양승목, pp.97~98.)

하나의 사회구성체(특히 자본주의)를 분석하기 위해 그 영역을 구분하는 방법에는 여러 가지가 있을 수 있지만, 가장 보편화한 분류법 가운데 하나는 국가-경제사회-시민사회로 구분하는 것이다. 마르크스의 고전적인 토대-상부구조의 이분 모델은 그람시에 의해 국가와 시민사회라는 두 수준의 상부구조가 상정됨으로써 국가-시민사회-경제의 삼분모델이 일반화되었다. 여기서 국가는 경찰력이나 군대와 같은 물리력을 바탕으로 법적-행정적 장치에 근거하여 특정 영토 내에서 배타적 지배를 행하며 국내외적으로 주권을 행사한다. 반면에 경제는 역사상 특정한 시점에서 특정한 영토 내의 지배적인 생산양식을 나타내는 의미를 지니고 있으며 생산수단과 생산의 사회적 관계로 구성된다. 마지막으로 시민사회는 경제사회의 물질적 생산과정에 속하지도 않고 국가의 공식적 조직에 속하지도 않는 다른 조직들로 구성된다. 국가-경제사회-시민사회의 삼분모델에서 언론의 사회적 성격과 위치에 영향을 미칠 수 있는 조건은 적어도 세 가지로 구분할 수 있다.

첫째, 국가(정치권력 또는 정부)의 개입이다. 국가는 각종 법률과 제도로 언론을 직접적으로 통제하는 한편, 다른 사회적 기관이나 관행을 통해 간접적으로 통제하기도 한다.

둘째, 자본(경제사회)의 개입이다. 특히 자본주의 사회에서 언론에 대한 자본의 영향력은 국가개입 이상으로 중요한 의미를 갖는다.

셋째, 시민사회 내부로부터의 압력이다. 자율성, 다원성, 공공성을 특징으로 하는 시민사회의 성립은 역사적으로 자유주의의 등장과 맥을 같이 하며 시민사회의 다원적이며 자발적인 시민결사와 각종 사적 제도는 민주주의의 유지에 없어서는 안 될 조직이다. 언론(특히 신문)은 전통적으로 이러한 시민사회를 배경으로 성장하여 공공영역에서 토론의 활성화와 여론형성의 매개체로 기능할 임무가 주어졌다.(양승목, pp.100~103.)

## 1. 뢰플러의 언론관

권위주의 이론의 기초는 독일의 언론학자 뢰플러(Löffler)[12]가 제안한 언론관에서 비롯된 것이다. 당시 프로이센(Preussen)이 처했던 상황은 프랑스 대혁명의 여파로 민주화라는 미명하에 독일 국민의 정신적 타락과 사회질서 문란이 크게 우려되었다. 그는 계속되는 신문의 방종에 대해 철저한 헤겔적 입장에서 '언론법 제정에 관하여'라는 저술을 통해 국가의 기본과 주권이 위협받지 않고 보호되기 위한 강력한 법을 제정해야 한다고 주장하면서 적극적이고 강력한 언론정책을 펼 것을 강조했다. "국가는 신문 없이도 정신(사상)을 개발하고 발전시키지만, 신문은 국가 없이 정신을 개발하고 자유롭게 만들 수 없다", "정신의 실제적 표현은 무엇보다도 국가가 어떤 목적을 추구하며 어떠한 조직을 가지고 있는가 여하에 따라서 나타나며, 국가가 함께 존재하며, 또한 국가에 힘입어 발전한다"고 주장했다. 신문의 존재 요건은 국가(사회체제) 내에서만 가능하고 언론 개념 자체도 "국가 안에서의 공적인 정신거래로서 국가라는 테두리 안에서 인간의 정신을 사회구성원들 사이에 서로 주고받는 것"이라

---

12) 뢰플러(F. A. Löffler)의 언론관은 김세현의 중앙대 석사학위논문 '한국의 언론통제정책에 관한 연구', 1987년, 참조.

는 주장이다. 따라서 신문은 국가이념을 실현시키기 위한 하나의 도구로써 신문은 전체를 보완하는 일부로서, 또는 전체의 합리성을 위한 도구로서만 존재한다는 것이다. 즉 전체를 파괴하려는 신문은 억제해야 하며 그를 위한 방향을 제시한 것이 바로 뢰플러의 이론이다.

헤겔(Hegel)로부터 절대적인 영향을 받은 뢰플러는 이론전개에 있어 헤겔의 2항식 이론, 즉 현실변증론을 직접 인용하여 국가(테제)↔개인(안티테제)↔조화(신테제)로 보았다. 언론매체는 긍정적인 국가와 부정적인 개인을 밀고 나아가는 이른바 '발전의 지렛대'로서 국가의 테두리 안에서 긍정과 부정이 서로 조화를 하는데 필요한 하나의 도구가 되어야 하며, 사회의 합리적인 발전이 이루어지기 위해서 언론은 사이비적 여론, 즉 이권에 얽힌 사적 견해를 추방하고 대신 진정한 여론, 즉 전체를 위하고 모두에게 타당한 국가적 차원에 입각한 시대적 정신을 사회의 커뮤니케이션 주제로 삼도록 해야 한다는 것이다.

그는 신문에 나타난 여론은 다분히 사적이어서 국민과 역사에서 성숙되어졌다기 보다는 오히려 몇몇 지식인의 개인 견해와 이해관심사의 표현에 불과하다고 보고 "국가의 통제가 없는 곳에서 신문은 경솔하고, 파렴치하고, 정치적 협잡을 일삼으며, 매수를 당할 수 있고, 순간에 지나치게 집착하여 비겁하고 불확실하며 불완전할 뿐 아니라 진실에 수줍어하면서 긍정적인 국가원칙을 거부하거나 대중과 맹목적인 영향을 일삼아 부분적인 것에 주로 관심을 기울이는 등 여러 가지 원인 때문에 국민 전체를 대변하는 기능을 상실할 것"이라고 보았다. 그러므로 "사회에서 불협화를 일으키는 원인은 적시에 통제를 받아야 하며 영원성과 이어지는 올바르고 진실한 통로가 만들어져야 하며 이를 위해서는 신문의 유통이 질서 있게 정리되어야 한다"면서 국가이념을 빛내기 위해 사회 커뮤니케이션을 올바로 조정하고 필요에 따라서 적절한 통제를 하기 위한 국가

관장기구를 제안한다.

그의 국가관 내지 언론관은 사실 국가란 권력을 장악하려는 야망 있는 몇몇 인간집단에 의하여 인위적으로 형성된 기구에 불과한데도 헤겔과 뢰플러가 내세우는 국가는 이상형의 국가로서 국가를 절대적인 긍정으로만 확신하려고 했다는 데 일차적인 문제가 있다. 또한 뢰플러의 관찰방법이 객관성 보다는 특정한 이념의 한계를 벗어나지 못한 주관성에 입각하고 있다. 뢰플러의 언론정책 구상이 신생독립국가들이나 민족주체 사상을 정립하고 이를 국민들에게 고취시키는 국가들, 혹은 지나친 자유개방주의 사상으로 인해 정권이나 사회가 불안정한 위기로 기울어지기 쉬운 사회체제가 존재하는 국가, 더 나아가서는 공산독재사회 등에서 그의 사상이 언론의 어느 한 단면을 긍정적으로만 과장하거나 언론에 대하여 과감한 도전을 회피하여 언론의 비대화 내지는 신성화(神聖化) 현상이 지속되고 있는 때에 하나의 반성을 위한 동기를 제시해 준 점에서는 긍정적 평가도 가능하다. 국가를 이미 정립된 체계로 간주하면서 국가는 그 사회의 이념을 설정하고 대표하고 있으며, 사회발전의 이념적인 모체가 되고 있다는 가정 하에서 하나의 도구이자 부품인 신문이 취하여야 할 기능과 방향을 제시해 준 언론의 사회기여론은 긍정적으로 평가된다.


## 2. 권위주의 이론


매스미디어와 그것이 속하고 있는 조직사회의 상호관계는 인간이나 국가에 관한 일정한 기본적인 철학적 가설에 의하여 결정된다. 그 가설은 ① 인간의 본질 ② 사회 및 국가의 본질 ③ 인간과 국가와의 관계 ④ 기본적인 철학문제, 즉 지식과 진리의 본질이다. 조직사회의 기능과 목적에 관한 권위주의이론은 인간은 자기의 모든 잠재력을 다만 사회의 일원이라는 견지에서만 실현할 수 있다는 데서 출발한다. 독립적인 개인으로서 인간이 취하는 활동범위는 극단적으로 제한되어 있다. 그러나 사회 또는 유기적인 지역사회의 일원으로서 목적을 달성하기 위한 능력은 측량할 수 없을 정도이다. 이 가설에서 개인은 집단을 통해서만 목적을 달성할 수 있으므로 개인보다는 단체가 더 중요하다. 국가를 통해 인간은 자기의 목적을 달성하고 국가 없이는 인간은 원시적인 존재로 남아 있게 된다는 것이다.(F. Siebert 외, p.19.)

과거의 역사에 묻혀 있는 무솔리니나 히틀러의 행동은 이러한 권위주의의 원리를 악용한 것으로 볼 수 있다. 파시즘 하에서 국가의 우월성은 국내의 경제적 및 사회적 제 집단에 대한 국가의 탁월성의 구체적 표현이었다. 나치의 국가이론, 민족주의의 강조, 지도자 원리의 우상화, 불관용의 편협, 그리고 인간은 국가를 통하여 자기를 완성한다는 사고방식—이 모든 것은 권위주의의 전통과 함께 과장된 형태에 있어서는 모두 일치하고 있다.

권위주의이론은 국가를 개인보다는 우선하는 상위개념으로 파악하여 국가란 집단적 최고 표현으로서 개인을 종속시키며 나아가서는 개인이 발전하는데 국가를 통해서만 가능하다고 한다. 언론 역시 정치권력에 의해 결정되고 수행되는 정부 정책을 지지하고 발전하는데 일차적인 임무가 있으며 언론자유 역시 정부정책을 지지하고 발전시키는데 필요한 언론의 자유를 말하므로 언론은 국가에 통제됨이 정당화된다.

권위주의자가 매스미디어의 기능문제를 다룰 때 그는 이미 그 이전의 기본적인 정치목적을 결정짓고 있는 것이다. 이들의 목적은 불가피하게 커뮤니케이션의 문화적 또는 정치적 제 문제에 임할 태도를 지배한다. 그 자신의 논리에 의하여 사회의 구성원 간에 있어서의 정보, 사상, 의견의 유포는 직접, 간접으로 기존에 정해진 목적을 달성시키는 수단이 되지 않으면 안 된다는 입장에 도달하게 된다. 커뮤니케이션의 여러 가지 단위는 정권을 잡고 있는 정부가 그 목적을 달성할 수 있도록 정부의 정책을 지지하고 추진해야 한다는 것이다.(F. Siebert 외, p.42.)

따라서 이 이론에 의해 언론의 정부와 관리에 대한 비판은 엄격히 통제되며 정부는 언론의 소유형태를 허용하되 허가제도, 독점제도, 면허, 검열, 특혜 등과 같은 다양한 방법을 동원하여 언론을 엄격히 통제한다.

그래서 권위주의이론은 정부와 언론의 관계에 있어서 권위주의, 획일주의, 기밀주의, 동반자이론, 통합이론, 수단적 도구이론, 교통정리이론, 발전언론이론, 그리고 긍정적 참여이론 등을 내세운다.[13)]

## 3. 언론도구화 정책

어떤 정치제제든 정부는 언론을 사회통합과 국민단결 결집 동원을 위한 수단적 도구로 이해하려 하며 이를 위해 언론의 사회 통합적 잠재력을 동원하지 않을 수 없게 된다. 언론정책으로서 언론 도구화 노력은 언론인, 미디어, 수용자 등의 다양한 사회경제적 환경 안에서 이뤄진다. 첫째, 언론체제의 구조에 대한 지식과 기능, 성과 등에 대한 분석을 통한 정보 수집과 성공적 언론동원의 조건을 검토한다. 둘째, 사회하위체계로서 언론의 자율성을 감소시키는 노력의 하나로 언론 산업의 육성정책이나 광고주 기업이나 신문용지업체들을 조정함으로써 언론의 목을 조르는 등 언론의 환경체계들의 영향력에 뛰어드는 전략이 있다. 셋째, 언론매체 자체를 비방하는 작업 전략이나 '언론은 제4부'나 '언론은 사회의 목탁'이니 하는 언론의 적극적이고 긍정적인 실적과 기능에 대한 전통적 인식과 평가에

---

13) 서정우, '새로운 언론 패러다임 탐색과 한국언론의 과제' 〈연세대 사회과학논총〉 제16집, 1985년 별책본, p.13.

대해 '중립적 전달자'라든가 '동반자적 관계' 내지 '사회통합의 수단적 기구' 등의 가치중립적이고 전달자적인 역할을 강조함으로써 언론의 비판 감시 기능을 축출해 버리는 작업이 있다. 넷째, 언론 내부의 기술적 경제적 인적조직 등 하부구조와 관련된 법적 제도적 질서정책을 합법적으로 행사해 언론체계의 결정전제들을 노린다. 다섯째, 우송료 교통요금 수신료 등으로 언론경영에 전제가 되는 관련체제들에 합법적으로 개입할 수 있는 각종 재정 금리 공공요금 물가정책 등 주변적 경제정책 등을 수행함으로써 언론에 영향을 행사할 수 있다.(김세현, p.7.)

개발도상국가나 군부 독재정권의 경우 지배 권력은 매스미디어를 국가통합과 경제발전 내지 근대화 촉진의 가장 효과적인 수단으로 생각하고 있을 뿐만 아니라 정권유지의 가장 강력한 힘이라고 믿고 있다. 이와 같은 권위주의 또는 독재체제 아래서 언론은 정치권력의 직접적인 통제에 들어가게 되며, 언론은 필연적으로 권력의 하강과정을 위한 대중설득과 선전의 일방적인 통로가 된다.[14]

한국과 같은 권위주의 체제하의 개발도상국가에서는 1960년대에 들어서자 대부분 국가발전론 내지 근대화이론을 주창하면서 언론체계를 정치체제의 하위체제로 간주했다. 따라서 경제발전, 정치적 안정이나 국가안보를 위해서라면 언론은 마땅히 규제되어야 한다.[15]

다시 말해서 국민 간에 사회적, 정치적 동원을 촉발 가속화시키기 위해 정부가 언론을 통제하면서, 다른 한편으로는 정치안정과 국가안보를 내세워 언론통제의 정통성을 구축하고자 한다는 것이 이들 개발도상국의 언론에 대한 입장이다.

더욱이 한국의 경우처럼 폭력적이고 비정상적 절차로서 권력을

---

14) 금장환, '우리나라 언론정책의 특성에 관한 연구-제5, 6공화국의 언론통제구조를 중심으로' 중앙대 석사학위논문, 1996년.
15) 김진홍, 〈언론통제의 정치학〉, 홍성신서, 1983년.

장악한 정부는 허약한 정통성을 보완하고자 경제발전과 정치안정, 그리고 국가안보를 위한다는 미명아래 언론통제의 정도를 더욱 강화하게 된다. 겉으로는 그럴듯한 슬로건을 내걸고 안으로는 언론의 장악에 정치력을 집중하게 되는데, 필요한 경우 물리력의 행사도 서슴지 않는다. 또한 언론을 정치체제에 복속시키기 위해 법적 제도적 장치의 마련도 아울러 병행하게 된다.

이렇듯 물리적 법적 제도적 통제가 완비되면 언론은 결국 정치권력에 복속하게 되어 하부체제로 편입하게 된다. 정치체제의 하부체제로 흡수, 통합된 언론은 권력층과 민중 사이의 매개적 도관(導管)으로서의 기능을 상실하고 대신 권력층이 제시하는 정책이나 가치관을 민중에게 전달하는 '상의하달형 커뮤니케이션 미디어' 역할을 하는 정부홍보기관 쯤으로 전락하게 된다. 언론이 이와 같이 정치권력의 하부체계로서의 성향을 노골적으로 가질 때 우리는 이를 제도언론 또는 관제언론이라고 부른다.16)

권위주의 체제하의 제도언론은 언론의 공적과업 수행에 적극적이지 못하여 정치권력과의 예속적 유착관계를 형성함으로써, 민중의 반대편에 서게 된다. 그리하여 제도언론의 존재이유는 한마디로 정권담당자의 권력행사나 국론조작의 수단 내지 도구로 기능해야만 되는, 말하자면 체제유지의 선봉장이 되는 데 있게 된다.

---

16) 송건호, 〈민주언론 민족언론〉, 두레, 1987년.

# 제4장 이데올로기적 국가기구로서의 언론

알튀세(Althusser)의 이데올로기론은 그의 논문 '이데올로기와 이데올로기적 국가장치(Ideology & Ideological State Apparatuses)'에서 생산력과 생산관계의 재생산 문제와 관련해 더욱 발전되어 나타난다. 알튀세는 특정의 사회구성체가 스스로를 유지하고 또 생산 활동을 계속하기 위해서는 생산조건들이 재생산되어야 하며, 그 생산조건들(생산력과 현존하는 생산관계들)을 재생산함에 있어 이데올로기의 작용이 지대함을 강조한다.

그에 따르면 생산조건(특히 생산관계)의 재생산은 억압적 국가장치와 이데올로기적 국가장치(State Apparatus)에 의해 보장된다. 억압적인 국가장치의 역할이 폭력(물리적이건 아니건)으로 결국 착취관계인 생산관계의 재생산의 정치적 조건을 보장하는 데에 비해, 이데올로기적 국가장치는 다양한 이데올로기로 장막 뒤에서 작용한다. 실로 억압적 국가장치에 의해 제공된 방패 아래 생산관계의 재생산을 주로 보장하는 것은 이데올로기적 국가장치이다. 알튀세는 자본제 사회구성체에서 주로 작용하는 이데올로기적 국가장치들로 교육장치와 종교장치, 가족장치, 정치장치, 노동조합장치, 커뮤니케이션장치, 문화장치 등을 들고 있다. 한편 봉건제의 종교장치를 대체한 교육장치는 자본주의 사회의 주된 이데올로기적 국가장치로 부각된다.

국가장치론은 이데올로기론과 밀접하게 관련되어 있다. 이데올로기는 몇 개의 명제로 구체화된다. 그는 각각의 이데올로기적 장치 속에 특정의 모습으로 드러나는 특수한 이데올로기와 이데올로기

일반을 구분하여, 후자의 특성이 그 구조와 기능들이 모든 역사에 걸쳐 어디서나 나타나며, 그 형태에 있어 변함이 없음을 "이데올로기는 역사가 없다"라는 명제로 제시한다. 그리고 이 이데올로기 일반은 인간의 실제의 존재조건이나 실제 세계의 표상이 아니라 "인간과 그의 실제 존재조건 사이의 상상적 관계의 표상"이라고 명제화한다. 또한 이데올로기는 관념적으로 존재하는 것이 아니라 항상 어떤 장치 속에, 그리고 그 실천 또는 실천들 속에 존재함으로써 "이데올로기는 물질적 존재를 갖는다"고 말한다.

알튀세는 국가를 기본적으로 종속집단을 억압하는 장치로 보았는데, 크게 억압적 국가장치(RSA, repressive state apparatus)와 이데올로기적 국가장치(ISA, ideological state apparatus)로 분류하였다.[17] 그의 견해에 따르면 국가는 하부구조에 근거하고 있다. 즉, 국가란 지배계급이 노동자계급에 대한 지배를 가능하게 하고, 전자가 잉여가치를 수탈하는 과정에서 후자를 순응하게 하기 위해서 억압하는 기구에 지나지 않는다는 것이다. 이데올로기적 국가장치에는 종교제도, 교육제도, 가족제도, 정치제도, 문화, 노동조합 등이 있다.

그러나 이중에서 교육제도는 생산력으로서의 노동력을 산출하는 데 중추적인 역할을 하는 것이며, 지배계급을 위한 생산력과 생산관계를 재생산하는 수단으로 보고 있다. 또한, 노동의 기술과 효율성을 재생산하고 지배하는 이데올로기를 정당화하는 장이다. 노동의 사업분화에 필요한 기술적 다양성의 확보는 생산의 장 밖에서, 자본가계급을 위한 교육제도에 의해서 이루어진다고 보았으며, 학교를 기성의 사회질서에 순종하는 의식 상태를 조성하는 장치로 본 것이다.

---

17) 김지운 방정배 이효성 김원용, 〈비판커뮤니케이션 이론〉, 나남, 1994년. p.233.

## 1. 대중매체의 이데올로기적 기능

실제 우리가 살고 있는 세상에서는 매순간 수많은 현상들이 끊임없이 발생하고, 또 존재하고 있지만 인간의 능력으로는 자신의 직접 경험을 제외한 그 외의 세상에 대해서는 알 수가 없다. 대중매체의 한 기능은 우리에게 '살아가는 현실'과 '실제 세상'에 대한 '사회적 지식' 내지는 사회적 영상을 제공해 주는 것이고, 또 대중매체는 이를 선택적으로 구성한다. 이를 통해 우리는 '세계'와 타자가 '살아가는 현실'을 인지하며, 그들의 삶과 우리의 삶으로 어떤 이해 가능한 '전체적인 세계'나 어떤 '살아가는 현실'을 가상적으로 구성하게 된다. 그리고 부르조아(bourgeoisie) 혁명을 거쳐 확립된 자본주의 사회는 부르조아 자신들의 혁명을 정당화하고 자본주의를 발전시키기 위해서 모든 사람은 자유롭게 노동하고 노동의 결과로서의 생산물을 교환할 수 있다는 자유경제 체제를 표방함으로써 기본적으로 사회는 동등한 여러 개인이 자유롭게 경쟁할 수 있는 다원주의 사회로 제시되고 있다.

대중매체의 두 번째 기능은 이 다원성을 반사시키고 반영하는 것, 즉 거기서 객관화되는 어휘나 생활 유형, 이데올로기 등의 부단한 목록을 제공하는 것이다. 그런데 '사회적 지식'의 서로 다른 유형들은 선택된 '범형적인 사회 현실의 지도(maps of problematic social reality)' 내의 관련문맥에 따라 분류되고 평가되고 배열되고 선정되어진다.[18] 따라서 미디어가 선택적으로 배포하는 사회적 지식은 방대한 규범적 · 평가적 분류체계 내지는 선호되고 있는 의미와 해석에 따라 평가되고 사회관계를 할당하는 것은 실로 엄청난 '이데올로기적 노동' 내지는 이데올로기적 작업이다.

미디어의 세 번째 기능은 그것이 선택적으로 표현하고 선택적으

---

18) 은혜정, '노동운동에 대한 언론의 이데올로기적 기능-조선 · 한겨레신문의 내용분석을 중심으로' 고려대 석사학위 논문, 1988년, p.9.

로 분류한 것을 조직하고 편성하며 '결합하는' 것이다. 따라서 아무리 단편적이고 '다원적'으로 되어 있을지라도 어느 정도의 통합과 결합 내지는 어떤 가상적인 일관성이나 제반 통일체가 구축되어지는 것이 분명하다. 이미 제시되고 분류된 것은 이제 동요하면서 차츰 하나의 '승인된 질서'로 정착되며 이를 통해 '합의'나 '동의'를 획득하게 된다. 그람시(Gramsci)는 자본주의 사회의 강점으로서 능동적이고 자발적인 동의에 바탕을 두고 있다는 점은 들고 있으며, 이러한 동의는 자연 발생적인 것이 아니라 특정한 계급의 지배를 정당화시키고 유지시키고자 하는 지배의 한 방법으로 사용하고 있다는 것을 밝힌 바 있다.

동일한 사건에 대해 여러 가지 의미가 발생한다 하더라도 결국에는 그 중 하나만이 동의를 얻게 된다. 그러므로 동의를 얻는 의미를 만들어 내고 조직하는 작업으로서의 '의미화' 작업은 미디어 제도 내의 사회적 실행으로서 특정한 사회 조직체가 의미의 생산수단을 가지고 실제로 사용함으로써 구체적인 의미를 생산하게 되는 것이다. 생산해 낸 구체적 의미가 결국 보편적 동의를 얻게 될 터인데 여기서 말하는 보편적 동의를 얻는 의미를 형성하는 데에는 앞에서도 언급했듯이 경직되게 존재하는 것이 아니라 끊임없이 '접합' 되고 수정되는 탄력적인 것으로 이해되어야 할 것이다. 즉 사회의 변화에 따라 일탈과 정상에 대한 정의의 내용이 변해 온 것처럼 사회집단의 힘의 균형과 역동성에 따라 생산되는 의미의 폭과 내용성은 달라질 수 있는 것이다. 집합적인 사회적 이해를 창출하기 위한 수단으로서의 의미화는 그러므로 사회 변화의 추이에 따라 효과적으로 가동할 수 있도록 되어 있다. 이러한 관점에서 보았을 때 이데올로기라고 하는 것은 단지 '물질적 힘'을 가질 뿐만 아니라 경쟁하는 정의(competing definition)들 간의 투쟁의 장이 되는 것이다.

## 2. 이데올로기의 주요 기능

이데올로기는 다음과 같이 몇 가지 중요한 기능을 갖고 있는 것으로 설명된다. 자본주의에서 첫 번째의 일반적인 이데올로기 효과는 '위장'과 '전위'의 효과이다. 이데올로기는 계급지배, 그 자체의 계급 착취적인 성격, 생산영역에서의 그러한 근본적인 징발의 원천, 경제의 생산양식에서의 결정을 마치 국민 전체의 일상 이익을 대표하는 행위로 부각시킴으로써 국민들이 체제의 모순적인 토대를 인식하지 못하게 하는 기능을 수행한다. 자본주의 사회에 대한 이데올로기의 기능은 어떤 관계를 그 반대의 관계로 변형시키는 '암실'의 기능, 자본주의 생산과 교환관계가 마치 교환관계의 일부인 것처럼 보이게 하는 '전위'기능, 생산에서 자본주의 사회의 현실적인 기초인 생산이 시야에서 사라져 버리도록 하는 '위장'기능을 수행한다.

이데올로기의 두 번째 효과는 '분열'과 '분리'이다. 이데올로기는 사회적 구조의 담지자로서 계급담당자들을 법적, 정치적 개인으로 부각시킴으로써 그들의 관계가 계급관계라는 사실을 숨겨 민중을 고립, 분열, 분리시킨다. 이로써 생산자의 필요는 소비자의 욕구로 표현되고 사회의 기본적인 구성범주는 개별적인 개인이 되는 것이다.

이데올로기의 세 번째 효과는 '가상적 조화' 내지는 '통합'의 효과를 나타낸다. 이데올로기는 '위장'과 '분리' 효과에 의해 나타난 주체들을 다시 '조화' '통합'시키는 기능을 담당한다. 즉 다양한 개인적 주체들을 이데올로기에 의해 '공동체, 국민, 여론, 합의, 일반이익, 사회, 일반소비자' 등으로 재구성함으로써 계급관계와 경제적, 문화적, 정치적 불평등을 은폐하고 사회의 기본관계가 전체사회의 일반 이익을 구현하는 메커니즘으로 인식시킨다. 따라서 이러한 이데올로기적 차원에서 조화와 통합이 산출되지만 그것은 지배계급의 정치적 이익과 헤게모니 차원에서 상응하는 것이며, 알튀세가 말하는

'이빨을 갈아서 내는 화음'같은 것이다.

S. 홀(Hall)은 이데올로기의 이러한 효과들과 관련 매스미디어의 이데올로기적 기능을 다음과 같이 설명한다.

첫째, 사회적 지식의 생산과 소비는 대중매체라는 통로를 통해 이루어진다. 미디어는 타 계급과 집단의 생활을 알게 되는 토대를 제공하고 분열에서 합의로 가는 과정을 더욱 수월하게 한다. 즉, 사회적 지식 내지는 사회적 이미지의 제공과 그 선택적 구성이 미디어의 가장 중요한 기능이다. 이를 통해 사람들은 세계와 타자를 인지하며, 그들의 삶과 우리의 삶으로 어떤 이해가 가능한 전체적인 세계나 어떤 살아가는 현실을 가상적으로 구성하게 된다.

둘째로, 사회의 다원화되고 복잡한 면들을 하나의 집단적 표현으로 내보내는 역할을 한다. 즉 사회적 지식의 다양한 유형들이 범형적인 현실의 지도내의 관련 문맥에 따라 선정 배열된다. 이 기능은 다원성을 구성하는 것, 즉 객관화되는 어휘나 생활유형, 이데올로기 등의 목록을 제공한다는 것이다. 미디어가 실행하는 현실의 분류, 평가 배열, 선정의 작업을 홀은 '이데올로기적 작업' 내지는 '이데올로기적 노동'이라고 하였다.

셋째로, 미디어는 지배구조의 실제적 관계(계급, 권력, 착취)와 미디어가 표방하는 중립성과의 갈등을 반대 목소리 표출의 기회부여라는 교묘한 재생산구조에 귀속시킨다. 이것은 미디어의 이데올로기 작업이 결합적, 통합적 차원을 형성하는 것을 의미한다. 그것이 바로 사회적 세계의 다원성에 대한 미디어의 엄청난 투자 밑에 깔려 있는 생성적 구조이다.

## 3. 이데올로기적 담론의 특성

담론(discourse)들은 구조화되어 있고 상호 연관되어 있다. 그중 일부는 다른 것보다 더욱 인정받고 합법화되어 명백한 깃이 되어 있는 반면, 조금이라도 인정이라도 더 얻기 위해 싸움을 벌이고 있는 담론들도 있다. 담론은 힘의 관계이다. 그 결과 사회적 의미 창출과정은 서로 다른 담론 사이의 이데올로기적 투쟁을 통해서 작용한다.

그렇다면 미디어에 의해 구성되는 담론은 어떠한가. 사회적 행위의 가장 공통된 형식은 언어이고 그 언어적 상호작용은 담론의 질서, 구체적으로 특정 담론 구성체의 규칙성을 통해서 이루어진다. 담론의 질서에는 상식적인 가정이 암시되어 있지만 사람들은 그것을 의식하지 못한다. 그 상식적인 가정들이 바로 이데올로기이다. 이데올로기는 그 자신을 구현하는 담론이 자연스럽게 됨에 따라 상식이 되는 것이다. 그리고 그 담론이 자연스럽게 되는 정도는 권력관계에 있어서의 힘의 균형이 변화됨에 따라서 변화한다. 따라서 이데올로기와 권력관계는 담론에 밀접히 연관되어 있다. 미디어의 이데올로기적 기능은 미디어 담론을 통해서 드러난다. 즉 미디어 담론은 이데올로기적 담론이다.

미디어 담론은 몇 가지 특성을 갖는다. 미디어 담론은 권력을 실어 나른다. 또한 미디어 담론은 항상 비 억압적 방식으로 작용한다. 그리고 상호 모순적인 담론 중에서 지배계급의 담론을 채택해 사용한다. 특수계층의 담론이 어떻게 선택적으로 구성되며, 그들이 선택한 선호의 의미가 누구를 위한 것인가에 대한 내용을 살펴보면 미디어 담론의 그물망은 어떤 것은 자연스럽게 연결시키는가 하면, 배제시켜버리기도 한다.[19]

---

19) 김영주, '한국언론의 이데올로기 지형 결정요인에 관한 연구−사회적 갈등상황에 대한 보도 분석을 중심으로' 서강대 석사학위 논문, 1994년 p.6.

매스미디어 담론이 이데올로기적 작업을 수행하는 실질적인 메커니즘이 무엇이고 어떻게 지배적인 이데올로기가 매스 미디어의 제반 담론에 침투해서 굴절시키는가.

홀은 부호화(encoding)의 과정으로 설명하고 있다. 미디어란 복잡한 제반 담론에서 배열되는 메시지나 기호 내지는 상징적 상품의 생산을 위해 사회적 경제적 기술적으로 조직되는 기구이다. 즉 상징적 메시지의 생산은 반드시 기호체계라는 언어에 의해 표현된다. 어떤 사건이 있을 때 이해가 가능하도록 하기 위해서는 사건을 부호화해야 한다. 여기서 부호화란 사건의 의미를 부여해 주는 부호를 선택하거나 그 사건의 의미를 할당하는 지시적 문맥 가운데 그 사건을 위치지우는 것을 의미한다. 부호화 작업에서 부호의 선택-즉 특정한 사회적 합리성을 자연스럽게 보이도록 하는-은 지배이데올로기가 사용하는 부호들 가운데에서 이루어진다. 이는 곧 기존 구조를 깨는 것이 아니라 재개입으로 의미의 장을 구성한다는 것이다.

이상의 논의들을 종합해 볼 때 미디어는 지배이데올로기의 제반 담론 가운데 세계를 분류하는 결정적인 이데올로기적 과업을 끊임없이 수행한다. 미디어는 모순의 재생산을 위해 이데올로기적 노동을 수행하는 중요한 이데올로기적 국가기구이고, 결국 미디어 담론은 자본주의적인 제반관계를 유지하고 사회구조 내에서 지배계급의 지속적인 지배에 상응하는 사회화를 실행하며 지배적 관계의 재생산을 수행하도록 강요하는 이데올로기적 담보체로 작용한다.

언론의 보도내용 자체는 이데올로기적 담론이다. 이데올로기적 담론은 다양한 언어장치를 통해 지배이데올로기를 재생산하는 데, 이때 이용되는 다양한 언어의 기술적 장치를 살펴보면 다음과 같다.

첫째, 이데올로기적 담론은 부분적인 사실을 보편화시키는 특성이 강하다.

둘째, 이데올로기적 담론은 새로운 지시물을 창출할 뿐만 아니라

실제적 지시물에 대해 전혀 다른 의미, 다른 가치를 부여한다. 이데
올로기적 담론은 상이한 용어의 한 쌍을 대립의 양극에 적용시키고
대립의 한극에 가치를 부여하여 다른 극은 깎아 내림으로써 어휘들
을 통해 이데올로기 간에 갈등을 표출한다. 또한 이데올로기적으로
불리하다고 판단될 때 그것을 다른 언어나 우회어법(완곡어법)으로
대신하는 경우가 있다.

셋째, 이데올로기는 정의상 권력에의 봉사 기능을 담당하기 때문
에 그 담론이 행위를 유발하거나 규범화시키는 것은 당연하다. 이
점에서 이데올로기적 담론은 수행문을 이용하여 발화자(發話者)의
말이 타인에게 행위를 유발하는 발화 효과적 특성을 갖는다. 이데올
로기적 담론으로서의 발화 효과적 행위는 오히려 덜 명확하고 불투
명할수록 더 효과적일 수 있다. 이러한 이데올로기적 담론의 목적은
정보제공이 아니라 압력행사인데 이처럼 지시적 기능이 선동적 기
능에 봉사하는 것이 정당화이다.

넷째, 이데올로기적 담론은 그 지시물과의 관계를 은폐하는 기능
을 담당할 뿐만 아니라 발화자와의 관계에서도 은폐적이다. 이데올
로기는 자기를 표현하는 발화자의 개인적 신념을 나타내면서 사실
은 권력에 봉사하는 집단적인 믿음을 표출하고 있는 것이다. 가장
단순한 상태에서 이데올로기적 담론은 집단의 말, 즉 그 말에 의해
자신을 표현하고 이를 통해 집단적인 말이 되는 것이다.

이러한 이데올로기적 담론의 기술적 장치들은 주로 언어적 기술
과 관련된 것으로 드러나는데 이것들은 때로는 의도적으로 때로는
비의도적으로 이용됨으로써 미디어의 기능을 수행하게 된다. 그러
나 이데올로기적 담론에 있어서 의도성 보다는 언어의 관행 자체가
이데올로기적 기능을 수행할 수밖에 없는 성격을 지니고 있다는
사실에 주목할 필요가 있다.

### 제 2 부

# 언론통제의 구조

한국 군사정권의 언론통제 방식은 일본 군국주의나 독일 나치즘의 언론통제방식과 매우 유사하다. 이들 정권의 정부형태는 미국의 헌법학자 카를 뢰벤슈타인(Karl Löwenstein)이 지적한 전체주의 국가로 볼 수 있다.

뢰벤슈타인은 존 로크(John Locke)나 몽테스키외(Montesquieu)의 권력분립론을 시대착오적 이론으로 규정하고 정책결정, 정책집행, 정책통제로 구분하여 정부형태를 규정했다. 국가권력이 집중적으로 행사되느냐, 분립적으로 행사되느냐에 따라 전제주의(專制主義)와 입헌주의로 구분한 것이다. 전제주의는 국가의 전체권력이 일 개인, 일 계급 또는 일 정당에 집중되고 이들 지배자가 아무런 제한을 받지 않고 권력을 자의적으로 행사하는 정치체제를 의미한다. 전제주의에는 다시 전체주의와 권위주의가 있다.

전체주의는 개인의 존엄성을 부인하고 민족, 국가 등 전체적인 것이 강조되는 것으로, 모든 개인을 민족, 국가를 위한 봉사수단으로 평가하는 이념을 말한다. 전체주의에는 나치즘, 파시즘, 일본 군국주의 등이 속한다. 권위주의는 어떠한 정통성의 근거를 제시함이 없이 피치자의 복종을 확보할 수 있고 이것이 사회적으로 승인되는 것을 말한다. 권의주의로는 뢰벤슈타인이 말하는 '신대통령제'를 들수 있다. 신대통령제는 대통령이 절대적 우위를 갖는 권위주의적 정부형태로 사이비 입헌주의나 사이비 민주주의로써 폭력적 지배를 은폐하려는 제도이다.

한국의 경우 불행하게도 대통령제 정부형태가 정치적 축복이 되기보다는 정치적 재앙이 된 때가 오히려 더 많았다고 해도 과언이 아니다. 헌법상 아무런 근거규정이 없는 데도 대통령이 헌법의 틀밖에서 무소불위의 권력을 행사하는 일이 비일비재하였기 때문이다. 따라서 우리 대통령제 정부형태 아래서 대통령은 군주국가의 국가원수에 비견할 수 있는, 아니 그 이상의 권력을 누리고 있었다고 해도 결코 지나침이 없을 것이다. 한국의 군사정권도 뢰벤슈타인이 말하는 신대통령제에 속한다고 할 수 있다.

　이들 전체주의 국가에서의 언론통제 유형을 보면 정보원과 미디어간의 간여, 즉 취재제한이나 사전검열 등이 있고 미디어와 국민간의 간여, 즉 보도논평의 검열(게재금지) 압수(배포금지) 기사내용에 대한 구속(일정표시의 강제나 보도 논평의 강요) 등이 있다. 미디어 자체에 대한 통제로서 재정적 부담에 의한 억압(광고규제 허가제, 용지 장비구입 통제, 차등세율 부과, 보증금의 납부, 행정적 특혜 등)과 저널리스트에 대한 직접제재(폭력 증뢰(贈賂), 취재회피, 발행인 편집인 기자 등의 책임소재나 자격제한 등을 두거나 등록제의 실시) 방법 등을 사용했다.

　이들 파시즘 체제의 언론통제는 커뮤니케이션의 전체 과정에 대한 세세하고 적극적인 통제를 수행한 데 특징이 있다. 나치 독일이나 이를 모방한 일본 군국주의, 그리고 일본 군국주의의 언론통제 방식을 들여온 한국 군사정권의 언론통제는 커뮤니케이션의 전 과정에 대해 통제함으로써 언론을 통치기구로 만들었다는 공통점이 있다고 할 수 있다.

　나치 독일과 군국주의 일본, 한국의 군사독재정권은 독일의 커뮤니케이션 학자인 G. 말레츠케(Maletzke)가 제시한 C(communicator, 커뮤니케이터)-M(message, 메시지)-M(media, 미디어)-R(receiver, 수용자) 모델의 커뮤니케이션의 각 단계에서 철저하고 세밀하게 언론을 통제했다. 커뮤니케이터 통제(비판적인 언론인 숙청)와 미디어 통제(언론사의 통폐합 등), 셋째 메시지 통제(메시지의 검열, 보도지침 시달) 등이 그것이다.

# 제1장 언론통제의 역사와 구조

## 1. 나치 독일의 언론통제

독일은 히틀러(Hitler)가 집권할 당시 전국에 모두 3,262개의 일간지가 발간되고 있었다. 이중 나치당이 소유하고 있던 일간지는 철권(Die Faust), 불꽃(Die Flamme), 공격(Der Angriff) 등 전투적인 제호를 가진 신문 120개였다. 광폭하고 선동적인 이 나치 신문을 제외하고 대부분의 독일신문들은 각 신문이 연대하고 있는 정당의 견해를 기사에 반영하고는 있었지만 신중하고 건전한 편이었다. 나치가 집권할 당시만 해도 독일신문들은 자유를 구가했다. 따라서 20개나 되던 당시의 독일 각 정당은 제각기 채널을 열고 있는 자파신문을 통해 정당의 견해를 표명할 수 있었다.

1933년 1월 30일 히틀러가 수상에 취임했다. 나치는 당시 600만표의 잠재력을 가진 공산당을 의회 내의 최대 강적으로 보고 있었다. 나치는 그해 2월 27일 독일국회 의사당을 방화하고 누명을 공산당에게 뒤집어 씌웠다. 히틀러는 이 사건을 구실로 다음날 힌덴부르크(Hindenburg) 대통령에게 언론 출판 집회의 자유를 제한하는 법령을 보고하도록 설득하여 사민당과 공산당의 정치활동 및 기관지의 발행을 금지시켰다.[20]

### 1) 괴벨스의 언론통제
그해 3월 14일 요셉 괴벨스(Joseph Göbbels)가 선전상에 취임했다.

---

20) 강준식, '독재정권과 언론' 〈저널리즘〉 1988년 겨울호, 한국기자협회, p.5.

1925년 이래 나치당의 선동적 연설가로 히틀러를 보좌해온 괴벨스는 자신이 꿈꾸어 오던 선전상을 사상 최초로 만들고 장관에 취임한 뒤 다음과 같이 말했다. "우리의 정부처럼 원대한 경륜을 펼치려는 정부는 모름지기 민중을 자기편으로 끌어들이기 위한 계몽과 선전의 방책을 강구할 필요가 있다. … 우리는 대중에게 작용하여 그들이 최종적으로 우리 쪽에 넘어올 때까지 노력을 계속할 것이다."(김세현, p.17.)

언론은 대중의 훌륭한 교육도구이기 때문에 국가는 이를 가차없이 장악하여 대중을 세뇌시켜야 한다는 내용이었다. 이미 공산당 계열의 일간지 60개와 사민당 계열의 일간지 71개는 국회의사당 방화사건 뒤 발매금지처분을 받았다.

괴벨스는 언론매체를 교향악단에 비유하면서 교향악단은 여러 종류의 악사들이 각자의 악기로 한사람의 지휘봉에 따라 연주하며 이때 각 악기는 주어진 부분만 연주하되 전체의 화음을 유지하는데 부분적 기여를 해야 한다고 비유했다. 즉 모든 언론매체는 각자의 특성을 살리면서 한 가지 통일된 정치이념을 빛내기 위한 한낱 정치적 도구이며 이 도구의 적절한 활용을 위해 활용법칙과 활용기구가 완벽해야 한다는 것이다.

"대중은 거짓말을 듣고 처음엔 부정하고 그 다음엔 의심하지만 거짓말을 되풀이하면 결국 믿게 된다. 언론은 정부의 손 안에 있는 피아노가 되어야 한다." 괴벨스는 대중 선동에 관한 수많은 명언을 남겼다. 괴벨스는 "우리는 라디오에 의해 반대파 등의 영혼을 파괴하였다"고 말했다. 또 그의 부하 중 한 명은 더욱 신랄하게 "방송이야말로 가장 좋은 선전의 무기이다. 선전이란 정신의 온 영역에서의 싸움-정신의 창조와 파괴, 육성과 절멸, 재건과 해체의 영위-을 말한다. 우리의 선전은 독일의 민족과 피와 국가에 의해 결정된다"[21]고 말했다.

---

21) Roger Manvell · Heinrich Fraenkel, 〈*Doctor Goebbels : His Life & Death*〉(국내 번역판은 〈제3세계와 선전〉, 김진욱 옮김, 자유문학사, 1988년, p.108.)

괴벨스는 언론매체의 선전 자세와 목표는 알리는 것이 아니라 훈련하는 것이라고 하고 선전기술은 일면적 소구에 치중한 일방적 주장만 강요하는 방법을 사용했다. 일체의 반대토론을 금지한 상황 속에서 일관된 선전내용은 큰 효과를 거두었다.

또한 다양한 정보나 논증을 제시하여 국민 대중을 계몽하거나 민주국민으로 교육하고 육성시키기 보다는 단순한 맹목적 추종집단으로 만들어 정치적 목적에 활용하려는 저의에서 선전이 계획되고 실행되었다. 따라서 논리정연하고 합리적인 선전, 정직하고 순진한 선전, 교육적이고 수동적인 선전 대신 명령조의 선전, 능동적 선전, 투쟁적 선전이 실시됐다. 구호나 표어로 단순하게 반복적으로 세뇌시켰으며 대중의 지루함을 덜기 위해 각 언론매체마다 특성에 맞는 구호를 적절히 취급함으로써 외형상 다양함을 보여주기도 했다.

## 2) 신문 폐간과 방송사 접수

1933년 3월 24일 제정된 독일민족과 제국내의 빈곤타파 법안으로 나치정부가 합헌적으로 언론에 대한 법률 제정권을 소유할 수 있는 기틀을 마련했으며 같은 해 9월 22일 제국 문화부법을 제정 공포했다. 이에 따라 국민 계몽선전부 산하 6개 부설국을 두는 등 통제기구를 조직화하고 사설, 보도, 오락, 기획물 등 여러 가지 전달형태를 다양성을 상실하지 않은 범위 내에서 오직 정치이념 선전의 효과상승을 위한 가능성과 방법을 실무적 차원에서 강구하였다.

괴벨스는 장관에 취임한 뒤 곧 나치 당원들을 각 신문사에 파견했으며 비판적 기사가 나오는 것을 감시하도록 했다. 적발되면 '공공질서에 해롭다'는 이유로 해당신문은 가차 없이 정간 당했다. 그 후 신문사 측에서 편집국장을 갈아 치우거나 논조의 방향을 바꾸면 정간조치를 해제했다. 압력에 못 이겨 아예 신문을 나치당에 팔아버린 사주도 있었으나 대개는 신문의 논조를 바꾸었다.

1934년 4월까지 제1차 정리대상이 된 일간지는 모두 1,684개였으며 이중 강제폐간이 1,284개, 자진폐간은 327개였다. 나치당의 신문 폐간에 대한 명분은 "독일에는 너무 신문 종류가 많고 저질신문도 많은 데다 독일국가가 당면한 제 문제들을 대처하는 데 있어 이들 신문은 국민의 단결과 화합을 추구하는 대신 분열과 투쟁만을 조장한다는 것"이었다. 괴벨스는 일간지를 정리하는 한편, 신문에 게재시킬 모든 뉴스를 통제할 목적으로 볼프(Wolf)통신과 텔레그라펜(Telegrafen)통신사를 통합하여 DNB통신을 만들었다.

괴벨스의 선전성은 언론 이외에도 문화 각 분야에 대한 통제를 동시에 가했지만 그 중에서도 라디오와 영화를 중시하고 이에 각별한 관심을 기울였다. 괴벨스는 상징수법으로 제작된 나치 이데올로기 영화들을 각처에서 상영토록 하는 한편, '독일방송회사'로 통일되어 있던 당시의 라디오방송망을 관장했다.

1933년 권좌에 오른 히틀러는 독일제국방송사(Reich Broadcasting Corporation)를 접수했다. 각종 프로그램에 엄격한 검열을 가했고 민족주의 성향이 강한 프로그램들을 내보냈다. 당시 독일 사람들이 나치당의 연례 전당대회였던 '뉘른베르크(Nürnberg) 집회' 소식을 처음 들었던 것도 라디오를 통해서였다. 나치 당국은 거리에 커다란 스피커를 쌓아 두고 뉘른베르크에서 전해지는 소식을 전했다.

그러나 라디오는 일반인들이 소유하기에 너무 비싼 물건이었다. 히틀러는 지멘스(Siemens)나 텔레푼켄(Telefunken) 같은 라디오 제작 업체에 보조금을 지급하고 압력을 가해 폭스엠팽어(Volksempfanger, 국민라디오)를 싼 가격에 공급하게 했다. 1933년 이후 7년간 700만대가 보급된 폭스엠팽어는 소련이나 영국에서 날아오는 전파를 잡을 수 없게 만들어졌고 채널은 겨우 2개였다. 1938년에는 가장 싸고 대중적인 라디오 클라인엠팽어(Kleinempfanger)가 도입되었는데 사람들은 그걸 '괴벨스의 주둥이'라고 불렀다. 1933년 100만대이던 라디오 수신기는 1938년까지 980만대로 늘어나 5,000만 명의 독일인들이 동시에 정부선전과 이데올로기를 귀가 따갑도록 들어야만 했다.

괴벨스는 대중이 라디오를 듣는 습관을 길들이는 일을 우연에 맡겨 두지는 않았다. 그는 전국의 각 지방에 방송 감독소의 시스템을 만들어두고, 끊임없이 대중과 접촉하고, 팸플릿을 내며, 중요한 방송은 미리 알려주고, 공공장소에 설치한 확성기를 통해 청취할 수 있도록 하였다.

그러나 라디오에서 나오는 말들은 물론 모두 거짓말이었다. 2차 대전에서 독일이 엄청난 공습을 받고 연합군이 동서 양쪽에서 협공을 해 들어올 때도 나치는 승리의 길로 가고 있다고 선전했다. 독일 제국방송국에서 만드는 뉴스 프로그램들은 불리한 전세를 암시하는 어떤 보도도 할 수 없도록 철저히 검열받았다.

심지어 1945년 4월 연합군이 베를린(Berlin)을 포위하고 히틀러가 지하 벙커에 은신해 있을 때에도 라디오에서는 독일이 곧 역사적인 전쟁에서 승리할 것이라고 말했다. 괴벨스는 4월 20일 히틀러의 생일이 되면 독일이 유리한 고지를 점령할 것이라고 떠들어댔다.

거짓을 진실로 둔갑시키는 괴벨스의 선전술에 의해 대부분의 독일인들은 연합군이 자기네 마을에 들어올 때까지 독일이 전쟁에서 졌다는 걸 몰랐다. 연합군의 '베를린 라디오'가 히틀러의 자살소식을 전하고서야 비로소 패전 사실을 깨닫게 됐다.

### 3) 기자 자격제한과 보도지침 하달

괴벨스는 또한 1933년 10월에는 저널리스트(journalists)법을 제정, 공포한 뒤 독일 내의 모든 기자는 괴벨스가 교부하는 기자면허증을 발급받지 않으면 기자생활을 할 수 없었다.(강준식, pp.8~9.) 기자 자격기준은 선전성과 함께 나치의 언론통제 기구인 '제국 언론보도연맹'에서 마련했다. '제국언론보도연맹'의 총책인 이사장은 신문발행인 협회장인 F. 에르 나흐프(Eher Nachf)였다.

기자 자격기준에 제시된 언론직업을 가질 수 없는 기준은 ① 모든 비(非) 아리아인 ② 현실적 적응의지가 결여된 자였다. 비 아리아인이란 유태계 기자들을 말하며 현실 부적응자는 비판적 민주언론인을 말한다. 특히 1933년 10월 4일 공포된 '저널리스트법'은 기자통제와 관련한 독재적 언론억압정책의 진수를 보여준다. 기자들의 신분상 직위를 국가에 봉사하는 준 공무원화함으로써 현실비판의 능력을 말살한다. 신문사의 사원이 아닌 국가 공무수행의 공무원으로 그 신분을 바꾼다는 내용이다. 또한 국가기관화한 보도연맹이나 언론연수원 같은 기구를 통해, 언론 사주는 연맹의 강제회원으로, 기자들은 연구원에서 강제연수를 받아야 했다.

이 법은 또한 1919년 이후 제도화되어 있던 편집회의를 선전성의 감독 하에 개최하도록 했다. 그래서 매일 언론내용을 편집회의에서 선전성의 지시와 명령에 따라 선택 결정하게 함으로써 기사배치에 이르는 세부사항까지 보도지침에 따르도록 했다. 보도지침의 내용은 취급해야 할 국내외 뉴스, 주요기사의 지정, 표제의 크기, 바람직한 기사제목(주로 선전문구) 등이었다. 선전성의 제3국은 또 라디오 프로그램의 내용을 검열 감독하고 보도지침을 시달함으로써 방송 언론을 국유화하였다.[22] 독일 바이마르 공화국의 방송 '드라다크(Dradag)'는 제국에서 51%, 민자가 49% 참여한 주식회사 형태였으나 1926년 방송개혁에서 RRG로 명칭을 바꾸고 민자 참여를 금지시켰다.

선전성은 '보도지침'을 통해 엄청난 '제3 제국적인' 언어조작을 단행하여 독일문화와 정신계를 대대적으로 오염시켰다. 즉 신문 방송 용어들을 개조 개발 조작하여 기존의 언어 관행들을 체계적으로 파괴했다. 이밖에도 나치 독일은 인쇄종이의 국가 할당제나 보도연맹의 회원자격 요건 강화 제명 및 언론인의 국가훈련 특파원 면허제 등을 활용하여 언론을 통제했다.

나치가 언론매체에 내린 보도지침은 약 5만 종류에 이른다. 이 가운데 25% 이상이 침묵을 지켜달라는 지시였다. 침묵선전은 국가

---

22) 방정배, '한국언론 자정운동의 방향과 대안―나찌스 독일 언론의 민주화 원상회복 경험을 토대로', 〈저널리즘〉 1988년 겨울호, 한국기자협회, p.29.

안보나 기타 모든 사회불안을 조성하는 내용들을 보도하지 못하게 함으로써 가려진 진실에 대한 인간의 정보욕구를 심리적으로 교묘히 이용하려는 지능적인 선전술이었다.

나치는 여기에서 더 나아가 조작, 허위, 기만 등 날조선선도 활용했다. 정적을 탄압하기 위해 인간성이나 도덕성을 범죄형으로 격하시키고 공적 업무처리에 있어서 무능하거나 부패하다던가, 나아가 정신이상자로 낙인찍히도록 유도했다. 사진조작을 통한 사실증명도 시도했으며 가공의 내용을 사실로 날조하여 허위로 유포시키는 방식을 사용하여 대중을 공격형으로 개조하는 데 성공했다.(김세현, p.18.)

## 2. 군국주의 일본의 언론통제

군국주의 일본은 언론사를 통폐합하는 한편으로 치안유지법, 신문지법 등 각종 법률을 양산하여 언론보도는 물론, 사상을 엄격하게 통제했다. 또한 각종 필화사건으로 언론인들을 구속기소했다. 특히 만주사변과 태평양 전쟁이후에는 내각정보부(후에 내각정보국)를 신설하여 모든 언론사에 '세론(世論)지도'라는 명목으로 엄혹한 보도지침을 내렸다. 내각정보국에는 군부 관계자들까지 참여해 전쟁 참여 여론을 부추기는 방향으로 보도내용을 통제했다.

군국주의 일본은 만주사변 4년째인 1940년 '신문방책(方策)에 관하여'란 비밀 문건을 통해 "신문은 언론자유의 견지에서 정부의 시책과 태도, 방침을 비판하는 논조를 펼쳐 국내외에 커다란 영향을 미치고 있다"며 신문을 통제하기 위한 4가지 방안을 마련했다.[23] 4가지 방안은 ① 도의적 협력을 요청하는 방법 ② 법률적 수속에 의한 방법 ③ 행정적 조치(검열 통제의 강화)에 의한 방법 ④ 영업부

---

23) 쿠로다 히데토시(黑田秀俊), 〈知識人・言論彈壓の記錄〉, 白石書店, 1976년, p.109.

문을 통제하는 방법 등이다. 군국주의 일본은 이러한 방안을 그대로 신문에 적용했다.

특히 일본 군국주의는 특히 용지부족을 이유로 내각이 용지공급권을 장악하여 군소 신문사들을 압박, 자율결정이라는 명목으로 통폐합을 유도, 지방신문을 '1현(縣)1지(紙)' 체제로 만들었다. 또한 라디오 등 방송의 프로그램에도 일일이 관여했다.

## 1) 언론통제 기관

일본 군국주의는 1940년 12월 내각정보국 관제를 공포하여 육군과 해군 보도부, 내무성 경보국, 외무성 정보부의 소관사무를 하나로 통합하여 내각 정보기구를 확충 강화했다. 정보선전, 문화통제 체제를 정비하고 '대외 사상전'의 중추를 완성한 것이다.

정보국의 임무는 첫째, '국책 수행의 기초가 되는 사항에 관한 정보 수집, 보도 및 개발 선전의 통일'이다. 둘째는 '신문지, 기타 출판물에 관한 국가 총동원법 제20조(정부는 전시 때 국가 총동원상 필요에 따라 칙령이 정하는 바에 의해 신문지 기타 출판물의 게재에 관한 제한 또는 금지를 행할 수 있다)에 규정하는 처분'이었다. 셋째는 '전파에 의한 방송사항에 관한 지도 단속'이다. 이에 따라 정보국은 국내 및 대외 방송의 내용에 관한 지도, 감독을 행했다. 프로그램 검열은 종래와 같이 체신국에서 관장했다. 넷째는 '영화, 레코드, 연극 및 연예 등의 국책 수행의 기초가 될 사항에 관한 개발 선전상 필요한 지도 단속'으로 영화 등의 국책 국정에 관한 개발, 선전에 협력을 구함에 있어서 만전을 기하도록 되어 있다. 이처럼 정보국은 언론통제기관으로서의 성격을 강화했다.[24]

---

24) 야마모토 후미에(山本文雄)·야마타 이노루(山田實)·도키노 야히로 시(時野谷浩),〈日本 マスコミュニケーション史〉, 1981년, 도카이(東海) 대 출판사 (국내 번역판은〈일본매스커뮤니케이션사〉, 김재홍 옮김, 커뮤니케이션북스, 2000년, pp.204~208.)

일본 군국주의는 언론통제를 위해 각종 법규를 적용했다. 형법상으로 민심 혹란(惑亂), 경제 혹란의 경우 형법으로 철저하게 다스렸으며, 국민경제운행 저해 행위에 대해서는 형법 외에도 국가보안법을 적용했다. 또한 군사관계는 육군형법과 해군형법, 시국관계는 언론, 출판, 집회 결사 등 임시취체(取締)법의 적용을 받았다. 또한 관청의 기밀이나 군사상, 외교상의 기밀과 관련된 법의 규제를 받아야 했다.

특히 언론통제 법규에 의해 취체를 받는 경우는 유언비어와 허위사실 또는 사실 등의 유포는 구두에 의한 경우로 한정하지 않고 신문지, 잡지 등의 기타 출판물에 의한 경우에도 다르지 않았다. 특히 출판물의 경우에는 출판통제 법규에 의해 특별하게 취체를 받는 경우도 있었다. 출판통제 법규에는 출판법, 신문지법, 불온문서 임시취체법, 신문지 등 게재 제한령, 소년법 제74조 등이 있었다.[25] 기타 취체 대상이 된 내용 사항의 비교 일람표는 다음과 같다.

일본 군국주의의 출판통제 법규 비교 일람표

| 사항 \ 법령 | | 출판법 | 신문지법 | 불온문서 임시취체법 | 신문지 등 게재 제한령 | 소년법 |
|---|---|---|---|---|---|---|
| 황실의 존엄모독 정체 변괴 국헌(國憲) 문란 | | 26조 | 42조 | 1조 · 2조 | | |
| 안녕질서 방해 풍속 괴란(壞亂) | | 27조 | 41조 | | | |
| 형사 | 범죄 관계 | 16조 · 28조 | 21조 · 37조 | | | |
| | 심리 관계 | 17조 · 28조 | 19조 · 36조 | | | 74조 |
| 관청의 기밀 군사상의 기밀 외교상의 기밀 | | 12조 · 18조 · 28조 | 20조 · 36조 | | 1조 | |
| | | | 27조 · 40조 | | | |

※ 자료 : 오쿠비라 야쓰히로(奧平康弘) 감수, 〈戰時下の 言論統制〉, 언론통제문헌자료집성 제11권, 일본도서센터(センター), 1992년, p.70.

---

25) 오쿠비라 야쓰히로(奧平康弘) 감수, 〈전시하의 언론통제 (戰時下の言論統制)〉, 언론통제문헌자료집성 제11권, 일본도서센터(センター), 1992년, p.68~69.

언론통제 법규가 적용되는 경우에 출판물에 대해서는 특별한 취체 법규가 있는 때에는 대체로 1개의 행위에 대해 수개의 죄명이 저촉될 경우도 있었다.

## 2) 신문사 통폐합

일본 군국주의는 1931년 만주사변에 돌입하면서 '국론통일과 해외선전 강화'를 명분으로 통신사를 도맨(同盟)통신사 하나로 통합, 조직적으로 언론정책의 첨병으로 삼았다. 1938년 9월부터는 신문 잡지용지를 제한함과 아울러 용지절약을 명분삼아 1,200개사에 이르는 전국의 일간지를 도쿄(東京)에 5개 종합지를 기타 지방에는 '1현 1지' 원칙으로 모두 50여 개 사만 남겨놓고 대폭 줄이는 '신문기업의 통폐합'을 단행했다.

신문사의 통합은 중일전쟁을 기점으로 시작됐다. 전 해인 1936년 말에는 '지지(時事)신보'가 폐간되어 '도쿄 일일신문'에 합병됐다. 정부는 아사히(朝日)신문, 오사카(大阪) 마이니치(每日)신문, 도쿄 일일신문, 요미우리(讀賣)신문이 압도적인 부수로 여론을 지도하는 체제에 있는 것을 억눌러 신문을 국책에 협력토록 통제를 기도했다.

1938년 7월부터 1940년 5월까지 경영난에 빠진 신문의 통합에 착수했으나 중앙 3개지와 유력지방지와의 사이에 쉽게 통합 기운이 무르익지 않아 무산됐다. 1939년 3월 내무성은 신문지법에 의한 신문 잡지의 창간을 원칙적으로 인정하지 않는다는 방침을 세웠고, 1940년 2월 경시청 검열과는 언론의 통제, 용지의 절감을 위해 군소신문사의 내부를 조사하여 특히 구독료와 광고료를 강요하는 신문사에 해산을 명하는 등 차츰 통제를 강화해 나갔다. 조선과 대만에서도 신문의 정리와 통합이 촉진되어 '1도(道)1지(紙)'가 실현됐다.

1940년 5월부터 1941년 9월까지는 군소신문을 정리한 시기이다. 1940년 5월 기획원과 상공성을 중심으로 이뤄졌던 신문 잡지의 용지통제를 내각으로 이관했다. 정부는 용지배급권을 장악하여 통합을 받아들이지 않는 신문사를 배급 삭감이 된 신문사에 강제적으로 동의하게 하여 자발적 협력이라는 형식으로 정리했다. 이에 따라 지방지의 '1현1지'는 급속하게 진전됐다.(야마모토 후미에(山本文雄) 외 pp.208~210.) 신문통제 상황을 보면 신문사수는 1938년부터 1941년 사이에 급속히 진행되어 몇 년 사이에 3분의 1로 감소했다.

1938~1941년 일본 신문사 수 비교

| 연 도 별 | 전국 신문사 수(개) |
|---------|------------------|
| 1937년 4월말 | 13,075 |
| 1938년 5월말 | 13,429 |
| 1939년 5월말 | 11,038 |
| 1940년 4월말 | 8,124 |
| 1941년 4월말 | 5,190 |

※ 자료 : 야마모토 후미에(山本文雄) 외, 〈日本マス・コミュニケーション史〉, (국내 번역판은 〈일본 매스커뮤니케이션사〉, 김재홍 옮김, 커뮤니케이션북스, 2000년, p.210.)

또한 혁신파 소장군인들은 내각에 정보위원회를 설치해 신문사에 적용되는 칙령을 공포하기도 전에 언론을 탄압했다. 1941년에는 언론 출판 집회 결사 등을 단속하는 법률과 국방보안법 등 일련의 언론통제 입법을 서둘러 군인들이 신문의 제목과 크기 및 내용까지 마음대로 결정했다. 그들은 또 전국신문을 획일적으로 통제하기 위해 이른바 허수아비 신문연맹을 만들었으며, 사장 이하 간부들의 자격기준을 설정하고 신문기자의 등록을 의무화해 군부에 비판적인 언론인들을 사전에 제거하기도 했다.

3) 뉴스 검열기준

일본 군국주의는 언론보도를 엄격하게 통제했다. 육군성은 만주사변이 일어나자 즉시 승인 없이 군사상의 뉴스를 공개하지 말도록 신문이나 정기간행물에 경고하는 명령을 내렸다.[26] 국민생활의 모든 국면이 1931년 이후 계속된 비상사태와 준전시 상태에 의해 물들었다. 그리하여 반전적 표현의 신문, 잡지, 방송, 영화, 연극, 레코드 응 어떤 형태를 취하든 내무성에 의해 억제되었다.

매스미디어는 '진실'(공식견해)을 발표하는 정부에 조종되어 대부분의 경우 정부 측 견해를 받아 들였고, 그것에 반대하는 정보는 진실하지 않은 것으로 결정되었다. 이리하여 일본의 매스 미디어는 정부의 여러 행위에 영향을 끼치기보다 합리화하는 것이었다. 정부의 압력 증대에 대하여 신문이 어떤 반응을 했는가는 어떤 일본 학자의 지적과 같다. "그들은 자유를 위해 싸우지 않음으로써 스스로의 무덤을 팠다."(Okudaira, p.14.)

1937년 7월 이래의 중일전쟁 확대에 의해 정부의 출판통제가 강화의 방아쇠가 당겨졌다. 내무성은 반전적 표현이나 비관적 표현을 질식케 해버리도록 명령을 내렸다. 금지 항목에 열거된 것은 반군·반전적 언사, 국민의 군부 지지를 악화시키는 보도, 일본이 호전적이라고 암시하는 보도, 또는 국민 대중을 혼란시켜 안녕질서를 문란케 하는 논설 등이었다.

검열기관을 강화하기 위해 정부는 1937년 9월 내각정보부를 설치하고 그 후 1940년 말에 그것을 내각정보국으로 확충했다. 이 새로운 기관의 목적은 신문인의 사상을 정정한 방향으로 선도하는 것이었다. 신문인에 '올바른 정보'를 주는 것이었다. 특히 신문은 '국민 대중의 마음에 영속적인 불굴의 정신을 고무해야 하는' 것이어야 했다.

신문만 아니라 다른 모든 매스 미디어가 내각정보부(후에 내각정보국)의 조사에 복종하여 여러 가지 제한을 부과 받았다. 끝으로 1941년 3월의 가혹한 국방보안법이 대부분의 비판을 침묵케 했다. 외교, 재정, 산업 및 다른 중요한 국가 문제에 관한 비밀정보를 외국

---

26) Okudaira Yasushiro, 〈*Political Censorship in Japan from 1931 to 1945*〉, p.13.

권력에 고의로 흘렸다고 인정된 자는 사형에 처해질 가능성이 있고 또 그러한 정보를 공표한 경우에는 최고로 무기징역에 처해질 수 있게 되었다.[27]

1940년 끝 무렵 내각정보국은 육군, 해군, 외무, 내무 등 각 성으로부터 파견된 600명의 직원을 거느렸다. 가장 중요한 지위를 차지한 것은 군부였다. 내무 관료와 군부 사이의 권력투쟁의 세부는 밝혀져 있지 않으나, 결과는 자명하다. 즉, 내무성은 검열에 있어 거의 독점에 가까운 지위를 잃고, 내각정보국이 그 기능을 흡수한 것이었다.

일본 군국주의는 4개 조항으로 된 뉴스 검열기준을 마련하여 시행하기도 했다. 이는 ① 뉴스에 대한 취사선택은 국가적 견지에서 판정 ② 뉴스는 일본적인 관점에서 보고 표면은 객관적인 뉴스처럼 위장 ③ 정부에 협력적이어야 함 ④ 적에게 역용되는 위험이 없을 것으로 되어 있다. 이에 따라 전시에는 일기예보조차 신문에 게재되지 못하는 어처구니없는 일이 벌어지기도 했다.

### 4) 전시하의 보도통제

일본 군국주의는 중일전쟁이 시작되면서 신문기사의 통제를 엄격하게 시행했다. 당시까지의 기사 게재금지는 신문지법에 의해 수사 또는 심사 중인 형사사건에 대해서는 검사에게, 안녕 질서를 문란케 하거나 풍속을 해하는 사항에 대해서는 내무대신에게, 군사외교의 비밀에 속하는 사항에 대해서는 육군과 해군대신 또는 외무대신에게 각각 명령권이 부여되어 있었다. 이 가운데 기사게재 금지명령은 평시에는 군사기밀, 국교에 영향을 미치는 사항이 대상이었지만, 전시에는 특별명령으로 게재를 금지할 수 있었다.

일본 군국주의는 라디오에 대해서는 언론보도를 통일시키는 방

27) Richard H. Mitchel, 〈*Thought Control in Prewar Japan*〉, Cornell University Press, 1976년. (국내 번역판은 〈일제의 사상통제〉, 김윤식 옮김, 일지사, 1982년, pp.204~205.)

향으로 진행했다. 1939년부터 내각정보부의 지도하에 매일의 프로그램 편성 원칙이 결정, 시달됐으며 관료들의 지도 통제는 더욱 심화했다. 중국과의 전쟁이 수렁에 빠져 들면서 '국민의 사기 고양을 위해 연예, 음악 방송을 충실히 할 것'을 지시했다. 이에 따라 한때 방송에서 사라졌던 라쿠고(落語)[28] 가요가 다시 등장했다.

1941년 들어서는 언론통제와 압박이 본격화하여 1월 11일 국가총동원법에 의거 신문지등 게재 제한령을 공포했다. 게재사항의 제한 범위는 ① 외교에 관해 중대한 지장을 초래하는 사항 ② 외국에 비밀로 해야 할 사항 ③ 재정 경제정책의 수행에 중대한 지장을 초래하는 사항 ④ 그 밖의 국책 수행에 중대한 지장을 초래하는 사항으로 신문지법의 규정보다 훨씬 광범위한 것이었다. 이 칙령에 의해 새롭게 총리대신에게 기사게재 금지권을 인정했고 실제로는 정보국에서 관장했다.(야마모토 후미에(山本文雄) 외, p.211.)

일본 군국주의는 태평양전쟁이 발발하면서는 더욱 엄격하게 보도를 통제했다. 일본의 진주만 공격 다음날인 9일 1941년 임시로 비상소집한 내각정보국 제2과 주최의 간담회 석상에서 이뤄진 당국에 의한 보도통제는 매우 엄격하고 세세하다. 하타나카 시게오(畑中繁雄)씨가 쓴 〈일본 매스컴의 언론탄압 초사(日本ファシズムの言論彈壓抄史)〉는 내각정보부 정보관이 '기사금지 사항'을 읽은 뒤 각서를 쓰도록 했다고 기록했다. 이 기록은 '일반 여론의 지도방침'[29]으로 ① 이번 대미영전은 제국의 생존과 권위의 확보를 위해 일어난 전쟁으로 강조할 것 ② 적국의 이기적 세계 제패 야망이 이번 전쟁이 일어난 진정한 원인이라는 논리를 세울 것 ③ 세계 신질서는 팔굉일우(八紘一宇)의 이상에 세워져 만방에 알리는 목적임을 강조할 것 등으로 되어 있다. 다음은 구체적인 지도방침의 일부이다.(하타나카 시게오(畑中繁雄), pp.101~108.)

---

28) 일본식 만담을 일컫는다.
29) 하타나카 시게오(畑中繁雄), 〈日本ファシズムの言論彈壓抄史〉, 高文研, 1986년, p.101.

• 구체적 지도방침

① 우리 나라에 전황이 호전되는 것은 물론, 우리 나라는 절대적으로 우세한 입장에 있음을 크게 강조할 것

② 우리 경제력에 대한 국민의 자신감을 강화하는 논지를 펼 것. 특히 남방 민족의 신뢰감을 높이는 배려를 할 것

③ 적국과의 정치·경제적 비교는 적국의 군사적 약점을 폭로하여 이를 선전함으로써 적국의 자신감을 약화시키고 제3국의 신뢰를 잃는 방향으로 노력을 집중할 것

④ 국민 가운데 미국과 영국에 대한 적개심을 강하게 심어줄 것, 동시에 미국과 영국에의 의존심을 철저하게 불식시키도록 할 것

⑤ 장기전에 대한 각오를 심어줄 것


• 경계할 사항

① 전쟁에 대한 진의를 곡해하고 제국의 공명한 태도를 비방하는 언설

② 개전(開戰) 경위를 곡해하여 정부와 통수부의 조치를 비방하는 언설

③ 개전에 관해 독일과 이탈리아의 도움을 기대한다는 식의 논조

④ 정부와 군부 사이에 의견대립이 있을 수 있었다는 식의 논조

⑤ 국민은 정부의 지시에 관해 복종하지 않고 국론도 통일되지 않다는 등의 논조

⑥ 중국과 만주 그밖에 지역과의 관계에서 불안이나 동요가 있다는 식의 논조

⑦ 국민 가운데 반전이나 염전(厭戰)의 기운을 조장시킬 수 있는 논조에 대해서는 특히 주의를 필요로 함

⑧ 반군사상을 조장시킬 경향이 있는 논조

⑨ 화평(和平)기운을 기대하게 하고 국민의 사기를 저상시키는 논조 (대 미영 타협, 전쟁중지 요청을 시사하는 논조는 당국이 특별히 경계하는 것으로서 엄중 주의를 요함)

⑩ 총후치안(銃後治安)을 교란시키는 논조


일본 내각정보국은 이밖에도 남방문제와 일본·독일·이탈리아 삼국동맹 관계, 대소련 관계, 경제기사, 일본과 독일과의 작전협정과 관

한 금지사항이나 외교상 주의사항 등을 자세하게 지시했고 출판사에 군인들의 '관제원고'를 싣도록 강요하기도 했다. 이에 따라 신문기사는 군부가 원하는 방향으로 제작할 수밖에 없었다. 아사히신문 기자였던 쿠마쿠라 마사야(熊倉正彌) 기자는 히로시마(廣島)와 나가사키(長崎) 원자폭탄 투하 기사는 4단으로 작게 취급되어 일본 국민에게 제대로 알리지 못했다고 털어놓았다. 쿠마구라 기자는 "히로시마와 나가사키에 원자폭탄이 투하되었을 당시 신문보도의 일부를 보면 신문에 의해 일반 국민이 어떤 정도였는지 그 사실을 알리지 않았다"고 밝혔다.[30]

히로시마는 1945년 8월 6일 원자폭탄으로 파괴됐다. 그러나 8월 7일자의 아사히신문을 본 독자는 톱 4단기사인 해상특공대의 분전기(奮戰記)를 봐야 했다 (당시는 용지부족으로 지면에 여유가 없었으므로 당시는 4단기사가 가장 큰 기사였다). '찬란하다. 해상 특별공격대' '오키나와(沖繩) 주변의 적 함대에' '장렬한 돌입 작전' 등 눈에 띄는 제목으로 오자와(小澤) 연합함대 사령장관이 전군에 그의 수훈을 포고할 것을 보도한 기사였다 (실제로 전함 야마토(大和)는 목적을 달성하지 못하고 격침됐다). 원폭투하 기사는 지면 중 전혀 눈에 띄지 않는 곳에 '1단 4행' 짜리 기사가 실렸을 뿐이다.


## 3. 커뮤니케이션 과정을 통해 본 언론통제 구조

이들 파시즘 체제의 언론통제는 커뮤니케이션의 전체 과정에 대한 세세하고 적극적인 통제를 수행한 데 특징이 있다. 나치 치하의 독일이나 이를 모방한 일본 군국주의 그리고 일본 군국주의의 언론통제 방식을 들여온 한국 군사정권의 언론통제는 커뮤니케이션의 전 과정에 대해 통제함으로써 언론을 통치기구로 만들었다는 데

---

30) 쿠마구라 마사야(熊倉正彌), 〈言論統制下の記者〉, 아사히신문사, 1988년, p.101.

공통점이 있다고 할 수 있다.

독일의 커뮤니케이션 학자인 G. 말레츠케(Maletzke)는 1963년 '매스 커뮤니케이션 분야에서의 스키마'라는 저술에서 방법론으로 완벽하게 짜여진 매스커뮤니케이션 모델을 내놓았다.[31] 말레츠케는 전통적으로 커뮤니케이션 기본요소로 간주되어 왔던 S(source, 송신자)-M(message, 메시지)-C(channel, 채널)-R(receiver, 수신자)에 모델에 입각하여 C(communicator, 커뮤니케이터)-M(message, 메시지)-M(media, 미디어)-R(receiver, 수용자)모델을 제시했다. 매스미디어의 경우 언론인 등을 커뮤니케이터라고 하면, 언론인이 메시지(기사 등 보도내용)를 미디어(신문 방송 등 언론매체)를 통해 수용자(독자 또는 시청자)에게 전달하는 방식으로 정보가 흐른다는 것이다.

방정배는 파시즘 체제의 언론통제 방식을 이들 커뮤니케이션 과정에 대한 전방위적인 통제로 이뤄졌다고 분석했다.(방정배, p.27.) 방정배는 파시즘 체제의 언론통제 방식을 첫째 커뮤니케이터 통제(비판적인 언론인 숙청), 둘째 미디어 통제(언론사의 정리 통합), 셋째 메시지 통제(메시지의 검열 감독, 보도지침 시달), 넷째 수용자 통제(국민의 유언비어 단속과 불온유인물 유통제한 금지) 등 4개 과정으로 구분했다.

파시즘 체제, 특히 한국 군사정권 하에서의 언론통제가 각각의 커뮤니케이션 과정에서 어떻게 이뤄졌는가를 분석하는 것이 이 책의 의도이다. 한국 군사정권의 언론통제는 당시 문공부 직제(홍조실 등), 프레스카드제(언론인의 국가면허), 언론연구원(국가 이데올로기 훈련소), 보도지침, 언론매체의 통폐합, 언론인의 대대적 추방, 언론악법 제정, 어용 신문방송 협회 조직 등은 나치즘 체제에 있어 '정치-언론' 관련과 큰 유사점을 읽을 수 있다.

---

31) Denis Mcquail · Sven Windahl, 〈*Communition Models : for the Study of Mass Communition*〉(국내 번역판은 〈커뮤니케이션 모델〉, 임상원 옮김, 나남, 2001년, p.79.)

# 제2장  커뮤니케이터 통제

언론통제 과정에서 가장 우선적으로 시행하는 부분이 사건이나 현상을 취재하여 보도하는 저널리스트들을 통제하는 것이다. 다시 말해 커뮤니케이션의 첫 번째 과정인 커뮤니케이터(communicator)를 탄압하는 것이다. 국민의 알 권리를 위해 복무하는 기자들은 정치권력에 대한 감시를 통해 이들의 잘못을 국민에게 널리 알림으로써 사회발전에 기여한다. 이른바 언론학 교과서에 나오는 '환경감시 기능'을 말한다.

따라서 기자들의 활동을 억제하거나 이들을 연행하거나 고문하고, 정권에 비판적인 기자들을 언론현장에서 쫓아내고 우호적인 기자들만 남겨 둔다면 정치권력은 크게 고민할 필요가 없다. 더구나 언론사에 남아 있는 다른 기자들은 권력의 눈치를 보아야 목숨을 건질 수 있기 때문에 자기검열(self censorship)에 빠져 정권에 우호적인 기사를 쓸 수밖에 없다. 이른바 '겁주기 효과(chilling effect)'가 그것이다.

박정희정권과 전두환정권 등 한국의 군사독재정권들이 언론을 통제하기 위한 수법 중의 하나로 악용한 것이 바로 커뮤니케이터에 대한 탄압이었다. 사이비 기자 척결이라는 명목을 앞세워 기자들을 무더기로 해직시키고, 때로는 반공법이나 국가보안법 등을 위반했다는 혐의로 재판에 회부하거나 정보기관에 연행하여 고문을 가하기도 했다.

반면 자신에 우호적인 언론인들에 대해서는 정·관계로 끌어들여 고위직을 보장했으며, 이들을 활용해 언론을 통제하는 '이언제언

(以言制言)' 수법을 활용했다. 언론현장에 남아 있는 기자들에 대해서는 세금 감면이나 언론기금을 활용해 생활자금이나 주택자금을 저리로 융자하는 혜택을 베풀기도 했다. 한마디로 '당근'과 '채찍'을 적절하게 구사한 것이다.

박정희정권은 5.16쿠데타 직후 '사이비 기자' 일소라는 명목으로 언론인을 대거 언론현장에서 축출했다. 이어 정권의 언론통제에 반발하여 자유언론실천운동을 벌이던 기자들을 경영진을 압박하여 대량 해고했다. 유신이후 혹독한 언론통제에 시달리며 국민으로부터 '제도언론'이라는 비판에 시달리던 기자들은 1974년 10월 24일 동아일보사 기자들이 10.24자유언론실천선언을 발표한 뒤를 이어 전국의 언론사로 자유언론실천선언이 확산됐다. 이에 대해 박정권은 광고탄압으로 경영진을 압박했으며 결국 경영진은 이들을 무더기로 해고했다. 조선일보에서는 유신찬양 외부기고를 게재한 데 항의하는 기자들을 해고하고 이에 항의하는 기자들마저 함께 쫓아냈다. 해고된 기자들은 매스컴 관련 기업에는 취업하지 못했다.

언론인 강제해직은 전두환 신군부에 의해 대대적으로 저질러졌다. 전두환 신군부는 비상계엄 하에서 검열거부 투쟁에 나선 기자들을 대규모로 숙청했다. 신군부는 자신의 집권에 저해요소가 되는 기자들을 솎아내 언론사 경영진으로 하여금 자율적으로 해직시키는 모양새를 취해 언론현장에서 쫓아냈다. 강제해직 이전에는 이른바 'K-공작계획'을 통해 언론인들을 회유했고 이에 호응하지 않는 기자들은 다른 명목을 붙여 언론활동을 금지시켰다.

군사독재정권은 자신에 비판적인 기사를 보도한 언론인에 대해서는 '귀에 걸면 귀걸이 코에 걸면 코걸이' 식으로 반공법이나 국가기밀보호법 등을 적용해 구속하여 재판에 회부했다. 박정희정권은 집권 초기부터 수많은 기자들을 구속했으며 〈신동아〉 필화사건과 〈사상계〉, 〈다리〉, 〈창조〉 등 비판적인 잡지를 발행했던 언론인들을 잡아들여 재판에 넘겼다. 박정권 하에서는 수많은 필화사건이 발생했다.

이와 함께 박정희정권과 전두환정권이 가장 손쉽게 써먹었던 수법은 중앙정보부와 후신인 안전기획부 등 정보기관을 동원하여 언론인들의 동향이나 성향 등을 파악하는 언론사찰이었다. 이를 통해 불순한(?) 사고나 행동을 하는 언론인들을 솎아내고 필요시에는 중앙정보부나 안기부로 연행하여 조사하거나 고문하기도 했다.

독재정권들은 이러한 겁주기만으로 언론인들을 통제한 것은 아니다. 국가가 기자자격을 심사하여 자격증을 주는 프레스카드(press card)제를 도입하여 비판적인 성향을 가진 언론인들은 아예 취재·보도를 하지 못하도록 봉쇄했다. 프레스카드제는 나치 독일이나 군국주의 일본 등에서 시행하던 제도였다.

## 1. 언론인 강제해직

박정희정권과 전두환정권은 쿠데타로 권력을 장악한 뒤 언론을 장악하기 위한 방법을 모두 동원했다. 언론사 통폐합과 각종 언론규제법의 제정은 물론, 정권찬탈에 가장 걸림돌인 비판적인 언론인들을 언론현장에서 강제로 추방한 것이다. 박정희정권은 소위 부패언론인을 정화하겠다고 나섰으나 흐지부지되었다.

그러나 전두환정권은 전례 없는 강압조치를 통해 언론인을 강제로 해직했다. 1980년 전두환 신군부 세력은 언론계 정화를 명목으로 언론인을 강제 해직하도록 했다. 군부에 비협조적인 언론인을 제거하는 데 주안점을 두고 모두 933명을 언론사에서 쫓아냈다. 해직기자 중에는 계엄사의 검열거부를 주도했던 기자와 신군부에 반대입장을 표명했던 기자들 거의 대부분이 포함됐다.

### 1) 박정희정권(1961년~1962년)
언론기관 정비가 끝나자 군사정권은 부패언론인 정화문제를 거론했다. 방미 중이던 박정희 의장은 1961년 11월 23일 미국 프레스클럽 연설에서 "과거의 많은 신문들이 금전에 좌우되고 부패했으며 공산주의 색채를 띠었다"고 비난했다. 그리고 도쿄로 오는 비행기 안에서 "부패 언론인들이 언론계 자체에 의해 자율적으로 정리되길 바란다. 우리가 손을 대려 했으나 그것을 기다리겠다"고 말했다. 또 12월 7일 귀국 후 첫 기자회견에서는 "언론인 가운데 부패인사가 있으며 그 명단을 가지고 있다"고 밝히면서 언론계의 명예를 위해 자가 숙정할 것을 바란다고 경고했다.[32]

그러나 한국신문편집인협회, 일간신문 발행인협회, 통신협회, 일선기자 대표들이 12월 16일 연석회의를 열고 이 문제를 논의했으나 당장 어떠한 결론을 내리지 못하고 각 언론단체의 회장단에게 처리를 일임했다. 편집인협회와 발행인협회, 통신협회 회장들은 12월 23일 박의장이 가지고 있다는 명단의 제시를 요청했으나 자율적으로 처리되기를 기대한다면서 요청을 거절했다. 이 문제는 더 이상의 진전이 없었다.

부패언론인 정화문제가 다시 표면화하기 시작한 것은 해를 넘긴 1962년 4월 16일 이후락 최고회의 공보실장이 "언론계 정화에 정부는 큰 관심을 갖고 있다"고 언명하면서 부터이다. 대한일보는 4월 20일자에 최고회의의 한 소식통을 인용하여 "정치 정화가 끝나면 언론계 정화를 입법화시킬 가능성이 농후하다"고 하면서 입법화 문제에 앞서 "정부는 부패언론인 43명의 명단을 공개할 것"이라고 보도했다.

당시 언론계는 부패 언론인 정화문제의 입법화와 명단 공개에 촉각을 곤두세우면서 심리적 압박감을 느끼지 않을 수 없었다. 언론정화법을 제정할 것이라는 얘기도 나왔다. 경향신문은 4월 22일자에서 "수사당국이 작성한 문제의 리스트에 의하면 경영자급이 3~4명, 중견간부가 10여명이고 나머지 30여명은 구(舊) 정부 때의 일선

---

32) 주동황 외, 〈한국언론사의 이해〉, 전국언론노동조합연맹, 1997년, p.81.

기자로 지금 현역도 있고 퇴역도 있다"고 구체적으로 보도했다. 5월 29일 이후락 공보실장은 치부한 부패 언론인이 100여명도 넘는다고 발표했다.

그러나 군사정권은 끝내 명단을 발표하지 않았다. 엄포만 떨었던 것이고 언론계의 아킬레스건을 잡아 언론의 비판능력을 마비시킴과 동시에 언론을 쿠데타 사업에 협조시키자는 데 목적이 있었던 것이다. 한마디로 '언론 길들이기' 작전이라고 할 수 있다. 언론기관 정비가 물리적 힘에 기초했던 데 비해 부패 언론인 정화는 고도의 심리작전이었던 셈이다.(주동황 외, p.82.)

부패언론인 정화문제는 1962년 6월 28일 군정의 '언론정책' 발표로 종결됐다. 언론정책의 언론정화 지침' 항목에서 군사정권은 "언론인의 과거는 일체 불문에 붙임을 원칙으로 하며 그 정화를 위한 입법이나 강제 정화법은 지양한다"고 밝혔다. 이로써 언론인 정화문제는 언론계의 자율에 맡겨졌다.

## 2) 전두환정권(1980년)

전두환 신군부세력은 계엄 하에서 일선 기자들의 검열거부 투쟁이 벌어지자 이들을 구속하고 신군부에 비판적인 언론인들을 대거 숙정하는 작업에 나섰다. 박정희정권은 언론인 정화를 내세워 언론계를 위축시키는 역할에 머물렀지만, 전두환정권은 실제로 비판적인 언론인들을 사회정화라는 이름을 내세워 언론계에서 내쫓았다.

### (1) 검열거부 투쟁 기자 해직

1979년 10.26사건으로 유신체제가 붕괴하자 언론계의 양심세력들은 유신언론인 척결과 편집권 독립을 당면과제로 설정하고 이의 관철을 위해 주력했다. 그러나 명분 없는 언론 검열이 계속되고 그 의도가 불순한 것으로 드러나자 1980년 5월 들어 기자협회(기협)를 중심으로 검열거부 운동이 구체화하기 시작했다.

기자협회는 5월 16일 회의를 열고 5월 20일 자정부터 계엄사의 검열을 거부하고 여의치 않으면 제작거부에 들어가기로 결의했다. 검열거부 결의가 있은 다음날인 5월 17일 전두환 신군부는 비상계엄을 전국으로 확대하고 대대적인 민주인사 검거에 나섰다. 물론 언론계 저항세력의 진원지인 기협을 일차 공격 목표로 삼았다. 이어 검열거부에 적극적이었던 경향신문 기자들에게 용공혐의를 뒤집어씌워 국가보안법 위반 혐의로 구속했다.

신군부는 비판적 성향을 지닌 기자들의 반발을 잠재우기 위해 대대적인 언론인 강제해직 계획을 마련해 실행에 옮겼다. 언론사상 전무후무한 언론인 탄압이 벌어진 것이다.

가. 기자협회 사건

1980년 4월 1일 합동통신 김태홍 기자를 회장으로 선출하여 새롭게 구성된 기자협회는 같은 달 8일 '헌법 개정과 언론자유' 강연회, 25일 '언론조항에 관한 공청회'를 개최하고, 5월초 언론 관련법 기자협회 시안을 마련하여 국회 개헌특별위원회와 정부의 개헌심사위원회에 제출하는 등 언론민주화와 언론자유를 주장했다.

보도검열이 강화되자 언론사들은 비상계엄령 해제 및 언론검열 철폐 촉구, 언론인 연행 조사 거부 및 공동대처, 자구책 강구, 동아·조선투위 위원 등 해직기자 복직, 기관원 출입 및 간섭 거부 등을 주장했다. 언론사들의 검열거부 및 자유언론수호 움직임에 맞춰 기자협회는 5월 16일 김태홍 회장의 주관 아래 재경언론사 분회장 및 운영위원 연석회의를 열고 5월 20일 새벽 0시부터 검열거부를 결의하고 거의 모든 언론사 기자들이 동참했다.

이로써 10.26사태이후 기협의 재건과 언론자유 수호를 당면 목표로 하여 적극적인 활동을 벌이던 기협은 다시 마비상태에 빠졌다. 기협은 이후 신임 집행부가 구성된 1981년 7월까지 진공상태에 놓였으며 검열거부 결의를 머리기사로 올려 제작에 들어갔다가 회장단의 연행으로 발간 중지된 기자협회보는 1년 2개월 동안 발행되지 못했다.

신군부는 5월 17일 비상계엄령의 전국 확대와 함께 기자협회 간부진 검거에 나서 기자협회 회장단과 편집 기자를 체포했다. 이들은 군법회의에 회부되어 기자협회 산하 모든 언론기관은 검열을 거부한다는 내용의 결의문 등을 사전검열을 받지 않고 출판했다는 혐의로 포고령위반죄가 적용됐다.

기자협회의 보도검열 거부 결의에 따라 거의 모든 언론사의 일선 기자들이 제작거부에 동조했다. 특히 5.18광주민주화운동에 대한 사실보도가 허용되지 않아 기자들은 광주사태 사실보도 허용, 민주정치 발전보장, 연행기자 즉시 석방, 보도검열 전면 철폐 등을 주장했다. 계엄당국은 언론인들의 제작거부에 대해 '계엄하 보도검열 장기지속에 불만, 정국의 불투명설로 자유언론실현 난망, 정치인 및 학생 데모에 자극, 5.17 조치 후의 보도통제 강화 등' 때문인 것으로 분석하고 언론사내에서 설득과 대화로 조속히 해결토록 하고 주동자에 대해서는 포고령 위반으로 구속하겠다고 엄포를 놓았다.[33]

계엄당국은 제작거부가 지속될 경우 감면, 통판 발행, 뉴스시간 단축, 뉴스프로 대체, 무단결근 및 집단사태 결의 등과 같은 사태가 발생할 것으로 예상하고 다음 표와 같은 3단계 대책을 제시했다.[34]

또한 제작거부 문제를 각 언론사의 자체 문제로 축소시켜 자체 내에서 설득과 대화로 조속히 해결토록 종용하고, 제작거부 및 태업 행위가 장기화되고 과열화되어 사회문제로 발전할 때는 일벌백계로 의법 조치하고 문제가 해소되면 주동 과격분자를 색출하는 등 후환이 다시 발생하지 않도록 다각적인 제재방안을 강구하는 등의

33) 보안사 언론반, '중앙 각 언론사 제작거부사태 분석보고', 1980년 5월 26일 〈과거사진상규명위원회 종합보고서〉 제3권, 국방부 과거사진상규명위원회, 2007년에서 재인용, 앞으로 보안사 관련 문건은 이 책에서 재인용했음을 밝힌다.
34) 보안사 3국, '일선기자 반발에 따른 당면 언론대책', 1980년 5월 24일.

일선기자 반발에 따른 당면 언론대책

| | | |
|---|---|---|
| 1단계 | • 언론 각사 발행인에 대한 경고 및 협조 당부<br>(5월 22일 부장님 기조치)<br>• 보도검열 완화 검토<br>• 각사 편집 보노국장에 대한 경고 및 협조 당부<br>• 각 기협 분회장들에 대한 경고 및 협조 당부<br>  – 자체 반발 해소책 강구 독려<br>  – 법령 및 계엄포고령 주지 강조 | 계엄사 보도처<br>문공부<br>문공부 |
| 2단계 | • 반발 주동기자에 대한 직접적인 경고.<br>대상 : 42명 별첨 | 합수 |
| 3단계 | • 강경 조치<br>• 반발 주동기자 입건 구속 엄단(포고령 10호 적용) | 합수 |

※ 자료: 〈국방부 과거사진상규명위원회 종합보고서〉 제3권, 2007년, p.656.

대책을 제시하기도 했다.[35]

나. 경향신문사건

경향신문 조사국장 서동구 등 8명이 경향·MBC 제작거부 당시 기협분회 총회 등에서 '광주사태는 권력탄압에 짓눌려온 민중의 정당한 의거다' 등 기자들을 선동하는 발언을 했다는 이유로 6월 9일 보안사에 연행됐다. 보안사가 작성한 '언론계 내 불온용의자 정보입수 보고'에 따르면, 위 기자들이 다음과 같은 불온발언을 한 것으로 되어 있다.[36]

• 고려연방제는 통일을 위한 밑거름이다
• 김일성 치하에서 살아보았느냐 또는 현 통치보다는 김일성 치하가 나을 것이다
• 학생 데모는 민족의 역사를 바른 길로 이끌어가려는 인민해방운동이다

---

35) 보안사 언론반, '중앙 각 언론사 제작거부 사태 분석 보고', 1980년 5월 26일.
36) 보안사, '언론계 내 불온용의자 정보 입수 보고', 1980년 6월 7일.

- 광주사태는 권력탄압에 짓눌려온 민중의 정당한 의거다
- 민중의 의거가 전국에 확산된다면 궁극적으로 통일이 될 수 있다.
- 월남은 망했지만 분명히 분단월남은 통일되지 않았는가
- 인류평등 사회주의는 바람직하다

보안사는 이들이 평소 불온사상을 포지한 자들로 판단되며, 조직적인 불온세력 및 김대중과의 연계가능성이 농후한 것으로 분석하고 이들을 비 언론인으로 취급, 배후를 규명해야 한다고 주장했다. 합수부는 기자들을 연행한 뒤 이들이 제작거부를 하면서 '베트남은 망한 것이 아니라 통일되었다'는 등의 악성 유언비어를 유포시켜 국론통일과 국민적 단합을 저해한 혐의가 농후해 부득이 8명의 현역 언론인을 연행, 구속했다는 보도자료를 배포했다. 이런 내용의 기사는 그날 석간에 1면 사이드 톱으로 일제히 보도됐다.

합수부에 연행된 기자들은 경향신문의 제작거부를 주도한 기자들이었다. 이들은 남영동으로 연행된 뒤 이번 사건은 수사기관의 인지가 아니라 신문사 내부의 첩보에 의해 조사했다는 얘기를 들었다. 서동구 국장은 수사관으로부터 유언비어 유포 혐의 외에 소위 '김대중 내란음모 사건'과 연계시켜 김대중을 지지하는 사내 세력을 선동해 검열 거부운동을 사주했다는 혐의도 받았다. 이들에게 씌워진 혐의는 완전히 날조된 것이다. 서 국장은 김대중과 일면식도 없었다.(송건호 외, pp.503~504.)

이들은 "경향신문이 가장 제작거부를 적극적으로 하니까 '괘씸죄' 차원에서 우리를 체포해 용공분자로 몰아세우려고 한 것"이라며 "5.18 이후 흉흉해진 인심을 뒤집기 위해 용공분자를 일망타진하였다는 식의 시나리오를 만든 것"이라고 밝혔다.

(2) 강제해직 과정
1980년 5월 31일 신군부는 국가보위비상대책위원회(국보위)를 설

치하여 치안과 국방을 제외한 행정과 사법업무를 관장하도록 하였다. 국보위는 문교부와 문화공보부 소관사항에 대한 기획·조정·통제 업무를 위해 문교·공보분과위원회를 구성했다. 국보위는 '국정개혁의 추진지침'에 따라 해결해야 할 7대 우선 당면과제 중 다섯 번째로 언론문제를 거론, 언론에 있어서는 국가 이익을 우선하고 윤리와 도덕이 존중되는 건전풍토를 조성한다는 업무추진 방침을 세웠다.[37]

### 가. 국보위 '언론계 정화계획'

국보위 문공분과위가 입안한 '국민의 건전한 국가관 확립으로 사회안정에 기여하기 위하여 공직자 숙정에 준하여 언론계 스스로 자율정화'하는 목적으로 입안된 '언론계 자체 정화 계획'은 〈국보위 백서〉에 밝힌 것처럼 '사기 공갈을 일삼는 사이비 기자'들을 일소하기 위한 것이 아니었다. 언론계 자체 정화 계획은 당면 목표를 반체제 문제 언론인 제거와 언론계 부조리 부정 쇄신, 그리고 국익우선의 언론풍토 조성으로 설정했다. '언론계 자체 정화계획'의 내용은 다음과 같다.

언론계 자체 정화계획

〈대상〉
  가. 반체제 용공 불순한 자 또는 이들과 직간접 동조한 자
  나. 전단 제작 및 검열거부 주동 및 동조자
  다. 부조리, 부정, 부패한 자
  라. 특정정치, 경제인과 유착되어 국민을 오도한 자
  마. 사회의 지탄을 받은 자
〈숙정방법〉
  가. 제1단계(7월 27~30일) : 한국신문협회와 한국방송협회의 긴급 총회를 소집, 자율적인 숙정을 결의(문공부 주관)
  나. 제2단계 (8월 1~10일) : 각사 발행인 책임 하에 언론자체 정화위를 설치, 자율정화
  다. 제3단계 (8월 11~30일) : 소기의 결과가 없을 시 합수부에서 조사처리 (경영주 포함)

※ 자료 : 국방부, 〈국방부 과거사진상규명위원회 종합보고서〉 제3권, 2007년, p.634.

---

37) 보안사, 〈국보위 백서〉, p.16.

당시 보안사 언론대책반장이었던 이상재는 국보위의 언론계 자체 정화계획에 따라 1980년 7월 29일 한국신문협회와 한국방송협회에서 임시총회를 소집하여 자율적인 숙정을 결의하고, 곧바로 언론인들을 해직시킨 것과 관련하여 "마치 언론사에서 자율적으로 시행한 것으로 합법을 가장한 것"이라고 말했다.[38]

국방부 과거사진상규명위원회가 찾아낸 '언론인 정화 조치'라는 1쪽짜리 요약보고서에는 "1980년 7월 국보위의 언론인 정화 방침에 의거하여 신문협회 및 방송협회의 언론 자율정화 결의가 있었고, 1980년 8월 국보위에서 정화 대상자를 문공부에 통보, 정화 조치를 했다"고 기재되어 있다.

언론대책반은 7월로 들어서면서 각 언론사에 파견된 정보요원들에게 자신들이 세운 기준에 맞춰 문제 언론인의 명단을 작성할 것을 시달하는 한편, 다른 정보 부처와 협의, 중앙과 지방을 포함한 전국 언론사 기자 명단을 확보했다. 한국기자협회와 해직언론인협의회가 간행한 〈80년 5월의 민주언론 - 80년 언론인 해직백서〉에 실려 있는 문공부의 '언론정화 중간보고'에는 "정부가 정화대상자로 지목한 인물은 1, 2차에 걸쳐 251명인 바…"라고 쓰여 있다. 언론반이 작성한 해직 대상자와 함께 언론사들이 스스로 선별한 대상자를 끼워 넣어 함께 해직시킨 것으로 보이는 부분이다.

가장 먼저 8월 2일 중앙매스컴이 언론인 32명에 대한 무더기 해고를 단행했다. 이를 필두로 8월 16일까지 보름에 걸쳐 전국 39개 모든 언론사를 대상으로 해직조치가 이뤄졌다. 중앙매스컴이 가장 먼저 도마 위에 오른 것은 중앙일보가 5월 기협과 함께 각사 기자들이 전개한 검열거부와 제작거부 운동의 도화선 역할을 했기 때문인 것으로 풀이됐다.

1980년 8월 16일 당시 이수정 문공부 공보국장이 작성한 공식문건

---

38) 이상재 진술조서(제2회), 서울지방검찰청, 1996년 1월 9일. 앞의 책에서 재인용

인 '언론정화 결과'에 따르면 해직 언론인은 모두 933명으로, 이중 298명은 정부가 직접 정화대상자로 선정했고 나머지 635명은 외부의 강요 없이 각 언론사가 자체적으로 선정했다. 또한 전체 해직자 중 편집·보도국 기자가 모두 705명으로 해직언론인의 대부분을 차지하고 있는 것으로 나타났다. 해직자 중에는 검열을 거부했던 기자협회 집행부 전원과 기자협회 분회 간부, 검열거부나 제작거부 등 언론자유운동에 적극적으로 참여했던 기자 그리고 신군부에 반대 입장을 표명했던 기자들 거의 대부분이 포함되어 있었다.[39)]

국방부 과거사진상규명위원회가 입수한 '언론정화자 명단'에는 정화 보류자 44명과 정화자 938명 등 합계 982명의 성명과 등급이 표시되어 있다. 이 명단에 나타난 주요 정화사유는 국시부정 10명, 반정부 243명, 부조리 341명, 기회주의·무능 123명, 근무태만 3명 등이며, 이유를 알 수 없는 '퇴사·퇴임'이 50명, '기타'가 103명이었다. 아무 이유가 기재되어 있지 않은 경우도 109명이었다.

언론정화자 정화사유

| | 국시부정 | 반정부 | 부조리 | 기회주의·무능 | 근무태만 | 퇴사·퇴임 | 기타 | 미기재 |
|---|---|---|---|---|---|---|---|---|
| 인원수 | 10 | 243 | 341 | 123 | 3 | 50 | 103 | 109 |
| % | 1 | 24.8 | 34.8 | 12.5 | 0.3 | 5 | 10.5 | 11.1 |

※ 자료 : 국방부, 〈국방부 과거사진상규명위원회 종합보고서〉 제3권, 2007년, p.663.

1988년 11~12월에는 2차례에 걸쳐 국회에서 언론탄압 진상규명을 위한 청문회가 열렸다. 국회문공위는 언론인 해직과 언론사 통폐

---

39) 문화공보부, '언론인 정화 결과', 1980년 8월 16일, 〈80년 5월의 민주언론〉, 한국기자협회·80년해직언론인협의회 공편, 나남, 1997년, p.682에서 재인용

합 등 5공의 언론탄압 문제를 다뤘다. 청문회에는 허문도를 비롯한 언론학살 입안 및 실행자들과 피해자들이 증인으로 나섰다. 의원들은 강제해직 조치의 근본 목적, 발의시기와 이를 추진한 보안사 언론대책반의 실체, 이상재의 역할, 해직자 명단 작성과정에서 안기부 경찰 언론사의 역할, 강제해직 집행경위, 해직언론인의 명예회복 복직 보상 문제 등을 중점적으로 따졌다. 청문회에서는 언론학살의 장본인들이 자신들의 역할을 숨기거나 축소해서 말하는 등 회피적 태도로 일관, 실체적 진실을 밝혀내지는 못했다.

다만 중앙정보부에서 보관하고 있던 언론인에 대한 사찰기록을 언론대책반에 제출하여 해직자 명단 작성에 참고했다는 사실이 밝혀졌다. 같은 해 11월 21일 열린 국회 언론청문회에서 강삼재의원은 "이상재씨가 치안본부나 중앙정보부나 문공부 실무팀에서 작성한 언론인 강제해직에 따른 관련 자료를 넘긴 것으로 알고 있다"는 발언에 대해 전 보안사 언론담당이었던 전재오는 "문제언론인의 자료를 정리하라는 지시를 받고 관계기관의 자료를 받아 가지고 확인과정을 거쳐 1980년 9월말 경 700여명의 자료를 만들어 당시 이상재씨에게 보고했다"고 밝혔다.[40)]

나. 자율결의로 강제해직

1980년의 언론인 대량해직은 두 차례에 걸쳐 단행된 것으로 보아야 한다. 7~8월에 언론사별로 진행된 강제 해직과 12월 언론사 통폐합에 뒤따른 대량해직이었다.

한국신문협회와 한국방송협회는 7월 29일과 30일 이사회 및 총회를 개최하고 결의문을 채택했다. 군소 통신연합체인 한국통신협회 (합동, 동양통신은 신문협회에 가입)는 31일, 한국잡지협회는 8월 1일 각각 자율정화 결의를 채택했다. 결의 내용은 반체제 · 비위 ·

---

40) 제144회 국회 문교공보위원회 회의록 제9호, 1988년, p.14.

부패 언론인의 제거, 언론 부조리 풍토의 쇄신, 언론인 교육을 통한 자질향상 노력, 국익 우선의 언론실현으로 요약된다.

제3항은 "국가보위, 사회정화의 역사적 과업을 수행함에 있어 언론계 자체가 안고 있는 저해요인을 과감히 자율적으로 척결하며 언론의 이름으로 자행되는 일체의 부조리와 비리를 근절하여 새로운 언론풍토를 조성한다"고 규정, 언론계 스스로 자기들이 정화대상이라는 태도를 취했다. 외형상 자율결의 형식을 취했으나 신군부의 강압과 언론사주의 굴복에 의해 저질러진 강제해직이었다. 사실은 3개 단체의 결의문 내용도 문공부가 써준 그대로였다.

당시 문공부로부터 전달된 언론인 해직기준은 부패 언론인, 정치성향이 강한 언론인, 시국관이 오도된 언론인, 언론검열 거부에 앞장선 언론인 등이었다. 그러나 이러한 기준은 판단근거가 극히 자의적이라는 점에서 언론사주의 입김이 개입될 여지가 컸다. 해직기준은 전두환 신군부의 정권장악에 저항한 언론인의 제거라는 보복적 의도가 강하게 깔려 있었다.

3개 언론단체들이 자율정화 결의문을 발표한 뒤 8월 2일부터 언론사별로 해직이 단행되어 불과 며칠 사이에 전국 37개 언론사에서 933명이 강제 해직됐다. 결의문이 채택되기 이전인 7월 중순부터 각 언론사주에게는 기자 전원의 사표를 7월말까지 받도록 지시가 내려와 있었다. MBC · 경향신문의 이진희 사장이 7월 14일과 18일 두 차례에 걸쳐 97명을 해직시킨 데 이어 KBS 이원홍 사장이 부임하자마자 86명을 해직했다.

1980년 8월 16일 문공부가 작성한 '언론인 정화 결과'[41] 문건에 따르면, 중앙 7개 일간지 265명, 서울 방송 5개사 219명, 2대 통신 22명, 경제지 4사 57명, 특수통신 4사 34명, 기타지 2사 2명, 지방지

---

41) 한국기자협회 · 80년해직언론인협의회 공편, 〈80년 5월의 민주언론〉 자료 12, 1997년, 나남, p.683. 80년, 언론통폐합과 언론인 강제해직에 대한 각종 자료와 자세한 경위에 대해서는 이 책을 참조.

14개사 235명, 문화방송 지방사 99명으로 되어 있다. 또한 정화대상자의 직급별 구성을 보면, 사장 회장 및 임원 26명, 주필 논설위원 24명, 편집보도국장 부국장 41명, 부차장급 153명, 사원 480명으로 보도 편집요원은 모두 705명, 비보도직은 202명으로 되어 있다. 이 문건은 "언론의 자체정화 결의에 의한 정화는 1980년 8월 16일 일부 보류 요청자에 대한 처리를 제외하고 모두 완료"했다고 되어 있다.

그런데 해직기자들 중에는 보안사가 각 언론사에 해직 대상자로 지목하여 통보한 명단에 따라 해직 처리된 경우 외에도 각 언론사 내부의 자체 결정에 따라 해직된 경우가 많았다. 이 문건에 따르면 정화 대상자는 정화 조치자 298명과 보류자 38명 등 336명이었고, 자체 인사 정화자는 보도제작 요원 427명과 업무사원 208명 등 모두 635명에 이르는 것으로 나와 있다. 자체 정화자는 언론사가 자체적으로 해직시킨 것으로 언론사주의 눈 밖에 나거나 파벌싸움의 희생자, 또는 봉급이 고액인 고령자들인 것으로 드러났다.

언론인 강제해직은 보안사의 기준에 따른 해직에다가 언론사주의 '끼워 넣기'식 자체 해고가 곁들여진 것으로 결국 쿠데타 세력과 언론사주의 이해관계가 맞아 떨어져 단행된 셈이다. 그럼에도 불구하고 1988년 언론청문회에서 언론사주들은 자체 해직 사실을 완강히 부인했다.

2차 언론인 대량해직은 12월 언론사 통폐합에 따른 것이었다. 방송사 통폐합으로 모두 1,000여명이 민간방송에서 KBS로 옮겼는데 이 과정에서 직장을 잃은 언론인들과 지방지의 1도1사제 도입, 통신사 통합, 지방주재기자의 폐지 등으로 해직된 경우를 말한다. 80년 해직언론인 협의회는 1989년 6월 언론사 통폐합 과정에서 해직된 언론인은 모두 305명이라고 밝혔다.

다. 해직언론인 취업제한
보안사는 강제 해직된 언론인의 취업을 제한하기 위해 '총무처

비위관련 공직자 취업제한 기준에 준하여 형평을 유지하기 위한 취업제한'이라는 명분을 내세워 '정화언론인 취업허용 제한기준'을 만들었다. 해직언론인은 언론사 및 관계단체, 공무원, 국영기업체, 정부투자 및 출자법인과 단체에 취업하지 못하는 것은 물론 사기업의 홍보 및 광고 담당 요원까지를 제한했다.[42] 이 문서에 의한 취업제한기간은 다음과 같다.

해직언론인 취업제한 기간

| 구분 | 총계 | 부국장 이상 | 부장 이하 | 언론사 취업 불허자 | | |
|---|---|---|---|---|---|---|
| | | | | 국시(國是) 부정 및 반정부 | 편집국장 주필 | 소계 |
| 인원 | 711 | 42 | 627 | 28 | 14 | 42 |
| 기 한 | | 1년 | 6개월 | 영구 | | |

※ 자료 : 국방부, 〈국방부 과거사진상규명위원회 종합보고서〉 제3권, 2007년, p.664.

이후 보안사는 9월 15일 정화언론인 711명 중 국시부정 및 극렬 반정부자 28명을 제외한 인원에 대하여 1차 순화시킨 뒤 타 업종 취업을 허용하도록 노태우 사령관에게 건의하여 결재를 받았고,[43] 같은 달 30일 13명을 영구 취업제한하고 나머지는 취업을 허용하도록 다음 표와 같은 분류기준으로 다시 결재를 받았다.[44]

보안사의 '정화언론인 취업허용 건의'는 취업을 허용할 경우 기대효과로 반성개전의 정이 있는 자에 대해 국가발전에 기여하는 기회를 부여할 수 있고, 비위 공직자와 동일조건으로 취업요건을 완화함으로써 신분상 공무원과 준한다는 의식을 심어주고 형평성을 유지하며, 반성자에게 취업기회를 부여하여 불평불만자의 집단화를 방지할 수 있다고 분석했다.

---

42) 보안사 정보2처, '정화언론인 취업허용 제한기준' 앞의 책에서 재인용.
43) 보안사 정보2처, '정화언론인 타업종 취업허용 건의', 1980년 9월 15일.
44) 보안사 '정화언론인 취업허용건의', 1980년 9월 30일.

취업제한 분류기준

| 등급 | 분류기준 | 인원 | 제한기준 |
|---|---|---|---|
| A | 국시부정행위자<br>제작거부 주동자(극렬분자) 및 배후조종자<br>특정 정치인 추종 및 유착자 | 13 | 영구 |
| B | 제작거부 주동 및 선동자(차장급 이상 포함)<br>부조리행위자<br>기타 파렴치 행위 및 범법자 | 96 | 1년 |
| C | 단순 제작거부 동조자<br>부조리 행위자<br>기타 자체 정화자 | 602 | 6개월 |

※ 자료 : 국방부, 〈국방부 과거사진상규명위원회 종합보고서〉 제3권, 2007년, p.664.

해직언론인들의 취업제한은 많은 문제점을 안고 있었다. 이는 문공부가 9월경 작성한 '정화 언론인 취업문제'라는 문서에 잘 나타나 있다.45) 문공부는 해직 언론인에 대한 취업을 제한할 때 "대부분이 의식분자이며 부유하지 않으므로 반정부 불평 집단화할 것이며, 동아·조선투위와 같이 집단행동을 벌일 가능성이 있어 기존 언론인들에게도 악영향을 미치며, 소수의 반체제 분자 이외에는 다른 분야의 취업을 막아야 할 이유와 명분이 희박하다"고 밝혔다.

이와 함께 보안사 정보처 정보2과는 계엄 해제 이후에도 해직언론인의 동향을 파악했다. 보안사 2처(정보처) 2과에서 작성한 '숙정 위해 언론인', 보안사에서 작성한 것으로 추정되는 '위해(危害) 요인자(정화 언론인)' 등은 해직 언론인을 A, B, C, D등급으로 구분하여 이들의 동향을 파악하고 동향내용에 따라 수시로 등급을 조정하였음을 보여준다.46) 다음은 해직 언론인 49명의 동향을 분석하기 위해 등급을 분류한 내용이다.

---

45) 문화공보부, '정화언론인 취업문제' 1980년 9월 10일, 앞의 책서 재인용.
46) 보안사 정보2처 2과, '숙정 위해(危害) 언론인', '위해 요인자(정화 언론인)'.

숙정 위해(危害) 언론인

| 등급 | 인원 | 내 용 |
|---|---|---|
| A급 | 3명 | • 극렬비판 인물로 순화가 불가능한 자<br>• 위해도가 현저하여 계속적인 감시가 필요한 자 |
| B급 | 7명 | • 비판활동 재개 가능성이 농후한 자<br>• 순화와 미행, 감시가 요구되는 자 |
| C급 | 17명 | • 비판성향은 잠재해 있으나 특이동향 없는 자<br>• 순화만으로 회유가능성이 있는 자 |
| D급 | 22명 | • 문제성은 있으나 자숙하면서 생계에 전념 중인 자<br>• 현재로서는 거주파악 외 별도의 조치가 불필요한 자 |

※ 자료 : 국방부, 〈국방부 과거사진상규명위원회 종합보고서〉 제3권, 2007년, p.667.

1980년의 언론인 강제해직은 전두환 신군부가 정권장악을 위해 언론계 내부의 저항세력을 약화시키고 결과적으로는 언론통제를 손쉽게 수행하기 위한 언론장악 전략의 일환이었다. 더구나 언론사주의 '끼워 넣기'가 덧붙여진 언론사상 유례없는 참극이었다.

### 라. 추가 해고 및 기자 장기교육 계획

전두환정권은 1980년 언론인 강제해직 이후에도 기자들을 해고 위협으로 몰아넣곤 했다. 언론계에는 1981년부터 수시로 강제해직이 이뤄질 것이라는 풍문이 떠돌았다. 실제로 전두환정권은 언론인 강제해직 계획을 마련했으나 실제로 이행되지는 않았다. 문공부는 1985년 전두환 대통령의 지시를 받아 '언론 정상화 정비계획'[47]을 마련하기도 했다.

이 계획은 부조리 언론인 제재에 관해 '10월 30일 해당 언론인은 사장 책임 하에 1차적 인사 조치를 완료'했으며 '재발시 해직 등 강경조치 방침'이라고 되어 있다. 또한 언론연구원 주관으로 재경언

---

47) 문화공보부, '건전문화풍토 조성 추진 및 언론정상화를 위한 정비작업 제3차 보고', 1985년 11월 28일. 이 문건은 전두환 대통령의 사인이 기재되어 있다.

론사의 신규채용기자를 대상으로 7개월 과정의 장기교육을 시키며 전방 합숙교육과 정신문화연구원, 안기부 등에 위탁교육을 의무화 시키고 개인별 성향에 대해 심층 분석하고 교육성적 불량자에게는 보도증 발급을 제외한다는 계획이 포함되어 있다.

## 2. 동아일보 기자 대량 해직(1974년~1975년)

박정희정권은 국민의 여론을 무시하고 힘으로 국민에게 유신체제 를 강요하는 한편 언론에 대한 통제도 더욱 강화했다. 박정권의 위기 가 더욱 심화되어 이미 정상적인 방법으로는 통제가 불가능하게 됐 기 때문이다. 1974년 1월초 긴급조치 1, 2호의 발동으로 개헌논의가 완전히 금압당하고 이어 4월 3일 긴급조치 4호 발동으로 수많은 학생, 종교인, 지식인들이 '민청학련' 사건으로 투옥됐다. 1974년 2학기에 접어들면서 대학에서는 수많은 학생들이 다시 민주회복을 외치면서 정치범의 석방, 고문자의 처벌 등을 요구하는 시위를 벌였다.

언론인들도 유신체제에 맞서 자유언론수호 투쟁을 벌였다. 1973 년에는 자유언론 쟁취를 위한 일선기자들의 선언이 전국적으로 번 지기도 했다. 1974년 10월 24일 동아일보 기자들은 역사적인 자유언 론실천선언을 발표하고 중앙정보부의 보도지침을 지키지 않았다. 이에 대해 박정권은 광고탄압으로 대응했고 기자들은 제작거부로 반발했다. 광고탄압에 대해서는 전 국민의 열화와 같은 호응이 있었 다. 그러나 사상 초유의 광고탄압으로 경영에 압박을 느낀 동아일보 경영진은 박정권에 굴복할 수밖에 없었다. 경영진은 편집국에서 제 작거부 농성 중인 언론인들을 강제로 끌어낸 뒤 이들을 해고했다. 박정희정권의 강요에 의한 무더기 해고사태가 발생한 것이다.

## 1) 자유언론실천운동

1973년 언론자유운동으로 의식과 조직을 다진 일선기자들은 자유언론을 위한 대회전을 치를 준비를 미쳤다. 집행부를 구성한 동아일보 기자협회 분회는 1974년 10월 24일을 거사일로 잡고 준비 작업을 진행했다. 이 과정에서 분위기를 고양시킨 사건들이 일어났다. 중앙정보부가 10월 23일 동아일보에 보도된 '서울 농대생 데모' 기사와 관련해 송건호 편집국장과 방송 뉴스부장, 지방부장 등 3명을 연행한 것이다.[48] 기자들은 연행된 회사 간부들이 돌아올 때까지 퇴근하지 않고 철야 농성하면서 저항했다.

### (1) 10.24자유언론실천선언

10월 24일 오전 9시 15분, 전날 밤의 철야농성으로 분노와 흥분의 감정을 가라앉히지 못한 기자들 앞에서 기협분회 집행부는 '자유언론실천선언대회'의 개시를 선포했다. 이날 대회에는 동아일보사 편집국 출판국 방송국 소속 기자 180여명이 참석했다. 자유언론실천선언 전문[49]은 다음과 같다. 동아일보 기자들의 자유언론실천선언은 곧 전국의 신문 방송 통신 기자들의 자유언론실천선언으로 번졌다.

우리는 오늘날 우리 사회가 처한 미증유의 난국을 극복할 수 있는 길이 언론의 자유로운 활동에 있음을 선언한다. 민주사회를 유지하고 자유국가를 발전시키기 위한 기본적인 사회기능인 자유언론은 어떠한 구실로도 억압될 수 없으며 어느 누구도 간섭할 수 없는 것임을 선언한다.

우리는 교회와 대학 등 언론계 밖에서 언론의 자유 회복이 주장되고 언론의 각성이 촉구되고 있는 현실에 대해 뼈아픈 부끄러움을 느낀다.

---

48) 이 사건은 중앙정보부 언론인 연행부분에서 좀 더 자세하게 다룬다.
49) 동아자유언론수호투쟁위원회, 〈자유언론-1975~2005 동아투위 30년 발자취〉, 해담솔, 2005년, pp.115~116.

본질적으로 자유 언론은 바로 우리 언론 종사자들 자신의 실천 과제일 뿐 당국에서 허용 받거나 국민 대중이 찾아다 쥐어 주는 것이 아니다.

따라서 우리는 자유언론에 역행하는 어떠한 압력에도 굴하지 않고 자유언론실천에 모든 노력을 다할 것을 선언하며 우리의 뜨거운 심장을 모아 다음과 같이 결의한다.

1. 신문 방송 잡지에 대한 어떠한 외부 간섭도 우리의 일치된 단결로 강력히 배제한다.
2. 기관원의 출입을 엄격히 거부한다.
3. 언론인의 불법 연행을 일체 거부한다. 만약 어떠한 명목으로라도 불법 연행이 자행되는 경우 그가 귀사할 때까지 퇴근하지 않기로 한다.

동아일보 기자들은 선언을 실천에 옮기기 시작했다. 기자들의 지면쇄신 의지는 오랫동안 굴종과 이익 챙기기에 길들여진 경영진과 부닥치지 않을 수 없었다. 기자들과 회사 측의 주장이 팽팽하게 맞서 11월 22일자 동아일보는 기자들의 제작거부로 휴간하기도 했다. 온갖 방해공작에도 불구하고 그동안 금기시되어 있던 개헌문제가 사설로 등장하는 등 지면이 쇄신되어 갔다.

(2) 동아일보 노조 결성

동아일보 기자들이 권력당국과 회사 경영진의 압력을 물리치고 단호한 자세로 자유언론을 위한 투쟁 태세를 굳힐 수 있었던 것은 1974년 3월 7일 '전국노조 동아일보지부'를 결성한 데서 비롯되었다. 언론노조가 결성된 주된 목적은 당시 상황과 비추어 동아일보 기업주에 대해서 보다 박정권의 언론탄압과 투쟁하는 데 필요한 조직을 갖자는 것이 동기였다.

33인이 발기한 출판노조는 단시일 안에 196명으로 늘어났다. 이는 기자들의 호응이 절대적이었다는 것을 말해 준다. 그러나 기자들의 노조 결성에 회사 경영진은 절대 반대의 입장을 고수했고, 박정권도 언론계에 노조가 생길 경우 사태가 용이치 않을 것이라는 판단아래 이를 끝까지 방해했다.

기자들은 노조결성이 시 당국에 대한 신고만으로 합법적으로 인정되는 것으로 보는 데 대해 회사 측과 시 당국은 이를 무시하고 노조를 인정치 않아 기자들은 마침내 행정 소송을 제기했다.[50]

### (3) 중앙정보부 보도지침 무시

기자들은 일상적인 지면제작에 자유언론실천선언이 반영되도록 노력했다. 중앙정보부의 보도지침은 무시되기 시작했다. 기자협회 동아일보 분회는 자유언론실천 특별위원회를 구성하여 그동안 알게 모르게 타성에 젖어 있던 제작방식의 변경과 외부의 지시에 의해 기사가 바뀌거나 축소되는지 등을 감시했다. 문제가 발생하면 '알림'이라는 소식지를 통해 기자들에게 알렸다.

1974년 11월 6일자 '알림'에는 "기사나 제목에 금기된 용어는 없습니다. 정확한 용어를 씁시다"라는 글을 통해 다음과 같이 밝혔다.

> 학생데모를 학원사태로, 인상을 재조정 현실화로, 대학을 학원으로, 임금동결을 임금안정으로, 담화를 훈시로, CIA 보안사를 모기관으로, 차입을 도입으로, 부정부패를 사회부조리로, 예방을 접견으로, 허가를 양성화로, 특정인에 대한 정부재산 불하를 민영화로 세법개정을 세제개혁으로 등등 언제부터인지 버릇이 되어 있는 용어의 왜곡을 더 이상 되풀이하지 맙시다.[51]

---

50) 박지동, '1970년대 유신독재와 민주언론의 말살', 〈한국언론 바로보기〉, 송건호 외, 다섯수레, 2000년, pp.326~327.
51) 동아자유언론수호투쟁위원회, 〈1974~1987 자료 동아투위 자유언론운동 13년사〉, 1987년, p.38.

11월 9일자에는 "10.24실천 이전 당국으로부터 특정기사를 어느 면 어느 위치에 어떤 크기로 다루라고 지정해오면 그대로 받아들이는 타성이 아직도 완전히 가셔진 것 같지 않다는 논의가 있었고 그 같은 타성이 있다면 이는 10.24정신에 대한 명백한 위반이라고 지적, 이 점을 국장단에 전하기로 했습니다"고 전했다. 또한 문화공보부가 주선하고 있는 산업시찰 여행과 관련, 우리 분회원은 신문 방송 잡지의 제작에 보다 더 전념하기 위해 응하지 않기로 한 결의를 다시 확인하고 회원들에게 알리기도 했다.(동아투위, 〈자료집〉, p.40.)

12월 18일자에는 외부기관원의 출입이 있었던 것 같다는 내용이 실렸다.

지난 14일 오후 5시경 자칭 '수도경비사령부의 대위'라는 30대 청년이 신동아 사무실에 나타나 "1월호 신동아에 실릴 정국에 관한 좌담회기사를 미리 보자"고 요청해 왔으나 "그럴 수 없다. 꼭 보겠다면 영장을 갖고 오라"는 말을 듣고 그냥 돌아갔다는 것입니다. 사복 차림에 신분증도 제시하지 않았기 때문에 신원을 파악할 수 없으나 만약 그 청년이 기관원이었다면, 그것은 자유언론실천에 대한 중대한 도전의 조짐으로 보지 않을 수 없습니다. 더욱 철저한 신념의 다짐이 있어야겠습니다.(동아투위, 〈자료집〉, p.51.)

1975년 2월 26일자에는 대통령의 동정을 고정적으로 싣는 로얄박스와 인혁당 사건의 문제점을 짚었다. 동정거리에 불과한 기사가 중요기사를 압도하면서까지 로얄박스를 여전히 메우고 있기 때문에 몇 차례에 걸쳐 시정건의를 했으나 아랑곳 않고 계속 구태를 지키겠다는 저의가 의심스럽다는 것이다. 또한 소위 인혁당 관계기사와 관련하여 국장단은 '크게 취급 말라, 반공신문이니 이들 가족의 무죄주장을 보도 말라, 제목에 인혁당이란 단어를 쓰지 말라'고 지시하고 있다며 다음과 같이 밝혔다.(동아투위, 〈자료집〉, p.40.)

전 경기여고 교사 부인에 대한 잔혹하기 이를 데 없는 고문폭로 기사가 3단으로 줄어들고 제목에서 '고문'이 '가혹행위'로 둔갑하는 등 거의 신경질적으로 뉴스성을 줄여 나타내려고 노력했습니다. 남편이 범인이라고 부인까지 범인이라 할 수 없습니다. 따라서 그 가족에 대한 고문을 지적하고 규탄하는 데 인색하다면 자유언론은 그 사명을 정면으로 저버리는 것이 될 것입니다. 소위 인혁당의 진상은 차차 밝혀지겠지만 여기서 우리가 말하고 싶은 것은 기도회 등에서 대대적으로 논의되고 정부서도 이에 맞서 기자회견을 하는 등 법석을 하고 있다는 그 점에서만 볼 때도 결코 예사로 넘겨버릴 성질의 기사가 아니라는 점은 분명합니다. 그리고 소위 인혁당이란 단어도 정부서 발표한 것인데 굳이 제목으로는 안 된다니 그 이유를 알 수가 없습니다. 우리는 신문 방송의 제작 책임자들이 저항 없이 정부 입장을 따라가겠다는 것으로 밖에는 볼 수 없습니다.

방송국 PD들도 'SPOT'라는 소식지를 내어 외부간섭을 배제하고 편성 · 제작의 자율권을 주장했다. SPOT 제5호(1975년 1월 15일)는 대통령 기자회견 특집관계에 대한 문공부의 간섭을 배제한 데 대한 내용이 실렸다. SPOT은 "문공부에서 저녁 7시대와 기타시간에 회견 내용을 부분별로 편성 제작 방송할 것을 요청해 정부가 편성 · 제작의 독립성과 자주성을 침해하고 있었다는 사실을 다시 한 번 드러냈으며 이러한 상식에 벗어난 행동과 획일적이고 전제적인 사고방식에 분노를 억누를 길이 없다"며 간부회의가 편성과 제작의 자주성을 견지한다는 동아방송의 주지에 따라 이 요청을 일고의 여지없이 백지화한 사실에 경의를 표했다. PD들은 어떠한 경우라도 편성의 자주성을 견지하면서 자율에 의하지 아니한 어떠한 편성과 제작도 거부할 것을 다짐했다.(동아투위, 〈자료집〉, p.107.)

1975년 1월 11일에는 동아방송이 김영삼 신민당 총재의 연설 중계를 시도했다. 그러나 연설 중계 도중 약 10여 분간 전파가 중단되어 방송을 청취할 수 없었다. 당시 체신부는 "북괴의 전파방해가 틀림 없다"고 즉각 해명했다. 이에 앞서 4일에는 이원경 문공부장관이 북괴의 전파방해사건을 크게 보도해 달라는 부탁이 있었다고 당시 신아일보 정치부장이었던 김희진씨는 밝혔다. 김씨는 "계속 두 번이 나 북한의 전파방해사건이 발생하였다는 것은 잘 납득되지 않았다" 고 회고했다.[52]

### (4) 정계야화 재방송 강행

1월 28일 동아방송은 어디에선가 지시를 받고 이 날짜로 나간 '정계야화' 본방송의 재방송 편성을 아예 없애라는 지시를 내렸다. 재방송은 2월 2일에 나갈 예정이었다. 본방송은 나갔는데 아무 이유 없이 재방송 편성을 자르라니, PD들은 퇴근을 미루고 밤을 새워 협의하기 시작했다.

재방송을 금지시키려던 다큐드라마 '정계야화'는 4.19혁명의 태 동에서부터 이승만대통령이 하야하기까지의 여러 가지 선언, 성명 등 상황표현을 '말'을 모아 녹음 구성한 프로그램으로 당시에 젊은 작가 김기팔이 집필했다. 권력이 무 자르듯 막으려 했던 내용은 4.18 당일 고려대 데모학생들이 정치폭력배들에게 테러를 당하여 쓰러 지고 그 일은 곧 이튿날 4.19혁명의 불을 붙이게 되는 대목이었다.

SPOT 제9호(1월 30일)는 동아방송의 정계야화 재방송이 폐지된 데 대한 문제점을 다뤘다. 간부회의에서 정계야화 재방송이 신설된 지 2주 만에 분명한 이유 없이 폐지키로 결정한데 대한 반박이다. '정계야화'는 일요일 밤 9시에 본방송이 나가고 1975년 1월 19일부터 는 다음 주 아침 8시 30분에 재방송되어 청취자들로부터 큰 인기를 얻었으나 분명한 이유 없이 청취율이 높은 재방송 시간은 폐지되고 청취율이 낮은 본방송시간만 남았다.

---

52) 김희진, 〈유신체제와 언론통제〉, 아이엔, 1999년, p.51.

SPOT은 "별안간 결정된 '정계야화' 재방송의 폐지 경위를 알 수가 없지만 외부의 압력에 의해 회사 간부들이 이런 조치를 취했다면 편성의 자주성을 '유린'당했다는 증거이며 이것이야말로 국민의 성원을 스스로 완전히 저버리는 결과가 될 것"이라고 강조했다.(동아투위, 〈자유언론〉, p.110.)

철야농성으로 토론과 협의를 거듭하고 방송국의 재방송 금지가 철회되기를 기다리던 PD들은 결국 2월 2일 오전에 테이프를 송출기에 걸었다. 이 사안을 기점으로 동아일보사는 주조정실 폐쇄→오류동 송신소 제작 및 보도관련 직원 접근 금지→송신소에서 임시 테이프 방송→직원 무더기 무기 정직·해직의 순서를 밟게 된다.

결국 2월 2일 아침 8시 30분 방송국 사원 전원과 편집국 기자들이 지켜보는 가운데 '정계야화'는 재방송되었다. 이때부터 동아방송 간부진은 실행총회가 강압적, 폭력적인 방법으로 재방송을 하게 했다고 공격, 실행위원회와 제작간부와의 마찰이 시작되었다.(동아투위, 〈자유언론〉, p.176.)

임시 방송이 송신소로 넘어가기 직전 김학천 프로듀서가 마지막으로 만들어 송출한 프로그램이 있었다. 유신비판 대열에 섰다가 감옥에 가 있는 박형규 목사와 연세대 학생의 가족들에게 '감옥으로 보내는 편지'를 써서 낭독하게 했다. 그 가족은 3~4분간 배당된 시간의 첫머리 인사만 써 온대로 읽었을 뿐 그 뒤는 목멘 소리와 훌쩍이는 소리로 시간을 메웠다.

방송이 나가자 방송이 들리는 지역에선 울음바다가 되었다는 소식과 함께 청와대 출입기자는 박정희 대통령이 "방송이 더 심하군" 하는 분노의 표시를 했다는 소식이 들려왔다. 이 한마디를 신호로 했을까. 파국은 한결 빠르게 진행되었다. 이 과정에서 작가 김기팔은 붓을 꺾고 동대문 시장에서 단추장사로 나섰다.[53]

---

53) 김학천, '권력과 방송 본질의 무한 대립', 〈PD저널〉 2006년 12월, 한국방송프로듀서연합회.

## 2) 동아일보 기자 무더기 해고

동아일보의 지면이 쇄신되자 박정권은 1974년 말부터 동아일보사 광고주에 압력을 가해 동아일보에 광고를 싣지 못하도록 했다. 1973년 4월 조선일보 광고탄압 사건을 확대 재생산한 것이다. 당시 조선일보에 대한 광고탄압은 조선일보사가 바로 굴복했기 때문에 사회적으로 큰 문제가 되지는 못했다. 이에 대해 기자들의 자유언론 실천의지가 더욱 굳건해지고, 각계각층 국민의 지지가 열화같이 일어나 독자들의 격려광고와 성금도 줄을 이었다. 동아일보의 목줄을 죄려는 권력의 음모도 갈수록 기세를 더해 갔다.

이 와중에 동아일보사는 1975년 2월 28일 오전 11시 제49회 정기주주총회를 열고 임원진을 개편했다. 주총은 일부 사원들의 사규 문란 행동을 주시하여 사내의 질서와 기강을 확립할 것과 경영난국을 극복하기 위해 가능한 모든 수단을 강구하여 경영을 합리화할 것 등을 결의했다. 새로 선임된 이동욱 주필은 취임 인사말을 통해 "회사 내 무허가 집회와 유인물 배포는 용납할 수 없다"고 밝혔다. 또한 인사규정과 복무규정을 개정해 근무시간 내외를 막론하고 회사의 허가 없는 사내 집회를 금지시켰다. 회사 측의 이러한 움직임은 자유언론실천특위와 방송실행 총회의 활동을 겨냥한 것이었다.

### (1) 경영난 이유 해임

동아일보 광고 중단이 장기화하자 경영진은 권력 앞에 무릎을 꿇기로 작심하였다. 회사 측은 1975년 3월 8일 느닷없이 경영난을 이유로 기구 축소를 단행, 심의실 기획부 과학부 출판부를 없애고 사원 18명을 전격 해임했다. 해임된 기자들 중에는 자유언론운동에 핵심역할을 해온 안성열 기자와 동아일보 노조 조학래 지부장 등이 들어 있어 경영진이 의도하는 바가 한눈에 드러났다. 동아일보 기협 분회는 해임조치를 즉각 철회할 것을 요구했다. 회사 측은 이어 3월 10일 장윤환 기자와 박지동 기자 2명을 추가로 해고했다.

이에 맞서 동아일보 기자들은 해임된 기자들의 즉각 복직 등을 요구하며 제작거부에 들어갔다. 회사 측은 기자들의 제작거부 농성으로 신문 제작이 불가능해지자 타 신문사의 인쇄시설을 빌려 신문을 제작했다. 경영진은 같은 날 새로 분회장에 취임한 권영자 기자 및 김명걸 기자 등 17명을 무더기 해임하는 것으로 제작거부에 응답했다. 이에 항의하여 150여명의 사원들이 3층 편집국과 4층 방송국에서 농성했고 특히 23명의 기자들은 2층 공무국을 점거한 채 자유언론 압살과 무더기 해임에 항의하여 무기한 단식농성에 들어갔다.

동아일보 기자들은 3월 12일자 '자유언론실천 백서'를 통해 "사상 유례를 찾을 수 없는 광고탄압으로도 자유언론을 질식시킬 수 없게 되자 저들은 비열하게도 저들의 전매특허인 언론계 안의 이간분열 책동을 일삼고 있다"며 선배 동료 20명 해임사태와 조선일보 동료 2명 해임, 14명 파면, 37명의 무기정직 사실에 대해 다음과 같이 밝혔다.

먼저 위정자들에게 말씀드립니다. 당신들은 동아에 대한 광고탄압이 성공도 못 거둔 채 국내외의 물의만 일으키는 역효과로 끝나자 이제 자유언론을 주장 실천하는 기자들을 구조적 제도적으로 제거하려는 이른바 '언론유신' 작업을 꾀하고 있습니다.

우리는 정중히 그리고 대의에 입각해서 당신들의 자유언론 압살 망상을 걷어치울 것을 촉구합니다. 나라 사랑하는 우리의 마음이 당신들만 못하다고 절대로 생각하지 않기에 하향식으로 강요된 국민총화가 가져올 결과가 과연 어떤 것이라는 가를 누구보다 잘 알기에, 또한 이 모든 결과를 고통 받는 사람이 누구인지 잘 알 수 있기에, 더욱이 이 모든 사태로 이득을 볼 자들이 누구인지 너무나 명백하기에 당신들에 대한 우리의 고언은 여기서 멈출 수 없는 것입니다. 이제 우리는 당신들에 의해 지난 14년간 언론계에 가해진 협박 공갈 연행 조정 이간 강요된 부패에 종지부를 찍어야 하겠습니다. 우리 자신은 물론 우리의 후손들을 위해서도 말입니다.

다음 언론계 경영진들에게 말씀드립니다. … 우리는 이제 더 이상 언론정상배 언론모리배 반민주민족분자가 득세하는 풍토에서 곡필을 일삼는 무기력한 기자로 동화되기 보다는 고통과 억압으로 신음하는 국민들의 편에 서서 양심의 수인이 되는 길을 택해야 하겠습니다. 그러나 아직 늦은 것은 아닙니다. 이 이상 부정불륜한 권력과의 야합 결탁을 거두고 자유 진리 정의를 갈망하는 국민의 쪽으로 돌아오시기 바랍니다.(동아투위, 〈자료집〉, pp.85~88.)

(2) 민주인사들의 연대 투쟁

농성이 시작되는 날부터 재야 성직자 문인 정치지도자 교수 학생 등 수많은 민주인사들이 위로 방문하여 격려하고 동아일보 경영진에게 무더기 해임의 즉시 철회와 동아일보 및 동아방송의 정상화를 요구했다. 특히 박형규 홍성우 백기완 공덕귀 이태영 등 재야인사들은 14일 편집국 농성장에서 기자회견을 갖고 해임된 기자들의 전원 복직을 요구했다. 윤보선 함석헌 천관우 김대중 등 각계인사 17명은 이 자리에 참석하지 않았으나 위임장을 통해 이들과 공동으로 '동아 사태에 대한 우리의 호소'라는 성명서를 채택했다. 이들은 2층 공무국에서 단식 농성 중인 기자들에게 원고 전달용 도르래 구멍을 통해 격려의 말을 전하기도 했다.

3월 15일 송건호 편집국장은 기자들을 무더기 해임한 사태에 책임을 지고 사의를 표명했다. 송 국장은 김상만 사장에게 "현재의 사태를 수습하는 길은 해임사원들을 전원 복직시키는 것"이라고 건의하고 그렇지 않을 경우 먼 훗날 동아일보는 후회하게 될 것이라고 말한 것으로 알려졌다.[54] 송 국장은 다음날인 16일 편집국 농성장을 찾아와 작별인사를 나누었다.

---

54) 동아자유언론수호투쟁위원회, 〈동아자유언론수호투쟁위원회 민주화운동 25년〉, 다섯수레, 2000년, p.42.

### (3) 폭력배 동원 강제 해산

농성 엿새째인 3월 17일 새벽 3시경 2층 공무국 철문과 벽을 뜯어내는 용접기 소리와 해머 소리가 세종로를 뒤흔들었다. 잠시 후 농성장 안으로 사람들이 밀려 들어왔다. 술 냄새를 풍기는 사람들도 있었다. 농성을 벌여온 기자들은 양팔을 붙들린 채 몽둥이로 머리를 맞으며 건물 밖으로 끌려 나왔다. 이 과정에서 정연주 기자 등 5명이 부상했다. 이에 대해 조종명 판매2부장대우는 법정증언에서 "회사의 지시에 따라 17일 새벽 3시 15분경 경비과 직원, 보급소 총무, 가판구역장, 업무사원 80여명 등 모두 200여명을 데리고 공무국 내의 사원구출작업을 시작했다"고 말했다.

이어 이들은 3층 편집국으로 진입을 시도했다. 농성자들이 철제 셔터와 창문을 모두 닫아버리자 쇠파이프로 창문의 철망을 부수고 편집국에 들어섰다. 기자들은 편집국에서 정리 집회를 가진 뒤 정문으로 걸어 나왔다. 4층 방송국에서 농성을 벌이던 사원들은 철제셔터를 내리고 책상과 사무집기로 입구를 막아 저항할 태세를 갖췄다. 그러나 산소용접기와 해머를 동원, 셔터 문을 뜯고 들어온 보급소 직원 등에 의해 밀려 계단을 내려왔다. 이 와중에서 김학천 PD가 구타당해 탈장증세로 입원했다. 17일 새벽 동아일보사 주변 세종로 일대에는 정사복 경찰 수백 명이 미리 포위하고 있어 동아일보 사원 축출 작전이 사전에 잘 짜여진 계획에 따라 진행되었음을 보여주었다. 이날 강제로 축출될 당시 제작거부에 참여한 사원은 모두 163명이었다.(동아투위, 〈자유언론〉, p.440.)

동아일보는 이날 신문에 1면 하단광고에 '국민여러분께 거듭 아룁니다'라는 글을 동아일보사 사원일동 이름으로 게재했다. 회사 측은 이 글에서 "소수 과격분자들의 행위를 묵과하고 비정상적인 제작을 계속함으로써 더 이상 국민여러분께 심려를 끼칠 수 없다고 판단, 본사 공무 광고 판매국 사원 200명이 점거 농성사원을 해산시켰다"고 밝혔다. 농성사원들을 '극소수 난동분자'로 몰아버린 것이다.

(4) 동아투위 결성 및 시위

제작거부 사원들은 18일 동아자유언론수호투쟁위원회를 구성하고, 권영자 기자(문화부 차장)를 위원장으로 추대했다. 조직 명칭을 동아자유언론수호투쟁위원회로 정한 것은 제작거부 사원들이 동아일보사에서 쫓겨나 있긴 하지만 '동아의 자유언론 정통성은 우리에게 있다'는 사실을 재확인함과 동시에, 동아일보사에 복귀해서 다시 자유언론을 실천할 수 있을 때까지 '자유언론을 우리가 수호하겠다'는 결의를 다짐하기 위함이었다.

동아투위는 우선 매일 아침 출근시간에 맞춰 동아일보사 앞에 모여 항의시위를 벌이는 한편, 권력과 야합한 동아일보사의 배신·기만극과 박정희 독재정권의 악랄한 언론탄압 및 한국언론의 반민주적 행태를 고발하는데 모든 힘을 쏟아 붓기로 했다.

18일 아침 동아일보사 정문은 굳게 닫혀 있고, 유일한 출입문인 별관 쪽문엔 새로이 채용된 낯모를 경비원들이 출근하는 제작참여 사원들의 신분증을 일일이 조사하고 있었다. 동아일보사는 이미 해임된 37명을 제외한 전 사원에게 새로운 신분증을 발급, 새 신분증을 가지고 있는 사람만 회사 출입을 허용했다. 그리고 동아일보사 주위엔 20~30명의 사복경찰들이 지켜 서서 제작거부 사원들과 일반인들의 접근을 통제했다.

3월 17일 새벽 제작거부 사원들이 강제 축출되는 과정을 처음부터 끝까지 지켜보고 그 후 회사 앞 도열에도 동참하다 강제 출국당한 제임스 시노트(James Sinnott) 신부는 자신이 직접 목격한 당시의 상황을 이렇게 기록했다.[55]

시위자들에 대한 경비는 더욱 강화되었다. 모든 대중교통과 보행인, 그리고 자동차마저 동아일보사 앞은 얼씬도 못하도록 우회시켰

---

55) James Sinnott, 〈현장증언 1975년 4월 9일〉, 김건옥 외 옮김, 빛두레, 2004년, p.324.

다. 경찰은 근처 지역 전체를 차단선으로 막고 신분증이 있는 사람만 통과시켰다. 이런 사소한 자유를 박탈당하는 것에 민감하기로 악명 높은 서양인들은 예전처럼 그냥 통과시켰다. 동아일보 건물로 들어가면 제일 먼저 시야에 들어오는 것은 70㎝ 정도의 '언론 자유'라고 쓰여 있는 두개의 나무 팻말이었다. 새롭게 덧칠한 이 팻말은 현관문 양쪽에 기대어 서 있었다. 이 현관문은 동아일보 사옥 앞에서의 시위가 끝나고 가두행진을 하는 9시까지는 굳게 닫아 놓았다. 아직도 사태를 잘 모르는 기부금 후원자들은 '언론자유를 쟁취하기 위한 투쟁에 돈을 기부하는 곳이 바로 여기다'라고 공표하고 있는 두 팻말 사이를 예전처럼 자유롭게 지나갈 수 있었다.

농성사원들이 회사에서 쫓겨난 3월 17일 새벽까지 제작거부 농성에 동참한 기자, 프로듀서, 아나운서 등은 모두 165명에 이르렀다. 회사 측은 제작거부 사원이 '일부 극소수'라고 허위 선전했지만, 사실은 신문 방송 잡지 실무제작진의 절반이 넘는 숫자가 제작거부에 동참하다 쫓겨났던 것이다.

(5) 해직 또는 무기정직 131명

동아일보사는 제작거부 사원들이 강제 축출된 뒤에도 투쟁을 조금도 누그러뜨리지 않고 회사 측의 배신 사기극을 폭로하는 활동을 전개해 나가자 3월 27일 또 다시 12명을 해임하고 7명을 무기정직 처분했다. 징계 받은 당사자에겐 한마디 사전 통고도 없이 사내 게시판에조차 공고하지도 않은 채 전격적으로 취한 조치였다.

회사 측은 동아투위에 남아 투쟁을 계속할 사람과 회사로 복귀할 사람의 윤곽이 어느 정도 뚜렷하게 드러나자 4월 11일 또다시 75명의 기자 프로듀서 아나운서에게 무기정직 처분을 내렸다. 이로써 3월 8일 이후 이날까지 동아일보사로부터 해직 또는 무기정직 처분을 받은 사람은 모두 131명에 이르게 되었다.

자유언론실천의 주역들을 폭력으로 내쫓고 난 뒤에도 동아일보는 한동안 '자유언론이란 위장 상표 뒤에 숨어' 정보에 어두운 독자들을 기만했다. 인혁당 관련 기사나 목요기도회 및 천주교정의구현사제단의 인권회복 기도회 관련 기사가 핵심적인 내용은 모두 빠진 채 보도되는 등 지극히 형식적인 보도로 일관했다. 이동욱 주필이 취임하자마자 제일성으로 터뜨린 "광고탄압이 본격화한 12월 25일 이전으로 논조를 되돌려야 한다"는 말이 현실화한 것이다.

그나마 이러한 시국관련 기사는 날이 갈수록 줄어들다가 4월 30일 베트남전쟁이 끝나고 5월 13일 긴급조치 9호가 선포된 이후에는 지면에서 완전히 사라지고 말았다.

### 3) 중정과 동아 경영진이 협의해 해고

동아일보의 기자들의 무더기 해직사태를 주도한 사람은 1971년 봄 회사를 떠나 '안보세미나' 간사를 맡고 있다가 3년여 만인 1975년 2월에 복귀한 이동욱 주필(이사)이었다. 이동욱 주필은 1975년 3월 18일 오후 외신기자회견을 자청해 주필실에서 30여명의 외신기자들에게 1시간 20분 동안 최근의 동아사태에 관한 회사 측의 견해를 광범위하게 피력했다. 이 주필은 "3월 8일의 해고조치는 경영난을 해소하기 위한 불가피한 조치일 뿐 관권개입은 없었다"고 동아일보사의 공식적인 입장을 되풀이해 밝히면서 "작금의 사태가 발생한 명분은 언론자유라고 하지만 쟁점은 절대로 언론자유가 아니다. 사내의 위계질서를 세우기 위해서는 해임이란 방법 밖에는 없었다"고 말했다.(동아투위, 〈자유언론〉, p.204.)

그러나 유감스럽게도 19일자 동아일보는 이미 재야인사 22인의 '동아사태에 대한 우리의 호소'나 김영삼 신민당총재의 회견내용을 왜곡 보도했듯이, 이날 회견기사 역시 회사 측에 불리한 부분은 모조리 삭제했다.

## (1) 이동욱 주필의 기관개입 발언

동아일보 자유언론수호투쟁위원회의 '동아투위 소식' 1975년 3월 20일자는 해직사태를 주도한 이동욱 주필의 발언에 대해 다음과 같이 반박했다.

이 주필은 '김 총리의 국회발언 중 동아사태는 동아 자체의 문제라는 내용의 발언을 했는데 그 자체의 문제란 무엇인가'라는 질문을 받고 '노골적으로 얘기하자면 지난해 노조결성 당시 모 기관에서 경영주에게는 노조결성을 못하도록 해놓고, 노조 측에게는 노조를 결성하도록 선동싸움을 붙였다. 그 후 그 기관의 사주로 24명을 해임했는데 또 그 뒤에는 다시 복직시키라고 압력을 넣어 이들을 복직시켰다'고 말하고 '나는 복배에 적을 맞아 양편과 싸우지 않으면 안될 입장'이라고 말했다. 최근의 동아사태에 대한 관권개입설에 대해서는 '관권개입이라니 도대체 구체적으로 무엇을 말하는지 모르겠다'는 이 주필이, 자신이 재직하지도 않았던 시기의 '관권개입'을 최초로, 공개 발설한 셈이다. 그 발언의 진의가 어디에 있는지 참으로 불가사의한 일이 아닐 수 없다.

또 지난 일요일 오후 6시경 신민당 이택돈 대변인이 '귀임기자들의 복직을 전제로 한 사태해결'을 촉구하는 내용의 신민당의 광고를 내려 했을 때 회사 측이 이를 거절한 이유를 묻는 질문에 광고국장은 '밖에서 보는 동아사태와 안에서 보는 동아사태는 다르므로 해결책도 다를 것이기 때문에 외부 사람이 와서 얘기하는 것을 광고로 낼 수 없다'고 야당의 광고마저 거절한 이유를 설명했다.

그뿐인가. 이 주필은 윤보선씨 등 재야인사들이 동아사태의 해결책으로 제시한 호소문에 관한 질문을 받고 '아는 바 없다'고 잘라 말했다. 이 주필은 이 호소문을 거두절미한 지난 15일자 1면의 2단 기사 '정상제작 호소' 제하의 기사만 읽어봤을 뿐 동아일보 편집국에서 기자회견을 한 것도 모르며 또 '지금까지의 무더기 해임을 백지화시키고···'라는 내용의 호소문을 본 적 조차 없단 말인가. 그러면서도 이 주필은 이번 사태로 동아의 이미지가 손상됐음을 시인하면서 '그 것은 농성기자 몇 사람이 돌아다니며 이야기를 퍼뜨려 정당사회단체 로 하여금 성명을 내게 했기 때문'이라고 답변했다.

그 호소문에 서명했던 김영삼 신민당 총재나 양일동 통일당 당수 가, 그리고 윤보선 함석헌 유진오 백낙준 윤형중 이병린 장준하 천관 우 등 제씨가 몇몇 기자들의 허언에 속아 그릇된 호소문을 냈단 말인 가. 이 나라 재야의 양식을 대표하는 분들이라고 해서 조금도 손색이 없을, 그리고 동아의 격려광고를 주도해온 이들을 동아의 주필이 그렇게 매도해도 좋단 말인가.

그리고 천주교정의구현사제단을 비롯한 그 많은 종교 사회단체 들이 해임기자들의 복직을 요구한 사례들은 어떻게 설명해야 좋단 말인가.

'학원광고까지 압사당하는 마당에 지난 15일 조흥 상업 두 은행의 광고가 난 것은 무더기 광고해약사태의 실마리가 풀리기 시작한 조 짐이 아닌가'라는 질문이 나오자 광고국장이 일어서서 '상법상 은행 정관에 따라 주주총회가 결산보고를 할 때 지정된 신문에 광고를 내야 하므로 광고를 낸 줄 안다'고 답변했다. '상법상 은행정관'은 광고해약 사태 기간 중에는 동아에 광고를 내지 못하도록 규정되어 있단 말인가. 그리고 동아제약이 정관에는 '동아'에 내도록 되어 있는 데도 '한국'에 냈다는 부연설명은 도대체 무슨 말을 하자는 것인가.

이 주필은 또 '우리 신문은 딴 신문과 달리 재정적으로 기반이 튼튼해 언론자유실천을 할 수 있었다'면서도, '기구축소를 이유로 18명을 자른 첫 해임조치가 경영에 얼마나 도움이 됐느냐'는 질문에 는 '1명을 감원해서 절약하는 것이나 18명 180명을 감원해서 절약하 는 것이나 다 같이 문제는 자세가 중요한 것'이라고 답변했다니 앞으 로도 무더기 해임을 불사한다는 뜻인가.

동아 주변의 통행제한에 대해서도 '사에서 한 발짝만 나서면 서울

시경 관할구역이므로 회사로서는 아는 바 없다'니 그렇다면 경찰이
광화문지하도 한복판에서 중인 환시리(衆人 環視裡)에 우리 기자들
의 신분증을 조사. '가짜 기자'라고 멱살을 잡고 호통을 치는 사례를
어떻게 설명하는 말인가.(동아투위, 〈자료집〉, pp.128~129.)

### (2) 공화당의 사전 인지

3월 25일자 '동아투위 소식'은 "이 주필은 밖에 나가 있던 지난
3년여 동안 친여계의 경제문제연구기관에 관계를 맺어 왔고 1974년
부터 '안보세미나'(상설)의 대표간사로 일해 온 사실을 알고 있는
기자들은 이때까지만 해도 그가 '관권에 동화된 관선주필'이라는
설에 귀를 기울이지 않으려 애썼다. 3월 4일 이 주필은 부장회의에
서 신문 방송의 제작 지침을 시달했다. 이 자리에서 이 주필은 '광고
탄압이후 동아일보와 동아방송이 과열되어 있다. 광고탄압이 시작
된 12월 25일 이전 선으로 되돌아가야 한다'고 말했다"고 지적했다.

동아투위는 이어 "기자들이 농성 중이던 3월 15일경 이동욱 주필
이 기자들의 복직을 호소하러 회사를 방문한 야당 및 재야인사들에
게 자신이 관권과 무관함을 역설하는 가운데 '사내 인사문제는 3월
6일 사장과 단 둘이서 최종결정을 본 것인데 이튿날인 7일 공화당
박 정책위원장이 이 사실을 외신기자에게 말했다'고 아무도 묻지
않은 말을 애써 해명하려 하였다"고 지적하고, "이 주필의 말대로
이 주필과 사장만이 알아야 할 이 사실을 공화당 정책위의장이 어떻
게 사전에 알았을까. 이 주필은 또 3월 18일 가진 회신기자회견에서
그동안 '중개인'을 통해 신문사와 정부 간에 광고문제에 관한 얘기가
오갔음을 시인했다"고 강조했다.

### (3) 진실 · 화해위의 진상조사 결과

동아일보 기자들의 무더기 해고는 발생 33년 만에 박정희정권과
동아일보사 경영진의 협의에 의해 이뤄진 것으로 밝혀졌다. 박정권

이후 6번이나 대통령이 바뀐 뒤에야 밝혀진 것이다.

진실·화해를 위한 과거사정리위원회는 2년여의 조사를 벌인 뒤 2008년 10월 29일 "유신정권 중앙정보부의 동아일보 광고탄압은 언론사를 압박해 정부에 저항하는 기자들을 무력화시키고 언론사를 통제 가능한 상태에 두려는 의도에서 비롯됐다"고 발표했다. 진실·화해위는 "언론인들의 해임 및 무기정직 이후 중앙정보부와 동아일보사의 협상이 이루어졌으며 광고재개 조건으로 동아일보사의 인사문제가 거론됐다"고 밝혔다. 당시 동아일보 주필이었던 이동욱씨는 진실·화해위에 출석해 언론인 해임이 광고탄압 때문이라고 진술했다.

당시 중앙정보부 담당관은 진실·화해위 조사에서 "동아일보 광고게재를 위한 최종적인 협상조건으로 동아일보사에서 사과 성명을 내고 편집국장 등 5개 국장의 주요 간부들 인사에 있어서도 사전에 중앙정보부와 반드시 협의하는 조건을 제시했고 동아일보사는 이를 수용했다"고 진술했다.

진실·화해위는 동아일보사 언론인들의 해임 시기에 조선일보사에서도 언론인의 해임이 있었고, 기자협회보도 폐간됐음을 예로 들어 "당시는 중앙정보부의 광고탄압이 한창인 상태였기 때문에 정부의 적극적인 간섭과 개입 없이 개별 언론사들이 임의로 기자들을 해임시킬 수 없는 상황이었다"고 지적했다.

진실·화해위는 "정부의 치밀한 주도하에 진행된 일련의 탄압조치로 '비판언론 거세'라는 소기의 목적이 달성됐다고 판단되자, 박정희정권은 동아일보 광고탄압 조치를 해제했고, 전대미문의 동아일보 광고탄압과 언론인 대량해임은 유신정권의 언론탄압정책에 따라 자행된 현저히 부당한 공권력에 의한 중대한 인권침해 행위로 밝혀졌다"고 강조했다.

진실·화해위는 이 사건이 동아일보사에 대한 부당한 탄압일 뿐 아니라 기업 활동의 자유, 언론의 자유, 양심의 자유 등 헌법에 명시된 국민의 기본권을 심각히 훼손하고 침해한 것임을 확인했다.

진실·화해위는 또한 동아일보의 유신정권에 대한 굴복도 면책될 수 없음을 분명히 했다. "동아일보사는 비록 광고탄압이라는 위법한 공권력의 행사로 야기된 경영상의 압박이 있었다고 하더라도 언론기관인 동아일보의 명예와 언론자유를 수호하기 위해 헌신해왔던 자사 언론인들을 보호하기는커녕 정권의 요구대로 해임함으로써 유신정권의 부당한 요구에 굴복했던 것"이라는 지적이다. 진실·화해위는 "동아일보사 경영진은 당시부터 정권의 강압에 의한 해임이라는 점을 시인하지 않고 경영상의 이유로 해임하였다고 주장함으로써, 결과적으로 유신정권의 언론탄압에 동조하였으며 언론의 자유, 언론인들의 생존권과 명예를 침해한 책임을 면하기는 어렵다."고 결론지었다.

진실·화해위는 "국가에 대해 동아일보사와 언론인들을 탄압해 언론 자유를 침해하고 언론인들을 강제로 해임시키도록 한 행위에 대해 동아일보와 해임된 언론인들에게 사과하고, 피해자들의 언론자유수호 노력에 대해 정당한 평가와 피해자들의 피해 회복을 통해 화해를 이루는 적절한 조치를 취할 것을 권고한다."고 밝혔다.

진실·화해위는 동아일보사에 대해서도 사과 등을 촉구했다. "동아일보사는 비록 정부의 부당한 공권력에 의한 피해자의 처지에 있었다 하더라도 결국 정부의 압력에 굴복하고, 또 정부 압력을 빌미로 언론인들을 대량 해임시킨 책임이 있음에도 민주화의 진전으로 언론자유가 신장되어 권력의 간섭이 사라진 이후까지 이들에 대한 아무런 구제조치도 취하지 않았으므로, 피해 언론인들에게 사과하고 피해자들의 피해와 명예를 회복시키는 등 적절한 화해 조치를 취할 것을 권고한다."고 결론을 내렸다.

### 4) 해고무효 소송 패소

동아일보사에서 강제로 축출된 후 3개월 동안 김상만 사장 앞으로 서신도 보내고 여러 경로를 통해 대화를 시도했으나, 이 같은 노력이 무위로 돌아가자 동아투위는 마침내 법률적인 자구책을 강구했다. 문제를 법정으로 끌고 가는 것은 양측 모두 불행한 일이지만 수차례의 대화 요청에 회사 측이 응하기는커녕 가부간의 회답조차 없으니 마지막 선택이었던 것이다.

### (1) 해임 무효 확인 청구 소송

김재관 등 121명의 사원들은 1975년 6월 21일 동아일보 대표이사 김상만을 상대로 '해임 및 무기정직 처분 무효 확인 청구 소송'을 서울민사지법에 냈다.(동아투위, 〈자유언론〉, pp.240~241. 소송경과에 대한 내용은 이 책 참조) 소송의 청구 요지는 "동아일보사가 3월 8일부터 5월 1일까지 모두 7차례에 걸쳐 49명을 해고하고 84명을 무기정직에 처하는 대량 징벌조치는 헌법 제28조(국민 근로의 권리)를 구체적으로 보장하는 근로기준법 제27조 1항(사용자는 근로자에 대하여 정당한 이유없이 해고, 휴직, 정직, 전직, 감봉, 기타 징벌을 하지 못한다)을 위배했기에 무효이다"라는 것이다.

소송 수행은 서울 제일변호사회와 서울변호사회가 공동으로 인권옹호차원에서 무료로 변호해 주기로 했으며, 소송대리인으로는 서울제일변호사회의 김제형, 황인철 변호사와 서울변호사회의 김춘봉, 이일재 변호사 등이 선임되었다.

이에 앞서 두 변호사는 동아투위 측의 진정에 따라 '동아해직기자 진정사건 조사위원회(위원장 홍현욱, 위원 이세중, 함정호, 김강영, 황인철)'를 구성하고 자체 조사를 벌인 결과 해직기자들의 진정이 '사법적 판단을 받아볼 필요성이 있다'는 의견일치를 보았다. 그 조사보고서의 요지는 다음과 같다.

① 1차 해임의 경우 : 당장 절박하지도 않았을 뿐만 아니라 제작부서 소속 사원의 해임 이외에 다른 방도를 취할 수 있었는데도 언론노조와 자유언론실천에 앞장섰던 기자들의 제거를 위해 경영난으로 인

한 기구축소라는 구실을 내세워 그들이 소속했던 부서를 없애고 소속사원 전원을 해임했으며

② 2, 3차 해임의 경우 : 인사위원회를 열지도 않고 사장의 명령에 따라 일방적으로 처리되었을 뿐만 아니라 그 징계가 근로기준법 상으로 용납될 수 없을 정도로 너무나 무섭고

③ 그 이후 해임 및 무기 정직 : 정당한 이유 없이 동료기자 37명이 해임당하고 그 부당성이 전혀 받아들여지지 않는 상황 아래서는 자구수단을 강구하지 않을 수 없으리라는 점, 그리고 회사가 신분증을 갱신 발급하여 그 소지자만 출입 허용함으로써 배신감 없이 출근하여 제작에 참여하는 길을 스스로 막고 있던 사실 등을 종합할 때 그 정당성이 심히 의심스럽다.


## (2) 1심 재판 부분 승소

이 재판은 1975년 8월 19일 처음 열린 뒤 1976년 5월 1일 13회 공판까지 열렸고 1976년 7월 12일 선고공판이 열렸다. 거의 1년 가까이 진행된 것이다. 공판 때마다 피고인 동아일보사 측과 변호인 측의 증인심문이 이어졌다. 1975년 11월 8일 열린 5차 공판에서 원고인 동아투위 측 증인으로 나온 서울여대 이우정 교수와 송건호 전 편집국장의 증언은 다음과 같다.

이우정 : 윤보선 대통령부인 공덕귀 여사, 기독교장로회 주재숙 여신도연합회장, 서울연합회장 김명주, 총무 구충회, 기장총무 김윤옥 씨 등 6인이 김상만 사장을 면담했을 때 김 사장이 "광고해약 사태로 경영이 어려워 기구 축소했다"고 밝혔다. 이에 "우리 신구 종교단체에서 해임사원들의 인건비를 맡을 테니 복직시켜 달라"고 했더니 경영난 때문이라기보다는 위계질서 문란이 해임사유라고 번복했다.
송건호 : 3월 8일 사원 18명을 해임할 때 사전협의를 한 바 없고 간부회의에서 사장이 주주총회 보고형식으로 통보했다. 광고 사태

로 야기되는 경영난은 2, 3개월 후에 나타나는 것으로 들었으며, 3월 8일 무렵에 경영난이 심각했다고는 생각하지 않는다. 회사 측은 최근 취재범위가 줄어 기자수를 줄여왔다고 주장하고 있으나, 사실은 그 반대로 출입처가 확대되어 몇몇 부장들이 기자 증원을 요청해 오곤 했다. 감원 해임 후 스스로 봉급을 깎아 함께 일하고 싶다는 기자들의 뜻을 전했으나 김상만 사장은 "주주 총회의 결정이니 어쩔 수 없다"고 말했다. 언론사의 특수성으로 보아 기구축소를 하더라도 제작부서가 아닌 외각 지원부서부터 하는 것이 순리라고 생각되며, 그렇지 않을 경우라도 제작부서와 비제작부서 반반씩 감원하는 것이 마땅하다. 기구축소로 폐지된 기획부, 과학부, 출판부 등에는 노조 임원이나 자유언론실천 특위원 등 회사 측에서 못마땅하게 생각하는 기자들이 많았다. 위계질서 문제는 제작에 지장을 줄 정도는 아니었다. 언론기관은 속성상 위계질서가 엄격하지 않아서 언론보도에 문제가 있다고 생각될 때는 아랫사람이 시정을 요구하거나 항의하는 경우도 종종 있다. 10.24자유언론실천운동은 편집권의 옹호와 회복운동이며, 이번에 해직된 기자들이 한 번도 독점적으로 편집권을 갖겠다고 주장한 일이 없다.

12월 20일 열린 공판에서 송준오 PD는 "1974년 1월 29일 당시 4.19혁명을 다루고 있던 '정계야화'의 재방송을 아무 이유도 없이 회사 측이 중단 결정한 데 대해 사원들이 편성 및 제작권 침해라고 항의하자 방송국의 모 간부는 '외부의 압력 때문에 어쩔 수 없다.'고 술회한 바 있다"고 증언했다.

선고공판에서는 김병익, 박지동, 서권석, 임부섭 등 5명이 승소하고 김재관 등 나머지 64명은 기각 판결을 받았다.

1심판결이 부분 승소이기는 하지만 동아투위는 그때까지 내세웠던 자유언론실천운동의 정당성이 공인된 것으로 보고 승소한 기자 5명의 회사 복귀를 촉구하는 한편 기각 판결을 받은 나머지 사원들의 항소를 제기했다. 이 소송도 서울변호사회와 서울제일변호사회에서 선정한 김제형, 김춘봉, 이일재, 황인철 변호사가 소송대리인이 되었다.

### (3) 해외언론의 동아투위 지원

한편 AP통신, 마이니치(每日)신문, 요미우리(讀賣)신문 등 해외언론들은 재판부의 선고내용을 보도하면서 그동안 동아투위의 활동을 소개하기도 했다. 특히 AP통신은 "작년 3월 동아일보사측은 18명의 사원을 갑자기 해임했으며, 동료들의 복직을 요구하는 사원들의 호소가 거부되자 제작거부 농성이 시작되었다. 몇몇 교회그룹이 해임된 18명의 복직에 필요한 재정적 지원을 하겠다고 제의했으나 회사 측은 이를 거부했다. 동아일보의 광고사태는 1975년 7월 갑자기 해결되었으나 회사 측은 7개월에 걸친 광고해약사태가 어떻게 해결되었는지에 관해 한마디 설명도 하지 않았다."고 보도했다.

같은 해 가을 스위스 취리히에서 열린 IPI(International Press Institute, 국제언론인위원회) 총회에서는 세계의 언론자유 현황을 보고하면서 "동아일보에 대한 광고게재 중단사태는 7월 중순에 끝났다. 그러나 동아일보의 강력한 논조는 약화되었으며 신문의 영향력은 실질적인 무기력상태로 전락했다"고 지적했다. "농성 후 해임 또는 무기정직된 사원 중 19명이 그동안 여러 가지 이유로 경찰과 중앙정보부에 붙들려가 조사를 받았다"고 밝혔다.

### (4) 고법·대법 전원 패소 판결

무기정직 및 해임 무효확인 청구소송의 항소심 재판부는 서울고등법원 민사1부(재판장 김기홍, 판사 박정서, 안병희)로 결정되어 10월 19일 첫 공판이 열렸다. 이어 11월 23일 2회 공판 그리고 3회 공판이 12월 14일 서울고법 236호 법정에서 열렸다. 3회 공판에서 회사 측 증인으로 나온 이채주 경제부장은 "신문제작에 있어서 일선기자와 간부 사이에 이견이 있거나 회사의 결정이 부당하다고 생각되는 경우라도 기자들이 무조건 복종해야 할 의무가 있다고 생각하느냐"는 변호사의 질문에 "신문사의 기율은 군대보다도 더 엄해야 한다. 신문은 짧은 시간 안에 제작되는 것이기 때문에 일단 결정된 사실에 대해서는 시비를 해서는 안 된다"고 증언했다.

이채주 부장은 또 "신문제작에 외부의 압력이나 간섭이 있었느냐"는 질문에 대해 "내가 아는 한 없었다"고 잘라 말했다. "그렇다면 외부 간섭을 일체 배척한다는 내용의 10.24선언을 지지한 2.8간부선언에 왜 서명했느냐"는 질문에 "기자들이 한 것을 재확인한 것뿐이다"라고 얼버무렸다. "그러면 당신이 아니고라도 국장이나 회사에 외부 간섭이나 압력이 있었느냐"는 거듭된 질문에도 "내가 아는 한 없었다"고 말했다.

1978년 1월 9일 오전 10시 서울고법 236호 법정에서 열린 항소심 판결공판에서 재판부는 1심의 일부 승소 판결을 뒤엎고 동아투위 위원 62명에 대해 전원 패소판결을 내렸다.

이에 대해 동아투위는 "지금까지 내세웠던 자유언론실천 활동이 이미 1심 판결에서 그 정당성이 공인되었음을 기정사실로 인정한다"면서 대법원에 상고했으나 대법원 민사부(재판장 임항준, 판사 주재황, 양병호, 나길조)는 1979년 1월 30일 '이유 없다'고 전원 기각했다. 이로써 이 소송은 만 3년 7개월에 부당하게 해고당한 동아투위원들의 패소로 끝났다.

(5) 동아투위 "승복 못해"

동아투위는 현 체제 아래서 대법원의 부당한 법리해석에 승복할 수 없음을 명백히 밝히면서 그 이유를 다음과 같이 제시했다.(동아투위, 〈자유언론〉, pp.250~252.)

우선 재판부는 '1974년 10월 하순 광고해약사태에 직면하여 그

존폐위기를 맞게 되자 임원진을 감축하고 피고회사의 부서 중 업무실적이나 필요성이 별로 없는 1실3부를 폐쇄하면서 그 소속 직원을 감원하기로 하고 그에 따라 원고 조학래 외 7인을 해임하게 된 것을 인정한 것'과 '일부 사원의 감봉제의나 일부 사회단체의 봉급 부담제의는 일시적이고 목가적인 조처에 불과하며 근본적인 대책이 될 수 없다'는 원심판결을 적법하다고 받아 들였다.

우선 원심이나 대법원이 광고해약사태로 존폐위기를 맞았다는 것을 인정하고 있다는 것에 주목한다. 동서양을 막론하고 광고해약사태가 누구에 의해 야기되었는가는 이제 공개된 비밀이다. 자유언론의 목을 조르기 위해 저지른 극악한 범죄를 가려내기 보다는, 그에 대한 판단은 유보한 채 광고해약사태를 경영악화의 구실로 삼아 충실한 언론인들을 무단 해고한 언론모리배들을 두둔한 심판은 어느 모로 보나 정당화될 수 없다.

또한 해임한 동료들의 봉급을 회사 측이 감당할 수 없다기에 우리가 함께 부담하겠다고 했으며 외부 사회단체가 부담을 제의한 것에 대해 '일시적이고 목가적 조처'라고 판단했다. 해괴한 광고해약사태를 극복하고 이를 구실로 한 해임사태를 막아 보려는 희생적인 동료애와 사회적 연대의식을 목가적 운운한 것은 재판관으로서의 자질을 의심케 하는 언사이다.

해임파동이 벌어지고 있던 1975년 3월 12일부터 17일 사이 28명의 태권도 유단자를 경비과 직원으로 특채하고 그 후 사원들을 수시로 채용한 것은, 경영악화로 인한 기구축소 해임이라는 구실이 거짓이었으며 자유언론의 기수들을 권력과 합작하여 축출하려는 구차한 연극이었다는 것을 명백히 드러내주었다.

그럼에도 불구하고 회사 측이 경영악화에 따른 해임사태가 불가피한 것인 양 합리화시키는 것은 자유언론을 압살하는 일에 야합 방조했다는 비난을 면할 수 없을 것이다.

또한 재판부는 '원고들이 상사에 대하여 모욕적인 발언을 하거나 방송 제작 및 신문 제작 거부 결의를 하고 방송국의 방송실과 주조정실을 점거하며 방송을 방해하거나 불가능하게 하였으며, 신문사 편집국과 공무국에서 농성을 하여 신문제작을 방해하였다는 원심의 판결을 인정할 수 있다'고 판시했다. 여기서 주목할 사실은 피고측 증인이나 증언은 모두 받아들였으나 원고 측 증인이나 증거는 대부분 물리쳤다는 점이다.

어제까지도 자유언론의 대도를 걷겠다던 회사 측이 하루아침에 태도를 표변, 자유언론에 앞장선 기자들을 대량 해임시키는 사태에 대해 '차마 이럴 수 있느냐'는 항의가 그렇게도 큰 해임사유가 된단 말인가?

게다가 재판부는 '피고회사에 근무하는 원고들로서는 피고회사의 사규와 질서를 무시하면서 강행하는 이른바 자유언론실천운동을 내세워 극한투쟁을 일삼는 것은 제재를 받아야 할 것으로 본다'고 했는데, 이는 그 정당성을 놓고 다툰다는 것이 무의미함을 절감케 한다. 회사 측은 위계질서다, 경영악화다, 하면서 여러 해 동안 봉직한 사원들을 함부로 해임시켜도 정당화되고 종사자들이 최소한의 자기 방어 행위를 벌이는 것은 극한투쟁으로 몰아 부친다면 무엇을 위한 정의이며 사법이란 말인가.

조그마한 가내 수공업체에서 한두 명이 해고된 것도 아니고, 50여 년의 전통을 지닌 이 나라 대표적인 언론기관에서 130여명의 언론 종사자들이 통금시간에, 삼엄한 경찰의 경계 아래 광화문 네거리에 술 취한 폭도들에 의해 강제 축출당한 사건이 몇몇 유약한 인간들의 붓끝 판단으로 결말이 나겠는가.

## 3. 조선일보 기자 해직(1974년)

조선일보사는 1974년 12월 18일 '편집권 침해'를 이유로 기협 부회장인 외신부 백기범 기자와 문화부 신홍범 기자를 전격적으로 해임했다. 두 기자는 17일자 4면에 실린 유정회 소속 전재구 의원이 집필한 '허점을 보이지 말자' 제하의 기사가 밖으로부터의 청탁에 의해 실렸으며, 특히 결론 부분은 현 사회를 일방적인 입장에서 보고 있으므로 부당하다는 뜻을 편집국장에게 전달한 것이 편집권을 침해했다는 이유였다.

### 1) 자유언론실천운동이 불씨

조선일보 기자들의 강제해직은 박정희정권의 노골적인 언론통제에 대한 반발이 계기가 되었다. 조선일보사에서 해고당한 신홍범 기자는 그 당시 상황을 다음과 같이 기록했다.[56]

> 권력의 언론통제는 1972년 10월 유신체제의 성립으로 노골적인 탄압으로 치닫고 있었다. 중앙정보부를 비롯한 수사기관에서 나온 사람들이 편집국에 끊임없이 드나들면서 기사를 빼라, 넣어라, 줄여라, 키워라 하며 간섭 통제하고 있었다. 그리고 그들의 뜻대로 되지 않으면 이런 저런 구실을 잡아 사건을 만들고는 기자나 신문사의 간부를 연행하여 공포 분위기 속에서 폭력을 가하는 일이 되풀이되었다. 신문사의 편집국은 질식할 것 같은 공포 분위기 속에 휩싸였으며 기자들은 좌절감과 무력함 속에서 타율적인 신문을 만들지 않으면 안 되었다.
>
> '이러고도 나는 신문기자라고 말할 수 있을까', '국민과 독자에게 알려야 할 것을 알리지 못할 뿐만 아니라 사실을 왜곡하기까지 하는 오늘의 기자들을 나중에 역사와 국민은 어떻게 심판할까. 이것은 지식인의 직무유기요 범죄가 아닐까 하는 자문 속에서 우리는 괴로운 나날을 보내고 있었다.

---

56) 신홍범, '증언 : 목 잘린 자의 아직도 아픈 추억', 〈기자협회 30년사〉, 한국기자협회, 1994년, pp.226~227.

이러한 범죄적인 신문 제작을 더 이상 용납해서는 안 된다는 반성이 젊은 기자들 사이에서 일어나 1973년 10월 7일에는 동아일보 기자들의 편집국 철야농성이 있었고 이해 11월 20일부터는 언론사별로 언론자유수호 결의대회가 잇따라 열리게 되었다.

그러나 이러한 선언 대회에도 불구하고 신문지면은 달라지지 않았다. 지식인 종교인 학생 정치인들의 민주화 요구나 인권유린, 비참한 노동자들의 생존권 요구는 신문에 거의 한 줄도 보도되지 못했다.

### (1) 10.24선언 계기 자유언론실천운동

그리하여 마침내 1974년 10월 24일 동아일보 기자 등이 '자유언론실천선언'을 발표하기에 이르렀다. 이 선언을 계기로 언론의 자유를 확보하려는 기자들의 운동은 구체적인 실천단계로 들어갔다. '선언'은 대회를 갖는 것에 머물지 않고 1단 기사라도 보도하는 실천운동으로 나서게 되었던 것이었다. 그래서 조선일보 기자들은 편집국 내에 '언론자유 수호 특별대책위원회'를 만들어 그날그날 제작된 지면을 검토하고 보도해야 할 뉴스를 어떻게든 실어 보려는 노력을 기울였다. 보도해야 할 기사가 빠졌으면 그 경위를 밝히고 이를 기어코 독자에게 알려 보려고 하였다.

나(신홍범·문화부)는 이 대책회의에 적극적으로 참가했다. 물론 이해 12월 함께 해직된 백기범 기자(외신부)도 주도적으로 참가했으며 해야 할 일들을 함께 논의하곤 했다. 따라서 두 사람은 편집국의 고위 간부들이나 경영자 측으로부터 경계의 대상으로 주목을 받았던 것 같다.

그러던 중 1974년 12월 16일 취재를 마치고 좀 늦게 돌아와 보니 백기범 기자가 내게 다가와서 지방판 신문에 실린 한 글을 가리키면서 문제가 많은 글이라고 생각하니 읽어보고 함께 이야기를 나누어 보자고 말하는 것이었다.

### (2) 중앙정보부 간부 출신 기고 항의

유신체제를 일방적으로 홍보하는 글이 기고되자 백기범 기자와 신홍범 기자가 내용으로 보나 논설위원실의 가필을 거쳐 실리게 된 경위로 보나 조선일보가 지녀야 할 공정성과 균형성에 어긋난다며 지적하자, 사측은 두 기자의 행동을 위계질서를 무시한 하극상 행위로 몰아 해고했다. 당시의 상황을 정리한 신홍범 기자의 글을 계속 인용한다.[57]

그 글은 중앙정보부의 고위 간부 출신으로 당시 유정회 국회의원을 하고 있던 전재구가 기고한 것이었는데, '허점을 보이지 말자'는 제목 아래 유신체제를 일방적으로 옹호하는 내용이었다. 당시는 공포의 유신체제가 위세를 떨치고 있었지만 국민 사이에서는 이를 둘러싼 공방이 여전히 치열하게 전개되고 있는 시점이었다. 백 기자와 나는 이야기를 나눈 끝에 이 글이 실리게 된 경로나 내용으로나 문제가 많다고 보고 당시의 편집국장 김용원에게 우리의 의견을 제시하기로 하였다. 편집국 기자들은 모두 1판 신문을 읽고 있었다.

우리는 국장석으로 찾아가 전재구의 기고문은 우선 실린 계기가 분명치 않다는 점, 내용이 유신체제를 일방적으로 옹호하고 있어서 사회적인 쟁점에 대해 형식상의 균형조차 갖추지 못하고 있다는 것, 따라서 이 글이 실리려면 유신체제를 비판하는 글이 함께 실려야 균형을 이룬다는 점, 이 글은 사내외의 어떤 압력에 의해 실린 것으로 보지 않을 수 없다는 것(전씨의 글은 당시 선우휘 주필을 통해 내려온 것으로 밝혀졌다). 그러므로 이런 글을 싣는 것은 언론자유 아래서 조선일보를 만들려는 기자들의 일치된 노력에 역행하는 것이라는 점 등을 들어 이것이 시정돼야 할 것이라고 건의하고 요청했다.

편집국장은 '무슨 자격으로 와서 이야기하는 것이냐', '신문은 국

---

57) 조선자유언론수호투쟁위원회, 〈자유언론, 내릴 수 없는 깃발〉, 두레, 1993년, p.116.

장 책임 하에 만들어지는 것인데 이것은 편집권의 침해가 아니냐고 우리들의 말을 간단히 일축했다. 우리는 의견 제시가 편집권을 침해하는 것은 아니라 부당한 압력이나 석연치 않은 과정을 통해 기사가 실리는 것이야말로 편집권이 침해당하는 것이라고 거듭 설명했다. 우리의 행위는 오히려 침해당하고 포기되고 있는 편집권을 보호하기 위한 것이라고 말했다.

우리는 다음날인 12월 17일 오후 편집국장을 통해 회사 징계회의의 견책을 통고받았다. '위계질서를 파괴하고 편집권을 침해했으니 앞으로는 절대 이런 행동을 하지 않을 것이며, 그런 행동이 있을 때는 어떤 처벌도 달게 받는다'는 내용의 시말서를 그날 중으로 써내라는 것이었다.

우리는 징계란 회사 내의 재판행위인데 회사가 편집국장 한 사람의 당사자 말만을 듣고 우리에게는 이야기나 해명의 기회를 전혀 주지 않은 채 징계했다는 것은 지극히 불공평하다는 점, 언론 자유 아래서 신문을 잘 만들어 보려고 국장에게 의견을 말한 것이 어째서 죄가 되느냐는 점을 들어 시말서 쓰기를 거부하였다.

그 이튿날 18일 출근해 보니 편집국 입구 벽에는 우리를 해임한다는 회사 측의 방이 붙어 있었다. 우리는 편집국에 들어가 몇몇 동료들과 작별의 인사를 나눈 뒤 10년 가까이 몸담아 일해 오던 조선일보를 나섰다. 참으로 좋은 신문을 만들어 보고 싶었으나 그것이 조선일보사에서의 마지막이었다. 그리고 그날 조선일보 동료 기자들에게 드리는 편지를 길게 써서 보냈다. 자유언론 수호를 굳세게 다시 결의하고 우리들의 해임에 항의하는 조선일보 동료기자들(거의 전체 기자들)의 철야 농성장에서 읽혀지기를 바라면서 보낸 편지였다.

## 2) 해고기자 복직요구 농성

백기범 기자와 신홍범 기자가 해고된 다음날인 12월 19일 편집국 기자 100여명은 정태기 주돈식 강인원 최규영 등의 주도로 편집국에서 비상총회를 열고 "백기범 신홍범 양기자의 해임은 10.24언론자유수호선언과 이에 따른 자유언론실천운동에 대한 억압"이라고 주장하며 해임철회를 요구하며 농성을 전개했다.

농성 다음날인 12월 20일 새벽 2시 사측을 대표하여 김윤환 편집부국장이 기자 대표들과 협상을 벌인 끝에 직접 문안을 작성 "두 사람을 3개월 안에 복직 시키겠다"고 공약하고 "만약 이 공약이 실현되지 않으면 편집부국장 3인이 인책, 총사퇴 하겠다"고 발표하자 기자들은 농성을 해제했다.

### (1) 복직 약속 번복

백기범 · 신홍범 기자의 복직시한이 임박하자 사측은 복직 약속을 부인했다. 이에 대해 기협 조선일보 분회 집행부는 1975년 3월 6일 기자총회를 개최하여 10.24선언에 따라 "언론자유에 도전하는 외부권력과의 투쟁은 물론 언론내부의 안이한 패배주의와 감연히 싸우려 한다"는 선언문과 결의문을 채택하고 두 기자의 즉각 복직 등을 요구하며 신문제작 거부 및 농성에 돌입했다.

이에 대해 방우영 사장은 "제작거부를 계속할 경우 전원 파면시킬 것이며, 부차장들 만으로 신문을 제작할 것"이라고 선언했다. 농성 이틀째인 7일 회사 측은 분회장 정태기 기자를 비롯한 집행부 5명 전원을 파면했다.

기자들은 즉시 김명규를 분회장으로 하는 제1차 임시분회 집행부를 구성, '조선일보의 지령은 1975년 3월 7일로 정지되었음을 선언한다'는 제2선언문을 발표하면서 "① 7명 기자의 부당해임을 즉각 철회하라 ② 조선일보는 경영자의 신문이 아니며 오로지 민족과 민주 시민의 신문임을 거듭 확인한다 ③ 우리는 현 편집국장단의 인책 사퇴와 정론지의 복귀 등 우리들의 주장이 관철될 때까지 계속 투쟁할 것을 다짐한다"는 결의문을 채택했다.

기자들이 제작거부에 들어가자 부차장들은 다른 신문 기사의 복사 작업을 하고 있었다. 이에 대해 기자들이 부차장들에게 각성을 촉구하는 서한문을 띄웠다.

기자들은 전화선이 끊기고 정문에는 바리케이드가 쳐지고 수십 명으로 증원된 낯선 경비원들에 의해 폐쇄된 채 편집국에서 농성을 계속하고 있었다. 농성 6일째인 11일 낮 12시 편집국 부차장으로는 처음으로 정치부 이종구 차장이 농성에 합류했다.

이종구 차장은 해임된 12명의 기자가 복직되어야 한다는 원칙과 신문제작에 참여했다는 논공에 따라 호혜적인 처우를 받을 생각은 없다고 선언했다.

### (2) 농성 참여자 53명 부당인사

회사 측은 이 차장의 농성 참여를 구실로 이날 낮 1시 이 차장을 비롯, 박범진 최장학 유장홍 등 4명의 기자를 다시 파면시켰다.(송건 호 외, p.426.) 이로써 11일 현재 조선일보에서는 파면 16명, 무기정직 37명의 부당인사 조치가 자행되었다. 경영진은 인사 조치를 발표한 뒤 11일 오후 7시 30분 편집국에서 농성 중이던 기자들을 완력으로 끌어냈다. 12일 오전 기자들은 회사 정문 앞에 모이려고 했지만 경찰의 제지로 흩어질 수밖에 없었다. 해고된 기자들은 '조선자유언론 수호투쟁위원회(조선투위)'를 구성하여 기나긴 투쟁에 들어갔다.[58]

한편 조선일보사는 11일자 1면에 해직된 기자들은 항명과 사내질 서의 문란 때문이었음에도 불구하고 기자협회를 배경으로 하여 언론자유투쟁의 희생자인 양 자처했다고 주장하고 기협 조선일보 분회의 '조일 분회 소식'을 사내의 인화단결과 질서를 문란케 한 '지하신문'이라고 규정하는 등 기자협회와 기협 조선일보 분회의 활동을 비난하는 내용의 광고를 실었다.

이어서 3월 14일자 '천주교사제단과 민주회복국민회의 명의의 성

---

58) 김민남 외, 〈새로 쓰는 한국언론사〉, 아침, 1993년, pp.363~364.

명서에 대한 우리의 견해'라는 사설은 서슬 퍼런 유신독재시대에 가장 용기 있는 반독재 민주화 투쟁을 벌인 두 단체에 대해 양심적인 기자들을 신문사에서 대거 몰아낸 조선일보가 적반하장 격으로 매도했다.

이 사설은 "사제단의 성명은 몇 가지 점에서 어이없고 독단적인 오류를 범하고 있다"며 먼저 조선일보 동아일보 사태에 대해 두 단체가 발표한 성명에서 "이 사태는 현 독재권력당국이 언론을 탄압, 봉쇄하려는 음모와 상호 관련된 것임을 인지할 수 있다"는 대목을 지적하고, "자기의 비위에 맞지 않는 일이면 무엇이든지 '독재권력'과 결부시키려는 단순논리"라고 일축했다.

(3) 동아 · 조선 사태는 관권의 각본

사설은 또 동아일보 조선일보 사태가 관권의 각본에 의해 일어났다는 국민회의 명의의 성명에 대해 "제작 거부를 하고 나선 기자들의 행동부터 관권의 각본에 의하여 이루어진 난동이 되는 것이 아닌가"라며 억지논리를 내세웠다.(박지동, p.429.) 그리고 '소수정예'를 내세워 지난 3년 동안 수습기자 모집을 하지 않았던 조선일보측은 기자들을 해임해 놓은 직후 기자모집 공고를 냈다.

강제 축출당한 조선일보 기자들은 다음날 첫 번째 성명서에서 "최후의 1인까지 최후의 일각까지 남아 옥쇄하기로 결의하였던 우리 40여명의 기자들이 11일 밤 7시 30분 편집국에서 회사 측으로부터 강제 축출 당했다"고 말하고 부당하게 파면 정직된 53명은 동료와 함께 영광스런 자유언론수호 대열에서 일사분란하게 공동 투쟁할 것임을 천명한다고 했다.

이어서 같은 날 선언문에서 "이제 조선일보는 민족의 편에 서서 정론을 펴려 했던 양심과 지성이 사라진 채 반 언론 반역사의 사이비언론인들의 강점 상태에 돌입한 것이다. 이제 가사상태에 들어선 조선일보의 원상회복 여부는 바로 한국언론의 명운과 직결되었음"

을 선언했다.

### 3) 훗날 조선일보 노조의 진상규명

조선일보사 노동조합은 1989년 2월 진상규명 작업을 벌인 끝에 1989년 5월 15일 성명서를 통해 기자해직 사태에 대해 '3.6자유언론실천운동'으로 선언하고 ① 회사는 14년 전의 3.6운동이 기자들의 자유언론실천을 위한 정당한 투쟁이었음과 32명의 기자들을 해고한 회사 측의 조치가 잘못된 것이었음을 인정하라 ② 회사는 이같은 사실을 본지에 게재, 조선일보 독자는 물론 전 국민들에게 3.6운동의 진실을 공표하라 ③ 회사는 당시 해직된 기자들에 대한 물질적 배상과 함께 원상회복 조치를 취하라 ④ 우리는 회사가 위와 같은 요구를 받아들이지 않을 경우, 노동조합과 기자들이 할 수 있는 모든 행동에 돌입할 것이라는 5.15원칙을 밝혔다.[59]

또한 조선일보사 노동조합 집행부와 편집국 조합원들은 요구사항의 이행을 사측에 요구하고 5.15선언과 집행부의 신임을 연계한 조합원 전체투표에서 81%의 지지율을 얻어냈으며, 이를 바탕으로 쟁의발생 신고를 하는 등 50여 일간의 농성을 전개했으며, 같은 해 6월 16일 동아투위, 언론노동조합연맹 가맹사 노조원 500여명이 이를 지원했다.

3.6문제 타결을 위한 조선일보 노조의 철야농성은 전체 조합원 투표에서 압도적인 지지를 얻었으며 쟁의발생 신고까지 간 끝에 51일째인 같은 해 7월 4일 사측을 대표한 김대중 편집국장과 노측을 대표한 김효재 위원장이 "조선일보사는 75년 발생한 3.6문제를 89년 5월 15일 조선노조가 제시한 원칙을 바탕으로 해결에 노력한다"는 내용에 합의하고 약정서를 교환했다.[60]

---

59) 전국언론노동조합연맹, 〈언론노보〉, 1989년 5월 17일.
60) 전국언론노동조합연맹, 〈언론노보〉, 1989년 7월 6일 및 한국기자협회, 〈기자협회보〉, 1989년 7월 7일.

위 합의에 근거하여, 1989년 조선투위 황헌식 위원장과 조선일보 김대중 편집국장이 3.6문제를 1990년 3월 5일까지 해결하기 위해 정례적인 대화를 시작, 1990년 2월까지 대화를 벌였으나 같은 해 창간기념일을 넘기자 사측은 아무런 이유 없이 대화를 일방적으로 중단했다. 그 후 1991년, 1993년 3.6문제를 위해 대화를 재개했으나 결렬됐다.

## 4. 동아 · 조선투위 활동 방해

동아일보와 동아방송에서 강제로 축출당한 160여명의 기자와 PD 아나운서 엔지니어들은 1975년 3월 17일 동아자유언론수호투쟁위원회를 구성하고 투쟁에 나섰으며 해고된 조선일보 기자들은 3월 12일 조선일보 자유언론대책 12인위원회를 구성했다가 3월 21일 조선자유언론수호투쟁위원회를 구성하고 기나긴 대장정에 들어갔다.

동아투위와 조선투위는 70년대 후반 이후 한국의 자유언론투쟁의 선도역할을 해왔다. 동아 조선 양 투위는 두 회사가 막강한 신문 지면과 동아방송의 전파력을 이용하여 양 투위를 '일부 극소수 난동분자' 또는 '민족의 적'으로 몰아붙이고 사태를 왜곡 선전하는 것에 대해 사태의 진상이 담긴 유인물을 제작, 종교계와 지식인 사회에 배포했다.

동아투위는 강제 축출당한 뒤 유신체제가 끝날 때까지 모두 17명이 구속됐고 7명이 구류처분을 받았으며 80여명이 중앙정보부 등 수사기관에 연행되어 조사를 받는 등 고초를 겪었다.

### 1) 보도되지 않은 '민권일지' 사건

동아투위 수난사 가운데 가장 큰 사건은 '10.24민권일지 사건'이다. 1978년 10월 24일 명동 한일회관에서 10.24자유언론실천선언 4주년을 맞아 발표한 '10.24 4주년 특집' 가운데 '진정한 민주 민족언론의 좌표'와 '보도되지 않은 민주 민권일지(1977년 10월~1978년 10월)'가 긴급조치 9호에 위반된다고 해서 대량 구속사태가 벌어진 것이다.

'진정한 민주 민족 언론의 좌표'는 '현재', '이 땅에', '우리 국민들 가운데서' 끊임없이 발생하는 사건들, 즉 일련의 대학생 데모사건, 동일방직 사건, 수많은 양심범의 투옥 등을 제도언론이 보도하지 않고 묵살해 버리는 것은 그 자체가 범죄이며 민중의 기대를 배반하는 것이라고 밝혔다. 이어서 이 글은 재야 언론인인 자신들은 '진정한 민주 민족 언론인으로서 언론자유와 사실 보도의 권리'를 갖고 있다고 선언하고, '자유언론을 압살하는 모든 제도와 법이 당연히 철폐되어야 함'을 천명했다.(동아투위, 〈25년〉, p.52.)

바로 이런 근거에서 당시 1년간 제도언론에서 전혀 보도하지 않았거나 보도했더라도 집권층의 의견을 홍보하거나 체제를 비호하는 등 왜곡 보도한 사건들, 특히 전국 각 대학의 학생운동, 종교계, 노동자, 그리고 여러 민권단체의 인권운동 등 모두 250여건을 기사화한 것이 '보도되지 않은 민권일지'였다. '민권일지' 사건으로 구속되었던 박종만은 다음과 같이 회고했다.[61]

유신체제 말기, 외국의 언론엔 자주 등장하던 이른바 '한국의 박정권 반대자들'에 관한 기사가 정작 한국의 신문·방송엔 특별한 경우를 제외하곤 한 줄도 비치지 않던 때였다. 이 땅의 신문 방송만을 보면 한국은 사회적 갈등이나 정치적 혼란이 조금도 없이 고도 경제성장을 구가하는 가장 모범적인 개발도상국이다.

그러나 그것은 겉보기일 뿐 그 껍질을 한 겹만 벗기고 보면 상황은 전혀 딴판이었다. 침묵은 강요된 것이고 평화는 위장된 것이며 '국론 통일'은 조작된 것일 뿐이었다.

---

61) 박종만, '제도언론의 각성 촉구한 민주·민권 일지', 〈기자협회 30년사〉, 한국기자협회, 1994년, pp.230~231.

그 시절 반유신·민주화 운동 소식이 가장 빨리 전해지던 곳은 한국기독교교회협의회(KNCC) 인권위원회가 주도한 금요기도회장과 몇몇 민주화운동 단체들의 사무실이었다. 동아투위 사무실도 그러한 곳 중의 하나였다. 펜과 마이크를 빼앗긴 채 거리로 내몰린지 만 3년이 지났건만, 그리고 모두가 생활고에 지쳐 허덕이면서도 대부분의 동아투위 멤버들은 여전히 자신이 언론인이라는 의식을 가지고 있었다. 그러니 자연히 동아투위 사무실엔 그 당시 제도언론에서 보도하지 않은 많은 사건들에 관한 자료가 쌓일 수밖에 없었다.

1975년 6월 긴급조치 9호 발효 이후 한동안 극도로 움츠러들었던 민주화운동이 1976년을 넘기면서부터 다시금 서서히 불붙기 시작하더니 1977년 후반부터는 대학가 종교계 노동계 등 사회 구석구석에서 치열하게 전개됐다. 그러나 제도언론은 이를 외면한 채 침묵으로 일관하거나 간혹 보도를 하더라도 체제 옹호를 위한 왜곡보도만 일삼을 뿐이었다.

언론현장을 떠나 이 땅의 민주화를 위해 미미한 힘이나마 보태고 있다고 자부하던 우리 '거리의 언론인들'에겐 이 같은 제도언론의 작태가 언론 정도로부터의 단순한 일탈이 아니라 권력에 빌붙어 국민의 '알 권리'를 박탈하고 민족과 민중을 배반한 범죄행위로밖에는 여겨지지 않았다.

이런 상황에서 우리는 1978년 10월 '자유언론실천선언' 4주년을 맞게 되었고, 4년 전 자유언론의 횃불 아래 함께 일어섰던 전국의 언론동지들과 이미 '권력의 주구'로 타락해 아무 거리낌 없이 '역사 왜곡의 길을 걷는' 제도 언론의 모습을 번갈아 떠올리면서 참담한 심정을 가눌 길이 없었다. 그런 가운데서도, 아니 그러면 그럴수록 우리는 발로 뛰어다니면서라도 국민들에게 하나의 진실이라도 더 알려야 한다는 강한 사명감에 사로잡히곤 했다.

1978년은 선거의 해였다. 5월에는 통일주체국민회의 대의원선거, 7월에는 대통령 간접 선거, 12월에는 제10대 국회의원 선거가 있었다. 비록 유신체제 하의 결과가 뻔한 선거이긴 하지만, 그래도 선거가 치러지는 해라서 그런지 1978년엔 민주화운동과 관련된 사건이 유달리도 많았고 우리 '거리의 언론인들'도 박정권의 종말이 멀지 않았음을 예감하면서 상당히 고무돼 있었다.

그해 10월 초순으로 기억된다. 종로구 청진동에 있던 동아투위 사무실에서 열린 투위 상임위원회에선 진지한 토론이 벌어졌다. 비록 많은 수량이 배포되는 것은 아니지만 '동아투위 소식'에 제도언론이 외면하는 민주화운동에 관한 소식을 본격적으로 다루어 나가는 한편 '자유언론을 압살하는 모든 제도와 법—유신헌법과 긴급조치 9호—을 철폐하라'는 주장을 떳떳하게 펼쳐 나가는 것이 그날 논의에서 얻어진 결론이었다.

이 같은 일은 그때까지 자유언론을 위한 원론적인 주장에 역점을 두어 온 동아투위의 공식 유인물에선 가급적 자제해 오던 것으로, 동아투위 자체가 유신체제에 정면 도전하겠다는 의지를 천명하는 것과 다름없는 것이었다. 우리는 물론 이 같은 유인물의 제작·배포 행위가 긴급조치 9호에 위배된다는 것과 따라서 당국의 노골적인 탄압이 가해질 것이라는 점을 분명히 인식하고 있었다.

그 무렵 나는 KNCC 인권위원회에서 일하고 있었다. 1978년 초여름부터 금요기도회에서 배포하던 '인권소식'을 만들어내는 한편 언젠가 만들어지게 될 '1970년대 한국 민주화운동사'의 기초자료를 모으는 작업을 하고 있었다. 낮에는 인권위원회 사무실에서 일을 하고, 저녁 무렵이면 어김없이 투위 사무실로 가 동지들과 어울리다가 집에 돌아가는 나날을 보내면서 민주화운동 단체들 간의 연대투쟁을 위해 투위 동지들과 함께 인권운동 협의회 등에 관여하고 있었다. 내가 동아투위의 '10.24자유언론실천선언 4주년 기념식' 때 배포된 '보도되지 않은 민주·민권 일지'를 정리하게 된 것은 바로 이런 연유에서였다.

10월 24일 저녁 귀가하던 총무 홍종민씨가 경찰에 연행된 데 이어, 이틀 뒤인 26일에는 위원장 안종필과 안성열, 박종만이 연행됐다. 동아투위는 10월 30일 '현역언론인에게 보내는 글'을 발표하여 "비민주적인 헌법은 철폐되고 국민의 입에 재갈을 물리는 긴급조치는 해제되어야 한다고 부르짖던 학생과 시민들이 차디찬 감방에 던져지고 있는" 등 언론이 당연히 보도해야 할 사건들이 무수히 일어나고 있는데도 제도언론은 "민중이 당연히 알아야 할 진실을 고의로 묵살하고 있음"을 통박하고 "어둠을 뿌리는 공모자로 더 이상 남아 있지 않기"를 촉구했다.

이 글로 인해 10월 30일 오후 장윤환 위원장 대리, 이기중 총무대리 그리고 이규만 임채정 정연주 김종철 등 6명이 연행되었다. 두 차례에 걸쳐 연행된 위원 중 안종필 장윤환 안성열 홍종민 박종만 김종철 등 6명이 11월 10일 구속되었다. 그리고 11월 17일자 '동아투위 소식'이 또 문제가 되어 이병주 위원장대리, 양한수 총무대리, 정연주가 연행되었다. 이 가운데 정연주가 구속되었다.

이듬해인 1979년 1월 9일에는, 1978년 송년특집 '동아투위 소식' 가운데 앞서 구속된 7명의 위원들에 대한 공소사실을 실은 것이 또 문제되어 윤활식 위원장대리, 이기중 총무대리 및 성유보가 연행되어 모두 구속되었다.

법정에 선 동아투위 위원들은 자유언론의 주역답게 당당하게 자유언론에 대한 소신을 피력했다. 이 사건의 변호에는 인권변호사 22인이 참여하여 열띤 변론을 펼쳤다. 대법원은 10명의 위원 중 안종필 위원장 등 8명에게 징역 1~2년, 자격정지 1~2년을, 윤활식 위원장대리에게 징역 10월, 자격정지 1년에 집행유예 2년을, 이기중 위원에게 징역 1년, 자격정지 1년에 집행유예 2년을 선고했다.

2) 청우회 사건 등 중앙정보부 연행
동아투위 위원들은 동아투위 소식을 대학가에 배포하거나 재야

활동으로 중앙정보부 등에 연행되어 조사를 받았고 긴급조치 9호 위반혐의로 불구속 입건되었다. 이영록과 이태호는 '동아투위 소식'을 대학가에 배포하여 반정부 데모를 선동하여 긴급조치 9호를 위반한 혐의로 1975년 6월 24일과 25일에 각각 서울 서대문 경찰서에 연행되어 조사를 받고 7월 9일에 석방됐다. 이병주 위원장대리, 양한수 총무대리, 이규만 등은 긴급조치 9호 위반혐의로 불구속 입건됐으며 이부영 이종욱 박지동 임채정 김종철 정동익 정연주 등이 긴급조치 9호 위반혐의로 즉결심판에 넘겨져 7~20일간의 구류처분을 받았다.

또한 대부분의 위원들은 재야 민주인사들과 연계하여 반독재투쟁을 한 혐의로 수시로 연금되거나 미행당했으며, 예비검속 차원에서 여러 차례 경찰서나 중앙정보부에 연행되어 1~5일씩 조사받았다.

동아투위 위원 4명은 재야 민주화운동과 관련하여 구속되었다. 이부영과 성유보는 1975년 '청우회'를 조직하였다는 혐의로 중앙정보부에 연행됐다. 국가보안법, 국가모독죄, 긴급조치 9호 등 위반으로 서울 고법에서 이씨는 징역 2년 6월에 자격정지 2년 6월, 성씨는 징역 1년에 자격정지 1년을 선고받았다. 청우회 사건이란 수사당국이 정신이상 증세를 보여 온 한 사람이 과격한 발언을 한 사실을 두고 과거 친분관계를 가진 사람을 엮어 반국가단체를 조직했다는 혐의로 동아투위의 핵심인 이부영과 성유보를 겨냥하여 처벌한 사건이다.

두 사람은 대학교 동기동창이자 동아일보 견습기자 동기생으로, 1973년 5월 동아방송 PD로 있다가 퇴사한 대학교 1년 선배인 이 아무개로부터 유신독재에 저항하는 단체인 '청우회'를 만들자는 제안을 받고, 그해 10월까지 정 아무개라는 또 다른 대학 동창생을 포함한 4명이 4~5차례 만나 민주화운동의 활동방향 등에 대해 의견을 나눴다. 그러다가 그해 10월부터 동아일보 안에서 젊은 기자들을 중심으로 언론자유 수호운동이 재연되자 두 위원은 더 이상 4인 모임을 갖지 않고 언론운동에 전념했다. '국가 전복' 운운하는 거창한 죄목을 덮어씌운 청우회의 시작과 끝은 이것뿐이었다.

그런데 이 모임에 참여한 4명 가운데 구속되지 않은 사람이 있었다. 맨 먼저 청우회 결성을 제안한 이 아무개였다. 그는 1974년 가을 정신 이상으로 입원한 일이 있었는데, 그때 부인에게 "정보부에 가서 자수했다"는 등 이상한 소리를 했다는 것이었다.(동아투위, 〈자유언론〉, pp.226~227.)

성유보는 청우회 사건에 대해 '나는 이렇게 공산주의자가 되었다' 라는 글에서 다음과 같이 회고했다.[62]

자술서를 쓰라고 요구하며 1주일이상 진을 빼고 나더니 어느 날 진짜 비수를 들이댔다. '너는 왜 공산주의자가 되었는가?' '너는 공산주의에 관한 어떤 책을 읽었는가?'에 대해 자술하라는 것이었다. 나는 '지금까지 무슨 무슨 주의자라고 생각해 본 적이 한 번도 없었다'고 말했다. 그러나 그들은 '공산주의자들이 만들려고 했던 청우회에 공산주의자 아닌 놈이 왜 끼어 있느냐'고 윽박질렀다. '다른 놈들은 다 실토했는데 네놈만 부인한다고 통할 것 같으냐?'고 하기도 했다. 그리고 이것이 마지막 기회라면서 말했다. '고생 좀 하고 쓰느냐? 고생 덜하고 쓰느냐? 그것만 선택하라'고. 나는 정말 고민에 빠졌다. '아무개가 스스로 나는 공산주의자라고 자술했다면 나도 어쩔 수 없이 그렇게 쓸 수밖에.' 끝내 그런 결론이 나왔다. 그래서 나는 졸지에 '공산주의자'가 되었다.

이부영 위원은 또 1979년 11월 13일 '나라의 민주화를 위하여'라는 성명서를 발표한 것과 관련하여 계엄포고령 1호 위반으로 구속되어 징역 3년을 선고받고 복역했다.

임채정 위원은 1979년 11월 24일 저녁 서울 YWCA에서 위장 결혼식으로 위장하여 열린 '통대(統代, 통일주체국민회의 대의원) 저지 국민

---

62) 성유보, '나는 이렇게 공산주의자가 되었다'(청우회 사건), 〈자유언론〉, 동아투위, pp.226~227.

대회사건'에 주동인물로 참여하여 계엄사로 연행되어 심한 고문을 받았다. 그는 같은 해 12월 10일 계엄포고령 1호 위반으로 구속되어 징역 2년을 선고받았다.

정동익 위원은 한국출판문화운동협의회 회장과 민주언론운동협의회 의장 등을 역임하는 동안 두 차례 국가보안법 위반으로 구속됐다. 그는 1986년 출판사를 경영하던 중 직원이 '조선노동당 정책사'를 복사한 사실을 배후 조종한 혐의로 구속 기소되어 1개월 동안 수감됐으나 기소유예 처분을 받았다. 그는 이어 1989년 이기형씨가 쓴 〈지리산〉을 출판한 건으로 국가보안법 위반으로 구속되어 서울고법에서 징역 1년에 자격정지 2년을 선고받았다.

조선투위의 활약도 눈부셨다. 1980년 당시 신군부는 조선투위에 관한 현황보고서에서 조선투위 소식 제하의 불온유인물을 발간 회원에게 배포하고 있다며 10.26사태 이후 "전현직 언론인과 학원 종교 및 재야 세력의 지원 하에 복귀의 타당성을 널리 홍보, 동정여론을 환기"하고 있다며 잠재위험세력으로 간주했다.[63]

### 3) 매스컴 관련 재취업 방해

군사정권은 언론현장에서 축출한 해직언론인들의 매스컴 관련 업체의 재취업을 막았다. 김학천 위원은 "30년이 지났어도 꼭 짚어야 할 중요한 현상 한 가지를 설명하고 기록해야 겠다"며 "당시에 군사정부가 주장한 대로 동아의 사태가 단순히 회사와 직원간의 마찰관계였다면 왜 집권세력은 온갖 방법을 동원하여 해직자들의 최소한의 생계방편조차 봉쇄했단 말인가. 여기서 생계 방편이란 투위 위원들이 보고 배운 생계를 이을 매스미디어 관련기구에 취업함을 뜻한다"고 밝혔다.

김 위원은 "시장에서 내복장사를 한다던가(김두식) 양복지 가게

---

63) 보안사 언론대책반, '동아 · 조선 투위 현황', 1980년 4월.

의 점원(이문양)이나 한약방의 조수자리(이명순)까지 막지는 않았다. 다른 투위 위원들도 마찬가지지만 필자의 경우도 75년 말 쯤에는 학교방송(교육개발원 소속)의 편성실 일자리를 중앙정보부에서 완강하게 막았으며 외우 기독교방송 강대인 기획실장이 공분을 느끼며 주선해준 CBS의 프로듀서 자리도 온갖 위협을 하며 결국 못하게 막았다."고 폭로했다.

김 위원은 "세월이 흐른 뒤, 당시 공보처에서 동아투위를 담당했던 고위직 인사인 K씨는 '그때 해직시킨 언론인들을 매스컴 업에 취업하지 못하도록 막았던 일은 정말 잘못한 일이었다'고 토로했다"고 회고했다.[64]

이와 관련 중앙정보부는 대한일보 기자 출신인 김한수의 생업활동을 막은 사례도 있었다. 중앙정보부는 1975년 5월 23일 가석방된 김한수[65]의 동향을 내사하고 6월 6일 첩보보고를 했다. 중정은 첩보보고에서 김한수가 신동아에 옥중수기를 실으려고 한다며 '수기를 투고치 못하게 경고하여 저지하겠다'고 밝힌 뒤 6월 16일에는 '김한수 옥중수기 신동아 투고저지 보고'를 했다.

이 보고서는 "김한수에게 작금의 인지(印支)사태와 북괴의 남침위협이 그 어느 때 보다 노골화되고 있어 전 국민의 관심이 국가안보에 집결되어 총화체제가 성숙되어가고 있는 이때 옥중의 제 문제와 정치문제 등을 신동아에 투고함은 국론을 분열하고 국민총화를 저해할 뿐만 아니라 북괴를 이롭게 하는 행위이므로 이를 즉각 취소토록 경고"[66]했다고 밝혔다.

---

64) 김학천, '유신기 동아방송과 저항', 〈한국방송의 성찰과 개혁〉, 한국학술정보(주), 2007년, p.527.
65) 신민당 국회의원을 지낸 김한수는 1971년 10월 2일 공화당 항명파동 때 고문 받은 공화당 의원들을 취재해 국회에서 폭로한 것을 이유로 모진 고문을 받았다고 증언한 바 있다. 김진, 〈청와대 비서실〉, 중앙일보사, 1992년, p.189 및 강준만, 〈한국현대사 산책 1970년 1권〉, 인물과 사상사, 2002년, p.227~228.
66) 중앙정보부, '김한수 옥중수기 신동아 투고 저지 보고', 1975년 6월 16일.

전직 기자 출신으로 월간지에 투고하려는 김한수의 직업적인 생계활동을 저지하고 '계속 순화' '동향 감시'한 중앙정보부의 활동은 동아일보 광고탄압 시기에 벌여졌으며, 이후에도 동아·조선투위 해직기자들의 재취업을 막는 데 중앙정보부가 개입해 있었다.

동아투위와 조선투위 위원들은 물론, 1980년 언론인 강제해직 과정에서 쫓겨난 언론인들도 재취업이 금지됐다. 이러한 사실은 문화공보부 장관이 1980년 9월 11일 합동수사본부장에게 보낸 대외비 문서 '정화언론인 취업문제'에서 해직자들의 언론 이외 분야의 취업의 길을 열어주어야 한다는 의견을 제시한 데서도 알아 볼 수 있다.

이 문서는 취업제한의 문제점으로 "대부분이 의식분자이여 부유하지 않은 실정으로 (취업) 제한시 반정부 불평 집단화할 것"이고 "동아·조선 투위의 경우와 같이 집단행동을 벌일 가능성이 있으며 이 경우 안정되고 있는 기존 언론인들에게도 악영향을 미치며 내외 여론에 부정적 요인이 될 것"이라고 분석했다.

문화공보부는 이 문서에서 "소수의 악질적인 반정부 반체제 분자 이외의 해임자들에 대해서는 언론이외 타 분야의 취업을 허용"하되 "취업자에 대하여는 향후 반시국적 언동을 하지 않음은 물론 새 시대의 국가건설에 적극적으로 기여하겠다는 각서를 징구"하자는 해결방안[67]을 제시했다.


## 5. 언론인 탄압

박정희정권과 전두환정권 등 독재정권은 자신에 비판적인 언론인들을 가혹하게 다뤘다. 독재정권들은 부정부패와 실정을 감추기 위해 보도지침을 내려 언론을 통제하는 한편으로, 보도지침을 지키

---

67) 문화공보부, 대외비 문서 '정화언론인 취업문제' 1980년 9월 10일 〈80년 5월의 민주언론〉, 나남, 1997년, pp.710~714에서 재인용

지 않을 경우 중앙정보부나 안전기획부 등 정보기관에 연행해 고문하거나 가혹행위를 가해 커뮤니케이터인 기자들에게 공포심을 심어주었다.

또한 정보기관원들을 편집국에 상주시켜 언론인들의 성향과 동향을 파악해 보고토록 했다. 그러나 우호적인 언론인들은 정·관계로 끌어들이기도 했다. 정·관계로 들어간 이들은 언론통제에 나서기도 했다. 나머지 언론인에 대해서는 언론인금고 등을 통해 생활자금을 저리로 융자하는 등 경제적인 특혜를 베풀어 회유했다.

특히 박정희정권은 각종 취재활동 규제법을 만들어 자신들에게 불리한 기사를 쓴 언론인들을 구속하여 재판에 회부했다. 비판적인 언론인에 대해서는 경찰이나 군에서 테러를 가하기도 했다. 특히 기자들을 억지로 잡아넣어 각종 필화사건을 일으켰다.

전두환정권은 신군부시절 'K-공작계획'이라는 전두환 대통령 만들기 여론공작을 벌여 중진언론인들을 설득하고 계엄해제에 대비해 언론인 회유에 나섰다. 정권을 잡은 뒤에는 박정희정권과 마찬가지로 언론인들을 포섭했으며 자신에 불리한 기사를 쓴 기자들은 안기부로 연행해 가혹행위를 저질렀다.

### 1) 박정희정권(1961년~1979년)

박정희정권의 언론정책은 박대통령의 권위주의적 통치수법에 도전하는 경우와 '반공'에 저촉될 경우에 가차 없이 규제한다는 2개의 기본지침 아래 시행되었다. 이러한 지침은 크게 보면 박정권의 정권유지에 초점이 맞춰진 것이었다. 그러나 이를 세분해서 보면 전자는 박대통령의 통치 스타일이 정책에 반영된 것이었고, 후자는 당시 중앙정보부장이었던 김형욱의 개인적인 극우 반공 노선이 강하게 투영된 것이었다.[68]

---

68) 강성재, '박정권과 언론탄압', 〈신동아〉 1985년 4월호, p.401.

김형욱 부장의 이러한 경향은 나라 안팎에서 박정권의 약점으로 작용하기도 했던 박정희 대통령의 사상적 전력과 결부되어 종종 신경과민의 과잉조치로 나타났다. 박정권은 쿠데타 직후 수많은 언론인들을 구속하거나 재판에 회유했으며 기자들을 중앙정보부로 연행하여 가혹행위를 가하기도 했다. 또한 기관원들을 언론사 편집국에 상주시켜 기자들의 성향과 동향을 파악했다.

박정희정권은 특히 정부가 기자들의 자격을 심사하는 프레스카드제를 도입했다. 유신 직후에는 우호적인 언론인들을 정관계로 끌어들였으며 언론인금고를 설립, 기자들에게 경제적인 특혜를 주었다.

### (1) 언론인 구속(1961년~1974년)

군사정권은 쿠데타 직후부터 언론인들을 탄압했다. 5.16쿠데타 다음날 민국일보 이혜복 사회부장이 육사생도 데모기사 때문에 포고령 위반혐의로, 18일에는 대한일보 김경환, 부두현 두 기자가 내각 구성 비율 기사문제로 구속됐다.[69] 6월 4일에는 동아일보 김영상 편집국장, 조용중, 이만섭, 이진희 기자 등이 윤대통령 회견기사로 연이어 수난을 당했다.[70] 윤보선 대통령의 기자회견 내용 일부를 "고의로 사실과 유리되는 기사로 조작"했다는 혐의였다. 6월 19일에는 민국일보 조세형 정치부장이 구속됐다가 7월 19일 석방됐다.

군사정권은 쿠데타 직후부터 사이비기자, 악덕기자, 공갈기자 외에도 각종 죄목과 필화사건 등으로 기자들을 계속 구속하고 재판에 회부했다. 1961년 5월 16일부터 1962년 6월 22일까지 약 1년 1개월 동안 기자신분으로 체포되거나 재판에 회부된 인원은 무려 960명에 달했다.(주동황 외, p.83.) 이들 중 대다수는 사이비기자들이라고 할 수 있지만, 포고령이나 반공법 위반, 필화사건 등 취재보도 문제로 구속된 인원도 141명에 달했다.

---

69) 정진석, 〈한국 현대언론사론〉, 전예원, 1985년, p.281.
70) 한국신문방송편집인협회, 〈한국신문방송편집인협회 50년사〉, 2007년, p.128.

박정희정권이 출범한 뒤 두드러진 언론통제 방식 중의 하나는 기자들에 대한 테러였다. 1965년부터 1966년까지 1년 남짓한 동안 10건이 넘는 테러사건이 발생했다. 1965년 7월 24일 군인난입사건을 보도한 한국일보 조모 기자, 경향신문 권도호 기자, 부산일보 최림조 기자 등의 피습사건과 같은 해 9월 7일 동아일보 변권연 편집국장 대리 집 대문 폭파사건, 9월 8일 조동화 제작과장 납치 폭행사건 등이 발생했다.(〈국정원Ⅴ〉, p.25.)

박정권이 유신을 선포한 이후에도 기자들의 취재방해와 폭행, 구속 등의 사건이 발생했다. 유신정권 아래서 일어난 언론인에 대한 폭행 주체는 대부분 경찰이나 군인이었다. 대표적인 폭행사건으로는 1979년 8월 11일 기자 14명에 대한 폭행사건을 들 수 있다. 신민당사에서 농성 중이던 YH무역회사 여공들의 강제해산을 취재하던 기자들에게 경찰이 무차별 폭행을 가한 사건으로 기자들이 신분을 밝혔는데도 경찰이 폭행했다.

국가의 기자 노동자의 노동과정 방해 현황

| 연도 | 임의동행 | 연행 | 폭행 | 취재방해 | 구속 | 기타 |
|------|---------|------|------|---------|------|------|
| 1970 | | 2 | | 1 | | |
| 1971 | 1 | 17 | 7 | 35 | | |
| 1972 | 11 | 2 | | | 1 | |
| 1973 | | 2 | | | | |
| 1974 | | 6 | 7 | 1 | 4 | |
| 1975 | | 2 | | 1 | 2 | |
| 1976~79 | | 2 | 14 | | | 폭행은 1979년 |

※ 자료 : 〈한국신문협회 20년〉, 1982년, pp.714~747 재구성.

## 가. 언론인 직접 통제

당시 언론정책을 쥐고 흔들었던 김형욱 중앙정보부장은 6대 대통령선거가 있는 1967년에 접어들자 직접 규제 방법을 쓰기로 방침을 전환했다. 그가 방침을 바꾼 것은 5.16주체의 내부전열 정비, 경제발전 등으로 박정희의 정치력이 강화된 데다 장기간 권좌에 재임하는 동안 언론계의 사정을 소상히 파악할 수 있었기 때문이었다. 또 경향신문의 성공적인 공매처분 조치도 그의 자신감을 부추기는 데 일조를 한 것으로 보인다.

그런 자신감은 그로 하여금 언론인을 서슴지 않고 불법 연행토록 했다. 어두컴컴한 골목에서 테러를 가함으로써 공포감과 경각심을 줄 것이 아니라, 해당 언론인을 연행해서 기사를 쓰게 된 동기와 배경 등을 밝히는 방법을 택하기로 한 것이다. 특히 대통령의 권위에 도전하거나 영향을 미칠 수 있는 기사에 대해서는 단호하게 대처키로 했다.(강성재, p.411.)

이러한 방침아래 도하신문을 주시하던 김형욱 부장은 1967년 2월 19일 조선일보 1면에 다섯 차례 연재된 '선거 바람 … 민심을 따라' 기획기사를 문제 삼아 남재희 정치부장, 김용태 차장대우, 이종구 기자, 박범진 기자 등 4명에 대해 2월 25일 저녁 2명은 영장 없이 강제로, 2명은 임의동행 형식으로 중앙정보부로 연행했다. 연행이유도 종전처럼 '실정법 위반혐의가 있기 때문'이 아니라 '기사에 관해 좀 알아볼 일이 있기 때문'이라는 것이었다. '실정법 위반 혐의'라면 외견상 명분은 있었던 것인데 이제는 그만한 명분마저 팽개치게 된 것이다.

이들 4명의 기자가 연행되자 조선일보는 이 사실을 1면 5단으로 보도했고, 기자협회와 편집인협회도 회장단과 보도자유위원회의 연석회의 등을 열고 그 대책을 논의했다. 당시 언론계의 대응도 만만치 않았다. 당국은 이들 4명의 기자들을 47시간 후에야 귀가시켰다.

나. 언론계 강력 대응
기자협회는 빈번한 기자연행이 보도자유에 미치는 영향을 중대시하여 1967년 2월 28일 다시 연석회의를 열어 대책을 논의한 결과정일권 총리에게 면담을 요청, 이를 항의키로 하는 한편, "앞으로도 이러한 불법 부당한 처사가 계속 빈번하게 일어나는 경우 우리 자신의 권익옹호를 위해 상당한 자위수단을 강구할 것"이라는 성명을 발표했다.

중앙정보부는 28일 오후 정보부 공보관이 기협을 방문, 이에 대해 해명했고 홍종철 공보부장관도 이날 "앞으로 이런 일이 없도록 노력하겠다"는 뜻을 전해 왔다.[71]

편집인협회도 이날 오후 대책회의를 열고 조선일보 기자 연행사건을 계기로 그 동안 빈번한 기자 연행 및 테러사건 등 신문인의 기본인권을 위협하는 여러 사태에 대한 확고한 대책을 마련키로 했다.

편협 간부들은 홍종철 공보장관을 방문, 추후 언론인을 연행할 경우 반드시 소속사와 편협에 사전 통고해주도록 요청했고 홍장관도 이에 응하겠다고 약속했다. 아울러 어떤 기사가 실정법에 결코 위반되지 않을 경우 연행은 불가하다는 점도 강조됐다고 한다.

그러나 정부 대변인인 공보장관의 신사협정은 1년이 못 되어 깨지고 말았다. 중앙정보부는 1968년 3월 8일자 동아일보 1면 톱 '통화량 대폭 억제토록 한은, 정부에 긴축정책 건의' 기사와 관련, 이춘구 경제부장, 이채주 경제부 차장, 신동호 기자에 이어 집필자인 박창래 기자를 연행, 기사 출처와 게재 경위 등에 관해 심문했다.

기자들이 연행되자 기자협회는 김형욱 정보부장 앞으로 기자연행에 엄중 항의하여 재발 방지를 촉구하는 항의문을 보냈다. 편협도 기자연행 사실을 사전 통고하지 않은 당국에 대해 엄중 항의키로 의견을 모았다. 이에 따라 최석채 회장은 중앙정보부로 김형욱 부장을 방문해 기자연행사건에 대해 항의했으며, 김형욱 부장은 앞으로 그 같은 사건의 근절을 보장할 것을 약속했다. 최 회장은 김 부장으

---

71) 한국기자협회, 〈기자협회보〉, 1967년, 3월 15일.

로부터 언론인 연행근절 보장 메모 서명을 받아냈다.

메모내용은 "김형욱 중앙정보부장은 14일 하오 동아일보 기자 연행사건에 대한 최석채 편협회장의 항의를 받고 유감의 뜻을 표하는 동시 앞으로의 이와 같은 사례가 근절되게끔 보장할 것을 언명하였다"로 되어 있다.(강성재, p.413.) 김형욱 부장의 기자연행 근절보장 언명은 8개월 후인 1968년 11월에 일어난 신동아 필화사건으로 하루아침에 무색하게 된다.

### 다. 언론인 재판회부

1963년 12월 17일 정권이 출범하고 박정희가 대통령으로 취임한 뒤 1964년 2월 1일 야당인 민주당이 국회에서 이른바 '삼분폭리(三粉暴利)'의 진상을 폭로했다. 여론이 관권과 재벌의 결탁을 규탄하던 무렵 3월 들어 '오히라(大平) 메모'를 둘러싼 한일굴욕외교를 반대하는 대학생들의 데모가 전국적으로 파급되어 정국은 걷잡을 수 없이 어수선해졌다. 언론도 정부의 부패상을 규탄하고 나섰다.

학생데모가 한창이던 1964년 5월 12일 경향신문 민재정 편집국장을 비롯하여 신동문 특집부장, 이원종 교정부차장, 추영현 편집부기자 등 4명이 서울시경에 구속됐다. 이 날짜 가판 3면에 실린 특집기사 '난국타개… 이것부터, 정 내각에 바라는 2백자 민성'이 문제가 된 것이다. 이튿날인 13일밤 수사당국은 전민호 편집부국장과 박용규 신동백 교정부기자 등을 추가로 구속했다. 구속된 7명의 혐의내용은 반공법 위반이었다.(정진석, p.306.)

문제된 기사는 북괴가 3월 27일경 뿌린 삐라 내용 중 ① 쌀 200만 석을 남한에 제공하겠다 ② 실업자의 직업보도와 생활을 보장하겠다 ③ 한일회담을 반대한다는 내용을 자유노동자 이형춘이라는 가공인물의 이름으로 게재했다는 것이다. 이 사건은 마침 6.3사태 직전의 혼미를 거듭하는 정치 상황에서 일어난 일이었고, 정부와 언론이 대립관계로 치닫던 시기였으나 경향신문은 즉시 잘못임을 솔직히 시인하고 경위를 밝히는 사고를 게재했다.

서울시경은 구속된 7명 가운데 기사를 쓴 추영현 기자를 제외한 전원을 석방했다. 추 기자는 재판에 회부되어 8월 31일 선고공판에서 반공법, 국가보안법 등 위반으로 징역 1년, 자격정지 1년을 선고 받았다가 이해 12월 24일 서울형사지법 상소부가 징역 1년에 집행유예 2년을 선고하여 석방됐다.

1964년 2월 1일 경향신문은 1면 머리기사로 '폭리의혹 점차 확대'라는 제목의 기사를 게재하고 삼분폭리(三粉暴利)사건과 삼성재벌의 국가경제 파괴행위에 따른 의혹을 철저히 규명해야 한다고 주장했다. 삼분폭리란 민정이양을 전후한 혼란기를 틈타 몇몇 재벌이 설탕 밀가루 시멘트를 에워싼 모리(謀利)행위를 자행했다는 내용이었다. 이에 대해 삼성은 2월 11일 경향신문을 출판물에 의한 명예훼손과 신용훼손 상습협박 등의 죄목으로 서울지검에 고소를 제기했다. 경향신문도 2월 18일 이병철 삼성 회장과 김선필 대표이사 등 간부 12명을 상대로 맞고소를 제기하여 신문과 재벌이 법정에서 맞붙게 됐다. 검찰은 3월 30일 경향신문의 고소는 각하하고 삼성의 고소에 따라 경향신문 이준구 사장, 박상일 주필, 김경래 정치부장, 유창렬 국회의원을 출판물에 의한 명예훼손 혐의로 불구속 기소했다. 이 사건은 삼성이 1970년 고소를 취하하여 6년 만에 마무리됐다.(정진석, p.307~308.)

학생들의 한일회담 반대데모가 극렬해지고 계엄령이 선포되는 등 '6.3사태'가 일어나면서 민간방송의 프로그램과 뉴스가 문제되어 기소된 사건도 있었다. 계엄령이 선포된 이튿날인 1964년 6월 4일 계엄당국은 동아방송 최창봉 방송부장 등 간부 5명을 연행했다. 동아방송의 단평(短評)프로인 '앵무새'와 뉴스가 정부 시책을 비난하고 학생데모를 선동했다는 이유였다. 서울형사지법은 피고인 전원에게 무죄를 선고했으나 검찰의 항소와 법원의 항소 기각, 검찰의 상고 포기로 기소된 지 5년 만에 사건이 종결됐다.(정진석, p.309.)

조선일보에서도 반공법 위반혐의의 필화사건이 일어났다. 중앙정보부는 11월 22일 '남북한 동시가입안 준비/아랍공 등 수 개국 유엔총회 개최 전에' 기사가 반공법 및 특정범죄 가중처벌에 관한 임시특례법을 위반했다는 혐의로 선우휘 편집국장과 리영희 정치부 기자를 구속했다. 선우휘 편집국장은 11월 27일 구속적부심에서 석방됐고 리영희 기자는 12월 17일 구속 만기로 27일 만에 석방됐다.

당국이 반공법 등을 적용했던 경우가 많았으나 보도내용이 간첩 사건이나 국가기밀을 공개한 것은 아니었다.(정진석, p.315.) 경북도경은 1965년 12월 18일 대구의 매일신문이 '권총 무전기 등 발견'이란 제목으로 보도한 기사를 문제 삼아 김창식 편집국장 등 3명의 간부를 구속했으나 4년 만에 항소심에서 무죄가 확정됐다. 1968년 7월에는 대전일보에서, 1971년 중앙일보에서 비슷한 사건이 일어났다. 이들 사건은 최종심에서는 모두 무죄가 되었다. 간첩관계 기사는 고의가 없었다 하더라도, 그리고 당국의 보도관제 요청이 없더라도 당국이 반공법을 적용하는 경우 기자가 구속당하고 정식재판까지 회부된다는 사실을 보여주었다.

대전일보 사건이 일어나던 것과 거의 같은 때에 일어난 동양통신 필화사건은 한국언론사상 처음으로 군사기밀 누설여부가 문제로 제기됐다. 또 30여명의 언론인이 소환되어 심문을 받았고 국방부장관과 국회 국방위원장이 인책 사임하는 등 정치 문제화했으나 3년 7개월 만에 무죄로 끝났다.(정진석, p.317) 문제의 기사는 동양통신 6월 21일자 제3편에 최영희 국방부장관이 1968년 6월 17일 국회 국방위원회에서 증언한 내용을 '전투태세 확립 3개년 계획 확정, 금년 2차 연도에는 40억 원 반영'이었다. 서울지검 공안부는 기사가 나간 지 한 달이 지난 7월 24일 사회부 이주호 부장과 김광순 부장대우차장, 전제열 기자를 군사기밀누설 및 반공법 위반혐의로, 김홍설 사회부장을 범인은닉 혐의로 구속했다. 서울형사지방법원은 1970년 6월 15일 "국방부장관 등이 국회의 공개회의 석상에서 제안 설명 등으로 미리 불특정 다수인에게 공개된 공연한 사실은 기밀이라고 볼 수 없다"고 판시하고 무죄를 선고했다. 1심판결에 이어 서울고법과 대법도 모두 무죄를 선고했다.

### 라. 군 수사기관 연행

1971년과 1972년에는 군 관련 기사 때문에 언론인들이 군 수사기관에 연행되는 일이 자주 일어났다. 1971년 1월 서울신문 이철 기자와 박영준 사회부차장은 '해군 함정에 미사일'이라는 기사로 보안사에 연행됐다. 육군범죄수대는 대한일보, 신아일보, 경향신문, 중앙일보, 동아일보 등 편집간부와 기자 9명을 임의동행 형식으로 연행했다가 귀가시켰다. 연행이유는 민간인 이종근이 약혼녀 집에 방화한 것을 놓고 이종근을 군인신분으로 잘못 보도한 경위를 조사하기 위한 것이었다. 3월 29일에는 육군 보안사에서 동아일보 사회면 '대형전차 잘라 고철로' 제하 기사와 관련, 편집간부와 기자 등 5명을 연행했다. 문제의 전차는 사격훈련 시 타격목표로 사용하고 있는 폐전차(廢戰車)인데도 가동이 가능한 전차인 것으로 보도한 경위를 조사하기 위한 것이었다.

박정희정권은 1972년 10월 17일 비상계엄이 선포된 뒤 국회의 기능을 대행한 비상국무회의에서 '군사기밀보호법'을 제정했다. 이 법이 시행된 이후 첫 필화사건은 합동통신에서 발생했다. 합동통신 사회부 유홍구 기자는 1973년 12월 21일 병무청 공보담당관실에서 3급비밀문서인 '지방 병무청장 회의록'을 가져와 1974년 1월 11일 회의록 일부인 지방병무청 감사결과를 발췌 보도했는데 이 기사의 일부분이 군사기밀보호법에 저촉된다는 것이었다. 재판부는 유 기자에게 유죄를 선고했다.

### (2) 신동아 필화사건(1968년)

신동아 필화사건은 장기집권을 노리는 박정희정권이 언론의 마지막 저항보루인 동아일보의 비판력을 제거하기 위해 시도한 사건이었다. 언론윤리위원회 소집에 반대한 동아일보 조선일보 경향신문 매일신문 중 경향신문은 비정상적인 방법으로 공매 처분되었고 조선은 코리아나호텔 건축 차관으로 권력과 유착되었으며, 매일신문은 지방지로 큰 영향력을 갖지 못했으므로 권력당국에게는 동아일보만이 골칫거리였다. 1967년 6.8총선으로 개헌 가능의석을 확보한 박정권은 점차 강도 높은 언론통제를 가하던 중 신동아 1968년 12월호에 게재된 '차관' 특집기사와 10월호의 '북괴와 중소분쟁'이라는 기사가 반공법 위반이라며 홍승면 주간, 손세일 부장 등 관련 기자를 대거 중앙정보부로 연행하여 구속했다.

가. '차관' 기사 트집

중앙정보부는 11월 23일 '차관' 기사를 트집 잡아 동아일보 김진배 기자와 박창래 기자, 신동아부의 손세일 부장, 심재호 기자, 이정윤 기자 등 5명을 연행해 수사를 벌였다. 신동아는 정부의 차관도입 실태와 차관 배정 과정, 차관도입의 공과 등에 대해 심층 취재하여 차관 일부가 정치자금으로 흘러 들어간 정황을 보도했다.

이 기사는 1968년 9월 '외자도입 특별국정감사 특위' 취재 및 국회의원 면담을 거쳐 작성했다. 주요 내용은 차관의 국내 기업 배정과정에서 일부 재벌들에게 특혜성 차관이 배정되고 있으며 이 과정에서 집권 여당은 차관배정의 대가로 불법 정치자금을 조성했다는 내용이었다. 특히 정치자금 '4인 공동관리설', '5% 커미션설' 등 당시 공화당 및 집권층의 뇌물 정치자금 수수의혹을 제기함으로써 박정희정권의 도덕성을 공격했다.

박정희정권은 중앙정보부를 동원하여 이 기사와 관련된 기자 5명을 연행하여 반공법 위반 혐의를 두고 취재 집필 게재 경위에 대해 심층 조사하면서 이 기사가 "기밀사항으로 당시 세간의 '차관 망국론'을 퍼뜨려 결과적으로 북한을 이롭게 했다"[72]주상했다.

동아일보는 11월 29일에야 기자 연행사실을 보도했다. 천관우 주필은 사설을 통해 반공법 위반혐의를 씌운 것은 부당한 것이고 이 사건을 중앙정보부가 다루는 데 대해서도 이의를 제기했다. 천 주필은 차관기사 내용은 기밀사항이 아닌 당시 보도된 공개사항이고 경제성징에 기여한 차관도입의 긍정적 측면을 부각했을 뿐 '차관 망국론'을 전파한 적이 없으며 중정이 차관기사의 긍정적인 요소를 무시한 채 기사내용 중 '차관과 정치자금의 연관성' 부분에 반공법을 적용한 것은 중정 업무를 과도하게 확장하여 해석한 월권임을 주장하며 반박했다. 한국기자협회와 한국편집인협회도 공동성명을 발표, "이 사건이 언론자유에 미치는 영향이 클 것으로 판단한다"고 주장하며 "중대한 관심을 갖고 그 귀추를 주시키로 했다"고 밝혔다.

나. 과거기사 '오역' 문제 삼아

그러자 중앙정보부는 2개월 전 발간된 신동아 10월호에 게재된 '북괴와 중·소 분열'[73]이라는 글을 문제 삼고 나섰다. '빨치산운동의 지도자 김일성'이라는 대목 중 '지도자'라는 표현이 반공법 위반이라는 것이다. 영어 원문이 'leader'이었으므로 사실 번역 자체에 잘못은 없었다. 이 문제는 필화사건이 나기 전에 거론되어 신동아 11월호에 "빨치산 운동의 지도자라고 번역한 것은 공비의 두목이라는 말의 오역이었다"고 정정기사를 게재함으로써 일단락됐던 것을 새삼 문제 삼은 것이었다.

12월 3일엔 김상만 발행인과 천관우 주필이 연행되어 조사를 받았다. 중정은 김일성을 찬양하고 북한의 위장선전 내용을 편집 없이 인용 보도함으로써 반국가단체를 이롭게 했다는 반공법 위반혐의[74]를 적용하여 신동아 주간 홍승면과 부장 손세일을 구속했다.

---

72) 중앙정보부, '신동아 박창래 김진배 조사결과', 1968년 12월 7일.

73) 이 기사는 미국 미주리(Missouri)대 조순승 교수가 1968년 3월 '아시아학회협의회'에서 발표한 기고문을 번역한 것이다.

74) 중정의견서(1969년 4월)는 다음과 같다. "북괴와 중소분열 오역관련 반공법 등 위반 피의사건과 관련 피의자 손세일 홍승면은 반공법 제4조

서울지검은 이들에 대해 최종적으로 기소유예 및 불기소 처분했다.

결국 신동아는 사건수습을 위해 '북괴와 중소분열' 오역 관련 사과 기사를 게재하고 천관우(12월 10일 사표수리) 홍승면 손세일(12월 9일 의원 해임)을 퇴사시키는 한편, 김상만은 발행인 직에서 사퇴했다.

다. '신문은 편집인의 손을 떠났다'

이 사건과 관련하여 〈동아일보사사〉는 "정부 당국이 동아일보사와 관련이 없는 기업체에도 압력을 가했다"면서 다음과 같이 밝혔다. "본보와 전혀 관계없는 삼양사와 경방 등에까지 물리적 압력을 가중시켰다. 이 두 업체의 소유주가 본보 발행인과 친척관계였음을 감안하여 간접적인 탄압을 가한 것이다. 심지어는 본사 발행인 소유의 주식을 포기할 것을 요구하였다. 즉, 1965년에 본보 발행인이 인수받은 양영회 주식의 포기를 은근히 종용하였다. 또한 신동아의 자진폐간을 종용하였다."

신동아 필화사건은 당시 언론계와 국회에서 마지막으로 남아 있는 동아일보를 길들이기 위한 것이라는 얘기가 많았다. 당시 신민당의 장준하 의원은 '청와대 예산 삭감기사(1968년 11월 23일)' 및 차관도입시 공화당의 정치자금 조성의혹 제기 등을 문제 삼아 박정희정권이 동아일보 길들이기를 시도했다고 지적하기도 했다.[75]

신동아 필화사건은 원로 언론인 최석채씨가 '신문은 편집인의 손을 떠났다'는 유명한 선언을 낳게 했다. 당시 편집인협회 회장이던 최씨는 다음과 같이 토로했다.[76]

---

1항에 해당하나 개전의 정이 현저하여 기소유예, 천관우 김상만은 반공법 제4조 1항에 해당하나 동 논문내용을 검토하였다는 증거 불충분으로 불기소에 각각 처분함이 가하다"

75) 장준하, '언론자유 침해에 관한 질문' 제67회 국회회의록, 제34호, 1968년 12월 16일, 김충식, 〈남산의 부장들 I〉, 동아일보사, 1992년, p.149에서 재인용.

76) 최석채, '신문은 편집인의 손에서 떠났다', 〈기자협회보〉, 한국기자협회, 1968년 12월 27일.

신동아 사건은 한 사(社)의 주필과 편집국장급 인사가 세 명이나 순수한 자의가 아닌 사직을 하지 않을 수 없었다는 점에서 언론계에 커다란 상처가 아닐 수 없다. 이 상처를 수습하지 못하고 속수무책으로 내버려 둔다면 우리 언론사에 하나의 오점으로 남을 것이다. 어째서 이런 시련이 우리에 닥쳐왔는가. 한마디로 말하면 신문이 편집인과 기자의 손을 떠났기 때문이다. 한국의 언론은 우리가 의식하고 있는 이상으로 경영주의 손에 의해서만 움직여지고 있다. 따라서 우리는 이전까지 한국언론이 전혀 경험하지 못했던 새로운 양상의 시련에 직면하고 있는 것이다. 지금까지 우리가 언론의 자유를 위해서 투쟁하는 경우 언제나 편집인과 경영주가 한 덩어리로 뭉쳐서 싸워 왔다. 우리 언론은 이런 투쟁의 경력이 많고 따라서 경험도 풍부하지만 지금은 경영자, 편집인, 기자가 각각 흩어져서 싸우고 있으니 우리로서는 경험하지 못한 바요, 외국에도 이런 경험은 없다.

이유가 어떠했든 신동아 사건에서 동아일보는 너무 허무하게 무너져 권력 앞에 굴복하고 말았다. 신동아 사건을 마지막으로 언론기업은 완전히 권력에 굴복하게 됐다. 엄격히 말해 대부분 언론 기업인과 편집인은 1964년 언론윤리위원회법 파동을 계기로 이미 권력 앞에 굴복하고 말았다. 그리고 언론사의 저항은 신동아 사건을 계기로 막을 내렸다.

(3) 〈사상계〉 등 잡지 필화(1964년~1972년)
박정희정권과 전두환정권은 일간지 및 신문사가 발행하는 잡지에 대해서만 탄압을 가한 것은 아니었다. 특히 박정권 시절에는 〈사상계〉, 〈다리〉, 〈창조〉 등 신문 못지않게 많은 정기 독자를 가진 잡지가 많았다. 이들 잡지는 박정권에 대해 특히 비판적이었다. 독자적으로 발행하는 월간지 등 잡지에 대해서도 세금포탈에 대한 내사나 필자를 구속하기도 하고 필자와 발행인 등을 정보기관에 연행하여 고문을 가하기도 했다.

박정권은 중앙정보부를 동원해 1965년 7월 박정희에 비판적이었던 〈사상계〉의 '세금포탈'에 대한 내사를 한 사실도 있었다.[77]

## 가. 〈세대〉 필화

〈세대〉지의 필화 사건은 발단부터 특이했다. 수사당국이 먼저 손을 댄 것이 아니라 국회에서 야당이 문제를 삼아 시작됐다. 1964년 11월 10일 삼민회 소속 한건수 의원은 국회 국방위원회 정책질의에서 〈세대〉 11월호에 문화방송 사장 황용주가 기고한 '강력한 통일정부에의 의지'라는 논문이 '국시에 위반'되는지 여부를 따진 데서 발단됐다. 황용주는 박대통령과 친분이 가장 두터운 사람으로 박정권의 문화방송 강탈사건에도 이름이 거론된다. 필자를 구속할 것을 정부에 건의하느냐의 여부를 두고 여야가 논란을 벌이는 과정에서 검찰은 11일 밤 황용주를 구속했다. 반공법 제4조 1항 위반혐의였다. 구속영장에 나타난 혐의는 다음과 같다.(정진석, pp.359~360)

① 남북 두 개의 한국을 내세워 대한민국 정부의 합헌성을 부인하고
② 8.15후 미군의 진주를 점령으로 보고 6.25의 참전을 군사개입으로 단정하여 반미사상을 고취했으며
③ 유엔 동시가입과 제3국을 통한 대화의 방안도 수립돼야 한다고 주장하는 등 북한괴뢰의 이른바 통합론을 찬양 고무 동조한 혐의가 있다.

이 사건이 일어나자 김형욱 중앙정보부장은 "앞으로 애매한 표현으로 중립통일론이나 용공사상을 논하는 학자들의 논설을 저지하는

---

77) 중앙정보부, '사상계사 세금포탈에 대한 내사' 〈과거와 대화 미래의 성찰〉, 언론 · 노동편(Ⅴ), 국가정보원, 2007년, p.59에서 재인용. 앞으로 중앙정보부, 안기부 등의 문건은 모두 이 책에서 인용했음을 밝혀둔다.

데 좋은 경고가 될 것"이며 '법의 보강이 필요하다고 말해 표현의 자유가 위축될 우려를 자아내게 했다. 신직수 검찰총장도 11월 19일 황용주를 기소하면서 특별담화를 발표, "민주적 기본질서를 유지하기 위한 국가보안법과 반공법에 저촉되는 행위는 언론자유의 한계를 이탈한 것으로서 실정법이 엄금하고 있다"고 말했다.(정진석, p.367.)

〈세대〉사는 황용주가 구속된 후 14일자로 일간지에 낸 석명서(釋明書)를 통해 11월호가 시판되기 시작한 10월 26일 문제된 부분을 발견하고 시판중인 잡지를 회수하기 시작했으며, 해외독자에 발송하는 300부에 한해서는 해당부분을 삭제했다고 밝혔다. 또한 책임을 통감하고 근신하는 뜻에서 12월호와 1월호를 자진 휴간키로 했다.

이듬해 4월 30일 열린 1심 공판에서 재판부는 황용주에게 징역 1년, 자격정지 1년, 집행유예 3년을 선고했다. 재판부는 "문제된 논문내용은 우리나라의 현실적 단계에서 국가의 기본정책과는 거리가 먼 것이며 비록 이 논문이 가정에 불과한 것이라고 피고인은 주장하고 있으나, 공산진영에 대한 우리나라의 헌법 테두리에서는 인정될 수 없는 것"이라고 판시했다. 이 사건은 대법원에서 확정판결이 날 때까지 거의 5년이 걸렸다. 대법원은 1969년 10월 23일 원심을 그대로 받아들였다.

나. 〈사상계〉 '오적' 필화

시인 김지하는 1970년 〈사상계〉 5월호에 담시 '오적'을 처음 게재했다. 신민당이 6월 1일자 당 기관지 〈민주전선〉에 이 시를 다시 게재하면서 사회적 정치적으로 주목을 받았다.[78]

박정희정권은 1970년 6월 2일 중앙정보부를 동원하여 〈민주전선〉을 압수하고 편집국장 김용성과 〈사상계〉 발행인 부완혁, 편집자 김승균, 필자 김지하를 연행했다. 당시 국회에서는 〈민주전선〉에

---

78) 〈사상계〉 필화사건에 대해서는 개요만 밝힌다. 최근의 조사내용은 〈국정원Ⅴ〉, pp.78~90 참조

실린 '오적'이 사상적으로 불온한 프롤레타리아 문학이라며 이적성을 거론하여 정치문제화 했다. 이후 〈사상계〉 후원자였던 신민당 김세영 의원의 '영리단체 겸직 금지조항' 위반문제가 제기되는 등 여야의 갈등으로 악화했다.

한편 문공부는 같은 해 9월 26일 〈사상계〉가 '신문 통신 등 등록에 관한 법률' 상 등록당시와 실제 인쇄인이 다르다는 이유(인쇄시설 미보유)로 등록을 취소했으나 대법원은 1972년 4월 26일 등록취소 무효를 확정 판결했다.

박정희정권은 부완혁과 김승균 김용성 등 〈사상계〉 및 〈민주전선〉 관계자와 필자 김지하를 반공법 위반으로 구속 기소했다. 재판부는 같은 해 9월 9일 전원 보석 석방했으나 1972년 12월 9일 결심에서 부완혁 김용성 손주항에 대해 징역 3년 자격정지 3년의 유죄판결을 내렸다. 김지하에게는 12월 20일 지병을 이유로 선고유예 판결을 내렸으나 1974년 군법회의에서 민청학련 사건과 함께 병합 심리후 최종 유죄판결을 받았다.

검찰은 김지하의 담시 '오적'은 남한사회의 계급성을 강조하고 집권층의 부정부패상을 통렬히 비판, 북한의 대남 선전 자료에 인용됨으로써 이적혐의가 적용된다고 주장했다. 서울형사지법은 판결문에서 "담시 '오적'은 특권층 부정부패를 응징하려는 데 목적이 있다고 주장하고 있으나 풍자의 도가 지나쳐 북한의 선전 자료에 이용되었으므로 유죄를 인정한다"고 판결했다.

그러나 신민당 및 피해자들은 '오적'의 내용은 사회주의적 폭력이나 혁명 사상을 선동하거나 개인을 비방하거나 허위사실을 유포하지 않았으며, 다만 사회비판을 가한 풍자문학이었음에도 불구하고 유죄를 선고한 것은 '오적'으로 언급된 재벌, 국회의원, 고급공무원, 장성, 장차관에 해당하는 집권층이 자신들의 부패상을 은폐하기 위해 만들어낸 언론탄압이며, 정치적으로는 1971년 대선 총선을 앞둔 시점에서 3월 '정인숙 피살사건',[79] 4월 '와우아파트 붕괴사건'[80] '도둑촌 추문'81) 등 일련의 사건으로 곤란한 상황에 놓여 있던 집권 공화당이 주도한 야당탄압이었다고 주장했다.

다. 〈다리〉 필화

1971년 2월 12일 박정희정권은 검찰을 동원해 월간지 〈다리〉82) 1970년 11월호에 실린 '사회참여를 통한 학생운동'의 필자 임중빈과 발행인 윤재식, 주간 윤형두에 대해 반공법 위반 혐의를 적용하여 구속했다.83)

검찰은 기소이유와 관련 임중빈이 기고문에서 '프랑스 5월 학생 혁명'과 미국 '뉴 레프트(New Left) 운동'을 거론하여 혁명을 통한 정권 타도의 방향성과 가능성을 제시하고 학생운동 선동 및 은연중 정부타도를 유도하여 필자 발행인 편집인 모두가 국외 공산계열 및 반국가단체인 북괴를 이롭게 했다고 주장했다.

그러나 재판부는 같은 해 7월 16일 1심에서 무죄를 선고했고 검찰의 항소에 따라 고법을 거쳐 1974년 5월 대법원에서 최종적으로 무죄선고를 받았다. 판사는 "정치권력의 입장에만 치우친 안목에서 현실에 대한 고발이나 또는 개혁의지를 모두 반정부적인 것 내지는 이단적인 것으로 판단하여 반공법을 발동하는 것은 오류"라고 판시했다.

---

79) 1970년 3월 17일 권총으로 피살된 정인숙과 당시 박정희, 정일권, 박종규 등 권력자와의 염문설 등이 국회와 언론 등을 통해 확대 전파되면서 세간의 주목을 끌었던 사건.

80) 1970년 4월 8일 서울 마포구 창전동 와우시민아파트(1969년 12월 준공) 15동 5층 건물이 부실공사로 무너져 33명이 압사하고 19명이 중상을 입은 사건으로 당시 서울시장(김현옥)이 책임을 지고 사퇴했다.

81) 1969년 12월 동빙고동 수유동 장충동 등 부유층이 거주하는 호화 주택촌이 시민 사이에 '도둑촌'이라고 불리면서 관련내용이 언론에 보도됨에 따라 1970년 1월경 박정희 대통령은 관련 사실에 대한 조사를 지시하는 한편 기업인 공화당 간부 고급공무원 등 330명을 대상으로 주의 경고했다.

82) 〈다리〉는 신민당 국회의원 김상현이 1970년 7월 29일 설립하고 같은 해 9월 창간호를 발행했으며 1974년 폐간됐다.

83) 〈다리〉 필화사건의 자세한 내용은 〈국정원Ⅴ〉, pp.91~99를 참조 바람

구속 기소된 〈다리〉지 관계자들은 실질적인 발행인은 김대중 후보의 측근 김상현 의원이었으며, 발행인 윤재식은 김대중 후보의 공보비서로 활동했고 편집자 윤형두는 김 후보의 선거홍보물을 간행하는 한편 임중빈은 김 후보 회고록을 집필하는 등 〈다리〉지가 사실상 김 후보의 홍보기구 역할을 담당했다고 주장했다. 따라서 박정희정권이 신민당 대선후보로 급부상한 김대중에 대한 견제 필요성으로 탄압을 가했다고 주장했다.

중앙정보부는 이후 재판을 담당한 서울형사지법 재판관 목요상에게 피의자들을 유죄 선고하도록 압력을 행사하여 1971년 7월 사법파동[84]의 주요한 원인이 되었다.

라. 〈창조〉 '비어' 필화

박정희정권은 중앙정보부를 동원하여 천주교 기관지 〈창조〉 1972년 4월호에 김지하의 시 '비어' 및 전 동아일보 이사 천관우와 서강대 길현모 교수의 4.19 대담 특집이 게재되자 관련자들을 소환 조사하고 이미 배포된 잡지를 회수했다.

중정은 이 과정에서 직간접적인 관련자는 물론 이들의 지인들까지 광범위하게 조사하고 관련자들을 인사 조치할 것을 요구함으로써 이 사건이 박정권에 비판적인 언론에 대한 통제라는 논란이 제기됐다.[85] 중정은 이와 관련 '국가 총력안보를 저해함은 물론 천주교인들을 친야적인 방향으로 유도하는 내용을 게재한 혐의'가 있다며 김수환 추기경을 비롯한 관계자들을 소환 조사하여 '순수한 가톨릭

---

84) 사법권의 독립과 개혁을 요구하며 일어났던 소장판사들의 집단행동을 일컫는다. 1971년, 1988년, 1993년 세 차례 있었다. 1971년 사건은 이범열 판사 등의 뇌물수수 혐의에 대한 구속영장 발급으로 서울형사지법 판사 37명이 사표를 냈고 이후 전국적으로 153명의 판사들이 동참했다. 세간에서는 박정희정권의 사법부 길들이기 조치에 대한 반발이었다고 평가했다.

85) 〈창조〉 필화사건의 구체적인 내용은 〈국정원Ⅴ〉, pp.99~103을 참조.

기관지로 전환할 것을 서약'하라고 강요하는 한편, 사죄와 향후 협조를 약속받기도 했다. 중정은 관련자들을 소환하여 조사했지만 기소하지는 않았다. 다만 '오적' 필화사건으로 기소된 후 보석 상태에서 재판을 받고 있던 김지하를 찾기 위해 김지하 주변인물 36명을 3월과 4월 사이에 소환 조사했다. 이들은 중정에 소환되어 김지하와의 관계 등에 대해 조사받은 뒤 김지하의 소재지를 파악해 연락하겠다는 서약을 하고서야 풀려났다.(〈국정원 V〉, p.102.)

결국 김지하는 4월 13일, 16일, 17일 세 차례에 걸쳐 중정의 조사를 받고 검찰에 송치됐으나 건강상의 문제로 1973년 10월 8일 수사 중지 결정됐다.

중앙정보부는 〈창조〉 4월호 회수에 나섰다. 관련 보고서는 '3월 30일 저녁 10시 현재 전시 5,500부 중 2,400부를 회수하였으며 잔여부수에 대하여는 김철규 부주교가 전국교구에 직접 지시, 강력 회수'하고 있다고 기재되어 있다. 이 과정에서 중정은 전국 시도단위 경찰을 동원했고 압수와 관련한 법적 조치는 사후에 처리한 것으로 드러났다. 결국 중정은 발간된 5,500부(배포 4,788) 중 2,274부는 회수하고 3,226부는 회수하지 못했다.

중앙정보부는 김수환 추기경과 김철규 부주교에게 '대통령 각하께서 동 사실을 아시게 되면 어떻게 생각하실지 심히 송구스러운 일'이라는 내용의 진술서를 쓰게 했다. 또 경찰 조직을 동원하여 해당 잡지를 압수하고 직접 연관되지 않은 관련자의 주변인물까지 중정에 소환한 것은 불법행위였다.

(4) 기자협회 탄압(1973년~1979년)

한국기자협회는 1973~1975년 기자들의 자유언론실천운동 교량역할을 해왔다. 〈기자협회보〉를 통해 기자들의 성명서 발표나 노조 결성, 기자 해고 등에 대해 자세히 보도하고 언론 상황에 대한 외부 기고를 통해 언론탄압 실상을 고발해 왔다. 언론자유 투쟁을 선도하고 있던 기자협회를 박정권이 그대로 놔둘 리가 없었다.

1973년 6월 22일자 〈기자협회보〉에 실린 리영희 한양대 신방과 교수의 기고 '신문은 하나 둘 사라지는데…' 때문에 박기병 회장과 편집장 정진석, 그리고 리 교수가 중앙정보부에 연행되어 조사를 받았다. 중앙정보부가 7월 19일 작성한 '불온논단 "신문은 하나 둘 사라지는데"에 대한 조사결과 보고'에 기술된 이들의 혐의 내용은 다음과 같다.[86]

가. 정부 권력에 의해 통제되고 있는 언론기관이 국민의 규탄대상이 되고 있는 듯이 표현함으로써 한국언론자유를 원천적으로 부정

나. 반공을 권력 부패와 결부시켜 반공정책을 비난

다. 국가권력 행사가 외국의 압박을 받고 있는 것처럼 시사하고 주권을 모독하는 등 북괴의 선전과 유사한 논조로 극히 불순하다는 느낌

중앙정보부는 박기병 기자협회장과 정진석 기자협회보 편집국장으로부터 앞으로 회보 발간시 사전 검열을 받겠다는 서약을 받고 훈방했다. 이로써 〈기자협회보〉에 대한 중앙정보부의 사전 검열이 시작됐다.

유신정권은 기자협회장 선거에도 개입했다. 1974년 9월 한국기자협회장 선거가 있었는데 서울의 각 신문사 발행인들이 서울 소재 기자는 출마를 못하도록 결의하여 사장과 기자들 사이에 갈등이 불거지기도 했다.

가. 기자협회보 폐간

한국기자협회는 1974년 10월 25일 전 언론계로 번진 민주언론 수호 결의에 공동으로 대처하겠다는 성명서를 발표했다. 기협은 성명

---

86) 중앙정보부, '불온논단 "신문은 하나 둘 사라지는데"에 대한 조사결과 보고' 1973년, 7월 19일.

서를 통해 "최근 각사 기자들이 벌인 언론자유 수호선언의 내용을 전적으로 지지하고 앞으로 각 언론기관의 일선기자들이 이번 선언에서 천명한 사항을 실천할 수 있도록 뒷받침할 것을 밝힌다"고 선언했다.

기자협회는 26일 오후 2시 신문회관에서 중앙사 분회장 회의를 긴급 소집하고 일선기자들의 결의내용을 구체적으로 지원하기 위해 언론자유수호특별대책위원회를 상설기구로 구성했으며 모든 사태에 기자들이 공동으로 대처할 것을 호소했다.

이에 따라 그 동안 자유언론실천운동의 교량 역할을 해온 기자협회에 대해서도 탄압의 손길이 뻗치기 시작했다. 문공부는 1975년 3월 10일 기자협회의 기관지인 〈기자협회보〉를 폐간 조치했다. 폐간이유는 기자협회보가 '신문통신 등의 등록에 관한 법률 제3호에 정하고 있는 법정 시설기준을 갖추지 못하고 있으며, 3월 8일에는 기자협회보 제351호의 증면 호를 발행했다'는 것이었다.(〈기자협회 30년사〉, pp.232~233.) 이유 가운데 전자는 그때까지 정부가 묵인해 왔던 사항이며 정작 이유는 증면 호를 발행한 것으로 풀이됐다. 당시 기자협회 회장이었던 김병익은 "기자협회보의 시설미비는 처음부터 정부가 묵인해온 것이고 증면 호 발행에 대해서는 당국이 근거로 제시한 '신문 통신 등의 등록에 관한 법률'에 전혀 규정이 없는 것이다"고 회고했다.[87] 351호 증면 호는 조선일보 경영진 측이 기자들을 무더기로 파면한 조치에 관한 기사를 실었던 것이다.

중앙정보부는 이보다 앞서 박기병 회장이 연행됐을 당시 월간으로 등록된 기자협회보가 주간으로 발행된 것과 관련해 관리책임자인 문공부 관리를 연행해 조사했다. 1973년 7월 2일 문공부 신문과장을 연행하여 월간지로 등록한 기자협회보가 왜 주간으로 발간됐는지를 조사했다. 그리고 다음과 같은 '조치 및 의견'의 보고서를 썼다.

---

87) 김병익, '폐간… 투쟁… 그 아픈 상흔들' 〈기자협회보〉, 한국기자협회 1990년 7월 6일.

본건 기자협회 주보 발행시는 인쇄시설을 구비하여야 함에도 불구하고 동 시설을 보유하지 않고 행정적 절차에 따른 정당한 허가 없이 불법으로 발간되고 있으므로 신문·통신 등의 등록 등 법률 4조 위반이 확실함이 판단되어, 월간으로 환원시키도록 문공부에 조정하였으므로 일괄 사건 처리함이 가하겠습니다.[88]

이에 따라 문공부는 〈기자협회보〉를 주간에서 월간으로 전환시켰다.

## 나. IFJ 보고서로 회장 등 사퇴

기자협회는 기자협회보가 폐간 조치되자 곧바로 IFJ(국제기자연맹)에 보고서를 보내 한국의 언론탄압 실상과 기협의 수난을 알렸다. 기협은 이 보고서에서 10.24자유언론실천선언 이후 전개된 언론자유실천운동과 그에 대한 보복조치로 전개된 일련의 정부와 경영주의 언론탄압 실상을 상세히 밝히고 언론인 대량파면은 '언론자유운동을 좌절시키려는 언론외부의 작용과 신문 경영주가 야합한 책동'임을 분명히 하고 기자협회보의 폐간조치는 '전국기자들의 언론자유운동을 이끌며 기자들을 격려해 왔던 기협에 대한 탄압'이라고 전했다. 그리고 "한국 일선기자들을 결속시키는 구심점이었고 언론자유 수호의 전위적 신문이자 한국기자정신의 상징이었던 기자협회보의 폐간은 한국언론을 완전 무력화시키려는 무자비한 술책"이라고 밝혔다.

기협의 보고서를 받은 IFJ는 3월 17일 박정희 대통령에게 한국의 언론자유를 요구하는 전문을 보냈다. IFJ 사무총장은 이 같은 사실을 3월 28일 기협에 서한으로 알려왔다. IFJ는 박 대통령에게 보낸 전문에서 "한국에서의 언론자유의 계속적인 침해와 기자에게 가해

---

88) 중앙정보부, '기자협회 주보발간에 대한 경위 조사결과 보고', 1973년 7월.

지는 자의적 해고에 강력히 항의한다. 우리는 한국기자협회를 지지하며 기자협회보를 즉각 복간시킬 것"을 요구했다. 사무총장은 이어 IFJ가 모든 국가의 회원조직에게 진상을 알리고 적극적인 항의행동을 취해줄 것을 호소했다고 밝혔다.(〈기자협회 30년사〉, p.237.)

전대미문의 언론탄압 상황에 맞서 최선의 노력을 기울여온 기협은 제13대 집행부가 들어선지 20여일만인 1975년 4월 24일 중앙정보부에 의한 회장단 연행사건으로 창립 이래 최대의 시련을 맞았다. 중앙정보부는 김병익 회장 백기범 부회장 등 3명을 연행, 기협이 IFJ에 보낸 보고서에 대해 조사를 벌였다. 1975년 3월 여당 단독으로 입법한 형법 중 국가모독죄를 적용, 구속하겠다는 협박 속에서 기협 회장단은 연행 닷새째인 4월 29일 사퇴의사를 표명하고 풀려났다. (〈기자협회30년사〉, p.238.)

기자협회보가 폐간 조치된 데 이어 기협 집행부가 강제 사퇴하게 됨에 따라 기협은 다시 마비상태가 됐다. 회장단 사퇴와 함께 4월 23일자까지 발행한 소식지의 발행도 중단되었다. 2개월 후인 6월 30일 14대 집행부가 새롭게 구성되었을 때는 이미 동아·조선사태는 돌이킬 수 없는 상황에 이르렀고 기협을 축으로 전개되어 오던 언론자유 실천운동은 맥을 잇기 어려운 상태에 이르러 있었다.

다. 밀수혐의로 회장 사퇴

1979년 9월 21일에는 정성진 회장이 돌연 일신상의 이유로 회장직 사퇴서를 제출했다. 정 회장의 사퇴는 기협탄압 의혹이 짙은 것이었다. 정 회장은 재임 5개월여 동안 침체일로를 걷던 기협의 활성화를 위한 노력을 경주, 언론자유와 회원 권익회복의 길을 트는 과정에서 집권세력으로부터 미움을 사고 있었다.

그때 정 회장은 8월에 미국 여행을 마치고 귀국하는 길에 김포공항에서 밀수혐의로 연행됐다. 정 회장은 부인에게 선물하기 위해 0.5캐럿 다이아몬드 반지를 사오다가 적발됐는데 정 회장이 미국에서 반지를 구매한 경위가 귀국 전 이미 국내 중앙정보부에 전달됐고 세관의 검색과정도 미리 짜여진 각본에 의해 진행됐다는 것이다. 기협 탄압을 위한 비열한 수법이 동원되었음을 알 수 있다. 이 일로 정 회장은 사퇴서를 제출했고, 기협은 긴급운영위원회를 열고 사표를 수리했다.(〈기자협회 30년사〉, p.243.)

### (5) 언론인 연행 및 사찰(1961년~1979년)

박정희정권은 기관원이 언론사에 무단으로 출입하며 일상적으로 신문 및 방송뉴스 제작에 압력을 가했으며 조금이라도 말을 안 듣거나 비위에 거슬리는 기사를 썼을 경우에는 '임의동행'이라는 형식으로 연행하여 조사 위협했으며, 걸핏하면 기자들에게 폭행을 가해 공포에 떨게 했다. 기자협회보에 나타난 사례에 의하면, 1964년 11월 10일부터 1974년 말까지의 약 10년간 언론인에 대한 폭행은 모두 97건으로 나타나 있다. 이유를 분류하면 취재방해가 64건에 65.98%, 기사 불만이 29건에 29.90%, 기타 4건에 4.12%였다.

### 가. 중앙정보부 기자 연행

중앙정보부는 창립 초기 중앙정보부 관련기사를 이유로 언론인들을 연행하여 조사했다. 그러나 이후에는 정치관련 기사로 연행된 사례가 부쩍 늘었다. 특히 중앙정보부는 반공법 위반 사건 등에 관한 수사 업무를 맡으면서 대북관련 기사나 소련 베트남 등 공산권 국가와 관련한 기사에 대해서는 반공법 위반을 이유로 기자들을 연행하여 조사했다. 더구나 중정은 박정권의 정책 비판과 관련한 기사를 이유로 해당 기자는 물론, 발행인과 편집국장 등을 무차별 연행하여 조사한 뒤 각서를 받고 풀어주었다. 중앙정보부에 의해 자행된 기자 연행 사례들을 〈한국기자협회 30년사〉와 국가정보원의 〈과거와 대화 미래의 성찰〉 언론·노동편(Ⅴ) 등을 참조하여 분류하여 정리하면 다음과 같다.

■ 중앙정보부 관련 기사

● 경향신문 최고회의 기사[89] : 중앙정보부 창설 직후인 1961년 6월 28일 경향신문 1면에 실린 '삭감 경비 24억여, 최고회의 경비로, 각의-제2회 추경예산을 공포' 제하의 기사가 '국민으로 하여금 최고회의를 불신 내지는 회의심을 갖게 하여 혁명과업 완수를 방해'했다는 이유로 박연대 편집국장, 임예 편집부장, 서용 정경부장, 이상순 기자를 중앙정보부로 소환, 진술서를 받고 기사 원고를 압수했다.

● 경향신문 중앙정보부 기사[90] : 경향신문은 1961년 7월 10일자에 체신부 직원 6명에게 1만원씩의 보조금을 주었다는 내용을 보도하면서 '국가재건 최고회의 중앙정보국의 전화이전 시험 중 극도로 피로를 일으켜 모두 졸도하여…'라고 보도했다. 중앙정보부는 기사 내용이 '중정에서 6명의 전화국 직원을 졸도함에 이르기까지 혹사한 양 허위 게재'했다며 조사를 의뢰했다. 이에 따라 서울일일신문과 경향신문 기자, 체신부 공보실 주사를 조사한 뒤 훈방했다.

● 동아방송 중앙정보부 차량 보도[91] : 동아방송이 1968년 2월 27일 통금 심문에 불응, 도주하는 지프차에 경찰이 발포해 탑승자가 사망한 사실을 보도하면서 '해당 차량이 중앙정보부의 차량이다'라고 보도했다. 중앙정보부는 보도내용이 '오보'라며 해당기자와 경찰서 경감 등 4명을 조사하고 사과 진술서를 받았다.

■ 북한 및 공산권 관련 기사

● 조선일보 베트남(Vietnam)전 전황 보도[92] : 조선일보는 1965년 6월 11일자 1면 톱으로 베트콩 춘계대공세를 다룬 베트남전 전황을 보도했다. 중앙정보부는 이 기사를 문제 삼아 김경환 편집국장, 이

---

89) 중앙정보부, '경향신문 오보사건 조사결과 보고', 1961년 6월 29일.
90) 중앙정보부, '불온신문 기사에 대한 진상 보고', 1961년 7월 11일.
91) 중앙정보부, '동아방송 허위사실 보도경위 조사보고', 1968년 2월 28일.
92) 중앙정보부, '반공법 위반혐의 기사에 대한 인지 보고', 1965년 6월 11일.

우세 편집부장, 홍옥률 편집부기자를 소환해 조사했다. 중앙정보부는 '월남 전황을 보도함에 있어 타 신문 등은 2면 상단 중앙에 4~5단으로 보도하였음에도 불구하고 조선일보사에서는 고의적으로 국내 중요 정치기사를 게재하여야 할 위치에 국외 공산계의 활동인 베트콩의 유리한 전황을 대서특필로 7단으로 보도, 춘계를 맞이하여 공산 베트콩이 우세함을 찬양'했다며 '춘계 대공세에서 베트콩이 승리를 전취할 것이라는 저의를 내포한 불순 혐의'가 있다고 보고했다.

• 조선일보 송추간첩 사건 필화[93] : 조선일보는 1965년 7월 22일자 7면 '뉴스의 뒷골목' 란에 '독 안의 쥐와 서투른 경찰과 …', '송추간첩사건의 문제점' 기사를 보도했다. 중앙정보부는 이미 체포된 간첩을 역용 공작한 사실을 보도하여 '기밀사항을 북괴에 제공하여 적을 이롭게 하는 등 불순 저의를 내포한 용공적 행위'라고 판단, 목사균 사회부장과 안종익 김은구 기자를 5일 동안 소환조사했다. 또 한상진 의정부 주재기자, 김태균 기자를 2일간 소환 조사하고 '수사 결과 입건하기에는 미흡'하다고 결론지었다.

• 중앙일보 게릴라 남침 보도 필화[94] : 중앙일보는 1968년 1월 25일자 1면에 임진강 북쪽 3여단 지역에서 1월 24일 발생한 총격전에 대한 취재내용을 '게릴라 30여명 새로 남침', '서부전선 세 곳서 교전, 카투사 2명 전사'라는 제목을 달고 보도했다. 중앙정보부는 '30명이 과연 새로 남침한 것인지 또는 그 수가 정확한 것인지 불확실함을 인식하면서도 허위사실을 보도하여 민심을 교란시킴으로써 북괴 노선에 동조하고 반국가단체인 적을 이롭게 했다'는 이유로 홍성유 주필 겸 이사, 김인호 편집부국장, 장인칠 사회부장, 조동오 사회부장대리, 채광국 편집부장대우, 장두성 김경욱 기자 등 7명을 소환 조사했다. 중정은 '홍성유 김인호 장인칠 조동오 장두성 등에

---

93) 중앙정보부, '송추간첩사건에 대한 조선일보 필화사건 조사결과', 1965년 9월 20일.
94) 중앙정보부, '중앙일보 반공법 위반 사건철', 1968년 1월 27일.

대해서는 미필적 고의의 증거 충분함으로 구속하고' 나머지는 훈방 처리하도록 보고했다.

● 경향신문 '불온기사'[95] : 경향신문 1969년 1월 1일자 3면에 게재된 '전환의 69년, 아주인(亞洲人)에 의한 세력균형' 기사에 대해 중앙정보부는 '미국의 월남전 실패와 중공의 핵무장 등으로 공산혁명세력 다시 고개를 들 것이다'라는 등의 기사내용이 '국외 공산계열을 찬양함으로써 불온성을 내포했다'고 보고했다. 또한 1월 21일자 경향신문 1면에 게재된 '파리 확대회담 급진전' 기사에 대해서도 중앙정보부는 '국외 공산계열의 만만치 않은 활동상을 보여 독자들에게 적지 않은 자극을 줄 혐의'가 있다고 판단했다. 중앙정보부는 2건의 기사와 관련 박찬현 발행 편집 겸 인쇄인과 서임수 편집국장, 서동구 외신부장, 송두형 기자 등을 수사하고 '외신을 인용 보도한 것임으로 편집관계자를 환문하여 경고 조치'할 것이라고 보고했다.

● 중도일보 오식(誤植) 파문[96] : 대전 중도일보는 1969년 5월 10일 '한반도 긴장 확대' 기사 중 '북괴(北傀)'를 '남괴(南傀)'로 잘못 보도했다. 중정 대전 대공분실은 문선공과 교열원을 수사하여 반공법 위반이라는 구속 기소의견으로 대전지검에 송치하고 편집국장과 공무국장은 훈방했다. 대전지검은 9월 5일 피의자들을 불기소 처리했다. 문선공과 교열원은 식자 실수로 4개월여 동안 구속됐다.

● 중앙일보 KAL기 납북관련 기사[97] : 중앙일보는 1970년 2월 17일자 1면 톱으로 '중립국감위(中立國鑑委, 감시위원회) 개입요청 검토' '관·민 혼성사절 파견도' 제하로 당시 납북됐던 KAL기 미귀환승객 송환에 대한 기사를 보도했다. 중앙정보부는 보도경위를 파악하기 위해 허준 윤기병 기자와 김동익 정치부장을 2월 24일 소환 조사했

---

95) 중앙정보부, '불온 신문기사 수사기록', 1969년 1월.
96) 중앙정보부, '이○○ 외 1명에 대한 수사기록', 1969년 9월 10일.
97) 중앙정보부, 'KAL기 납북 미귀환자 송환대책 보도경위 조사 보고', 1970년 2월 25일.

다. 허 기자는 보도 전 외무부 방교국장에게 관련기사를 '사실화해도 좋은가'라고 물었고 이에 '언론자유가 있는데 어떻게 쓰라, 쓰지 마라 할 수 있나'고 답변했다고 진술했다. 윤 기자는 기사 관련 내용을 '오프 더 레코드(off the record)' 전제로 브리핑했다는 얘기를 취재과정에서 들었다고 대답했다. 중앙정보부는 기사내용 중 '관계 장관들이 참석한 미송환자 대책회의에서 논의 검토된 것이라고 한 정부 소식통이 전했다'란 부분을 문제 삼고 '출입기자단에 논의된 송환 추진방안을 관계 장관 연석회의에서 검토되었다고 추리하여 사실을 왜곡 보도'했다며 엄중 문책해야 한다고 밝혔다.

● 중앙일보 박영수 기자 환문[98] : 1971년 7월 20일 중앙일보 박영수 기자(대전 주재)가 19일자 7면에 보도한 '권총 지닌 여인 음독, 거리서 기절, 주민신고로 입원, 난수표와 가명 쓴 증명도'라는 제목의 기사가 문제가 되어 대전지검에 반공법 위반혐의로 구속 기소됐다. 또 20일 저녁과 21일 오전 두 차례에 걸쳐 김천수 사회부장과 남상환 기자(지방부)도 중앙정보부에 환문당했다.

● 조선일보 유엔 남북한 초청 관련 기사[99] : 조선일보 정치부 강인원 기자는 문공부가 발간한 '남북공동 성명에 대한 문답' 홍보책자의 내용을 근거로 1972년 7월 22일자 1면에 'UN의 남북한 초청 거부 안 해'라는 제하의 기사를 보도했다. 중앙정보부는 '정부에서 북괴노선에 동조하여 대 유엔정책을 전면적으로 변경한 것처럼 독자들이 왜곡 인식할 수 있도록 과장 보도함으로써 적을 이롭게 했다'며 강인원 기자를 비롯, 이종구 정치부차장, 배우성 편집부 기자, 조병철 편집부장 등을 소환 조사했다. 중앙정보부는 취재기자인 강인원과 제목을 작성한 배우성에 대하여는 면직 조치토록 조종하고 나머

---

98) 한국기자협회, 〈기자협회 30년사〉, 1994년, pp.308~316. 중앙정보부 연행사건과 관련하여 중앙정보부의 근거자료가 없는 경우는 이 책에서 인용했음을 밝혀둔다.
99) 중앙정보부, '조선일보 필화사건 조사 결과보고', 1972년 7월 24일.

지는 엄중 경고토록 했다. 이들은 진술서와 '과오'를 시인하고 재발을 방지하겠다는 각서와 "귀부에서 수사상 필요로 하여 소환령을 내릴 때는 하시라도 출두하겠다'는 서약서를 제출했다.

● 중앙일보 '분수대' 필화 : 중앙일보 최종률 주간은 1975년 4월 22일자 1면 '분수대'란에 패망한 월남 티우(Thieu) 대통령의 사임에 관해 '티우'라는 제목으로 게재한 칼럼과 관련, 중앙정보부에 연행되어 철야심문을 받았다.

● 경향신문 소련시인 인터뷰기사[100] : 경향신문은 1977년 12월 2일자 4면에 소련 체제파 시인 감자로프와 서독 기자와의 회견내용을 게재했는데, 중앙정보부는 기사내용이 불온하다며 다음해 2월 13일 치안본부에 수사를 의뢰했다. 치안본부는 박우정 기자와 이경일 외신부 차장을 수사한 뒤 '기사내용 중 일부 국외공산계열인 소련의 활동을 찬양한 부분이 있으며 이를 비판하지 않고 기사화한 것은 사실이나 소련을 비판하는 내용도 있어 우리나라의 독자가 본다면 당료파 시인도 개인숭배를 비난하고 있는 소련사회에 혐오를 느낄 것으로 생각하고 기사화한 것'이라며 '본인들의 성장환경으로 보아 사상적인 불순성을 인정하기 어렵고 입건 처벌할 가치가 없다'며 엄중 경고할 것을 보고했다. 중정은 4월 치안본부와 같은 내용으로 보고했다.

● 동아방송 중공 선수단 입국 거부 보도[101] : 동아방송은 1979년 6월 7일 '라디오 조간'에서 '오는 10일부터 열리는 제2회 세계배드민턴 선수권대회에 참가해 달라고 한국선수단에 초청장을 보낸 중공이 선수단 입국을 거부하고 있다'고 보도했다. 이에 대해 중앙정보부는 전화를 걸어 방송을 중지시키고 노한성 기자와 신용순 보도부 국장을 소환하여 조사했다. 중정은 '1976년 정부에서 제정 시행 중인

---

100) 중앙정보부, '경향신문 불온기사 수사결과', 1979년 4월.
101) 중앙정보부, '동아방송, 중공의 한국배드민턴선수단 입국사증 발급거부 보도 경위 조사결과 보고', 1979년 6월 8일.

'공산권 국가에 관한 보도요강'102)을 지키지 않고 정부의 공식발표가 있을 때까지 보도를 보류하여 달라는 CIA(미국 중앙정보부)로부터 요청을 받았음에도 불구하고 보도'했다고 밝혔다. 중정은 이들에게 엄중 경고한 뒤 훈방했다.

■ 정치 관련 기사

● 동아일보 '국민투표는 만능이 아니다' 사설 파문103) : 중앙정보부는 동아일보 황산덕 논설위원이 쓴 1962년 7월 28일자 사설 '국민투표 결코 만능이 아니다' 중 다음 부분을 문제 삼았다. '우리나라가 아직 유엔에 가입하지 못하고 있다는 것은 국가로서의 승인을 아직 받지 못하고 있다는 것을 의미한다', '국민투표로 개헌한다는 것은 유엔이 승인한 정부를 무로 돌리고 백지로 환원시켜 북한 괴뢰집단과 동등한 입장에서 국제무대에서 서게 하는 것이다'. 중앙정보부는 9월 11일 육군 보통군법회의에 '허위사실 유포' 혐의로 황산덕 위원은 구속 기소하고 고재욱 편집인은 불구속 기소 의견을 붙여 송치했다.

● 동아일보 공화당 내분 기사104) : 동아일보는 1966년 11월 5일자 1면에 '공화당 내분 심각화', 11월 7일엔 1면에 '공화당 공천 예비파동 직후' 기사를 보도했다. 중앙정보부는 기사의 출처를 파악하기 위해 이웅희 기자를 면담했으나 이 기자가 기사의 출처를 밝히지 않자 11월 8일 '기사의 근거를 규명하기 위해' 이 기자를 소환 조사했다. 그러나 이 기자는 '공화당 내 국회 간부 등의 구체적 인적사항은 지명하지 못하겠다고 완강히 인적 사항을 밝힐 것을 거부하고 있다'고 보고했다.

● 조선일보 기획연재물 '선거바람… 민심 따라' 파문 : 1967년 2월

---

102) 보도요강의 주요내용은 다음과 같다. '언론기관은 정부 및 민간의 공산권 국가와의 교섭, 접촉 또는 이와 관련된 사항을 보도함에 있어 문공부의 공식발표 이외의 사항을 보도할 수 없다'
103) 중앙정보부, '허위사실 유포', 1962년 8월 9일.
104) 중앙정보부, '신문보도 경위 진상조사 결과 보고' 1966년 11월 8일.

25일 저녁 7시를 전후해 조선일보 정치부 남재희 부장, 김용태 차장 대우, 이종구 기자, 박범진 기자 등 4명이 같은 해 2월 19일부터 5회에 걸쳐 연재된 '선거바람 … 민심 따라' 제하의 기획기사와 관련, 임의동행 형식 또는 강제로 중앙정보부에 연행됐다가 이틀만인 27일 저녁 풀려났다. 조선일보 1면 기획기사로 연재된 '선거바람…'은 대통령 및 국회의원 선거를 앞두고 전국 각지를 돌며 선거에 대한 국민의 여론을 다룬 내용이었다.

● 대한일보 선거부정 기사[105] : 대한일보는 1967년 6월 21일 '6.8선거에 부정이 있었다'는 취지의 UPI통신 워싱턴발 6월 20일자 기사를 '명백히 부정 있었다', '미 관리들 6.8총선 결과 주목'이라는 제목으로 보도했다. 중앙정보부는 6월 21일 박용래 편집국장과 강두순 외신부장을 소환 조사한 뒤 윤건일 외신부기자가 영문 'Irregularity'를 '명백한 부정'으로 번역한데 대해 정부비방에 관한 목적의식 유무와 간부 지시 유무를 수사해야 한다고 밝혔다. 조사결과, 박 국장은 2판 인쇄 전 '국내 사정에 비추어 좀 크게 취급되었다고 판단'하여 서울시내 가판에는 '부정처리 주목'으로 제목을 바꾸고 1단으로 줄여 인쇄하다가 중정의 요청에 따라 윤전기를 멈추고 기사를 완전히 삭제하고 인쇄케 하여 서울시판 500여부 외엔 기사가 게재되지 못하게 했다.

● 중앙청 출입기자의 '쓰지 않은 기사' : 1967년 11월 7일 밤 대한일보 김춘빈 기자(정치부)와 경향신문 김성일 기자(정치부) 등 2명의 중앙청 출입기자가 개각 취재경위와 관련, 각각 자택에서 정보기관에 연행됐다가 풀려났다. 두 기자는 이날 아침 10시 20분부터 중앙일보 심상기 기자(정치부), 서울신문 유병무 기자(정치부)와 함께 김원태 무임소장관과 이석제 총무처장관을·만나 개각여부와 그 가능성을 타진했으나 "아는 바 없다"는 두 장관의 말을 듣고 기사화할

---

105) 중앙정보부, '대한일보 불순기사 보도경위 조사보고', 1967년 6월 21일.

가치가 없다고 판단한 뒤 각자 데스크에 취재경위만을 전화로 연락했다. 기사화하지도 않은 개각여부의 취재경위에 대해 정보기관원이 두 기자를 각각 연행, 취재경위를 조사하는 어처구니없는 사건이 일어난 것이다.

● 주간조선 청와대 기사 파문 : 1971년 8월 13일부터 18일까지 조선일보 김경환 출판국장, 주간조선 이규태 기자, 박광성 기자, 최장학 기자 등 4명이 주간조선 같은 해 8월 15일자(제147호)에 보도한 '날으는 50억짜리 청와대' 제하의 기사와 관련, 중앙정보부에 차례로 환문됐다가 20일 풀려났다.

● 대한일보 강제징집 보도 파문 : 대한일보 송선무 기자(사회부)가 1971년 10월 14일 오후 7시 30분께 이 날짜 1판에 보도한 '전원징집 난색, 병무청 교련거부 학생' 제하의 기사와 관련, 중앙정보부에 연행되어 조사를 받고 이날 밤 10시 10분께 풀려났다.

● 통신사 적십자회담 보도 파문 : 1971년 10월 15일 오전 10시께 합동통신 강정상 기자, 동화통신 한중기 기자와 오준동 기자, 동양통신 유민수 기자와 전제열 기자(이상 사회부)가 제4차 남북적십자 예비회담 한적(韓赤, 한국적십자연맹)의 제의에 대한 한적 대변인의 브리핑 내용을 사전 보도한 것과 관련, 중앙정보부에 연행되어 조사를 받고 이날 오후 6시께 풀려났다.

● 중앙일보 정치부 '남기고 싶은 이야기들–진보당' 사건[106] : 1974년 5월 30일과 31일 김인호 편집국장 김동익 부국장 이영석 정치부장 조남조 기자 김수보 기자 등 5명이 윤길중씨가 집필한 기획연재 기사 '남기고 싶은 이야기들–진보당 사건' 게재와 관련, 중앙정보부에 임의동행 형식으로 잇따라 연행됐다가 31일과 6월 1일 각각 풀려났다. 과거 진보당 간사장이었던 윤길중씨가 기고한 글은 '진보당은 죽산(竹山, 조봉암의 호)의 보람과 애환 담겨', '평화적인 정권교체 외

---

106) 중앙정보부, '반공법 위반 등 피의사건 수사결과 보고', 1974년 6월 3일.

치다 형장의 이슬로'라는 제목을 달았다. 중앙정보부는 이 기사가 '진보당과 조봉암에 대한 인식을 오도하고 진보당을 소위 적화혁명 역량이었다고 극찬하는 반국가단체의 활동을 이롭게 했다'는 혐의 를 두고 조사했다. 이 사건으로 윤길중씨와 김갑수씨가 집필을 맡으 려던 '남기고 싶은 이야기들'은 연재 하루 만에 중단됐다.

• 동아일보 학생데모 보도 : 1974년 10월 23일 중앙정보부가 동아 일보에 보도된 '서울 농대생 데모'기사와 관련해 송건호 편집국장과 방송 뉴스부장, 지방부장 등 3명을 연행했다. 기자들은 연행된 회사 간부들이 돌아올 때까지 퇴근하지 않고 철야 농성하면서 저항했다. 이 사건은 동아일보 기자들의 10.24자유언론실천선언의 기폭제가 되었으며 이후 동아일보 백지광고 사건과 동아일보 기자들의 무더 기 해고로 이어졌다.

중앙정보부의 조사결과는 "편집국장 송건호 및 지방부장 한우석 등은 문공부 당국의 방침에 따라 1974년 10월 21일부터 교내의 학생 데모 관계는 보도하지 않고 교문 밖 데모는 1단 정도로 축소 보도하 며 현안관계 및 월남사태는 순화 보도하라는 정부방침[107])을 충분히 알고 있음에도 불구하고, 이에 반발 −중략− 초판은 그대로 인쇄 발간하고 2판에서 기사를 삭제한 사실이 있다."[108])고 되어 있다.

중앙정보부는 이 사건과 관련 "문공부의 보도한계지침이 모호함 을 악용하여 그 허점을 찔러 사실보도라는 명분으로 의식적으로 학생데모 관련기사를 보도하고 있으므로 1974년 신문편집인협회

---

107) 1973년 10월 19일 당시 이원경 문공부 장관은 각 신문사의 편집국장과 방송사의 보도국장을 불러 ① 데모 연좌 퇴학처분 휴강 등 학원내의 움직임과 관련된 내용은 당분간 일체 보도를 삼가고 ② 학생들이 거리 로 뛰어나왔을 때는 1단정도로 작게 취급하며 ③ 월남사태를 크게 하 지 말고 ④ 연탄문제 등 사회불안을 조성할 우려가 있는 기사는 되도록 작게 취급해줄 것을 요청했다. 김언호, '르포 자유언론운동', 〈신동아〉 1975년 3월호, 동아일보사, p.80.
108) 중앙정보부, '동아일보 학생 데모기사 보도경위 조사 결과 보고', 1974년 10월 26일.

주최 연례 세미나에 배석하는 문공부 장관으로 하여금 보도한계지침을 명확히 시달하도록 조치"했다고 밝혔다.

● 경향신문 학원정상화 보도 파문 : 경향신문 김현섭 기자(사회부)는 1975년 7월 25일자에 '학원정상화 특별조치법 제정 추진' 제하의 기사를 특종 보도했다가 중앙정보부에 연행되어 심문을 받았다. 중앙정보부는 며칠 동안 임의출두 형식으로 김 기자를 불러 기사정보를 제공한 취재원을 밝힐 것을 추궁했다. 이 법안은 김 기자의 특종보도로 세상에 알려지면서 비난여론이 거세져 결국 입법에 실패했다.

● 동아일보 강성재 기자 연행 : 동아일보 강성재 기자는 1977년 5월 23일 공화당 김용태 원내총무가 미8군 참모장 존 싱그러브(John Singlab) 소장과의 간담회 내용을 취재해 정치면 가십란에 보도한 것과 관련, 중앙정보부에 연행당해 취재동기와 보도경위에 대해 혹독한 심문을 받고 25일 풀려났다. 중앙정보부는 이 기사가 "김 의원이 싱그러브 소장에게 주한미군 철수 반대 소신을 백악관에 건의하라고 권유했다"는 내용으로 국가안보를 위협했다고 주장했다.

■ 정책 비판 기사
● 동아일보 통화량 관련기사 : 동아일보 경제부 이춘구 부장 이채주 차장 신동호 기자 박창래 기자가 1968년 3월 8일자 1면 톱 '통화량 대폭 억제토록 한은, 정부에 긴축정책 건의' 제하의 기사와 관련, 3월 9일과 10일 사이에 중앙정보부에 각각 연행되어 기사작성 경위 등에 대해 조사를 받고 풀려났다.

● 동아일보 석유화학 합작투자 관련기사[109] : 동아일보는 1973년 9월 8일 1면 톱으로 '4.5 정유제품 국내공급 우선', '6정유도 실수요자 선정기준 변경', '상공부, 일측(日側) 투자 희망업체에 통고' 등 제목을

---

109) 중앙정보부, '동아일보 석유화학 합작투자 관계기사 보도경위 조사결과 보고', 1973년 9월 12일.

달아 보도했다. 중앙정보부는 9월 10일 '허위보도로 물의를 야기'했다고 보고하고 이날 오후 태철수 편집국장대우, 이채주 경제부장, 민병문 기자를 연행 조사했다. 동아일보는 9월 12일자 1면에 '4,5정유 실수요자 조건 전량 수출원칙 불변, 싱공부 공식 발표'라고 정정기사를 보도했다. 중정은 이어 '동아일보 편집국장대우 등 연행에 따른 반응'을 통해 '추석 전일에 3명을 연행조사한데 대해 인간적인 측면에서 상당한 자극을 받고 있으나 적극적인 반발양상은 노출되고 있지 않다'며 '강경책이 미치는 대 동아 조정의 심리적인 효과는 거양된 것으로 판단되며 장차 기자들의 반발 가능성 및 보도 경화가 예상된다'고 기재했다.[110]

• 국제신보 장양수 기자 연행사건 : 국제신보 장양수 기자(사회부)가 1975년 2월 3일 새벽 0시 30분 1일자 사회면 머리기사로 1판에 보도한 '부산시청 공무원 42%가 음성수입 의존' 제하의 기사와 관련, 중앙정보부 부산분실에 연행됐다가 다음날인 2월 4일 낮 12시 40분쯤 풀려났다.

• 조선일보 '방황하는 농촌' 보도 파문[111] : 1979년 6월 14일자 조선일보 머리기사 기획시리즈 '방황하는 농촌' 첫 번째 편 '새 농정을 펴야 한다'와 관련, 최준명 기자(경제부) 유정현 기자 정운성 기자(이상 사회부) 민경원 기자(사진부) 등 4명이 중앙정보부에 연행됐고, 방우영

---

110) 위 보고서는 다음 내용들을 담고 있어 당시 취재보도 환경의 단면을 보여준다. 태철수 편집국장대우는 "중요 보도에 대한 삭제는 중앙정보부에 의해 삭제요구 또는 통제가 설득력이 크다. 그런데 중앙정보부로부터의 공식요청이 없어 보도삭제의 필요성 여부에 회의적이며 취재원이 확실했다는 점에서 계속 보도했던 것이다"고 말했다. 이채주 경제부장은 "중요한 보도에 대해서는 중정에서 안보 등의 이유를 내세워 적극적인 보도삭제 및 협조요청이 아쉽다. 언론인의 연행은 편집국 내에 자극이 되고 있으며 취재원이 강제로 밝혀짐에 따라 취재난은 가중될 것이다. 정부의 언론조정은 중정내 ○○실의 일원적인 채널에 의해 합리적으로 운영되는 것이 바람직하다"고 지적했다.
111) 중앙정보부, '조선일보 농림문제 과장보도 경위 조사결과 보고', 1979년 6월 19일.

사장과 신동호 편집국장도 오후 한때 연행됐다. 이 기사는 농정실패로 나타난 황폐화된 농토와 이농현상 등에 관해 심층취재 보도하려던 10회 예정의 연재 르포 기사 가운데 첫 번째 편이었다. 중앙정보부에 연행된 기자들은 취재내용의 사실여부 등에 대해 위협적인 심문을 받았다. 중앙정보부는 '대체적으로 없는 사실을 보도한 것은 아니나 농촌의 어두운 면만을 집약 부각시켜 1면 머리기사로 취급함으로써 민심을 자극할 우려가 있다'며 이를 청와대에 보고했다. 중정은 소환한 기자 4명에게 '잘못을 했고 용서를 구한다'는 취지의 각서 등을 징구한 뒤 석방했다. '방황하는 농촌' 시리즈는 중단됐다.

중앙정보부는 특히 이 기사내용에 나오는 지역의 해당지부에 주재기자에 대해 구체적으로 조사 규명하라고 지시했다. 조사내용은 인적사항, 취재경위, 사실을 왜곡 취재 송고한 경위, 농촌의 어두운 면만을 부각 취재한 저의, 기타 참고사항 등이었다. 그리고 인천 춘천 충주 금천 포항 부산 순천 등 7개 지역의 주재기자를 서울로 소환해 조사했다. 중정은 이들의 행위는 대통령 긴급조치 9호(유언비어 유포) 위반이나 사안이 경미하고 신문사 경영진들이 과오를 시인, 앞으로 이러한 사례가 없을 것임을 서약했고 본인들도 잘못을 깊이 뉘우치고 있으므로 엄중 경고 후 방면하라고 보고했다.

■ 한국일보 발행인 등 연행

1974년 6월 9일 창간 20주년을 맞은 한국일보는 논설위원 홍순일을 순회특파원으로 임명하고 동남아 취재를 맡겼다. 홍 특파원은 필리핀의 페르디난드 마르코스(Ferdinand Marcos) 대통령, 싱가포르의 이광요(李光耀) 수상, 베트남의 구엔 반 티우(Nguyen Van Thieu) 대통령, 캄보디아의 론 놀(Lon Nol) 수상과 일본의 사토 에이가쿠(佐藤榮作) 전 수상을 만나 인터뷰를 가졌다.

홍 특파원의 인터뷰기사는 거의 1면 머리기사를 장식했다. 한국일보 10월 22일자 3면에는 '반정 절정 … 티우의 고민'이라는 사이공

(Saigon)발 홍순일 특파원의 해설기사가 실렸다. 중앙정보부가 이 기사를 문제 삼고 나섰다. 홍 특파원의 베트남 티우 대통령 인터뷰 기사는 10월 18일자 1면 머리기사로 나갔다. 문제 기사는 인터뷰 기사가 나간 다음 나흘 뒤에 베트남의 정치 상황을 다룬 해설기사였다.

해설기사는 '계속 번지는 데모 … 장단기 모색'이라는 부제와 함께 '디엠 정권 교훈 … 수습 자신'이라는 티우의 답변을 인용하는 제목이 붙었다. 그런데 '보좌관들 부패는 바로 티우의 부패', '광범위한 개혁 요구에 체제 위협 우려'라는 제목이 유신정권의 심기를 건드렸다.

중앙정보부는 10월 22일 편집국장 김경환에게 환문한다고 통지했고 그는 자진출두 형식으로 불려갔다. 환문이유는 홍 특파원의 기사가 국내 정세를 빗댄 것이 아니냐며 기사 취재, 송고, 편집 과정 등에 대해 조사할 필요가 있다는 것이었다. 김 국장은 그날 통금시간인 밤 12시가 넘도록 귀사하지 않았다. 이러한 사실이 알려지자 초판 제작을 마친 편집국 기자들이 철야농성에 들어갔다.

기자들은 긴급총회를 열어 환문사실을 23일자 지면에 보도하기로 결의하고 야간국장에게 게재할 것을 요구했다. 야간국장은 기사 게재를 거부했다. 기자들은 3층 편집국에서 2층 정판부로 내려가 새벽 3시까지 기사를 게재하라고 야간국장을 압박했다. 기자들의 요구는 실현되지 않았다.(한국일보 '74노조출판위원회, pp.31~35.)

다음날인 10월 23일 낮 12시께 장강재 발행인과 이상우 편집부장이 임의동행 형식으로 중앙정보부에 연행되었다는 사실이 알려졌다. 또 홍 특파원의 영문 원고 텔렉스(Telex) 원본과 번역문을 참고자료라는 명분으로 압류한 사실도 밝혀져 기자들을 더욱 격앙하게 만들었다. 이들은 23일 밤늦게 귀사했다.

중앙정보부는 이들을 소환 조사한 후 10월 26일 '한국일보 월남사태 특집 해설기사 보도경위 조사보고'를 작성했다. 이 보고서의 조치의견은 다음과 같다.

발행인 장강재, 편집국장 김경환 및 편집부장 이상우 등은 문공부 당국의 보도한계 지침 내용을 소홀히 취급함으로써 반정부적 학생 및 종교인 등을 자극 선동하는 보도를 한 데 대하여 본 조사를 통하여 그와 같은 보도가 국내 사태를 더욱 혼란케 하여 결과적으로 북괴를 이롭게 하는 행위였다는 것을 통감하고 앞으로는 정부 시책에 순응하여 적극 협조하겠다는 각서를 제출하였으므로 엄중 경고 후 훈방 처리함이 가하겠습니다.[112]

이들의 연행에 항의하며 기자들은 민주언론수호 결의문의 보도를 요구하며 사흘 동안 정판부와 윤전실에서 활자판과 윤전기를 끌어안고 농성을 벌였다. 80여 시간의 싸움 끝에 유신정권 언론탄압의 실체를 담은 기사가 실렸다.[113]

112) 중앙정보부, '한국일보 월남사태 특집해설기사 보도경위 조사보고', 국정원, 앞의 책 p.146에서 재인용
113) 한국일보의 발행인 등 연행사건은 그동안 기자들이 준비해왔던 노동조합 결성의 기폭제가 되었다. 〈유신치하 한국일보 기자노조투쟁사 1974년 겨울〉은 다음과 같이 기사가 게재되기까지 기자들의 투쟁과정을 기록했다. "발행인 측과 협상이 원만히 진행되지 않는 동안 시간은 흘러 경기판과 서울판 인쇄가 시작되자 윤전기의 비상 스톱 스위치를 눌러 인쇄를 중단시켰다. 기사 게재를 반대해 온 발행인은 새벽 3시께 '윤전실에서 농성 중인 기자들이 편집국으로 올라오면 결정을 내리겠다'는 의사를 표명하기에 이르렀다. 하지만 기자들은 윤전기에서 한 발자국도 움직이지 않았고 윤전기가 돌면 스톱 스위치를 눌러 인쇄를 중지시켰다. 이러는 사이 시간이 흘러 경기판은 물론, 서울판 인쇄시간도 지나 버렸다. 그런데 새벽 4시 30분이 되자 장강재 발행인이 직접 윤전실로 내려와 경기판 인쇄를 위해 시동 스위치를 눌렀다. 이번에도 이에 맞서 기자들이 스톱 스위치를 눌러 요구사항이 관철되지 않으면 신문을 발행할 수 없다는 확고한 투쟁의지를 보였다. 농성 중이던 기자들은 초판내용을 그대로 인쇄하여 서울 시내에 배달하려고 하면 수송부로 나가 배달을 봉쇄하는 방안도 논의하는 등 분위기가 비장했다. 사태가 이렇게 돌아가자 발행인은 주요 간부들과 회의를 갖고 기자들의 요구사항을 들어주지 않고는 신문을 정상적으로 인쇄하여 배달하기 어렵다고 판단하기에 이르렀다. 무엇보다도 발행인이 현장에 내려가서 직접 기자들의 결연한 의지를 확인한 터여서 달리 선택하기가 어려웠을 것이다. 결국 기사 게재가 결정 났는데, 그때가 아침 5시였다. 신문이

1974년 10월 25일자 한국일보 경기판과 서울판 1면에 '한국일보 기자일동(記者一同), 민주언론 수호(民主言論 守護) 결의'라는 초호 고딕 활자 두 줄이 제목으로 1면 한가운데 3단 기사가 나왔다. 부제로는 '오늘 새벽 외부 간섭(外部 干涉) 배제 등 4개 지침(4個 指針) 채택'이 달렸다. 기사 전문은 다음과 같다.

　　한국일보사 기자 150여명은 25일 새벽 본사 편집국에서 민주언론 수호를 위한 결의문과 행동지침을 다음과 같이 채택했다. 한국일보 기자 일동은 언론부재의 현실 앞에서 진실을 전달하는 사명을 다하지 못했음을 국민 앞에 부끄럽게 생각해 왔다.

　　그러나 이제 더 이상의 방관이나 주저는 우리의 역사에 돌이킬 수 없는 죄악이 되고 있음을 통탄한다. 지난 22일부터 철야로 진통해 온 우리는 여기 굳게 서서 민주언론을 사수할 것을 절연히 선언한다.

　　우리는 또한 언론에 대한 통제와 억압이 국가의 안보와 발전에 하등의 도움이 될 수 없음을 천명한다. 자유는 스스로 쟁취할 수밖에 없다는 당위 앞에 우리는 다음과 같은 행동지침을 채택, 이를 확인하고 실천할 것을 결의한다.

① 지난 22, 23일 이틀에 걸쳐 신문 제작과 관련 발행인 · 편집국장 · 편집부장이 중앙정보부에 출두, 조사를 받은 사태를 언론자유에 관한 중대한 침해로 간주한다.
② 우리 사회의 종교인 · 지식인 · 학생 등이 주장하고 있는 사실을 외부 간섭 없이 자유롭게 보도할 것과 자유언론에 대한 어떠한 압력에도 굴하지 않을 것을 다짐한다.
③ 앞으로 신문 제작에 관련되어 언론인 누구라도 부당하게 연행,

─────────────

이미 배달될 시점이었다. 정판부는 많은 기자들이 지켜보는 가운데 부랴부랴 개판에 들어가 아침 6시 35분에야 발행이 시작되었다. 평소보다 3시간 이상 늦어서야 윤전기가 돌아가기 시작한 것이다."

구금될 경우 이를 사실대로 보도함은 물론이고 그들이 귀사할 때까지 편집국에서 기다리며 투쟁한다.

④ 중앙정보부를 비롯한 기관원의 신문사 출입을 일체 거부한다.[114]

이 기사가 2년째를 맞은 유신정권에게 주는 의미는 중대했다. 유신체제의 심장부를 겨냥한 비수나 진배없었다. 당시는 비상조치에 따라 옥외집회는 물론이고 옥내집회도 엄격하게 제한했다. 그런데 기자들이 집단행동을 통해 정보기관의 언론통제에 대해 정면으로 도전했으니 말이다. 결국 이 기사는 모든 국민에게 유신정권이 언론을 얼마나 조직적으로 통제하는지 알리는 역사적 기록이 되었다. 무엇보다도 10.24자유언론실천운동의 불을 지폈고 이 운동은 삽시간에 들불처럼 언론계에 번져 나갔다.

이 사건은 언론계에 자유언론운동을 촉발하는 계기가 되었다. 경향신문, 서울신문, 신아일보, 중앙일보, 동양통신, 합동통신, 산업통신, KBS, MBC가 투쟁대열에 참여했다. 자유언론의 불길은 삽시간에 지방에 번져 국제신보, 부산일보, 경기신문, 강원일보, 충청일보, 충남일보, 전북일보, 전남매일, 전남일보, 대구매일신문, 영남일보, 경남일보, 전주 MBC, 대구 MBC, 춘천 MBC, 내일경제신문, 경남매일 등으로 번졌다. 모두 31개 신문, 방송, 통신사가 언론자유의 깃발을 높이 들었던 것이다.

10.24선언 이후에도 이른바 '시국 기사'의 누락이 잦아지자 한국일보 기자들은 농성으로 편집국장에게 맞섰다. 11월 8일 동아방송의 노재성 기자가 연행된 사실이 초판에는 보도되었다가 다음 판에 빠지자 격렬하게 항의했다. 1면에 3단 이상으로 게재할 것을 요구하며 시내판에는 2단으로 보도하는 성과를 이끌어냈다.(한국일보 '74노조 출판위원회, p.44.)

---

114) 한국일보, 1974년 10월 25일.

## 나. 기관원 편집국 상주

1960년대의 변질된 언론풍토와 관련하여 기록되어야 할 또 한 가지 사항은 권력기관에 의한 언론감시제도의 확립이다. 다시 말하면 기관원의 언론사 출입과 관련된 문제이다. 기관원이 언제부터 신문이나 통신 방송사에 출입하면서 편집과 보도에 관여하기 시작했는지 정확한 날짜를 알기는 어렵다. 다만 대체로 1964년 언론윤리위원회법 파동 때부터로 짐작된다.

박정희정권은 언론윤리위원회법 파동 이후 굳이 언론통제법을 새로 제정하지 않고도 언론을 효율적으로 통제할 수 있는 방법을 모색했다. 박정희는 중앙정보부 내에 '언론담당 조정반'을 설치하라는 특명을 내렸다.115) 이에 따라 1964년 말 이후 중앙정보부가 언론통제의 중추적 역할을 맡게 된다.

중앙정보부는 실제로 1965년에 들어서면서 언론통제를 위한 기초 작업으로 주요 일간지에 대한 논조를 체계적으로 분석하는 작업을 했다. '수사상 필요'라는 목적이었지만, 분석 내용은 매우 세밀했다. 중앙정보부는 1965년 1월 1일부터 4월 30일, 5월 1일부터 12월 31일, 1966년 1월 1일부터 6월 30일까지 세 기간으로 나눠 논조를 분석한 뒤 이를 취합해 중요논조 분석항목에 대한 관련기사 건수를 보고했다. 특히 첫 번째 시기의 논조 분석 보고서 '총평'에는 다음과 같이 기록되어 있다.116)

경향, 동아 등에 비하면 조선일보의 논조 및 취재편집내용은 비교적 온건하나 한일회담 가조인을 전후한 무렵부터는 집중적으로 반(한)일(회담)적인 논조 및 대민 선동적인 논란을 주제로 한 취재에 있어서 경향, 동아에 못지않은 과장보도 내지는 선동적 저의를 노출하고 있다.

---

115) 김경재, 〈혁명과 우상: 김형욱 회고록〉, 전예원, 1991년, p.270.
116) 중앙정보부, '조선일보 중요논조 분석 자(自) 1965.1.1 지(至) 1966.6.30.

180

중앙정보부가 사전통제에 나서면서 기관원의 언론사 출입이 시작됐다. 그러나 치욕이라고 할 수 있는 기관원 출입에 대해 일부 신문사는 명백히 거부반응을 보였으나 이를 드러내놓고 문제 삼지는 못했다. 그러다가 이 문제가 처음으로 공개 거론된 것은 1967년 4월, 당시 야당인 신민당에 의해서였다.

제6대 대통령선거와 제7대 국회의원 선거를 눈앞에 두고 신민당은 "언론이 관권의 압력을 받고 있으니 굴하지 말고 싸우라"는 공개성명을 발표했다. 신민당은 이 성명에서 언론탄압의 구체적 실례를 열거하는 가운데 핵심적인 사항으로서 "정부 기관원이 언론기관에 상주하여 압력을 가하고 있다"고 지적했다.

신민당이 지적한 정부기관원의 상주는 적어도, 그 당시 언론계에서는 다 알려진 사실이었다. 그러나 신민당의 성명이 나오자 이에 대한 신문의 공식 반응은 의외로 신랄했고, 이론이 분분했다. 어떤 신문은 "터무니없는 악선전"이라고 일축했는가 하면 어떤 신문은 "그러한 주장은 한국언론에 대한 중대 모욕이며 언론의 생명인 자유와 독립성을 전적으로 부정하는 것"이라고 핏대를 세웠으며, 또 다른 신문들은 침묵을 지켰다.

그런 가운데 신아일보와 동아일보의 논조가 주목을 끌었다. 신아일보는 '언론에 압력 있다'라는 제하에 "신문은 신민당의 불평을 충분히 들을 것이며 또한 그런 불평을 신민당이 할 수 있다는 자유에 우리는 만족할 것이다"라고 한 다음 "신문은 확실히 압력을 받고 있다. 어떤 형태든 이 모든 일은 신민당의 난처한 주장도 일종의 압력으로 돌려진다. 그렇다고 우리는 신민당의 새 압력을 전적으로 받아들이지 못하는 것을 유감으로 생각한다"고 의미심장하게 결론을 맺었다.

동아일보는 '신민당의 언론관'이란 제하의 정부기관원의 상주시비에 대해 "상주란 생각할 수 없으나 빈번히 출입한 것은 사실이요, 간섭, 용훼한다는 것은 생각할 수 없으나 자료 제공 또는 부탁의 형식으로 그 의견을 빈번히 표명되었던 것도 사실이요, 심리적인 불안과 압박을 주었다는 것도 사실"이라고 시인했다.

정부기관원이 언론기관에 상주 내지는 무상출입하고 있느냐의 여부는 너무나 구체적이고 명백한 시비 거리였다. 신문사에 따라 정도의 차이는 있었지만 당시 기관원이 신문사를 무상출입하고 있었다는 사실과 그로부터 유형무형의 압력을 받고 있었다는 실정에 대해서는 더 이상 논의할 여지가 없는 사실이었다.[117]

3선개헌을 앞둔 1968년을 전후해서는 각 언론사 편집국엔 중앙정보부원들이 상주하다시피하면서 일선 기자들이 데스크에 송고한 기사를 송두리째 빼달라거나 표현을 달리 해달라고 요청하는 일이 일상화했다.(동아투위, 〈자유언론〉, p.12.) 언론사에 상주한 중앙정보부 요원들은 편집에 직간접적인 영향력을 행사하여 정권에 비판적 보도를 사전에 봉쇄하는 역할을 했을 뿐 아니라 자신이 담당한 언론사나 소속 언론인에 관한 정보를 수집했다.

1971년 4월 15일 동아일보 기자들은 언론자유수호 선언을 했다. 동아일보 기자들은 "이른바 정보기관원의 상주가 빚어내는 모든 불합리한 사태는 일선 언론인인 우리들에게 치욕과 슬픔을 안겨주었다"며 "우리의 명예를 걸고 정보요원의 사내 상주 또는 출입을 거부한다"고 밝혔다.(동아투위, 〈자유언론〉, p.72.) 이틀 뒤인 4월 17일엔 조선일보 기자들도 "정보 기관원들이 편집국을 수시로 출입, 신문제작에 굴욕적인 압력을 가해도 이를 배격하지 못한 언론의 무기력을 자괴하고 이제 우리는 언론 본연의 자세를 되찾기 위해 새 출발하려 한다"며 "정보기관원의 사내 항시 출입과 같은 부당한 간섭을 중지할 것을 촉구한다"고 주장했다.(조선투위, pp.37~38.)

동아일보는 박권상 편집국장이 중앙정보부 보안담당 차장보에게 전화로 기관원 철수를 요구해 받아들여졌다. 그러나 1971년 국가비상사태가 선포된 뒤 다시 기관원이 들어오게 됐다.[118] 유신체제 출

---

117) 이상우, '박정권 하의 언론탄압', 〈신동아〉 1986년 10월호, 동아일보사, pp.312~313.

범 이후에는 중앙정보부 요원들의 언론사 상주와 정보수집 활동은 더욱 강화했다.

리영희 교수는 1973년 기자협회보에 기고한 논단 '신문은 하나 둘 사라지는데…'를 통해 기관원들이 신문사 편집국에 상주하게 되는 과정을 기록했다. 이 글로 리 교수는 중앙정보부에 연행되어 조사를 받았다. 중정의 조사결과 보고서[119]는 "'신문사 밖에 있던 정보원이 현관에 들어오고 현관에서 편집국장 옆에 들어와 앉고 마침내 평기자 책상 앞에 서게 될 때까지의 과정은 부패와 자기 ○○의 대가였다'고 표현하여 정보부가 언론에 개입 권력으로써 언론을 통제하고 있는 것 같이 비판하는 일방, 언론의 약화를 부패와 관련시켜 규탄하고 언론 자체의 맹성을 촉구하는 반정부적 내용"이라고 지적했다.

기관원들이 언론사에 상주하면서 맡는 가장 큰 임무는 역시 보도지침의 하달과 보도지침 준수 여부를 감독하는 것이었다. 또한 언론사의 동향과 기자들의 성분 등을 파악해 보고했다. 중앙정보부는 이를 통해 '불순기자 명단'을 작성하거나 '기자들의 촌지수수 실태'를 파악해 이를 무기로 언론사 경영진에 해고압력을 가하거나 출입처를 바꿔주도록 요청하기도 하고 기자들에게는 압력 수단으로 활용했다.

기관원의 언론사 상주는 전두환정권 내내 유지됐다. 안기부 요원들이 언론사에 상주했음에도 불구하고 더 이상 이에 저항하는 움직임은 없었다. 기관원의 언론사 상주는 1987년 6.29선언 때까지 계속됐다. 1980년 당시 언론사 담당 기관원이 안기부 23명, 보안사 13명, 치안본부 및 시도 경찰국 8명, 관할 경찰서 15명 등 59명으로 확인됐다는 기록도 있다.[120] 1982년 안전기획부는 경제부 기자 18명의 금

118) 동아일보사 노동조합, 〈동아자유언론실천운동 백서〉, 1989년, pp.26~27.
119) 중앙정보부, '불온논단 "신문은 하나 둘 사라지는데"에 대한 조사결과 보고', 1973년 7월 19일.
120) 김해식, 〈한국언론의 사회학〉, 나남, 1994년, p.180.

품수수 사실을 내사하기도 했다.[121] 이는 대언론 견제활동이라고 볼 수 있다.

노태우정권 들어서도 언론인에 대한 사찰은 계속됐다. 노태우는 1987년 6.29선언을 통해 언론의 자유를 보장하겠다고 밝혔지만, 1988년 언론청문회에서 폭로된 '언론인 접촉 보고서'[122]는 이를 잘 말해 준다.

1990년대에 들어서서는 기관원들이 과거와 같이 노골적으로 언론사에 출입하지는 못하고 학연이나 지연 등을 활용해 주로 언론사 밖에서 언론인들을 만나 정보수집 및 보도조정 활동을 하였다.[123]

다. 언론사 노조 감시

1974년 동아일보사와 한국일보사에서 노조가 결성된 이후 언론 노조는 여러 정보기관이 주목하는 감찰의 대상이었다. 중앙정보부 등 언론사 안팎에 출몰하는 정보원들은 노조의 동향을 주시하고 세세한 움직임을 상부에 보고했다. 정보기관은 언론노조가 언론자유운동을 조직해 나가면서 독재정권에 대한 반체제 움직임을 추동하는 게 아니냐 하는 의구심을 갖고 노조의 동향을 크게 우려하고 있었다. 그런 우려는 때로는 회사를 통한 압력으로 노조에 전해졌다. 한국일보 간부들은 "노조의 움직임을 주시하니 조심해라. 노조가 나서면 기자들 모두가 다친다"며 걱정 겸 경고성 말을 했다. 편집국 안에서도 전체의 보호를 위해 밖으로는 노조의 깃발을 들지 않는 것이 좋다는 말이 나왔다.

1975년 1월 13일 오후 6시께 한국일보 노조 섭외부장인 김영백 기자(사회1부)가 중앙정보부에 연행됐다. 김 기자는 자유언론실천

---

121) 안기부, '금품수수 언론인 조사 보고'.
122) 언론인 접촉보고서는 청문회 당시 국회 문공위원들이 문공부 현장을 방문해 캐비닛에서 찾아낸 것이다. 이 보고서는 당시 〈기자협회보〉에 공개됐고 이후 잡지 〈여론시대〉에서 1989년 1월호 별책부록으로 발간했다.
123) 〈미디어 오늘〉, 1995년 5월 17일.

'제3선언'을 주도한 경찰기자의 일원으로 선언문을 찾으러 갔다가 정보부로 연행됐다. 그 시간 편집국에서는 한국일보 기자들이 언론 자유 수호 실천을 위한 세 번째의 모임을 갖고 있었다. 이날 선언에 참여한 기자들 중 50여명은 밤 11시께 모임을 갖고 제3선언문을 사진과 함께 1면 4단으로 보도할 것과 이 유인물을 찾으러 갔다가 연행된 김 기자가 돌아올 때까지 농성을 계속할 것을 결의했다. 14일자 서울판 신문에서 '제3선언'은 사진 없이 1면 3단으로 실렸고, 김 기자 연행사건은 2단으로 게재됐다. 김 기자는 14일 아침 풀려나 귀사했다.(한국일보 '74노조 출판위원회, pp.81~82.)

김 기자가 연행된 뒤 13일 밤 10시경에는 한국일보 3층 편집국 복도에 종로서 정보과 형사가 나타나 노조 쟁의부장인 박정수 기자(사회1부)를 찾았다. 기자들은 박 기자에 보호막을 치고 연행을 막았다. 노조 임원들인 김 기자와 박 기자는 사회부에서 중심이 되어 언론자유 수호 실천운동을 주도하고 있었다.

라. 언론인 동향 보고

중앙정보부 등 정보기관의 기관원들은 언론사나 언론인들에 대한 정보수집에 적극적으로 나섰다. 기관원들은 금품수수 사실 같은 약점이나 이념적 정치적 성향을 조사하여 보고하였고 중앙정보부는 이런 정보들을 언론인들을 회유하거나 통제하는데 이용했다.

중앙정보부는 1966년 4~5월 두 달간에 걸쳐 당시 경향신문 부주필 ○○○외 79명의 언론인에 대한 6.25전후 부역사실을 조사한 것은 이념적 성향을 조사하기 위한 것이었다.[124] 또한 1972년 9월 동아일보 편집국장을 내사했다.[125]

중정이 1973년 12월 18일 작성한 '불순언론인 파악보고 문건'[126]은

---

124) 중앙정보부, '언론인 부역사실 조사보고'.
125) 중앙정보부, '동아일보 박○○ 비위 내사 보고'.
126) 중앙정보부, '불순언론인 파악보고 문건', 1973년 12월 18일.

박정권의 언론인 사찰이 어떻게 이뤄졌는지 잘 보여준다. 이 문건은 '언론인 중 타도지[127] 발간 용의점 있는 불순 극렬분자를 별첨과 같이 파악 보고합니다'라고 기술하고 조치의견으로 '별첨 명(名)에 대하여 타도지 관련여부를 엄밀리(嚴密裡)에 동향 내사하는 한편, 기 인적사항을 치안국에 통보, 존안된 지문과 대조함이 가하다고 사료됩니다'라고 기록되어 있다. 중앙정보부가 내사한 소위 '불순언론인 명단'은 다음 표와 같다.

이어 1974년 동아일보 기자들이 노조를 결성한 직후 중앙정보부는 참여자들에 대한 내사를 진행했다. 중앙정보부는 경기지부에 3월 23일 노조결성에 참여한 33인 중 본적지가 경기지역인 동아방송 고준환 기자와 동아일보 최학래 기자, 박순철에 대한 긴급 신원내사를 지시하는 공문을 발송했다. 내사내용은 인적사항, 가정환경, 친인척 중 부역 및 월북 행불 사실, 학생운동 및 병역관계, 형사사건, 불온분자와의 접촉혐의 및 국보법 반공법 위반여부, 개헌서명 청원운동 및 언론자유선언 게재 여부, 필화사건 여부 등이다.[128]

이 지시에 따라 중앙정보부 경기지부는 3월 30일 '신원내사 결과 보고'를 하였다. 이후 이때 조사받은 고준환 기자와 최학래 기자는 3월 12일 해임됐으며 박순철은 무기정직 후 해임됐다.

1979년에는 당시 김영삼 신민당 총재를 취재하던 친야 성향의 정치부 기자들에 대한 내사 보고서도 있다. 같은 해 8월에는 경찰이 신민당사에서 농성중인 YH여공들을 강제 해산시키고, 이 사건과 관련해 김영삼 총재가 9월 19일 국내 기자회견을 통해 '박정권 타도'

---

127) 〈타도〉는 중앙정보부에서 수사 받던 도중 사망한 최종길 교수가 1973년 10월 19일 숨진 이틀 후 재야를 중심으로 배포된 지하유인물로서 그 내용은 '중앙정보부가 최종길의 죽음을 추락사로 위장·은폐하고 있다'는 내용이었다. 1970년대 유신치하에서 비정기 유인물로 1,000여 장 뿌려지곤 했다. 강준만, 〈한국현대사산책 1970년대 편 2권〉, 인물과 사상사, 2002년, pp.94~95.

128) 중앙정보부, '본적지 긴급신원내사 지시', 1974년 3월 23일.

불순 언론인 명단

| 성명 | 소속 직책 | 불순 동향 | 편입사유 |
|---|---|---|---|
| 안○○ | 동아 외신부차장대우 | 민주수호협의 연결책 | AR A급 |
| 심○○ | 동아 지방부 기자 | 1971년 4월 15일 언론자유수호선언 주동, 천○○의 하수역 | AR A급 |
| 박○○ | 조선 정치부 기자 | 인혁당사건 관련 구속, 1973년 11월 27일 언론자유수호 연설문 채택 주동 | AR A급 |
| 김○○ | 경향 정치부 기자 | KT(김대중) 관련기사 일방적 취재, 처가 KT가족과 친교 | AR A급 |
| 구○○ | 전 〈창조〉지 주간 | 1972년 3월 김지하의 '비어(蜚語)' 게재 | AR A급 |
| 한○○ | 중앙 편집부 차장 | 언론자유수호선언 가담 및 동 연설문 초안 | AR B급 |
| 이○○ | 서울 정치부 기자 | KT 추종자로 1971년 4월 3일 KT선거 적극 지원, 정부 비판 | AR B급 |
| 김○○ | 동아 외신부 기자 | 1971년 11월 8일 김○○의원에게 관광연수에 관한 국감자료 제공 | AR C급 |
| 채○○ | 한국 사회부 기자 | 1971년 4월 15일 언론자유수호선언 주동, '기자는 야당성 기질이 있어야 한다' 언동 | AR C급 |
| 임○○ | 합동통신 사회부 기자 | 1971년 9월 26일 이○○의원에게 대정부질의 자료 제공 자청 | AR C급 |
| 권○○ | 동아 사회부 기자 | 동아일보 보도보류 조치 항의, 편집국장에게 건의서 냄 | 서울대 재학시 민비(民比·민족주의비교연구회) 회원, 좌동 |
| 이○○ | 동아 정치부 기자 | 〃 | 좌동 |
| 노○○ | 동아 방송취재부기자 | 〃 | 〃 |
| 김○○ | 동아 편집부 기자 | 〃 | 〃 |

| | | | |
|---|---|---|---|
| 함○○ | 동아<br>편집부 기자 | 〃 | 〃 |
| 최○○ | 동아<br>과학부 기자 | 〃 | 〃 |
| 임○○ | 동아<br>사회부 기자 | 〃 | 〃 |
| 전○○ | 동아 사회부<br>기자(법원) | 〃 | 〃 |
| 조○○ | 동아<br>사회부 기자 | 〃 | 〃 |
| 박○○ | 동아<br>정치부 기자 | 〃 | 〃 |

※ 자료 : 국가정보원, 〈과거와 대화 미래의 성찰〉 언론 · 노동편(Ⅴ), 2007년, pp.132~133.

를 선언한 직후이다. 특히 10월 4일에는 박정희정권이 김영삼 총재의 의원직을 제명시킨 사건이 발생했다.

중앙정보부는 11월 7일 작성된 '문제기자 동아일보 ○○○ 등 12명에 대한 성분 및 비위내사 결과보고'[129]에는 12명 기자들의 성장환경, 학력과 경력, 병역관계, 가족사항, 재산 및 생활정도, 종교, 해외여행 관계, 정치활동 사항, 교우 및 배후, 비위 및 특이사항 등이 자세하게 기록되어 있다. 이 보고서의 조치의견에 따르면, 정○○을 포함 12명의 기자들에 대한 보직변경, 사퇴 등이 9월 12~21일에 이뤄졌다는 점을 알 수 있다.

---

129) 중앙정보부, '문제기자 동아일보 ○○○ 등 12명에 대한 성분 및 비위내사 결과 보고' 1979년 11월 7일. 이 보고서에는 당시 밀수혐의로 기자협회장에서 사퇴했던 정성진 회장에 대한 혐의 내용이 자세하게 기록되어 있다. 특히 정회장에 대해서는 1974년부터 1979년까지의 행정을 자세하게 기록했다. 특히 1979년 기자협회장에 선임된 뒤 기자협회의 활동 내역도 기재되어 있다.

(6) 프레스카드제 도입(1971년~1972년)

이른바 '10월 유신'이 선포되기 1년 전인 1971년 말 박정희정권은 '사이비 기자'를 없앤다는 명분을 내세워 프레스카드(Press Card)제를 도입했다. 12월 13일 윤주영 문공부장관 신문협회, 통신협회, 신문편집인협회, 발행인협회, 기자협회 등 언론단체에 보낸 공한과 이에 응답한 12월 17일자 한국신문협회의 회의('언론자율정화에 관한 결정사항'130))를 통해 처음으로 구체화했다.

여기서 가장 문제가 된 조항은 기자가 프레스카드를 소지하게 한다는 내용이었다. 이는 기자의 자격을 정부가 마음대로 좌우한다는 것으로 언론자유를 침해하는 가장 중대하고도 심각한 것이었다. 프레스카드제는 정부가 기자의 자격을 심사하여 허가하고 기자의 동태에 관한 제반사항을 파악하기 위한 장치로 파시즘 체제에서 전형적으로 나타나는 기자 통제 방식이라고 할 수 있다.(주동황 외, p.127.)

프레스카드제 실시 이후 지방주재기자의 대폭적인 집단해고 이외에도 이를 빙자한 기자 집단해고 사건이 전국 각지에서 발생했다. 특히 부당한 처분의 취소를 요구하는 법정투쟁으로 번지는 사례도 속출했다. 또한 프레스카드의 발급을 미끼로 기자들로부터 보증금을 받아 회사를 경영하고 전체 기자들에게 책이나 시험지 등을 강매하게 하거나 지방 관공서로부터 기부행위를 강요했다는 혐의로 대구일보와 호남일보 등의 관련자가 구속되기도 했다.

1972년 1월 1일부터 시행키로 했던 프레스카드제는 발급절차가 예상외로 까다로워 2월 10일에야 일단락됐다. 전국에서 프레스카드를 발급받은 기자는 43개 일간신문사 3,800명, 7개 통신사 461명, 49개 방송사 643명 등 모두 4,184명이었다. 1971년 전국의 기자가 7,090

---

130) 그 내용은 다음과 같다. ① 지사 지국 보급소의 명칭 통일, 새로운 설치 규제 ② 지방 주재기자의 인원 제한(주재기자는 일간 종합지 상한 45명, 특수 일간지 15명) ③ 보급과 취재 업무의 분리 ④ 기자의 보수는 대폭 개선한다 ⑤ 기자는 정부가 발급하는 프레스카드를 소지하게 한다. 송건호 외, 〈한국언론 바로보기〉, p.315에서 재인용.

명이었으므로 KBS와 주·월간 기자 828명을 제외하면 2,287명이 기자직을 그만두게 됐다. 프레스카드 발급 기자는 1975년에는 2,997명으로 줄었다.[131] 또한 신문사의 지사 지국은 1971년말 5,399개에서 493개로 격감했고 지방 주재기자도 1,424명에서 1,019명으로 줄었다.

프레스카드 발급이 끝난 뒤 박정희정권은 3월 7일 정부 각 부처의 기자실을 줄이고 출입기자를 줄이는 내용의 '정부 출입기자 대책'을 발표했다. 당시 정부 산하에는 47개 기자실에 790명의 기자들이 출입했으나 이러한 결정으로 18개 기자실과 465명의 출입기자만 남게 됐다. 이는 정부 당국에서 기자들의 취재권을 사실상 장악한다는 것을 의미하며 정보유통을 차단함으로써 국민의 알권리가 박탈당하는 결과를 빚었다.(송건호 외, p.318.) 이는 장기집권의 불합리성과 누적된 부패와 실정을 조금이라도 더 은폐하려는 저의에서 나온 언론통제 방식이었다. 프레스카드제 시행 이후 박정권은 2차 언론사 통폐합을 단행한다.

프레스카드제는 전두환정권이 1980년 언론인 강제해직을 시행한 뒤에도 도입되어 전두환정권 내내 언론인에 대한 통제수단으로 악용됐다.

### 2) 전두환정권(1980년~1987년)

전두환 집권 전야인 1980년 1~2월 전두환 신군부는 보안사령부에 정보처를 복원하여 기구를 대폭 확대 설치한 뒤 정치 경제 사회 행정 언론 종교에까지 치밀한 공작을 전개했다. 보안사는 2월 1일경부터 정보처 내에 언론관련 업무를 담당하는 언론계를 두는 한편, 이와는 별도로 이상재를 책임자로 하는 이른바 '언론반'을 가동했다.

이상재는 보도검열단을 실질적으로 조종·감독하고 언론사 간부들의 성향을 파악하고 이들을 회유했다. 또한 보안사령관의 언론사

---

131) 〈미디어오늘〉, 1995년 12월 20일.

주 및 언론사 간부 면담을 추진하고 언론인의 반응을 수집 · 분석했다. 언론반 외근요원들은 언론인과 언론기관의 동향을 파악했으며 내근요원들은 이를 정리하고 언론 논조를 분석했다. 언론인들의 동향보고서는 언론인 강제해직 과정에 참고자료로 활용됐다.

전두환은 정권을 잡은 뒤에는 보도지침을 내려 언론사의 편집권을 장악하여 정권에 유리한 방향으로 보도하도록 시시콜콜하게 통제했다. 또한 안기부 등 정보기관은 물론 6개 기관의 기관원들이 언론사 편집국이나 보도국에 상주하면서 언론인들의 일거수일투족을 감시하여 동향을 보고했다. 특히 정부의 엠바고(embargo)를 지키지 않거나 보도지침을 지키지 않았을 경우에는 안기부로 연행하여 고문을 가하는 등 폭압적으로 기자들을 탄압했다.

### (1) K-공작계획(1980년)

신군부의 방대한 집권 시나리오 중 언론분야에 해당하는 자료로는 'K-공작계획'이 있다. 보안사령부 정보처 산하의 별도 대책반이 작성한 이 문건은 '고도의 보안이 요구됨으로 "K"공작이라고 약칭한다'고 규정되어 있을 만큼 극비리에 작성된 문건이다. 이는 '왕'을 뜻하는 'King'의 앞 글자를 딴 것으로 전두환씨를 제왕으로 옹립코자 하였음을 보여주는 증거라고 할 수 있다. 'K-공작계획'[132]의 목차와 주요내용은 다음과 같다.

K-공작계획
① 목적 : 단결된 군부의 기반을 주축으로 지속적인 국력 신장을 위한 안정세력을 구축함에 있음
② 방침 :
● 오도된 민주화 여론을 언론계를 통하여 안정세로 전환

---

132) 이철, "거대한 음모, 정권 찬탈의 시나리오-'K공작 계획'을 공개하면서", 1989년 12월 29일.

● 언론계의 호응 유도에 주력

· 보도 검열단을 통한 봉사활동

· 중진들과 개별 접촉 회유공작 실시

③ 현 상황과 목표

| 시국관에 의한 정치세력 유형 | 민주화 위주 | 안 정 위 주 | |
|---|---|---|---|
| | | 안 보 중 점 | 경 제 중 점 |
| 국민여론 실 상 | ? | | |
| 국민여론 표면상 | 민주화 세력 | 안정(안보중점) 열세 | 안정(경제중점) 잠재 |
| 국민여론 전환목표 | 민주화 열세 | 안정(안보중점) 우세 | 안정(경제중점) 잠재 |

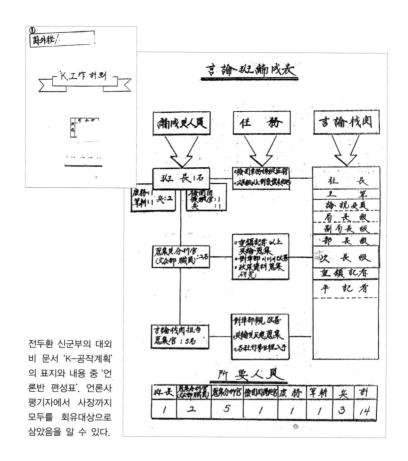

전두환 신군부의 대외비 문서 'K-공작계획'의 표지와 내용 중 '언론반 편성표'. 언론사 평기자에서 사장까지 모두를 회유대상으로 삼았음을 알 수 있다.

④ 목표달성 기본방안

• 보도검열단을 통한 봉사활동

• 중진들과 개별접촉 – 회유공작 실시

⑤ 회유공작 세부계획

⑥ 계획 실시를 위한 반 개편

⑦ 소요예산

⑧ 참조사항 : 본 공작은 극도의 보안이 요구됨으로 K-공작이라 약칭하고, 공작업무 수행과정에서 수정 및 보완을 요할 때는 사전 사령관의 재가를 득한 후 실시한다.

별첨 : 언론반 편성표/회유공작 대상자 명단

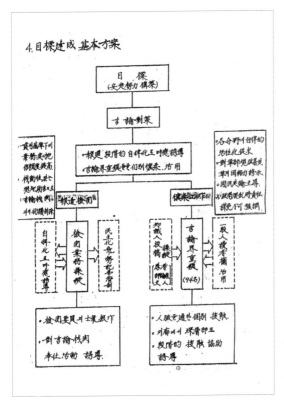

'K-공작계획'의 목표달성이란 항목에는 '안정세력의 구축'을 위한 언론대책이 담겨 있다.

가. 중진 언론인 회유

'K-공작계획'은 앞서 보는 것처럼 모두 8개항의 주요내용과 두 가지의 첨부자료로 되어 있다. 우선 '목적'을 보면, '단결된 군부의 기반을 주축으로 지속적인 국력신장을 위한 안정세력을 구축함에 있다'고 함으로써 군부가 국가사회의 주도세력이 되어야 한다는 점을 명시했다.

다음 '방침'을 보면, '오도된 민주화 여론을 언론계를 통하여 안정세로 전환'하는 것으로 설정함으로써 당시 18년간에 걸친 박정희 독재통치를 마감하고 민주화를 실현하고자 열망했던 국민의 소망을 '오도된 민주화 여론'이라고 왜곡하고 자신들만의 집권을 '안정세'로

'K-공작계획'을 위한 1차 언론인 회유공작 분석표는 각 언론사 별 주요 간부의 시국관, 정책, 주장 등이 기록되어 있다.

194

표현했다. 이와 함께 '언론계의 호응 유도에 주력'한다는 방침을 설정하여 세부사항으로 첫째 보도 검열단을 통한 봉사활동, 둘째 중진들과의 개별 접촉 회유공작 실시방안을 제시함으로써 보도통제, 왜곡·편파보도를 직·간접적으로 실시해 나갈 것임을 천명했다.

세 번째 주요항목으로 '현 상황과 목표'를 제시했다. 우선 이 항목은 시국관에 의한 정치세력 유형을 '민주화 위주'와 '안정위주'의 두 가지로 분류하고, '안정위주' 세력을 다시 '안보중점'과 '경제중점'으로 세분했다. 이에 따른 국민여론동향을 현실상과 표면상, 그리고 목표로 하는 새로운 국면(전환국면)의 세 가지 형태로 나누어 상황을 파악했다. 실상은 물음표(?)로 표시하여 파악이 어렵다는 설명을 하고 있는 반면에 '표면상'은 국민여론이 '민주화가 우세'하고 '안보중점의 안정 세력이 열세'인 상태이며 '경제중점의 안정세는 잠재된 형국이라고 묘사했다.

이에 따른 '전환목표'는 '민주화 위주의 여론동향'을 '열세'로 바꾸고 '안정위주 세력'을 보다 확대시켜야 하는데, 그것도 '경제 중점'은 극히 일부의 잠재세력으로 두는 반면에 '안보중점의 안정세력'을 절대적으로 '우세'하도록 설정했다. 즉 민주화 위주의 정치세력 및 국민여론과 안정위주의 그것을 정반대의 대국적 문제인양 왜곡하여 민주=혼란=불행이고 안보=안정=번영이라는 반민주적 도식을 설정한 것이다.

다음 네 번째로 '목표달성 기본방안'을 제시했다. 안정세력 구축이라는 목표달성을 위한 언론대책으로 '보도 단계적 자율화로 호응유도' 방안과 '언론계 중진을 개별 회유, 활용'하는 방안 등 두 가지 항목을 설정하고 구체적인 실시계획으로 '보도검열', '회유공작'을 제시했다. 보도검열의 전반적인 흐름은 '일관된 기준 하에서 업무를 실시하여 신뢰도를 제고'하고 '기동성 있는 현지 조언으로 언론기관과의 물의를 배제'한다는 두 가지 원칙 하에서 검열업무를 수행할 것을 계획했다.

'보도검열'의 구체적 시행방법으로 '검열업무를 전반적으로 조종'한다는 골격 아래 '자율화로 호응을 유도'한다는 방안과 '민주화 기세 기사는 관제'하라는 이중의 지시항목을 제시했다. 또한 원활한 검열업무의 조종을 위하여 '검열요원의 사기진작' 방안을 강구하고 '대 언론기관 봉사활동을 유도'하는 방법을 강구토록 했다.

한편 '회유공작'은 '대 군부관 개선 및 군의 단결력을 과시'하고 '국민여론을 주조'하는 차원에서 시행한다는 원칙을 설정하는 동시에 특히 중요한 점은 '정국 혼란 시 책임을 모면하지 못할 것'임을 강조했다. 이는 언론에 추후 책임추궁을 하겠다는 일종의 협박을 공공연히 자행하려는 저의를 보여준다.

'회유공작'의 주 대상자는 '언론계 중진 94명'으로 설정하고 이와 함께 학자, 평론가, 문인 등 '지식인 투고를 조종'하는 방안과 '일반 독자란을 활용'하는 방안이 강구됐다. 언론계 중진에 대한 구체적인 회유공작 방식으로는 '인맥을 통한 개별 접촉'과 '외곽에서 심층부로' 공작을 실시할 것을 제시하고 '단계적으로 접촉하여 협조를 유도'한다는 방안을 열거했다.

다섯 번째 '회유공작 세부계획'을 보면, 제1단계(1980년 3월 24일~5월 31일), 제2단계(1980년 6월 1일~6월 30일), 제3단계(1980년 7월 1일-공작 종료시) 등 3개의 시기로 구분한 뒤 각 단계별로 '공작대상' '접촉구실' '공작항목' '분류'등으로 내용을 적시했다. 제1단계 공작대상자는 '각사의 정치 및 사회부장급 이상 94명'으로 하고 다음 2, 3단계는 각각 전 단계에서 이월된 자로서 '시국관 양호자 및 협조 가능자'로 설정되어 있다.

먼저 '접촉구실'을 보면, '언론자율화에 기여'한다거나 '정국 안정 또는 수습방안을 청취'한다든가 '공사 간 애로사항을 지원'한다는 명목을 들었다. 그런데 실제 '공작항목'은 각 단계별로 조금씩 차이가 있는데 '시국관 및 성향을 분석'하고 '협조도를 측정'하며 '대 군부관 개선 내용을 기사화할 것을 유도'하는 한편 '지식인 등 투고자 연락 등으로 간접 활용'토록 조치하고, '대상자 직위 및 능력 등에 부합한 범위 내에서 최대 활용'하도록 활용공작을 실시할 것을 제시했다. 수단과 방법을 가리지 않는 공작으로 협조 가능한 자와 적극적 동조자를 가려내고 소수 협조자는 적극화로 유도하며 야성이 강한 자는 계속 주시하고 접촉할 것을 지시했다.

여섯 번째로 '계획 실시를 위한 반 개편'의 세 가지 방안을 제시하고 각각 '소요인원'과 '업무장악 한계' 그리고 '장단점'을 제시했다. 새로 언론반을 신설한다는 의견에서부터 중앙 지방을 가리지 않고 언론업무만 전담하는 완전 독립된 형태의 업무 처리방안을 제시하는 등 다양한 견해가 제시되어 있다.

일곱째로 '소요예산'을 산정, 제시했다. 공작 항목별로 산출근거까지 곁들여 비용 산출을 밝혀 놓았다. '언론계 중진 회유'와 '차장급 이하 대상 여론 조성 및 대군부관 개선' 그리고 '보도 검열단 요원 사기진작'에 소요되는 예산을 각각 일천만원 내지 수백만 원씩 계상했다. 그 가운데서도 '특수공작 케이스는 제외한다'고 함으로써 이 문건에 예시되지 않은 또 다른 비밀공작이 진행되었음을 추측케 한다.

여덟 번째 '참고사항'을 보면 이 공작 자체가 엄밀한 보안유지가 필요한 사항이라는 점과 '공작업무 수행 과정에서 수정 및 보완을 요할 시는 사전에 사령관의 재가를 득한 후 실시'토록 함으로써 당시 전두환 보안사령관이 이러한 공작계획과 구체적인 실행사항 및 진행과정 상의 수정 보완작업까지 일일이 간여하고 최종 결정하였음을 증명한다.

마지막으로 '언론반 편성표' 및 '회유공작대상자(94명) 명단'을 첨부하고 그에 대한 부속자료로 '제1차 회유공작 결과 분석표'를 부기했다. '언론반 개편 편성표'에는 '반장'을 비롯한 '수집 및 분석관' '언론기관 담당 수집관' 등 편성인원과 그들 각각의 임무 및 언론기관의 주요접촉대상자를 연결시켜 표시했다.

다음은 7대 중앙일간지와 5대 방송사, 2대 통신사의 사장 주필 및 논설위원 편집 · 보도국장(부국장) 정치부장(차장) 사회부장 등 성명을 도표로 만들어 총 94명의 공작회유 대상자를 명시했다. 그리고는 동아 조선 한국 중앙 서울 등 5개 일간지와 KBS MBC DBS 등 3개 방송사 그리고 동양통신의 일부 중진간부급 언론인 18명에 대한 1차 회유공작 결과 분석표를 제시했다. 이 분석표에 의하면 각 사별 접촉자의 인적사항을 명기하고 각각의 '시국관' 및 '정치주도 세력관' 그리고 '3K(3김씨) 지지성향'을 분석한 후 그들이 주장하는 '정책주장'을 적시하고 '비고'란을 통하여 '1회 접촉결과 양호'하다든지 '계속접촉'이라든지, '2회 접촉한 결과 적극적'이라든지 하는 평점을 매겼다.

어떤 이는 '경제 역점의 안정을 바라는 시국관'을 소지하고 '중소 중산층이 이끄는 민주화세력이 정치를 주도'하는 한편, 3김씨에 대해서는 '중도적 입장'을 취하고 있다는 분석에서부터 '부정축재자를 처리'하고 '정치일정을 확정 발표'하는 정책을 시행할 것을 주장했다고 기재해 놓았다.

이 문건은 전두환 신군부세력이 국가의 위기를 참칭하여 고도의 비밀을 유지한 채 치밀하고도 교묘한 공작을 통하여 권력 장악을 위한 온갖 술책을 실행해 왔던 것을 보여준다.

나. 입안경위 및 공작추진

이상재는 'K-공작계획'에 대해 권정달 정보처장의 지시에 따라 초안을 만들고 김기철로 하여금 정리하도록 하였다고 진술한 바 있다.(이상재 진술조서 제2회) 그러나 권정달과 김기철은 그러한 지시를 했거나 받은 사실이 없다고 주장했다.

권정달은 "K-공작은 이상재가 입안단계에서부터 시행에 이르기까지 전적으로 추진한 것이며 절차상 본인이 소속 처장으로서 대외비로 되어 있는 공작계획 문건을 보안사령관 전두환에게 보고하고 결재를 받았으나, 시행과정에 주도적으로 관여하였던 것은 아니며 허화평, 허삼수 등 보안사 핵심인물들이 전두환 사령관의 지침에 따라 배후에서 이상재를 조종"하였다고 주장했다.[133] 또한 "전두환 등 신군부 핵심세력들이 자신들의 정권장악 기도에 유리한 여론을 조성하는 한편 반대여론을 무마시키기 위하여 언론을 조종 통제 회유할 목적으로 그러한 계획을 수립 시행하였다"(권정달 진술조서 3회)고 진술했다.

김기철은 다음과 같이 진술했다. "1980년 2월경 정보처 언론반 사무실로 옮기기 전인 보안처 소속의 사무실에 있을 때 이상재가 오더니 자신을 강기덕이라고 소개하면서 앞으로 같이 일하자고 하였다. 그 후 며칠 후 다시 와서 중앙정보부 등에서 가져온 서류뭉치를 내밀면서 부장급 이상을 분류하여 달라고 요청하였다. 카드를 펼쳐보니 기자에서 사장까지 완벽한 신상내용이 기재된 인쇄물로서 1인 1매 주의에 의거 출생, 학력, 가족사항, 성품, 소행, 사상, 재산 상태, 해외여행 등 여러 면이 기재되어 있었다. 저는 그 때 건네받은 카드 중에서 언론사 사회, 정치부장을 분류하여 정리하여 준 적이 있는데 바로 그것이 K-공작계획 수립의 일환이었다. 제가 정보처 언론반에 왔을 때는 이미 K-공작계획이 수립된 이후였으며, 저는 K-공작계획상의 언론반이 설치되면서 온 것이다. 이상재가 저에게 골격만 알려주고 작성을 지시하여 제가 작성했다고 하는 것은 거짓말이다."[134]

K-공작계획 내용 중에는 문서작성 이전에 18명의 중진언론인을 면담한 것으로 나와 있다. 이러한 회유공작은 이상재 혼자서 추진한 것으로 알려졌다. 권정달은 "이상재가 1979년 12월부터 전두환, 허화평, 허삼수 등의 지시에 따라 '강기덕 전무'라는 가명을 사용하면서 언론사 간부들을 만나 신군부에 호의적인 기사를 내 주도록 회유하는 등 언론공작임무에 종사"했다고 주장한 바 있다.[135] 김기철은

---

133) 권정달 진술조서(제3회), 서울지방검찰청, 1996년 1월 4일.
134) 김기철 진술조서, 서울지방검찰청, 1996년 2월 6일.

"이상재는 서울시청 검열단 바로 옆에 별도의 방을 내고 언론사 간부들을 접촉하여 '민주주의 안 된다, 3김씨는 안 된다, 군부가 집권해야 한다'는 취지의 보도를 유도하여 그러한 여론이 조성되도록 회유하는 임무를 수행하고 있었다"며 "이상재가 대공처에서 근무하다 보니 대언론 임무를 수행하기에 명분이 없어 정보처 언론반이라는 기구를 설치하고 실제로는 K-공작상의 특수한 임무를 수행한 것"이라고 진술했다.

신군부는 K공작계획의 연속선에서 보안사령관의 언론사주 및 언론사 간부 면담을 추진하고 언론인의 반응을 수집·분석했다. 신군부는 언론인 간담회를 개최하여 언론사주와 간부들의 반응을 살피는 동시에 신군부에 협조하도록 요구하고 간담회 내용이 기사에 어떻게 반영되는지 보고했다.[136] 언론반에서 작성한 '사령관님 언론인 면담반응 보고' 중 언론인들의 반응에 대한 보고내용은 다음과 같다.[137]

사령관님 면담반응 보고
- 순박하고 강직한 군인상을 느꼈으며 시국문제로 국민으로부터 지탄을 받고 있는데 안타깝기 한이 없음. (○○통신 사장 박○○)
- 난국수습을 위해 노력하는 고애를 감지하였으며 협조해 나갈 심정이 우러났음. (○○통신 사장 김○○)
- 최근 국내 사태와 추후 정국을 수습하는 데 기대할 만한 훌륭한 장군으로 평가함. (○○방송 사장 최○○)
- 오로지 국가와 민족을 위한 전형적인 군인상. (○○신문 사장 김○○)
- 솔직담백한 군인상, 말로만 듣다가 직접 대면하여 유익하였음. (○○방송 국장 최○○)

---

135) 권정달 진술조서(제4회), 서울지방검찰청, 1996년 1월 13일.
136) 보안사 언론반, '간담회 보도성향 분석 및 언론계 반응', 1980년 4월 30일.
137) 보안사 언론반, '사령관님 언론인 면담반응 보고'.

- 언론사장들은 많은 용기를 얻었으며 현 시국 하에서 언론의 방향과 위치가 어떠해야 하겠다는 소신을 굳힐 수 있는 계기가 되었음. (○○신문 사장 이○○)
- 언론인들이 선두에서 호응할 수 없는 현실을 유감으로 생각하며 면담을 통해서 언론사장들이 정신적으로 재무장하였을 것으로 봄. 제작거부 기자 처리방향에 관한 설명은 설득력이 있었음. (○○일보 사장 장○○)
- 인간적인 면에서 친근감을 상대방에 안겨주어 항간에서 모함하는 내용과는 아주 다른 전형적인 군인상을 느꼈음. (○○방송 보도국장 김○○)
- 훌륭한 장군으로 평가하며 정치에 때 묻지 않은 채 속히 군으로 복귀할 수 있도록 시국의 안정 희망. (○○방송 보도국장 조○○)
- 난국을 수습하기 위한 강인한 의지력을 엿볼 수 있었고 매사 자신이 넘쳐 보였음. (○○신문 편집국장 이○○)
- 대면 후 이구동성으로 전 장군이 정치에 관여하지 않을 것 같다는 의견을 나누었다. 그러나 아직도 의문은 남아있는 것도 사실임. (○○신문 편집국장 김○○)

보안사는 또한 신문 방송의 중진언론인 접촉을 통해 국보위의 기본 정책방향에 대한 이해와 확고한 시국관을 정립시키기 위해 중진 언론인 접촉을 계획했다.[138] 국보위분과위원회 11명 합수처장 4명 등 모두 15명이 신문, 방송 주필 9명, 논설위원 63명 등 합계 72명을 접촉하여 시국관 정립 촉구, 국민계도 및 여론형성 주도, 국보위 기본 정책방향 이해촉구, 군부의 절대안정 및 단결력 과시, 상임위원장의 이미지 부각에 주력하는 방향으로 순화를 유도했다.

보안사는 5.18광주민중항쟁 등 주요사건 발생시에도 간담회를 열

---

138) 보안사 정보2처, '중진언론인 접촉순화계획', 1980년 7월 11일.

어 언론의 협조를 유도했다. '광주소요사태의 조속한 진정과 질서회
복 유지를 위해 중진언론인을 초청, 현지실태를 취재토록 유도하고
국민계도를 촉구토록 유도'한다는 명분 아래, 신문 방송 통신사의
사회부 기자 32명, 국방부 출입기자 17명 등 합계 49명을 정보2처
2과장 중령 이용린이 인솔하여 5월 24일 오전 6시 30분부터 오후
6시 40분까지 광주를 취재하도록 했다.[139] 또한 '광주소요사태의 조
속한 진정과 질서회복 유지를 위해 중진언론인을 초청, 동사태의
실상을 올바르게 인식시켜 국민계도를 촉구토록 유도'한다는 목적
으로 신문 방송 통신사의 사장, 편집국장, 정치부장, 사회부장 각
16명 등 모두 64명을 4일 동안 호텔에 초청하여 간담회를 가졌다.[140]

특히 언론인들을 회유하기 위해 촌지까지 돌렸다. 경향신문 기자
출신인 윤덕한씨는 다음과 같이 증언했다. "광주에서 유혈극이 절정
에 달하고 있던 5월 22일 전두환은 각 언론사 발행인을 불러 계엄
확대 조치의 배경과 불가피성을 설명하고 언론계의 협조를 요청했
다. 이어 사태 보도의 실질적인 책임자인 사회부장들을 요정으로
불러내 똑같은 당부를 하고 1인당 100만원씩 촌지를 돌렸다. 당시
중앙 일간지의 부장급 월급이 45만원 내외였으므로 100만원은 촌지
의 수준을 넘는 거금이었다. 그래도 최소한의 양심이 있는 일부 사
회부장들은 전두환으로부터 촌지를 받은 것이 부끄럽고 괴로워 부
원들과 통음(痛飮)을 하는 것으로 그 돈을 다 써버렸다고 하지만
상당수는 입을 씻고 너스레를 떨며 기자들로부터 눈총과 손가락질
을 받기도 했다."[141]

이처럼 언론인들을 접촉하고, 보안사령관 전두환과의 직접 면담
을 통해, 신군부 주도하의 정권창출을 목적으로 하는 전두환의 이미

<hr>

139) 보안사 정보2처, '광주소요사태 언론인 취재유도계획', 1980년 5월 24일.
140) 보안사 정보2처, '광주소요사태 중진언론인 국민계도 유도계획', 1980년
    5월 29일.
141) 윤덕한, '전두환정권 하의 언론', 〈한국언론 바로보기〉, 다섯 수레, 2000
    년, pp.292~294.

지 개선과 사회안정 유도, '개혁세력'의 정당성과 정권획득에 유리한 여론을 형성하기 위한 언론인 접촉 공작이 K-공작이었다.

### (2) 계엄해제 대비 언론인 순화(1980년)

보안사는 계엄 해제를 앞두고 '새 정부의 시정 방침 이해 촉구와 확고한 시국관을 정립하도록 순화 유도'시킨다는 명목으로 언론인들을 접촉했다. 정보2처가 작성한 '문제 언론인 순화계획'에 따르면, 전 현직 언론인 중 계엄해제 시 반정부 성향을 있을 것으로 예상하는 자를 A급, B급으로 구분하고, 언론담당 과장, 계장, 담당관들이 A급 주1회, B급 2주 1회 접촉하여 이들을 순화하도록 계획했다. 또한 각종 간담회를 개최하여 해엄(解嚴) 이후에도 협조할 것을 요구했다. 다음은 면담에 참여한 언론인들의 반응 보고내용이다.[142]

사령관님 언론계 사장 면담 반응 보고
- 조석간 계엄조치가 예견되는 시기에 가진 상면이었기 때문에 중요한 의의를 부여하며, 모두 긴장하였으나 오히려 분위기를 화기 있게 조성하여 격의 없는 대화를 나누게 되어 백 마디의 부탁말씀보다 더 무거운 책임감 같은 것을 느꼈다고 술회하였음
- 계엄기간 중 언론의 협조에 감사를 표하며 앞으로도 계속 잘 부탁한다는 간단명료한 말씀 외에는 일절 아무런 부탁이나 요청을 하지 않은데서 사령관님의 깊은 충정을 느낄 수 있었으며, 계엄 후의 언론은 외부의 부탁이나 요청에 따라 다닐 것이 아니라 스스로 판단하여 국익우선의 계도지가 되어야 한다는 각오를 피력하였음
- 자주 만나지는 않았지만 사령관님의 인품과 설득력으로 보아 격의 없는 대화분위기가 조성되었으며 이는 몇 분이 창가(唱歌)를 한데서도 입증됨

---

142) 보안사, '사령관님 언론계 사장 면담 반응 보고'.

- 화기찬 분위기 속에서 계엄시기 중의 협조에 사의를 표하며, 계엄 후에도 계속 국익우선 차원에서 신문제작을 당부한 충정을 깊이 이해할 수 있었음
- 시기적으로 계엄조치가 예견되는 때에 보안사령관님께서 언론계 사장을 상면하고자 초청하였기 때문에 어느 때와 다른 중요한 모임으로 판단하였음. 특히 사령관님께서 중언부언 하지 않고 세배를 빙자하여 큰절로 앞으로의 협조를 당부한 것은 큰 의미를 지닌다고 판단하며, 앞으로 언론계는 문공부나 정부가 시키는 대로 할 것이 아니라 스스로 판단하여 국익증진에 앞장서야 할 것임
- 해엄(解嚴)을 앞두고 사령관께서 직접 당부가 없다 해도 몇 번 상면한 계기를 통해서 그 분의 충정을 짐작하고 있었으며, 앞으로는 언론이 먼저 국익을 고려하는 새로운 자세를 정립해야 되겠다는 각오를 새롭게 하는 계기가 되었음

보안사는 특히 계엄 당시 검열로 관제된 기사가 계엄해제 이후 언론매체를 통해 보도되는 일을 막기 위해 각서를 징구했다. '해엄에 대처한 언론인 순화계획'에 의하면 '계엄 해제 후에도 국가안정과 국위선양을 위한 언론 및 언론인의 사명감과 소명의식을 주지시키면서 계엄기간 중 보도통제된 기사를 해엄 후 게재(방송)치 않도록 당부'한다는 목적 아래, 사장 및 간부진을 만찬에 초청하여 다음과 같은 문안으로 각서를 징구했다.[143] 보안사의 예하대 도 지방 신문 · 방송사 편집(보도)국장을 상대로 각서를 징구했다.

(3) 언론인 연행 및 고문(1982년~1990년)

전두환정권이 들어선 뒤에도 중앙정보부와 안전기획부는 언론사 및 언론인에 대한 사찰을 계속했으며 문제기사가 발생하면 임의동

___

143) 보안사 정보2처, '해엄(解嚴)에 대처한 언론인 순화계획'.

○○○사 편집(보도)국장 ○○○

본인은 ○○○사의 편집(보도) 책임을 맡고 있는 편집국장(보도국장)으로서 비상계엄령 해엄 후에 아래 사항을 준수하여 실천하도록 편집 취재기자들을 적극 계도할 것이며, 본인이 제작 관계하는 지면(방송시간)에는 아래 해당사항은 일체 게재(방송)하지 않을 것임을 양심에 따라 서약하며 국민화합과 국익증진을 위한 지도적 언론인으로서의 사명을 성실하게 수행해 나갈 것을 각서함.

(1) 본인은 ○○○사의 편집(방송) 책임자로서 79.10.26. 선포된 비상계엄령이 해제되는 그 시점까지 계엄기간 중 검열을 통해 관제 조치된 기사문을 계엄해제 후에도 절대로 재게재하지 않을 것이며, 여하한 형태로든지 관제문안과 동일한 내용 및 취지의 기사들 재구성하여 게재하지 않겠음.
(2) 계엄기간 중 계엄사 보도처에서 검열관제기준으로 제시한 검열지침의 정신을 존중하여 계엄해제 후에도 이를 취재 보도 편집에 적극 활용할 것이며 언론의 사회적 책임을 완수해 나가는 데 솔선수범할 것임.

1981. . .
위 ○○○사를 대표하여
편집국장(보도국장) ○○○ 인

행 형식으로 연행하여 조사했다. 특히 보도지침을 지키지 않을 경우에는 언론사 경영진과 편집간부, 기자 등을 연행하여 폭행하고 협박하기도 했다.

5공화국 기간 동안의 언론인 연행은 영장이나 구인장 등도 갖추지 않은 불법 연행이었다. 그리고 거의 예외 없이 가혹행위를 당하고 나왔으나 단 한 줄도 보도되지 못한 것이 공통된 특징이다. 게다가 기사내용 자체가 실정법에 저촉됐기 때문이 아니라 당국의 '협조요청' 또는 보도지침을 따르지 않은 데 대한 보복이나 취재원을 밝혀내기 위한 수단에 불과했다.

그럼에도 불구하고 조사를 받고 나온 기자들은 한결같이 '있었던 사실'에 대해 함구를 해왔다. 그 이유에 대해 한 경험자는 이렇게 얘기했다. "기억하고 싶지 않을 정도의 비인간적인 대우, 수모, 법과 제도의 테두리에서 이 같은 불법행위가 자행될 수 있는 현실에 대한 환멸, 신은 과연 알 것인가에 대한 강한 의문 때문이다."[144]

### 가. 안기부 연행

● 한국일보 북한관련 보도 : 1982년 3월 24일 한국일보 조두흠 편집국장은 소련에 망명중인 북한 노동당 전 서기 임은이 일본에서 발간한 '김일성 왕조설립 비사'라는 책 속에서 김의 정체, 피의 숙청사 등 북한정권 수립을 둘러싼 내용을 송고해온 송효빈 특파원(도쿄 주재)의 기사가 문제가 되어 중앙정보부에 연행됐다. 조 국장은 북한관계 기사를 당국의 허가 없이 게재한 데 대해 집중 추궁 받고 풀려났다.

● 조선일보 장영자 사건 방담기사 : 1982년 7월 18일 조선일보 사회부 안병훈 부장 이혁주 김창수 기자는 이날 자 10면에 '칼날 같은 검찰신문 안보였다' 제하의 이철희 장영자 사건 방담기사와 관련, 안기부에 연행되어 기사 게재의도와 취재원 출처 등에 관해 집중 심문을 받고 다음날 풀려났다. 이 방담기사는 이 장씨가 구속된 뒤 진행된 네 차례의 공판과정에서 보여준 검찰의 태도 등을 자세히 분석했다.

● 조선일보 '김일성 사진' 게재 : 1983년 3월 21일 조선일보 인보길 편집부국장을 비롯, 발행인 유건호 부사장, 안병훈 편집국장, 허구 월간조선부장, 염세훈 기자(편집부) 등 5명은 3월 22일자 초판 5면에 서울대 김학준 교수의 연재기사 '역사는 흐른다' 제하의 기사에 들어간 북한 김일성 주석의 사진이 문제가 되어 안기부에 연행됐다. 이들은 안기부에서 사진 출처와 게재경위 등을 추궁 받고 다음날인

---

144) '다큐멘터리 5공의 언론수난'(13), 〈동아일보〉, 1988년 11월 16일.

22일 오후 풀려났다.

● 한국일보 노진환 기자 연행 : 1984년 1월 7일 한국일보 노진환 기자(정치부)는 '미 남 북한 3자회담'이라는 제하의 기사가 문제가 되어 안기부에 연행됐다. 이 기사는 "북한이 아웅산(AungSan) 테러사건 직전 중공을 통해 미국에게 미 남북한 3자회담을 제의한 것으로 알려졌다"며 "북한이 한국 어깨 너머로 미국과 직접 협상을 하려는 저의가 담긴 흉계"라는 내용이다. 노 기자는 안기부에서 정부의 공식적인 발표 이전에 정보를 입수한 배경과 출처를 추궁받은 뒤 다음 날인 8일 풀려났다.

● 동아일보 이도성 기자 연행 : 동아일보 정치부 이도성 기자가 1984년 1월 7일자 신문 1면 톱기사로 북한이 '3자회담' 제의를 했다고 보도한 뒤 안기부에 연행됐다. 북한 당국은 랭군테러사건 직전인 1983년 10월초 중공을 통해 남북한 및 미국을 포함한 3자회담 형식의 평화제의를 한데 이어 2차로 12월초에도 유사한 내용의 제의를 같은 경로를 통해 미국 측에 제시해 온 것으로 알려졌다는 것이 보도의 큰 줄기였다. 이 기자는 1월 8일 안기부에 연행됐다. 안기부는 이 기자와 함께 안기부의 노재원 차관, 이상옥 차관보, 박건우 미주국장도 남산에 있는 안기부 지하실로 연행해 보도와 취재경위를 조사했다. 이채주 편집국장이 이 기자의 신병보증 등 몇 장의 각서를 쓰고 돌아 온 뒤 이 기자는 풀려났다.[145)]

● 동아일보 안기부 연행 : 1985년 2.12총선이 끝난 뒤 동아일보 이채주 편집국장과 이상하 정치부장이 안기부에 연행됐다. 총리 임명 발표 몇 일전 노신영 안기부장이 총리에 임명될 것이라는 조그마한 보도가 빌미가 되어 편집국장과 정치부장이 안기부에 불려가 장시간 취재경위에 대한 심문을 받았다. 이채주 국장은 당시의 상황을 다음과 같이 회고했다. "안기부에 들어가자마자 벽을 등지고 사

---

145) 이채주, 〈언론통제와 신문의 저항–암울했던 시절 어느 편집국장 이야기〉, 나남, 2003년, p.179.

진을 찍었다. 넥타이와 허리띠를 풀라고 했다. 말도 되지 않는 여러 질문을 위협조로 쏟아냈다. '우리 부장이 총리에 임명된다는 보도는 총리 임명을 방해하기 위한 고의적 보도가 아니냐'는 것이었다. 오랜 실랑이 끝에 해가 저물기 시작했다. 밤늦게 풀려날 때는 수사책임자와 나 그리고 이상하 정치부장 셋이서 소주를 마셨다. 대접을 받은 것이다. 수사책임자의 말은 이러했다. '이 국장이 말을 잘 안 듣는다고 해서 안기부로 불러 겁을 주라고 해서 이렇게 되었다. 정치를 제대로 못해 이렇게 되었는데 겁만 주라니 실로 난감하다. 잘 협조해 주기 바란다'는 것이었다."

● 경향신문 학원안정법 필화 : 1985년 7월 25일에는 '학원안정법' 제정이 추진되고 있다는 최초보도와 관련, 경향신문의 손광식 편집국장, 강신구 사회부장, 홍성만 정치부장, 이실 정치부차장, 김지영 정치부기자 등 5명이 연행되어 1박2일 동안 조사를 받고 나왔다. 이들 역시 고문과 함께 취재경위 및 취재원 등에 대해 추궁 받았다.

● 한겨레신문 윤재걸 기자 불고지죄 : 안기부는 1989년 7월 2일 평민당 서경원 의원 방북사건과 관련, 한겨레신문 윤재걸 기자가 서 의원의 방북사실을 사전에 인터뷰 과정에서 알고도 수사기관에 신고하지 않았다는 이유로 강남성모병원에 입원 중이던 윤 기자를 철야 심문하고 국가보안법상 불고지죄를 적용해 구속영장을 신청했다. 안기부는 또 윤 기자가 갖고 있는 관련 자료를 압수하기 위해 7월 12일 오전 7시 공권력을 동원, 한겨레신문 편집국 철문을 쇠망치로 부수고 난입해 이를 저지하던 편집국 기자 12명을 강제 연행하고 20여분 신문사를 뒤져 윤 기자의 사물함에서 서 의원 방북관련 사진 21장 등 취재자료를 수거해 갔다.

● 시사토픽 객원기자 연행 : 1990년 8월 5일 오후 2시경 주간지 '시사토픽'(국민일보 발행) 객원기자인 노가원씨(본명 노종상)가 8월 2일자에 쓴 '노대통령에 반기, 김복동 대권공작' 제하의 기사와 관련, 노원구 공릉2동 자택 근처에서 잠복대기 중이던 안기부 요원

6명에게 영장 없이 강제 연행되었다가 6일 오후 1시경 풀려났다.(〈기자협회 30년사〉, pp.316~323.)

• 한국일보 안의섭 화백 '두꺼비' 필화 : 한국일보 만화가 안의섭 편집위원은 1986년 1월 19일 이날 자 11면에 레이건 종양수술과 관련된 내용으로 게재한 4단 만화 '두꺼비'가 문제가 되어 안기부에 연행됐다. 안위원은 안기부에서 "이 만화가 국내 상황을 연상시키려는 의도로 그려진 것이 아니냐"는 등의 추궁을 받고 21일 새벽 풀려났다. 이 사건에 대해 한국일보 편집국 기자 100여명은 안기부의 안위원 연행을 규탄하는 철야농성을 벌였다. 안위원이 집필하던 한국일보 '사회만평'과 '두꺼비'의 연재가 1987년 8월 24일까지 1년 7개월여 동안 중단됐다.

나. 한수산 필화사건

1981년 5월 29일 한수산씨의 신문 연재소설과 관련, 중앙일보의 당시 손기상 국장대리 겸 문화부장 등이 보안사 서빙고 분실에 연행되어 조사를 받았다. 중앙일보의 연재소설 '욕망의 거리'가 고위관리와 군을 모욕했다는 것이었다. 젊은 여성이 부유하지만 나이가 많은 남성과 결혼하게 되는 과정을 그린 일종의 연애소설 중 몇 가지 표현을 문제 삼고 나선 것이다.

5월 29일 손기상 국장대리가 1차로 연행되어 철야로 조사를 받고 다음날 아침에 풀려나 귀사했다. 이날 작가 한수산씨도 제주도 자택에서 연행되어 조사를 받기 시작했으며 한씨와 친분이 있던 정규웅 편집위원, 권영조 출판부장, 이근성 출판부 기자도 30일 오전 9시 출근과 동시에 연행됐다. 이들 세 사람은 6월 1일 하오에 풀려나기까지 70여 시간 조사를 받았다. 이밖에도 월간 '마당'지 편집국장 허술, 도서출판 고려원 편집부장이자 시인 박정만 등 모두 6명이 연행되어 고문 등 가혹 행위를 당했다.

연재소설 '욕망의 거리' 중 문제된 부분은 다음과 같다.

- 1981년 5월 14일자 중 "어쩌다 텔레비전 뉴스에서 만나게 되는 얼굴, 정부의 고위관리가 이상스레 촌스런 모자를 쓰고 탄광촌 같은 델 찾아가서 그 지방의 아낙네들과 악수를 하는 경우, 그 관리는 돌아가는 차 속에서 다 잊을 게 뻔한데도 자기네들의 이런 저런 사정을 보고 들어주는 게 황공스럽기만 해서 그 관리가 내미는 손을 잡고 수줍게 웃는 얼굴……"
- 5월 22일자의 경우, 어느 회사의 수위를 묘사하면서 "그 꼴 같지 않게 교통순경의 제복을 닮은 수위 제복을 여간 자랑스러워하지 않는 눈치였다. 하여튼 세상에 남자 놈 치고 시원치 않은 게 몇 종류 있지. 그 첫째가 제복을 좋아하는 자들이라니까, 그런 자들 중에서 군대 갔다 온 얘기 빼 놓으면 할 얘기가 없는 자들이 또 있게 마련이지"

보안사는 위 내용들에 대해 "각하의 탄광촌 순방을 비유하면서, 무슨 건의를 하던 돌아가는 차속에서 모두 잊어버린다는 불신감 조성의 목적의식이 뚜렷하고, 군(경)과 민간을 은연중 이간시키려는 의도가 엿보인다"고 파악했다.[146] 그러나 보안사가 문제 삼은 동기 자체로 국군보안부대령에 규정된 보안사령부의 업무범위와는 무관한 것이다.

보안사는 이 사건 관계자들이 한수산에게 'TBC는 뺏긴 것이며 현 정부는 도둑놈들이다', '현재 신문은 관보나 다름없다', '연재소설의 성공은 섹스와 정부 비판이다' 등 언론통폐합에 불만을 표시하고 정부를 비판하는 발언을 한 것으로 조사했다.[147]

보안사는 이 사건이 '배후관계에 의한 조직적이고 계획적인 활동은 아닌 것으로 판단'되고 '범증 미약으로 형사입건이 불가능하고 각자 반성하고 있으므로 엄중경고 후 중앙일보 및 소속 출판사에 통보,

146) 보안사, '중앙일보 연재소설에 대한 독자 반응'.
147) 보안사, '중앙일보 작가 한수산 조사결과'.

자진 처리토록 함이 가하다고 사료'된다며 관계자들을 석방했다.

그러나 이 사건 관계자들은 영장 제시, 미란다 고지 등 합법적인 절차 없이 보안사 서빙고 분실로 끌려갔다. 이들은 서빙고 분실 안의 무릎 높이로 물이 차 있는 붉은 색 방에서 나체 상태로 수 일간 몽둥이 등에 의한 구타를 당했으며, 전기고문과 물고문을 당했다. 훈방 이후 박정만은 극심한 고문 후유증에 시달리다 1988년 9월에 사망했다.

이 사건으로 언론계에는 공포분위기가 조성됐다.[148] 이 사건 당사자들은 풀려난 뒤에도 대부분 병원에 입원할 정도로 육체적 상처를 입었고 한수산씨는 일본으로 외유를 떠나는 등 극심한 고통을 겪었다.[149] 정규웅은 "어디서 비롯된 사건인지, 왜 그런 일이 벌어졌는지 연유를 알 수가 없고, 이후 군과 잘 통한다는 기자에게 들었는데 그 기자가 '문화계 언론계를 한 번 손봄으로써 일벌백계하려고 한 것이니 알려고 하지 말라'고 하더라"라고 말했다. 이근성은 "보안사가 당시 언론·문화계를 중심으로 신군부 집권에 대한 부정적인 움직임을 초기에 공포분위 조성으로 차단하려고 한 것이라고 생각된다"고 밝혔다.

다. 중공조종사 대만망명 필화

1985년 8월 29일 동아일보 이채주 편집국장과 정치부 이상하 부장, 김충식 기자는 이날 자 2판 정치면에 보도된 '중공기 조종사 대만 보내기로' 제하의 기사가 문제가 되어 안기부에 연행됐다. 이 기사는 "전북 이리시 근교에 불시착한 중공 경폭격기의 승무원들 가운데 대만 망명 희망자는 대만으로 송환할 것"이라는 내용이다. 이들은 안기부에서 정부의 공식발표가 있기 전에 보도하게 된 경위

---

148) 김동선, '제5공화국의 언론통제 실태' 〈신동아〉 1987년 11월호, 동아일보사, p.523.
149) 〈미디어 오늘〉, 1996년 2월 21일.

와 출처는 물론 이 사건과 관련 없이 그동안 보도된 다른 기사에 대해서도 혹독하게 심문을 받았다. '엠바고(embargo)'도 붙여지지 않은데다 정부가 곧 공식발표를 한 이 기사에 대해 연행된 언론인들은 납득이 어려운 가혹행위를 당하고 31일과 9월 1일 풀려났다.

1985년 8월 29일. 24일 전북 이리에 불시착한 중공 경폭격기의 승무원 송환에 대해 외무부가 오후 3시에 발표할 것이라는 얘기가 있었다. 조종사는 대만에, 통신사는 중공으로 보낸다는 것이었다. 동아일보는 8월 29일 2판 1면 중간 톱으로 보도했다. 기사를 어떻게 다루라는 '보도지침'도 없었다. 그러나 오후 3시에 공식 발표는 없었고 오후 7시 무렵까지도 소식이 없었다. 부산 광주 지방에 발송되는 3판 신문에는 이 기사를 빼냈다.

이날 저녁 안기부 직원들이 동아일보 편집국에 찾아가 정치부 데스크와 편집국장을 찾았다. 야근자들이 편집국장은 퇴근했다고 하니까 편집국장실을 수색하겠다며 국장실 문을 열라고 아우성쳤다. 이 국장은 사장에게 사건의 전말을 보고했다. 사장은 안기부장이 전화로 편집국 간부들을 조사하겠다고 했으며 자신은 국가 안보를 위해서 협력하겠다고 답변했다고 말했다. 이 국장은 안기부 차를 타고 남산으로 갔다. 안기부에 도착한 뒤 지하실로 내려갔다. 군청색 군복으로 갈아입은 다음부터 인간이하의 대우를 받았다. 주황빛 전구가 괴물의 눈처럼 침침하게 비추는 방에서 많은 사람으로부터 참기 어려운 폭행을 당했다. 다음은 이 국장의 경험담이다.(이채주, pp.273~278.)

수사관이 국가안보를 그르치게 한 책임을 지고 편집국장 사표를 쓰라고 강요했다. 도덕적 법률적 책임을 지겠으나 안기부 지하실에서 사표는 쓸 수 없다고 거부했다. 다음에 기사가 보도된 경위에 대해 조사를 받았다. 중공폭격기 승무원 송환기사에 대한 심문은 간단히 끝났다.

수사관들이 파란색 보자기에 든 서류 보따리를 가져왔다. 그때부터 2.12 국회의원 총선거 때의 동아일보 보도태도에 대해 오랫동안 심문 당하였다. 수사관들은 동아일보가 2.12총선 때 대대적인 보도를 한 것이 회사 고위간부의 지시 혹은 회사의 최고경영회의에서 결정된 사항이 아닌가, 2.12총선기간 중 보도지침을 위반한 사항들을 열거하면서 책임소재를 물었다. 모두 편집국장이 지시한 일이며 뉴스 취급에 관한 것은 편집국장의 권한이기 때문에 편집국장의 책임이라고 했다. 그러나 수사관은 신문 스크랩을 한 장 한 장 넘기면서 보도지침 위반에 대한 책임소재를 물어 나갔다.

특히 1985년 2월 8일 김대중씨가 귀국할 때 1면 2단이라는 보도지침을 어기고 사실상 중간 톱으로 보도한 저의가 무엇이냐고 집중적으로 추궁하였다. 김대중씨 귀국과 관련된 사회면 1단 기사도 매우 심하게 추궁 당하였다. 학원안정법과 관련된 보도태도에 관해서도 심문을 받았다. '급진 좌경세력과 학원안정법과의 관계를 어떻게 생각하느냐' '왜 대통령이 학원안정법 제정보류를 선언한 8월 15일 훨씬 이전에, 학원안정법 찬반토론을 네 차례나 신문에 실었느냐', '그 속셈은 무엇이냐' 등이었다.

새벽에 국장급 간부가 나타나 협박과 폭언을 퍼붓기 시작했다. '동아일보 편집국장의 인신처리는 우리 마음대로 할 수 있다. 각하도 양해한 사실이다. 당신을 비행기에 태워 제주도로 가다가 바다에 떨어뜨려 버릴 수도 있고, 자동차로 대관령 깊은 골짜기에 데려가 아무도 모르게 땅에 묻어 버릴 수도 있다. 회사 최고경영자에게 전하시오. 국가 장래를 생각하지 않고 무책임한 야당인사들을 선동하여 신문을 팔아 돈을 버는 생각을 버리라고.'

이 무렵 김충식 기자의 찢어지는 듯한 비명이 옆방에서 들려왔다. '왜 이러십니까' 하고 부르짖는 김 기자의 목소리도 들려왔다. 기사의 출처를 심하게 추궁당하고 있었던 것이다. 기사의 출처를 끝까지 밝히지 않았으니 고문이 심할 수밖에 없었을 것이다. 이상하 정치부장은 이때쯤 물고문으로 얼굴이 퉁퉁 부어 있었을 것이다. 심문이 중단된 사이 한 젊은 수사관이 들어왔다. 매우 부드럽게 고향 이야기를 하였다. 이것도 하나의 심문방법이겠지 생각했다.

그의 말은 이랬다. '이 지하실에 끌려와서 군복으로 갈아입을 때부터 동아일보 편집국장 뿐 아니라 그 누구도 인격은 없어지는 것이오. 첫날 와서 당할 것 다 당하고 아무것도 아닌 것 가지고 수사관하고 실랑이를 하면 수사관들의 심경만 사납게 해서 득이 되는 것이 없어요. 모든 것이 내 책임이다. 내가 잘못했다. 싹싹 빌어 빨리 바깥으로 나가는 것이 장땡이지. 나가서 당한 것을 기사로도 쓸 수 없는 것을 가지고 사서 고생을 하다니 참으로 딱하다.'

31일 토요일이 되어 안기부의 방침이 풀어주기로 한 탓인지 수사관들의 태도가 달라지기 시작했다. 퍼렇게 멍이 든 하반신을 비프스테이크 고기에 안티플라민을 발라 감아주었다. 얼마 되지 않아 퍼런 물이 흘러나오기 시작했다. 기나긴 자술서와 여러 통의 각서를 썼고 오후 5시경 안기부 자동차로 회사에 돌아왔다. 김충식 기자는 다음 날 풀려났다.

불행히도 당시 이 사건은 일부 외지에만 보도됐을 뿐 당사자인 동아일보를 포함, 국내 어느 신문사에도 보도되지 않았다. 당국의 해명과 납득할 만한 조치도 없었다. 〈아시안 월스트리트 저널(Asian Wallstreet Journal)〉 1985년 9월 5일자는 다음과 같이 보도했다. "동아의 경영층은 정부의 최고위층에게 이러한 종류의 일이 다시는 재발하지 않도록 보장하라는 조용한 메시지를 전했다. 이 사건이 시작될 때부터 신문의 경영층은 안기부에 협력하기로 결정하였다. 장세동 안기부장은 그를 성나게 한 신문이 나온 지 몇 시간 뒤에 동아일보 발행인에게 전화를 했었다고 한 언론인이 말하였다. 안기부장은 그 기사가 보도된 경위를 알기 위해 동아일보의 도움을 요청했다. 발행인은 편집국장과 정치부장이 심문을 받는 데 대해 동의하였다."

미국에 본부를 둔 언론인보호위원회는 1985년 9월 20일 전두환

대통령에게 전문을 보내 안기부에 의한 동아일보 편집국 간부의 구금과 가혹행위에 대해 항의하였다. 1985년 11월 포르투갈의 휴양지 카스카이스(Cascais)에서 열렸던 IPI(국제언론인협회) 이사회에서도 문제가 되었다.

당시 안기부장이었던 장세동은 신동아 1988년 11월호와의 인터뷰에서 이 사건에 대한 질문을 받고 이렇게 대답했다. "그 사건을 알고 있다. 고문까지는 아니고…. 당시 정부는 법질서에 협조해 달라고 언론에 요청했다. 모든 일에 자제선과 협조선, 통제선이 있는 데 언론은 국가이익을 위해 99.9%의 자제선을 발휘해야 한다고 본다. 참새 떼도 질서를 유지하며 날아가기 때문에 떨어지지 않는다고 한다. 언론에서 '엠바고'를 깼기 때문에 부득이한 조치였다. 그래서 통제선이 발동된 것이다. 언론 스스로도 가정파괴라는 범죄행위를 언급할 때 가정파괴범이란 용어를 쓰고 있지 않은가."[150]

라. 오홍근 테러사건

〈월간중앙〉 1988년 8월호 오홍근의 칼럼 '청산해야 할 군사문화'의 내용이 군을 일방적으로 매도하는 것이라며 격분한 정보사령부 군인들이 같은 해 8월 6일 출근 중인 오홍근을 칼로 상해를 입혔다. 제701부대장 이규홍 준장은 오홍근의 칼럼 내용이 사회의 모든 악행과 부조리가 군사문화에 기인한다는 취지로 군을 일방적으로 매도하고 민·군을 이간시킨다고 생각하고 오홍근을 상징적으로 혼을 내주어 악의적인 군 관련기사를 함부로 쓰면 보복당한다는 경각심을 주기로 했다.

이규홍은 부하인 박철수 소령에게 지시하여 박철수를 비롯한 부대원들이 오홍근에게 상해를 가했다. 이들은 오홍근의 양팔을 잡고 "대공에서 조사할 것이 있으니 같이 가자"고 했으나 응하지 않자

---

150) '다큐멘터리 5공의 언론수난'(13), 〈동아일보〉, 1988년 11월 16일.

오홍근의 얼굴을 때려 넘어뜨리고 양말 속에 있던 칼을 꺼내 왼쪽 허벅지를 내리 그었다. 오홍근은 왼쪽 허벅지를 34㎝나 찢겼으며 30여 일간 병원에 입원했다. 아파트 경비원이 아파트 주변을 배회하던 수상한 차량의 번호를 적어 놓았고, 조회결과 군부대 소유임을 확인했다.

가해자들은 1심에서 집행유예와 선고유예를 선고받았으나, 2심에서 모두 선고유예 판결을 받았다.[151] 재판부는 이들이 모두 초범이고 오랫동안 성실히 군복무를 해오면서 군 발전에 기여한 공이 크며 자신들의 행위에 대해 깊이 반성하고 있기 때문에 이러한 판결을 내렸다고 밝혔다.

오홍근은 "당시 사령관 이진백이 결재한 사건으로 본다"며 "1안은 가족몰살, 2안은 퇴근길 시비 살해, 3안은 출근길 혼내주는 것이었는데 3안을 채택했다"고 밝혔다. 그러나 이진백은 "당시 군 내부 분위기는 '(오홍근을) 혼 내줘야 한다'는 식이었으나 몇몇 애들이 독자적으로 쓸데없는 짓을 한 것"이라며 "계획된 것이었다면 감쪽같이 처리하지, 대낮에 수위가 보는 앞에서 그렇게 했겠느냐"고 반문했다.


## 6. 언론인 회유

박정희정권과 전두환정권은 언론인들에 대한 사찰이나 구속, 기소 등을 통한 언론인 탄압과 함께 언론인 강제해직 등을 통해 비판적인 언론인들을 탄압하는 한편으로 나머지 언론인들에 대해서는 특혜를 베풀었다. 특히 쿠데타로 권력을 장악한 정치군인들은 정권의 정통성을 확보하기 위해 언론을 적극적으로 이용했고, 언론은 권력으로부터 시혜를 받아 성장하는 계기가 됐다. 특히 언론인들은

---

151) 육군고등군사법원, 1988년 11월 12일, 선고 88항309 판결.

정치군인들과의 유착을 통해 권력에 편입함으로써 언론을 출세의 디딤돌로 여기게 하는 잘못된 풍조를 만들었다. 1961년 이후 1987년까지 17년 동안 정관계에 진출한 언론인만도 188명에 이른다.[152]

언론인의 정치권력으로의 진출이 지니는 의미를 이해하기 위해서는 한국언론과 정치권력의 특수한 관계와 관계의 변화에서 찾아야 한다. 이를 흔히 권언유착이라고 한다. 권언유착이라는 개념은 과학적인 개념이라기보다는 한국사회 안에서 권력을 비판하고 감시해야 할 언론이 권력과 유착된 상황을 서술하는 용어라고 할 수 있다.[153]

독재정권은 언론에 대한 혹독한 통제정책인 '채찍'과 함께 다양한 유인책을 통한 '당근' 정책도 병행했다. 이들의 언론유인 정책은 언론인의 정치적 충원과 언론인에 대한 경제적 특혜 제공으로 나눠볼 수 있다.

특히 독재정권들은 청와대 출입기자들을 정관계로 끌어들였다. 이들은 권력의 심장부에서 일어나는 핵심정보를 취재하고 많은 정보에 접근할 수 있다는 이점이 있고 이러한 이점 때문에 언론사 경영진은 회사에 우호적인 기자를 청와대에 보내고 그로부터 많은 정보를 얻어낼 수 있었다. 청와대 출입기자들은 또한 최고 권력자인 대통령과의 교분을 통해 출세가도를 달릴 수 있었다.

박정희정권과 전두환정권 시절 국회의원 가운데 언론인 출신이 많았고, 그 중에서도 청와대 출입기자 출신들이 많은 수를 차지하고

---

152) 김지운, '언론인의 권력지향 사례에 대한 고찰', 〈사상과 정책〉 vol. 6 no. 1, 경향신문사, 1989년 .

153) 강명구, 〈한국언론전문직의 사회학〉, 나남, 1993년, p.142. 강명구는 "권언유착이란 용어를 사용한 글들의 문맥을 살펴보면, 국가권력이 언론을 선전정책의 일환으로 포섭해서 통치의 도구로 사용했다는 의미도 있는 듯하고, 언론·자본과 경영주들이 자신들의 이해를 위해 자발적으로 정치권력에 협력해 왔다는 의미도 포함되어 있으며, 기자들이 입신양명을 위해 정치권력에 협조하는 상황을 가리키는 뜻으로도 쓰는 듯하다"고 밝혔다.

있었다는 사실이 이를 잘 뒷받침해주고 있다. 한 원로 언론인은 과거의 청와대 출입기자를 "언론사에서 파견한 기자가 아니라 청와대에서 언론사에 파견한 정보 요원"이라고 서슴없이 말하기도 했다.[154]

언론인의 정치적 충원은 당장에는 언론인에게 정치적 출세를 보장함으로써 유인을 제공하는 것이었지만, 언론인을 통해 언론을 통제하는 이른바 '이언제언(以言制言)'의 한 방편으로 활용된 측면도 많았다. 이언제언은 '이이제이(以夷制夷)'란 말에서 원용된 것으로 언론계의 중진을 정관계에 포진시켜 이들로 하여금 언론을 통제하고 무마하는 것에 빗대어 이른 말이다. '이언제언'은 유신정권 뿐 아니라 전두환정권 들어서 크게 성행했다.

### 1) 박정희정권(1961년~1979년)

언론인 출신으로 박정희정권 동안 국회와 행정부로 충원된 전체 언론인 중에서 나중에 다시 언론사로 복직한 언론인의 수는 국회 충원 언론인 14명과 행정부 충원 언론인 41명을 합친 총 55명이며 이는 전체 충원 언론인의 36.4%에 해당한다.(주동황 외, p.134.)

### (1) 5.16직후 정관계 진출

5.16쿠데타 이후 민정이양 이전까지 국가재건최고회의가 3권을 장악하고 있을 때 최고회의의 공보실장이었던 이후락은 청와대 출입기자들을 권력의 편으로 끌어들이는 데 지대한 역할을 했다 당시 박정희 의장 다음으로 막강한 권력을 휘두르고 있던 이씨는 군사영어학교 출신이었다. 이씨는 대한공론 이사장이라는 유사언론계 경

---

154) 김주언, '역대 청와대 출입기자와 권언유착', 월간 〈엔터프라이즈〉 1988년 11월호, pp.276~291. 역대 언론인의 정계 진출 사례 및 문제점에 대해서는 이 글을 참조 바람. 이후 언론인 회유에 관한 내용은 김주언의 이 글을 요약 정리한 것이다.

력을 바탕으로 유창한 화술과 권력, 금품으로 기자들과 군사정부를 접목시킨 장본인이다. 한 원로 언론인은 이씨가 기자들을 '군사통치의 나팔수로 만들었다'고까지 혹평한다.

그러나 이씨가 아무리 언론인들을 흡인력 있게 끌어들였다고 해도 언론인들이 거부하면 그만이다. 당시 언론인으로서 정계에 들어선 사람들은 변혁기의 사회 속에서 언론에 대한 소명의식 보다는 돈과 권력의 유혹에 쉽게 넘어갈 수 있었다는 평가를 받아야 한다. 그들의 머릿속에는 "강력한 군사체제가 장기화할 것이라는 판단으로, 빨리 권력에 편승하는 편이 입신출세에 도움이 될 것"이라는 얄팍한 기회주의적인 속성이 자리 잡고 있었기 때문이다.

당시 최고회의 출입기자로서 공화당 사전조직에 참여했던 사람은 이덕주를 꼽을 수 있다. 공화당 사전조직 및 발기인대회에 가담했던 언론인은 이씨 외에도 서인석(당시 뉴욕타임스 주한특파원), 소두영(경향신문 논설위원), 윤주영(조선일보 편집국장), 고명식(동양통신), 성인기(조선일보 주필), 노석찬 등이다.

공화당 사전조직에는 참여하지 않았지만 최고회의 출입기자에서 정치인으로 변신한 사람으로는 이만섭(동아일보)을 들 수 있다. 이씨는 1961년 필화사건으로 투옥됨으로써 유명해졌는데, 최고회의에 출입하면서 박정희 의장의 신임을 얻어 1963년 공화당에 입당, 박대통령의 선거유세반으로 활약하기도 했다. 그는 6개 국회 때 전국구 의원으로 정계에 입문한 뒤 7대, 10대, 11대, 12대, 14대 국회의원을 역임했으며 국민당 총재를 지냈다. 이씨는 이후 1993~4년에는 제14대 국회의장을 역임했으며, 신한국당 대표서리와 국민신당 중앙선거대책위원장, 새정치국민회의상임고문을 거치는 등 정치인으로서의 화려한 경력을 쌓았다. 박정희정권 당시 민정이양 이후 청와대 출입기자들은 '변신'을 밥 먹듯이 했다. 이들은 거의 대부분 정계 관계로 진출하거나 국영기업체로 빠져 나갔다. 이들은 권력이 지니고 있는 당의정에 현혹되기 일쑤였고 최고통치자의 주변을 맴돌고 있다는 데서 자신은 최고의 권력을 휘두를 수 있다는 착각에 빠지기도 했다. 그래서 이들은 "친지나 후배의 이권 인사청탁에 개입하기가 일쑤였다"는 것이다.

### (2) 유신이후 정관계 진출

유신직후 박정권은 '언론을 통제·회유하는 한편, 국민들에게 유신의 정당성을 홍보하기 위한 수단'으로 언론인 출신들을 대거 정계에 발탁했다. 박정권은 1971년 대통령 선거에서 장기집권에 불안을 느낀 박정희정권은 1972년 '7.4공동성명'으로 국민이 통일 열기에 휩싸인 틈을 비집고 장기집권의 토대를 구축하기 위해 '10월 유신'을 선포, 권위주의 체제를 강화시켰다. 박 대통령은 각 신문사별로 중견언론인을 선발, 국민의 직접선거를 거치지 않은 유정회 국회의원으로 금배지를 달아 주었다. 일면 통제, 일면 회유의 전형적인 언론통제 수법이 이때부터 유감없이 발휘된 것이다.

이들의 거의 대부분이 정치부 출신이고 그중에서도 청와대 출입기자 출신이 많은 수를 차지하고 있다. 특히 박정권은 1973년 3월 20일 국무회의에서 각 부처의 직제를 개정하여 기존의 공보담당관을 공보관 즉 대변인으로 바꾸고 직급을 이사관 또는 부이사관급으로 격상시키면서 언론계 인사를 한꺼번에 13명이나 기용했다. 대변인제는 당시 문공부장관 윤주영의 발상에 의한 것으로 적극적인 유신홍보의 필요성을 느낀 정부가 홍보전문가로 언론사의 차장급 이상 기자들을 동원한 것이다.(주동황 외, pp.134~136.)

또한 9대 국회에서는 유정회 의원 8명을 포함, 19명의 전현직 언론인이 여당의 공천을 받아 국회의원으로 당선됐고 6명의 언론인이 비서실장으로 변신했으며, 그에 앞서 11명의 언론인이 통일주체국민회의 대의원이 되기도 했다.(동아일보사 노동조합, pp.34~35.)

박정권 하에서 청와대를 출입하다가 정치인으로 변신한 언론인들로는 이진희(동아일보) 임삼(한국일보) 정재호(경향신문) 문태갑

(동양통신) 이종식(조선일보) 유혁인(동아일보) 이웅희(동아일보) 김종하(신아일보) 소자동(서울신문) 이자헌(서울신문) 박경석(합동통신) 최영철(동아일보) 정남(경향신문) 김용태(조선일보) 권숙정(대한일보) 김준환(대한일보) 윤상철(경향신문) 등을 꼽을 수 있다. 이중 이종식 이진희 임삼 최영철 정재호 문태갑 등은 유정회 국회의원 1기로 발탁된 사람들이다. 나머지 사람들은 박정권 시절 청와대 출입기자의 인연으로 정치부장이나 편집국 간부가 된 뒤 유신시절, 또는 전두환정권 출범과 함께 정계에 발탁됐다.

유신 직후 언론인들을 정계로 끌어들이는 데 막후역할을 했던 인물로는 유혁인을 꼽을 수 있다. 유씨는 1960년대 초 동아일보 최고회의 출입기자를 지낸 뒤 정치부장을 거쳐 1971년 청와대 비서실 정무비서관으로 관계에 진출한 인물이다. 유씨는 최고회의 출입기자 시절 이후락과의 연계를 맺은 뒤 계속 끈끈한 인연을 맺어온 것으로 알려져 있다 그는 도쿄 특파원 시절에도 당시 도쿄로 쫓겨나 있던 이씨와도 친밀한 관계를 계속 유지하면서 권력의 끈을 잡게 된다. 영남 출신인 유씨는 출신 배경 덕분으로 권력층과 알게 되어 전두환정권 이후에도 관계에 계속 남아 포르투갈 주재 한국대사로 나가기도 했다.

최영철은 1966년 정치부 차장 시절 군 특수부대로부터 테러를 당하는 등 '반공기자'로 이름을 날렸다. 당시 최씨는 "최영철, 펜대를 조심하라. 너의 생명을 노린다"는 '구국특공단장' 명의의 협박과 함께 두 차례의 테러를 당했다. 결국 범인은 베일에 가려진 채 밝혀지지 않았지만, 유혁인의 끈질긴 설득으로 결국 '전향서'에 도장을 찍고 말았다.

최씨는 1971년 정무담당 무임소 장관실 정무조정실정을 거쳐 1973년 유정회 국회의원으로 발탁된다. 그는 그 뒤 10, 11, 12대 국회의원 선거에서 여당 공천으로 지역구에 출마, 연속 당선되었고 국회부의장까지 지냈으나 13대 총선에서는 낙선하고 말았다.

또한 이종식은 주일특파원을 지낼 때 박대통령이 친필편지를 대사관을 통해 보낼 정도로 총애를 받은 것으로 알려졌는데, 1973년 유정회 국회의원으로 정계에 발을 들여 놓았다. 10대 총선 때에도 유정회 의원으로 선출되었으나 1980년에 언론계에 복귀, 연합통신 상무를 지냈으며 1984년엔 전무를 역임했다.

## 2) 전두환정권(1980년~1987년)

전두환정권이 언론통제 정책을 펼치는 데는 언론인의 도움 없이는 불가능했다고 해도 과언은 아니다. 언론사 통폐합에 조선일보 출신 허문도씨가 직접 관여했다는 사실은 널리 알려져 있으며 국보위에도 언론인 출신들이 참여하여 언론인 강제해직에 일조했다. 특히 전두환정권은 언론인들을 대거 강제 해직시키는 한편으로 우호적인 언론인에 대해서는 정·관계로 끌어들였다. 정관계로 들어간 언론인 출신들은 언론사 편집국이나 보도국에 상주하면서 언론인들을 사찰했고 보도지침을 하달하는 주역으로 일하기도 했다.

### (1) 언론탄압의 주역

소위 '현실참여'라는 명분으로 정계에 뛰어든 언론인들은, 언론을 활성화시키기 보다는 오히려 언론의 약점과 속성을 악용하여 언론을 탄압하거나 교묘하게 조작하는 데 앞장서 왔다. 전두환정권의 악랄한 언론탄압 과정에 현역 언론인이 참여했었다는 점은 이를 잘 말해준다.

1980년 전두환 신군부의 언론통폐합은 조선일보 도쿄 특파원 출신인 허문도가 주축이 된 것으로 알려져 있다. 허문도는 조선일보를 그만두고 주일대사관 공보관으로 근무하다가 1980년 4월 당시 중앙정보부장 서리이던 전두환의 비서실장으로 들어가면서 전두환 신군부의 언론장악과 통제정책의 막후 실세역할을 했다. 언론통폐합 조치는 발상이 워낙 엄청나서 전두환조차도 시행을 망설였으나 허문도의 집요한 건의와 설득으로 행해졌다는 것이 정설이다.

허문도는 주일 공보관 시절이던 1980년 1월 서울에서 열린 공보관 회의에 참석하기 위해 귀국했는데 당시 최규하 정부의 민정수석비서관으로 근무하던 이원홍을 통해 실력자인 허삼수와 만난다. 허삼수는 "언론을 잘 아는 유능한 사람을 추천해 달라"는 전두환의 요청에 의해 허문도를 추천했고 허씨는 전씨와의 독대에서 언론정비 등을 내세웠다. 허씨는 이 면담에서 "아무리 언론자유라고 하지만 우리나라와 같은 안보 상황에서 너무 방만한 언론자유는 무익하다"고 말한 것으로 알려졌다.

허문도는 조선일보에 근무하다가 일본 도쿄대에 유학, 메이지 유신시대 이후의 국가형성과 근대화 과정을 연구했으며 이 과정에서 일본의 천황주의와 국수주의에 심취한 것으로 알려졌다.[155]

'이언제언(以言制言)'의 대표적인 인물로는 이진희를 꼽을 수 있다. 유신시절 청와대 출입기자였던 이진희는 '청와대에서 언론사에 파견한 정보요원'의 역할을 성실하게 수행, 박대통령의 신임을 얻었다. 이에 거부감을 느낀 회사 측에서 이씨를 외신부로 발령 내자, 청와대에서는 이씨를 전격적으로 서울신문 정치부장으로 알선했으며, 이어 1973년 유혁인의 도움으로 유정회 의원으로 발탁됐다. 그 뒤 이씨는 다시 언론계로 돌아와 1979년 서울신문 주필 겸 이사를 맡는다. 당시 이씨는 10.26직후 혼란스러웠던 상황 속에서 동생인 이상희(제11, 12대 민정당 전국구의원)로부터 중요한 정보를 듣는다. "전두환 보안사령관이 최고실력자로 떠오르고 있다"는 얘기였다.

당시 한치 앞을 내다보기 어려워 모든 국민이 '안개정국' 속을 헤매고 있을 때 이씨는 서울신문 4월 21일자에 갑자기 가명으로 '역사의 무대가 바뀌고 있다-정국의 장래는 마냥 불투명한가'라는 시론을 썼다. 그는 이 시론에서 "80년대 이후의 새 시대가 함축하는

---

155) 당시 허문도씨는 메이지천황의 초상화를 집에 걸어 놓고 있다는 말을 들을 정도로 일본의 천황제에 경도되어 있었던 것으로 전해진다.

의미의 민족사적 진로의 향방, 그리고 이를 주도할 새 엘리트층의 등장"의 필요성을 갈파하고 다른 시론에서는 '군인의 집권 불가피성'을 예고해 관심을 끌었다.

이후 경향신문·문화방송 사장으로 자리를 옮긴 이씨는 국내 언론사상 최초로 전두환 보안사령관과 단독 인터뷰를 갖고 이 내용을 경향신문에 게재한다. 이 인터뷰에 대한 보답인지 이씨는 곧바로 국보위 입법위원으로 선출되었다. 당시 이씨는 언론통제정책을 입안하는 데 앞장섰던 것으로 밝혀졌다. 이어 1982년 5월 21일 문공부 장관에 취임한 이씨는 제5공화국 탄압정책의 대변인을 자청하고 나섰다.

이씨는 1985년 2월 17일 퇴임하여 잠시 문공부 산하 단체인 반공연맹 이사장으로 있다가 1986년 서울신문 사장으로 취임한다. 이씨는 당시 언론통제가 극에 달해 있을 때 정부의 보도지침을 '금과옥조(金科玉條)'처럼 충실히 따르는 것은 물론, 신문을 제2의 영달을 위한 도구로 착각하여 톱기사도 직접 결정하고 개작하는 등 서울신문의 전체기사를 '전두환 찬양' 일색으로 먹칠해 버렸다. 그는 당시의 지론이 '국민에게 욕을 얻어먹는 신문이 되어야 제대로 된 신문'이라는 것이었다. 이씨는 결국 1986년 들어 퇴진을 요구하는 서울신문 편집국 기자들의 투쟁에 밀려 그만두고 말았다.

전두환정권의 '언론학살' 주역으로 이원홍을 거론하지 않을 수 없다. 이씨는 한국일보 편집국장까지 지냈지만 1974년 사표를 제출하고 직급을 낮춰 가면서 주일대사관으로 자리를 옮겨 관계에 들어섰다. 이씨는 이후 주일해외공보관장이 되어 1980년까지 일본에서 근무했다. 이씨는 전두환정권의 등장 이후 청와대 정무수석비서관으로 영전했으며 같은 해 7월 28일 KBS 사장이 되었다.

이씨는 5년 동안 KBS 사장으로 있으면서 공영방송을 편파적으로 운영 정부 여당의 하수인 역할을 자임했다는 비난을 받았으며 무질서한 인사관행으로 KBS를 관제방송으로 만들었다는 비난에 시달렸다. 특히 KBS 시청료 거부운동의 발단이 된 편파방송을 진두지휘했다. 당시 KBS는 '85 지역살림'이라는 기획프로그램을 신설, 매일 20분간 지방사업을 정부업적으로 홍보했으며 미니 드라마, 코미디 프로그램 등을 통해 야권후보를 비방 중상하고 뉴스에서는 드러내 놓고 여당후보를 클로즈업(close-up)시키는 편파보도를 했다.156)

이씨는 1984년 문공부장관이 된 뒤에도 방송의 인터뷰, 스파트 뉴스까지 일일이 시비를 걸었으며 보도지침을 강화했다. 이 보도지침에는 이원홍 장관 자신의 연설치사 담화를 눈에 띄게 보도하라고 지시하기도 했고, 야당과 재야 관련 기사나 정부에 불리한 기사는 보도를 통제하거나 삭제하도록 유도하는 등 전체 언론사의 편집국장 노릇을 하기도 했다.

1988년 문공부에 대한 국정감사에서 보도검열단장이었던 이병찬은 보도검열단에 참여했던 사람들의 모임인 태평회(太平會, 보도검열단이 근무하던 서울시청이 태평로에 있다고 해서 붙여진 이름)에 "동아일보 출신이었던 이경식과 한국일보 출신인 이수정이 포함되어 있었다"고 밝히기도 했다. 또 언론인 강제해직에 간여한 국보위 문공분과위 위원 중 언론계 출신으로는 허문도 권숙정 염길정(한국일보) 안병규(부산일보) 등 4명이었으며 이진희 이광표가 당연직 상임위원으로 참여했다. 또한 언론기본법 등 제5공화국 악법의 총본산인 국보위 입법회의에도 방우영 이원경 이광표 등 3명의 언론인이 참여했다.

1988년 문공부에 대한 국정감사 때 평민당의 박석무 의원은 질의를 통해 "언론통폐합의 주도적 기능을 담당했던 세칭 태평회의 정체를 밝혀라"고 추궁하고 "태평회원은 이상재씨와 조선일보 방우영사장이라는데 사실인가"라고 묻기도 했다. 박의원은 거센 항의로 이

---

156) 김주언, '언론학살과 5공 핵심언론인 집중 탐구―이진희 · 이원홍 · 허문도' 〈저널리즘〉 1988년 겨울호, 한국기자협회, pp.54~67. 이 글에는 세 사람의 행적과 언론관 그리고 일본 군국주의 및 나치 독일의 언론통제와 비교한 내용이 기술되어 있다.

발언을 취소하고 말았지만, 이상재는 모 월간지와의 인터뷰에서 "당시 보도검열단에 육해공군 관련자, 경제기획원, 문공부, 그리고 이름을 밝힐 수 없는 언론인 등의 모임인 태평회를 만들어 1년에 두어 번씩 만나왔다"고 주장한 뒤 "언론계의 병폐가 언론인들의 입을 통해 많이 드러났고 그들의 요구에 의해 언론개혁이 된 것"이라며 통폐합의 발상이 언론인들에 의해 나왔음을 밝혔다.

전두환정권은 1981년 정권의 외피를 담당할 민정당을 창당했다. 민정당 창당준비위원 15명 중에는 최영철 박권흠 송지영 박경석 등 언론인이 포함되어 있다. 또한 전두환정권 출범과 함께 정계에 진출한 언론인은 모두 34명이다. 유신말기의 국회인 10대에 비해 거의 2배에 가까운 숫자다. 이 중 민정당이 22명으로 거의 3분의 2에 가깝다. 11대 초선의원 등 민정당 소속으로 언론계 출신은 다음과 같다.

봉두완(TBC) 정남(경향신문) 곽정출(중앙일보) 김용태(조선일보) 심명보(한국일보) 임방현(한국일보) 염길정(한국일보) 안병규(부산일보) 김정남(대구매일) 이민섭(서울신문) 박경석(동아일보) 조남희(중앙일보) 하순봉(MBC) 등이다.

특히 이웅희는 동아일보의 정치부장과 외신부장을 거쳐 1980년 편집국장을 지냈고 1990년 8월 대통령 공보수석비서관으로 관계에 입문했다. 1982년엔 다시 언론계로 돌아와 MBC사장을 맡았다가 1986년 8월 이원홍의 후임으로 문공부장관이 됐다.

(2) 보도지침의 산실

전두환정권은 폭력으로 국민을 억압했고 대중조작으로 국민을 우롱했다. 정권적 폭압통치에 저항하는 국민을 최루탄과 고문으로 탄압하는 한편으로 올림픽과 선진조국 창조라는 장밋빛 환상을 국민에게 심어 저항의 기세를 꺾으려고 노력했다. 군부독재정권의 언론을 통한 대중조작은 이미 보도지침을 통해 만천하에 공개되었다.

보도지침 중에는 전대통령의 방미 중 '비행기내에 목민심서가 꽂혀 있더라'는 사실을 보도하도록 지시하는 등 전두환에 대한 개인적인 찬양마저 강요했다.

또한 전두환정권 시절 보도지침을 시달한 문공부 홍보조정실의 역대 직원 중 언론계 출신이 17명이나 되는 것으로 밝혀져 '이언제언(以言制言)'을 실감케 한다. 특히 역대 홍보조정(정책)실장은 100% 언론계 출신이며 홍보담당관 및 보도담당관도 대부분 언론계 출신이었다. 이들은 홍보정책실장으로 근무했던 조성천(연합) 이경식(동아) 이정배(중앙)를 비롯하여 김상진(한국, 기획관) 조봉균(동양통신) 신우재(MBC, 이상 홍보정책관) 정기정(동양통신) 김기철(대구일보) 강형석(서울) 김중상(신아, 이상 홍보담당관) 이영복(MBC) 김순길(서울) 정형수(동아) 안재환(경향, 이상 홍보담당관) 임광석(KBS) 이병서(동아, 이상 보도담당관) 이준호(KBS, 홍보담당관실) 등이었다.

특히 전두환 대통령의 '개인 대변인'을 자임했던 소위 '청와대 언론 3김씨'는 특별히 기억해둘만하다. 청와대 출입기자 시절 전두환 대통령의 신임을 얻어 청와대 비서관으로 발탁됐던 이들은 김○○ 김○○ 김○○이다. 이들은 독재정권의 하수인이 되어 전씨 개인을 찬양하고 독재정권의 이미지를 제고시키며 대중조작을 일삼는 데 앞장서 왔다.

이들 중 김○○은 신아일보 출신으로 유신독재 시절인 1972년 8월부터 1981년 4월까지 10년 동안 청와대를 출입했다. 김씨는 언론통폐합으로 신아일보가 폐간되기 직전에 경향신문으로 자리를 옮겨 정치부장을 맡았는데도 1981년 4월까지 청와대를 출입했다. 가장 오랫동안 청와대를 출입했던 김씨는 신아일보라는 약한 매체의 기자임에도 불구하고 출입기자단 간사를 맡아 일했다. 김씨는 오랜 청와대 출입을 발판으로 다른 기자들이 전혀 관심을 쏟지 않는 경호실 등 부속기관의 관리들과도 어울렸다고 한다. 유신독재 시절 청와대 경호실에서 근무했던 전두환과의 만남도 당시에 이뤄졌고 이를 발판으로 전씨가 대통령이 된 뒤에는 일약 권력의 핵심에 들어설 수 있었다.

1981년 청와대 정무비서관으로 권부에 들어선 김씨는 경북 안동 출신으로 전대통령의 측근에서 일하면서 'TK마피아'의 일원으로 활약, 관변 언론사의 사장이나 중역을 선임하는 데 막후에서 막강한 영향력을 행사한 것으로 알려졌다. 또한 언론통폐합으로 신아일보가 폐간된 뒤 신아일보 출신 기자들을 문화방송과 경향신문의 주요 보직에 앉히는 등 '신아일보의 대부' 역할을 했다.

김○○은 1981년 4월부터 1982년 8월까지 1년 남짓 동안 MBC기자로 청와대에 들어섰다. 김씨는 전 대통령이 TV에 출연하기 전에 리허설을 통해 손동작에서 얼굴 표정, 말투에 이르기까지 사전 조정, 국민에게 온화하고 위엄 있는 분위기를 풍기도록 유도했다. 그는 청와대 공보비서관 시절 방송사에 막강한 영향력을 과시, TV편성이나 프로그램 제작에까지 관여한 것으로 알려졌다.

1981년 4월부터 중앙일보 기자로 청와대에 출입했던 김○○은 청와대 출입 2년 만에 언론계를 떠났다. 청와대 출입기자 시절 전 대통령에 관한 호의적 기사로 전씨의 호감을 샀던 김씨는 1983년 6월 청와대 민정비서관으로 발탁되었다가 그만둔 뒤에는 국가보훈처로 자리를 옮겼다.

이들 '청와대 언론 3김씨'는 청와대 출입기자 시절 정권에 편향적인 아부성 기사를 써온 사람들로 정평이 나 있다. 이들은 전두환정권의 암울한 시절 동료기자들이 폭압적인 탄압에 몸을 움츠리고 치욕에 떨던 그때에, 언론을 자신들의 출세의 발판으로 삼아 적극적으로 정권홍보에 앞장섰던 인물들이다.

3) 경제적 특혜(1974년~1987년)
비판적인 언론인을 강제 해직한 뒤 독재정권들은 언론인에 대한 경제적 혜택을 베풀었다. 박정권은 1974년 12월 기금 5억 원(국고보조 1억 원, 은행융자 4억 원)으로 한국언론인금고를 발족시켰다. 언론인금고는 ① 언론인을 위한 저리 단기 대부 ② 연구조사 활동비 융자 또는 보조 ③ 복지후생증진 사업 ④ 부대사업을 행하는 데목적이 있었다.[157]

언론인에 대한 복지는 원래 언론사가 담당해야 할 부분인데도불구하고 문공부가 담당했다는 사실은 정부의 언론통제가 개별 언론인의 수준에까지 진행되었음을 보여주는 것이다. 개별 언론인에대한 지원은 언론인의 경제적 지위를 향상시킴으로써 그들의 비판적 성향을 완화시키려는 언론통제 방식 중의 하나이다.(이현구, p.48.)

### 언론인금고 대출실적
(단위 : 천원)

| 연 도 | 대 부 인 원 | 대 부 액 |
|---|---|---|
| 1975 | 575 | 100,350 |
| 1976 | 597 | 171,500 |
| 1977 | 1,031 | 300,500 |
| 1978 | 961 | 462,100 |
| 1979년 8월 31일 | 723 | 357,000 |
| 계 | 3,887 | 1,391,750 |

※ 자료 : 문화공보부, 〈문화공보 30년〉, 1979년, pp.104~105.

전두환정권도 언론인에 대한 특혜를 베풀었다. 높아진 급료, 취재수단에 대한 면세, 언론인금고의 주택자금 및 생활안전자금 저리융자, 자녀 학자금 지원 등이 대표적이다. 특히 1982년 1월 1일부터시행된 소득세법 시행령 제8조 12항에는 언론사 기자들의 봉급 가운데 20%를 실비 변상적인 성격의 급여, 즉 취재수당으로 보고 세금을면제했다. 비록 봉급의 20%를 비과세대상으로 했지만, 세액에서는

---

157) 이현구, '정부의 언론통제와 신문산업의 변화', 서강대 언론대학원 석사학위 논문, 1995년, p.47.

약 3분의 1을 덜 내게 된 것이다. 한국기자협회는 1984년 서울지역 기자들로 주택조합을 구성하여 문공부와 건설부의 도움으로 강남구 일원동의 토지개발공사 땅을 불하받아 802가구의 기자아파트를 건립했다.

언론 공익자금 수혜 현황 (단위 : 백만원)

| 사업 \ 연도 | 1981 | 1982 | 1983 | 1984 | 1985 | 1986 | 1987 |
|---|---|---|---|---|---|---|---|
| 언론인 자질향상 | 1,202 | 2,009 | 1,716 | 1,986 | 2,385 | 3,284 | 3,315 |
| 언론인 복지후생 증진 | 2,913 | 2,857 | 2,131 | 2,210 | 2,390 | 2,154 | 2,478 |
| 언론인 공익시설 건립 관리 | - | 5,332 | 5,113 | 15,325 | 4,757 | 2,917 | 227 |
| 언론기관 및 단체 지원 | 840 | 1,209 | 1,497 | 1,793 | 3,548 | 3,564 | 4,294 |

※ 자료 : 주동황, '권언유착의 실상과 배경', 〈저널리즘〉 1989년 가을·겨울호, 한국기자협회, p.56.

언론인에 대한 전두환정권의 특혜 제공은 언론인 대량 해직으로 문을 열었던 신군부의 언론정책의 폭압성에 대한 반발을 무마하기 위한 차원의 것이라 할 수 있다. 이에 따라 언론인은 고소득과 각종 혜택을 향유할 수 있었으며 언론의 체제내 편입으로 귀결됐다.

# 제3장 미디어 통제

미디어(media)는 글자 그대로 각종 정보를 소비자에게 전달하는 통로(channel)라고 할 수 있다. 기자들이 정보를 생산하면 미디어를 통해 독자나 시청자에게 전달된다. 따라서 언론자유가 보장되려면 누구나 언론사를 설립하거나 소유할 수 있어야 한다. 여론다양성을 확보하기 위해서는 많은 언론사들이 다양한 정보를 전달해야 한다. 방송사의 경우 한정된 전파자원 때문에 허가제를 유지하고 있을 뿐이다. 그러나 엄밀히 말해 기자는 언론사에 소속된 직원일 뿐이다. 따라서 독재정권은 커뮤니케이터(communicator)인 기자들을 엄격하게 통제하는 한편으로 미디어인 언론사를 장악하기 위해 폭압적인 정책을 펼쳤다.

독재정권은 자신에 비판적인 언론사는 강제로 폐간시키거나 자신의 소유로 만들었다. 특히 다양한 여론이 형성되는 것을 방지하고 언론통제를 쉽게 수행하기 위해 언론사를 통폐합했다. 나치 독일과 군국주의 일본이 써 먹던 수법이다. 독재정권은 신문사의 설립을 방지하기 위해 허가제를 시행했으며 '진입장벽'을 펼쳐 신문사들이 독과점 혜택을 누리도록 했다. '누이 좋고 매부 좋은 식'이라고 할 수 있다.

박정희정권은 1961년 5.16쿠데타 직후 강압적인 상황에서 군정기간 동안 문화방송을 강탈하고 경향신문을 강제로 제3자에게 매각토록 했다. 특히 쿠데타 직후에는 혁신계 신문인 민족일보를 폐간시키고 조용수 사장을 사형했다. 박정권은 두 차례에 걸쳐 언론사를 통폐합했다. 군정기간 동안에는 수많은 신문사와 통신사를 폐간시켰으며 1973년 유신직후에는 지방신문에 대해 '1도(道)1사(社)'주의를 내걸고 1개 도에 1개의 신문사만을 두도록 강제했다.

전두환 신군부는 12.12쿠데타 직후인 1980년 대대적인 언론사 통폐합을 단행했다. 중앙일간지는 석간 3개사와 조간 3개사만 남겨두고 폐간시키거나 통합시켰다. 지역신문의 경우 박정권의 '1도1사주의'를 완결시켰다. 통신사는 단일 통신사를 새로 설립했다. 방송사는 민영방송을 통합하여 완전한 공영체제로 전환시켰다. 그러나 실질적으로는 국영체제나 다름없었다. 이 과정에서 수백 명에 이르는 언론인들이 강제로 해직 당하는 아픔을 겪어야 했다. 언론사의 자율결의를 명목으로 내세웠지만, 언론사주들은 보안사에 끌려가 강제로 포기각서를 써야 했다. 전두환 신군부의 언론사 통폐합은 유례를 찾아 볼 수 없는 폭거였다.

박정희정권은 비판적인 언론사에 대해서는 여러 가지 형태로 경영압박을 가했다. 신문 용지 수급을 통제하거나 신문의 발행면수를 제한했으며, 신문의 조·석간 하루 두 번 발행체제를 하루 한 번만 발행하는 단간제(單刊制)로 바꾸도록 강요했다. 특히 유신 이후에는 자신에 비판적인 신문사를 견제하기 위해 광고탄압을 자행했다. 1973년에는 중앙정보부를 동원하여 조선일보사 광고주를 불러 광고게재를 중단하도록 압력을 가했다. 다음해에 벌어질 동아일보 광고탄압의 전초전이었던 셈이다. 조선일보는 별다른 저항 없이 순응했다.

1974년 당시 가장 야성(野性)이 강한 신문이었던 동아일보에서 기자들이 자유언론실천운동을 벌였다. 이에 대해 박정권은 중앙정보부를 동원하여 광고주들이 동아일보에 광고를 내지 못하도록 압력을 가했다. 이에 따라 동아일보는 사상 초유로 광고면을 백지로 발행하는 '백지광고' 사태가 벌어졌다. 1975년 초에는 광고면에 동아일보를 격려하는 광고가 쇄도했다. 국민의 열 띤 호응은 요원의 불길처럼 타올랐다. 그러나 신문 사주는 권력에 굴복하여 기자들을 대량 해고하고 신문지면은 원상회복됐다.

독재정권은 언론사에 대한 지원 정책도 펼쳤다. 언론사에 세금감면 혜택을 주거나 신규 언론사의 설립을 허가하지 않음으로써 신문사들이 독과점 혜택을 누리도록 했다. 박정희정권은 신문사에 시설확장 자금과 운영자금을 융자해주고 금융기관에 대한 채무변제 기간을 완화해주는 경제적 특혜를 제공했다. 거의 모든 신문사들이 연리 26%의 장기대출을 받았다. 당시 시중 사채이자율은 년 약 50% 정도였다. 전두환정권도 방송발전기금을 조성해 언론인들의 해외연수와 주택자금 융자 등 특혜를 안겼다.

한마디로 독재정권은 미디어를 통제하기 위해 '당근과 채찍'이라는 양동작전을 펼친 셈이다.

## 1. 언론사 통폐합

5.16쿠데타 이후 한국언론사는 세 차례의 통폐합을 당했다. 첫 번째는 1961년 5월의 '언론기관 일제 정비'이며 두 번째는 1972~3년 유신직후의 '지방지 1도1사 통합 추진', 세 번째는 1980년말의 대규모 '언론통폐합'이다. 1961년은 군사정권, 1973년은 유신정권, 그리고 1980년은 신군부가 등장하는 때여서 새로운 정치권력이 창출될 때마다 통폐합이라는 시련을 겪은 셈이다. 송건호 선생은 언론사 통폐합조치에 대해 "장기집권의 불합리성과 누적된 부패와 실정을 조금이라도 더 은폐하려는 저의에서 나온 일종의 언론통제 정책"이라고 규정했다.[158]

### 1) 박정희정권(1961년~1979년)

박정희정권은 5.16군사쿠데타 직후 언론사 통폐합을 강행한 데이어 1970년대 초반 또 한 차례의 언론사 통폐합을 추진했다. 특히

---

158) 송건호, 〈한국 현대언론사〉, 삼민사, 1990년, p.175.

1972~3년의 통폐합은 지방지에 대한 1도 1사 원칙을 내세워 통폐합을 유도했다. 이러한 '1도 1사' 원칙은 이후 전두환정권의 언론사 통폐합에 그대로 적용됐다.

### (1) 5.16직후 언론사 정비(1961년)

1961년 5.16쿠데타로 권력을 장악한 박정희는 물리적인 힘을 앞세운 일련의 언론통제를 시작했다. 군사쿠데타가 정당성을 획득하는 데 언론의 협조를 필요로 했기 때문이다. 군부세력은 쿠데타와 동시에 전국 계엄령을 선포해 언론 사전검열을 실시하여 언론의 정상적인 보도기능을 마비시켰다. 이와 함께 박정희는 언론사 통폐합을 단행했다. 박정희는 1961년 5월 23일 '사이비 언론인 및 언론기관 정화'를 명분으로 내걸고 '최고회의 포고' 제11호를 발표했다. 포고령 제11호의 4개항은 다음과 같다.

① 신문을 발행하려는 자는 신문제작에 소요되는 제반 인쇄시설을 완비한 자에 한함 ② 통신을 발행하려는 자는 통신발행에 필요한 송·수신 시설을 구비하여야 함 ③ 등록사항을 위반한 정기 및 부정기 간행물은 이를 취소함 ④ 신규 등록은 당분간 접수치 않음

이와 동시에 공보부령 제1호 '신문·통신사의 시설 기준령'을 공포하여 기준미달 정기간행물은 모두 등록이 취소됐다. 4.19혁명 이후 난립했던[159] 많은 신문 통신과 간행물 가운데 일간지 76개(중앙 49개, 지방 27개) 통신 305개(중앙 241개, 지방 64개) 주간지 453개(중앙 324개, 지방 129개)가 일제히 도태됐다.[160] 정비 후에 남은 언론사

---

159) 4.19혁명 이후 출범한 장면정부는 정기간행물의 등록제를 부활시켜 100여종이 넘는 일간지와 200여종이 넘는 통신사가 난립하여 사이비 언론의 폐해가 사회문제로 제기됐다. 이는 5.16쿠데타 이후 군사정권이 일제정비라는 명목으로 많은 언론사를 폐쇄할 수 있는 구실을 주었다.

160) 정진석, '한국의 인쇄매체', 〈언론학 원론〉, 한국언론학회, 1994년, p.59.

는 일간지 39개(중앙 15개, 지방 24개) 통신 11개(지방은 없음) 주간지 32개(중앙 31개, 지방 1개)였다. 그 뒤 자진 폐간한 신문도 있어 1년 뒤인 1962년 7월 1일 현재 전국 일간지는 33개로 줄었다.

1961년 포고령 제11호로 정비된 신문사와 통신사

|  | 일간지 | | 통신사 | | 주간지 | | 계 | | |
|---|---|---|---|---|---|---|---|---|---|
|  | 중앙 | 지방 | 중앙 | 지방 | 중앙 | 지방 | 중앙 | 지방 | 총계 |
| 등록 | 64 | 51 | 252 | 64 | 355 | 130 | 671 | 245 | 916 |
| 취소 | 49 | 27 | 241 | 64 | 324 | 129 | 624 | 220 | 834 |
| 남은 것 | 15 | 24 | 11 | – | 31 | 1 | 57 | 25 | 82 |

※ 자료 : 한국신문방송편집인협회, 〈한국신문방송편집인협회 50년사〉, 2007년, p.124.

언론통폐합의 명분은 "신성한 언론자유를 모독하는 사이비 언론 및 언론기관을 정화하고, 진정한 민주언론 창달과 혁명과업 완수에 이바지할 수 있는 국민재건의 태세를 갖추고자"[161]한 것이었다.

박정희정권은 그 뒤로 새로운 신문의 등록을 적극 억제하여 1960년대에는 4개의 중앙일간지가 신설되는 데 그쳤다. 한국일보사가 발행하는 일간스포츠(1963년 8월 15일)와 일요신문(1962년 9월 9일), 신아일보(1965년 5월 6일), 중앙일보(1965년 9월 22일)가 그것이다.

언론정비 조치의 목적은 무엇보다도 군정당국이 언론기관의 힘을 약화시키고자 하는 데 있었다. 사전검열과 언론기관 정비로 언론의 보도기능은 무력해질 수밖에 없었다. 1961년 8월 4일 타임(Time)지는 한국언론을 가리켜 '벙어리 신문'이라고 평했으며, 이에 앞서 7월 19일 박정희 최고회의 의장은 기자회견에서 "언론이 혁명정부를 비판하지 못하는 것은 언론인이 기개가 없기 때문"이라고 비웃었다.(주동황 외, p.81)

---

161) 정대수 · 송건호 외, '이승만과 박정희의 언론통제론', 〈민중과 자유언론〉, 아침, 1984년, p.188.

(2) 유신직후 언론통폐합(1973년)

3선개헌 후 1970년대로 넘어오면서 박정희정권은 언론의 체제개편과 경영주들을 통한 강력한 간접통제의 방식을 취했다. 언론자율정화, 언론기관의 통폐합, 기자들에 대한 프레스카드 발급 등이 그것이다. 유신헌법 선포 한해 전인 1971년 12월 전국의 일간신문을 비롯하여 주간지, 방송, 잡지 등의 경영자단체는 국가비상사태가 선포된 가운데 정부의 종용에 따라 단체별로 '언론자율에 관한 결정사항'을 채택했다. 이 결정은 사이비기자의 일소, 언론인 급료의 현실화 등 긍정적인 면도 있었지만 언론인들이 정부가 발급하는 '보도증(프레스카드)'를 소지하도록 한 것이다.

1972년 3월 30일 프레스카드 발급을 계기로 기자들에게서 금품을 거둬들인 대구일보가 폐간되고 4월 1일에는 대구경제일보가 문을 닫았다. 이어 지방지 통폐합 논의가 시작됐다. 1973년 들어 3월에 한국경제일보가 사장이 경영상의 비위로 구속된 상태에서 경영난을 이유로 자진 폐간했으며 4월에는 3대 통신의 하나인 동화통신이 경영난을 이유로 폐간했다. 5월에는 대한일보가 사장 김연준이 수제의연금을 횡령 착복한 혐의로 구속 중인 가운데 폐간사유를 밝히지 못한 채 문을 닫았다. 중앙지의 수를 줄이려는 의도였지만 표면적으로는 자진폐간의 형식을 띠었다.[162)]

지방지의 경우 5월에 대전일보가 중도일보를 매수하여 통합한 뒤 충청일보로 제호를 바꿨고 목포의 호남매일도 경영난으로 자진 폐간했다. 6월에는 전북일보, 전북매일, 호남일보 3개사가 통합되어 전북신문으로 발족했으며 주로 피처(feature) 기사를 제공하던 통신사 AK뉴스가 폐간됐다. 9월에는 인천과 수원에서 나오던 경기일보, 경기매일, 연합신문 등 경기도내 3개 신문이 수원에 본사를 두고 통합하여 경기신문으로 새 출발했다. 10월에는 신산업경제신문을 인수한

---

162) 국가정보원, 〈과거와 대화 미래의 성찰〉 언론·노동편(Ⅴ), 2007년, p.27.

1973년의 언론사 통폐합

| 매체명 | 시행일 | 내용 | 이유 |
|---|---|---|---|
| 한국경제일보 | 3월 28일 | 폐간 | 경영난 |
| 동화통신 | 4월 30일 | 폐간 | 재정난 |
| 대한일보 | 5월 15일 | 폐간 | 일신상의 사유 |
| 대전일보 | 5월 25일 | 2사 통합 | 충남일보로 개제 |
| 중도일보 | | | |
| 호남매일 | 5월 30일 | 폐간 | 경영상의 이유 |
| 전북일보 | 6월 1일 | 3사 통합 | 전북일보로 개제 |
| 전북매일 | | | |
| 호남일보 | | | |
| AK뉴스 | 6월 30일 | 폐간 | 불명 |
| 경기일보 | 9월 1일 | 3사 통합 | 경기신문으로 개제 |
| 경기매일 | | | |
| 연합신문 | | | |

※ 자료: 한국신문협회, 1982년, pp.372~373, 한국신문편집인협회, p.96.

무역협회가 기관지로 내외경제신문을 내게 됐다.(이현구, pp.42~43.)

자진폐간과 통폐합으로 모두 11개의 지방신문이 없어지고 3개가 새로 생겼다. 지방지의 통폐합과정에서 정부는 1도1사 원칙이라는 주장을 앞세워 언론사 통폐합을 유도했다. 통폐합 결과 1도1사주의가 완벽하게 이뤄진 것은 아니지만 전국에 걸쳐 많은 지방지가 사라져 단지 14개만 남게 됐다. 이는 정부가 지역 독점 체제를 구축해주는 대신 비판을 무디게 하려는 것이었다.(〈국정원Ⅴ〉, p.27.) 통폐합 과정에서 살아남은 언론은 정부의 언론통제에 순응하는 수순을 밟아 나갔다. 특히 통폐합과 프레스카드 발급으로 인한 주재기자 감원 등으로 언론인들의 집단 실직사태가 벌어졌으며 특히 지방사와 지방주재기자 가운데 많은 사람들이 본의 아니게 언론계를 떠나야 했다.

박정희정권은 1977년 8월 27일에는 긴급조치 9호에 저촉되는 11종의 출판물을 적발하여 배포 또는 판매를 금지했다. 같은 해 12월 9일 대검찰청 특별수사부는 한국경제신문 등 5개 일간지를 각종 부조리 혐의로 수사하고 문공부에 한국경제신문, 종합신문, 정광산 업신보의 폐간을 건의했다. 문공부는 12월 12일 한국경제신문에 긴급조치를 적용, 폐간시키고 군정민보 등 월간지 18종의 등록을 취소했다.(〈국정원Ⅴ〉, p.26.)

### 2) 전두환정권(1980년)

전두환정권은 사회정화라는 명분으로 언론사 통폐합을 단행했다. 전국 64개 언론사 가운데 신문 14개사, 방송 27개사, 통신 7개사가 통폐합됐다. 지방지의 경우 '1도1사' 원칙에 따라 통폐합 또는 폐간시켰다. 통신사는 단일 통신사를 새로 발족시켰다. 방송사의 경우 공영방송과 상업방송의 2원 체제를 공영방송 단일체제로 완전 탈바꿈시켰다.

전두환 신군부는 1980년 7월 31일에는 언론다운 언론매체의 구실을 했던 주간지와 월간지 등 172종의 정기간행물을 폐간시켰다. 언론인 강제해직이 진행되면서 문공부는 당시 '부조리 외설 사회불안'을 조성하는 주간지 월간지 계간지 등 정기간행물 172종을 '사회정화'라는 명분 아래 등록을 취소했다. 이는 전체 정기간행물의 12%에 달했다. 이 가운데는 〈기자협회보〉〈월간 중앙〉〈창작과 비평〉〈뿌리 깊은 나무〉〈씨올의 소리〉 등 당시 커다란 영향력을 갖고 있던 정론성 잡지들이 대거 포함되어 있었다. 이는 전두환 신군부가 사이비 정기간행물의 정화를 구실로 저항적인 정기간행물을 제거하고자 한 것이었음이 노골적으로 드러났다.(주동황 외, p.173.)

### (1) 언론사 통폐합 계획

언론사통폐합은 1980년 7월말부터 당시 중앙정보부장 비서실장이던 허문도씨를 중심으로 계획이 수립됐다.[163] 언론사 통폐합과 관련

---

163) '건전언론육성방안' 〈한국일보〉, 1988년, 10월 22일~12월 15일.

## 1980년에 통합 · 조정된 언론기관

| 구분 | 회사명 | 창간일 | 통합 · 조정 내용 |
|---|---|---|---|
| 중앙지 | 신아일보 | 1965.05.06. | 경향신문에 흡수 통합 |
| | 서울신문 | 1945.11.22. | 석간에서 조간으로 바뀜 |
| | 경향신문 | 1946.10.06. | (주)문화방송 · 경향신문에서 신문과 방송을 분리 |
| 경제지 | 서울경제 | 1960.08.01. | 한국일보에 흡수 통합 |
| | 내외경제 | 1973.12.21. | 코리아 헤럴드에 흡수 통합 |
| | 현대경제 | 1964.10.12. | '한국경제신문'으로 개제 |
| 지방지 | 국제신문 | 1947.09.01. | 부산일보에 흡수 통합 |
| | 부산일보 | 1946.10.11. | 부산일보를 '釜山日報'로 개제 |
| | 영남일보 | 1945.10.11. | 매일신문에 흡수 통합 |
| | 매일신문 | 1950.10.01. | '대구매일신문'으로 개제 |
| | 경남일보 | 1960.10.15. | 경남매일에 흡수 통합 |
| | 경남매일 | 1946.03.01. | '경남신문'으로 개제 |
| | 전남일보 | 1952.02.10. | 전남매일과 통합, '光州日報' 창설 |
| | 전남매일 | 1960.09.26. | 전남일보와 통합, '光州日報' 창설 |
| 통신사 | 동양통신 | 1955.08.20. | 양사를 발전적으로 해체, |
| | 합동통신 | 1945.12.20. | 이를 중심으로 연합통신을 신설 |
| | 시사통신 | 1951.05.21. | 신설 연합통신에 흡수 |
| | 경제통신 | 1946.11.01. | 신설 연합통신에 흡수 |
| | 산업통신 | 1969.11.01. | 신설 연합통신에 흡수 |
| | 무역통신 | 1949.08.16. | 무역협회 회원지로 변경 |
| 방송사 | 동양방송 | 1964.05.09. | KBS에 흡수 통합 |
| | 동아방송 | 1963.04.25. | KBS에 흡수 통합 |
| | 전일방송 | 1971.04.24. | KBS에 흡수 통합 |
| | 서해방송 | 1969.10.02. | KBS에 흡수 통합 |
| | 대구FM | 1971.04.25. | KBS에 흡수 통합 |
| | 기독교방송 | 1954.12.15. | 복음방송만 전담 |
| | MBC | | 지방 21개사(부산문화, 부산문화TV, 춘천, 원주, 강릉, 삼척, 청주, 충주, 대전, 대구, 포항, 울산, 마산, 마산TV, 진주, 전구, 광주, 목포, 여수, 안동, 남양)의 주식 51%를 소유주로부터 MBC(서울)가 인수하여 계열화 |

※ 자료 : 한국신문방송편집인협회, 〈한국신문방송편집인협회 50년사〉, 2007년, p.181.

하여 국보위 문공분과위원회의 역할에 대해서는 확실하게 알기 어렵다. 다만 문공분과위원이었던 허문도가 1980년 9월 이후 청와대 비서실로 자리를 옮기고 언론통폐합 계획을 재가받은 것으로 보아 국보위에서도 논란이 있었던 것으로 보인다.

허문도는 "언론통폐합에 대해 1980년 6월경 오자복 문공분과위원장에게 논의할 것을 제안하였으나 거부당하고, 같은 달 언론통폐합에 대한 보고서를 작성하여 오자복 문공분과위원장과 함께 전두환 국보위 상임위원장에게 보고하였다가 1차 거절된 후, 다시 같은 해 7월 경 전두환 상임위원장에게 한 번 더 구두로 보고하였다가 거절된 사실이 있다"고 밝혔다.[164]

허문도는 "1980년 5월말 국보위 문공분과위원으로 들어가서부터 언론통폐합에 대한 자료를 수집하고 계획을 수립하기 시작"했으며 "언론과 재벌의 분리, 방송공영화, 사이비 기자가 발붙일 수 있는 토양을 없애는 조치 등을 기본으로 방향을 수립했다"고 진술했다. 허문도는 "청와대 비서관으로 들어간 뒤 이수정, 이광표 문공부장관 등과 언론통폐합방식에 대해 의견교환도 하고 언론통폐합의 의미나 성격 등에 관해 허화평, 허삼수와 애기한 사실이 있다"고 밝혔다.

허문도는 같은 해 6~7월 2회에 걸쳐 언론통폐합안을 전두환 상임위원장에게 보고했으나 결재가 거절됐다. 보안사도 1980년 10월 '건전언론육성 종합방안'이라는 언론통폐합안을 전두환 대통령에게 보고했으나 이 역시 거절당했다. 이광표 문공부장관은 11월 12일 허문도로부터 '대통령의 결심을 받았으니 결재를 맡아달라'는 연락을 받고 '언론창달계획(안)'의 결재를 받았다.[165]

허문도는 허화평, 허삼수, 이학봉, 최재호 비서관 등에게 언론통폐합의 필요성을 역설하여 공감을 얻어냈으며, 이학봉 민정수석비서관이 11월 11일 전두환 대통령에게 비상계엄 해제 후의 정국운영

164) 허문도 진술조서, 서울지방검찰청, 1996년 1월 11일.
165) 제144회 국회문교공보위원회 회의록 제11호, 1988년, p.34.

방안을 보고하면서 언론통폐합의 필요성을 설명, 대통령으로부터 언론통폐합에 대한 결심을 받았다. 그날 저녁 이수정 비서관, 이광표 문공부장관, 최재호 비서관과 함께 보고서류를 완성했다. 다음날인 11월 12일 오전 이광표 장관이 대통령 결재를 받아 보고서를 보안사령관에게 전달하고 그날 오후 보안사에서 언론사주들을 불러 각서를 받아 집행했다.

언론통폐합 계획안은 허문도 청와대 비서관이 성안한 '언론창달계획'을 비롯하여 국보위, 국방부 등에서도 작성했고 보안사 언론반도 관여했다. 김기철은 국보위가 작성한 '국가홍보기본계획' '언론계 정화·정비계획보고', 국방부가 작성한 '한국적 여건에 적합한 언론 순화 방안 건의', 작성 주체를 알 수 없는 '언론정화를 위한 정책 건의' '언론 정화 대책' '언론 시책 방안' '언론 정책의 문제점과 조정 방향' '민주주의의 창조적 정착을 위한 언론 순화 방안' 등을 공개했다.166)

이러한 계획안들은 언론반의 통폐합안 작성에 기초자료로 활용됐다. 김기철은 이상재의 지시에 따라 이를 참고하여 수차례 통폐합안을 정리했다.(김기철 진술조서) 1980년 6월 하순경 이상재는 김기철에게 몇 가지 자료를 주면서 언론사를 통폐합하려고 한다며 안을 만들라고 지시했다. 김기철은 '언론종합대책'이라는 언론사 통폐합안을 만들어 7월 중순 이상재에게 보고했고, 이를 줄여 8월 다시 '언론건전육성 종합방안 보고'라는 문건을 만들어 보고했다. 9월에는 이상재가 '언론건전육성 종합방안 보고'를 요약하여 '언론건전육성 종합방안'이라는 보고서를 만들었다.

이상재가 지시한 언론사 통폐합 기본원칙은 ① 재벌과 언론의 분리 ② 신문과 방송의 분리 ③ 매스컴 센터 불용 ④ 방송의 공영화 ⑤ 지방사는 1도1사 ⑥ 대형통신사 설립 ⑦ 언론단체 정비 통합

---

166) 김기철, 〈합수부 사람들과 오리발 각서〉, 중앙일보사, 1993년, pp.103~122. 이 책에는 언론통폐합을 위해 신군부가 마련됐던 많은 자료들이 수록되어 있고 언론사 통폐합 과정이 자세하게 기술되어 있다.

등이었다. 이밖에 주재기자제도 폐지, 부실 언론사 정비, 언론인 교육 연수제도 확충 등도 포함됐다.

김기철이 작성한 '언론건전육성 종합방안 보고'는 이러한 기본원칙에 따라 작성됐다.[167] 이 문서는 언론실태에 대해 '개인 및 재벌기업화'하여 '사리추구, 공익경시, 언론횡포 및 과당 경쟁'을 일삼고 '불합리한 운영'으로 '특성 및 계도 역할 상실, 국력 낭비'를 하고 있다고 분석했다. 이에 따라 '타율적 협조'에서 구조 개편과 자율통제에 의한 '자율적 협조'로 개선하기 위해 기본원칙에 따라 언론사를 통폐합하는 방안을 제시했다. 추진방안으로는 문공부 주관 하에 전국언론사 대표자회의를 소집하여 '언론 건전육성의 시대적 요청에 따라 정부 방침에 순응'하겠다는 결의문을 작성하고 각사 대표가 각서를 제출하도록 했다.

보안사는 이광표 문공부장관이 전두환 대통령의 결재를 받은 '언론창달계획(안)'의 집행에 관여했다. 언론사주로부터 각서를 징구하는 총괄책임을 맡은 것이다. 김기철은 이상재의 지시에 따라 각서 문안을 작성했다. 김기철은 11월 11일 이상재의 지시로 문공부 허만일 공보국장을 만나 언론사별로 각서초안을 만든 뒤 다음날인 11월 12일 이상재에게 제출했다.

보안사는 언론사 별 소재파악 담당관과 각서징구 담당관을 나누고 11월 12일 낮 12시부터 언론사 대표들의 소재를 파악하는 한편, 오후 5시에는 각서징구 담당관들에게 '지도급 언론인이므로 최대한 예의 표시', '국가적 사업임을 신속히 주지시켜 각서 징구', '각서 징구 후 안내자가 정중히 배웅' 등 유의사항을 교육했다.[168]

보안사는 각서징구를 위해 언론사 별로 독립된 방을 배정했다. 언론사 대표들은 같은 날 오후 6시경부터 밤 12시경까지 보안사 및 예하부대 안에 배정된 방에서 각서문안을 자필로 작성했다. 김충

167) 보안사, '언론건전육성 종합방안 보고'.
168) 보안사, '언론창달계획 추진을 위한 언론사 대표 각서징구 계획'.

우 대공처장은 "이상재는 언론사 통폐합의 자세한 집행 방안을 설명하고 방 배치도를 주면서 대공처는 언론사 사주에게 포기각서만 징구해 주면 된다고 하였다"라고 진술했다.[169] 이상재는 각 방을 돌아다니면서 보안사 요원들이 제대로 각서를 받는지 감독하고 제출된 각서를 제대로 썼는지 확인했다.

## (2) 거짓 '자율결의'로 통폐합

한국신문협회와 한국방송협회는 1980년 11월 14일 임시총회를 열고 '건전 언론육성과 창달에 관한 결의문'을 채택하고 "우리 언론이 지난날의 잔재와 불합리한 요소를 제거하고 공익을 우선시키는 근대적 공론기관으로서의 체제와 태도를 갖추도록 자기 혁신을 스스로 단행하고자 결의를 국민 앞에 천명한다"고 밝혔다. 결의의 주요 내용은 신문구조 개편, 상업방송의 공영체제로 전환, 지방 주재기자 철수, 국내외 뉴스를 공급하는 대형 단일 통신사 설립 등이었다. 결의문 내용은 다음과 같다.(〈편협 50년사〉, pp.173~174.)

건전언론 육성과 창달에 관한 결의문

한국신문협회와 한국방송협회 회원 일동은 우리 언론이 지난날의 잔재와 불합리한 요소를 제거하고, 공익을 우선시키는 근대적 공론기관으로서의 체계와 태세를 갖추도록 자기혁신을 스스로 단행하고자 다음과 같은 결의를 국민 앞에 천명한다.

언론은 국민 모두의 이익을 증진하는 사회의 공기로써 민족 성원의 번영 및 국가의 성장 발전에 기여하여야 한다. 우리는 조속한 시일 안에 언론의 공익성에 명백히 배치되는 언론구조를 자율적으로 개편하여 민주언론 창당, 국민 언론 흥륭의 바탕을 굳건히 한다.

우리나라에는 구미 각국과 비교해도 많은 신문 방송 통신사가

---

169) 김충우 진술조서, 서울지방검찰청, 1996년 1월 13일.

난립하여 왔으며 이로 인하여 언론이 각계 국민에게 본의 아닌 폐를 끼쳐 왔고, 사회적 적폐 또한 적지 않았음을 자성하며 근대적 공론기관으로서의 언론 기업의 발전과 체질 강화를 기한다.

언론의 막중한 사회적 영향력과 책임에 비추어 언론기관의 과점화는 공익에 배치되므로, 어느 개인이나 영리를 추구하는 특정법인이 신문과 방송을 함께 소요함으로써 민족적 여론 조성을 저해하는 언론구조는 개선되어야 한다.

신문 방송 통신 등 각사가 서울과 지방에 저마다 주재기자를 두고 있는 전근대적 취재방식을 개선, 언론비위와 품위손상의 소지를 과감히 일소한다. 중앙지, 방송과 지방기가 각각 지방과 서울에 두고 있는 주재기자를 철수하여 구미 각국의 예와 같이 통상적인 역외뉴스를 통신으로부터 공급받도록 한다.

기존 통신사와 우리 신문 방송협회 회원 전원이 참여하여 국내외 취재와 뉴스 공급 기능을 대폭 강화할 영향력 있는 새로운 통신을 조속한 시일 안에 설립한다.

1981년 1월부터 신문을 증면하여 산업사회의 정보 수요에 대응하고 언론인의 처우를 동시에 개선한다. 언론인의 직업 전문교육을 제도화하여 언론인의 자질과 전문성을 높인다.

민족독립, 민족자주의 길잡이로서의 사명을 자임해온 한국언론의 윤리성을 재확인하고 민족성원의 권리와 명예를 존중 보호키 위해 윤리심의기능을 활성화한다.


이 결의에 따라 12월 1일 전국 64개 언론사(신문 28개사, 방송 29개사, 통신 7개사) 가운데 신문 14개사(중앙지 1개사, 지방지 11개사, 경제지 1개사), 방송 27개사(중앙 3개사, 지방 3개사, MBC 계열사 21개사), 통신 7개사가 통폐합됐다. 신문의 경우 중앙지는 신아일보가 경향신문에 통합 폐간됐으며, 경제지는 서울경제신문, 내외경제신문이 각각 한국일보와 코리아헤럴드에 통합 폐간됐다. 또 현대경제신문은 전국경제인연합회(전경련)에 인수됐으며 제호는 한국경제신문으로 변경됐다. 지방지의 경우 '1도1사' 원칙에 따라 15개이던 지방신문사가 10개로 줄어들었다. 통신사는 동양통신과 합동통신을 합쳐 연합통신을 새로 발족시켰다.

방송사의 경우 공영방송과 상업방송의 2원 체제를 공영방송 단일 체제로 완전 탈바꿈시켰다. 동아방송(DBS)과 동양방송(TBC)이 KBS로 흡수됐고, CBS는 보도기능이 박탈되고 순수복음방송만 할 수 있게 됐다. 이와 함께 방송의 공익성을 확보한다는 구실 아래 방송제도를 공영화해 KBS가 MBC 주식의 65%를 인수했다.[170]

1980년 11월 25일 통폐합 대상 신문사들은 이 날짜로 종간호를 냈고 보도기능이 박탈된 CBS도 마지막 뉴스를 내보냈다. 이날 CBS 여자 아나운서는 뉴스 원고를 읽다가 그만 울어버리고 말았다. 이에 깜짝 놀란 신군부는 11월 30일 고별방송을 하게 되어 있던 DBS와 TBC에 '고별방송에 관한 지침'이라는 희한한 지침을 내려 보내 단순한 고별인사만 하고 감상적 내용을 배제할 것을 요구했다.

그러나 이러한 지침에도 불구하고 TBC TV의 고별 프로그램에서 가수 이은하가 '아직도 그대는 내 사랑'이라는 노래를 부르다가 울어버린 '사건'이 발생했다. 이은하는 그 이후로 3개월간 방송 출연을 정지당했다.(김기철, pp.227~228.)

전두환정권은 일제 군국주의 시대의 '1현(縣)1지(紙)' 원칙을 본떠 대중매체의 독과점을 조장함으로써 언론독점자본의 강화에 이바지하는 한편 조종과 통제의 원활화를 통해 획일주의적 언론현상을 조성했다.(김민남 외, p.372.)

언론사 통폐합과정에서 발생한 또 다른 문제는 언론인 대량 해직

---

170) 언론통폐합에 관한 구체적인 계획은 보안사 언론대책반에서 각계에서 제시한 통폐합 방안을 수합, 정리해서 만들었다. 그 내용은 '언론 건전 육성 종합 방안'에 잘 나타나 있다. 김기철, 〈합수부 사람들과 오리발 각서〉, 중앙일보사, 1993년, pp.276~286.

이었다. 통폐합과정에서만 무려 300여명이 넘는 언론인이 쫓겨나 거리를 떠돌게 됐다. 1,200여명의 언론인들이 정당한 사유 없이 불법적이고 초법적인 언론통제로 삶의 터전을 빼앗겨버린 것이다.

### (3) 지방지 통폐합

대통령의 결재를 받은 보고서에는 지방지에 대해 1도1사 원칙만이 기재되어 있을 뿐, 구체적으로 어느 신문사를 어느 신문사에 통폐합한다는 내용은 없었다. 다만 10월 중순경 권정달 보안사 정보처장이 보고한 '건전언론육성 종합방안'에 따라 집행했을 뿐이다. 한용원은 '지방사 통폐합은 이상재가 책임지고 지휘하였다'는 취지로 말한 바 있다.[171] 실제로 시행된 지방지 통폐합은 보안사 계획안 '언론건전육성 종합방안 보고'와 동일하다. 1도1사 원칙에 따라 부산일보가 국제신문을, 매일신문이 영남일보를, 경남매일이 경남일보를 각각 흡수했다. 전남매일은 전남일보를 흡수했지만 경영지배권은 피흡수사인 전남일보 김종태 사장이 51% 지분을 갖게 됐다.

보안사의 지방 예하부대는 지방지 통폐합에 대비해 관할지역 언론사 현황과 보도 성향 등을 파악하여 보고하고 통폐합시 예상되는 문제점과 해결방안을 강구했다. '언론인 현황'이라는 문서는 전남일보, 전남매일, KBS 광주방송국, 광주문화방송국, VOC 전일방송국, CBS 광주방송국의 현황(사시, 간부현황, 인원현황, 발행부수, 재산관계, 논조 및 성향, 부대사업, 참고사항 등)을 보고한 것이다.[172] 이 문서는 전남지역 언론사의 논조 및 성향을 저항활동 및 보도성향, 정부시책 호응도, 지역사회 발전 기여도 등으로 나누어 평가했다.

---

171) 제144회 국회 문교공보회의록 제10호, 1988년, p.47.
172) 보안사 정보과, '언론인 현황', 1980년 10월 28일 전라남도 언론사 및 언론인 현황인 것으로 보아 이 문서는 그 곳을 관할로 하는 505 보안부대에서 작성한 것으로 보인다.

<언론인 현황>

● 전남일보

가. 저항활동 및 보도성향

• 유신 이후 : 정부시책과 지역사회 개발에 적극 참여
• 10.26 이후 : 언론의 활성화 – 경영과 편집진의 분류 주장하고 농성 (편집국 직원 봉급 전국 하위), 전남매일을 의식하여 김대중 지지 성향의 보도에 치중하는 한편 정부시책 비방 및 지역감정 유발

나. 현 정부 시책 호응도

• 5.17 이후 : 시대적 정책 변화에 따른 방향 전환(현 정부시책 호응)
• 최근 동정 : 사장 김종태는 정부시책 계도와 국가 안보적 차원에서 논조를 유도하며 사원복지 향상에 부심

● 전남매일

가. 저항활동 및 보도성향

• 유신 이후 : 정부 시책과 지역사회 개발에 적극 참여
• 10.26 이후 : 언론의 활성화를 빙자 경영과 편집진의 분류 주장. 구정권 비난으로 일관 시민 오도. 김대중의 맹종적 지지 유도를 위해 정부를 비방하고 학생 소요사태 과장 보도하는 등으로 지역감정 유발.
• 편집 : 사설 및 일일고, 은하수 란을 활용 정부시책 비난

나. 현 정부 시책 호응도

• 5.17 이후 : 발행인(심상우)을 중심으로 정책 흐름에 따라 사 운영 방향을 전환 현 정부 시책에 참여 일체의 정부 비난을 삼가고 정부시책 적극 호응
• 최근 동정 : 정부시책 계도와 국가안보적 차원에서 논조는 유도하고 국민소득 3,000$ 목표 달성시까지 강력한 지도자 영도 주장

● KBS 광주방송국

가. 저항활동 및 보도성향

• 정부시책 호응으로 저항 활동 보도 성향 없음

나. 현 정부 시책 호응도

• 방송국장 및 직원들은 혼연일체가 되어 정부시책 참여


● 광주문화방송

가. 저항활동 및 보도성향

• 정부시책 적극 호응으로 저항 활동 보도 성향 없음

나. 현 정부 시책 호응도

• 10.26 이후 : 안보 문제에 대한 거론은 신중하게 다루며 언론의
  민주화 촉진 주장보다는 논조 성향으로 이끌어 가면서 안정 추구

• 5.17 이후 : 현 정부 시책에 호응. 독자의 흥미 위주보다는 생활
  정보 및 건강 상담


● 전일방송국

가. 저항활동 및 보도성향

• 유신 이후 : 정부 시책 순응 활동

• 10.26 이후 : 언론의 활성화를 외치며 경영과 편집진의 분류 주장
  농성(편집부 직원 봉급 전국 하위). 김대중 지지 방송 유도로 지역감
  정 유발. VOC 대행진은 정부 시책 비방, 특정인 비호 등 왜곡 보도.

나. 현 정부 시책 호응도

• 5.17 이후 : 시대적 정책 변화에 따라 방향 전환이 점진적 순화.
  현 정부 시책에 호응.

• 최근 동정 : 정부시책 계도와 국가 안보 측면에서 논조를 유도하
  고, 1980. 7. 25. 봉급 (20% 인상) 인상 지급으로 사원 복지 해결

다. 지역 사회 발전 기여도

• 동양방송 중계로 가끔 정부 비방 방송 전파

라. 논조의 주류
 • 민영방송으로 선전 면에 치중하는 한편 정부시책 방향 안보 면으
  로 논조 성향을 유도하고 있음

● 기독교방송
가. 저항활동 및 보도성향
 • 유신 이후 : 정부 시책 포용
 • 10.26 이후 : 언론의 자유화를 외치며 극렬적인 정부 시책 비방
  역할에 치중
라. 논조의 주류
 • 현 정부시책에 호응하는 일반 독자들의 흥미보다 생활 정보 및
  건강 상담역 역할로 선도

 이와 함께 502 보안부대가 작성한 '지방지 통폐합조치 시현방안
검토'는 경남일보에 대해 '지방지로서 정상기능 발휘가 미흡'하고
'사장이 사생활 문란 및 비리 등으로 주민 지탄'을 받고 있으며 '세금
포탈 가능성'이 있는 것으로 파악하면서, 정부 지시에 의한 자체
통폐합 또는 각종 비리 조사를 통한 통폐합을 해야 한다고 기술했
다. 정부 지시에 의한 통폐합의 경우 신문사의 반발이 예상되고 지
역주민을 동원하는 등 집단행동의 우려가 있으므로 각종 비리 조사
를 통한 통폐합 조치가 바람직할 것으로 보았다.[173]
 또한 '지방지 통합에 따른 해결방안 수립 보고'라는 문서는 흡수
사와 피흡수사의 설립연월일, 부수, 재산상태, 사주성향, 보도성향
등을 비교한 다음, 통폐합에 따른 문제점을 예상하고 해결책을 제시
했다.[174] 지방언론사에 대한 분석결과를 요약하면 다음과 같다.

---

173) 502 보안부대, '지방지 통폐합조치 시현방안 검토'.
174) 보안사, '지방지 통합에 따른 해결방안 수립 보고'.

• 국제신문은 '럭키그룹 부정 은폐에 선봉적 역할을 하며 사리추구에 치중'하고 '대정부비판 및 시류에 영합, 시시비비를 주장하며 편향성을 노정'하는 신문, 부산일보는 '공익을 중시하고 국가관이 투철하며 정부시책에 적극 호응'하고 '국가계도에 앞장서고 지역발전에 기여하며, 국익 증진 사명을 자발적으로 수행'하는 신문으로 파악했다. 또한 국제신문의 취약점으로 럭키그룹 계열 내 탈세설이 시중에 유포되어 있는 점, 사옥 신축 시 금융 특혜 및 용도 무단 변경 후 준공 필증을 받은 점 등을 꼽고 통폐합을 반대할 경우 사측 취약점을 통보하는 등 해결방안을 제시했다.

• 경남일보는 사주가 '사리추구 경영, 국가관 및 시국관 불투명'을 일관하고 '부실경영에 따라 독자를 의식하여 보도성향이 야경화'된 것으로 파악했다. 반면 경남매일은 '경영진 개편으로 국가관 및 시국관이 투명'하고 '국익 우선의 국가관 하에 안정기반 조성에 적극 노력'하는 것으로 평가했다. 또한 경남일보 사주의 사생활에 문제가 있는 것으로 파악, 취약점 통보, 비리행위 수사 등으로 통합조치를 취할 수 있다고 분석했다.

• 영남일보는 '국가안보관 및 시국안정의 시국관 동요로 시국에 영합하는 경향'이 있는 반면, 매일신문은 '안보우선의 국가관 아래 안정유지에 적극 협조'하는 신문으로 파악했다. 비고란에 '사장 전달출이 입법회의 의원이자 신문협회 부회장'이라고 기재되어 있다. 영남일보는 부실경영으로 통폐합 시 부채청산을 정부에 의존할 가능성이 있다고 보고 은행에서 법적 수단을 강구할 것을 해결방안으로 제시했다.

• 전남일보는 '친여 성향에 국가관이 투철하고 시국관이 건전한' 사주 성향과 '새 시대 새 역사 창조를 위한 국민 계도에 적극 호응'하는 보도성향을 지닌 것으로 파악했다. 반면 전남매일은 '야경성(野傾性)을 가지고 있으나 5.17 이후 정부시책에 적극 호응'하는 것으로 분석했다. 또한 전남일보 사장은 '소유재산 중 12억 원을 어린이

공원 부지 대금으로 사회에 환원하겠다'고 밝히는 등 '선대의 언론이
용 축재 행위를 자숙'하는 데 반해 전남매일 사장은 '김대중에게
정치자금 500만원을 전달하였다는 소문이 있는 자로 5.17 전 김대중
지지자'로 파악했다.

1980년 언론사 통폐합은 한국언론 구조를 대대적으로 재편함으로
써 정치권력에 의한 중앙통제가 손쉽게 이뤄지는 극히 단순화한 언
론통제 구조를 형성했다. 특히 공영방송체제는 통폐합의 결과 KBS
가 MBC와 연합통신 주식 가운데 지배적 지분을 실질적으로 장악하
고 기존 정부기관지인 서울신문과 더불어 신문 방송 통신의 관영언
론체제를 구축했다.

전두환정권은 이와 함께 방송위원회, 한국방송광고공사, 한국언
론연구원, 언론중재위원회, 방송심의위원회 등 법정 언론유관기관
을 설립하여 언론에 각종 행정적 통제 및 지원 체제를 마련했다.
이러한 언론통제구도는 문공부 홍보조정실의 보도지침이나 각종
언론유관기구들의 활동과 더불어 전두환정권의 정치적 안정을 위
해 크게 기여했다.(주동황 외, p.182.)

언론통폐합이 언론의 저널리즘 기능에 미친 영향에 대해 조상호
는 "언론통폐합은 언론매체 시장의 독과점을 제도화시킴으로써 박
정희정권시기부터 이미 진행되어온 언론기관의 거대기업화를 심화
시켰다"며 "이로 인해 막대한 이익을 얻은 언론사주들은 권위주의
통치에 순응하였고 국내 최고수준으로 뛰어오른 언론사 급료 체계
는 언론의 비판적 기능저하를 부추기는 요인의 하나가 되었다"[175]
고 지적했다.

---

175) 조상호, 〈한국언론과 출판저널리즘〉, 나남, 1999년, p.394.

## 2. 언론사 폐간 및 강탈(1961년~1966년)

박정희정권은 쿠데타 직후 진보적인 일간신문 민족일보를 폐간하고 사장을 사형시키는 한편으로 방송과 신문을 강탈하거나 강매하여 실질적으로 자신 소유의 언론사로 탈바꿈시켰다. 자신에게 거사 자금을 제공하지 않았다는 이유로 부산일보와 문화방송 사장을 비리혐의로 구속한 뒤 재산 헌납을 이유로 주식을 강탈하여 5.16재단 소유로 만들어 버렸다. 또한 정권에 비판적이었던 경향신문 사장이 간첩단 사건과 연루됐다는 이유를 내걸어 구속시킨 뒤 강제로 제3자에게 매각토록 강요했으며 이후 5.16재단 소유로 만들었다. 5.16재단은 이후 '정수재단'으로 이름이 바뀐다.

### 1) 민족일보 폐간(1961년)

박정희정권은 5.16쿠데타 3일 후인 1961년 5월 19일 진보적 논조를 펼쳤던 민족일보를 폐간하고 조용수 사장을 포함한 주요 임직원을 구속했다. 군사정권은 조총련계 자금유입과 평화통일 주장을 문제 삼아 민족일보를 '북한에 동조하는 용공신문'으로 규정해 7명을 유죄 처분했고 또한 3명은 다른 사건으로 유죄 처분했다. 사장 조용수는 결국 사형을 당하고 말았다. 민족일보는 보수진영의 탄압공세 속에서도 혁신계열의 대변 역할을 수행하다가 지령 92호를 끝으로 생을 마감했다.(김민남 외, p.337.)

1961년 2월 13일 창간된 민족일보는 '민족의 진로를 가리키는 신문', '부정과 부패를 고발하는 신문', '근로대중의 권익을 옹호하는 신문', '조국의 통일을 호소하는 신문'을 사시로 내세웠다. 당시 민주당정권은 진보적인 신문의 활동을 그냥 보고만 있지 않았다. 민족일보 창간 이전부터 조총련계 자금유입설이 유포되면서 국회에서 논란을 빚기도 했다.

5.16쿠데타 발생 3일 후인 1961년 5월 19일 계엄사령부는 민족일

보의 폐간 통고와 함께 민족일보가 조총련계로부터 들어온 약 1억 환의 불법도입자금으로 발간되어 괴뢰집단이 지향하는 목적 수행에 적극 활약해왔다고 발표하면서 조용수 사장을 포함한 8명을 구속했다. 혁명재판소는 조 사장을 포함한 3명에게 사형을 선고하고 나머지 5명에게 5년에서 15년에 이르는 중형을 선고했다.

재판결과가 발표되자 국내 문단과 언론계 인사 104명, 일본 펜클럽, 국제펜본부, 국제신문인협회 등은 관대한 처분을 요청하는 진정서를 박정희 앞으로 보냈다. 그러나 미국을 방문하고 있던 박정희는 11월 16일 내셔널 프레스 클럽(National Press Club)에서 가진 연설에서 세 언론인의 사형선고는 타당한 것이라고 주장했다. 결국 2명은 사형에서 무기로 형이 감면되었지만 조용수 사장은 12월 22일 사형이 집행됐다.(정진석, pp.289~290.)

그러나 계엄사령부가 주장한 혐의는 근거가 매우 박약한 것이었다. 민족일보는 민족통일을 염원하고 통일논의를 성원했으나 북한 주장을 비판하는 논조도 보였다. 민족일보는 토론의 전제로서 반공, 반김일성 노선을 여러 차례 강조했다. 민족일보가 지향하는 바는 민주적 사회주의란 영국 노동당을 모델로 하는 것이었다.[176) 게다가 조용수 사장은 쿠데타가 일어났을 때 주동자인 박정희의 혁신적 성격을 낙관해 우호적인 사설을 쓰기도 했다.

민족일보 폐간과 구체적인 물증도 제시되지 않은 채 이뤄진 민족일보 관련 언론인에 대한 강력한 사법처분은 군사정권의 언론활동에 대한 무력시위이기도 했으며, 4.19혁명 이후 분출되기 시작한 민주화와 민족통일에 대한 민중적 욕구에 대한 분명한 경고이기도 했다. 무엇보다 반공이데올로기의 강화를 상징하는 것이었다.(주동황 외, p.75~77.)

박정희 군사정권이 민족일보와 조용수 사장에 대해 가한 엄혹한

---

176) 이봉산, ‘민주적 사회주의의 길’, 〈민족일보〉, 1961년 4월 16일, 17일, 11일자 기고. 김민환, 〈민족일보 연구〉에서 재인용.

탄압은 여러 정황에 비추어 매우 정략적인 판단에 의한 의거한 것이었을 개연성이 크다. 군부는 안으로 진보적 지식인이 주도하는 저항운동이나 통일운동을 원천적으로 봉쇄할 필요가 있었고, 밖으로는 박정희 소상과 그 가족의 공산주의 활동전력에 기인한 미국의 사상적 의구심을 풀어야 했다. 민족일보는 이 두 가지 문제에 이용당할 좋은 조건을 갖추고 있었다.[177] 김삼웅은 "해방 후 남로당 등 좌익에 관계한 바 있는 박정희가 쿠데타로 집권하는 과정에서 미국 측으로부터 사상적 성향에 의혹을 받게 되면서 혁신계 인사들을 자신의 면죄부의 제물로 삼았다는 것이 민족일보 사건의 정치적 배경"이라며 "민족일보 조용수는 박정희의 사상적 콤플렉스가 불러온 희생양이었던 셈"[178]이라고 분석했다.

조 사장의 동생 용준씨는 2006년 1월 10일 진실·화해를 위한 과거사정리위원회에 진실규명을 신청했고, 같은 해 11월 28일 진실·화해위는 '사형을 선고한 혁명재판부의 판단이 잘못됐다'는 결정을 내리고 국가에 재심을 권고했다.

진실·화해위는 "혁명재판소가 조 사장에게 '사회대중당 간부로서 북한의 활동에 고무 동조했다'는 이유로 사형을 선고했지만 조 사장은 사회대중당 간부가 아니고 사설을 통해 북한을 고무 동조하지도 않았기 때문에 법적용 대상이 아니었다"고 밝혔다.

이를 근거로 동생 용준씨는 2007년 4월 10일 민족일보 사건에 대해 재심을 청구했고, 서울중앙지법은 8월 27일 재심청구를 받아들였다. 재심 재판에서 서울중앙지법 형사합의22부는 2008년 1월 16일 '민족일보 사건'으로 처형된 조용수 사장에 대해 47년 만에 무죄를 선고했다.

---

177) 김민환, 〈민족일보 연구〉, 2006년, 나남, p.233, 민족일보의 역사와 논조, 편집방향 등에 대해서는 이 책을 참고 바람, 민족일보 재판기록도 부록으로 첨부되어 있다.
178) 김삼웅, 〈한국현대사 바로잡기〉, 가람기획, 1999년, p.95.

## 2) 문화방송 강탈(1961년)

1961년 12월 2일 서울에서 부산문화방송과 네트워크를 형성한 한국문화방송주식회사(HLKV)는 사주 김지태가 부정축재 혐의로 구속되면서 한국문화방송은 물론, 부산문화방송과 부산일보의 경영권을 5.16장학회에 넘겼다. 김지태가 5.16쿠데타에 협조하지 않았다는 이유로 군사정권이 강탈한 것이다.

김지태는 부산일보 사장 재직시 4.19혁명의 도화선이 되었던 김주열군의 주검 사진을 보도하여 반독재 민주화 투쟁을 선도한 언론인으로 긍정적인 평가를 받았으나 탈세를 목적으로 부일장학회를 설립했고 부정축재를 했다는 비난여론을 받기도 했다. 5.16쿠데타 직후인 1961년 5월 30일 군정은 부정축재처리 방침에 따라 김지태를 구속했고 12월 30일 부정축재 환수금으로 5억4,570만환을 납부했다. 이어 1962년 4월 24일 국내재산도피방지법 등 위반혐의로 재차 구속됐으나 재산헌납 후 6월 22일 석방됐다.

김지태가 구속된 것은 박정희의 쿠데타 자금 지원요청을 거절했기 때문이라는 분석이 설득력을 얻고 있다. 1961년 5월 3일 박정희는 대구사범 동기인 부산일보 주필 황용주를 만나 5.16 거사계획을 설명하고 부산일보 사장 김지태에게 500만원을 급히 융통해달라고 부탁했다. 그러나 황용주가 이를 김지태에게 제대로 전달되지 않은 가운데 쿠데타가 발생했다. 유족은 김지태가 구속되어 재산을 헌납한 뒤 석방된 것은 거사자금 지원을 거절했기 때문에 쿠데타 세력이 보복한 것이라고 인식했다. 김지태 구속 수사는 박정희의 지시에 의한 것으로 판단된다.[179)

중앙정보부 부산지부는 1962년 3월 27일 외환관리법 위반 등의 혐의로 김지태 소유 기업체의 간부들과 김지태의 부인을 관세법 등 위반혐의로 구속했다. 부인의 구속은 당시 일본에 머물렀던 김지태의

---

179) 국가정보원, 〈과거와 대화 미래의 성찰〉 주요 의혹사건 편 상권(Ⅱ), pp.26~29.

조속한 귀국을 유도하기 위한 것이었다. 중정 부산지부는 4월 20일경 일본에서 귀국한 김지태를 김포공항에서 체포, 부산으로 압송한 뒤 4월 24일 부정축재처리법 위반 등 9개 혐의를 적용하여 구속했다. 김지태에게 적용된 혐의는 특정목적을 위해 기획된 것으로 수사과정에서 부당한 행위가 있었던 것으로 판단된다.(〈국정원Ⅱ〉, p.38.)

5월 10일 군 검찰은 김지태를 기소한데 이어 징역 7년을 구형했으며 5월 25일 김지태는 구속 상태에서 부산일보, 한국문화방송, 부산문화방송의 경영권 포기 및 부일장학회 기본재산 명목의 토지에 대한 포기각서를 작성하고 6월 20일 기부승낙서에 서명 날인했다. 경남지구 고등군법재판소는 6월 22일 김지태가 국가재건에 이바지할 뜻을 표명했다며 공소 취소로 김지태를 석방했다. 김지태의 석방은 기부승낙서에 서명 날인한 이후 법무부장관의 건의에 따라 박정희가 직접 지시해 이뤄진 것이었다.(〈국정원Ⅱ〉, p.40.)

이에 대해 유족은 당시 김지태가 수갑을 찬 상태에서 강제로 포기각서에 날인한 것을 목격했으며 재산을 자발적으로 국가에 헌납한 것이 아니라 구속 상태에서 억울하게 강탈당했다고 주장했다. 후일 김지태는 "구속된 조건 아래 서류를 작성한다는 것은 옳지 못하나 석방된 연후에 약속을 이행하겠다고 버티었으나 막무가내로 어느 날 작성해온 양도서에 강제로 날인이 이루어진 것"이라며 "14년간 애지중지 가꾸어 놓은 부산일보와 만 4년 동안 막대한 사재를 들여 궤도에 올려놓은 문화방송과 부산문화방송은 5.16재단으로 넘어가고 말았다"고 고백했다.[180)

김지태의 헌납 재산 중에는 부산일보 등 언론 3개사의 주식이 포함됐다. 당시 시중은행의 감정평가는 총 3억4,875만960환이었다. 박정희가 이들 언론 3개사를 헌납받은 것은 민정이양을 앞두고 5.16쿠데타의 정당성 홍보와 효율적인 국가통제를 위한 언론기관이 필요했던

---

180) 부산문화방송, 〈부산문화방송 30년사〉, 1990년, p.117. 강준만, 〈권력변환〉에서 재인용

데다 박정희의 측근인 부산일보 주필 황용주의 적극적인 중재가 있었던 것으로 보인다.(〈국정원Ⅱ〉, p.58.) 헌납재산은 5.16장학회에 이전됐다. 5.16장학회는 이후 정수장학회로 명칭을 바꿨으며 현재도 부산일보의 주식 100%와 MBC의 주식 30%를 소유하고 있다. 5.16장학회(이후 정수장학회)는 박대통령과 연관이 있는 인물들이 이사진에 포함되는 등 지속적으로 박대통령의 영향력이 유지됐다.

### 3) 경향신문 강제 매각(1966년)

경향신문은 1966년 1월 25일 은행 부채 4,600만원을 갚지 않았다는 이유로 언론사상 첫 경매 처분됐다. 경향신문은 기아산업 대표이던 김철호에게 넘어갔다. 사장 이준구가 1965년 4월 반공법 위반 혐의로 구속되어 있는 가운데 저질러진 경향신문 경매 처분은 한일회담 전후로, 특히 언론윤리위원회법 파동 당시 경향신문이 강력하게 저항한 것에 대한 박정권의 보복 조치였다.(강준만, p.413.)

1947년 창간된 경향신문은 가톨릭을 배경으로 창간된 이후 자유당정권에 항거해 오다가 자유당정권에 의해 '여적' 필화사건[181] 등으로 1959년 4월 30일 폐간됐다가 1960년 4월 26일 복간했다. 경향신문은 박정희정권에 대해서도 1964년을 전후로 정경유착과 농촌의 궁핍한 실상을 폭로하는 등 대정부 비판을 강화했다. 1963년 천주교에서 이준구 개인 소유로 넘어간 이후에도 경향신문은 '삼분폭리사건'을 폭로한 것을 비롯, 한일협상 등에 대한 비판적인 보도로 정부를 곤혹스럽게 했다. 특히 경향신문은 1963년 10월 박정희 대통령의 남로당 연루사건 자료를 가지고 대선에서 야당의 윤보선후보가 활용케 한데다 황태성 간첩사건 보도 등으로 박 대통령의 사상문제를 거론했다. 박정권은 기사 내용 등을 문제 삼아 기자를 구속하는 등 강경하게 대응했다.

---

181) 김삼웅, 〈한국 필화사〉, 동광출판사, 1987년, p.79.

(1) 필화 사건

최초의 경향신문 필화사건은 북한의 대남 전단내용이 독자투고란에 실린 이른바 '자유노동자 이향춘 독자투고 사건'이었다. 1964년 5월 12일자 가판 3면 독자투고란에 이향춘이라는 이름으로 독자투고가 게재됐다. 투고내용이 대남전단에 실린 내용으로 드러나면서 공안당국이 수사에 나섰다. 이향춘이라는 이름도 가명으로 경향신문 내부에서 작성한 것으로 밝혀졌다. 이 기사를 쓴 추영형 기자 등 7명이 구속됐다. 경향신문은 즉각 교정 및 심사과정 상의 잘못을 시인하고 사과하는 사고를 게재했다. 사고가 나간 다음 구속된 기자들 중 추 기자를 제외하고 모두 석방됐다.

경향신문은 1964년 비상계엄이 선포되던 6월 3일 2개의 또 다른 필화사건으로 이준구 사장이 구속 당하는 사태에까지 이르게 됐고 이준구 사장은 발행인 직을 물러났다. 수사기관은 비상계엄이 선포된 6월 3일 이준구 사장과 손충무 사진부기자를 반공법과 특정범죄 처벌에 관한 임시특례법 위반혐의로 구속했다. 이해 1월 24일과 28일자에 실린 '독자통일론'과 5월 9일자 '하루는 책보 이틀은 깡통', 5월 27일자 '허기진 군상' 등이 문제가 됐다. 이준구 사장과 손충무 기자는 석방됐다. 경향신문은 이 사건과 관련 사과하는 사고를 게재하고 손 기자를 비롯한 3명을 해면 또는 해약 조치했다. 이 사건은 검찰이 불기소 처리하여 일단락됐다.

(2) 간첩 사건

1965년에는 박정희정권 측에서 볼 때는 지극히 반갑고 경향신문으로서는 치명적인 두 가지 사건이 일어났다. 중앙정보부는 1965년 4월 8일 경향신문 체육부장 무전(無電)간첩단 사건과 도쿄지사장 월북사건을 발표한 뒤 5월 27일 이준구 사장과 업무부국장을 국가보안법 위반 혐의로 구속, 검찰에 송치했다.[182] 무전간첩단 사건은 체육부장이 언론기관 배후조종의 사명을 띠고 남파된 북한 간첩에게 포섭되어 암약한 혐의였으며, 월북사건은 1964년 12월 북한의 대일 공작원에게 포섭되어 간첩활동을 하다가 적발될까 두려워 가족과 함께 북한으로 넘어간 사건이었다.

월북사건은 일본 경찰에서 간첩사건을 수사할 때 경향신문 도쿄 지사장을 조사하지 않았고 월북사실조차 몰랐던 점으로 미루어 중 앙정보부가 간첩혐의에 대해 충분히 조사하지 않고 이준구 사장을 압박하기 위해 서둘러 발표한 것으로 보인다.(〈국정원Ⅱ〉, p.73.)

중앙정보부는 1965년 5월 3일 언론기관 배후조종 사명을 받고 남 파된 북한 간첩에 의해 포섭되어 활동한 경향신문 체육부장 등 무전 간첩 4명을 검찰에 송치했다고 발표했다. 체육부장은 북한간첩의 지령에 따라 경향신문 내부 실태와 종교재단 현황 등을 북한에 보고 하고, 조총련을 통해 경향신문 배후조종 공작자금을 국내로 반입하 기 위해 포섭대상자를 선정했으며, 이준구 사장을 부추겨 친북논조 와 어둡고 선정적인 편집방향을 유도하는 한편, 경향신문 편집국에 농산부를 신설하여 농촌의 비참상을 과장 보도케 했다고 되어 있 다.[183]

경향신문 체육부장은 1966년 9월 대법원에서 국가보안법 위반혐 의로 징역 15년, 자격정지 10년을 선고받고 복역하다가 1979년 8.15 특사로 가석방됐다. 이 사건은 주모자가 사형되었으나 체육부장을 핵심인물로 부각시킨 것은 의도적으로 경향신문의 친북성을 부각 시키기 위한 것으로 판단된다.(〈국정원Ⅱ〉, p.74.)

중앙정보부는 1965년 5월 8일 이준구 사장 등을 간첩 방조 및 불고 지죄로 구속했다. 혐의내용은 조총련계 간첩을 도쿄지사장으로 임 명하여 간첩활동을 방조하는 한편, 경향신문 250여부를 조총련을 통해 북한에 전달케 했다는 것이었다.[184] 중정은 이후에도 이준구

182) 중앙정보부 대공활동국, '경향신문사 간첩사건 송치서' 1965년 5월 27일, 국정원, 앞의 책에서 재인용.
183) 중앙정보부 대공활동국, '인물신상 추가기록', 1966년 3월 8일.

사장에 대해 조총련계 불온자금 유입 혐의 등을 규명하기 위해 이 사장이 있던 감방에 공작원을 투입하는 등 이른바 'K-공작'[185]을 추진했으나 이 사장이 신병을 이유로 병동에 입실하여 중단됐다. 서울고법은 1966년 4월 19일 이준구 사장에게 국가보안법과 반공법 위반 및 횡령혐의는 무죄, 외환관리법 위반에 대해서는 벌금 20만원에 선고유예를 선고했다.

간첩 사건은 국민에게 정부를 비판해 온 경향신문이 실제로는 간첩의 영향 아래 있었고, 이준구 사장이 간첩들에 포섭된 인물이라는 인상을 주는 한편, 이준구 사장에게 경향신문 경영권을 포기토록 압박하려 한 것으로 보인다. 또한 이 사장에 대한 국보법과 반공법 위반혐의는 2심에서 무죄판결을 받았고 K-공작 등 여죄수사는 증거불충분 등으로 중단됐으므로 무리한 조사였던 것으로 판단된다.(〈국정원Ⅱ〉, p.77.)

간첩 사건으로 온갖 압력에도 불구하고 굽히지 않던 이준구 사장은 사장직과 대표이사직에서 물러나고 장인에게 넘겼다. 또한 사장직을 물러나기 직전 장문의 사고를 발표한 다음 3일간의 자진정간을 계획하고 이를 문공부에 통고했으나 갑작스런 정간이 불러일으킬 여론의 귀추를 계산한 박정권은 허락하지 않았다.(주동황 외, p.95.)

(3) 매각 과정

간첩단 사건을 계기로 경향신문 통제에 대한 정당성을 획득한 박정희정권은 경향신문의 경영권을 장악하기 위한 조치를 취하기 시작했다. 1965~66년초에 걸쳐 김형욱 중앙정보부장은 경향신문 매각 공작에 착수할 것을 지시하고 이준구 사장 부부 및 주변인들에 대한 감시 및 회유작업을 진행했다.(〈국정원Ⅱ〉, p.80.) 특히 1965년 이준구 사장이 구속된 이후 경향신문 매각공작이 본격화했다. 중정

---

184) 중앙정보부, '주간 보안정보지' 52호, 1965년 6월 10일.
185) 중앙정보부 대공활동국, '공작계획 보고', 1965년 6월 3~21일.

대공활동국 부국장은 매각과정에서의 협박내용이 국회에서 공개되는 바람에 경질됐고 이후 감찰실장이 개입하여 이준구 사장 부부와 주변인들에게 고문 협박 및 회유 등을 통해 매각 압력을 행사했다.

1965년 6월 김형욱 중정부장은 간부들을 시켜 경향신문의 주거래 은행인 한일 서울 제일 등 3개 은행에 법원 경매를 신청토록 압력을 가했다. 박정권에 의해 언론에 베풀어진 시혜인 은행융자가 이제는 경향신문 경영권의 목을 죄는 수단이 됐다. 저리의 은행융자는 모든 신문사에게 주어지던 혜택이었고 융자 기한이 끝나면 자동 연장되는 게 상례였다. 그러나 경향신문에 대해서만은 대출금 상환연장이 받아들여지지 않았다.

박정권은 경향신문이 다른 방도로 돈을 마련하려는 노력을 봉쇄했을 뿐 아니라 사원의 봉급 지급을 위해 가까스로 마련한 돈마저 예탁은행의 갑작스런 지불정지로 사원들의 봉급 지불마저 어렵게 했다.(주동황 외, p.95.) 중정은 1966년 1월 24일 경향신문이 경매에 참여하기 위해 국민은행 광교지점에 예치한 800만원을 인출하려 하자 조총련 자금 유입 혐의를 내세워 지불을 정지시키기도 했다.[186]

당시에는 신문사마다 은행 빚이 없는 신문사가 없었다. 경향신문은 오히려 은행 빚이 적은 편이었으며 재정적으로 특별히 어려운 처지도 아니었다. 더욱이 은행은 부채의 이자나 원금의 일부를 갚으려고 해도 받아주지 않았고 심지어 대표이사의 개인 예금 인출까지도 거부했으며 기관원이 매일같이 5, 6명씩 편집국에 몰려와 신문 제작을 방해 간섭했다.(송건호, p.292.) 경향신문은 박정권의 전면적인 금융통제로 결국 경매 처분되기에 이른다.

경향신문은 1966년 1월 25일 박 대통령과 동향인 김철호 기아산업 사장에게 2억1,807만원에 낙찰됐다. 서울민사법원에서 실시된 경향신문 경매에는 단 한사람만 응찰했다. 당시 경향신문 부채는 4,627만

---

186) 중앙정보부, '경향신문 불온자금 유입사건 의견서', 1966년 5월 14일.

원이었다. 기아산업은 1960년 부도로 산업은행의 관리업체였으며 66년도 당기순이익은 459만원에 불과했다.[187] 언론과 무관한 중소기업으로 실제 주인은 박대통령과 측근들이라는 주장도 있었다. (〈국정원Ⅱ〉, p.83.) 당시 야당은 경향신문이 타사에 비해 부채가 적은 편인데도 경매한 것은 사장 구속을 기화로 경영권을 강탈하려는 음모라고 주장했다.

경매 이후 이준구 사장 측은 중앙정보부의 주식양도 요구에 응하지 않았다. 그러나 이 사장을 석방하여 이 사장이 10년간 해외에 체류하는 조건으로 2억여 원의 보상금을 제안하자 1966년 4월초 김형욱 부장에게 주식을 양도했다. 김철호 기아산업 사장은 경향신문 인수 이후 박 대통령 등의 요구로 제헌 국회의원이자 1950년대 부산일보 사장을 지낸 박경현에게 경영을 맡겼고 주식도 50%를 청와대에 바쳤으며 1969년 1월에는 신진자동차에 소유권을 넘기라는 이후락 비서실장의 요구를 받아 양도했다. 경향신문은 이후 경영난이 심화하자 1974년 박 대통령이 이환의 문화방송 사장에게 경향신문과 통합할 것을 지휘함으로써 결국 '5.16장학회'의 소유가 되었다.

정부 대리인인 김철호는 정부에 비판적인 간부사원들을 대폭 물갈이하는 등 야성을 제거하는 수술에 착수했다. 그 결과 정부 비판지였던 경향신문은 친여신문으로 바뀌었다. 박정권은 대표적인 정부 비판지인 경향신문을 강제로 경매 처분함으로써 비판지 하나를 제거함과 동시에 정부의 대리인을 내세워 그 신문을 소유하도록 해 친정부지를 또 하나 획득하는 이중적인 효과를 거두었다.(주동황 외, p.96.)

경향신문 강제매각 사건은 이준구 사장이 경향신문에서 손을 떼게 하라는 박 대통령의 지시에 의해 중앙정보부가 계획을 수립하여 진행하였으며, 중정이 조직적으로 개입하여 금융권에 압력을 행사하여 매각절차를 진행시켰던 것으로 판단된다. 특히 경매 이후 경향

---

187) 기아자동차, 〈기아 50년사〉, 1994년, pp.580~587.

신문의 운영권자는 박 대통령이 직접 선임하는 데 관여했던 것으로 보인다.(〈국정원Ⅱ〉, pp.85~90.)

## 3. 조선·동아 광고 탄압(1973년~1975년)

1972년 10월 17일 소위 '10월 유신'을 선포한 박정희정권은 자신에 불리한 보도를 해온 언론사에 대한 경영상의 타격을 입히기 위해 광고탄압을 자행했다. 박정권은 1973년 중앙정보부를 동원하여 조선일보에 대한 광고탄압을 시행했으며, 이어 1975년에는 이를 바탕으로 동아일보에 대한 대대적인 광고탄압에 나서 동아일보는 광고면을 백지로 발행하고 이어 시민의 격려광고로 채웠다. 이는 광고주들에게 광고를 해약 취소하도록 압력을 가함으로써 신문경영에 타격을 가해 언론사주를 굴복시키는 새로운 형태의 언론통제 방식이었다.(〈국정원Ⅴ〉, p.164.) 동아일보에 대한 대대적인 광고 탄압으로 볼 때 조선일보에 대한 광고 탄압은 워밍업적인 성격이 짙었다. 더욱이 조선일보에 대한 광고탄압은 사회적으로 물의를 빚지 않고 조용하게 마무리되었다.

### 1) 조선일보 광고탄압(1973년)

박정희정권은 중앙정보부를 동원하여 1973년 3월 5일부터 조선일보 광고주에게 압력을 가해 광고를 취소하게 했다. 중앙정보부는 이를 위해 1972년 10월 1일부터 1973년 3월 4일까지 약 6개월간 조선일보에 광고를 게재한 94개 업체의 광고게재 회수를 조사했다. 또한 5회 이상 광고를 게재한 36개 업체와 2회 광고를 게재한 37개 업체에 대해 '조정 완료'했다고 보고했다.

중앙정보부는 3월 5일 다음날 조선일보에 광고를 게재하기로 되어 있던 9개 업체의 광고담당자 및 회사 대표 등에게 압력을 가해 조선일보 광고를 전면 취소토록 했다. 특히 광고주 9명 중 6개사 대표를 직접 중정으로 소환하여 광고를 취소함을 물론, 중정의 지시가 있을 때까지 광고게재를 중지하라고 지시했다. 국제극장 전무와 을지극장 대표이사를 중정으로 소환해 광고를 중지하도록 압력을 가한 보고서 중 일부는 다음과 같다.(〈국정원 V〉, pp.158~159.)

- 1973년 3월 5일 조선일보 4면 4단 25행으로 광고(에덴의 동쪽)하던 것을 3월 6일 지방판 및 가판을 제외하고 시내판 광고는 취소 삭제하였으며 3월 6일 이후는 당부 지시가 있을 시까지 조선일보에 광고를 게재치 않도록 하였음.
- 을지극장에서 상영되고 있는 오백화의 광고를 삭제해 줄 것을 강력히 요청했고 향후 당국의 지시에 순응할 것이며 앞으로 일체 광고 의뢰치 않을 것을 별지와 같이 제출한 바 있음.

중앙정보부는 광고 탄압 사실이 외부에 알려지지 않도록 하기 위해 조선일보에 취소된 광고 면에는 무료광고 및 다른 기사로 대체하도록 했다. 중정 보고서에는 "언론과에서는 전시 업자들의 광고계약 취소와 병행하여 그 중 1면 주부생활 광고란은 '뎃보(광고료 없는 다른 광고)'로, 7면 아도홈 소화제 선전 광고란은 전면기사로 대체하고, 8면 해외여행 영어회화책 광고란은 스포츠 기사와 다른 '뎃보' 광고를 게재토록 지면조정을 하였다"고 되어 있다.

이에 대해 조선일보는 광고 해약의 배경이 부정선거 등 정부에 대한 비판적인 보도에 있다고 주장했다. 〈조선일보 70년사〉는 "통상 50단이던 광고량이 정부의 압력으로 3월 7일자엔 36단으로 줄어 3, 4면 광고가 없어지고, 3월 8일자에는 더 줄어서 광고가 32단 밖에 되지 않아 3, 4, 5, 6면이 기사로만 채워진다"고 썼다.[188]

---

188) 조선일보사, 〈조선일보 70년사〉, 1990년, pp.141~142, 〈국정원 V〉에서 재인용.

중앙정보부의 조선일보 광고탄압은 유신선포 이후 사회적 비판 여론에 대한 통제와 권력기반을 확고히 해야 할 필요성, 박정권에 비판적인 언론에 대한 통제의 필요성, 1973년 총선승리라는 유리한 정치적 상황 조성 등 복합적인 배경아래 발생한 사건이라고 볼 수 있다.(〈국정원Ⅴ〉, p.164.) 조선일보 광고통제는 특정기사와 관련되어 있다기 보다는 유신선포 이후 언론통제 수단으로 강구되었던 것이다.

조선일보에 대한 광고탄압은 이후 1975년 대대적으로 펼쳐졌던 동아일보 광고탄압의 전초전이었던 셈이다.

## 2) 동아일보 광고탄압(1974년~1975년)

1974년 12월 16일 동아일보 기자들의 자유언론실천운동이 벌어지고 있는 가운데 전례 없는 사태가 벌어지기 시작했다. 이날 오전 동아일보와 주거래 광고 계약을 맺고 있던 모회사의 홍보담당 간부로부터 동아일보사 광고국에 전화가 걸려왔다. 그 간부는 "사장님께서 동아일보와 동아방송에 대한 광고를 신중히 알아서 배정하라고 하시더군요"라며 전화를 끊었다. 이날 오후에는 다른 회사의 홍보담당 간부가 회사로 찾아와 '이유를 묻지 말아 달라'며 광고 동판을 회수해갔다. 그로부터 4일 뒤인 12월 20일 본격적인 무더기 광고해약 사태가 발생했다.

### (1) 무더기 광고 해약(1974년~1975년)

12월 20일 오후 4시경 한일약품의 광고담당 책임자가 회사로 찾아와 광고 동판을 회수해 갔다. 한일약품의 광고 책임자는 "사장의 지시에 따른 것이다. 더 이상 아무 것도 묻지 말아 달라"며 동판 회수의 이유를 분명히 밝히지 않았다. 한일약품은 여러 해 째 광고를 계속 게재해 왔고 '동아일보의 광고를 통해 기업이 번창했다'고 할 만큼 동아일보와 인연이 깊은 광고주였다.

대한생명보험은 같은 날 오후 6시 30분경 중역 한 사람이 찾아와 '본사 사정에 의한 것이다. 동아일보 제호 아래의 광고 게재를 중단해 달라'는 내용의 회사 공문을 내놓았다. 그는 "1974년 연말까지 실리기로 예정되어 있던 12월치 미게재분에 대해서는 금전적 불이익을 감수할 용의도 있으니 더 이상 광고를 게재하지 말 것"을 요청했다. 대한생명보험은 동아일보 제호 아래 돌출광고를 장기 계약하고 있었던 상태였다. 대한생명보험의 광고담당 간부는 "불황에 대처하기 위해 그런 조치를 취했다"고 말했으나 이 같은 장기 계약 취소는 전례가 없는 일이었다.

또 기아산업은 1975년 초소형 신형차의 본격적 생산을 앞두고 연합광고를 통해 대대적 선전활동을 편다는 계획을 세우고 동아일보에 최우선적으로 광고를 배정할 예정이었으나 결국 우선순위 2, 3, 4위의 다른 신문에만 광고를 배정하고 동아일보는 배제했다.

가. 기자들 자유언론실천 다짐

무더기 광고해약 사태가 본격적으로 밀어 닥친 것은 그로부터 나흘 뒤인 12월 24일이었다. 럭키그룹, 롯데그룹, 오리엔트 시계, 미도파 백화점, 일동제약, 종근당 제약, 한국바이엘, 태평양화학 등 10여개 대광고주가 일제히 광고 계약을 취소했다. 25일부터는 극장광고도 일제히 끊겼다.

이에 대비해 기자들은 이날 오전 편집국에서 긴급 총회를 열었다. 편집간부들도 자리를 함께 한 이날 총회는 어떠한 압력에도 굴하지 말고 결연히 자유언론을 실천해 나가자고 다짐하고, 회사 측에 "광고 계약의 전면적 철회 경위를 즉각 신문과 방송에 자세히 보도하고 철회된 광고 면을 백지 그대로 제작할 것"을 건의했다. 이러한 기자들의 건의에 대해 회사 측은 25일자 광고 면은 메워졌으니 성급하게 광고해약 사태를 보도하지 않는 것이 좋겠다고 설득했고, 기자들도 이를 일단 양해했다. 그러나 이 날짜 신문에 실린 광고 가운데 상당

수는 며칠 뒤에 싣기로 예약된 것을 앞당겨 게재한 것이었다. 그리고 그나마 1판이 발행되자마자 5단 광고의 스폰서인 모 제약회사 측이 "이유는 밝힐 수 없다"며 광고를 빼달라고 간청, 할 수 없이 2판부터는 시중에서 매진된 지 오래인 여성 동아 1월호 광고를 대신 실었다.

그 무렵 동아일보는 평상시 하루 8면에 총 48단의 광고를 게재해 왔다. 그러나 26일엔 평상시의 절반도 안 되는 23단밖에 광고가 차지 않았다. 그 때문에 이날 신문은 2쪽 전체를 기사로 메우고 4, 5쪽엔 작은 활자로 찍어 사실상 백지광고 효과를 낸 신동아 발매광고와 여성 동아 매진사례 광고를 실었으며 8쪽 하단은 동아방송 프로그램 안내로 채웠다. 그리고 27일자 신문은 3, 4, 5, 7쪽을 백지상태로 발행했다.

12월 28일엔 생명보험협회가 전화로 30일자 광고를 취소했으며, 삼양식품과 보르네오 가구도 5단짜리 광고를 해약했다. 또 이날 GM 코리아는 신년호 전면 광고 동판을 30일 오전까지 보내주겠다고 확약한 지 20분 만에 이를 번복하고 해약을 통고했다. 이 바람에 1975년 신년호의 8쪽은 동아일보 사가(社歌)와 정부의 언론탄압을 규탄하는 한국교회여성연합회의 의견광고 등으로 메워졌다. 몇몇 기업들이 조금 버티기는 하였지만 결국 이 해 말까지 대광고주들의 거래는 완전히 끊기고, 동아일보엔 신문사의 자체광고나 의견광고, 안내광고, 대학신입생 모집광고와 같은 소액광고들만 명맥을 유지 했다. 광고탄압이 본격화한 지 한 달 만인 1975년 1월 25일 동아일보 의 광고는 평상시 상품광고의 98%가 떨어져 나가 격려광고를 제외 한 광고수입이 평상시의 50%수준으로 감소했으며, 2개월째인 2월 25일엔 70%가 감소했다.(동아투위, 〈자유언론〉, p.145.)

나. 동아방송에도 광고탄압

동아방송에 대한 광고탄압도 1974년 12월 20일부터 구체화하기 시작했다. 이날 미원과 남양분유가 서면통고는 하지 않았으나 "앞으로 동아방송에 광고를 낼 수 없을 것 같다"는 취지의 연락을 해온 것을 시작으로 25일까지 13개 광고주들이 해약을 통고했다. 그래도 방송은 신문과 달리 1975년 1월 6일까지는 이미 계약된 광고의 대부분이 송출됐다. 그러나 1월 7일부터는 탄압이 더욱 격화하여 무더기로 광고가 떨어져 나갔다. 8일 오후 7시까지 27개 업체가 광고 해약을 통고해왔다. 이어 1월 10일까지 광고 해약기업은 44개로 늘어나고, 11일엔 '오후 1시 뉴스'에 붙어 있던 삼양식품 광고까지 해약되면서 보도 프로그램에 붙어 송출되던 모든 광고가 해약됐다.

광고탄압이 없던 평상시 동아방송의 하루 광고량은 프로그램 91건, 스파트 145건 등 모두 236건 정도였다. 그러나 광고탄압이 본격화한 지 한 달만인 1975년 2월 7일의 광고량은 프로그램 광고 3개, 스파트 광고 22개 등 모두 25개 밖에 남지 않았다. 이는 건수로 88.7%, 금액으로 91.7%가 평상시 보다 감소한 것이었다. 그리고 2월 말까지는 평상시에 비해 프로그램 광고 97.9%, 스파트 광고 94%가 떨어져 나가 금액으로 97.7%가 감소했다.

신동아와 여성동아의 경우도 2월초부터 광고주들에 대한 압력이 가해지기 시작하여 2월 20일 경에는 거의 모든 광고주들이 광고 동판을 회수해갔다. 그 결과 신동아 3월호와 여성동아 4월호의 광고 금액은 평상시보다 90%나 줄어들었다.(동아투위, 〈자유언론〉, p.146.)

### (2) 격려 광고의 쇄도(1975년)

동아일보 광고탄압에 대한 국내외 비판여론이 들끓기 시작하자 원로 언론인 홍종인씨가 1974년 12월 19일 동아일보를 찾아가 후배 언론인들을 격려하고 그날 자 동아일보 2판 1면에 광고를 냈다. 개인 이름으로 낸 첫 번째 광고였다. 홍종인은 '언론자유와 기업의 자유'라는 제목의 4단짜리 광고를 통해 "동아일보에 실려야 할 신문 광고에 대한 강제 해약은 일시적으로는 어떤 힘의 작용으로 될 수 있다 하더라도 이런 일은 감히 해서도 아니 될 심히 위험한 권력

자신의 자해 행위"라고 경고했다.(동아투위, 〈자유언론〉, p.159.)

이 광고의 위쪽엔 동아일보 광고국장 김인호 명의의 다음과 같은 내용의 돌출광고가 나갔다. '대광고주들의 면적이 큰 광고가 중단됨으로 인하여 광고인으로서 직책에 충실코자 부득이 아래와 같은 개인 정당 사회단체의 의견광고, 그리고 보도를 격려하는 협찬 광고와 연하광고를 전국적으로 모집하오니 전 국민의 적극적인 성원을 바랍니다.'

## 가. '동아돕기 운동' 번져

성금 기탁, 독자 확장, 구독료 선납과 같은 '동아돕기 운동'은 1975년 새해로 접어들면서 신문에 자유언론운동을 격려하고 민주주의와 인권의 회복, 사회정의의 실현을 촉구하는 내용의 개인의견을 싣는 격려광고 형태로 바뀌었다.

1975년 신년호는 1쪽에 천주교정의구현전국사제단의 '언론탄압에 즈음한 호소문'을, 7쪽에는 '민권의 시대를 창조하자'는 제목이 붙은 신민당의 의견광고를, 그리고 당초 GM 코리아가 전면광고를 내기로 계약했다가 해약한 8쪽에는 동아일보 사가(社歌)와 한국교회여성연합회의 '알리는 말씀', 경동교회 교인일동과 '언론자유를 지키려는 한 시민'의 격려광고 등을 실었다.

한국교회여성연합회는 "① 전회원은 동아일보 구독운동을 벌인다 ② 동아일보 광고해약 업체를 조사하여 회원들에게 공개하고 상품 불매운동을 벌인다 ③ 연간구독료 선납운동과 동아일보 부수 확장운동을 벌인다"는 구체적인 '동아돕기 운동'을 결의하고 이를 동아일보 1975년도 신년호 광고로 실었다.

자유실천문인협회도 신년호에 "우리는 동아일보의 집중적인 고통을 통해서 동아일보를 뜨겁게 사랑합니다. 바라건대 이 사랑이 우리 사회에 넘쳐서 우리들의 통곡의 현대사와 함께 살아온 최선의 동조자 동아일보가 쓰러지지 않는다는 희망을 획득하고자 합니다"

라는 내용의 '136인의 편지'를 광고로 실었다.

특히 이날 동아일보 4쪽엔 '본란은 동아일보 사원의 언론자유수호를 지지하는 광고입니다'라는 설명문과 함께 '언론자유 수호격려'라는 1단짜리 컷이 달린 본격적인 격려광고란이 처음으로 등장해 눈길을 끌었다.

신년 연휴가 끝난 뒤 처음 발행된 1월 4일자 신문은 8쪽 전체를 '암흑 속의 횃불'이라는 제목이 붙은 천주교정의구현전국사제단의 의견광고에 할애했다. 이 의견광고는 원주교구 지학순 주교의 양심선언을 비롯해 1974년 7월부터 1975년 1월 3일까지 열린 64차례의 인권회복기도회에서 발표된 결의문, 메시지, 선언문 등의 요지를 수록해 매우 충격적인 반응을 불러 일으켰다.

야당인 민주통일당은 1월 10일 중앙당 국장단 회의에서 동아돕기 성금운동과 중앙당 간부 및 전 당원의 구독료 선납운동을 결의했다.

기독교전국청년연합회는 9일 저녁 서울 종로5가 기독교회관 강당에서 인권회복과 자유언론을 위한 기도회를 열어 동아일보 구독료 선납운동을 결의한 데 이어 10일 오전엔 간부들이 동아일보사를 방문, 성금을 내고 10만 명 구독확장운동을 전개하겠다고 다짐했다.

또 동아방송에 출연하는 성우 17명은 1월 11일 무료 출연을 결의했고 '씨알의 모임'은 1월 28일부터 "자유 정의 진리를 수호하기 위해 고난을 겪고 있는 동아를 돕기 위해 작은 씨알들이 모이다"라는 내용의 글을 새긴 페넌트를 판매해 수익금을 동아일보에 전달했다. 고려대와 연대생들의 모임인 '목실회'는 2월 23일부터 "자유 너 활화산이여"라는 함석헌 선생의 친필이 인쇄된 '동아돕기' 격려 족자를 판매해 그 수익금을 보내오기도 했다.

나. 해외동포들도 동참

해외동포들 사이에서도 동아돕기운동이 번지기 시작했다. 뉴욕의 동포들은 1월 5일 '재미동아구제위원회'(위원장 임창영 전 유엔

270

대사)를 구성, "민주주의라는 나무는 피를 먹고 자란다"는 광고문안과 함께 우선 200달러의 광고비를 보내고 '동아구제모금만찬회'등의 활동을 벌였다. 로스앤젤레스(Los Angeles) 동포들은 7일 '나성(羅城) 동아돕기회'(회장 홍윤호)를 결성하고 "민족의 햇불은 꺼져서는 안 된다. 우리의 동아는 우리의 손으로 돕자"는 광고문안과 함께 김치 등을 판매한 수익금 600여 달러를 동아일보에 보냈다. 1월 10일엔 워싱턴 한국학생회가 "동아일보를 지키는 일은 조국의 민주주의를 지키는 최선의 길"이라고 역설하는 성명을 발표, "반 언론자유 세력에 대항하여 투쟁하는 일을 힘차게 벌이자"고 호소했다. 1월 16일엔 샌프란시스코(San Francisco) 동포 33명이 '샌프란시스코 동아 돕기회' (회장 안용준 목사)를 결성했다.(동아투위, 〈자유언론〉, p.154.)

일단 봇물이 터지자 격려광고는 금세 홍수를 이루어 1월 10일 무렵부터는 지면 전체가 격려광고로 도배된 듯한 느낌마저 갖게 했다. 종교계 사회단체 정당을 비롯해서 노동자 농민 회사원 해외동포, 심지어 초등학교 어린 아이에 이르기까지 각계각층으로부터 격려광고가 밀려들었다. 격려광고는 각 사회단체뿐 아니라 평범한 시민, 가난한 서민으로부터 많이 쏟아졌다. 남녀노소도 지역의 동서남북도 없이 전 국민이 참여했다. 끼고 있던 금반지를 놓고 가면서 '빛은 어두울수록 더욱 빛난다'고 목멘 소녀가 있었고, '가만히 보고만 있을 수 없어서…' 금일봉을 던진 병상의 시인도 있었다. '동아와 함께 결혼을 자축한다'는 신혼부부에다 '아들을 낳으면 동아로, 딸을 낳으면 성아로 이름 짓겠다'는 부부도 있었다.

신문(동아일보)은 목을 걸고 내 주는 격려광고와 백지 빈 칸으로 어느 정도의 저항을 유지했으나 방송은 격려광고 의뢰인의 목소리를 낼 수도 없는 형편이라 광고시간은 저항과 행간을 읽게 하는 의도로 방송사의 주지를 방송했다. 이것도 물론 간접적인 통제의 홍보라고 해서 금지지시가 있었는데 특히 내용 중 "자유와 정의의 편에 서서"라는 구절은 절대 안 된다는 것이었다.(김학천, 〈PD저널〉)

광고탄압이 시작된 이후 고난 받는 동아일보에 보낸 독자들의 뜨겁고 눈물겨운 성원의 현장을 당시 동아일보 광고담당자들과 기자협회 분회는 다음과 같이 전했다.[189]

　격려광고가 실리기 시작한 것은 1975년 신년호부터였습니다. 모 회사가 1일자 신문에 싣기로 했던 전면광고를 돌연 취소해 버려 신문에 펑크를 낼 수도 없고 해서 격려광고를 실었던 것인데 신년호의 격려광고 성금은 취소된 전면광고 대금의 2배에 가까운 금액이었습니다. 그리고 새해 들어 처음 만든 4일자에는 다시 그 2배가 들어왔습니다. 이로써 평상시 광고수입과 거의 같은 수준에 올라선 것이지요, 이같이 격려광고가 쇄도하리라고는 저희들도 전혀 예측을 못했습니다. 눈시울이 뜨거웠던 적도 한두 번이 아니었습니다. 저희들은 마치 홍수처럼 밀려드는 격려광고를 접수하면서 동아일보는 상품광고가 끊겨도 결코 죽지 않는다는 신념을 갖게 됐습니다. …
　근 1개월간 지속된 격려광고의 흐름을 보면 종교인 광고가 가장 많고 다음이 정당 사회단체 대학생 중고생 광고 순으로 되어 있습니다. 국민의 성원이 뿌리를 내려 정착되어 가는 것을 뚜렷이 느낄 수가 있습니다. … 제가 가장 감명을 받았던 것은 어떤 막벌이꾼으로부터였습니다. 50대에 접어든 그 분은 다 해진 양말에 허름한 낡은 작업복을 입고 찾아와서는 '동아일보를 위해 성금을 내는 것이 아닙니다. 내 자신을 위해서 내는 것입니다'라고 말하면서 꼬깃꼬깃 접은 돈을 내고 갔습니다. …
　가톨릭노동청년회의 격려광고에도 처절한 얘기가 깃들어 있습니다. 아침 10시쯤에 가톨릭노동청년회에서 저에게 전화가 걸려왔습니다. 광고문안과 돈을 가지고 지금 사람이 갈 것이라는 것이었습니다. 한참을 기다려도 오지 않아서 이상하게 생각하고 있었는데 11시쯤

189) '본사 광고담당자 좌담회', 〈동아일보〉, 1975년 1월 23일.

청년 2명이 헐레벌떡 뛰어 들어와서는 양말 속에서 광고 문안을 꺼내 놓는 것이었습니다. 경위를 들어보니까 예정대로 청년회 여직원 1명과 남자직원이 광고 문안과 돈을 핸드백 속에 넣고 사무실을 나오자마자 모 기관원에 의해 여직원이 연행됐다는 것이었습니다. 그래서 사무실에 놓아둔 사본을 또다시 압수당할까 두려워 양말 속에 숨겨 갖고 왔다면서 성금은 빚을 얻어서라고 오후에 꼭 갖다 줄 테니 격려광고를 내달라는 것이었습니다. 민주국가에서 이럴 수가 있을까 하고 큰 충격을 받았습니다. 언론자유 격려광고가 마치 솔제니친(Solzhenitsyn) 소설과 같이 운반되어야 하다니 …

미국으로 이민 간 어느 근로자가 첫 봉급을 성금으로 보내왔을 때도 가슴이 찡하게 저려 오더군요. 또 이런 일도 있었습니다. 하루는 S음대를 나왔다는 여사무원 차림의 숙녀가 찾아와서 핸드백을 열고 500원짜리를 있는 대로 다 꺼내놓더군요. 한 5,000원쯤 되어 보였어요. 그러면서 하는 말이 '나는 한일회담을 반대하다가 경찰서에 잡혀 3일 동안 유치장에서 보낸 일이 있어서 자유가 얼마나 고귀한 것이라는 것을 알고 있습니다. 동아일보 기자와 광고국 여러분께서는 어깨에 좀 더 힘을 주세요'라고 하더군요. …

요즘 동아일보에 실리고 있는 격려광고는 새로운 용어의 유행을 만들어내고 있습니다. 이미 어떤 분은 그런 표현을 빌어 광고를 내기도 했습니다만 이른바 '익명시대'가 도래했다는 것입니다. 이것은 현재의 사회풍토랄까 분위기를 잘 반영해주는 것이라고도 생각됩니다만 전체 격려광고의 98%가 익명으로 되어 있습니다. 어떤 분은 '이름 없는 슬픔을 이렇게 광고합니다'라고도 썼습니다. …

그리고 동아 광고 무더기 해약을 계기로 그 여백을 메우기 위해 격려광고가 이처럼 대량으로 쏟아져 들어온 것은 언론사상, 광고사상 세계에서 일찍이 전례가 없었던 일이지요. 동아의 격려광고는 '민주'를 꽃 피우는 찬란한 '생화(生花)'라고나 할까요.

다. 익명 격려 광고자 색출

익명으로 국민의 격려광고가 쇄도하자 중앙정보부 등 정보기관에서는 익명 광고를 낸 사람을 색출하는 작업을 본격화했다.

동아일보 1975년 1월 25일자 기사는 "F대학의 경우 동아일보 격려광고란에 동(同) 대학 교수의 익명 광고가 게재되자 정부 모 관련부처 담당관으로부터 힐난 전화가 걸려왔다"고 밝혔다. 이 기사는 "그 내용은 '곤란한 일이다. 차라리 교수 명단을 광고에 내놓는 게 좋지 않겠느냐'는 힐난이었으며 이 같은 전화를 받은 F대학 당국자는 '당국이 무더기 해약사태는 신문사와 광고주 사이의 업무상 관계일 뿐이라고 말해 놓고서 왜 개입하는가. 당신들이 광고 해약사태를 일으킨 책임자 이름을 밝힌다면 우리도 광고를 낸 교수의 이름을 밝히겠다'고 응수했다"고 전했다.

1월 14일 밤과 15일 새벽 사이에는 '육군 중위'의 격려광고 사건과 관련, 광고국장 등 3명의 사원이 육군보안사령부에 연행됐다. 이들이 보안사에 연행되자 동아일보 사원들은 이에 항의, 연행된 세 사람이 귀사할 때까지 농성하기로 결의하고 15일 밤부터 400여 사원들이 철야농성에 들어갔다. 기자들은 이날 정오 긴급총회를 열어 보안사의 불법연행에 엄중 항의하는 성명을 발표하고, 이 날짜 1면에 4단짜리 기사로 이를 보도했다.

연행된 세 사람은 보안사로부터 격려광고를 의뢰한 육군 중위의 신원을 밝힐 것을 요구받고, 익명의 광고를 내는 사람이 워낙 많은데다 광고를 내러 오는 사람의 신원을 일일이 확인할 수도, 확인할 필요도 없어 육군중위라는 사실만 알 뿐 자세한 신원을 알지 못한다고 답변했다.

보안사는 15, 16일 이틀 동안의 철야조사에서도 성과가 없자 "육군중위라는 사람이 현역군인이 아닌 민간인이라는 사실만 진술해 달라"면서 이를 정정기사로 내줄 것을 요구했다. 이에 광고국 직원들은 '1육군중위는 현역이 아닌 민간인이었다'는 각서를 써주고 "정정기사 게재는 광고국 소관이 아니므로 약속할 수 없으며 다만 광고로 해명해 줄 수는 있을 것"이라고 말하고 17일 밤 풀려났다. 그러나 17일 밤늦게 까지 농성 중이던 사원들은 "정정기사나 해명광고는 있을 수 없는 일"이라고 보안사의 요구를 단호히 거부했다.(동아투위, 〈자유언론〉, p.172.)

특히 중앙정보부는 1975년 2월 5일 1단짜리로 '자유언론'이라는 격려광고를 게재한 '한양대 신문방송학과 출신의 ROTC 장교'를 찾아내기 위해 전국의 조직을 활용하여 색출작업을 벌였다. 중정은 한양대 ROTC 7기 임관자가 총 169명이며 이중 신문학과 출신이 7명임을 파악한 뒤 광고게재 3일 뒤인 2월 8일 각자의 본적지(서울 경기 전북 충남)로 긴급신원 내사를 지시했다.[190]

중앙정보부는 이후 해당 지부에서 올라온 보고를 종합해 광고 게재자로 추정되는 사람을 찾아내 보고했다. 보고내용은 격려광고를 임의로 게재한 사람은 한양대 신문학과 3회 ROTC 7기 출신 현직 동아일보 천안지국장이며, '성격은 강직하나 불량성이 다분하고 평소 신민당 충남 제2지구당원들과 접촉하며 신민당 정책에 동조하고 있으며 동아일보 광고 ○○적 사태를 정부시책과 ○○, 비판하고'라고 보고했다. 이와 함께 의견으로 'ROTC 7기 명의로 광고를 게재한 저의를 규명'[191]해야 한다고 밝혔다. 이러한 사실은 동아일보 광고 탄압에 중앙정보부가 개입했음을 보여주는 사례라고 할 수 있다.

### (3) 각계각층의 지원 활동(1974년~1975년)

1974년 말 광고탄압이 본격적으로 시작된 직후부터 언론계는 물론, 야당과 종교단체, 재야단체, 문화예술 단체 등 각계각층의 성명서와 결의문이 쏟아져 나왔다.

---

190) 중앙정보부, '긴급 신원내사 지시', 1975년 2월 8일.
191) 중앙정보부의 수사 자료는 병적 조회시, 학적부, 주민등록표, 호적등본 등이 포함되어 철해져 있었다. 〈국정원 Ⅴ〉, p.128에서 재인용.

## 가. 언론계 비난 성명

한국기자협회는 광고란이 사실상 백지상태가 된 1974년 12월 20일자 신문이 발행되자 회장단 및 언론자유특별대책위원회를 긴급소집, "언론기업의 주 수입원을 이루는 광고의 무더기 해약사태는 자유언론을 억압하려는 미증유의 음성적 조작이며, 이제까지의 정치적 인권적 탄압에 이어 경제적 폭력까지 동원, 언론계의 독립적인 보도활동을 마비시키려는 간교한 획책으로 보지 않을 수 없다"고 규탄하는 성명을 채택하고 언론자유에 대한 새롭고 노골적인 형태의 탄압행위를 즉각 철회할 것을 촉구했다.

기협은 이 성명에서 또 "비열한 경제폭력이 자유민주주의 질서를 파괴할 뿐 아니라 마땅히 육성해야 할 언론기업을 위축시키고 우리의 언론자유 실천 활동을 구조적으로 억제한다는 데 깊은 분노를 느끼고 관계당국이 하루 빨리 진상을 조사 처리해 줄 것을 촉구하며 우리 언론인들은 일치단결하여 국민과 더불어 이처럼 교활한 탄압에 저항할 것을 다짐한다"고 밝혔다.

기협은 1월 11일 또 다시 동아일보에 대한 정부의 경제폭력 중지와 3,000여 기협 회원의 연대적 저항운동을 촉구하는 다음과 같은 성명을 발표했다.

1. 우리는 동아일보에 대한 무더기 광고해약이 전례 없이 잔혹한 언론탄압으로 판단하고 이 같은 경제폭력을 즉각 철회, 민주정부의 양식을 회복해 줄 것을 촉구한다.

1. 광고주들은 건전한 기업정신을 발휘, 광고해약을 요구하는 외부 간섭을 거부하고 소비자들의 자유선택 기회를 제시해 줄 것을 요구한다.

1. 언론의 자유가 자유민주주의의 첩경임을 믿는 국민들에게 독립적인 보도와 논평에 앞장서는 기자와 언론사를 더욱 성원해 줄 것을 호소한다.

1. 동아일보와 동아방송은 소신하는 바의 자유언론을 위해 굽힘없이 매

진해 줄 것을, 3천여 기협 회원들은 동아가 당하고 있는 사태가 우리 자신의 일로 생각하고 연대적인 저항운동을 전개해 줄 것을 요망한다.

그러나 동아일보가 처절한 사투를 벌이고 있는 동안에도 다른 신문, 방송들은 강 건너 불 보듯이 이를 외면했다. 동아일보에 대한 광고탄압 사태가 발생하자 대부분의 신문들은 '일부 신문에 대한 광고 해약'이라는 기사를 지면 한 구석에 1단으로 처리했다. 이러한 제작태도는 자신들에게 불똥이 튈지도 모른다고 지레 겁을 먹은 발행인들의 비겁함에서 연유한 것이었다. 이에 맞서 조선일보를 비롯한 각사 기자들은 경영진의 비겁한 자세에 항의하면서 잇달아 결의문, 선언문을 발표했다.

조선일보 편집국, 출판국 기자들은 13일 편집국에서 모임을 갖고 "우리는 지금 벌어지고 있는 동아일보와 동아방송에 대한 무더기 광고해약 사태가 전체 언론이 지키려고 하는 언론자유에 대한 권력의 명백하고 부당한 침해이며 도전임을 선언한다"고 밝히고 "부당한 압력이 거두어질 때까지 공동 투쟁할 것"과 "동아사태는 물론 이와 관련된 어떠한 언론탄압상도 사실대로 정확히 보도할 것"등 4개항의 결의문을 채택했다.

중앙매스컴과 한국일보 기자들도 잇따라 선언문, 결의문을 발표했으며 국제신문, 매일신문, 충청일보, 영남일보, 대구문화방송, 기협 전북도지부 등도 동아일보 기자들과의 공동투쟁을 다짐하는 비슷한 내용의 선언문, 결의문을 발표했다.

국민적 분노가 들끓는 가운데서도 침묵을 지켜오던 한국 신문편집인협회도 마침내 1월 15일 모임을 갖고 10.24선언 이후 일선기자들에 의해 진행되어온 언론자유수호운동을 당연하고도 순수한 것으로 평가하고 동아일보에 대한 광고탄압을 즉각 시정하라고 촉구했다. 편집인협회는 이 성명에서 "편집인들은 자유언론을 저해하는 외적 요인이 제거되기를 기대하는 나머지 인내로 고통스러운 침묵을 지켜왔다"

고 전제, "그러나 최근 동아일보 광고의 집단해약 사태에서 보는 바와 같이 자유언론에 대한 외부로부터의 침해가 계속되고 있으며 그로 말미암아 언론이 위기에 처해 있음을 재삼 확인하게 되었다"고 밝히고 다음과 같은 4개항을 결의했다.(동아투위 ,〈자유언론〉, pp.153~154.)

1. 최근 일선기자들에 의해 고조되고 있는 자유언론수호운동을 편집 인들은 전체 언론계를 위한 자구운동으로 인정한다.
1. 동아일보의 광고해약 사태는 즉각 시정돼야 하며 언론기업의 존립 자체마저 위협하는 이러한 압력사태가 재발되지 않도록 촉구한다.
1. 우리는 언론의 기능을 오도하는 어떠한 통제나 간섭에도 굴하지 않을 것을 다짐하며 독립적이며 자율적으로 언론의 책임과 사명을 완수한다.
1. 편집인들은 언론계가 직면하고 있는 중대 위국(危局)에 처해서 종(縱)으로는 발행인 편집인 일선기자가, 횡(橫)으로는 동업의 각 사가 언론자유의 수호를 위해 공동운명체라는 인식 아래 일치단결할 것을 호소한다.

### 나. 야당과 재야의 비난 성명

야당인 신민당은 12월 26일 긴급 당직자회의를 열어 대책을 협의한 끝에 동아일보 광고주들에 대한 광고해약 압력은 새로운 수법의 언론탄압이라고 규정하고 사태의 진상을 조사 규명하기 위해 진상조사위원회를 구성하는 한편, 국회 문공위원회 소집을 요구키로 했다. 신민당은 이와 함께 성명을 발표, "정부가 언론탄압을 중지하라는 국내외 여론에 몰리게 되자 탄압수법을 바꾸어 교활하고도 악랄하게 언론기관의 광고주에게 압력을 가하고 있다"고 비난했다.

천주교정의구현전국사제단은 12월 27일 오전 명동성당에서 "동아일보의 광고해약은 분명히 당국의 압력이 기업주, 즉 광고주에 가해져 이루어진 것으로 보고 엄중 항의한다"는 내용의 성명을 발표했다. 이어 12월 30일엔 명동성당에서 자유언론 회복기도회를 열었다. 사제단은 이 성명에서 "부당하게 억압받는 언론을 지원하는 뜻에서 범국민적 구독운동을 전개하겠다"고 밝히고 "압력에 굴복하여 광고를 기피하는 기업체의 상품에 대한 불매운동을 불사하겠다"고 선언했다.

자유실천문인협의회는 12월 27일 "현대 한국 사회와 운명을 함께 해온 동아일보에 가해지는 광고의 무더기 해약사태는 언론자유 실천에 대한 지능적인 봉쇄로 인정, 억압이 해소되길 강력히 주장한다"는 내용의 성명을 발표했다.

민주수호국민협의회는 같은 날 오후 서울 을지로 1가 대성빌딩에서 열린 송년 대강연회에서 "민주주의를 바라는 모든 국민은 동아일보와 동아방송의 외로운 자유언론실천 투쟁을 가능한 모든 방법으로 지원해 줄 것을 호소한다"는 성명을 발표했다.

한국기독교교회협의회는 12월 28일 기독교회관 6층에서 모임을 갖고 "① 당국은 동아일보에 대한 박해를 중단하라 ② 1백만 기독교인을 포함한 모든 동아일보 독자는 구독부수 확장운동을 편다 ③ 동아일보 광고게재를 철회한 회사 상품을 구입하지 않는다 ④ 동아일보에서 빼내간 광고를 싣는 신문을 구독하지 말고 대신 동아일보를 구독한다 ⑤ 양심있는 기독교 실업인들은 동아일보에 광고를 게재하기 바란다"는 성명을 발표했다.

성명서 및 결의문 발표는 1975년 새해 들어서도 계속 이어졌고, 동아일보를 지원하기 위한 시민의 활동도 한층 조직화한 형태로 나타났다.

민주회복국민회의 상임대표 윤형중 신부는 1월 6일 기자회견을 열어 "민주회복은 온 국민의 요구"라고 밝히면서 "민주국가에서 언론의 사유는 무엇보다도 먼저 보장되어야 할 요건"이라고 강조했다. 그는 이어 "당국이 가하고 있는 자유언론에의 직접 간접의 탄압은 이제 경제적인 방법까지 동원하여 사상 유례 없는 악랄성을 보여주고 있다"고 지적하고 "우리는 가능한 모든 역량을 동원하고 합심하여 자유언론이 받고 있는 탄압을 극복할 것이며 당국의 부당한 탄압과 교활한 술책이 하루속히 제거될 것을 희망하며 자유언론에 대한 범국민적 성원을 호소한다"고 촉구했다. 민주회복국민회의는 1월 10일 동아일보에 광고를 해약한 기업의 제품에 대한 불매원칙도 결의했다.(동아투위, 〈자유언론〉, pp.151~152.)

### 다. 해외언론의 반향

동아일보 광고탄압사태는 즉각 국제뉴스의 초점이 되었다. 세계적인 통신사들의 텔레타이프(Teletype)는 무더기 광고해약 사태를 타전하는 데 열을 냈고, 서울에 지국이 없는 외국의 신문사들은 동아사태의 취재를 위해 앞 다퉈 특파원을 파견했다.(동아투위, 〈자유언론〉, pp.154~158.)

1974년 12월 27일 아침 일본의 신문들은 일제히 동아일보 광고해약과 백지광고사태를 대서특필했다. 아사히(朝日)신문은 3쪽에 사진을 곁들여 4단으로 보도하고 7쪽 머리에 또 해설을 겸한 기사를 실었다. 아사히신문은 이 기사에서 동아일보가 반정부활동 보도를 적극적으로 했다는 것과 대광고주들이 잇달아 광고계약을 취소했다는 것, 그리고 26일자 지면의 2개면에 걸쳐 광고란을 백지로 내보냈다는 것 등을 상세히 소개하면서 "광고주들의 이 같은 조치엔 중앙정보부 등 치안당국의 개입이 있었음이 틀림없으며 민족지로서 54년의 역사를 자랑하는 동아일보가 창립 이래 최대의 경영위기에 직면했다"고 보도했다. 또 요미우리(讀賣)신문은 3쪽에 4단기사로, 마이니치(每日)신문은 4쪽에 머리기사로, 산케이(産經)신문은 5쪽에 사진을 곁들여 4단으로, 닛케이(日經)신문은 5쪽에 3단으로 비슷한 논조의 기사를 실었다.

미국의 뉴욕타임스(New York Times)도 12월 27일 "한국에서 큰 영향

력을 가진 동아일보가 이 신문을 억누르려는 정부의 작용으로 보이
는 갑작스런 광고계약 최소 사태에 직면했다"고 보도하면서 '우리는
이것이 정보기관의 작용임을 알고 있다'는 한 소식통의 말을 인용했
다. 이 신문은 이어 31일 "정부의 계획된 압력 때문이라는 인상 속에
서 어려움을 겪고 있는 한국의 저명한 전국지 동아일보를 구하려는
자발적인 운동이 일어나고 있다"고 한국에서 벌어지고 있는 '동아
돕기 운동'을 상세히 보도하고, "30일자 동아일보는 아마도 50여년
역사상 처음으로 극장광고를 싣지 않았다"고 말했다.

이른바 '1육군 중위' 격려광고 사건과 관련, 광고국장 등 3명의
사원이 육군보안사령부에 연행되고 이에 항의하는 동아일보 전사
원이 철야농성에 돌입한 1975년 1월 14일을 전후하여 동아일보는
또 한 번 세계 여론의 집중 조명을 받았다.

아사히신문은 14일자 사설과 1면 칼럼에서 "55년의 전통과 최대
부수를 자랑하는 동아일보가 광고의 집단해약이라는 압박을 받으
면서도 보도의 자유를 지켜나가기 위해 문자 그대로 존망을 건 투쟁
을 계속하고 있다"고 논평한데 이어 15일에도 다시 논단에서 이 문
제를 다뤘다. 그리고 마이니치신문은 15일 사설과 16일 석간 머리기
사로, 요미우리신문은 15일 해설기사로 동아일보 문제를 상세히 다
뤘고, 이에 앞서 NHK는 12일 밤 동아사태와 함께 한국의 정치 상황
을 와이드 프로로 다뤘다.

영국의 더 타임스(The Times)는 1월 16일 "박정희 대통령은 현재
최고 부수를 가진 동아일보를 억압하기 위해 경제적인 탄압수단을
사용하고 있다"면서 "정부가 동아일보를 억압하려고 경제적 탄압을
가하려는 기도는 기자들의 용기를 북돋워 주고 단결시켜 주었다"고
보도했다.

또한 프랑스의 르 몽드(Le Monde)는 1월 29일 '언론자유를 위한
대신문의 투쟁'이라는 제목으로 동아일보의 언론자유 투쟁에 관한
장문의 기사를 실었고, 이밖에 파리에서 발행되는 인터내셔널 헤럴

드 트리뷴(International Hearald Tribune), 영국의 BBC 방송, 스위스 최대 신문 타게스 안 차이거(Tages an Zeiger), 뉴스위크(Newsweek) 등 세계 유수언론들이 모두 동아일보 사태를 크게 보도했다.

특히 워싱턴 포스트(Washington Post)는 1월 20일 사설 면에 '한국 신문의 유령의 적'이라는 제목으로 동아일보 사태에 관한 장문의 기사를 실었다. 동아사태를 취재하기 위해 1월 14일 철야농성에 들어간 동아일보 사원들과 함께 하룻밤을 보낸 오버도프(Oberdorfer)는 이렇게 보도했다. "아시아에서 가장 영향력 있는 신문 가운데 하나인 동아일보는 남한의 비밀경찰이라는 '유령의 적'과 생명을 걸고 싸우고 있다. 지난 12월 중순부터 주요 광고주들은 하나 둘 씩 예정된 광고를 돌연 취소하더니 마침내 광고취소 통고가 밀려들기 시작했다. 12월 중순 광고해약 작전이 시작되자 동아일보의 광고란은 사시와 언론자유 슬로건이 한쪽 구석에 실린 채 많은 지면이 백지로 드러났다. 이와 동시에 새로운 형태의 광고가 나타나기 시작했다. 자유언론을 격려하는 몇 줄짜리 광고가 몰려들었다. 많은 광고가 보복의 위험 때문에 익명으로 났다. 그러나 용기 있고 현명한 격려 광고들은 삽시간에 국내의 화제가 되었다. 동아일보를 질식시키려는 이 움직임은 젊은 기자들은 물론 경영진이나 편집자들의 태도를 경화시켰다. 그들은 봉급의 자진삭감을 감수할 태세도 갖추고 있다. 어떤 사람들은 만약에 필요하다면 언론탄압이 있는 마지막 순간까지 아무런 보수 없이 일하겠다고 말하고 있다."

라. 해외단체의 비난성명

미국의 인권단체인 프리덤 하우스(Freedom House)는 1974년 12월 26일 동아일보 광고해약사태와 관련, "정부의 입김이 서린 새로운 고통을 주는 행위"라고 비난하는 다음과 같은 내용의 성명을 발표했다.(동아투위, 〈자유언론〉, p.155.)

동아일보의 주요 광고주 20개사가 갑작스레 광고 계약을 취소한 것은 저명한 독립지인 이 신문을 괴롭히기 위해 배후에 정부의 입김이 서린 행위로밖에 볼 수 없다. 반정부적인 뉴스 보도와 논평에 대한 가혹한 검열에 더하여 재정적인 강압조치가 추가되었다. 동아일보는 정부 당국이 공식적으로 허용하는 것보다 더 많은 진실을 용기 있게 보도하고 있다. 동아일보는 오랜 세월 언론자유를 최전방에서 수호해 왔다. 이 신문의 힘찬 주장은 독재정부를 약화시키려는 행위로 받아들여질지 모른다. 그러나 현 정권의 고무를 받은 것이 명백한 최근의 동아일보에 대한 재정적인 공격은 이 신문을 마비시키거나 아니면 그 생명을 끊어버릴 수도 있을 것이다. 미국 및 일본의 국민과 한국의 동지들은 자신을 스스로가 자유언론의 혜택을 본 사람들이다. 그들은 즉각적으로 동아일보에 가해진 최근의 공격을 규탄해야 한다.

1975년 1월 6일엔 미국 국무성 대변인 로버트 앤더슨(Robert Anderson)이 "동아일보 사태를 미국 정부가 논평하는 것은 적절치 않은 것으로 생각한다"면서도 "그러나 자유언론의 원칙은 지켜져야 한다"고 덧붙여 미 국무성의 비판적 견해를 내비쳤다.

세계의 언론들이 동아일보에 이목을 집중하고 있는 가운데 1월 15일 IPI(국제언론인위원회)는 동아일보에 전문을 보내 "우리는 동아일보에 대한 점증하는 경제적 압력에 우려감을 갖고 주시하고 있다"면서 "IPI는 정부의 작용에 의한 광고 제재를 비난하며, 언론자유를 위한 귀지의 용감한 자세에 전폭적인 지지를 보낸다"고 말했다. IPI는 이어 1월 21일 박정희 대통령에게 전문을 보내 "한국 신문에 대한 경제적 압력이 증가하고 있는 사실을 우려한다"면서 동아일보에 대한 정부 사주의 광고 제재를 비난하고 언론자유를 회복시키도록 촉구했다.

IFJ(국제기자연맹)도 1월 27일 박정희 대통령에게 동아일보 광고사태에 대한 항의서한을 발송했다.(동아투위, 〈자유언론〉, p.158.)

대통령 각하, 한국기자협회를 포함한 전 세계 28개 기자단체 8만 회원을 대표하는 IFJ의 이름으로 본인은 귀국의 관계기관에 의한 빈번한 언론자유 침해에 심심한 우려의 뜻을 표하는 바입니다. 본 연맹은 특히 한국의 유력지 동아일보에 현재 가해지고 있는 용납할 수 없는 경제적 압력에 대해 강력한 항의를 표하고자 합니다. 동아일보는 공정하고 다양한 정보라는 민주원칙을 지지하고 있으며, 동사가 동의하지 않는 사태와 올바른 신념을 가지고 비판하는 신문입니다. 우리는 이러한 보도태도가 어떻게 모든 자유사회에서 신봉하는 원칙을 지킬 것을 공언하는 정권에 의해 왜곡될 수 있는지를 납득하지 못하겠습니다. 따라서 우리는 귀하가 귀정부로 하여금 주요 기업의 동아일보에 대한 광고 금지를 방관하지 않도록 함으로써 언론자유를 완전히 회복할 것을 간절히 희망하는 바입니다.

또한 일본신문노조연맹은 1월 20일 동아일보에 전문을 보내 "일본의 모든 신문에서 일하는 기자와 근로자들은 언론자유를 지키는 여러분의 불굴의 투쟁을 깊은 존경의 염을 가지고 지켜보고 있다"고 격려한 데 이어 1월 31일엔 '동아의 언론자유 투쟁지지 결의안'을 채택했다.

이밖에 1월 21일엔 일본 저널리스트회의가 성명을 발표, "한국 국민의 자유민주화운동과 언론자유를 위해 궐기한 한국 언론인의 굳은 열의를 전 세계 여론이 지지하며 그 발전을 주목하고 있다. 동아일보의 투쟁을 지지하여 싸우고 있는 한국 기자들과 제휴, 협력해서 싸우겠다"고 밝혔으며, 1월 30일엔 '동아일보 언론투쟁을 지지하는 일본의 신문통신방송출판인회'가 일본의 29개 신문 통신 방송 출판사의 논설위원 편집간부 편집장 등 267명이 서명한 격려 메시지를 보냈다.

마. 국제자유언론상 수상

동아자유언론실천운동은 국민들이 광범한 지지를 받았을 뿐만 아니라 국제적인 평가도 받았다. 1940년 이래 전 세계 언론기구의 강화계획을 추진해온 프리덤 하우스(Freedom House)는 1974년 11월 19일 "동아일보는 탄압정책과 보복조치에 저항하는 용기와 결의를 계속 발휘해 왔다"고 지적하고 특별상을 수여했다.

국제신문발행인협회(FIEJ)는 1982년 5월 28일 동아일보사 김상만 명예회장에게 언론자유 금 펜상(Golden Pen of Freedom)을 수여했다. 언론자유 금 펜상은 국제신문발행인협회가 글이나 행동으로 언론자유의 증진에 기여한 인사에게 수여하는 상이다. 협회는 '여러 가지 사정으로' 1975년 4월 29일에 결정된 이 상을 뒤늦게 수여한다고 밝혔다.

이 협회 빙크(Vink) 회장은 "김명예 회장이 7년 전 당시 동아일보 사장 겸 발행인으로 있으면서 당국의 광고탄압에도 불구하고 언론 자유와 정치자유의 신장을 위해 대담하고 불요불굴의 자세로 검열에 저항하면서 경제적 보복을 극복해냈다"고 지적하고 "이 예외적인 용기에 경의를 표한다"고 칭송했다.

한편 자유언론실천운동 과정에서 동아일보사로부터 해고된 언론 인들은 1975년 6월 24일 미국 기독교교회협의회와 장로교연합회가 발행하는 월간지 'AD'지가 매년 언론자유를 위해 노력한 개인이나 단체에 수여하는 '러브조이(Lovejoy) 자유언론상'을 받았다. 이 단체의 해외담당 부총무 스타그웰(Stagwel)씨는 "이 상은 여러분들의 자유 언론을 위한 노력에 보답하기 위해 주는 것이다. 이 상이 여러분들의 투쟁에 격려가 되기를 바란다"고 말했다.

러브조이상은 1837년 미국 일리노이(Illions)주 엘튼(Elton)에서 노예제도에 반대하는 기사를 썼다가 이에 항의하는 군중의 신문사 습격으로 생명을 바친 장로교 목사 러브조이를 기념하기 위해 1973년에 창설된 것으로 외국인이 이 상을 받기는 처음이다.

### (4) 33년 만에 중정이 광고탄압 주도 사실 확인(2008년)

동아일보 광고해약 사태에 대한 정부 당국자나 여당인 공화당 쪽 인사들의 말은 판에 박은 듯했다. 본격적인 광고탄압이 시작된 지 열흘쯤 지난 1975년 1월 4일 이원경 문공부장관은 "동아일보 무더기 광고해약 사건은 신문사와 광고주와의 업무상 문제이기 때문에 정부로서는 그 관계를 깊이 알 수 없다"고 말했다. 그는 이날 기자들과 만나 "보도의 자유가 언론의 기조이기는 하나 이에 못지않게 그 책임도 뒤따라야 한다"면서 "언론의 자유와 책임이 형평의 원칙에 따라 조화를 이루는 것이 바람직한 일이며 그 중에서 어느 한쪽만이 강요되면 말썽이 계속 남게 된다"고 밝혔다.

그러나 동아일보의 광고탄압은 33년 만에 박정희정권의 주도로 이뤄졌음이 밝혀졌다. 박정희 유신정권의 중앙정보부 등 국가 공권력이 주도한 것이다. 진실·화해를 위한 과거사정리위원회는 2008년 10월 29일 동아일보 광고탄압 사건은 중앙정보부 등 국가 공권력에 의한 중대한 인권침해 사건으로 진실규명을 결정했다고 발표했다.

### 가. "광고주와 신문사 간 문제"라며 발뺌

이효상 공화당 당의장서리는 1975년 1월 16일 기자회견에서 "동아일보가 정부의 비위를 거슬리는 점이 있었지 않나 추측된다. 정부가 여러 가지 방법을 생각해 보다가 결국 안 되니까 마지막으로 그런 방법을 택했는지 모르겠으나, 하여간 그 같은 상황이 계속되는 것은 좋지 못한 일이라고 생각한다"고 처음엔 비교적 솔직한 심정을 털어 놓았으나 광고탄압과 관련된 기자들의 질문이 계속 쏟아지자 "광고문제는 광고를 내려는 기업과 신문사와의 관계에 관한 문제"라고 얼버무리고 말았다.

또 박준규 공화당 정책위의장은 UPI통신 기자와 가진 인터뷰에서 "동아일보 광고 사태는 광고주와 신문사간의 문제"라고 판에 박은 듯한 말을 되풀이하면서도 "동아일보는 지금 기자들의 지배 아래 놓여 있다. 동아가 다시 발행인이나 편집인의 지배 아래 놓이게 되면 사태해결은 손쉽게 될 것이다"라는 요지의 발언을 해 동아일보의 광고해약 사태가 말 그대로 '광고주와 신문사간의 문제'는 아니라는 것을 시사했다.

또 공화당의 오학진 의원은 1975년 2월 4일 경기도 시흥군청에서 동아일보 광고해약사태를 언급하면서 '동아일보가 광고주들에게 술을 사주지 않아 광고주들이 광고를 내지 않고 있다'고 의원답지 않은 망언까지 했다.(박지동, p.407.)

이에 대해 동아일보는 자체 취재 등을 통해 중앙정보부가 배후에서 광고해약 사태를 총지휘하고 있음을 알고 있었다. 홍승면 논설주간은 1975년 1월 10일 오후 일본 NHK 서울지사장 나가노 마사이치(中野正一)씨와 동아방송 C스튜디오에서 가진 인터뷰를 통해 "광고 사태가 어떻게 발생하게 되었는지 나름대로의 취재결과와 심증을 갖고 있다"고 말하고 "광고 수입 줄어들었다고 해서 편집방침이 흔들리지는 않을 것"이라고 언명했다. 홍주간은 "우리는 보도기관인 까닭에 어느 측에서 어떠한 방법으로 이 사태를 조종 발생케 했는지 우리 나름의 취재결과와 심증과 판단을 가지고 있다"며 "다만 국내 문제에 즉 우리 내부의 문제를 가지고 우리의 정부 또는 형제를 외국에 대해서 고발한다는 그러한 풍습 전통은 우리 신문사에 없다"고 밝혔다.

나. 동아 "모기관의 압력" 보도

동아일보는 1월 25일 머리기사에 '동아광고 전면 탄압 한 달째'라는 제목의 기사를 싣고 "동아일보 및 동아방송에 대한 광고 탄압은 지난 1974년 12월 중순께 모 기관의 지시에 따라 행정부의 관련부처 당국자들이 각 부처 소관별로 영향력을 미칠 수 있는 각 기업체 책임자들을 불러 동아일보 및 동아방송에 광고를 내지 말도록 압력을 넣음으로써 시작됐다"고 밝혔다.

동아일보는 이 기사에서 "이러한 모 기관의 압력에도 불구하고 본사와 관련이 깊은 P, Q기업 등이 지난 1월 초순까지 계속 광고를 내자 모 기관은 그 기업 대표들을 자기네 사무실로 소환, 광고게재 중지 지시를 어겼다고 힐난한 다음 다시는 동아일보에 광고를 내지 않겠다는 내용의 각서를 거듭 쓰게 하고 동아방송 및 신동아 여성동아 동아연감에까지 광고를 내지 말도록 압력을 넣었다"고 폭로했다.

이 기사는 이어 "이 같은 광고해약 사태와 관련, 정부 당국은 현재 까지도 그것은 광고주인 기업과 동아일보 간에 빚어진 사태라고 밝히고 있으나 정부 관련 부처 및 모 기관의 관권이 깊숙이 관여한 많은 케이스가 본사 취재진에 의해 그 진실이 밝혀졌다"면서 다음과 같이 구체적인 사례를 소개했다.

대표적인 것을 보면 A기업의 경우 무더기 광고해약 사태가 있기 며칠 전 모 부(部)의 어떤 국장이 사(社) 간부를 불러 '모처에서 동아 일보에 광고를 내지 말라고 하니 협조해 줬으면 좋겠다'고 말하면서 이런 사태가 오래 가지 않을 것이니 협조해 달라고 거듭 종용했다. 그러면서 '나도 이 자리에 있으려니 하라는 대로 할 수밖에 없다'고 말하면서 고통스런 표정을 지었다. B기업의 대표는 지난 12월 21일 경 직접 모 기관에 불려가 동아일보에 광고를 게재하지 않겠다는 내용의 각서를 모 기관이 불러주는 대로 썼다. C사의 경우는 12월 20일경 모 기관으로부터 업무상 협조해야 할 일이 있으니 출두할 것을 요청받고 광고실무자를 보냈으며 모 기관은 그 자리에서 그 기업이 며칠 전에 동아일보에 냈던 광고문을 제시, '이러면 곤란하 다. 더 이상 동아일보에 광고를 내는 것을 중단해 달라'고 요구했고 그런 다음 미리 준비한 듯한 각서 문안을 읽어 주면서 그대로 받아쓰 도록 강요, 서명시켰다.

D사의 경우 선전책임자가 모 기관에 불려가 동아일보에 광고를 내지 않도록 거듭 압력을 받고 '광고를 내지 말라는 지시를 어겨

다시 광고를 낼 때는 각오를 하라'는 압력을 받았다.[192]

동아일보는 이어 2월 26일에도 1면 머리기사로 "동아일보와 동아 방송 및 월간 신동아, 여성동아에 가해지고 있는 광고탄압은 26일로 만 두 달을 넘겨 3개월째로 접어들었으나 아직 해결될 기미도 없이 날로 우심해지고 있다"면서 "동아일보 광고주에 대한 압력이 중앙 정보부에 의해 가해지고 있다는 사실은 이미 여러 차례 알려졌으나 광고 탄압의 배후 책임자가 누구인지는 밝혀지지 않고 있으며 정부 당국도 이에 대해 명백한 해명을 않고 있다"고 보도했다.

다. 야당의원 "중앙정보부 주동" 폭로

1975년 3월 17일 제91회 정기국회 대정부 질문에서 당시 신민당 소속 송원영 의원은 "동아일보 광고탄압은 중앙정보부가 주동이 되고 관계 각 부처가 가담하여 조직적으로 또 강압적으로 자행했습 니다. 이것은 분명히 반민주행위요 분명히 불법이요 월권입니다. 그리고 이것은 정부가 자기의 비위에 맞지 않는 언론을 관권으로 탄압하기 위하여 동아일보 하나를 선택하여 본보기로 응징하려는 것입니다"라며 다음과 같이 폭로했다.

어떤 카메라상이 5만 원짜리 2단 8㎝ 크기의 광고를 동아일보에 냈다고 해서 지난 2월 25일 중앙정보부 제6국 102호실에 출두명령을 받았습니다. 어떤 기술학원을 경영하는 여인은 1만8,000원짜리 1단 광고를 냈다고 해서 중앙정보부 제6국 105호실로 호출이 되었습니 다. 지난 2월 20일자 동아일보에 책 광고를 낸 D출판사는 뒤이어 들이닥친 세무서에서 장부를 압수하는 등 갑작스럽게 세무사찰을 하는 바람에 회사가 쑥밭이 됐습니다. 지난 1월 31일자 동아일보

---

192) '동아광고 전면 탄압 한 달째' 〈동아일보〉, 1975년 1월 25일.

7면에 명함 4분의 1 크기의 3만 원짜리 악기점 광고를 낸 모 상점은 오후 1시 반에 신문이 나왔는데 3시 30분경 종로서 정보과원을 지칭하는 세 사람에게 사장의 동생이 연행되어 한 시간 동안 조사를 받았는데 왜 광고를 냈느냐고 추궁을 받았으며 앞으로는 내지 말라고 강요당했습니다. 동아방송에 스파트 광고를 낸 모 지방 주조(酒造)회사는 중앙정보부 모 지방주재관실로부터 광고해약 압력을 받았는데, 그 회사의 말로는 동아에 광고를 내면 제품판매의 서울 진출을 방해당하고 주정 공급이 중지당하고 세무사찰을 당하여 결국은 회사가 망한다고 이와 같이 말했습니다.[193]

### 라. '중앙정보부 실무' 증언 잇달아

후일 동아일보 광고탄압의 총책은 박정희요, 실무 작업은 중앙정보부에서 담당한 것으로 드러났다. 박정희 대통령으로부터 "동아일보를 혼내주라"는 지시를 받은 중앙정보부에서 획책된 것이었다.(동아일보사 노동조합, p.12.)

김인호 당시 동아일보 광고국장은 광고해약사태와 관련, 주거래 광고 기업체 간부들과의 면담에서 광고탄압이 중앙정보부에 의한 것이었다는 사실을 알았다고 증언했다. 김국장도 이 무렵 관계기관에 연행되어 협박을 받고 나왔다. 김국장의 증언에 따르면, 중앙정보부는 행정부의 기업관련 부처 당국자들을 불러 각 부처 소관별로 영향력을 미칠 수 있는 기업체 대표들에게 동아일보에 광고를 내지 말도록 압력을 넣으라고 요구하거나, 직접 기업체 대표들을 불러 동아일보에 광고를 내지 말라고 다음과 같이 강요했다는 것이다.

동아일보에 광고를 내온 대 광고주로는 대기업 및 일반 기업, 극장, 출판사 등이 있었다. 이들 회사의 사장과 광고담당 간부들은 중

---

193) '제91회 국회 회의록' 제2호, 1975년, p.10.

앙정보부에 불려가서 '왜 동아일보에만 광고를 내느냐' '앞으로 동아일보에 계속 광고를 내면 곤란하다'는 등의 협박을 받았다. 몇몇 회사들이 조금 버티기는 했으나 74년 연말에 가서는 대 광고주들과의 거래는 완전히 중단됐다.(동아투위, 〈자유언론〉, p.77.)

박정희정권 아래서 대미 로비스트로 활약했던 김한조는 1987년 당시 동아일보사 이경재 정치부장에게 광고탄압의 실상을 털어 놓았다. 그에 의하면 박 대통령은 1974년 12월 중순에 중앙정보부장 신직수에게 "동아일보를 혼내주라"고 지시했다. 신직수는 그 임무를 보안담당 차장보 양두원에게 명령했다. 양두원은 이때부터 광고탄압을 지휘했다.

양두원은 1975년 6월 22일 중앙정보부가 그들 멋대로 임의로 작성한 '동아의 결의와 진로'라는 문서를 이동욱 주필에게 건네주면서 이를 게재하도록 요구했다. 동아일보사가 게재를 거부한 채 보관하고 있는 이 문서는 "북으로부터의 위협이 완전히 없어질 때까지는 결코 현행 헌법을 철폐해서는 안 되며, 오히려 유신체제를 계속 수호 발전시켜 나가야 한다는 전체 국민의 주권적 결단을 지지하고"라고 되어 있다.(동아투위, 〈자유언론〉, pp.208~210.)

이 같은 사실은 노태우정권 때 발간된 사사(社史)에서 동아일보사의 이동욱 주필에 이어 김상만 사장이 중앙정보부 양두원 차장과 잇달아 만나 '담판'한 당시의 상황을 다음과 같이 기록하고 있다.

이 어려운 상황에서 중앙정보부 당국이 처음으로 접근해온 것은 (1975년) 6월 중순경이었다. 당시 양두원 중앙정보부 차장이 이동욱 주필에게 면담을 요청해왔다. 양씨는 '동아의 결의와 진로'라는 사설을 게재할 것을 요구해 왔다. 물론 본사에서는 이를 단호히 거절하였다. 그러나 광고탄압은 국가적으로 큰 불행이 아닐 수 없었다. 동아일보는 경영상의 타격을 받고 있었지만 정부쪽도 대내외적으로 큰 타격을 받았음은 물론이다. 세계 여론의 압력으로 국가적 손실이 막심하다는 얘기들이 정부 주변에서 공공연히 나돌았다. 실제로 정부의 고위 당국자들이 동아일보에 대한 광고탄압 해제 필요성을 공공연히 발설하기에 이르렀다. 특히 외교관계의 고위직 관리들이 적극적이었다. 1975년 5월 13일 긴급조치 9호의 발동이후 격려광고가 자취를 감추고 난 동아일보의 지면은 더욱 초라한 모습이었다. 중앙정보부의 양두원 차장은 그 뒤에도 이동욱 주필에게 동아일보가 정부에 사과하는 내용의 '동아의 결의와 진로'를 사설이나 성명으로 지면에 반영할 것을 끈질기게 거듭 요구해왔으나 끝끝내 거절했다. 정보부에서는 그렇다면 그와 같은 취지를 담은 글을 어떤 형식이라도 좋으니 실으라고 요구해왔다. 하지만 이것마저도 거절했다. '해라' '못 한다'로 한 달 동안 실랑이 끝에 정보부가 사과 사설 게재요구를 철회한다는 조건으로 7월 11일 오후 6시경에 본사 김상만 사장과 양 정보부차장이 만나 담판을 벌였다. 밤을 새우면서 얘기가 오고간 끝에 '긴급조치 9호를 준수한다'는 선에서 타협이 되었다. 광고탄압은 시작된 지 7개월이 지나서야 해제되었던 것이다. 광고게재는 7월 16일부터 개시되었다.[194]

김한조는 미국의 반응이 나쁘므로 광고 탄압을 중단해야 한다고 박 대통령에게 건의했지만, 박 대통령은 듣지 않았다.[195] 다음은 박 대통령과 김한조의 광고 탄압관련 대화 요지로, 광고사태가 두 달쯤 지난 1975년 2월 17일 김한조가 20일간의 귀국 일정을 마치고 미국으로 돌아가기 전 청와대에서 나눈 대화내용이다.(동아일보사 노동조합, p.96.)

---

194) 김진홍, '박정희정권의 언론정책과 동아광고 통제', 〈너마저 배신하면 이민 갈 거야〉, 월간 말, 2002년, pp.135~136.
195) 김충식, 〈정치공작 사령부 남산의 부장들 Ⅱ〉, 동아일보사, 1992년, p.180.

김한조 : 각하, 동아일보 문제는 손해 보는 일 같습니다. 미국의 언론들이 가만있지 않을 겁니다. 세계의 언론들이 특유의 동지의식을 갖고 있습니다.

박 대통령 : 동아일보는 아주 못됐습니다. 일전에 워싱턴 포스트지에서 나를 '세계에서 가장 위험스런 인물'이라고 썼는데, 동아일보가 그것을 그대로 전재했어요. 그래, 내가 김일성이란 말이요! 일국의 대통령을 그렇게 말할 수 있어요?

김한조 : 미국에서는 언론의 비판을 받는다고 해서 반박하거나 보복하지 않습니다. 동아일보는 민족지이고 미국에서도 잘 알려진 신문입니다. 괜히 건드려 평지풍파를 일으킬 것 같습니다.

박 대통령 : 하긴 한국에서도 신문이라면 동아일보지. 일제시대 우리 형님 박상희도 동아일보 지국장을 하셨지. 미국에서야 '동아'라는 발음이 쉬워서 잘 알려져 있을 거야."

이상의 내용을 뒷받침할 또 하나의 사실이 있다. 1975년 5월 21일의 박정희 대통령과 김영삼 신민당 총재와의 회담에서 박대통령 자신이 책임이 있음을 시인함으로써 증명된 것이다. 다음은 김영삼 전 대통령의 회고록 중 동아광고탄압과 관련된 부분이다.[196]

동아일보 광고 사태는 1975년의 최대 사건이었다. 박정희는 언론자유를 주장한 동아일보에 광고를 내지 못하도록 기업인들을 협박했다. 1974년 12월 26일 광고주들이 동아일보에 대한 광고를 무더기 해약하는 사태가 일어났다. 사상 유례 없는 '광고탄압'이었다. 광고가 완전히 중단된 동아일보는 신민당을 비롯한 국민들의 성원에도 불구하고 존폐의 위기를 맞고 있었다.

박정희와의 회담을 앞둔 어느 날 김상만 회장이 나를 급히 만나고

196) 김영삼, 〈김영삼 회고록 제2권〉, 백산서당, 2000년, pp.85~87.

싶다고 요구해온 일이 있었다. 만나보니 몇 달째 계속되는 광고탄압으로 인해 신문사가 쓰러지게 됐다는 것이다. 김 회장은 여러 가지 통로로 박정희에게 사정해 보았지만 소용이 없다면서, 내가 박정희에게 얘기해서 좀 살려달라는 것이었다. 나는 이미 동아일보 광고 사태에 대해 박정희와의 회담에서 중요한 의제로 다루려고 생각하고 있던 참이었다.

나는 영수회담에서 박정희에게 동아일보 문제를 심각하게 제기했다. 박정희는 그때 나에게 '동아일보 광고 사태를 풀어야 된다고 말하는 사람은 김 총재뿐입니다'라고 말했다. 내가 처음이라는 것이었다. 박정희는 동아일보가 괘씸하다면서 상기된 표정으로 동아일보를 비난하는 얘기를 늘어놓았다.

나는 '동아일보는 일제 때 여러 차례 정간과 폐간을 당하면서도 끌고 나온 민족지다' '올림픽 마라톤에서 우승한 손기정의 가슴에 달린 일장기를 지우고 보도해 무기 정간을 당하기도 했다'고 설명하고 박정희가 이런 오랜 민족지를 문 닫게 하면 역사에 오명을 남기게 될 것이라고 강조했다. 나는 또 '국민들이 동아일보 광고 사태를 언론탄압이라고 보고 있으며, 공화당정권에도 득이 될 것이 없으니 반드시 동아일보 광고 사태를 풀어야 한다'는 취지로 길게 설득했다. 박정희는 동아일보에 대한 험담을 길게 하고 나서야, '뜻을 잘 알겠으니 내게 맡겨 주십시오'라고 했다. 나는 그의 말에서 조만간 동아일보 광고사태가 풀릴 것이라는 인상을 받았다.

나는 청와대에서 나와서 김상만 회장을 만나 곧 해결될 것으로 본다고 말해 주었다. 김 회장은 '정말 고맙습니다. 내 대는 물론 자손들까지 은혜를 영원히 잊지 않도록 하겠습니다'하며 눈물까지 흘리며 감격해 했다. 결국 사태는 해결되는 방향으로 흘러갔고 1975년 7월 16일부터는 광고게재가 정상화되었다.

마. 진실·화해위 국가에 사과 권고

진실·화해를 위한 과거사정리위원회는 2008년 10월 29일 동아일보 광고탄압 사건을 2년여 동안 조사한 결과 박정희 유신정권의 중앙정보부 등 국가 공권력에 의한 중대한 인권침해 사건으로 진실 규명을 결정했다고 발표했다.

진실·화해위는 "박정희 유신정권 하에서 언론자유는 헌법과 긴급조치를 비롯한 각종 법률적 규제와 행정 조치들로 인해 많은 제약과 규제를 받았고 관련부처인 문화공보부도 언론사에 대한 간섭과 통제를 했지만, 특히 중앙정보부는 직무범위를 벗어나 동아언론 탄압의 모든 역할을 주도한 것으로 밝혀졌다"고 강조했다.

중앙정보부는 1974년 12월 중순경부터 1975년 7월 초순까지 지속적으로 동아일보사와 계약한 광고주들을 남산 중앙정보부로 불러 동아일보와 동아방송, 여성동아, 신동아, 심지어는 동아연감에까지 광고취소와 광고를 게재하지 않겠다는 서약서와 보안각서를 쓰게 했고, 소액광고주까지 중정에 출두하게 하거나 경찰 정보과 직원에 의해 연행되어 조사를 받도록 했다는 것이다. 또한 중정은 세무서가 세무사찰을 하도록 하거나 백지광고에 대한 격려광고를 게재한 교수가 속한 학교에 압력을 넣기도 했다고 진실·화해위는 전했다.

진실·화해위는 "1973년에 조선일보를 상대로 광고탄압 방식을 실행하여 효과를 보았던 수단, 즉 광고 수주를 차단해 경영상의 압박을 가함으로써 언론사 사주를 굴복시키는 방식으로 동아일보사를 탄압한 것"이라고 평가했다.

진실·화해위는 "중정의 광고탄압은 언론사를 압박해 정부에 저항하는 기자들을 무력화시키고 언론사를 통제 가능한 상태에 두려는 의도에서 비롯됐다"고 지적했다.

진실·화해위는 국가에 동아일보사와 언론인들을 탄압하여 언론의 자유를 침해한 행위에 대해 동아일보사에 사과하고 피해자들의 피해 회복을 통해 화해를 이루는 적절한 조치를 취할 것을 권고했다.

## 4. 언론사에 대한 특혜

박정희정권과 전두환정권 등 군사독재정권은 언론인 대량해직과 언론사 통폐합 등 강압적이고 폭력적인 방식으로 언론을 장악한 이후 살아남은 언론사 및 언론인을 포섭하기 위해 각종 경제적 특혜를 제공했다. 또한 언론사의 신설을 억제하여 신문사들이 독과점을 누리며 성장할 수 있는 계기를 마련했다.

### 1) 박정희정권(1962년~1979년)

박정희 군사정권은 1962년 6월 28일 시설기준을 구체화한 언론정책을 발표했다. 언론정책은 기본방침 5개항과 세부방침 20개항으로 되어 있다. 기본방침에는 언론기업의 건전성과 언론정화도 포함되어 있었다. '언론정책 시행기준'의 요지는 기업의 건전한 육성과 편집·제작의 책임을 강조한 것으로 주요 내용은 다음과 같다.

① 1962년 8월 13일부터 단간제(單間制)를 실시하기로 하고
② 증면을 실시, 서울시내에서 발행하는 일간신문은 일 12면 이상을 발행토록 하고
③ 일요신문을 신규로 발행허가 하되 일간신문사의 일요지 발행을 금(禁)하고
④ 통신사를 정비, 외국통신사와의 이중 계약을 금하며 외국통신 3사이상과 계약하지 않은 통신사는 자진 정비하거나 타사에 통합토록 하는 한편
⑤ 일간신문의 시설기준을 정해 공포하고 이에 미달인 일간신문사는 60일 이내에 자진 정비 또는 통합하도록 조치했으며
⑥ 기자의 보수기준을 정하고
⑦ 지사 지국의 취재는 지사장이나 지국장 또는 그 본사의 특파원만이 할 수 있게 통제했으며

⑧ 신문·통신사에 대해 기업운영상의 안정을 가져오는 데 필요한 자금을 융자해줌으로써 정부가 언론기업의 육성을 최대한 지원키로 했으며

⑨ 용지대책으로 용지 부족량에 대해 쿼터제로 수입함에 있어 관세를 대폭 인하하는 특혜를 신문사에 제공키로 했다.(이로써 종전의 관세율 30%를 25%포인트 줄여 5%로 인하조치 하게 된다)

이어 7월 31일에는 '언론정책 시행기준'을 발표하고 언론정책을 구체적으로 추진했다. 특히 용지대책과 자금융자 대책은 1961년 포고령에서 언급한 뒤 언론정책을 통해 시행됨으로써 용지난과 자금난에 허덕이던 신문사들에게 엄청난 특혜를 주었다.

박정희정권은 1963년 출범을 앞두고 '신문 통신 등의 등록에 관한 법률'을 제정했다. 이 법에 따르면 신문발행은 '등록사항'이었으나 실제로는 '허가사항'에 다름없었다. 사실상 새로운 신문의 등록 자체가 극히 어려워진 것이다. 정치권력의 사전 양해가 없는 한 새로운 일간신문을 발행한다는 것이 현실적으로 불가능했기 때문이다. 주간신문마저 신규 등록이 극도로 제한되어 기존 주간신문의 판권이 이권이 되다시피 했다.

이에 따라 기존 신문들을 중심으로 한 과점시장이 형성됐고 신문사들은 과점적 시장기반과 독자 및 광고시장의 확대 속에서 안정된 성장과 대규모화를 이룰 수 있었다.

군사정권은 신문사에 시설확장 자금과 운영자금을 융자해 주고 금융기관에 대한 채무변제 기간을 완화해 주는 경제적 특혜도 제공했다. 1962년 10월 신문발행인협회가 공보부의 추천형식을 빌어 시중은행의 자금 융자를 추진, 거의 모든 신문사들이 연리 26%의 장기대출을 받았다. 당시 시중은행의 여신한도가 극히 제한적이었고 시중 사채이자율이 월 4부(연 약 50%)정도였음을 감안하면 매우 파격적인 특혜였음을 알 수 있다. 1967년 신문협회는 신문경영에 부담이

된다는 이유로 이마저 연 18%로 하향 조정해 달라고 요구했다.[197]

신문사의 차관 도입 현황 (단위 : 천달러)

| 신문사 | 사업명 | 연 도 | 도입국 | 차관액 |
|--------|--------|-------|--------|--------|
| 조선일보 | 관광호텔 건축 | 1968년 11월 | 일 본 | 4,000 |
| 동아일보 | 윤전기 도입 | 1970년 4월 | 서 독 | 1,060 |
| 서울신문 | 고속윤전기 도입 | 1970년 7월 | 일 본 | 592 |
| 경향신문 | 고속윤전기 도입 | 1970년 12월 | 일 본 | 605 |
| 중앙일보 | 고속윤전기 도입 | 1970년 12월 | 스위스 | 1,270 |

※ 자료: 주동황 '한국정부의 언론정책이 신문 산업의 변천에 미친 영향에 관한 일고찰' 서울대 박사학위 논문, 1992년, p.127.

은행 융자 외에도 신문사들은 1960년 후반부터 해외 현금차관을 받는 특혜를 누렸다. 해외 차관은 주로 고속윤전기 도입에 사용됐다. 당시 현금 차관의 연 이자율은 6~7%에 불과했기 때문에 엄청난 특혜라 아니할 수 없다. 차관이나 융자 등으로 늘어난 시설을 보면 윤전기 보유대수에서 서울소재 신문이 1970년에 3~6대 인데 비해 1978년에는 4~12대에 이른다. 최하 보유대수는 큰 변동이 없으나 최고 보유대수는 8년 만에 6대나 늘어난 것이다.[198]

신문용지와 관련해서도 경제적 특혜가 주어졌다. 박정희정권은 신문사들에 대해 신문용지 수입에 엄격한 쿼터제를 적용했으나 수입관세는 대폭 인하했다. 1967년 말 국내 가격 보다 훨씬 싼 외국산 신문용지를 수입자유화 품목으로 고시, 수입규제 품목에서 해제하고 정기간행물에 한해 신문용지 수입관세율을 30%에서 4.5%로 대폭 인하했다. 이에 따라 국내 제지업계는 큰 타격을 받은 반면, 신문사들

197) 주동황, '권언유착의 실상과 배경', 〈저널리즘〉 1988년 겨울호, 한국기자협회, p.47.
198) 주동황, '한국 정부의 언론정책이 신문 산업의 변천에 미친 영향에 관한 고찰', 서울대 박사학위 논문, 1992년, p.127.

은 값싼 외국 신문용지 수입으로 제작비용을 크게 덜 수 있었다.

조선일보의 코리아나호텔 현금차관은 박정희정권 시절 특정 언론사에 대한 정부 측 특혜조치의 대표적 사례의 하나이다. 조선일보에 제공된 차관은 연리 7~8% 조건의 상업차관이었다. 당시 연리 26%에 이르고 있던 국내 금리에 비춰 볼 때 차관도입은 그 자체가 엄청난 특혜였다. 차관 도입에 대한 승인은 곧 정부의 특혜를 의미했고 권력의 사전승인이 필요했다.(주동황 외, pp.101~102.)

군사정권의 당근과 채찍을 이용한 오랜 권언유착 관행은 국민을 오도하는 국가 발전에 최대 걸림돌이었다. 독재정권에서의 권언유착은 일반인이 상상하기 어려운 지경이었다.

군사정권 시대의 권력언론을 상징하는 표현으로 인용되는 '밤의 대통령'에는 박정희정권과 조선일보의 권언유착사가 숨겨져 있다. '밤의 대통령'이란 말은 1992년 11월 당시 방일영 조선일보 회장(2003년 작고) 고희연에서 사원대표로 나선 신동호 스포츠조선 사장이 "낮의 대통령은 여러분이 계셨지만 밤의 대통령은 오로지 회장님 한분이셨다"고 헌사 한 게 조선일보 사보에 실리면서 알려졌다. '밤의 대통령'은 신동호의 조어가 아니다. 먼저 만들어낸 사람은 '낮의 대통령' 박정희 대통령으로, 박 대통령과 방 회장은 친분이 두터운 술친구였다. 박 대통령은 자신을 '대통령 형님'이라고 부르는 방 회장을 "제일 팔자가 좋은 사람"이라며 부러워했다고 한다.

방일영 문화재단이 펴낸 〈격랑 60년 : 방일영과 조선일보〉에 따르면, 1974년 박정희 대통령은 웃으면서 "가끔은 방일영 회장이 부러울 때가 있어. 외국 가고 싶을 때 언제나 나갈 수 있고, 놀고 싶으면 마음대로 놀 수 있고, 또 정부를 때리고 싶을 땐 마음껏 때릴 수 있으니 얼마나 좋아. 나도 대통령 그만 둔 다음에는 신문사 사장이나 해볼까?"라고 했다는 것이다. 어느 날 요정에서 방 회장을 만난 박대통령은 "낮에는 내가 대통령이지만 밤에는 임자가 대통령이구면"이라고 말했다고 한다.

카지노 황제 전낙원이 방일영 회갑기념문집 〈태평로 1가〉(조선일보)에서 그를 일컬어 "권번출신 기생들의 머리를 제일 많이 얹어준 분"이라고 말한 걸 보면 박 대통령이 그렇게 부른 것도 무리는 아니다. 이 문집엔 1971년 방일영 당시 사장이 박 대통령의 좌익 전력을 힘겹게 파헤친 미국 특파원의 기사를 중앙정보부에 팔아넘겼던 일화도 있다. 방일영은 그 무렵 흑석동 자택에서 박 대통령과 함께 통행금지를 넘기면서까지 '기생술판'을 벌였다고 고백하고 있다. 정치권력과 언론권력의 은밀한 거래가 본격적으로 이뤄지기 시작했음을 보여주는 사례다.

박 대통령은 재임 때 1년에 한두 번 의례적으로 신문사 발행인을 한자리에 불러 환담을 나눴다. 자주 독대한 사주는 방일영 조선일보 회장과 김상만 동아일보 사장 정도였다. 조선일보는 특히 방일영 회장이 경영일선에 있는 동안 중흥의 기틀의 마련했다고 평가하고 있다.

## 2) 전두환정권(1981년~1987년)

전두환정권은 언론을 기업으로 육성한다는 방침에 무게를 더했다. 신문 카르텔의 담합행위를 계속하여 묵인했고 언론사 통폐합 이후 스포츠서울을 제외하고는 단 한 건의 일간지 신규발행도 허가하지 않았다. 중앙지의 과점체제와 지방지의 1도1사 독점체제가 구조적으로 보장된 것이다. 경제발전에 따라 광고 및 판매시장의 규모가 급속하게 확대된 데다 언론사의 양적 감소로 신문사들은 안정적인 성장 기반을 확보했다.

신문협회라는 이름으로 유지되어온 카르텔은 정부의 묵인 아래 구독료, 발행면수의 제한, 휴일 조정, 공동 발송체제에 이르기까지 기존 신문사의 안정적 지위를 더욱 강화해 주었다.

특히 1981년 신문발행 면수가 하루 8면에서 12면으로 늘어나자 신문사 경영주들은 인쇄시설 부족을 메우기 위해 윤전기를 도입하면서 특혜 관세를 요청했다. 전두환정권은 1981년 말 관세법 개정안을 국회에 제출하여 20%의 관세를 1982년 1년간에 한해 4%로 대폭 감면해주었다. 이 기간에 전국 12개 신문사에서 모두 30여대의 윤전기를 도입하여 합계 수 억 원의 세금 감면혜택을 받았다.(이현구, p.84.)

또한 방송광고공사의 공익자금을 언론사에 무이자로 대여하거나 지원했다. 이와 함께 언론사가 부동산을 매매하는 경우 세금을 면제해주기도 했다. 전두환정권은 1984년 공익자금 80억 원을 언론통폐합으로 신설된 연합통신사에 무이자 9년 거치 2년 상환 조건으로 대여하여 대우그룹이 소유하고 있던 구 중동중고 부지 3,500평을 매입토록 했다. 3년 뒤엔 연합통신이 이 땅에 새 사옥을 지을 돈을 마련하기 위해 이중 2,200평을 한국일보사에 파는 과정에서 연합통신사가 물어야 할 양도차익에 대한 법인세와 특별부가세 10억 원, 한국일보사가 물어야 할 취득세와 등록세 4억 원을 각각 면제해주었다.(이현구, p.84~85.)

전두환정권은 또한 구독료 인상을 비롯하여 판매비용에 영향을 미치는 우편요금 및 철도요금 등의 결정에서 언론사에 특혜를 제공했으며 언론사는 세무조사에서 전면 제외됨으로써 언론사의 기업 활동에 대한 규제는 전무한 형편이었다.

특히 전두환정권은 정권을 잡기 이전부터 일부 언론사와 유착관계를 맺고 있었던 것으로 보인다. 1980년 5월 조선일보사와 옛 국군보안사가 부동산을 맞교환한 사실은 당시의 시대상황과 맞물려 많은 의문을 던져준다.

특히 12 · 12 쿠데타 직후 사실상 실권을 장악한 전두환 보안사령관이 조선일보사 방우영 사장을 만나 이런 '거래'를 성사시켰다면 그 배경에 공개되지 않은 많은 역사적 진실이 가려져 있을 가능성도 크다. 5공화국 등장 이후 조선일보사의 '눈부신' 성장과 '권언유착' 의혹도 여기서 단서를 찾게 될지도 모른다.

당시 방우영 조선일보 사장은 1994년부터 1997년까지 매주 조선일보사 사보에 '생각나는 대로'라는 제목의 글을 기고했고 1998년 1월 이를 모아 회고록을 냈다. 그는 여기서 현 조선일보사 정동사옥과 관련된 대목을 언급했다.

12.12사건이 일어나고 얼마 되지 않아 전두환 보안사령관의 요청으로 그를 만났다. …12.12사건의 경위를 장황하게 해명한 다음 정색을 하고 '국방헌금'을 해 달라고 요구했다. …그 내용은 지금의 정동별관과 한양빌딩 사이에 있는 보안사 안가를 딴 곳으로 옮기려 하니 '국방헌금' 내는 셈 잡고 신문사가 인수해 달라는 것이었다. 그러면서 가격까지 제시했다. …사(社)에 돌아와 챙겨 보니 박 대통령을 시해한 김재규가 끌려와 조사를 받은 장소였다. 수차례의 교섭 끝에 시가보다 비싼 가격으로 인수했다.

당시 장영달 민주당 의원이 공개한 '교환승낙서'에는 '두 재산의 교환에 대해 1980년 3월 20일자로 요청하신 것 … 승낙합니다'라는 표현이 등장한다. 국방부가 3월 20일자로 '교환'을 요청한 데 대해 방 당시 사장이 한 달 쯤 뒤인 4월 14일 승낙서를 보낸 것으로 되어 있다. 등기부상 거래가 완료된 시점은 5월 20일로, 공교롭게도 광주민중항쟁이 한창이던 시점이다. 이후 방 사장은 같은 해 10월 언론사 사장으로는 유일하게 국보위 입법회의 의원으로 참여했다.

두 물건을 '교환'한 것인지, '매입'한 것인지가 우선 의문점이다. 방 사장은 보안사 안가를 '매입'한 것이라고 주장했으나 관련 등기부와 '승낙서'에는 분명히 '교환'으로 되어 있다. 두 부동산을 '맞교환'한 게 사실이라면 당시의 과세표준(현재는 공시지가로 계산)으로만 따져 조선일보사 쪽은 평당 9만 원 정도의 차익을 본 셈이다. 현시세로 따지면 30억 원 이상 '이득'을 본 것이다.

두 땅의 실제 가격 차이를 볼 때 교환승낙서의 평가액은 짜 맞추기를 한 인상이 역력하다. 1980년 당시 과세표준으로 따지면 정동

안가는 76등급으로 평당 25만원, 연희동 땅은 73등급에 평당 16만원으로 정동 땅이 1.5배나 비쌌다. 그런데도 교환승낙서에는 정동 땅을 60만원, 연희동 땅을 53만원으로 거의 비슷하게 계산했다.

그러나 조선일보사의 이후 행적을 보면 단순히 '차익'만으로 따질 문제는 아닌 듯하다. 코리아나호텔과 건물을 함께 쓰고 있던 조선일보사로서는 바로 뒤에 별도의 사옥을 갖게 됐기 때문이다. 조선일보사는 문제의 보안사 안가를 확보한 뒤 1980년에서 1987년 사이 인근 땅 7필지를 추가로 사들여 1237.8평(4084.8㎡)의 터에 현재의 사옥을 완공했다.

방 사장은 전두환 보안사령관의 '요구'에 의해 시가보다 비싼 값에 '울며 겨자 먹기'로 사들인 것처럼 회고록에서 묘사했으나, 연희동의 슬래브 가옥을 내주고 광화문 노른자위 땅을 얻은 것은 오히려 신군부가 조선일보사 쪽에 '특혜'를 줬다는 의혹을 살 만하다. 더구나 보안사 쪽은 '맞교환'으로 얻는 게 별로 없었다는 점에서 보면 전씨가 '국방헌금' 운운했다는 방 사장의 회고록 내용은 신빙성이 떨어진다. 이 대목에 대해 전씨 쪽은 입을 열지 않고 있다.

만일 방 사장의 주장대로 '시가보다 비싸게 매입'한 게 사실이라면 의문은 더 커진다. 실제는 조선일보사가 비싼 값을 지급하고 형식적으로만 '맞교환'한 것처럼 관련 문서를 꾸몄을 가능성이 있기 때문이다.

방 사장 말대로 이런 승낙서와 달리 실제 거래과정에서 신군부에 '비싼 가격'을 지급했다면, 과연 얼마를 전달한 것인지 관심사가 아닐 수 없다. 또 전 씨를 비롯한 신군부는 이 돈을 어디에 사용했는지, 이 과정에서 '권언유착'에 해당하는 묵계는 없었는지도 또 다른 의혹으로 등장한다.

# 제4장 메시지 통제

언론통제는 커뮤니케이션 과정 중 '메시지(message) 통제'에 이르면 완결성을 갖는다. 커뮤니케이터(communicator) 통제와 미디어(media) 통제가 독재권력에 비판적인 언론인과 언론사를 사전에 통제하는 것이라면 메시지 통제는 미디어를 통해 전달되는 메시지를 자신에 유리하도록 조성하여 여론을 조작하는 것이기 때문이다. 단순히 비판적인 기사를 차단한다는 차원을 넘어 자신에 유리한 여론을 조성하도록 언론보도를 통제하는 것이기 때문이다.

독재정권 당시에는 인터넷(internet)이나 위성방송, 케이블TV가 등장하지 않았다. 현재와 같은 '다매체다채널 시대'가 도래한 것은 1990년대 중반 이후이다. 따라서 당시에는 신문과 방송이 국민이 접할 수 있는 매스미디어(mass media)였다. 신문이나 방송에 보도되지 않는 사건은 엄청난 사회적 파장을 몰고 올 사안이라도 발생하지 않은 것이나 다름없었다. 따라서 독재정권은 신문과 방송에 보도지침을 내려 보도내용을 통제하기만 하면 여론을 자신에 유리한 방향으로 조작할 수 있었다.

독재정권은 우선 각종 언론규제법을 제정해 언론을 통제했다. 1948년 제정되어 아직까지 위력을 발휘하고 있는 국가보안법이 언론통제의 가장 강력한 도구이다. 박정희권은 군사기밀보호법 등 각종 법을 제정해 언론보도를 통제했으며 1964년에는 언론보도를 통제하기 위해 언론윤리위원회법을 제정하려 시도했다가 언론사들의 반발에 부닥쳐 보류했다.

유신이후 1974년에 공포된 긴급조치 1호와 9호는 유신헌법을 반대하는 모든 행위를 금지하고 시위 이를 보도하거나 표현물을 배포하거나 소지하는 행위를 금지시켰다. 특히 긴급조치 9호는 유언비어마저 금지시켰다. 긴급조치 9호는 1979년 박정희 대통령이 살해될 때까지 유지됐다.

전두환정권은 언론통제를 위한 종합적인 법률을 제정, 시행했다. 소위 언론기본법이 그것이다. 언론기본법은 문공부장관이 신문·통신의 등록을 취소할 수 있는 권한을 갖도록 규정하여 정권에 비판적인 언론사는 폐간시킬 수 있었다. 따라서 보도지침을 이행하지 않은 언론사는 언제든 폐간되는 것을 각오해야만 했다.

박정희정권과 전두환정권은 똑같이 군사 쿠데타와 비상계엄을 딛고 출범했다. 비상계엄 하에서는 언론보도에 대한 사전검열이 이뤄졌다. 막강한 권력을 행사하던 군부세력은 사전검열을 통해 여론을 조작, 집권의 토대를 마련했다. 이들 정권의 검열지침을 보면 자신들이 집권하기 위해 어떻게 여론을 조작했는지 알 수 있다.

비상계엄 하에서 시행되던 사전검열은 이후 정권안보를 위한 일상적인 보도지침으로 발전했다. 박정희정권과 전두환정권은 검열지침과 비슷한 내용을 가진 보도지침을 매일 신문사 편집국과 방송사 보도국에 하달했다. 보도지침은 시시콜콜하게 보도내용을 통제했기 때문에 정권이 신문사와 방송사의 편집부 역할을 한 것이나 다름없다.

정치적, 또는 외교적으로 민감한 사건이 발생했을 때는 이를 자신에게 유리한 방향으로 여론을 조작했다. 여론조작에는 중앙정보부(후에 안전기획부)를 동원하거나 문공부 등 정부 각 부처가 합동으로 참여했다. 중앙정보부는 1973년 김대중 납치사건이 발생하여 일본과 외교 분쟁이 발생했을 때 박정권에 피해가 가지 않도록 여론을 조작했다.

전두환정권은 대학생들의 시위로 정권이 위기에 처하자 대학가의 이념 조작에 나섰다. 이를 위해 학원안정법 제정을 시도했으나 언론보도로 사전에 알려지면서 포기할 수밖에 없었다. 그러나 대학생들이 좌경 이념에 빠져 있다고 여론을 조작하면서 '반공 이데올로기'를 내세워 국민의 안보심리를 자극했다. 북한의 금강산댐 조작이나 전두환 대통령을 위대한 지도자로 미화하기 위한 관계기관 대책회의도 잇따랐다.

특히 박정희정권과 전두환정권은 국영방송이나 진배없는 방송사를 정권홍보 수단으로 활용했다. 방송프로그램을 정권의 입맛에 맞게 제작하도록 지시하여 자신을 홍보하고 야권을 공격하는 수단으로 악용했으며, 쇼 프로그램이나 드라마 등 오락 프로그램을 제공해 국민의 동요를 막았다.

독재정권의 언론탄압은 국내 언론에 국한되지 않았다. 외국 간행물의 정권 비판 기사는 삭제한 채 국내에 배포됐으며 아예 국내 반입을 허용하지 않은 경우도 있었다. 정권에 비판적인 기자는 추방해버리거나 아예 국내 지사를 폐쇄하여 국제적인 비난여론을 자초했다. 국내에서 활동하는 외국특파원들에 대해서는 도청하거나 미행하는 등 그들의 행적을 낱낱이 파악하여 경고하기도 했다.

## 1. 법적 규제

박정희정권과 그 뒤를 이은 전두환정권은 자신들의 취약한 정통성 확보와 정권 안보를 위해 언론을 이용했다. 언론사 통폐합과 언론인 강제해직 등으로 언론계에 위협을 가하는 한편으로, 언론윤리위원회법이나 언론기본법 등으로 언론통제를 제도화하려고 시도했다.

박정희정권은 언론통제를 위해 쿠데타 직후 여러 가지 법률을 제정했다. 1961년 포고 제11호와 동시에 발표된 '신문·통신사 시설 기준령'은 이후 '신문·통신 등의 등록에 관한 법률'199)로 제정됐다.

---

199) 박정희정권과 전두환정권의 언론규제법을 이용한 언론통제는 엄밀히 말해서 메시지 통제라고만 할 수는 없다. 법을 통해 언론사의 설립

특히 5.16이후 제정된 법률 가운데 가장 위협적인 것은 반공법이었다. 박정권의 언론통제는 유신시대에 들어서 더욱 고도화된다.

박정권은 1972년 10월 17일 유신체제를 위한 비상계엄령을 선포하면서 언론 출판에 대한 사전검열을 실시한다고 발표했으며 12월 13일에는 비상계엄령을 해제하면서 언론자유를 대폭 제한할 수 있는 '군사기밀보호법'을 제정했고 '출판사 및 인쇄소 등록에 관한 법률'을 개정해 법적인 통제장치를 마련했다. 1970년부터 1975년까지 '개헌 등에 관한 보도 금지'등을 규정한 긴급조치 1호를 포함해 모두 17건의 언론 규제 법률이 제정되거나 개정됐다.

전두환정권은 반공법을 개정한 국가보안법을 유지하면서 계엄 해제 이후의 대책으로 '언론기본법'을 제정했다. 언론기본법은 언론 통제를 위한 악법 중의 악법으로 꼽힌다.

## 1) 박정희정권(1961년~1979년)

박정희정권은 1963년 12월 12일 '신문·통신 등의 등록에 관한 법률'을 제정했다. 이 법은 등록 취소 또는 발행정지 처분을 할 수 있는 근거규정과 벌칙을 둔 것이다. 또한 군정시절인 1961년 7월 3일 공포된 반공법은 직접적으로 언론을 규제하지는 않았으나 소위 고무·찬양 조항으로 언론을 통제할 수 있는 가능성을 열어 놓았다.

박정권은 1962년 동아일보 사회부 기자 남시욱을 반공법 위반혐의로 구속하고 같은 해 7월 28일에는 동아일보 사설 '국민투표는 만능이 아니다'를 문제 삼아 집필자 황산덕을 구속하였다. 11월 29일에는 한국일보 기사 '가칭 사회노동당 주비설(籌備說)'을 문제 삼아

---

등은 물론, 언론사의 경영 활동 등을 규제하여 미디어를 통제했기 때문이다. 그러나 미디어 자체에 대한 통제 보다는 메시지에 대한 통제가 더욱 커다란 목적이었다. 따라서 법적 규제를 '메시지 통제'의 영역에 넣었다. 그러나 규제 법률의 내용을 보면 '미디어 통제'에 관한 부분도 함께 포함되거나 이를 위한 독립적인 법도 있음을 알 수 있다. 대표적인 예로 '신문 등의 등록법'을 들 수 있다.

사장 장기영 등 4명을 구속하는데 적용되었다. 물론 사건 당사자 대부분은 무혐의 또는 공소기각 등으로 풀려났으나 언론의 비판을 크게 약화시켰다. 이후에도 MBC 황용주 사장, 조선일보 리영희 기자, 대전방송국 편집부장 김정욱 등 언론인에 대해 반공법은 지속적으로 적용되었다.200)

박정권은 1964년에는 정부가 신문사의 정간이나 폐간에 관여할 수 있도록 한 언론윤리위원회법을 제정해 공표했으나 언론계의 반발로 보류했다.

박정희정권은 1972년 소위 유신을 선포한 이후에는 언론을 옥죄는 법률을 수많이 제정하여 시행했다. 특히 유신헌법은 그 자체가 언론자유를 제한했으며 이후 긴급조치 1호와 긴급조치 9호를 통해 언론을 강압적으로 통제했다. 긴급조치 9호는 박대통령이 저격당하던 1979년까지 이어졌다. 이밖에도 '군사기밀보호법', '출판사 및 인쇄소의 등록에 관한 법률'을 제정했으며 심지어는 선거관련법과 국회법에서도 기자들의 취재활동을 제한하는 규정을 두었다. 이에 따라 언론은 암흑기를 맞는다.

(1) '신문 등 등록법' 제정(1963년)

군사정권은 언론정비를 단행한 뒤 1961년 7월 28일 국가재건최고회의 법사위원회가 기초한 '신문 등 등록법안'이 발표됐다. '책임 있는 언론의 창달'을 목적으로 한다는 이 법안은 '신문 등을 발행하려는 자는 공보부에 등록해야 한다'고 규정하면서 말썽을 일으킬 소지가 있는 두 가지 조항을 포함했다.

이들 조항은 제6조 '명예훼손 기사 게재의 금지' 조항과 제7조 '등록의 취소' 조항이었다. 이 법안은 공보부 차관을 위원장으로 하여 언론 출판계의 권위자 10명으로 신문등록 심사위원회를 구성하

---

200) 박권상, '군정 하의 신문', 〈신문평론〉 27호, 1968년 가을, p.27.

여 신문 통신사의 법정시설을 심사하도록 규정했다. 또 신문 통신이 사실이 아닌 기사로 타인의 명예를 훼손했을 경우에는 피해자가 손해배상을 청구할 권리를 갖게 했고, 1년 이내에 3회 이상 타인의 명예를 훼손하는 기사를 게재하거나(제7조 5항) 시설을 갖추지 못했을 경우 등록을 취소하도록 규정했다.

이 법안이 발표되자 한국 신문편집인협회는 신문윤리위원회 구성을 서두르는 한편으로 '명예훼손' 조항을 삭제토록 요구했다. 한국 신문발행인협회와 한국 통신협회도 8월 3일 신문윤리위원회 구성에 합의했다. 이에 따라 '신문 등 등록법안'은 폐기되고 '신문의 자유와 책임'을 다짐하면서 한국 신문윤리위원회가 발족했다.(한국 신문방송편집인협회, pp.127~128.)

1963년 10월 15일 대통령선거에서 승리한 박정희는 12월 12일 '신문 · 통신 등의 등록에 관한 법률'을 제정했다. 이 법은 등록 취소 또는 발행정지 처분을 할 수 있는 근거규정과 벌칙을 둔 것이다. 또한 외국 정기간행물의 한국에 지사를 설치할 때에는 허가를 받도록 규정하고 있는데, 외국 정기간행물에 대해서는 이 법률 외에도 외국정기간행물 수입배포에 관한 법률(1961년 12월 30일)과 외국 정기간행물의 지사 또는 지국의 설치허가 기준령(1964년 3월 17일 공보부령 제15호) 등을 따로 마련하여 규제할 수 있도록 했다.

### (2) 언론윤리위원회법 파동(1964년)

민정불참 약속을 깨뜨리고 결국 박정희가 권력의 전면에 등장한 이후 박정희정권은 출범하자마자 1964년 한일굴욕외교를 추진했다. 학생들이 격렬한 가두데모 끝에 파출소를 점거하고 파괴하는 극단적 행동으로 나서자 정부는 서울 일원에 비상계엄령을 선포했다. 이른바 '6.3사태'이다. 박정희 대통령은 6.3사태가 "일부 정치인의 무궤도한 언동, 일부 언론의 무책임한 선동, 일부 학생들의 불법적 행동, 그리고 정부의 지나친 관용"에 있었다는 인식에서 언론규제의 입법을 서둘렀다. 언론윤리위원회법 파동이 일어난 배경은 이러했다.(정진석, p.304.)

정부의 언론규제법 제정 움직임에 대해 한국신문발행인협회와 통신협회, 한국신문편집인 협회, 국제언론인위원회(IPI) 한국위원회 등 언론단체 대표들은 '언론규제대책위원회'를 구성, 정부의 언론규제법 제정에 반대 입장을 표명하고 나섰다. 그러나 국회는 8월 23일 야당의원이 불참한 가운데 언론윤리위법을 통과시켰다.

언론윤리위원회법은 언론보도내용 심의회를 두고 심의회가 정간 여부를 결정하며 이에 불복하는 발행인은 징역에 처한다는 독소적인 규제내용이 담겨 있었다. 이것은 정부가 보도내용을 간섭하는 데만 그치지 않고 신문의 정간과 폐간도 임의로 하겠다는 언론탄압의 의도에 다름 아니었다.(주동황 외, p.89.) 이에 대해 5개 언론단체들은 즉각 이 법을 '위헌적이고 비민주적인 악법'으로 규정하고 전체 언론사와 언론인들이 전면폐지를 위한 본격적인 공동투쟁에 들어갔다. 8월 중순에는 한국기자협회가 창립과 동시에 언론윤리위원회법 철폐투쟁에 가담하여 투쟁 열기는 한층 고조됐다.

언론계의 거센 반대에 부닥치자 박정권은 곧 언론윤리위원회 소집을 강행하고 나서는 한편 온갖 방법을 동원해 언론사에 음성적인 압력을 가하는 등 강공책을 펼쳤다. 8월 18일에는 20일부터 25일 사이에 윤리위를 소집하여 법의 시행을 강행하겠다는 태도로 나왔다. 8월 17일 정부기관지인 서울신문사와 부총리를 지낸 장기영이 경영하는 한국일보사가 정부의 압력에 굴복하였으며 대한공론사, 일요신문사, 문화방송, 동화통신 등 여당계 신문 방송이 뒤를 이었다.

윤리위 소집 책임자인 발행인협회는 이사회를 열고 26개 회원사에 소집여부에 관해 서면질의를 벌인 결과 경향신문, 대구매일신문, 동아일보, 조선일보 등 4개사만 반대하고 대한일보가 기권했을 뿐 나머지 21개사는 정부에 굴복, 윤리위 소집에 찬성했다. 결국 대다수의 언론사주들은 정부 압력에 굴복해 언론자유에 대한 포기각서를 쓰고 말았던 것이다.(송건호, pp.272~274.)

이에 대해 박정권은 8월 31일 임시국무회의를 열고 '언론기관에 대한 정부 특혜조치에 관한 건'을 결의하고 '언론윤리위원회법을 준수하지 않고 시행에 협력을 거부하는 기관이나 개인에게는 정부가 부여하는 일체의 특혜와 협조를 배제한다'고 밝혔다. 구체적인 보복조치로 정부기관 및 관할 단체의 4개 신문 구독 금지, 신문용지 특별공급 가격의 철폐, 정부기관 및 관할단체의 광고수탁 금지 및 압력 행사, 은행융자 제한 및 기대출금 회수, 야간차량 운행중 반환 촉구 및 해외취재여권 발급 보류, 취재편의제공 철회 등을 지시했다.

그러나 정부의 치졸한 보복조치에 대한 비난여론이 높아지고 온갖 압력에도 굴복하지 않는 일선 기자들의 악법철폐투쟁이 계속됐다. 여기에 야당과 종교계, 학계, 사회단체 등에서 지지하고 나섰다. 전 국민적으로 운동이 번져 나가자 박 대통령은 9월 4일 특별담화를 통해 정부의 보복조치를 중지할 것을 지시했다. 박정권은 여론의 집중 공격을 받자 지능적이면서도 교묘한 방법으로 언론계를 회유하고 무력화시키려는 술책을 꾸며냈다. 박 대통령에게 언론윤리위법을 폐기가 아닌 유보를 해 달라는 건의문을 제출케 하여 박 대통령이 이 청원을 들어주는 식으로 문제를 호도하려 했다.

언론계 대표들은 이 계략에 넘어가 이른바 '유성회담'에 응하고 이 자리에서 대표들은 건의서를 대통령에게 전하고 대통령이 건의에 따라 법 시행을 유보한다고 발표했다. 건의서는 "대통령 각하께서는 대소고처에서 이 나라 민주언론의 발전을 위해 언론윤리위원회의 시행을 보류하시와 자율적인 신문윤리위를 강화함으로써 책임 있고 공정한 언론이 이 나라에 이룩되는 길을 열어 주시기를 삼가 건의 하나이다"라고 되어 있다.(송건호, p.276.)

이리하여 전 언론계가 투쟁하여 폐기 일보 직전까지 이르게 한 언론자유 투쟁은 악법의 폐기가 아니라 대통령의 자비에 의해 일시 시행을 보류한다는 식으로 수습됐다. 싸움은 권력의 승리로 끝나고 말았던 것이다.

언론계의 언론윤리위원회법 철폐 투쟁은 언론자유의 확보를 위해 언론계가 일치단결해 투쟁에 나섰다는 점에서 중요한 의미를 갖는다. 그러나 궁극적인 목표를 달성하는 데 실패하고 언론 사주들의 굴복과 야합에 의해 일단락됐다는 점에서 평가는 부정적일 수밖에 없다. 언론 사주들의 굴복은 그 후 박정희정권이 언론장악 기도를 노골화하고 '본격적인 권언유착시대의 개막을 알리는 신호'(주동황 외, p.92.)라고 보아야 한다.

### (3) 유신시절 언론규제법(1972년~1975년)

박정권은 1972년 비상사태를 선포한 이후 국민의 여론을 무시하고 힘으로 유신체제를 강요하는 한편 언론에 대한 통제도 더욱 강화하였다. 박정권의 위기가 점차 심화되어 이미 정상적인 방법으로는 통치가 불가능하게 된 때문이었다. 언론에 대한 강압은 박정권의 위기 심화와 정비례했다.

유신체제 때는 한국 언론사상 어느 시기보다도 언론관계 법령이 많이 개정 또는 제정되었다. 유신헌법과 긴급조치를 비롯하여 새로 제정된 법령 가운데 언론조항이 들어 있는 것은 군사기밀보호법(1972년 12월 26일), 군사기밀보호법 시행령(1973년 8월 8일), 방송법 시행령(1973년 3월 1일), 영화법(1973년 2월 16일), 영화법 시행령(1973년 2월 17일), 광고우편취급규정(1972년 10월 18일), 외국간행물 수입배포에 관한 법(1972년 12월 26일) 등이다. 개정된 법은 형법(1975년 12월 31일), 출판사 및 인쇄소의 등록에 관한 법(1972년 12월 26일), 공연법(1975년 12월 31일) 등이다. 이밖에 국가보위에 관한 특별조치법, 국가보안법, 반공법, 국민투표에 관한 특례법, 대통령 선거법, 국회법, 법원조직법 등도 간접적으로 언론을 규제하는 조항을 담았다.

언론규제 조항이 많이 생긴 것은 유신헌법에 법률로 언론자유를 제한할 수 있는 규정을 두었기 때문이다. 유신헌법 제18조 언론출판 조항은 '모든 국민은 법률에 의하지 아니하고는 언론 출판 집회 결사 의 자유를 제한받지 아니 한다'고 규정했다. 또 제32조 제2항에 기본 권에 관한 포괄적 유보조항을 규정, 질서유지와 공공복리에 덧붙여 '국가의 안전보장'을 국민의 자유권 제한 요건의 하나로 신설했다. 이는 법률 유보제한을 입법자, 즉 정치권력에 맡겨 언론자유를 제한 한 것이다.

유신정권의 강압적인 언론통제에 맞서 전국기자들은 1973년 10월 말에서 11월말까지 한 달 동안 언론자유수호운동을 벌였다. 이에 대해 문공부는 언론기관에 기관원 출입을 금지토록 하고 제작의 자율성을 최대한 보장하겠다고 말했으나 ① 유신체제에 대한 비판 ② 안보의 중대 사항 ③ 국민생활에 중대한 영향을 미치는 기사 등은 앞으로도 보도기관 자체에서 자제해야 한다고 경고했다.

## 가. 긴급조치

박정희정권은 유신체제를 굳히고 자신의 종신집권을 실현하기 위해 1974년 1월 8일 긴급조치 1호를 발동, 유신헌법에 대한 일체 비판을 금하고 이에 관한 보도조차 못하도록 했다. 긴급조치는 유신 헌법 제53조 '대통령은 중대한 위협을 받거나 받을 우려가 있어 신속 한 조치를 할 필요가 있다고 판단할 때는 국정 전반에 걸쳐 필요한 긴급 조치를 할 수 있다. 대통령은 필요하다고 인정할 때에는 이 헌법에 규정되어 있는 국민의 자유와 권리를 잠정적으로 정지하는 긴급조치를 할 수 있고 정부나 법원의 권한에 관하여 긴급조치를 할 수 있다'는 규정에 따라 공포된 것이다. 긴급조치란 사실상 계엄 선포와 다를 것이 없었으며 이로써 한국언론은 그나마 명맥밖에 남지 않았던 숨통마저 막히고 말았다. 이어 1974년 4월 3일 긴급조치 4호, 1975년 5월 13일에는 긴급조치 9호가 발표됐다. 긴급조치에 의 한 언론 탄압 중에서도 가장 강력한 조치는 긴급조치 9호였다. 긴급

조치 1호의 요지는 다음과 같다

① 대한민국의 헌법을 부정·반대·왜곡 또는 비방하는 일체의 행위를 금한다. ② 대한민국 헌법의 개정 또는 폐지를 주장, 발의, 제안 또는 청원하는 일체의 행위를 금한다. ③ 유언비어를 날조, 유포하는 일체의 행위를 금한다. ④ 전항에서 금지한 행위를 권유 선동 선전하거나 방송, 보도, 출판 기타의 방법으로 이를 타인에게 알리는 일체의 언동을 금한다.

긴급조치 4호는 전국민주청년학생총연맹과 이와 관련되는 단체의 조직 활동을 금지시키기 위한 조치로 1호의 ④항을 그대로 원용했다.

이러한 강압조치는 외신 기자에 대해서도 적용되었다. 박정희정권은 1974년 1월 11일 긴급조치 1호는 외신기자들에게도 똑같이 적용한다고 발표했다. 문공부 해외공보관장은 "긴급조치 선포 이후에도 일본의 신문이 한국의 유신체제 비방하는 내용과 유언비어를 보도하고 있다"며 "앞으로 이러한 사항에 대해서는 긴급조치에 의해 처리할 것임을 명확히 한다"고 발표했다.[201]

긴급조치 9호는 유언비어죄까지 규정하는 등 보도의 자유를 거의 원천적으로 봉쇄하는 내용이다. 골자는 다음과 같다.

1) 다음 각 호의 행위를 금한다. ① 유언비어를 날조, 유포하거나 사실을 왜곡하여 전파하는 행위 ② 집회, 시위 또는 신문, 방송, 통신 등 공중전달수단이나 문서, 도서, 음반 등 표현물에 의하여 대한민국 헌법을 부정, 반대, 왜곡 또는 비방하거나 그 개정 또는 폐지를 주장, 청원, 선동 또는 선전하는 행위 ③ 학교당국의 지도, 감독 하에 행하

---

201) 나카가와 노부오(中川信夫)·마쓰우라 소조(松浦總三) 편, 〈KCIA의 대일 매스컴 공작(KCIAの 對日マスコミ工作)〉, 晩聲社, 1978년, p.83.

는 수업, 연구 또는 학교장의 사전허가를 받았거나, 기타 의례적 비정치적 활동을 제외한 학생의 집회, 시위 또는 정치관여 행위 ④ 이 조치를 공연히 비방하는 행위 ⑤ 이상 4개항에 위반한 내용을 방송 보도, 기타의 방법으로 공연히 전파하거나, 그 내용의 표현물을 제작, 배포, 판매, 소지 또는 전시하는 행위

6) 국회의원이 국회에서 직무상 행한 발언은 이 조치에 저촉되더라도 처벌하지 아니한다. 다만 그 발언을 방송 보도 기타의 방법으로 공연히 전파한 자는 그러하지 아니한다. 7) 이 조치 또는 이에 의한 주무장관의 조치에 위반한 자는 1년 이상의 유기징역에 처한다. 이 경우에는 10년 이하의 자격정지를 병과(並科)한다. 미수에 그치거나 예비 또는 음모한 자 또한 같다. 이 조치 또는 이에 의한 주무장관의 조치에 위반한 자는 법관의 영장 없이 체포, 구금, 압수 또는 수색할 수 있다.

박정희정권은 긴급조치에 따라 후속대책을 만들어 시행했다. 1975년 5월 30일에는 언론기관의 긴급조치 위반여부를 심의할 보도심의위원회를 설치했으며 6월 19일에는 전파관리법을 개정하여 방송법을 위반하여 벌금형 이상의 처벌을 받을 경우 무선국의 허가를 취소할 수 있게 하였다.

1977년 8월 27일에는 긴급조치 9호에 저촉되는 11종의 출판물을 적발하여 배포 또는 판매를 금지했다. 같은 해 12월 9일 대검찰청 특별수사부는 한국경제신문 등 5개 일간지를 각종 부조리 혐의로 수사하고 문공부에 한국경제신문, 종합신문, 전광산업신보의 폐간을 건의했다. 문공부는 12월 12일 한국경제신문에 긴급조치를 적용, 폐간시키고 군경민보 등 월간지 18종의 등록을 취소했다. 또한 매년 정기적으로 발간되던 '동아연감'이 76년도판(75년을 수록)과 77년도 판(76년을 수록)을 긴급조치 9호 등의 영향으로 발간하지 못했다.(김희진, p.36.)

또한 1977년 2월 15일 경향신문 춘천주재 윤대종 기자가 긴급조치 9호 위반혐의로 구속됐으며 1978년 10월 24일에는 동아투위의 '보도되지 않은 민권일지'가 문제되어 안종필 위원장 등 10명이 긴급조치 9호 위반혐의로 구속됐다.

당시의 언론 상황에 대해 동아투위 위원이었던 임채정은 "논평이나 해설은 물론 '있었던 사실'에 대한 최소한의 보도조차 금지함으로써 한국의 언론 상황은 세 차례의 긴급조치 밑에서 최악의 암흑기를 맞게 됐다"고 썼다.[202]

나. 선거 및 투표 관련 법

국민투표에 관한 특별법, 대통령 선거법, 국회의원 선거법 등 투표 및 선거에 관한 법률은 언론자유를 제한하는 조항을 담고 있다. 국민투표에 관한 법률의 언론규제관련 조항은 제9조 3항의 '방송 또는 간행물을 통하여 허위의 사실을 선전하거나 사실을 왜곡 선전하는 행위를 금지시켰다.[203] 이법에 의해 1975년 2월 16일 동아일보 지방부 기자 2명이 국민투표에 사전투표가 있었다고 폭로한 사람들의 말을 보도했다는 혐의로 검찰의 조사를 받았다.

대통령 선거법 중 언론규제에 관한 조항은 제48조의 허위방송의 금지 등이 있으며 이 법과 국회의원 선거법에는 '국민투표의 대상에 대한 찬반 금지' 또는 특정인에 관한 '공연한 사실의 적시' 등의 문제조항이 있었다.(김민남, p.18.) 국회의원 선거법 위반 혐의로 구속된 사례로는 동아방송 고준환 기자의 경우가 있다. 고 기자는 뉴스시간에 전 국회의원 79명이 '사전선거운동 혐의로 검찰에 입건되어 곧 구속될 것 같다'고 보도한 것이 문제가 되어 서울지검 공안부에 의해 구속됐다.

202) 임채정, '70년대 언론규제법과 그 적용연구', 〈홍남순선생 고희기념논총〉, 형성사, 1983년, p.448.
203) 김민남, '유신체제 하의 언론통제 연구', 〈사회과학 논총 제6집〉, 1968년, p.18.

다. 국회법 및 법원 조직법

개정된 국회법 제146조는 '누구든지 본회의 또는 위원회의 회의장 안에서는 의장이나 위원장의 허가 없이 녹음, 녹화, 촬영, 중계방송 등 행위를 하지 못한다. 방청허가를 받은 자도 같다'고 규정되어 있다. 법원조직법 제54조의 2는 '누구든지 법정 안에서는 재판장의 허가 없이 녹화, 촬영, 중계방송 등의 행위를 하지 못 한다'고 규정됐고, 이에 따라 '법정에서의 방청, 촬영 등에 관한 규칙'이 제정됐다.

1973년 4월 30일 국회출입 기자단은 이러한 규제조항의 시정촉구를 위해 '8인수권대책위원회'를 구성하고 국회의장과 사무총장에게 항의문을 보냈다.[204] 국회는 민의를 수렴, 대변하는 가장 중요한 국민의 정치영역일 뿐만 아니라 국회활동에 대한 보도의 시간제한성 등에 비추어 이러한 취재규제는 커뮤니케이터의 주요 관심사이기 때문이었다. 또한 공정한 공개재판을 받을 수 있는 권리는 국민의 기본권으로 보장되어 있으므로 재판의 취재제한도 마찬가지 문제였다.

라. 군사기밀보호법

박정희정권은 1972년 10월 17일 비상계엄이 선포된 뒤 국회의 기능을 대행한 비상국무회의가 '군사기밀보호법'을 제정했다. 군사기밀보호법 제6조는 '군사상의 기밀을 부당한 방법으로 탐지하거나 수집한 자는 10년 이하의 징역이나 금고에 처 한다'고 되어 있고 제11조는 '신문 잡지 라디오 텔레비전 기타 출판물에 의하여 … 죄를 범한 자는 각 조항에 정한 형의 2분의 1까지 가중(加重)한다'고 되어 있다. 엄격한 언론규제 조항이다.

군사기밀은 군사에 관한 거의 모든 사항을 망라하여 기밀보호에 저촉되는 행위 또한 미수와 예비음모까지 포괄하기 때문에 군사에

---

204) 〈기자협회보〉, 한국기자협회, 1974년 5월 4일.

관한 사항은 관계당국의 공식 발표가 없는 한 자발적인 취재보도는 거의 불가능했다.

이 법이 시행된 이후 첫 필화사건은 합동통신에서 발생했다. 합동통신 사회부 유홍구 기자는 1973년 12월 21일 병무청 공보담당관실에서 3급 비밀문서인 '지방병무청장 회의록'을 가져와 1974년 1월 11일 회의록 일부인 지방병무청 감사결과를 발췌 보도했는데 이 기사의 일부분이 군사기밀보호법 제6조에 저촉된다는 것이었다.[205] 재판부는 유 기자에게 유죄를 선고했다.

## 2) 언론기본법(1980년)

언론통폐합이 진행 중이던 1980년 12월 신군부 실세들은 추후 잠재적인 언론저항세력을 완벽하게 틀어막기 위해 언론기본법을 제정했다. 언론기본법은 언론의 공적 책임, 형사 처벌을 수반하는 언론의 등록제와 등록취소 제도, 언론인과 언론기업의 자격 및 영업제한, 위법표현물의 압수, 언론인의 형사책임 등 광범위한 규제조항을 담고 있는 언론규제에 관한 일반법이라는 성격을 지닌다.[206]

언론기본법의 규제대상은 신문, 통신, 방송 외에도 '동일한 제호로 연 2회 발행되는 계속적인 간행물'(제5조 2호)로 규정하여 유인물이나 영세한 간행물도 연 2회 이상 동일제호로 발행되는 출판물은 모두 규제대상이었다. 또한 제24조는 문공부장관이 신문 통신의 등록을 취소할 수 있는 권한을 갖도록 규정하여 언론의 자유를 제한할 수 있도록 했다. 이는 언론의 본질적인 내용을 침해할 수 없도록 명시하고 있는 헌법의 기본정신에 배치되는 것이다.

언론기본법은 정정보도청구권을 신설하고 언론인의 정보청구권과 취재원 보호를 위한 진술거부권 등 언론보호를 위한 조항을 담았

---

205) 〈기자협회보〉, 한국기자협회, 1974년 3월 1일.
206) 김상철, '법리적 측면에서' 언론기본법 심포지엄, 〈신문연구〉 1987년 여름호, 관훈클럽, p.23.

으나 자의적 해석이 가능한 유보조항 때문에 실질적인 효과를 기대하기 어려웠다. 실제로 전두환정권에서 언론이 이러한 권리를 행사한 적은 한 번도 없었다.(금장환, p.28.)

언론기본법은 형식적으로 공익언론을 위한 조항을 규정했지만 곳곳에 언론자유를 위축시키고 규제하는 독소조항을 담고 있었다. 언론의 자유 보다는 책임을 강조했고 강력한 규제를 바탕으로 언론에 직접적이고도 심대한 영향을 미쳤다. 언론은 감시적 기능과 의견 및 쟁점 제시, 비판 기능 보다는 책임성이라는 명분 아래 전두환 체제의 동반자적 역할을 수행할 수밖에 없었다.[207]

문공부는 1987년 언론계의 언론기본법 폐지운동이 본격화하자 개정 및 대체입법을 위한 검토에 착수했다. 위법한 표현물의 압수조항은 불필요한 오해를 유발할 소지가 있고, 다른 실정법으로도 목적 달성이 가능하며, 폭력행위 등의 고무 찬양 게재금지 등 일부 공적책임 조항은 언론탄압으로 보일 소지가 있으므로 삭제하는 것이 바람직하다는 의견을 피력했다.[208] 이 문건은 또한 정기간행물 등록취소요건의 완화 또는 객관적 판단에 의한 취소제도의 채택을 검토하며 편집인과 광고책임자에 대한 형사처벌 규정을 완화하고 정보청구권 조항과 취재원의 보호조항을 보완키로 했다.

1987년 '6.29선언' 이후인 11월 11일 국회가 언론기본법을 폐기하고 '정기간행물 등록 등에 관한 법률'과 '방송법', '한국방송공사법' 등을 통과시킴으로써 악법 중의 악법으로서의 생애를 마감했다. 그러나 문공부는 같은 해 8월 6일 정간법에 일간신문과 통신의 등록요건을 그대로 유지키로 했다고 보고했다. 특히 일간신문과 통신, 일반주간지의 난립방지를 위해 시설기준을 그대로 유지하며(일간신문의 경우 시간당 2만부 발행 윤전기 보유) 등록취소 등에 관한 제도

---

207) 정진석, '80년대 한국언론의 붕괴', 〈신문과 방송〉 1989년 11월호, 한국
      언론연구원.
208) 문화공보부, '언론발전 대책', 1987년 5월 1일.

를 바꾸어 발행정지와 등록취소 사유를 구분하여 적용토록 할 것을 제안했다.209)

### (1) 제정 과정

1980년 계엄 해제를 앞두고 합법적으로 언론을 통제하는 방법이 논의됐다. 허문도는 "(언론사) 통폐합 이후 이수정 비서관이 언론관계를 총괄하는 법 제정의 필요성을 이야기한 사실이 있으며, 언론기본법은 이수정 비서관과 박용상 판사가 전반적인 계획을 수립하였던 것으로 알고 있다."라고 진술했다.(허문도 진술조서) 언론기본법은 1980년 11월 청와대 비서관 허문도와 이수정, 문공부 기획관리실장 김동호, 공보국장 허만일, 판사 박용상 등 5명이 기초했다.

언론기본법은 국회가 해산된 뒤 국회기능을 대행한 입법회의에서 12월 26일 입법회의 문공위원회가 의결한 대통령 선거법 등 18개 법안과 함께 무더기로 통과됐다. 이후 12월 31일 법률 제3,347호로 공포되어 다음해인 1981년부터 시행됐다.

이수정은 입법취지를 "자유민주주의 헌법이념에 따라 언론의 자유를 제도적으로 보장하고 민주적 기본질서의 바탕 위에서 민주적 여론형성 기능을 담당하는 언론의 지위를 강화하며, 언론의 공적인 성격과 역할을 보장하여 언론의 기능을 원활히 수행하는 데 있다"고 밝혔다. 또 입법방향과 기본성격을 "다원적 민주국가의 구성요소로서 언론이 지니는 공직 지위와 임무에 견주어 언론의 지위와 특권을 부여하고 있으며, 언론자유의 본질과 관련된 민주주의의 가치와 직결되는 문제를 다루게 됨에 따라 언론자유의 본질을 침해하지 않음은 물론 언론의 자유와 국민의 권리를 적극적으로 조화 있게 보장하고 언론의 공공성을 지향하고 이를 제고하는 데 있어 괄목할 제도적 장치를 도입하였다"고 강조했다.210)

---

209) 문화공보부, '언론활성화 추진계획 보고', 1987년 8월 6일.
210) 이수정, '언론기본법-그 입법정신면에서의 소견' 제17회 편협 매스컴세미

그러나 언론의 자유와 권리를 제도적으로 보장하는 것이 주요목적이고 언론의 책임을 강화하기 위해 제정된 법이라는 취지를 가졌다고 하면서도 입법과정이나 심의과정에서 언론인이나 국민을 상대로 단 한 번의 공청회도 거치지 않았다는 것은 심한 모순이다.[211] 언론기본법 제정에는 언론계의 의견이 반영되지 못했고, 신군부의 지휘를 받는 행정부 관료들만 참여했을 뿐이고 입법회의도 국민이 선출한 국회가 아니었다는 점에서 정당성이 없다.

### (2) 독소 조항

언론기본법은 "언론은 국가, 사회 그리고 개인생활의 모든 영역에 심대한 영향력을 미치고 있으므로 자유와 권리에 대한 적극적인 보장이나 공공적 책임을 구현하기 위한 제도적 장치를 보장하는 한편 민주적 기본질서의 테두리 안에서 언론의 책임을 강화"하려는 목적 아래 제정되었다고 한다.

그러나 언론제작물에 대한 압수 및 몰수의 제한(제7조 제1항: 정기간행물과 방송의 표현물은 몰수될 것이라는 상당한 이유가 있는 경우에 한하여 법관의 영장을 발부받아 압수할 수 있다), 범죄를 구성하는 내용에 대한 편집책임제(제22조 제4항: 편집인과 광고책임자 또는 그 대리인은 정기간행물을 편집하거나 광고를 함에 있어서 범죄를 구성하는 내용을 배제할 권리와 의무가 있다), 공적 책임을 다하지 못할 경우 등록취소(제24조 제1항: 문화공보부장관은 제20조 제1항의 규정에 의하여 정기간행물의 등록을 한 자가 다음 각 호의 1에 해당하는 때에는 그 등록을 취소하거나 1년 이하의 기간을 정하여 그 발행의 정지를 명할 수 있다. 제4조: 정기간행물의 내용이 등록된 발행목적이나 제3조 제4항에 의한 공적책임을 반복

---

나 주제논문, 〈신문과 방송〉 1981년 9월호, 한국언론연구원, pp.110~117.
211) 박권상, '언론기본법을 해부한다', 〈신문연구〉 1987년 여름호, 관훈클럽, p.89.

하여 현저하게 위배한 때) 등 내용이 불분명하고 언론자유를 침해할
우려가 있는 조항을 두었다.[212]

### 가. 공적 기능 조항

언론기본법은 언론의 공적 기능(제1조), 공적 임무와 공적 책임
(제3조) 등 언론의 공적 과업을 강조했다.[213] 이를 토대로 언론에
대한 국가의 지원(제4조), 언론인과 언론기업의 강화된 윤리와 자격
(제11조, 제18조), 언론인에 대한 형사책임(제52조), 언론의 등록과
시설기준 및 등록취소(제20조, 제24조), 방송 심의제(제34조, 제39조)
등 국가의 강력한 관여와 감독에 정당성을 부여하는 논거가 됐다.
언론기본법은 정권유지를 위한 효율적 통치수단으로써 언론을 이
데올로기 생산 기구화 할 수 있는 법적 토대를 마련해준 것이다.(금
장환, p.29.)

언론의 공적 기능과 관련하여 언론에 부여된 정보청구권과 언론
제작물에 대한 압수 및 몰수의 제한, 취재원 보호 등의 조항은 실제
로는 실행에 옮기기 어렵게 되어 있었다. 제6조(정보청구권)는 '국
가 및 지방자치단체와 공공단체는 신문·통신의 발행인 또는 방송
국의 장이나 그 대리인의 청구가 있을 경우에는 공익사항에 대한
정보를 제공하여야 한다'고 규정되어 있다. 그러나 '정보의 제공으
로 인하여 진행 중인 직무의 합리적 수행이 좌절 또는 위태롭게

---

212) 한국신문편집인협회는 1981년 9월 제17회 매스컴 세미나에서 언론기
본법의 문제점을 제시하고 정부와 토론을 벌였다. 이 자리에서 이수정
정무비서관은 "언론기본법은 언론의 자유의 본질과 관련된 고도의 민
주주의 가치와 직결되는 문제를 다루게 됨에 따라서 언론자유의 본질
을 침해하지 않음은 물론, 언론의 자유와 국민의 권리를 적극적이고
조화 있게 보장하는 데에 입법의 역점을 두었던 것으로 이해하고 있다"
고 말했다. 그러나 이날 토론회에서 서강대 유재천 교수는 여러 가지
문제점을 제기했다. 언론기본법의 문제점에 대해서는 〈한국신문방송
편집인협회 50년사〉, 2007년, pp.188~190 참조 바람.
213) 언론기본법은 독일연방의 '출판법'에서 일반적으로 통용되던 공적과업
(Offentliche Aufgabe der Presse) 이론을 모델로 했다.

될 때', '비밀보호에 관한 법령규정에 위배될 때', '중요한 공익 또는 보호할 공익이 명백히 침해될 때', '정상적인 직무수행에 현저한 지장을 줄 때'에는 적용받지 않는다는 포괄적 예외조항을 둠으로써 사실상 청구권의 현실적 적용을 불가능하게 했다.

또한 제7조(언론제작물에 대한 압수 및 몰수의 제한)는 위법 표현물에 대한 형법이나 형사소송법상의 몰수 및 압수를 제한하기 위한 취지에서 제정됐다고 입안자들은 주장한다. 박용상은 입법배경에 대해 "언론제작물의 정신적 표현물로서의 의미를 존중하는 취지에서 압수나 몰수에 대한 요건 절차 및 효과를 제한하는 규정을 신설하고 이는 언론의 특권으로 이해해야 한다"[214]고 주장했다. 그러나 '몰수될 것이라는 상당한 이유가 있을 경우'와 같은 추상적이고 모호한 표현으로 주관적인 해석의 여지를 남겨놓음으로써 적용여부와 관계없이 언론을 위축시키기 위해 신설됐다고 볼 수 있다.(금장환, p.30.)

제8조(취재원 보호)는 '언론은 그 공표사항의 절차, 제보자 또는 그 자료의 보유자의 신원이나 공표내용의 기초가 된 사실에 관하여 진술을 거부할 수 있다'고 언론인의 진술거부권을 인정하고 있다. 그러나 적용 제외 규정이 확대 적용될 소지가 많았다. 제1항1호의 경우 언론인의 묵비권 제한규정으로 '범죄를 구성하는 내용이 공표된 때'에는 인정하지 않는다고 규정되어 있었다. 다만 '기자 등 언론인이 그 공표를 이유로 처벌될 때'에는 예외로 한다고 했다. 그러나 '범죄를 구성하는 내용'이 확대 적용될 경우 기자의 취재보도활동은 제한받을 수밖에 없다. 또 제2항의 '장기 1년 이상의 징역이나 금고에 처하는 범죄로 공표의 기초가 된 자료나 정보를 입수한 때'에도 진술거부권을 인정하지 않아 처벌을 전제로 한 자의적 적용의 여지를 폭넓게 인정했다.

---

214) 박용상, '입법 배경과 개정 논의상의 제문제' 언론기본법 심포지엄, 〈신문연구〉 1987년 여름호, 관훈클럽, p.40.

## 나. 책임과 의무 조항

언론기본법은 언론의 공적 책임을 크게 강화시켰다. 언론의 주의의무(제9조)와 편집책임제(제22조, 제55조)는 언론의 책임성 강화를 목적으로 규정된 조항으로 언론활동에 커다란 제약을 기할 수 있는 규정이었다.

주의의무 조항은 언론의 진실성을 담보하고 개인의 법익을 보호하기 위한 심사의무를 명문화한 것으로 이를 위반할 경우 형사적인 책임으로 귀결되는 것은 아니라고 강조하지만(박용상, p.40.) 언론으로 하여금 보도 이전에 모든 보도사실의 진실성 여부 및 출처에 관하여 주의를 기울이도록 규제했다. 또한 제22조 제4항은 '편집인과 광고책임자 또는 그 대리인은 정기간행물을 편집하거나 광고를 함에 있어 범죄를 구성하는 내용을 배제할 권리와 의무가 있다'고 규정했으며 제33조 제2항은 이를 방송의 책임자와 광고책임자에게도 준용한다고 명시했다.

특히 제53조(편집인 등 형사책임)는 '제22조 또는 제33조의 규정에 의해 편집인 등이 정당한 사유 없이 범죄를 구성하는 내용의 공표를 배제하기 아니한 때에는 1년 이하의 징역 또는 200만 원이하의 벌금에 처 한다'고 규정됐다. 여기에서 '정당한 사유 없이'라는 표현은 판단 주체의 주관적 해석이 개입될 여지를 남겨 둔 것이다. '범죄를 구성하는 내용'도 명백하고 구체적인 범죄구성을 적시하지 않아 막연하고 포괄적인 표현이라는 비판을 받았다. 따라서 이 조항은 해석상의 모호함으로 인해 남용될 여지가 크고 편집인을 위축시킬 수밖에 없다. 편집인이 직무수행 과정에서 심리적으로 위축될 뿐더러 '자기 검열'을 강제해 보도를 억제할 수밖에 없다.

## 다. 등록취소 조항

언론기본법은 표면적으로 등록제를 내세웠다. 제20조는 '정기간행물을 발행하고자 하는 자는 문공부장관에게 등록하여야 한다'고 규정하고, 제21조로 등록할 때의 시설기준을 명시했다. 또한 제52조는 등록하지 않고 정기간행물을 발행한 자에게 형사 처벌(2년 이하의 징역 또는 300만 원 이하의 벌금)을 할 수 있으며 제24조는 문공부장관으로 하여금 신문·통신 및 기타 정기간행물의 등록자가 이 법을 위반했을 경우 등록취소나 발행정지를 명할 수 있도록 규정했다. 신문이나 잡지의 폐간이나 정간을 의미하는 등록 취소나 정지의 결정을 행정관청의 재량에 맡겨 행정관청이 권한을 악용하거나 남용할 우려를 낳았다. 이는 발행의 권리를 실질적으로 제한하는 것으로 헌법에 보장하는 언론 출판의 자유를 본질적으로 제한하는 것이다.

등록취소 사유는 ① 허위 또는 기타 부정한 방법에 의한 등록 ② 변경등록 불이행 ③ 시설기준 미달 ④ 발행목적 위배 또는 공적 책임의 반복적이고 현저한 위배 ⑤ 발행인의 결격사유 해당 ⑥ 언론기업의 외국자본 유입 ⑦ 발행실적 미달 등을 적시했다. 특히 제4항(폭력행위 등 공공질서를 문란하게 하는 위법행위를 고무·찬양하여서는 아니 될 공적 책임을 반복하여 현저하게 위반한 때)은 매우 중대한 독소조항으로 지적됐다. 이 조항은 행정관청이 신문 내용을 검열하여 폐간이나 정간 결정을 내릴 수 있는 권한을 부여한 것이다.

언론매체의 폐간이나 정간은 법원의 판결에 의한 사법적 절차를 통해 이뤄져야 한다. 행정관청의 결정사항이 되어서는 안 된다. 정기간행물의 등록제를 유지하면서 등록취소제가 공존한다는 것은 중대한 모순이며 등록제의 존립기반을 없애는 것이다. 결국 등록제를 표방하고 있으면서도 실질적으로는 허가제와 다름없었다.

언론기본법의 등록제도는 다음과 같은 문제점을 안고 있다. 첫째 무등록 발행에 대해 과태료가 아닌 형벌이 가해지므로 무등록 발행은 법률상 금지되어 있는 셈이다. 둘째 등록요건에 일정규모 이상의 인쇄시설 또는 일정시설을 인쇄소와 계약하도록 요구하는 등록 장애 요인이 법으로 규정되어 있다. 셋째 등록절차에서 정당한 사유없는 등록수리의 거부, 즉 등록증 미교부를 막을 장치가 없다. 넷째 등록요건이 구비된 경우에도 발행내용을 문제 삼아 등록을 취소할 수 있다.

언론기본법은 언론의 공적 개념을 도입했다고 주장하지만 제정 과정에서의 정당성 결여뿐만 아니라 언론자유를 보호하고 신장시 키는데 목적이 있었다기보다는 언론의 사회적 책임과 처벌을 강조 하고 우성했다는 점에서 언론통제법이라는 비난을 면할 수 없다.(금 장환, p.34.)

## 2. 계엄하 사전검열

박정희정권과 전두환정권은 군사쿠데타로 정권을 장악했다는 공 통적인 특성을 지니고 있다. 두 정권은 전국에 비상 계엄령을 선포 한 이후 가장 우선적으로 언론보도에 대한 검열에 착수했다. 이들은 자신에 불리한 언론보도를 엄격하게 차단하고 유리한 정보를 크게 보도하도록 언론사에 강요했다. 권력을 장악하기 위해서는 언론을 장악해야 한다는 기본 명제를 가지고 있었던 셈이다.

독재정권의 보도검열 내용을 보면, 이들이 정권을 잡기 위해 어떤 방식으로 언론을 통제했는지 여실히 드러난다. 또한 독재권력은 계 엄이 해제된 이후에도 자신에 비판적인 언론보도를 차단하기 위해 언론인들을 연행하여 고문을 가하거나 구속하기도 했으며, 특히 정 보 기관원들을 언론사 편집국이나 보도국에 상주시키며 언론인들 을 사찰하고 은밀하게 보도지침을 내려 보냈다. 이는 계엄하의 보도 검열과 마찬가지로 사전 검열에 해당한다.

### 1) 박정희정권(1961년)

1961년 5월 16일 쿠데타에 일단 성공한 일단의 군인들은 오전 9시 를 기해 전국에 계엄령을 선포하고 언론보도에 대한 검열을 실시했다. 박정희는 대통령에 취임한 뒤 언론의 비판적 보도에 시달리자 기자들을 연행하거나 구속 기소하는 한편으로 중앙정보부를 동원하여 언론통제를 시도했다. 박정권은 1972년 유신헌법을 선포한 이후에는 언론통제에 적극 나서 중앙정보부를 통해 언론사에 보도지침을 하달했다. 중앙정보부는 보도지침을 지키지 않은 언론인들을 연행하여 조사하고 구타나 고문을 가했다.

쿠데타 세력은 5월 16일 오전 9시를 기해 전국에 계엄령을 선포하고 포고 제1호로 언론활동을 규제했다. 계엄령 제3항은 '언론·출판·보도 등은 사전 검열을 받아라. 이에 대하여서는 치안 확보 상 유해로운 시사 해설·만화·사설·논설·사진 등으로 본 혁명에 관련하여 선동·왜곡·과장·비판하는 내용을 공개하여서는 안 된다. 본 혁명에 관련된 일체 기사는 사전에 검열을 받아야 하며 외국 통신의 전재도 이에 준 한다'고 되어 있다.

모든 언론보도 활동이 사전 검열 하에 놓이면서 5월 18일 계엄사령부 보도처장은 '검열방침'이라는 것을 좀 더 구체적으로 발표했다. 다음 사항은 일절 보도하지 못하게 했다.[215]

검열방침
① 적을 이롭게 하는 사항
② 혁명 군사위원회의 제 목적에 위반되는 사항
③ 반혁명적 여론 선동·선전을 목적으로 하는 사항
④ 치안 유지에 유해한 사항
⑤ 국민 여론 및 감정을 저해하는 사항
⑥ 군(軍) 사기를 저해시키는 사항
⑦ 군 기밀에 저촉되는 사항
⑧ 허위 및 왜곡된 사항

---

215) 송건호, '박정희정권하의 언론', 〈한국언론 바로보기〉, 송건호 외, 다섯수레, 2000년, pp.257~258.

⑨ 기타 지시하는 사항

계엄하의 언론통제는 사실상 정상적인 언론기능을 마비시키는 것이나 다름없었다. 4.19혁명 후 약 1년간 자유를 마음껏 누려온 언론계로서는 실로 청천벽력과 같은 통제였다. 신문마다 쿠데타 군 관계자들과 잦은 충돌이 그치지 않았다.

5.16 첫날 '군 일부 쿠데타 일으키다'라는 표제는 검열 군인들에 의해 당장 말썽을 빚었다. '군부'라고 할 것이지 왜 '일부 군인'이라고 했냐는 것이었다. 이밖에 '혁명군이 육군사관학교를 접수했다'는 민족일보의 기사, '혁명정부는 앞으로 정부형태를 내각책임제가 아니라 대통령 책임제로 할 것'이라는 대한일보의 보도 등으로 관련 기자들이 모두 구속되어 실형을 선고받았다.

뿐만 아니라 기자들은 일절 뉴스원에 접촉하는 것이 금지됐다. 6월 10일경부터 한신 내무부장관에 의해 경찰출입 제한이 겨우 서서히 풀리기 시작했다. 쿠데타의 주역인 '군사혁명위원회'는 동 위원회를 '국가재건최고위원회'라고 개칭했다. 이처럼 언론통제가 강화되면서 민족일보 간부 13명과 그 밖에 다수 혁신계 정치인들이 구속되었다.

## 2) 전두환정권(1979년~1980년)

1979년 10월 26일 독재자 박정희가 측근에 의해 살해된 뒤 계엄령 선포이후 새로운 권력으로 등장한 전두환 신군부는 우선적으로 언론보도의 검열에 들어갔다. 전두환은 계엄해제 이후 권력을 잡은 뒤에도 집권기간 내내 은밀하게 계엄하의 검열처럼 언론사에 보도지침을 내려 언론을 통제했다.

정권 찬탈의 기회를 노리며 꾸준히 준비 작업을 벌이던 신군부는 여론을 조작하고 자신들의 검은 음모를 숨기기 위해서 언론 장악에 대한 강한 집착을 내비쳤다. 언론의 도움 없이 정권의 창출과 지탱

이 사실상 불가능하다는 것을 이들은 누구보다도 잘 알고 있었기 때문이다.216) 계엄 하 신군부의 보도검열 지침을 보면 정치적 색채가 매우 극명하게 드러나고 있으며 정권탈취의 마각을 드러내고 있다. 그중 전국으로 계엄이 확대되기 전날인 1980년 5월 16일의 검열지침을 예로 들어보자.(윤석한, p.69.)

- 학생들의 행위를 정당화하거나 지지하는 식의 기사는 모두 불가 원칙
- 성균관대 국민대 시위 중 구속자 가족 3명 선두행진 불가
- 학생 구호 중 '부정축재 환수하라' '김일성은 오판 말라' '반공정신 이상 없다' 등은 불가.
- 시위현장에 나왔던 일부 학생들은 교통정리까지 했다는 등은 불가.
- 동료가 부상하자 경찰도 흥분, 학생들과 육탄전에 가까운 근접전투를 벌였다 등 불가.
- 학생시위 기사 중 군인코멘트 불가.
- 서강대생 800여명 마포경찰서 마당에서 연좌시위, 연행학생 2명 석방요구 불가.
- 박 신민당 대변인의 신 총리 담화 논평 중 '그러나 오늘 사태의 악화에 대한 책임은 총리가 보다 진지하고 성실한 자세를 보이지 않은 것이 유감', '과도정부가 좀 더 일찍 신민당 주장에 귀를 기울였다면 오늘과 같은 시국 악화는 초래하지 않았을 것' 등은 불가.

(1) 검열 담당기구

1979년 10월 27일 제주도를 제외한 전국에 계엄령을 선포한 뒤 1981년 1월 25일 해제 시까지 1년 3개월 동안 계엄사령부 보도처 산하에 보도검열과를 설치하고 신문, 방송, 통신, 잡지에 대한 보도

---

216) 윤석한, '기자협회의 검열 및 제작거부 결정', 〈80년 5월의 민주언론〉, 한국 기자협회 · 80년 해직언론인협회 공편, 나남출판사, 1997년, pp.37~95.

검열을 실시했다. 비상계엄 아래에서 실시되는 보도검열은 계엄법 제13조[217])에 의한 것으로 같은 날 포고된 '계엄포고 제1호'[218])는 언론, 출판, 보도는 사전검열을 받아야 한다고 규정했다. 같은 날 공고된 '계엄공고 제2호'[219])는 구체적인 검열요령을 고시했다.

계엄사령관의 계엄업무를 자문하기 위하여 설치 운용된 계엄위원회는 언론문제를 집중적으로 논의했다. 제5차 회의에서 중앙정보부 차장은 반체제 활동 및 학원사태는 선별 보도하여 국민으로부터 지탄받도록 유도하는 것이 좋다고 말했다.[220]) 제6차 회의에서 내무부 차관은 긴급조치 제9호 해제에 따른 대책을 논의하면서 '언론은 포고령에 의거 검열을 하면서 정화 및 자체규제를 위하여 신문, 방송윤리위원회의 권한을 강화하고, 언론, 출판 등 자율적인 규제방안을 검토하며 불순 언론기관을 표본적으로 정비해야 한다'고 강변했다.[221])

제15차에서는 언론 순화대책을 집중 논의했다. 문공부는 언론인과의 대화 및 접촉, TV 라디오 신문 등 친정부 매체 활용 강화 등 방안을 내놨다. 내무부 차관은 안정 속에 번영을 외면하는 보도는 있을 수 없다는 결의를 다지도록 해야 한다고 강조했다. 또한 법무부 차관은 계엄질서 위반 언론인에 대한 강경조치로 경각심을 주기 위하여 의법 조치 방법 등을 재고해야 한다고 말했으며 계엄부사령관은 언론인 교육 방안의 하나로 국방대학원 입교대상을 확대할

---

217) 계엄법(1981년 4월 17일 법률 제3,442호로 개정되기 이전) 제13조: 비상 계엄 지역 내에서는 계엄사령관은 군사상 필요한 때에는 체포, 구금, 수색, 거주, 이전, 언론, 출판, 집회 또는 단체행동에 관하여 특별한 조치를 할 수 있다. 단, 계엄사령관은 조치내용을 미리 공고하여야 한다.

218) '국가의 안전과 공공질서를 확립하고 국민의 생명과 재산을 보호하기 위하여 다음 사항을 포고한다. 2. 언론, 출판, 보도는 사전에 검열을 받아야 한다. 상기 포고를 위반한 자는 영장 없이 체포, 구금 수색하며, 엄중 처단한다.' 1979년 10월 27일, 계엄사령관 육군대장 정승화.

219) 계엄공고 제2호(보도검열 요령), 아래 '다. 언론검열 지침'.

220) 보안사령부의 계엄위원회 회의결과보고(1979년 11월 30일) 내용 중 언론관련 발언내용이다.

221) 육군본부, 〈계엄사〉, 1982년, p.190.

예정이라고 밝혔다.

## (2) 보도검열 기준

보도검열단은 검열단장 이병찬 대령을 주축으로 신문반, 방송반, 통신반, 잡지반 등 4개 실무반과 자문기구로서 조정위원회, 최종 검열 장치로서 통제반이 있었다. 실무반은 매체별 검열, 조정위원회 는 결론을 내기 어려운 부분 조정, 통제반은 최종 보도허가 여부 결정 업무를 담당했다.

보도검열단의 검열지침은 ① 발표문 이외 게재 금지 ② 비상계엄 에 관계하여 목적을 부당하게 왜곡, 비방 선동하는 내용 ③ 국민 여론 및 감정을 자극하는 사항 ④ 치안 확보에 유해로운 사항 ⑤ 군사 기를 저하시키는 사항 ⑥ 군 기밀에 저촉되는 사항 ⑦ 공식 발표하 지 않은 일체의 계엄 업무사항 ⑧ 기타 국가이익에 반하는 사항 등이다. 위 조항들을 보면 내용이 구체적이지 못하기 때문에 검열단 의 주관에 의해서 오용될 수 있는 소지를 안고 있다.

다음 보도방침으로는 ① 북괴 도전의 봉쇄와 국가 보위 ② 국민 생활의 안정 ③ 국민 총화로 조국 근대화 발전 등 세 가지이다.[222]

---

222) 정종찬, '80년대 한국 사회의 지배이데올로기에 관한 연구-보도지침 내용분석을 중심으로' 고려대 신문방송학과 석사학위 논문, 1989년, pp.27~31에서 재인용. 검열지침의 세부사항인 '보도 검열기준'은 다음 과 같다. ① 고 박정희 대통령 및 사건 관계 가) 고인의 업적 추모 등에 관한 적극적인 기사는 제한 없이 허용 나) 피격사건 내용은 발표문 이외 통제 ② 국민적 단합 고양 가) 국론의 분열, 민심자극 데모 등 질서 문란 우려가 있는 기사는 철저히 통제 나) 특히 앞으로의 정국방향, 앞으로 정국과 관련한 동향기사는 절대 금함 다) 최규하 대통령 권한대 행 중심으로 정부와 군이 숙연히 대처해 나가고 있음을 부각 ③ 국가안 보 가) 국민의 안보의식을 저해하거나 불안감을 줄 기사는 금함 나) 군의 동향에 관한 것, 군의 사기를 저하시키는 내용 등은 금함. 단 계엄 군의 적극적인 활동을 소개하는 내용은 권장함 다) 북괴의 동향에 관한 것은 특별한 문제점이 없는 내용이면 허용 라) 공공질서, 치안유지에 위해한 사항은 통제 마) 계엄업무의 수행을 위한 포고, 공고, 발표 등을 가능한 충실히 보도하고 집행사항, 공고사항 등 보도 ④ 경제 및 민생안 정 가) 경제활동 및 민생이 정상대로 운용되어 가도록 하는 데 도움이

보안사 언론반 설치근거 문서인 '언론 조종반 운영계획'에는 국가안보 유관사항 및 공공질서 유관사항, 국익저해 유관사항에 대해 검열기준을 다음과 같이 규정했다.

## 언론조종반 운영계획 중 검열기준

가. 국가안보 유관사항
- 현행 헌법체제에 대한 부정
- 발표하지 않은 국가원수의 동정 및 명예훼손 내용(단, 고 박정희대통령 유관사항 포함)
- 북괴 또는 북괴지원 재외단체의 활동상 및 그들의 상투 용어(예 : 유신잔당 반동정부 등)
- 혁신노선의 고무, 찬양 및 용공분자의 정치범 취급 등 비호
- 국가보안상 기밀을 요하는 외교 교섭 사항 및 공표하지 않은 중요 외교 정책
- 군, 국가방위제도, 국가방위산업에 관한 기밀 및 시비논란 사항
※ 군기법 저촉 사항 포함

나. 공공질서 유관사항
- 계엄업무 및 군재관계사항 중 미발표 내용
- 시위, 난동, 농성, 불법집회 등을 선동, 고무, 찬양하는 내용 (단, 학생, 노조, 종교 및 기타의 자연발생적인 시위 등 의사발표행위의 단순한 사실보도는 허용)
- 10.26 사태 이전의 체제 및 통치방식에 대한 적극적인 비판내용
- 재야정치인의 과거행적 미화 및 영웅화 내용(단, 정치활동 및 발언 내용 등 사실보도 가)

되도록 조장해 나감 나) 경제의 기록을 객관적 근거에 의하여 보도하는 것은 무방함. 단 경제파탄과 물가 폭등 등 과장된 표현보도는 억제함 ⑤ 외교 국제관계 가) 외국 정부의 아국에 대한 협력, 지원, 적극적 평가 등은 게재 나) 앞으로의 사태에 우려를 표하거나 앞으로의 정국 전망에 관한 것은 통제 다) 내정 간섭이나 내정에 관한 왈가왈부 등을 통제 라) 국내 정치인의 외국인사(외교관 포함) 면담 등 사실보도는 허용하나 내용에 있어 내정문제 언급은 통제 ⑥ 방송부문 가) 특히 고 박대통령의 국장 기간 중에는 국민적 애도의 숙연한 사회 분위기를 견지하는 데 방송 텔레비전이 주도 역할을 다하며 국민적 단합으로 이 시국을 극복하는 데 앞장 나) 텔레비전 라디오의 특집 좌담의 경우 반드시 녹영필름으로 수검(생방송 금지)

- 국가원수의 미발표 사생활내용 및 직계가족의 사생활 유관사항(고 박대통령 및 유족 포함)
- 10.26 사태 및 12.12 사태 관계자 지지 및 정당화 내용

다. 국익저해 유관사항
- 원유 원자력 등 주요 자원 확보를 위한 외교 교섭 사항 중 미발표(비밀) 사항
- 공산권 국가(남아연방 포함) 와의 교역 관계
- 외국 선린관계에 영향을 주는 비방사항

※ 자료 : 국방부, 〈국방부 과거사진상규명위원회 종합보고서〉 제3권, 2007년, p.622.

전두환 신군부가 1980년 5월 17일 비상계엄을 제주도를 포함한 전국으로 확대함에 따라 보안사는 보도통제를 강화했다. 보도통제 지침의 표지에 보안사령관 전두환은 '보도처 위반시 폐간'이라고 써놓았다. 보안사 언론반이 작성한 '5.17 계엄지역 확대 조치 및 포고령 제10호에 의한 보도통제 지침'223)은 검열기준을 강화한 것으로 반정부 활동이나 내용, 비상계엄령 선포실시 및 5.17 비상계엄 지역 확대 조치에 대한 비판, 신문의 삭제부분에 대한 공백이나 돌출광고를 금지했다.

계엄당시 각종 통계현황을 기재한 계엄사의 '보도 및 검열 현황의 월별 관제사항'을 살펴보면, 5.17초기의 보도관제는 전체의 14.89%로 이는 10.26사태 발생 때 보다 높은 관제율을 보였다.

이 문건의 작성자에 관해 언론반장이었던 이상재는 1989년 5월 4일 서울지검에서 국회에서의 증언·감정 등에 관한 법률 위반 혐의로 조사를 받으면서 "권정달 정보처장의 지시를 받아 김기철을 시켜 작성한 것"이라고 진술했다. 언론반원이었던 김기철도 "1980

---

223) 보안사 언론반, '5.17 계엄지역 확대 조치 및 포고령 제10호에 의한 보도통제 지침', 〈국방부 과거사진상규명위원회 종합보고서〉 제3권, 2007년, p.623에서 재인용. 이 문건에는 기타사항으로 ●삭제부분에 대한 공백 및 돌출 광고와 ●기타 계엄 업무 유관사항을 보도하지 못하도록 규정했다.

년 5월 18일 아침에 이상재가 보도통제지침 자료를 주면서 비상계엄이 전국으로 확대되어 보도검열도 보다 강화할 필요가 있으니 특별지침을 작성하라고 지시하여 이상재로부터 받은 검열지침을 정리하여 필경사에게 정서하도록 했다"고 밝혔다.(김기철 진술조서)

1980년 5월 7일자 1판 7면에 게재 예정이던 '사북 탁경명 기자 구타사건' 기사를 금지 당하자 중앙일보는 기사게재 예정지면을 백지상태로 발간했다. 보안사 언론반은 중앙일보 백지면 노출에 대한 동아일보, 한국일보, 조선일보, 신아일보, 합동통신, 동양통신 등 중견간부들을 만나 여론을 수집했다. 언론반은 백지면 발간을 방치할 경우 계엄당국 및 검열의 권위 실추가 우려되고 타사에 백지면 발행이 파급될 것이 염려된다며 중앙일보에 대해 일벌백계의 적절한 조치를 취할 것을 요청했다. 이에 따라 검열로 인한 신문의 공백도 사라졌다.

(3) 보도검열 현황

계엄기간(1979년 10월 27일~1981년 1월 24일) 동안 보도 검열단은 신문, 방송, 통신, 잡지 등에 대하여 총 108만3,696건을 사전 검열하고 2만9,010건을 보도 관제했다.(《계엄사》, p.340.) 전체적으로 평균 2.6%의 관제율을 보였으며 지역별로는 중앙언론 매체에 대한 관제율이 9.8%로 가장 높았다. 매체별로는 신문 8,761건, 방송 6,702건, 통신 10,676건, 잡지 1,740건, 문화홍보 1,131건이었다. 통신이 36.8%로 가장 높았고 다음으로는 신문이 30.2%를 차지했다. 월별 현황을 보면, 계엄초기 및 5.17조치 초기의 관제건수가 10,752건으로 전체의 37%를 차지했으며 5.17조치 이후에는 점차 감소했다.

보도검열 기준에 따라 시행된 검열내용은 매우 다양했다. 1980년 10월 중 보도 금지된 기사들의 제목을 보면 '써클 활동 규제사항 발표'(3일 한대신문), '카터(Carter)에 친서 보내 전대통령'(4일 매일경제 등), '정치활동 재개 앞서 정화'(6일 현대경제), '청와대 간부 술집서 행패'(14일 기독교방송), '입법회의 25일께부터 활동'(16일 조선일보), '새 헌법 비방한 운전사 구속'(17일 동양통신), '김재규 등 재심청구 기각'(18일 한국일보 등) 등이다.

전 경남일보 사회부차장 이수기씨의 저서 〈보도지침과 신문의 이해〉에는 1979년 10.26사태 이전부터 1980년 11월 24일 경남일보의

### 내용별 관제현황

| 총 관제건수 | 정 치 | 사 회 | 경 제 | 문화 기타 |
|---|---|---|---|---|
| 29,010 | 11,982 | 9,776 | 4,293 | 2,959 |
| % | 41.3 | 33.7 | 14.8 | 10.2 |

※ 자료 : 국방부, 〈국방부 과거사진상규명위원회 종합보고서〉 제3권 2007년, p.625.

### 지역별 관제현황

| 구분 | 계 | 지역별 | | | | |
|---|---|---|---|---|---|---|
| | | 계엄사 | 1군 | 2군 | 3군 | 제주 |
| 총 검열건수 | 1,0383,696 | 276,001 | 94,993 | 688,506 | 14,883 | 9,313 |
| 관제건수 | 29,010 | 26,993 | 60 | 1,411 | 385 | 161 |
| % | 2.6 | 9.8 | 0.06 | 0.2 | 2.5 | 1.7 |

※ 자료 : 국방부, 〈국방부 과거사진상규명위원회 종합보고서〉 제3권, 2007년, p.625.

### 월별 관제현황

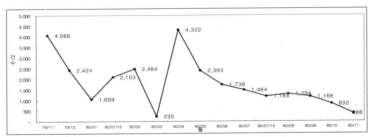

※ 자료 : 국방부, 〈국방부 과거사진상규명위원회 종합보고서〉 제3권, 2007년, p.626.

폐간일까지 통보된 보도지침 283개 항이 수록되어 있다.[224] 이 책에 실린 계엄사령부의 주요 보도지침은 다음과 같다.

- 1979년 10월 29일 발족된 계엄사령부 보도지침
① 계엄사와 관련한 보도는 계엄사 및 정부당국의 공식발표 이외의 사항은 보도 불가
② 계엄 사태와 관련한 각 정당의 동정 및 논평기사, 학생들의 소요 사태 보도 불가
③ 계엄사와 관련, 언론기관의 임의 취재, 스케치, 기사, 사진 등 보도 불가
④ 계엄사태 관련기사는 최대한 축소 보도할 것
- 1980년 2월 28일 계엄사 보도지침
① 시해사건 관련기사 금지
② 재야 유력인사 사건 관계 금지
③ 학원 지역화에 따른 모임 삭제
④ 과외수업 과열관계 내용 관제
⑤ 경찰관계 선별 삭제

당시 최대의 관심사였던 정치일정 및 개헌은 민감한 사안임을 반영하듯 개헌안에 대한 부정적 해설기사를 금지하고 향후 정치일정에 대한 추측기사를 금지하는 내용이 주를 이뤘다.

- 1980년 8월 13일 계엄사 보도지침
확정된 개헌 시안에 대한 부정적이고 애매한 해설 불가
① 법관 추천회의를 거치지 않은 대법원장 임명 잘못

224) 이수기, 〈보도지침과 신문의 이해〉, 금호출판사, 2002년. 이수기는 "이 책에 수록된 283개 항의 보도지침은 당시 중앙정보부가 편집국장 등에게 전화로, 전통형식으로 내린 것을 메모하여 기록한 보도지침 메모장에 있는 내용이며, 지방언론사는 중앙정보부 지방사무소가 서울 본부에서 내린 것을 받아 언론사에 전달했다"고 밝혔다.

② 언론의 새 책임 조항 중 언론책임의 소지를 남겨 두었다

③ 참다운 민주주의를 하려면 지방자치단체의 구체적 명시가 있어
　야 한다

● 1980년 9월 16일 정치 일정 관련 보도지침

① 정례국회 일정 협의, 10대 국회운영 일정관계 부칙마련을 결정
　전면 삭제(합동통신 용(用))

② 국회안, 국민투표 일정, 개헌안 부칙에 관한 사항 전면 관제

③ 정계 개편 및 신당에 관한 원칙적 내용 보도는 가능, 구체적 움직
　임, 추측기사 불가

④ 총리 회담 개최내용 사실보도 가능(추측기사 불가)

● 1980년 10월 2일 헌법 개정 홍보 관련 보도지침

헌법개정안 홍보를 위한 특별해설. 부정적인 것 전면 관제

　보안사 언론반 문건 '검열관제 성향분석표'는 정치, 사회, 경제, 문화(학원), 국제(외교 외신), 안보, 기타(사설) 등 분야별로 중점관제 사항과 관제사례를 분석했다.[225] 다음은 이 문서에 기재된 사례 중 일부이다.

검열관제 성향분석표

〈정치〉

| 중점 관제 사항 | 관제 사례 | 비고 |
|---|---|---|
| 정부 정책에 대한 부정적 스케치 | · 국민의 대정부 불신감 초래 | |
| 경찰의 비리 · 부패상 | · 폭력배 일제 소탕령에 따라 순화 교육을 실시하고 있는 시기에 경찰에 대한 불신감 유발로 치안 확대에 유해 | |
| 김대중 재판 · 부패정 치인에 대한 수사에 서 부정적 시민 반응 | · 새 시대 건설에 있어서 총화 단결에 유해<br>· 대정부 불신감 유발 | |

---

225) 보안사 언론반, '검열관제 성향분석표'.

〈사회〉

| 중점 관제 사항 | 관제 사례 | 비고 |
|---|---|---|
| 김대중 재판 관련 기사 | · 형사범이 아닌 정치범 운운<br>· 재판 과정에 있어서의 모순점 및 문제점<br>· 외국의 주권 침해적 발언에 대한 정당성 인정 | 일본 언론기관의 보도 이용 |
| 언론통폐합 및 언론기본법에 대한 부당성 | · 언론 통폐합은 제2차대전 이후 일본에 이어 세계에서 두 번째 실시한 국가다<br>· 언론통폐합과 기본법은 언론탄압을 위해 단행된 것임을 강조<br>· 언론의 책임성만을 강조한 악법 운운 | 정부주도하에 통폐합 |
| 대통령 및 국회의원 선거법과, 선거에 있어서의 문제점 제기 | · 민정당에 유리하게 만든 법이라는 인상(대선거구제 검토)<br>· 유신헌법과의 유사성 운운<br>· 선거일정 단축에 있어서의 시비 (군소정당에 불리)<br>· 선거인단 선거에 있어서의 문제점(창당일정 촉박으로 추천상의 문제) | |

〈경제〉

| 중점 관제 사항 | 관제 사례 | 비고 |
|---|---|---|
| 경제정책 입안자들의 정책 미스 및 정책수립의 실기에 대한 비판 | · 중화학 투자 조정의 번복<br>· 경기 부양책의 수립 집행의 타이밍의 실기 | |
| 경기불황에 대한 비관적 내용 | · 20년 초유의 경기불황과 마이너스 경제성장<br>· 경기예고지표가 호전되고 있다(81년에는 5~6%의 경제성장 가능) | |

〈문화(학원)〉

| 중점 관제 사항 | 관제 사례 | 비고 |
|---|---|---|
| 서울대 소요사태에 대한 해설 | · 공산주의 이론의 지나친 세부 전개<br>· 마르크스 레닌주의의 급진전(학생들) | |
| 대학생들의 이념 교육소홀 | · 70%이상의 학생이 공산주의이론 이해부족<br>· 근본적 이념교육 부실 | |
| 현실 및 정부비판 | · 현시국 하에서 국회의원이 되는 것은 어리석은 일<br>· 현정부는 국민을 위한 정치보다 국민에 의한 정치를 해야 | |

※ 자료 : 국방부, 〈국방부 과거사진상규명위원회 종합보고서〉 제3권, 2007년, pp.628~629.


## 3. 보도지침 하달


독재권력은 여론조작의 방편으로 기관원이 신문사 편집국이나 보도국에 상주하면서 보도지침을 하달했다. 보도지침은 정권안보를 위해 정치 경제 사회 문화 등 모든 분야에 걸쳐 시시콜콜하게 정부가 언론사의 보도내용에 간섭한 것이다. 박정희정권은 쿠데타로 권력을 장악한 뒤 비상계엄을 선포한 뒤 우선적인 조치로 언론보도에 대한 검열에 나섰으며 1960년대 중반부터 언론사에 보도지침을 하달했다. 전두환정권도 10.26사태로 인한 비상계엄 하에서 보도검열을 시행했으며 이후 계엄이 해제된 뒤에는 박정권과 마찬가지로 보도지침을 하달하여 언론을 통제했다. 특히 독재권력들은 보도지침을 지키지 않을 경우 중앙정보부(후에 안전기획부로 개칭)로 언론인들을 연행하여 구타하거나 고문하기도 했다.

언론사들은 이러한 위협 때문이기도 했지만 권력의 부당한 요구를 거의 그대로 들어준 것으로 드러나 권력과 언론의 유착이 심각한 지경에 이르렀음을 보여준다.

## 1) 박정희정권(1972년~1979년)

박정희정권은 18년의 집권기간 동안 '당근과 채찍' 정책을 교묘하게 구사해 언론을 통제했다. 많은 언론인들을 '사이비'와 '구악(舊惡)'이라는 멍에를 씌워 탄압했으며, 테러와 매수, 회유와 협박의 기술을 적절히 배합하여 활용했다. 3선 개헌 이후에는 공안 또는 정보를 전담하는 기관원이 편집국(보도국)에 상주하면서 의도하는 기사의 삭제 보류 부각 축소를 '부탁'이라는 형식을 빌어 사실상 '지시'했다.[226]

### (1) 신문제작 간섭

5.16쿠데타로 정권을 잡은 박정희정권은 갈수록 민주화바람이 거세지자 영구집권을 위해 1972년에 이른바 '유신체제'를 선포, 신문 방송 통신 등 언론통제를 강화했다. 1972년 10월 17일 유신체제가 선포된 후 1인 종신 독재가 완결되면서 언론자유는 조락(凋落)하게 된다. 박정권은 신문 제작에까지 깊이 관여함으로써 정권 유지에 별로 관련이 없는 시시콜콜한 교통사고 문제 등도 '크게 보도하라', 기사를 '통째로 빼라' 등 자유 민주주의 사회에서 도저히 생각조차 할 수 없는 행위를 일삼았다. 언론기관은 유신독재 정권의 위력이 하도 강해 저항 없이 순순히 순종할 수밖에 없었다.

유신정권의 독재가 극에 달해 10.26이라는 종말을 고하기 직전에는 언론을 완전히 정권의 시녀로 만들었다. 당시 조선일보사에서 근무하던 신홍범 기자(조선일보 사태로 해고)는 당시의 상황을 다음과 같이 기록했다.

---

226) 김종철, '6공화국의 언론통제 실상', 〈세계와 나〉 1992년 2월호, 세계일보사, p.232.

한국언론의 암흑시대는 중앙정보부를 비롯한 정보기관원들이 언론사를 출입하면서 본격화되었다. 처음엔 조심스럽게 드나들더니 나중엔 어깨에 힘을 주고 당당하게 들어왔다. 내가 조선일보사에 입사한지 얼마 되지 않아서부터 그들을 보게 되었으니 이른바 '기관원'들이 신문사에 나타나기 시작한 것은 1965년을 전후해서가 아닌가 생각된다. 그들은 거리낌 없이 언론사에 드나들면서 언론에 대한 간섭과 통제를 갈수록 강화해 나갔다.

나는 외신부에서 1주일에 한 번씩 야근을 밥 먹듯이 하면서 이른바 '남산'으로부터 많은 전화를 받았다. '남산'이란 중앙정보부의 언론통제본부를 가리키는 말이다. 그 본부가 남산에 있었으므로 그들 자신도 신문사에서도 모두 그렇게 불렀다.

신문사에서 받는 외국 4대 통신(AP, UPI, AFP, 로이터)의 뉴스를 정보부에서도 똑같이 받고 있었으므로 박정희정권은 자신들의 안보에 불리하다고 생각되는 뉴스나 베트남전쟁을 비판하는 뉴스 같은 것이 들어오면 어김없이 전화를 걸어왔다. 국내외, 특히 해외에서 드러나 문제가 된 박정권의 부정부패나 스캔들이 대부분이었다. "여긴 남산인데요. 지금 무슨 통신으로 무슨 무슨 기사가 들어왔지요? 그거 내보내면 안 됩니다. 알았지요?" '부탁합니다'도 아니고 숫제 '안 된다'였다.

그들은 신문의 제작과정을 잘 알고 있었으므로 똑같은 전화를 반드시 편집부에도 했다. 마지막으로 뉴스를 넣고 빼고 하는 것은 야간국장 책임 아래 있는 편집부라는 것을 잘 알고 있었다. 편집부에 대해서는 아마 더 강력한 어조로 말했을 것이다. 당시 외신부에서는 중요한 뉴스를 모두 편집부에 넘기는 것을 알면서도 일단 기사를 넘기고 보았다. 그리고는 야근일지에 "남산, 무슨 무슨 기사 'hold'요구"라고 기록해 놓았다. 'hold'라는 말이 어떻게 해서 쓰이게 되었는지는 모르지만 '기사를 가지고만 있지 내보내지 않는다'는 뜻이었다. 당시 조선일보 외신부의 야근일지가 지금도 남아 있다면 이 'hold'라는 말이 끊임없이 이어지고 있는 것을 볼 수 있을 것이다. 한국일보도 조간지였으니 마찬가지였을 게 틀림없다. 나는 남산이 'hold'를 요구한 기사가 신문에 실린 것을 거의 보지 못했다.

지금은 미국에 살고 있는 조 아무개 기자(그는 훗날 우리나라에서 베스트셀러가 된 영어교재의 저자가 되었다)가 '해외 화제'로 미국 CIA와 관련된 기사를 썼다가 곤욕을 치른 일도 있었다. 당시는 냉전이 여전히 진행되고 있을 때여서 미국 CIA와 소련의 KGB도 치열한 정보전을 벌이고 있었는데, 미국 CIA가 중대한 정보를 놓친 사건이 있었다. 미국의 한 주류 언론이 이를 다루면서 미국 CIA(Central Intelligence Agency)를 'Central Ill-Informed Agency'('Ill-Informed'는 정보에 정통하지 못하다는 뜻)라고 비아냥거려 화제가 되었다. 조 기자가 미국 'CIA'를 미국 언론의 표현('Ill-Informed') 그대로 옮겨 '중앙 무지부'라고 번역하면서 재미있게 기사를 썼는데, 그 기사가 문제되었다. 그는 그날 밤 남산으로 연행되었고 밤새 '라면'을 먹으면서(당시 언론계에서는 정보부에 불려가 밤새워 조사받는 것을 '라면 먹는다'고 했다) 공포분위기 속에서 협박받고 시달림을 당했다. 남산의 말인 즉, 미국 CIA에 대해 비아냥하는 것은 KCIA(한국 CIA)를 욕하는 것이나 다름없다는 것이었다. 조 기자는 아마 이런 고통을 직접 겪으면서 한국의 언론에 절망했을 것이다.

국제뉴스를 다루는 외신부가 이러했으니 국내 정치문제나 사회·경제문제를 직접 다루는 부서는 더 말할 나위가 없었을 것이다. 1972년 유신체제가 들어서고 긴급조치가 잇따라 발동된 후부터는 이런 통제가 더욱 노골화되었다. 야당의원들의 국회 발언조차 마음 놓고 보도하지 못하는 형편이니 민주화를 요구하는 재야인사나 지식인들의 중대한 발언은 더 말할 것이 없었다. 극도의 긴장 속에서 어렵게 준비하여 잡혀갈 각오를 하고 발표한 시국선언이나 성명서가 한 줄로도 보도되지 못했다. 끊임없이 일어나는 학생들의 격렬한 민주화요구 시위도 '시위'라는 말을 쓰지 못한 채 '학원사태'라는 막연한 표현을 빌려 간신히 보일 듯 말 듯 나가거나 묵살되었다. 사회면에서는 '물가 인상'이란 말도 쓸 수 없었다. '인상'이란 말이 부정적이고 자극적인 인상을 주니 '상향 조정'으로 쓰라고 했다.

기자들이 고생해 가면서 쓴 기사가, 부, 차장의 서랍 속으로 들어 가거나 내용이 잘려 나가고 위로 올라가면서 아예 묵살되었다. 그러 고도 권력의 비위를 거스르는 기사가 나가면 '임의동행' 형식으로 연행하여 조사하고 위협했으며, 걸핏하면 기자들에게 폭행을 가하 여 공포에 떨게 했다. 권력은 이러한 폭력의 공포가 가져오는 효과를 잘 알고 있었다.[227]

박정권은 '국가안보'라는 미명아래 상류층의 보석밀수 사건도 보 도지침으로 통제했다. 1974년 9월초 특권 상류층 여성들 다수가 보 석밀수에 관련된 사건에 대해 박정권은 '국가안보'를 내세워 이 사건 을 기사화하지 못하도록 압력을 가했다. 집권세력과 특권 부유층의 부정부패와 타락까지도 '국가안보'라는 미명 아래 은폐되고 보호되 었던 것이다.(송건호, p.177.)

보도지침을 두고 정부 당국은 국가기밀 사항에 대해 언론이 신중 을 기해 달라는 의미에서 요청한 것일 뿐 요청내용을 언론사가 알아 서 판단하는 참고사항에 불과하다고 했다. 언론을 통제한 것이 아니 라 언론사에 협조를 요청한 것이라고 주장했다. 하지만 국가기밀도 아닌 군 관련 교통사고까지 '통제 불이행시 엄중 문책'을 강조한 점을 감안할 때 무차별 보도통제를 했음을 알 수 있다. 당시는 언론 의 고유기능인 국민의 알 권리는 사실상 인정되지 않았다.

군사독재 정권의 언론통제 '보도지침'은 세계적으로 유례를 찾자 볼 수 없는 수법이다. 보도지침은 100% 특정집단의 이익을 위한 것이란 사실을 내용을 보면 누구나 알 수 있다.(이수기, p.27.)

---

227) 신흥범, '한국일보 노조의 고난을 돌아보며', 〈1974년 겨울〉, 미디어집, 2005년, p.249.

(2) 추후 공개된 보도지침

유신시대의 보도지침은 당시 신문사나 방송사 기자들이 메모형식으로 기록했다가 이후 공개한 것들이 있다. 신아일보 출신의 김희진씨, 경남일보 출신의 이수기씨, 동양방송 출신의 노계원씨 등이 공개한 보도지침은 시기는 약간씩 다르지만 비슷한 유형이다. 그러나 정확하게 보도지침이 언제부터 언론사에 하달됐는지는 분명하지 않다. 또한 보도지침을 언론사에 하달한 정부 기관도 분명치 않다. 다만 박정희정권 시절에는 주로 중앙정보부가 보도지침을 하달했으며 보안사 등 군 관련 기관이나 정부 부처에서도 보도지침을 하달한 것으로 나와 있다.[228)]

가. 신아일보 보도지침

1973년 4월부터 신아일보 정치부장으로 재직했던 김희진씨는 1995년 펴낸 〈유신체제와 언론통제-암울했던 시대 중앙일간지 정치부장의 육필메모〉라는 책을 통해 1975년 1월부터 1976년 12월까지 중앙정보부에서 신아일보로 시달된 보도지침을 상세하게 기록했다. 김씨는 이 책에서 "정보부는 '언론기관이 긴급조치를 잘못 이해해서 불행한 사태를 겪게 되는 것을 방지하고 언론기관을 미리 보호 한다'는 구실 아래 일일이 지면제작에 간여하기 시작했고 언론사로서는 소극적인 반항밖에 할 수 없었다"며 "이 같은 틈새를 이용하여 정보부는 긴급조치와 직접 관련이 없는 사항까지 간섭했다"(김희진, p.28.)고 밝혔다.

● "중앙정보부 요원 상주는 상식"

김씨는 1973년 2월 일본 유학에서 돌아와 신아일보 정치부 기자로 복직했다. 김씨는 당시 "신문사 편집국에 중앙정보부원이 상주하고

---

228) 보도지침의 내용 분석에 대해서는 제3부에서 자세하게 논의한다.

있는 것은 이미 상식이 되어 있었고 육군 보안사 요원이 자주 들리는 것도 새삼스러운 일은 아니었다"며 "문제는 정부의 언론에 대한 요구를 어느 선까지 들어주느냐 하는 신문사의 체질에 따른 정치적 판단이었고 기사의 행간으로나마 어떻게 진실을 국민에게 알릴 수 있느냐는 기술적인 측면이 남아 있을 뿐이었다"고 회고했다.(김희진, pp.25~26.)

박정희 대통령은 1974년 1월 8일 긴급조치 1호와 2호를 선포했다. 긴급조치 1호는 유신헌법을 부정, 반대, 왜곡, 비방하는 일체의 행위와 개정, 폐지를 주장, 발의, 제언 또는 청원하는 일체의 행위를 금지하면서 이러한 행위를 권유, 선동, 선전하거나 방송, 보도, 출판 등으로 다른 사람에게 알리는 일체의 언동을 금하였다.

● 중앙정보부 공개적 통제

중앙정보부는 기자들을 연행하여 압력을 가하는 것은 물론 유신헌법과 유신체제의 수호 여부를 묻기 위한 1975년 2월 12일 제3차 국민투표를 앞두고 신직수 중앙정보부장이 각 언론사 사장을 중앙정보부로 소집했고 각 신문·방송사의 편집·보도국장은 아침 일찍 중앙청에서 국민투표의 배경설명을 들어야 했다.

또한 중앙정보부 국장이 언론사 편집국장들을 오찬에 초대하여 "인혁당 사건에 비판적인 기사를 게재하면 반공법으로 다스리겠으며 학원사태에서 제2의 김주열사건 같은 것이 발생하는 것을 보도하면 같은 결과가 될 것"이라고 경고했다고 했다. 중앙정보부가 거의 공개적으로 언론내용에 대한 통제를 요구한 것이다.(〈국정원 Ⅴ〉, p.181.)

일선기자에게도 예외는 없었다. 중정요원은 김희진씨에게 세 번이나 전화를 걸어 '고문', '조작', '중앙정보부'란 용어는 한 글자도 보도되어서는 안 되며 기사도 2단 이하로 축소하라고 요구했다.

중앙정보부는 보도통제를 넘어 유인물 압수와 같은 수단도 사용했다. 긴급조치 9호를 발동한 이후에도 야당의 대정부 공세는 강도가 더해졌고 이에 대응하여 정부의 언론통제도 강화했다. 긴급조치 9호를 근거로 야권의 성명 유인물 등을 언론사에서 압수하는 사태마저 벌어졌다. 1975년 8월 16일 김대중 신민당 전 대통령후보가 '8.15성명'을 유인물로 발표하자 중앙정보부는 일절 보도를 자제하라고 지시하고, 일본 민사당 의원과 환담한 내용 등을 담은 통사당의 보도자료도 게재하지 말라고 지시한 뒤 중앙정보부 담당관이 신문사에 와서 2건의 유인물을 모두 압수해갔다. 이어 18일에는 김대중 관련 유인물을 개인이나 신문사에서 소지하고 있으면 긴급조치 위반임으로 정부 당국에 신고하라고 연락한 뒤 중앙정보부에서 오후 3시께 신문사에 와서 유인물 압수경위 확인서를 받아 가져갔다.(김희진, p.93.)

● 기사내용 만들어 게재 요구

신문에 대한 중앙정보부의 개입은 심각했다. 심지어 기사내용을 만들어 게재하라고 요구하기도 했다. '김옥선 파동'이 그 예이다. 1975년 10월 8일 오후 신민당 김옥선 의원이 사회문제에 대한 대정부 질문자로 나서 정치학자 노이만과 브레진스키의 언론인 강권통치의 6가지 특징을 인용하면서 강경 비판발언을 시작한 데서 사건이 불거졌다. 김 의원은 이로 인해 의원직을 사퇴했으며 신민당은 김영삼 총재의 인책론이 제기되는 등 심한 진통을 겪었다. 다음날인 10월 9일 중앙정보부 담당관은 전날 밤 김 의원의 문제 발언내용을 중앙정보부가 불러준 범위 내에서만 보도하라고 강력하게 요구했다. 중앙정보부는 김 의원의 발언을 비판하는 논리적 근거를 제공하면서 기사 작성에 반영시켜 줄 것을 요청했다.

중앙정보부가 제공한 비판 논거는 다음과 같다. ① 북한과 유엔 대책을 위하여 국가이익을 우선적으로 고려하여야 한다 ② 김 의원 발언은 신민당 전체 의사가 아니다 ③ 안보궐기 대회 때 야당인사도 참석하였다 ④ 제92회 임시국회에서 여야가 안보 결의문을 채택하였다 그리고 기사 제목에 '관제 안보궐기 대회'라는 용어는 절대로 쓰지 말라는 조건이 붙어 있었다.(김희진, pp.103~104.)

중앙정보부의 개입은 직·간접적인 요청과 보도통제, 압수, 보도 내용 강제 등 다양한 방식으로 진행됐다고 요약할 수 있다.

## 나. TBC 보도지침

언론전문 주간지 〈미디어 오늘〉은 1996년 1월 3일자 및 10일자에 동양방송(TBC) 관계자가 보존해 왔던 1975년 5월 16일부터 1979년 10.26직후인 11월 20일까지 4년 6개월여 동안 중앙정보부 등에서 언론사에 하달한 보도지침을 공개했다. 이 보도지침은 당시 보도지침을 전달받은 TBC 당직기자들이 열람하기 위해 작성했던 기록장부이다. 노계원씨는 1999년 성균관대 언론정보대학원 석사학위 논문 '제3공화국 말기 언론통제에 관한 분석적 연구-구 동양방송', '보도통제 연락접수대장을 중심으로'에서 당시 보도지침을 상세하게 분석했다.

● 박정희정권의 본질 반영

보도지침에는 1975년 긴급조치 9호 하의 각종 시국사건, 월남전 종결로 인한 잔류 한국인 문제, 한국의 비동맹회의 가입 및 유엔 단독가입 추진 무산, 박동선 사건, 동아일보 광고탄압, 판문점 도끼 만행 사건, 10.26사태 등 정치적으로 예민한 사안들에 대해서 예외 없이 보도를 통제한 것으로 드러났다.

이 보도지침은 박정희정권의 본질을 적나라하게 보여주었다. 박정권이 어느 부분에 민감하게 반응했는가를 반증해 준 것이다. 재야, 야당, 노동, 학생, 인권, 통일, 대북관련 기사는 예외 없이 보도지침이 적용되어 보도되지 못했다. 또 박 전대통령이 일본 육사 출신이었다는 외신기사, 이후락씨의 거액 빌딩 매수에서부터 육군 일병 무장 탈영, 예비군 차량 교통사고에 이르기까지 박정권에 불리하다고 판단되는 기사는 시시콜콜한 내용까지 모조리 통제됐다.

보도지침을 내린 주체들이 중앙정보부를 비롯해 청와대, 국방부, 문공부, 검찰, 육군본부, 해군본부 등 광범위한 것도 눈길을 끈다.

이에 대해 당시 동양방송의 한 관계자는 "각 기관과 군은 중정에 미치지는 못했으나 권력을 휘두르기는 마찬가지"였으며 "그 권력은 언제나 절대적 영향력을 미쳤다"고 증언했다.[229]

● 보도지침 하달 기관

보도지침의 하달에는 중앙정보부가 전권을 행사했고, 문화공보부와 각 부처의 공보관 등 거의 모든 정부기관이 동원됐다.[230] 대부분(83.6%)의 통제는 박정희정권의 가장 핵심적 권력기관이었던 중앙정보부가 주도했다.

중앙정보부는 각 언론사별로 통제담당자를 두고, 이들을 직접 해당 언론사에 파견해서 상주시키다시피 하면서 기사의 보도통제는 물론, 기사의 방향설정, 기사의 편집, 기사의 크기 등을 조정했으며, 기자들의 동태를 파악하고 회유, 협박, 폭행, 연행, 고문, 기소하는 거의 모든 역할을 담당했다.

중앙정보부는 전국적인 방대한 조직망을 통해 정가와 재야 및 학원가의 동태는 물론 각종 사건과 사고에 이르기까지 정보를 파악하고, 그들이 필요로 할 경우 언론사 간부에게 해당 정보를 제공하면서 필요한 경우 기자들의 취재에 의한 보도를 사전에 봉쇄하는 전략을 구사했다. 이에 대해 약간이라도 이의를 표명하거나 저항하는 기색을 보이면 갖은 협박과 회유, 연행, 폭행 등으로 자신들의 통제 목적을 관철했다.(김민남, p.23.)

표에 나타난 바와 같이 중앙정보부 외에도 국방부, 문공부, 육군본부, 해군본부, 공군본부, 보안사령부, 치안국, 청와대 등이 보도통제를 했으며, 기타 외무부, 문교부, 동자부, 농수산부, 건설부 등도

---

229) 〈미디어오늘〉, 1993년 1월 3일.
230) 보도지침 시달기관에 대한 부분은 노계원, 성균관대 언론정보대학원 석사학위 논문, '제3공화국 말기 언론통제에 관한 분석적 연구' 1999년을 요약한 것이다.

보도통제 기관과 통제 건수

| 통제기관 | 중앙정보부 | 국방부 | 육군본부 | 해군본부 | 공군본부 | 보안사령부 | 계엄사령부 | 문공부 | 치안국 | 청와대 | 기타 | 통신취소 | 계 |
|---|---|---|---|---|---|---|---|---|---|---|---|---|---|
| 통제건수(%) | 735 (83.6) | 27 (3) | 58 (6.6) | 2 (0.2) | 9 (1) | 3 (0.3) | 7 (0.7) | 19 (2.2) | 5 (0.6) | 2 (0.2) | 7 (0.8) | 5 (0.5) | 879 (100) |

※ 자료 : 노계원, '제3공화국 말기 언론통제에 관한 분석적 연구', 1999년, p.18.

건수로는 미미하지만 보도통제에 가담했다.

예컨대 국방부가 국방관계 일반의 기사를 통제한 반면, 각 군별로 통제를 요청한 기사는 군부대 내부의 안전사고나 장병들의 대민 비행사건 등에 관련된 기사가 통제의 주류를 이루었다. 군 기관의 통제는 주로 각 군 본부에 두고 있는 공보실의 정훈장교를 통해서, 그리고 행정부처는 해당부처 대변인실에서 담당했다.

박정희 대통령이 저격당한 1979년 10월 26일을 계기로 전국적인 비상계엄령이 선포되면서 중앙정보부의 통제가 약화하고 계엄사령부의 직접적인 언론검열이 실시됨으로써 그동안 형식적으로나마 존재했던 언론자유는 명실 공히 완전히 중단됐다. 언론사에 상주하다시피 출입하던 중앙정보부 전담요원도 이 시점 이후부터는 보안사령부 요원으로 대체됐다. 권력행사의 핵심이 중앙정보부에서 보안사령부로 이관된 확실한 증거인 것이다.

10.26사건으로 중앙정보부는 전두환 보안사령관 등 신군부에 의해 대 숙정을 겪으며 부서의 명칭도 '안전기획부'로 변경됐다. 그러나 한동안 보안사령부에 비해 위상이 격하됐던 안전기획부는 1985년 2월 전두환의 심복인 장세동이 수장으로 취임하면서 다시 실권을 되찾았다. 그리고 국내 정치에의 개입과 인권의 탄압으로 국제사회에 악명을 떨쳤으며, 정권안보와 국내 정치공작에 이용되어 왔다.[231]

---

231) 김재홍, '국가 정보기관과 언론', 〈98 언론연구〉, 삼성언론재단, 1988년, p.72.

● 보도지침 하달 창구

보도지침 하달은 주로 정치, 경제, 사회 문화, 외신, 편집 등 각 부서의 담당 데스크에게 우선적으로 통보됐으나, 특히 중요하다고 판단되는 사안은 차상급자인 보도국장에게 직접 연락을 했다. 그밖에 최고 경영자를 비롯한 중역들을 통해 하부조직으로 하달하게 하는 경우도 드물지 않았다.

언론사에 대한 보도통제는 주로 통제기관의 해당 매체 담당자와 매체사의 담당데스크 사이에 전화를 통해 이루어지는 것이 통상적 관례였다. 중앙정보부 소속의 각 언론사별 전담자는 보도내용이나 형식에 대해 전면적 금지 또는 부분적 제한을 통보하고, 언론사를 직접 방문했을 때는 주로 통제의 배경이나 불가피성을 설명해주는 수순을 밟았다. 전담요원은 수시로(1일 1~2회) 언론사를 방문하여 언론인과의 친면을 다지고 회유책을 구사하여 친밀감을 조성함으로써 원활한 통제 절차와 효과를 얻으려고 했다. 그러나 통제요청에 대한 반응이 소극적이거나, 미흡한 결과 및 사전허가 없는 단독기사의 보도 등 통제지침에 복종하지 않는 태도에 대해서는 협박과 폭언, 심한 경우는 연행과 폭행 고문도 서슴지 않았다.

통제하는 기관의 '협조 요청' 태도는 중앙정보부와 계엄사령부의 경우는 매우 권위주의적이며 위압적으로 '지시'에 가까웠다. 나머지 군기관이나 행정부서는 '부탁'하는 자세를 보였으나, 언론사의 수용 여부가 불투명하거나 사안이 중요한 내용일 경우는 중앙정보부나 문화공보부를 통해 다시 압력을 추가하는 2중, 3중의 통제력을 동원하기도 했다.(노계원, p.20.)

통제는 반드시 정부기관의 공식적인 방침에 의한 것만은 아니고, 담당자의 개인적인 사안이 편승하기도 했다. 이는 공안기관의 언론사 전담자와 언론인 사이의 오랜 '접촉'에서 자연스럽게 발생한 일종의 친밀감에 의해 가능했다. 그러나 그것은 통상적인 순응 습관이거나, 탄압에 대한 언론인들의 저항의식의 약화 내지는 마비현상, 나아가서는 자포자기적 내지는 체제영합 의식 때문에 가능했다는 점도 부인하기 어렵다.

다. 경남일보 보도지침

유신정권 말기에 지역에서 경남일보 기자로 근무하던 이수기씨는 2002년 〈보도지침과 신문의 이해〉라는 책을 통해 유신정권이 종말을 고하는 1979년 10.26사태를 전후로 1년 8개월간 메모형태로 기록한 283개항의 보도지침을 공개했다. 1979년 3월 10일부터 1980년 11월 24일까지, 경남일보가 25일자를 끝으로 경남매일(현 경남신문)에 통합되기 직전까지 중앙정보부와 계엄사가 언론사에 통보한 보도지침이었다.

이수기씨는 "보도지침은 당시 거의 매일 통보되자 언제 무엇을 통보받았는지를 기억하지 못해 보도에 문제가 생기자 먼저 전화를 받는 직원이 '보도지침 메모장'에 기록하기로 결정, 기록되어 있는 내용으로 편집국의 국장, 부장, 차장, 기자 등 10여명의 국원들이 전화로 통보받은 내용을 적은 것"이라고 밝혔다. 지방 언론사에는 중앙정보부 지방 사무소가 서울 본부에서 내린 것을 받아 하달했다.(이수기, p.32.)

● 보도지침 하달방식

보도지침은 한국언론이 그동안 권력에 얼마나 통제를 많이 받아왔는가를 밝혀 주는 결정적인 증거이다. 보도지침은 정치 경제 사회 문화 등 정부와 관련된 문제를 가, 불가, 절대불가 등 사실상의 지시로써 사건이나 사태의 보도 여부와 보도의 방향과 내용 및 형식까지 구체적으로 결정, 시달했다.

강력한 언론통제가 빈틈없이 이행됨에 따라 '있는 것이 없는 것'으로, '없는 것이 있는 것'으로, '작은 것이 큰 것'으로, '큰 것이 작은 것'으로 조작되는 어이없는 사태가 계속됐다. 보도지침은 당시에 일어났던 사실과 진실을 묵살, 은폐, 조작, 왜곡하고 특정한 집단이나 세력에 대한 일방적인 선전을 강요하는 구체적인 실상을 제시해 주고 있다.

보도지침은 정치권력이 그들에게 불리한 사건이나 사태가 국민 또는 외부에 알려지지 못하도록 보도하지 말라는 언론통제의 도구이다. 집권 세력이 언론통제를 정권 유지의 핵심 지주로 삼고 있었음을 알 수 있다. 보도지침은 보도내용의 형태나 방향을 지시하고 유도하는 등 구체적이고 빈 틈 없는 치밀한 통제였다. 박정희정권의 18년 군사독재가 궁정동 만찬장에서 심복인 김재규 중앙정보부장이 쏜 총탄에 맞아 종말을 고하기 직전 몇 년 동안 언론통제가 도를 넘었다.

보도지침의 용어는 보도조정 지시, 확대보도 지시, 홍보지침 시달, 보도관제, 보도 불가 등 통제 내용에 따라 다양하게 사용했다. '단순 보도지침'이라기보다 산하기관에 하달하는 지시사항 형식이었다. 이것은 당시 독재정권이 언론기관을 대하는 분위기가 어떠했는가를 알 수 있다.

보도지침은 국가 이익과 관련이 없는 군인 1~2명의 사상자가 난 교통사고도 보도를 제한했다. 지방에서 일어난 단순한 사고까지 관여한 것은 지방에 있는 중앙정보부 파견 사무소가 본부로부터 지시받은 것에다 끼워 넣었기 때문이다.

당시 국민은 소문을 통해 알고 있는 소식까지 언론통제로 확인할 수 없자 유언비어가 난무했다. 언론의 통제가 심해지면서 어느 시점에 가면 그간의 유언비어가 사실로 확인되자 '유비통신' 또는 '카더라 방송' 소식을 전하느라 지식층 2~3명만 모여도 얘깃거리가 됐을 때도 있었다.

● 보도지침의 방향

박정희정권이 언론기관에 통보한 보도지침은 2가지 방향으로 구분됐다. 첫째, 모든 국민이 이미 알고 있어 보도하지 않을 때는 유언비어로 확산되어 불신 심화로 이어지기 때문에 오히려 역효과를 낼 수 있는 특정사건 및 행사는 보도내용과 형식을 사전에 결정, 집권세력에 유리한 방향이 되도록 했다. 꼭 보도할 수밖에 없을 때는 1단 또는 내용을 얼버무려 파장을 최소화시켰다. 둘째, 사안은 중요하지만 보도만 막으면 국민이 알 수 없을 때는 '보도 불가'를 지시, 보도를 통제했다.

보도지침은 '가', '불가', '절대불가', '과대선전 보도', '용어사용 불가', '이행 안하면 엄중문책' 등과 함께 어느 면에 몇 단 등 제목, 단수의 크기, 활자의 크기, 사진 사용 등을 구체적으로 지시했다. 이수기씨는 "어떤 때는 몇 단 이하로 게재하라고 하자 옆으로 벌리는 제목을 달아 게재했다 혼이 난 일도 있다"며 "이런 사태가 있은 이후는 활자 크기도 정해 줄 때가 있었다"고 토로했다.

● 보도지침의 내용
이수기씨가 공개한 보도지침 283개항의 내용을 보면 정치관련 44개항, 야당관련 9개항, 김대중씨 관련 9개항, 김영삼씨 관련 20개항, 김옥선씨 관련 1개항, 이철승씨 관련 1개항, 국보위 관련 1개항, 입법회의 관련 5개항, 대통령 관련 5개항, 국민투표 관련 9개항 등 정치문제가 95개항(30%)로 가장 많았다.(이수기, p.34.)

10.26사태 이전은 YH여공의 신민당사 농성사건, 야당관련 사건, 김대중씨와 김영삼씨 관련 등 야당 탄압에 관련된 것이 대부분이었고 개인별로는 야당총재를 할 때 많은 탄압을 받은 김영삼 사건이 가장 많았다. 10.26이후에는 계엄관련, 대통령 시해사건, 김대중씨 재판관련, 국민투표 관련, 정치인 규제관련 등 정치적인 뿌리가 전혀 없는 새로운 정치군인들이 쿠데타를 일으킨 후 정권을 탈취, 기반을 굳히기 위한 신당 창당을 비롯한 신 군부정권 창출 등이 주축을 이뤘다.

다음으로 콜레라 발생 등 사회문제 3개항, 교육 및 학원 관련 19개항, 공직자 비리관련 10개항 등 모두 64개항(22%)이다. 세 번째로 북한 문제 및 안보 관련 36개항, 군사 관련 7개항, 외교 관련 11개항 등 통일과 안보문제가 54개항이다. 경제문제 34개항, 농사 및 식량 관련 16개 항 등 경제 분야가 50개 항이다. 제일 적은 것은 문화 분야로 11개항에 불과했다.

● 보도지침 위반 시 협박

보도지침을 충실히 이행하는 이른바 '제도언론'은 정권의 비호를 받으면서 특혜로 호황을 누렸고, 권력의 탄압에서 벗어나려고 발버둥을 친 '민중언론'은 압수, 연행, 구금 등의 탄압이 계속됐다.

당시 정보기관은 사안에 따라 영장 없이 언론인을 비롯, 자기들 마음에 안 드는 일을 했다 싶으면 누구나 연행, 며칠씩 예사로 불법 감금, 물리적인 행동을 서슴없이 할 수 있었다. 이수기씨는 "보도지침을 거절하면 '괘씸죄'에 적용되어 엄청난 곤욕을 당하는 세상이라 거의가 요구대로 들어 줄 수밖에 없었다"고 밝혔다.

보도지침은 뉴스의 비중에 관계없이 정권안보에 조금이라도 장애가 된다 싶으면 무차별적으로 내려 이행토록 강요했다. 당시 무시무시한 분위기를 만들어 놓았기 때문에 보도지침을 어길 수 없었다. 회사와 기자 개인에게 가하는 유무형의 압력은 견디어 내더라도 1972년부터 문공부가 각 언론사의 기자에게 발급해 주는 '프레스카드'(보도증) 발급권을 갖고 있어 보도지침을 따르지 않을 수 없었다. 보도지침을 어기면 1년마다 보도증을 재발급할 때 거절되어 내근 또는 다른 부서에 근무를 하거나 회사를 떠나야 했다. 막상 언론사에서 '프레스카드' 발급이 안 된 기자들은 다른 곳에 취업도 어려웠던 것이 당시의 실정이었다.(이수기, p.30~31.)

라. 만평에 대한 보도지침

박정희정권은 신문이나 방송의 보도내용만을 통제한 것은 아니다. 신문에 게재된 만평과 소설도 통제의 대상이었다. 중앙정보부는 만평의 내용이 '불온하다'고 생각되면 화백을 소환해 조사를 하고 사표를 강요했다. 또한 만평에 대한 보도지침을 내리고 화백들을 회유하기 위해 산업시찰 등을 베풀었다.

한국일보에 '두꺼비'를 그린 안의섭 화백은 중앙정보부에 소환되어 조사를 받고 이후 만평 연재를 중단했다. 안화백은 1970년 6월 10~14일 동아일보 등 신문에서 수입고추 변질기사 내용을 보고 농수산정책 비판을 위해 6월 15일 신문에 '돈 좀 생겼다고. 쯔쯔…'란 제목의 만화를 게재했다가 각서를 쓰고 풀려났다.

또한 중앙정보부는 만평을 분석 평가한 뒤 만평내용에 문제가 많다며 만평에 대한 보도지침을 하달하고 화백들에게 산업시찰과 안보시찰을 하도록 당근정책을 쓰기도 했다. 중앙정보부가 1973년 10월 1일부터 11월 15일까지 중앙일간지 만화 만평의 내용을 분석하고 만화가들의 순화를 위한 대책을 강구했다. '중앙일간지 만화만평 내용 분석'의 내용은 다음과 같다.

- 10월 유신 이후 관계당국의 계속적인 계도와 언론의 자숙경향으로 그간 건실한 논조를 취해 오던 각 중앙언론기관의 만화, 만평 등이 금번 학원소요사태를 계기로 각계에서 일기 시작한 자유화 추구경향에 따라 점차 정부 시책을 노골적으로 풍자, 비판하는 논조를 전개하고 있음.
- 중앙일간지의 만화, 만평을 분석한 결과 집중적으로 다루고 있는 문제는 국민복지연금, 어린이저축 방안, 조세정책, 공중전화 수도료 인상 등의 경제문제를 비롯하여 감기약 사건, 공무원 시험부정 응시 사건, 관세청 부산심리분실 상납사건 등 국내문제에 대해서는 노골적으로 비판하는 경향에 있으나 국제문제에 대해서는 사실을 해설하는 방향으로 신중하고 있는 경향이 특이함.
- 언론의 만화, 만평을 통한 대정부 시책 비판현상은 지식인의 자유

추구 경향에 영합하기 위한 것으로서 자칫하면 국민의 불만을 자극하여 사회혼란을 가중시킬 요소가 되므로 이에 따른 대책강구가 필요할 것임.

동아일보의 '고바우'를 그린 김성환 화백은 두 차례 중앙정보부에 소환되어 조사를 받았으며 사표를 강요받았다. 김화백은 1973년 9월 하순 주한 영국대사의 요구를 받고 신문에 게재되지 못한 만화 6편과 게재분 2편 등 모두 8편으로 화첩을 만들어 주한 영국대사관에서 서울시장 부인 등에게 증정했다. 이 사실이 중앙정보부에 보고되면서 소환되어 조사를 받은 것이다. 화첩에 실린 미게재분 6편은 계엄시절 검열에 걸려 보도되지 못한 것으로 만평에 대한 검열과 보도통제가 있었음을 간접적으로 확인할 수 있다.

중앙정보부는 조사결과 "계엄령 하에서 검열에 걸려 보도하지 못한 만화를 화첩으로 만들어 영국대사에게 기증한 것은 국민으로서 용납할 수 없는 몰지각한 행위이기는 하나 긴급조치 등에는 해당되지 않는다"며 "문공부를 통제하여 동아일보사에서 사퇴토록 조치하고 사장에 대하여도 책임을 추궁해야 한다"[232]고 밝혔다.

## 2) 전두환정권(1981년~1987년)

전두환정권의 보도지침은 들어서는 1979년 10.26사건이후 계엄하에서의 검열지침을 제도화한 것으로 언론을 옥죄는 새로운 방식으로 제도화했다. 특히 중앙정보부와 안전기획부는 보도지침을 이행하지 않는 언론사나 언론인에 대해서는 임의로 연행하여 협박이나 고문을 가하기도 했다.

전두환정권은 언론기본법을 제정해 언론을 제도적으로 완전히 장악했으나 그것도 부족했던지 1981년 1월 6일 문공부에 '홍보 조정

---

232) 중앙정보부, '불온만화 배포자에 대한 조사결과 보고', 1974년 2월 8일.

실'을 만들어 매일 매일의 보도를 일상적으로 통제하기 시작했다. 홍보조정실은 '언론기관의 보도협조 및 지원에 관한 종합계획을 수립한다'는 미명 아래 설치되었으나 사실은 보도지침을 통해 노골적으로 언론조작을 하기 위해 만든 기구였다.

전두환정권은 1981년에는 청와대 정무1비서관실에서 언론의 논조를 분석하는 등 보도지침을 하달하기 위해 언론사의 논조를 분석하기도 했다. 청와대 정무1팀은 특히 조선일보의 데스크 칼럼 논조를 분석해 보고했다.[233] 이는 홍보조정실에서 주로 보도지침을 언론사에 하달했지만, 청와대 정무1비서관실에서 언론의 논조를 분석한 뒤 홍보조정실에 통보하는 시스템이 있었음을 보여준다.

보도지침은 홍보조정실이 그날그날 각 언론기관에 은밀히 시달한 보도통제 가이드라인이었다. 보도지침이 있다는 것은 언론계에서 이미 알고 있었으나, 1986년 9월 〈말〉지가 특집호를 통해서 보도지침의 세부내용을 폭로, 그 존재가 공식적으로 확인되었다.[234] 해직기자들 중심으로 구성된 민주언론운동협의회는 기관지인 〈말〉지 특집호에 '권력과 언론의 음모 – 권력이 언론에 보내는 비밀통신문'이라는 제목으로 1985년 10월부터 1986년 8월까지 보도지침 내용을 게재했다. 보도지침은 한국일보에 재직하던 필자가 제공한 것이다.

보도지침의 실체는 1988년 12월 12~13일 열린 전두환정권의 언론탄압 진상규명을 위한 2차 언론청문회에서 좀 더 자세하게 밝혀졌다. 당시 의원들은 문공부 홍보조정실의 설치경위와 역할, 보도지침의 작성자와 기준 및 시행과정을 추궁했다. 일부 의원은 "정부 측은 국익을 빙자, '협조요청'이라고 강변해 왔지만, 정부 여당 관련 홍보

---

233) 청와대 정무1, '조선일보 데스크 칼럼 논조 보고 – 눈치 보는 경제장관들 – 소신있는 정책기조 · 조정기능을' 1981년 9월과 청와대 정무1 '조선일보 데스크 칼럼 – 정기국회와 정치인 논조 보고'를 보면 칼럼의 내용을 자세하게 분석해 놓았다.
234) 전두환정권 시절의 보도지침 폭로과정과 재판과정, 보도지침의 내용분석과 하달경로 등에 대해서는 제3부에서 자세하게 다룬다.

기사의 확대 보도와 야권기사의 축소보도가 대부분이었을 뿐 아니라 기사 크기와 용어까지 제한한 명백한 언론말살 정책이자 위헌행위"라고 주장했다.

이광표 전 문공부장관은 언론청문회에서 "군인 난동사건이 일어났을 당시 군 당국에서는 사건을 되도록 축소해서 보도되는 것을 바라고, 실무자들의 입장에서는 사실 자체보도를 전혀 못하게 한다는 것이 문제점이 있기 때문에 적절한 분량으로의 보도를 허용해야 한다는 의견대립이 있었다"고 털어 놓기도 했다.[235]

같은 해 있었던 국회 국정감사에서는 문공부가 각 언론사에 하달한 보도지침의 물증을 찾아내기도 했으며 문공부로부터 보도지침이 법률적 근거가 없다는 답변을 얻어냈다. 또 보도지침을 하달한 책임자가 이광표, 이진희, 이원홍, 이웅희 등 4명의 전 문공부장관이라는 사실이 알려졌다. 이정배 문공부 홍보정책실장은 "보도협조요청 결정은 장관으로부터 지시를 받았으며 협조관계로 안전기획부로 수시연락을 취했으며 전화나 면담을 통해 언론사 간부들에게 협조요청을 한 적이 있다"고 증언했다.

(1) 시시콜콜한 간섭
홍보조정실은 보도지침을 통해 특정사안에 대해 '보도해도 좋음' '보도하면 안 됨' '보도하면 절대 안 됨' 등의 지침을 내려 보도여부를 구체적으로 지시했다. 정부 여당 관련기사나 대통령 동정 기사는 크게, 눈에 띄게, 적절히, 강조해서 등으로 보도의 방향에 대한 지침을 내리기도 했다. 심지어 전두환 대통령이 미국을 방문할 때 전용기 안의 집무실에 정약용의 '목민심서'를 놓아두고 '집무실 안의 목민심서가 눈에 띈다'는 스케치 기사를 쓰라고 지시하는 시시콜콜하고 유치한 내용까지 담았다.

---

235) 이광표, '제144회 국회 문교공보위원회 회의록' 제14호, 1988년, p.31.

358

가. 특정인 사진 보도도 통제

재야나 학생운동에 관한 것도 크게 보도하라는 지침이 있었는데, 이는 재야에 비판적인 기사를 키우고 학생들의 폭력성을 강조하라는 것이었다. 이에 따라 방송사들은 학생들의 시위 동기와 구호는 묵살한 채 시위 중 일어난 폭력사태와 그로 인해 민가의 장독 몇 개가 부서진 것에만 카메라 앵글을 맞추는 왜곡보도를 일삼았다.

축소보도를 해야 할 사안에 대해서는 신중히, 조용히, 단순히, 추측하지 말고 등의 용어를 사용해서 지침을 내렸다. 주로 야권 관련 보도와 개헌 주장 등 반정부 투쟁이 이런 규제의 대상이었다.

보도 불가의 경우는 불가, 절대 불가, 별도 지침이 있을 때까지 불가 등으로 구분해서 보도금지의 강도와 시기를 지시했다. 고문 주장과 분신자살, 재야단체의 연합시위 등이 여기에 해당하는 단골 메뉴였다.

보도지침은 단순히 보도여부나 크기에 대해서만 지침을 내린 것이 아니라 특정 용어를 사용하지 못하도록 하는가 하면 사진게재 여부, 컷이나 제목의 크기와 방향을 지시하는 등 신문 제작의 세세한 부분까지 간섭했다. 예를 들면 공권력의 '성폭행 사건'을 '폭행주장 관련' 또는 '성 모욕 행위'로 제목을 뽑으라고 지시한 것 등이다. 이에 따라 '권인숙 양의 부천서 성 고문 사건 폭로'는 '폭행 주장'으로 왜곡되고 심지어 '운동권이 성을 투쟁 도구화하고 있다'는 공작적 보도까지 했다. 재야와 학생들의 반정부 투쟁으로 정권이 위기에 몰릴 때 국민의 시선을 엉뚱한 곳으로 돌리기 위해 조그만 간첩사건을 조작해 발표하면서 크게 보도하라고 지침을 내리면 1면 톱에다 해설까지 붙이면서 호들갑을 떠는 것이 당시 일반화된 보도 관행이었다. 지침을 내린 쪽에서는 그저 사회면 톱 정도면 좋겠다고 생각했는데 1면 톱으로 부풀리는 바람에 오히려 민망해진 경우도 부지기수였다.

## 나. 개인 홍보 위한 주문

보도지침은 형식상 문공부 홍보조정실에서 내렸지만, 골격은 청와대 정무비서실과 공보비서실, 안기부, 보안사 등에서 만들어졌다. 이들 권력기관에서 이른바 '협조사항'을 홍보실로 보내면, 홍조실에서 취합해 언론사에 내려 보내는 절차를 밟은 것이다. 그러나 보도지침이 일상화되면서 이런 절차를 무시하고 청와대와 안기부, 보안사의 실력자들이 개별적으로 전화를 통해 지침을 내리는 일이 다반사로 벌어졌다. 때로는 이런 보도지침을 개인 홍보를 위해서 이용하기도 했다. 예를 들면 1985년 당시 이원홍 문공부장관은 자신의 치사를 1면에 돋보이게 실으라고 각 언론사에 주문성 지침을 내렸다. 물론, 이런 주문은 100% 이행되었다.

언론사의 국장과 부장 등 간부는 이렇게 중구난방 식으로 하달되는 보도지침에 충실하게 맞춰 뉴스를 가공해 제작하는 '언론 기능공'에 불과했다. 전두환 통치기간 동안 신문 방송의 편집국장과 보도국장 노릇은 사실상 청와대와 안기부, 문공부의 2급 국장급이 도맡아 했다고 해도 과언은 아니다.

## 다. 언론사 인사에도 관여

이들은 단순히 보도의 방향만 정해 주는 것이 아니라 언론사 내부의 인사문제에도 개입해 좌지우지했다. 자신에게 아부하는 특정기자를 이른바 '물 좋은' 출입처에 내보내라고 요구하는가 하면 해외특파원도 이들의 입김에 따라 결정되는 예가 비일비재했다. 전두환정권 시절 대표적으로 물 좋은 출입처는 정치부에서는 물론 청와대이고, 경제부에서는 상공부, 사회부에서는 서울시청이었다. 모든 언론사가 다 그런 것은 아니었지만 일부 언론사에서는 이들 출입처는 권력과 줄을 댄 기자들의 차지였다 그러다 보니 기자들 사이에 외부권력에 줄 대기 경쟁이 벌어지기도 했다.

간부들은 정치권에 발탁되기를 기대하며 권력의 비위 맞추기에 여념이 없고 평가자들은 외부 세력을 동원해 인사운동을 하는 지경에까지 이르렀다. 권력에 종속된, 권력의 하부기구로 편입된 언론의 당연한 귀결이었다. 이런 풍토에서 기자의 윤리나 언론의 사명이니 하는 말은 입에 올릴 수조차 없었다.

## (2) 여론조작 위한 가이드라인

전두환정권은 세계에서 유례를 찾아보기 힘든 보도지침을 신문사 편집국과 방송사 보도국에 하달했다. 보도지침은 말 그대로 정권이 언론에 내려 보낸 지침으로, 문공부 홍보조정실에서 매일 언론사 편집국(보도국)에 은밀하게 시달하는 보도통제 가이드라인이었다.

홍보조정실(이후 홍보정책실로 개편)은 이 '보도지침' 속에서 '가(可), 불가(不可), 절대(일체) 불가'라는 전단적(專斷的) 지시용어를 구사하면서 사건이나 상황, 사태의 보도여부는 물론, 보도방향과 보도의 내용 및 형식까지 구체적으로 결정, 시달한다.

보도지침을 충실하게 따르는 제도언론(신문)은 취재한 뉴스의 비중이나 보도가치에 구애됨이 없이 '절대불가'면 기사를 주저 없이 빼고 '불가'면 조금 미련을 갖다가 버리며, '가'면 안심하고 서둘러 실었다. 이러한 빈틈없는 지시와 충실한 이행과정 속에서 우리 주변은 '있는 것이 없는 것으로, 없는 것이 있는 것으로' 둔갑하는가 하면 '작은 것이 큰 것으로, 큰 것이 작은 것으로' 뒤바뀌는 어이없는 대중조작이 끊임없이 되풀이됐던 것이다.

## 가. 구체적이고 은밀한 보도통제

〈말〉지 특집호에 게재된 보도지침이 내려온 시기에는 정기국회의 '파란'과 '공전', 개헌서명운동을 둘러싼 정권과 야당 간의 대립, 신민당의 장외투쟁(개헌 현판식), 개헌 움직임의 구체화 등 정치적 격동과 대립의 반전, 타협이 연이어 터졌다. 또한 집권세력을 포함한 체제 전반에 대한 청년, 학생, 노동자들의 거센 투쟁과 이와 연관

된 구속, 재판사례가 꼬리를 물고 계속되었다. 특히 민주 · 민중운동
단체가 철저한 탄압을 받았고 교수들과 사회각계의 시국선언이 연
이어 터져 나왔으며 KBS TV 시청료 거부운동이 널리 확산되었다.
최은희 신상옥 사건이 많은 사람들의 화젯거리가 되었으며 부천경
찰서 성고문사건과 독립기념관 화재사건이 큰 충격을 던졌다. 밖으
로는 필리핀 마르코스(Marcos)의 20년 독재체제가 허물어지면서 신
선한 충격을 안겨 주었다. 이 모든 사건과 사태 진전이 보도지침
속에 빠짐없이 언급됐다.

보도지침에서 가장 빈번하게 사용된 단어는 '보도 불가'(보도하지
말 것)이다. 정치권력은 그들에게 불리한 사건이나 사태가 널리 알
려지는 것을 막는데 언론통제의 역점을 두고 있는 만큼 '보도 불가'
란 용어란 용어가 이 지침에서 끊임없이 되풀이되는 게 오히려 자연
스럽다 하겠다.

전두환정권은 언론통제를 정권안보의 핵심적 지주로 삼았다. 이
들의 교묘한 언론통제는 '보도 불가'만을 능사로 삼지 않았다. 보도
의 내용이나 형태, 방향을 지시하고 유도했다. 보도지침을 살펴보면
우선 지시내용이 매우 치밀하고 구체적인데 놀라지 않을 수 없다.

나. 핵심 은폐, 지엽말단 부각

역효과를 내지 않고 간단히 처리할 수 있는 사건은 거리낌 없이
'보도 불가'의 딱지를 붙여 묻어 버린다. 보도지침에는 그러한 사례
가 수없이 등장한다. 독자들의 눈에 쉽사리 띄지 않도록 '조그맣게'
1단기사로 보도하라는 지시도 적지 않게 눈에 띈다.

정치면이나 사회면의 톱기사나 사이드톱기사로 터무니없이 커지
는 경우는 적극적으로 보도를 허용한 것이다. 홍보차원의 요구가
하나이고, 반체제나 반대세력의 특정한 움직임을 왜곡 과장하거나
전가 오도시켜 상대적으로 유리한 국면을 조성하려는 기도가 다른
하나이다. 전두환정권의 언론통제 솜씨는 상당한 수준에 올라 현상

의 핵심과 본질을 은폐, 왜곡하는 대신 지엽말단을 과장, 부각시키는 형태로 여론을 오도하는 방식을 언론통제의 주요수단으로 활용하고 있다.[236]

청년, 학생, 노동자들과 민주 민중운동 단체 활동가들의 거센 투쟁이 처참한 고문과 국가보안법 위반혐의로 투옥된 사례는 적지 않았고 그때마다 소위 이들의 '주장과 활동'이 한껏 왜곡된 채 사회면 톱기사나 아니면 '눈에 띄게' 보도, 부각되었다. 이에 곁들여 정체불명의 공안당국 분석 자료가 사회면 오른쪽 지면에 박스기사로 실렸다. 서울대 '민추위' 사건과 연관되었다는 '민청련' 김근태씨 사건이 대표적인 경우이다. 종교계, 재야단체, '민추협', 신민당이 함께 구성했던 '고문 및 용공조작 저지 공동대책위원회'는 바로 그 같은 기도에 대항하기 위한 조직이었다.

정기국회가 본회의장이 아닌 장소에서 민정당 의원들만 모여 단 2분 만에 새해 예산안을 날치기 통과시키자 이를 알고 달려온 신민당 의원들이 걸어 잠긴 문을 부수고 들어가 격렬한 항의를 했을 때도 보도지침은 지면제작의 방향을 다음과 같이 구체적으로 지시했다. "국회를 정쟁의 장으로 만들었으니 책임은 야당에 있고, 예결위원장과 여당 총무를 폭행, 경상을 입힌 것은 불법이며, 협상을 제의했으나 신민당 측, 특히 김대중씨 측의 반대로 결렬되었다는 것이다." 이 지침은 예산안 관계기사의 제목에 '변칙 날치기 통과'라고 달지 말고 '여 단독처리 강행'으로 붙이라는 지시를 잊지 않았다.

---

236) 민주언론운동협의회, 〈보도지침 권력과 언론의 음모−권력이 언론에 보내는 비밀통신문〉, 〈말〉 특집호, 1986년, pp.2~4.

## 4. 대형사건 여론조작

박정희정권과 전두환정권은 정보기관(중앙정보부와 안기부)을 이용하여 다양한 방식으로 언론통제를 전개하여 여론을 조작했다. 주로 보도지침을 통해 일상적으로 개입하였다. 그러나 박정권 시절의 김대중 납치사건이나 전두환정권 시절의 대학가 이념 문제, 금강산댐 사건 등과 같은 정치·사회적 파장이 크고 국민의 관심이 모아진 사건에 대해서는 별도로 기획하여 계획적이고 강력한 언론통제를 실시했다.

특히 김대중 납치사건과 관련한 보도는 사전검열을 받도록 했다. 이와 함께 자신들이 원하는 방향으로 여론을 유도하기 위해 일반적인 보도 외에도 좌담이나 토론, 설문조사 등의 기법을 활용하도록 언론사에 지시하고 언론 사주들을 소환하여 언론통제에 협조하겠다는 약속을 받아내기도 했다.

특히 라디오와 TV 등에 대해서는 엄혹한 통제를 가했다. 특히 1970년대에 TV방송이 인기를 끌면서 대중문화를 필요이상으로 저질화하거나 왜곡했으며 타율규제로 무더기 방송중단 사태를 빚기도 했다. 형식적으론 공영방송이었으나 실질적으론 관영방송이나 다름없었다. 방송사들은 정치권력에 순응하는 이데올로기를 창출하는 한편 독점구조를 보장받으며 광고를 기반으로 엄청난 이윤을 챙길 수 있었다.

전두환정권은 안기부를 동원하여 언론사의 논조를 바꾸거나 유리한 여론 조성에도 나섰다. 안기부는 동아일보를 상대로 소송을 벌인 장애인 단체를 배후에서 조정하여 동아일보에 대해 압박을 가하는 시도를 하기도 했다. 1983년 2월 작성된 '동아일보 오보 제소 사건 추진현황' 문건은 안기부가 원고의 변호사를 추천해 주고, 동아일보 내부정보를 원고 측에 전해주어 소송이 유리하게 진행될 수 있도록 지원하기도 했다.[237]

특히 전두환정권은 청와대는 물론, 안기부, 검찰, 군, 치안본부 문공부 등과 관계기관대책회의를 열어 언론현안 문제에 대해 논의하여 정책을 결정했다. 1987년 5월 15일 언론분야 관련 대책회의 결과(〈국정원 V〉, p.64.)를 보면, 안기부와 청와대 정무1비서관, 문공부 홍보정책실장, 매체국장이 참여하여 동아 및 중앙일보사 발행 정기간행물의 발행 목적 위반 및 언론 활성화 협의회 운영방향 등 언론 현안에 대해 논의했다.

### 1) 김대중 납치사건(1973년)

박정희정권은 1972년 이른바 유신을 선포한 이후 야당과 지식인에 대한 탄압을 멈추지 않았다. 때론 광기 그 자체였다. 1973년 8월 8일 일본의 도쿄 구당에 있는 그랜드 팔레스 호텔에서 벌어진 김대중 납치사건이 대표적인 사례이다. 김대중은 미국의 개입으로 8월 13일 살아서 서울 동교동 자택에 나타났지만, 이후 김대중에 대한 박정권의 탄압은 광기를 더해갔다.(강준만, p.476.)

김대중 납치사건은 당시에도 중앙정보부가 관련된 것이 확실해 보였으나 정보부 취재가 불가능했고 또 일본의 주권을 침해한 것이었으므로 함부로 추측보도를 할 수도 없는 형편이었다. 당시 언론에 대한 정부의 간섭은 '국가 이익을 고려해 보도해 달라'는 것이 기본 지침이었다.(김희진, pp.26~27.)

김대중 납치사건에 대한 보도통제는 중앙정보부를 통해 집요하게 이뤄졌다. 특히 언론보도에 대해서는 사전 검열을 하고 보도지침

---

237) 안기부, '동아일보 오보 제소사건 추진상황' 이와 관련된 소송은 동아일보 1982년 5월 27일자 '불구도 서러운데… 장애자 기술 가르쳐 준다' 제하의 기사가 허위 날조된 불법기사이며 신청인의 명예를 크게 훼손시켰다고 주장하고 동아일보에 정정 보도를 청구한 것으로 서울민사지법은 원고의 손을 들어주었다. 이 재판은 법원이 개인이 제기한 소송에 대해 중앙의 대 일간지에 대해 정정보도문을 게재하라는 판결을 내렸다는 점에서 언론계에 상당한 충격을 주었다. 정진석, '한국언론의 법·윤리환경의 변천', 계간 〈언론중재〉 1990년 봄호, 언론중재위원회.

을 어떻게 수행했는지 철저하게 감시했다. 이러한 김대중에 대한 언론통제는 1987년 대선과정에서도 이뤄졌다. 1987년 11월 9일 한 방송사 공채 14기 기자 16명이 폭로한 '노태우 이미지조작 지침서'는 철저하게 'DJ가 YS를 공격하는 형태로 반사이득을 얻는 형태'로 조직적으로 방송 영상을 통제했다.[238)

(1) 언론통제 방안

김대중이 서울로 압송된 8월 13일 중앙정보부는 '김대중사건 조치사항'[239)이라는 강력한 언론통제 방안을 마련했다. 이 문건은 박정권이 김대중 납치사건과 관련해서는 중앙정보부의 사전검열을 받도록 의무화한 것이 눈에 띤다. 이어 8월 15일에는 '김대중'을 'KT'라는 암호명으로 바꾸어 부르며, 좀 더 세부적인 언론조정이 실시된다. 중앙정보부는 'KT사건 수사 및 조치사항'(〈국정원Ⅴ〉, p.209.)이라는 문건을 보면 실제로 언론통제가 어떻게 이뤄졌는지 알 수 있다.

---

238) 박상건, 〈김대중 살리기〉, 울림사, 1995년, p.149.
239) 중앙정보부의 '김대중 사건 조치사항' 문건에는 사건 초기 박정권의 언론통제 방안이 자세히 나와 있다. ① 언론조정: 김대중의 일방적 언동과 기자들의 무절제한 추측기사 보도 방치는 국가 안보문제와 관련이 있는 만큼, 8월 14일 밤 11시를 기하여 계획적이고 강력한 언론통제를 실시하여 이를 통해 8월 14일 밤 11시에 각 언론기관에 대해 김대중 사건 기사는 검열을 받도록 조치였음. 단, 조선, 한국의 8월 15일자 지방판까지는 다소 순화하여 현 수준까지의 보도를 허락하였음. ② 보도지침 : 8월 15일부터는 사회면에서 취급하는 것을 원칙으로 하고, 당국 수사 상황 발표를 위주로 하여 보도하도록 하며, 김대중의 일방적·선전적 발언 게재는 통제하며, 불리한 악의에 찬 외신 전재를 배제하며, 점차 기사를 줄이도록 하겠음. ※김대중 사건 추측기사를 배제토록 하는 방편으로 수사본부에서 보도자료를 제공토록 정○○ 본부장에게 지시하였으며 8월 15일 문공부 보도국장, 법무, 내무 대변인 및 치안국 공보관을 소집, 합동회의를 하여 보도지침을 결정, 하달하겠음. 국가정보원, 〈과거와 대화 미래의 성찰〉 언론·노동편(Ⅴ), 2007년, pp.208~209.

KT사건 수사 및 조치현황

① 언론보도

• 일간신문 1면에 대서특필로 게재했던 KT사건 관련기사를 조정
  지침에 따라 금 8월 15일부터는 사회면으로 취급하되 김대중 중심
  의 기사를 지양하고 수사 상황 위주로 게재토록 조치하여 전면적
  으로 지면이 조정되었음.(동아, 중앙은 1면 축소)

• 특히 다음 기사는 관제하였음.

  • 야당의 KT사건 진상조사단 구성
  • 국회 관계 상임위원회 소집 요구
  • KT에 대한 동정심 유발 내용
  • 범인 색출을 촉구하는 사설 및 해설
  • 관련 외신기사

• 전체적으로 기사를 축소시키도록 하고 특히 동판(컷)으로 제목을
  부각시키는 것을 일절 배제토록 하였음.

• 또한 방송에 있어서도 KT사건 특집방송 뉴스해설 및 외신인용보
  도 등은 일절 관제조치 하였음.

중앙정보부는 다음날인 8월 16일에는 포괄적인 국내 대책방안을
강구했다. 중정이 마련한 'KT사건에 따른 국내 대책방안'(《국정원
Ⅴ》, 209~212.)에는 단순히 보도지침을 내리는 수준을 넘어 국민의
관심을 다른 곳으로 돌리게 하고, 주변 인물들을 강력히 통제함으로
써 김대중 납치사건 관련 소식이 유포되는 것을 차단했다. 또한 외
신을 조정하는 등 언론통제가 광범위하게 진행됐고 중앙정보부가
이러한 대응과정을 총괄했음을 보여주고 있다. 이는 박정권이 김대
중에게 어느 정도 광기를 가지고 통제하려 들었는지를 잘 보여주는
사례일 것이다.

## KT사건에 따른 국내 대책방안

① 기본 방향

- 이번 KT사건은 국내외에 주는 정치적 영향이 심대할 뿐 아니라 사건처리 수습의 방향과 결과 여하에 따라서는 정권안보에 미치는 영향이 크다는 점을 감안하여 강력한 수사 대책을 강구하여 국민의 의혹을 불식시킨다.
- 동 사건에 대한 수사를 철저히 진행시켜 이 사건이 정부와 무관함을 입증시킨다.
- 강력한 언론보도 통제를 가하여 국민의 관심이 점차 KT사건으로부터 멀어지도록 유도한다.
- KT사건에 관련된 모든 유언비어는 그 진원을 철저히 규명 단속한다.
- KT 추종 및 동조세력의 활동이나 태동을 철저히 봉쇄한다.
- 동 사건을 계기로 KT의 정치적 재기를 불가능하게 한다.
- 이와 같은 국내 대책과 병행하여 어느 정도의 냉각기를 거쳐 대미·일 관계 개선 등 외교대책을 별도 강구한다.

② 세부방안

가. 수사활동

나. 정치대책

다. 민심순화

- 민심을 타방적(他方的)으로 전환시킬 수 있는 대행사(예: 공산권 초청 경기 등)를 개최하여 밝은 기사(예: 대농작황, 국제경기 개최 등)를 집중 보도토록 한다.
- KT는 정치적 술책에 능하고 사대주의적 성격으로 외세에 의존하여 그간 외국에서 국내적 혼란과 국제적 고립을 획책했음을 은연 중 유포, 부각시키도록 유도한다.
- KT에 관련된 유언비어의 진원을 철저히 색출, 강압 조치함으로써 그 유포를 봉쇄한다.

- 수사에 별다른 진도를 가져오지 못해 민심이 악화될 경우 수사관
  계자의 인책을 고려한다.

라. KT 신병처리

마. KT 추종세력

- KT 추종분자 및 동조자로써 KT를 영웅시거거나, 다음과 같은 방
  법으로 찬양, 고무하는 자는 강력히 응징 조치한다.
  - 방문 위로자
  - 괘전(掛電) 위로자
  - 서신 및 전문 발송자
  - 금품 제공자
- 또한 국내외 언론인에게 KT에 대한 정보를 제공하거나 찬양 등
  발언을 한 자도 색출, 강압 조치한다.
- KT 추종분자 또는 추종세력으로 간주되는 자들의 조직화 여부
  등 동향을 수시로 파악한다.
- 특히 KT사건을 계기로 정부 및 언론기관에 대해 정부를 비방하는
  불온문건 및 전단 등을 투입, 우송 또는 살포하는 자를 철저히 적발
  하여 강압 조치한다.

바. 보도조정

KT 귀가 당일은 자율적으로 보도토록 했으나 8월 15일 직후부터
CIA주관 하에 다음과 같이 철저한 보도통제를 가한다.

〈통제지침〉
- KT사건 및 이와 관련된 기사는 정부 관계당국의 정식 발표사항에
  한하여 사회면에 보도
- 취재활동 경쟁과열로 국민에게 불필요한 추리, 의혹을 야기시킬
  보도 및 이를 지원하는 태도 엄계(嚴戒).
- 사설, 논단, 단평, 만화 및 기획특집 등에 의한 취재 게재를 억제
- KT 추종세력 및 야당 측의 인기전술이나 정략적 발언, 성명의 보도
  및 이를 지원하는 신문제작태도를 견제.

- 특히 KT 사진 게재를 억제하되 현장 검증시만은 축소 보도.
- KT 및 그 주변인물에 대한 동정기사 및 접촉인물과의 대화내용 보도를 억제하고 KT에 관한 불가피한 기사는 검찰에서 제공하는 것에 국한 보도.
- 야당 측의 정치공세 및 정치 문제화를 위요(圍繞)한 동향기사는 극소 보도.
- KT의 무사귀국을 축하하거나 치료비 갹출을 위한 국내외 인사 또는 단체의 동향 보도를 규제.
- 본 지침을 위배하거나 비협조적인 매스컴에 대하여는 강력한 응분의 대응 조치를 강구.

사. 외신 조정

- KT사건 관련 외신보도의 국내 매스컴 인용보도를 일절 규제한다.
- 동사건 취재차 입국을 희망하는 외신기자는 현지공관에서 입국비자 발급을 통제한다.
- 한국인 해외특파원의 외신과의 지나친 링크 또는 정보제공 행위에 대하여 엄중 경고토록 조치한다.(8월 16일)
- 특히 일본 신문의 주한 특파원 송고기사를 검토하여 억측기사를 쓴 신문에 대하여는 문공부에서 개별적으로 추궁한다.[240]
- 허무맹랑한 기사에 대하여는 주한 외국대사에게 외교부에서 엄중 항의한다.

(2) 외신 규제

중앙정보부의 이러한 대언론 활동은 결국 외신과의 충돌을 일으킨다. 1973년 8월 23일 요미우리신문은 조간으로 '정보부 기관원이 사건에 관계-한국정부 측 인정한다'라고 보도했다. 윤주영 문공부 장관은 즉각 서울의 일본인 특파원단을 소집, "요미우리신문의 보도

---

240) 일본 특파원에 대한 문공부와 중앙정보부의 통제에 대해서는 외신통제 부분에서 좀 더 자세하게 다룬다.

는 사실무근이다"라며 24일자 조간에 정정기사를 게재할 것을 요구하고 정정이 없을 경우 지국폐쇄, 특파원 퇴거를 명한다고 발표했다. 요미우리신문은 정정요구를 거부했고 요미우리신문 서울지국은 8월 25일 폐쇄되어 3명의 특파원이 퇴거처분을 받았다. 요미우리신문 서울지국은 1975년 1월 10일에야 다시 문을 열었다.[241]

이러한 조치에 따라 박정희정권은 일본 정부로부터 외교적 수세에 몰린다. 일본 정부나 일본 언론들은 주권침해 문제를 들고 나왔으며 이에 대해 박정권은 언론과 국회 등을 동원해 적극 대응한다. 중앙정보부는 9월 7일 '복지사업'이라는 이름으로 대응방안을 마련했다.

'복지사업'의 목표는 "KT사건으로 야기된 일본 조야의 도발적인 주권논쟁에 대해 범국민적인 국론통일로서 조직적으로 이에 대응, 반박하여 주체적인 외교적 승리로 유도함으로써 양국 간의 관계악화를 유리하게 수습하는 한편 KT사건으로 인한 국내적 후유증을 일소하는 데 있다"라고 되어 있다.(〈국정원Ⅴ〉 p.212) 또한 이를 위해 1단계로 언론을 통한 여론을 조성하고 2단계로 국회를 통한 국론을 집약하며 3단계로 행동을 통한 국방을 과시한다는 행동단계를 계획했다.

언론을 통한 여론 조성 방법으로 신문 방송을 통해 일본 측 요구사항과 아측(我側) 태도를 개명(開明)코 일본의 주권침해 사례를 샅샅이 논박, 일본 참의원 본회의 대정부 질의과정에서의 주권논쟁과 관련된 자극적인 기사위주로 사실보도(KT관련 사항은 가급적 축소 또는 불활용), 방송 TV 등 매스컴을 통해 저명인사에 의한 일본 측 주권침해에 대한 논거 해설, 정기국회를 통한 주권논쟁을 일본 국회와 상응하게 전개, 애국부녀재단에 의한 대일감정 악화 유발 등을 예시했다.(〈국정원Ⅴ〉, p.213.)

중앙정보부는 이를 위한 세부대책도 세웠다. 일본 국회 논란을 사실 보도하고 사설 및 논단을 게재하여 반박 또는 비판하며 TV해

---

241) 나카가와 노부오(中川信夫)·마쓰우라 소조(松浦總三) 편. 〈KCIAの 對日マスコミ工作(KCIA의 대일 매스컴 공작)〉, 晚聲社, 1978년, p.49.

설과 좌담회 등을 통해 반박하는 해설을 내보내고 주한 일본특파원들을 견제한다는 것이다.242) 이를 위한 단계별 조정계획은 다음과 같다.(〈국정원Ⅴ〉, p.214.)

### 단계별 조정계획

| 단계별 | 내 용 |
|---|---|
| 1단계<br>(9월 20일 이전) | • 일 국회 논란 송고, 사실 보도<br>• 주권논쟁 관계 부분 부각<br>• KT 관계기사는 배제<br>• 일본 평론가의 자숙 호소 논평 전재 또는 해설<br>• 여론 조성에 유리한 자료 적기 활용 |
| 2단계<br>(9월 20일 이후) | • 국회 대정부 질의 통한 확대 고조화<br>• KT의 해외 망동상(妄動相) 중점 부각<br>• 국회의 대일주권 논쟁 반박 중점 보도<br>• 국회 논의 주제로 한 사설 논평 게재<br>• 특집보도(TV 라디오)로 국론 집약 보도 |
| 3단계<br>(필요에 따라) | • 행동화의 중점 유도 및 보도 비판<br>• 규탄집회 및 일(日) 상품 불매운동 부각<br>• 항일독립운동단체 규탄 유도<br>• 재일교포 현지 활용 |

※ 자료 : 국가정보원, 〈과거와 대화 미래의 성찰〉Ⅴ, 2007년 p.214.

이밖에 중앙정보부가 마련한 언론조정과 TV좌담회 활용, 주한일 특파원 견제 대책을 마련했다. 세부사항 중 언론통제와 관련된 부분은 다음과 같다.(〈국정원Ⅴ〉, p.214.)

242) 중앙정보부는 이러한 언론통제 대책 외에도 언론조정대책의 방침을 별도로 마련했다. 주권논쟁에 대한 언론보도는 언론기관의 자율적인 재량에 일임함을 원칙으로 하고 정부 작용 인상을 풍기지 않도록 하기 위해 획일적인 기사조정은 지양, 일본 내(국회 등)에서의 주권침해 논란내용은 사실대로 보도하고 이에 대한 반박논조를 전개토록 하여 국민의 대일 악감정을 격화 유도, 다만 KT의 인기를 상승시키거나 그에 대한 동정을 불러일으킬 수 있는 기사보도는 억제, 일본의 친한파 언론인과 교수 등이 쓴 유리한 기사는 전재하여 국론 집약에 활용 등이 그것이다.

③ 언론조정
- 주일 특파원의 일본 국회 논란 송고기사 중 취사선택 조정
- 일본 평론가의 자숙 호소 논평 전문게재 및 해설
- 사설 게재는 조선, 동아 양지에 국한
- 논평 및 기명기고는 별도 활용 인사 중에서 선정 게재
- 宇○○○의 父 宇○○○의 죄악상 폭로를 항일독립투사로 하여금 투고 게재
- 국제정치 및 국제 법학자의 주권논쟁에 관한 기고 게재

④ TV좌담회 활용
- 추석절 결과 후부터 중점 활용
- 저명 관계 법학자, 언론인, 항일독립투사를 출연시켜 일(日)의 주권논쟁 부당선 반박
- 사학자에 의한 과거 일본의 주권 침해 죄악상 부각
- 거국적 국론통일의 필요성과 대일 규탄 위한 각계인사 좌담회 개최

⑤ 주한 일 특파원 견제
- 주한 일본 특파원들의 허위, 추측 기사보도 방지 위한 동향 감시
- 요미우리신문 지국 및 특파원 추방조치 정당성 부각
- 정부의 강경자세 과시로 견제효과 거양
- 주권논쟁 고조화에 따른 자숙 강요 조치

중앙정보부는 일본에 대해 적극적인 대응을 하는 한편으로 국내 언론을 대상으로는 김대중에 대한 혐오감을 부추기는데 여념이 없었다. 이는 9월 25일 작성된 '김대중 사건 국회질의에 따른 언론조정' 문건을 보면 확인할 수 있다. 이 문건은 "김대중 사건을 위요하고 지난 9월 29일부터 연 3일간 국회에서는 대일본 언론 및 일부 정치인의 반한국적 태도와 김대중의 반국가적 해외행각에 대한 폭로규탄 공세로 시종 일관하였는바 언론인들은 대체로 표면상으로는 협조적이면서도 동 사건이 정치적이고 국제적 성격을 띠고 있다는 점에

서 이면적으로는 부정적인 요소를 내포하고 있는 등 언론조정상 많은 악조건이 있었으나 치밀한 계획과 신축성있게 대처함으로써 이를 성공적으로 유도"(〈국정원V〉, p.215.)했다고 자화자찬했다.243)

중앙정보부는 이어 2단계 언론조정을 실시한 실적을 기록했다. 2단계 조정에서는 "주로 김대중의 좌경적인 반국가 행각을 부각시키는 데 역점을 두었고 일본의 경망한 자세에 대하여는 이성을 촉구하는 방향에서 조정했다"고 밝혔다.244)

중앙정보부가 이처럼 김대중 납치사건을 놓고 자신에게 불리한 여론을 차단하기 위해 사전 언론검열을 벌이고 우호적인 여론을 유도하기 위해 언론을 조정한 것은 박 대통령의 김대중에 대한 열등의식을 반영한 것으로 보인다. 또한 박정권은 정권안보를 위해 중앙정보부를 언론통제 도구로 활용했으며 중앙정보부는 박정권의 충견노릇을 해왔다는 점을 여실히 보여주고 있다. 특히 박정권이 김대중을 좌경으로 몰았던 여론조작이 얼마나 세세하게 이뤄졌는지 알 수 있다. 이러한 여론 조작은 전두환정권에서도 그대로 이어졌다.

2) 대학가 이념 조작(1984년~1985년)

전두환정권 당시 안전기획부는 여론을 조작하기 위해 언론을 이용하여 캠페인을 펼치도록 하는 수법을 활용했다. 학생운동이 한창일 당시에는 학생운동의 이념적 문제를 연재하도록 부추겼다. 안기부가 조선일보 방우영 사장을 만난 다음날부터 조선일보는 학생운동의 이념 문제를 시리즈로 연재했다. 1984년 2월 29일 작성된 '1984년 신학기

---

243) 이 문건에는 9월 25일까지의 언론통제 실적이 기록되어 있다. 언론통제 실적은 중앙지 7개사와 지방지 13개사에 사설을 게재토록 했고, 중앙지 5개사에는 논단 및 특집이 실렸으며(지방지 7개사는 합동통신 특집 기사 인용) 3개 TV와 4개 라디오에서 해설, 좌담, 르포, 앙케트 등이 보도됐고, 2개 통신사에서 앙케트 조사를 실시하여 보도했다고 실적을 기록했다. 〈국정원 V〉 앞의 책, p.217.
244) 자세한 언론통제 실적은 〈국정원 V〉 앞의 책, pp.217~218 참조.

학원대책 추진상황 보고' 문건에는 안기부가 2월 24일과 25일 각각 2대 국내 일간지 사장이나 명예회장 등 언론사주를 만나 학원대책 추진과 관련해 언론사의 협조를 논의했다.(《국정원V》, p.219.)

주요 언론사 경영주 면담결과
① ○○일보 ○○○사장(2월 24일 오후 6시~밤 11시)
  • 협조약속
  • 근일 중 기획물 연재 계획 하에 기사 작성 중
  ※ 2월 25일 편집간부에게 지시 필
② ○○일보 ○○○명예회장(2월 25일 오후 3시 30분)
  • 협조 약속
  • ○○대 이사장이라는 입장 초월, 지원의사 표명
  ※ 2월 27일 사장 등에게 지시 필(畢)
③ 기타 언론사도 근일 중 접촉 예정

○○일보의 경우 이 면담 결과로 1984년 3월 7일부터 14일까지 '대학을 보는 눈'이라는 제목으로 모두 6회의 특집기사를 게재했다. 경향신문도 '대학가의 음영' 시리즈를 연재했다. 당시 경향신문 기자의 증언에 의하면 이 시리즈를 연재할 때 안기부는 경향신문 기자에게 자료를 제공했다.

(1) 언론정상화 작업 추진
1985년 2.12총선에서 야당인 신민당에 패한 전두환정권은 대학가의 용공 좌경화를 내걸어 본격적인 강압체제로 들어서기 시작했다. 소위 불온 불법 간행물을 근절한다는 대책을 세워 이념서적에 대한 탄압을 본격화하기 시작했고 소위 민중문화를 차단하겠다는 취지로 언론정상화를 위한 정비작업을 추진했다. 문화공보부는 불온 불법 간행물 근절 때까지 단속을 강화하고 KBS와 MBC를 통해 현장실태를 고발하거나 고위인사의 TV회견 등 조직적 캠페인을 전개하고 신문에 문제간 행물 및 유인물의 내용을 공개하고 저명 출판인과 언론인의 신문 기고 를 추진하는 등 캠페인을 벌여 나가겠다는 계획을 수립했다.

이어 11월에는 언론정상화를 위한 정비작업을 전두환 대통령에 게 보고했다.[245] 문화공보부는 우선 안기부 및 치안본부의 협조를 얻어 제본업계의 '불온 좌경서적'의 제작을 차단하며 안기부 및 문교 부와의 협조로 대학 내의 좌경 불온서적 감시요원을 확보하여 운영 한다는 계획을 세웠다. 이와 함께 언론정상화를 위해 재경 언론사

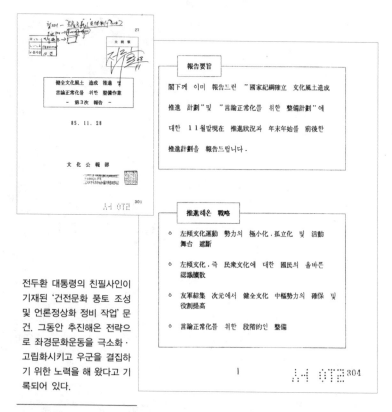

전두환 대통령의 친필사인이 기재된 '건전문화 풍토 조성 및 언론정상화 정비 작업' 문 건. 그동안 추진해온 전략으 로 좌경문화운동을 극소화· 고립화시키고 우군을 결집하 기 위한 노력을 해 왔다고 기 록되어 있다.

245) 문화공보부, '건전문화풍토 조성 추진 및 언론정상화를 위한 정비작업', 1985년 11월 28일.

신규채용 기자를 대상으로 언론연구원이 주관하여 7개월 과정의 장기교육을 실시하고 전방합숙교육 및 정신문화연구원 안기부 등의 위탁교육을 의무화하며 개인별 성향을 심층 분석하고 교육성적 불량자에 대해서는 보도증 발급을 제외한다는 계획을 세웠다. 또한 언론사 사장과의 간담회를 열고 각사 문화부장과 문화부기자들과 집중 접촉하여 신춘문예 심사위원에 사전 협조를 요청하는 등으로 민중문화 요소를 제거한다는 계획을 세웠다.

전두환정권은 1985년 5월 23일 대학생들의 미국 문화원 점거사건 이후 학생 시위를 막는다는 명분으로 학원안정법의 제정을 추진했다. 3년 시한으로 된 이 법의 시안은 시위학생을 재판을 거치지 않고 6개월 동안 격리 교육하며, 반체제 이념의 표현물 제작 판매 반포하는 행위와 각종 루머의 유포행위에도 중벌을 내리는 것이 주요 골자였다. 헌법이 보장한 기본권을 유린하고 사법권의 독립을 침해하여 인신의 자유를 멋대로 구속토록 함으로써 죄형 법정주의를 위반한 것이며 자유민주주의의 본질에 어긋나는 반민주적, 헌법 파괴의 발상이었다.

(2) 학원안정법 홍보계획

학원안정법 제정 방침은 경향신문이 최초로 보도하여 사회적인 논란을 불러 일으켰다. 당시 학원안정법 제정방침을 보도한 경향신문 기자 등은 중앙정보부로 연행되어 곤욕을 치러야 했다.

전두환정권은 학원안정법 제정을 위해 '학원안정법 제정 홍보대책'[246) 등 언론대책을 마련했다. 법 제정 경과에 따라 단계별로 언론대책을 시행한다는 것이다. 제1단계 대책은 사전홍보를 통해 학원안정법 제정의 필요성을 홍보하고 법 제정 반대론을 순화시키며 학원 좌경화 실상과 민중론 실상을 폭로하고 차단한다는 대책을

---

246) 문화공보부, '학원안정법 제정 홍보대책', 1985년 8월 12일.

계획이었다.

문화공보부는 이를 위해 친여(親與) 신문매체를 통해 기획 특집, 해설 등 연속시리즈를 각 사별로 10회 이상 게재하고 양 TV사에서는 '특집 기획 학생운동 40년 및 민족의 장래를 생각한다', 문교장관 법무장관 서울대 총장 각계 원로인사가 참여하는 'KBS 청문회'를 2회 방영하며, 뉴스파노라마 '학원안정법 왜 필요한가'를 방영토록 계획을 마련했다. 방송사의 편성권을 정부가 완전하게 장악하고 있었음을 보여주는 방안이다. 또한 문공부는 문교부 법무부 및 관련부처 장관과 차관이 언론사 간부를 분담, 집중 접촉하여 법 제정 지지 여론을 유도하고 반대여론을 순화 극소화한다는 계획도 세웠다.

법안이 국회에 상정된 이후의 대책으로는 언론계 중진과 학계 인사를 최대한 동원하여 '학원안정법의 합헌성을 중점적으로 홍보하고 장외투쟁의 부당성 홍보 및 야당의 과격주장을 최대한 축소 취급'토록 한다는 계획이 세워졌다. 또한 법 통과 후에는 사설 해설 논단 기고 등을 통해 '민주주의적 결정에 대한 승복을 촉구'하고, 국회통과에 대한 비판을 순화하고 축소 취급토록 하며, '밝아질 대학가 기획특집' '새로운 대학생 상 정립촉구 사설, 기고' 등 긍정적 기사를 확산토록 유도한다는 것이다. 즉 홍보계획을 토대로 언론사에 대한 보도지침을 시달하여 여론을 조작하겠다는 것이다.

법이 통과된 뒤에는 '언론기관이 주관하여(각 신문 방송의 주관 및 특집 유도) 대학생과 사회지도층과의 대화로 사회 안정 분위기 조성'을 유도하고 '대학신문의 순화를 위해 각 대학신문 편집자와 집필자 등을 언론연구원에서 단기 연수'를 실시하는 방안도 포함되어 있다.

이 홍보계획에는 외신에 대한 집중적인 설득 작업을 추진한다는 내용도 있다. 우선 "좌경이념은 60~70년대의 고도산업 사회로의 발전과정에서 나타나는 부작용이며, 학원사태는 우리가 개방사회임을 입증하는 것이고, 서양식의 물리적 제재가 아닌 동양식의 가족적 국민 통합적 선도의 미덕"이라는 논리를 개발하여 상주 외신기자에 대한 문공장관 초청 설명회와 간담회 등을 통해 '기사 송고를 유도'한다는 것이다. 이와 함께 헨리 키신저(Henry Kissinger) 등 유력인사의 긍정적 논평, 기고문 등을 게재하도록 유도한다는 계획도 포함되어 있다.

특히 재외공보관과 문화관들이 현지 언론을 긴밀하게 접촉하여 긍정적 기사를 게재토록 하고 미국과 일본, 유럽 지역공관장 주관하에 특별홍보 대책을 추진토록 하며 '학원안정법 제정에 관한 유리한 외신을 국내신문과 방송에 확산'토록 하겠다는 계획도 마련했다.

언론사에서는 정면으로 학원안정법을 반대할 처지가 못 되었다. 당시 동아일보 편집국장이었던 이채주씨는 "이 법을 만들어야 한다고 대통령을 설득한 사람은 허문도 청와대 제1정무수석비서관이었고 장세동 안기부장이 적극적으로 지지했기 때문에 청와대와 안기부 양쪽에서 몰려오는 압력은 견디기 어려웠다"고 회고했다.(이채주, p.246.)

그러나 전두환정권은 일부 언론과 야당 등 정치권의 강력한 반발로 학원안정법 제정을 중도에 포기하고 말았다.

### 3) 금강산댐 조작(1986년)

전두환정권 말기에 있었던 금강산댐 사건도 여론조작의 산물이었다. 1986년 10월 30일 이규호 건설부장관은 성명을 발표, 북한이 금강산 수전댐 건설을 중지할 것으로 촉구했다. 이 장관은 북한이 중동부 휴전선 북방 인접지역에 대규모 댐 건설에 착수했다고 밝히고 이 댐 건설이 하류지역의 안전을 위협하는 것은 물론 각종 용수 손실, 생태계 파괴 등 심각한 타격을 미칠 것이라고 지적, 발전소 건설계획 중지를 강력히 촉구했다. 정부는 11월 26일 합동담화를 발표, 화천 북방에 대응 댐을 건설하여 북한의 수공을 차단하고 수도권의 안전장치를 마련키로 했다고 밝혔다. 이것이 이른바 평화의 댐이다.

(1) 반공 이데올로기

북한이 건설한다는 금강산댐은 언론의 부풀리기 보도에 의해 순식간에 남한 사회에 공포를 몰고 왔다. 언론은 "200억 톤의 물이 서울을 덮친다. 63빌딩의 절반 가까이 물에 잠기고" "남산 기슭까지 물바다, 원폭 투하 이상의 피해" "수도권까지 물바다, 잠실 올림픽 시설은 물론이고 한강변 아파트 군은 완전히 물속에 잠겨" 운운하는 보도를 해댔다.(강준만, p.102.)

12월에 들어가서 평화의 댐 건설을 민간차원에서 지원하기 위한 평화의 댐 건설지원 범국민 추진위원회 발기인대회가 열렸다. 이 발기인 대회에는 각계 지도급 인사 36명이 참석하였으며 다수의 신문사 방송사 사장이 포함되어 있었다. 12월 13일부터 평화의 댐 건설성금 모금내역이 각 신문의 지면에 실리기 시작했고 모든 언론이 성금 모금경쟁에 열을 올렸다. 그리하여 660억 원이나 되는 엄청난 돈을 거둬들였다.

평화의 댐을 둘러싼 비리는 이후 국회와 언론의 평화의 댐 실체 규명과정에서 당시 직선제 개헌요구 등 민주화 투쟁을 침묵시키는 데 그 목적이 있었다는 데 의견이 모아졌다. 전두환정권은 1987년 2월 서둘러 평화의 댐 착공에 나섰으며 한 달 보름 뒤 호헌을 발표한 것을 보면 이 사건은 안보와 반공 이데올로기를 정치에 이용한 극명한 사례 중의 하나라고 규정지을 수 있다. 특히 이러한 여론 조작은 안기부가 주도했음이 드러났다.

(2) 안기부 주도 발표

감사원의 특별감사 결과에 의하면 전두환정권은 북한 금강산댐의 규모를 과대 추정하고, 금강산댐의 붕괴영향을 과다 평가하였으며 대응 댐인 평화의 댐 건설에서 8개 업체가 수의 계약한 사실을 밝혀냈다. 또 감사원은 평화의 댐 건설지원을 위한 국민성금을 모금함에 있어 매출규모를 기준으로 기업체별 성금액을 10억 원 내지

700만원으로 할당한 사실도 지적했다. 감사원이 1993년 8월 작성한 '감사결과 처분 요구서-평화의 댐 건설사업 추진실태'를 보면 여론 조작을 안기부가 주도했음이 드러난다.(〈국정원Ⅴ〉, p.222.)

이 문건에 따르면 안기부는 금강산댐의 규모를 과잉 추정하고, 댐 파괴영향을 과대평가했으며, 88서울올림픽 위협을 허위 날조하여 당시 필요 없는 대응댐(평화의 댐) 착공을 강행하는 등 주요역할을 담당했다.

우선 금강산댐 규모에 대해 1차 분석 때(1986년 6월 22일~8월 20일)에는 댐 위치 미확인 등 부정확한 첩보를 근거로 안기부 직원 1명과 한국전력 4급 직원 1명이 단 8시간 만에 금강산댐 위치 추정 후 댐 높이 215m, 저수량 199억7,000톤으로 과대 추정한 뒤 2차 분석 때(8월 20일~10월 25일)에는 대폭 축소 수정했는데도 불구하고 건설 가능성이 없는 1차 분석규모를 그대로 발표했다는 것이다. 감사원은 댐 파괴영향에 대해 안기부가 최대 200억 톤이 완전 방류될 경우 수도권이 황폐화되는 것으로 판단했으나 감사원이 판단한 규모(27억2,000~59억4,000톤) 파괴 시 50년 빈도의 홍수와 중첩되더라도 서울 일부 저지대 지역만 침수한다고 지적했다. 또한 88올림픽 위협 여부와 대응댐 건설에 대해서는 안기부의 정보 분석 때 북한이 공사에 전력투구하더라도 최초의 위협 시기는 1989년 10월(9억 톤 저수 시)로 판단해 올림픽에 위협은 없는 것으로 분석했으나 안기부장의 의견조정 및 대통령 보고단계에서 조기 착공토록 변경됐다.[247]

전두환정권은 금강산댐의 규모 및 위력 관련 내용을 조작하여 과장 홍보함으로써 국민의 불안 심리를 증폭시켜 정권의 기반강화를 기도했다. 여기에는 안기부가 직접 관여했다. 1986년 10월 안기부는 정부의 성명서 발표 및 기자회견 계획을 마련, 10월 25일 대책회의를 열어 이학봉 2차장이 계획을 시달했다. 이 계획의 주요 방침

---

247) 금강산댐에 대한 감사원의 지적 사항을 요약한 내용은 국정원 〈과거와 대화 미래의 성찰〉(Ⅴ), p.223 참조.

및 목표는 생활환경 위협에서 점차 군사적 위협을 부각, 4단계로
구분 각부 장관이 단계별 성명 발표, 가공할 군사적 위협을 부각
새로운 안보관 정립, 북괴댐 건설계획 수정 유도 및 자위적 조치의
당위성 확보 등이다.(〈국정원Ⅴ〉 p.224) 이를 위해 안기부는 단계별
세부전략(시나리오)(〈국정원Ⅴ〉 p.224)을 작성해 활용했다.

단계별 세부전략(시나리오)

| 단 계 별 | 발 표 내 용 구 성 방 침 | 일정 |
|---|---|---|
| 공개 폭로<br>(건설부 장관) | • 공사규모의 위협성 현실감있게 인식<br>• 북괴 댐의 위협요인에 대한 경각심 제고 | D |
| 군사적 위협경고<br>(국방부 장관) | • 수공을 통한 군사전략적 책략 경고<br>• 안보위협에 대한 범국민 일체감 조성 | D+7 |
| 계획포기 촉구<br>(문공부 장관) | • 전국토의 평화적 이용 당위성 강조<br>• 한강수계 수자원 독점은 영구적 국토분단 | D+14 |
| 대응조치 공표<br>(국방, 건설, 문공,<br>통일원장관 합동) | • 대응 계획 공표 및 공세적 입장 전화<br>• 반민족적 작태 규탄 및 국민의 공감대 조성 | D+α |

※ 자료 : 국가정보원, 〈과거와 대화 미래의 성찰〉Ⅴ, 2007년, p.224

(3) 홍보 및 규탄행사

안기부는 이러한 단계별 계획을 추진하기 위해 실무위원회와 실
무대책반을 구성했다. 실무위원회는 안기부 국장을 중심으로 11개
부처 관계국장이 행사대책 소위 3개 부처 관련국장이 홍보대책 소
위를 구성하여 규탄행사 및 홍보대책을 기획 조정토록 했다. 또한
실무대책반은 안기부 단장을 중심으로 안기부 직원과 문공부 등
관련기관 직원들로 구성하여 부처별 임무를 부여하고 통제하도록
했다. 안기부는 홍보 및 규탄행사 목적을 북괴 음모 규탄 및 국내
급진 좌경분자 척결 분위기 조성과 북괴에 대한 규탄분위기 조성으
로 국민 단합과 시국안정 유도에 둔다고 밝혔다.[248]

안기부는 홍보 및 규탄행사를 실시하고 1986년 10월 29일부터 11월

30일까지 총 28회에 걸쳐 '북한 금강산댐 규탄행사 및 홍보 추진 사항'이라는 일일보고서를 제출했다. 보고서에는 각 지역별로 개최된 행사들의 유형과 참가단체, 인원, 언론사의 취재내용들이 기재되어 있다. 특히 최종 보고서에는 그동안 실시한 모든 행사 내역과 홍보실적(TV, 신문, 홍보물 제작 활용, 외신 대상 프레스 투어 주선)을 보고했다.

한 달에 걸쳐 민관군은 물론 언론까지 동원한 홍보로 인해 전 국민은 금강산댐의 가공할 위력에 공포감을 갖게 됐다. 더구나 12월 1일 시작된 평화의 댐 건설을 위한 성금모금에 열화와 같은 성원을 보냈다. 성금 모금도 안기부 2차장이 주재한 대책회의에서 결정됐다. 안기부는 효과적인 성금모금을 위해 언론기관을 활용한 홍보대책도 세웠다. 1년간 400억 원을 목표로 진행된 성금모금은 목표를 초과해 660억 원이 걷혔다.

금강산댐 사건은 전두환정권이 정보기관을 동원해 여론을 조작하여 정권안보에 활용했던 전형적인 사례이다. 그때 상황에 대해 당시 MBC 손석희 아나운서는 다음과 같이 증언했다.[249]

나는 지금도 내가 뉴스를 진행하던 그때, 스튜디오 한쪽에 잉크를 풀어놓은 수돗물로 찰랑대던 여의도 일대의 모형이 있었던 것을 기억한다. 당연히 거기엔 63빌딩이 있었고 파란 잉크 물은 그 빌딩의 허리께까지 차올라 넘실대고 있었다. 그것은 장난이 아니었다. 아니 장난처럼 하면 안 되었다는 표현이 맞을 것이다. 우리는 63빌딩의 중간까지 물이 찬다는 건 좀 너무 하지 않느냐, 2층 정도까지로 줄이자 어쩌자 하면서 제멋대로들 기준을 정하다가 누군가 '겁을 주려면 확실하게 줘야지' 하는 말에 흑흑 거리며 웃기까지 하였다. 그 광란의 시기에 과학적 사고는 오히려 장애물이었다.

---

248) 자세한 내용은 〈국정원 V〉 앞의 책, p.225 참조.
249) 손석희, '부끄러운 언론의 얼굴', 〈노동자 신문〉, 1993년 9월 10일.

## 4) 관계기관 여론 조작(1985년~1987년)

전두환정권은 언론사에 보도지침을 내려 보내 부정적 보도를 사전에 차단하는 것도 모자라 정치관련 보도에서는 정권에 유리한 보도를 하도록 압력을 가했다. 단순히 보도를 통제하는 것을 넘어서 언론사를 상대로 여론조작 작업을 하기도 했다. 필요한 경우에는 안기부와 문공부, 검찰, 군, 치안본부 등 관계기관을 동원하여 서로 협력하기도 했다. 특히 문공부는 시국 안정이나 시국 홍보를 위해 각종 대책을 마련하고 언론을 활용한 여론 조작에 나섰다.

문공부는 1985년 5월 출판계의 사회과학 서적 출판 붐이 일어나자 이에 대한 대책을 마련했다. 문공부는 "운동권 출판세력이 주축이 되어 제작 배포하고 있는 불온·불법 간행물을 철저히 단속하여 근절시키는 한편, 정부 조치를 지지하는 사회 여론을 조성"하기 위한 대책250)을 마련했다.

### (1) 문공부의 민중세력 매도

문공부는 이들 간행물을 근절 때까지 단속하고 문제 간행물은 국가보안법을 적용하며 출판 관련 민간단체의 정부조치에 대한 지지결의를 유도키로 했다. 특히 방송과 신문을 동원하여 대국민 홍보를 강화한다는 내용이 들어 있다. KBS와 MBC를 동원해 현장실태 고발과 고위인사 TV회견 등 조직적 캠페인을 전개하고 신문에 저명 출판인과 언론인의 기고문을 게재하며 TV와 신문을 통해 범국민적 양서 보급 및 독서운동을 전개한다는 것이다.

문공부는 11월 들어서는 민중문화를 차단하기 위해 안기부와 치안본부의 협조를 얻어 '불온·좌경서적'의 제작을 사전에 차단하고 언론의 문화면에서 민중문화를 축출했다고 밝혔다. 문공부는 특히 전국 언론사 사건기자 23명을 대상으로 '학생운동의 실태와 배경'에

---

250) 문화공보부, '불온·불법 간행물 근절대책', 1985년 5월 7일.

384

관한 토론회를 개최하고 편집·보도국장 대상 세미나와 회의, 간부 토론회, 주필 논설위원 세미나 등을 통해 언론계의 과격파 학생에 대한 비판의식을 제고했다고 밝혔다. 문공부가 작성한 '건전문화풍토 조성 추진 및 언론정상화를 위한 정비작업 제3차 보고' 중 '언론정상화를 위한 정비 향후 계획'[251]은 다음과 같다.

향후 계획
● 국익우선의 보도자세 확립을 위한 반복교육 실시
　• 언론사 부장 세미나(정치, 경제, 사회, 편집, 외신)
　• 지방 10개사 편집국장 토론회
　• 각 언론사별 자체 이념교육 강화
● 논조분석 관리체제의 개선·강화
　• 종전의 언론사별 논조분석 관리와 병행, 언론인 개인별 논조분석 관리체제를 확립 실시
　• 방송사 PD 작가 교육 실시
　• 언론사의 자체기사 심의기능 강화

　문공부는 1986년 들어서는 '5.3 인천사태' 이후 '시국안정 홍보대책'[252]을 마련, "사회혼란을 조성하는 급진좌경 세력과 민중세력에 대한 강력 저지 및 규탄홍보를 전개하기 위해 당, 전공무원, 반공연맹, 재향군인회, 새마을, 평통, 정화위 등 분산되어 있는 막대한 여권 세력을 조직화하여 범여권 홍보협의체를 구성하여 운영"키로 했다. 특히 '인천소요사건' 비판을 위한 단기홍보도 마련했다.

---

251) 문화공보부, '건전문화풍토 조성 추진 및 언론정상화를 위한 정비작업 제3차 보고', 1985년 11월 28일.
252) 문화공보부, '시국안정 홍보대책', 1986년 5월 6일.

'인천소요사건' 비판 위한 단기 홍보

● TV, 신문, 잡지 등 전 매체 동원, 상황인식 홍보

　● 보도 통해 좌익학생, 재야단체의 본질에 대한 국민 적개심을 고취

● '최근 학원의 반국가적 좌익혁명 책동 분석자료' 작성, 발표(5월 6일 석간)

● TV특집 '학생운동의 어제와 오늘, 그리고 내일'

● 인천소요사건과 정부분석에 대한 소감문 작성, 신문기고

　● 소설가(이병주), 경제인 등

문공부가 작성, 전두환 대통령에게 보고한 '시국안정 홍보대책' 문건. 이른바 '좌경세력'에 대한 규탄 홍보가 목적임을 알 수 있다.

· 전경 군 사기진작 내용도 포함
· '민정당보', 정부간행물 등 친여매체 적극 활용
· 언론연구원 주관, 각 언론사의 소장 · 중견 기자 토론회 개최, 교육
  · '인천소요사건 전말 분석과 현상인식'

## (2) 문공부의 전두환 개인 치적 홍보

문공부는 이어 6월 9일자로 '시국홍보계획'을 마련하여 '각하의 민주정치 발전이념에 대한 국민적 합의를 안정 세력화'하기 위한 전면적인 전두환 대통령 홍보에 나섰다. 이 문건은 "대상별 홍보논리로 민주화 영도자가 각하이며, 민주정치 발전은 제5공화국 치적의 산물임을 인식"시키기 위해 시국홍보계획을 추진한다고 되어 있다.

더 나아가 1986년에 들어서서 문공부는 전두환 대통령에 대한 종합적인 홍보대책[253]을 마련했다. '각하의 치적에 대한 대내외의 공감대를 확충하는 세련된 홍보활동을 적극 추진'하고 '문화대통령' 이미지를 확립해 1988년까지 '각하를 중심으로 국민단합을 공고히' 하겠다는 계획이다. 특히 눈에 띄는 대목은 프랑스의 C. V. 게오르규(Gheorghiu)에게 '제5공화국 문화치적' 저술 작업을 추진하고 미국 교수나 영국 언론인과도 교섭하여 해외 저명인사 및 매체를 통한 전 대통령의 치적을 홍보하겠다는 계획이다.

## (3) 안기부의 언론사 논조 분석

안기부도 언론사의 논조 관리 등 언론통제에 적극 나섰다. 안기부는 1986년 9월 언론 논조 분석 결과 동아 조선 등 야경지(野傾紙)에서 고정 칼럼 등을 통해 의원내각제 개헌안의 부정적 측면을 부각하고 직선제 개헌안에 대한 긍정적 논조를 전개하는 등 야당의 개헌주장에 동조하고 있는 것으로 평가했다. 또 유관기관과 협조하여 '동아

---

253) 문화공보부, '제5공화국 치적 선양 및 홍보대책', 1986년 9월 24일.

조선의 경영진을 대상으로 칼럼 작성 상 문제점을 지적하고 균형보도를 유도하며, 칼럼 집필진에 대한 책임 순화팀을 구성하여 개별 순화하고 집필진 교체를 유도할 것'254)이라고 밝혔다. 안기부는 이 대책에서 다음과 같이 밝혔다.

1. 언론, 신한당 내분상 부각 보도 등 긍정적 논조 전개
  • 대부분의 언론은 최근 개헌정국 관련 신한당의 내분상 확대보도와 함께 해설 사설 및 특집 등을 통해 합법개헌의 불가피성 등 긍정적 논조 전개
  • 그러나 동아 등 일부 야경지에서는 박종철 사망 및 부산 복지원 사건 등에 대해 부정적 논조와 기사 장기화를 획책함으로써 문제권 자극은 물론 사회여론 오도 우려
  ※ 당부에서는 문공부와 협조, 박종철 사망 등 일련의 사건 기사 조기 쿨다운 및 신한당 내분상 확대보도 지속 유도 방침

안기부는 또한 신문사의 여론조사 결과에서도 불리한 부분은 삭제하도록 요구하여 신문사가 이를 삭제하기도 했다. 중앙일보 국민 의식 조사 중 일부 내용 삭제 조정결과가 게재되어 있다. 중앙일보가 9월 22일 창간 22주년 특집으로 성인 1,500명을 대상으로 실시한 국민 정치의식 등 설문조사 결과를 보도할 계획인데, 이○○ 사장으로 하여금 문제항목을 삭제토록 조정했다는 것이다. 삭제한 부분은 다음과 같다.

  • 6.29선언에 가장 큰 영향을 미친 세력(%)
    • 대학생(40.8) 시민(25.5) 야당(7.2) 재야(5.8) 노태우(4.9) 민정당 (4.6) 미국(4.1) 대통령(2.1) 등

---

254) 안기부, '동아 조선 등 야경지의 야당 개헌안 동조 관련대책', 1986년 9월 10일.

※ 각하 이미지 손상 요인화
● 제5공화국에서 가장 혜택을 받은 계층(%)
  ˙ 고급장교(27) 공무원(25.5) 운동선수(21.7) 대기업가(16.4) 중소
  기업인(5.4) 언론인 (2.1) 등
  ※ 군에 대한 대국민 불신감 조장[255]

전두환정권은 언론현안 문제에 대해서도 관련기관과 실무회의를
열고 대책을 마련했다. 1987년 11월 13일에는 청와대와 안기부, 보안
사 관계자들이 모여 월간지의 12.12 사건 게재문제와 관훈토론 녹화
방영 문제, CBS의 뉴스시간 연장 요청 문제에 대해 협의하고 대책을
제시했다.[256]
우선 월간지의 12.12사건 게재와 관련해서는 '정승화의 입당을
계기로 각 일간지에 이미 보도되었을 뿐만 아니라 노태우 총재가
관훈토론회에서 심층 언급했기 때문에 불게재 명분은 미약하다'며
'문공부 등 관계기관에서 양사 경영진을 대상으로 균형을 유지하여
보도토록 촉구'한다고 되어 있다.
또한 관훈토론회 녹화방영 문제에 대해서는 '풀 방영 시 3김의
정부 여당 비판내용이 여과 없이 방영되는 문제점이 있고 재편집
방영 시 시청자들로부터 편파보도라는 오해를 유발할 소지가 다분
하므로 녹화방영은 바람직하지 않다'며 '민정당에서 정책적으로 검
토하고 있는 만큼 회의내용을 통보하여 참고토록 의견을 집약'했다
고 밝혔다.
CBS의 뉴스시간 연장 요청에 대해서는 '뉴스시간 연장 명분이
경제 및 수도권 생활뉴스를 보도하기 위한 것이기는 하나 대선관련
정치뉴스 심층보도 저의가 다분하고, 뉴스보도 허용조치가 불과 1

---

255) 안기부, '중앙일보 국민의식 조사 중 일부내용 삭제 조정 결과', 1986년
    9월 10일.
256) 안기부, '언론 현안문제 관련 대책회의 결과', 1987년 11월 13일.

개월도 경과하지 않은 점을 감안할 때 검토가치가 별무'하다며 '1988
년 1월 동 방송국 무선국 허가장 재교부시 재검토키로 결정'했다고
되어 있다.

### 5) 방송 프로그램 통제(1973년~1987년)

독재정권들은 방송을 정권홍보를 위한 도구와 반공이데올로기
확산을 위한 창구로 활용했다. 명색은 공영방송이었으나 실제로는
관영방송이었다. 특히 방송은 대중문화의 저질화를 이끌어 독재권
력의 탄압에 억눌린 국민을 더욱 바보로 만드는 역할을 했다. 또한
스포츠 중계나 저질 드라마, 쇼 프로그램 등을 통해 국민의 탈정치화
를 이끌어냈다.

박정희정권의 방송통제는 제도적으로 이뤄졌으며 각종 기준이나
준칙을 만들어 단위 프로그램에까지 영향을 미쳤다. 1973년 2월 이
른바 10월 유신이 4개월째 되는 때 방송법이 개정되었다. 개정 내용
의 골자는 방송윤리위원회를 설치하는 것이었다. 방송법상의 심의
는 징계가 무거워 검열의 위력을 배가하는 효과를 노렸다. 또한 '방
송윤리 심의준칙(1975년 4월)', '방송극의 방송기준 결정(1977년 5
월)', '방송출연자의 장발 심의기준(1976년 7월)', '건전방송 강화를
위한 권고 결정(1979년 2월)', '방송에서의 사투리 정화에 관한 결정
(1979년 3월)' 등을 통해 통제했다.

1973년 3월 국영제 방송에서 공영제 방송으로 새롭게 출발했으나
공영제의 본질과는 거리가 멀었다. 인사와 운영, 예산 모든 측면에
서 정부의 감독과 규제를 그대로 옮겨 놓았다. 사장은 문공부장관의
제청으로 대통령이 임명하고(방송공사법 제9조) 부사장과 이사는
사장의 추천으로 문공부장관이 임명하고, 임원의 겸직은 장관의 승
인사항이고, 자본금 납입의 시기와 방법은 국무회의의 심의를 거쳐
대통령이 결정하게 되어 있었다(공사법 제4조). 그밖에 예산 및 결
산도 문공부장관이 감사권을 갖고 있거나 승인사항으로 되어 있었

다.(공사법 제19조 및 시행령)

(1) 유신 및 새마을운동 홍보방송

박정희정권은 방송사에 대해 지나친 규제와 강압 그리고 획일성 및 전시효과를 추구했다. 방송사는 모든 방송계획 수립과 이행을 정책을 주도하는 정부쪽 입장에서 해냈다.[257] 방송사들이 자발적으로 정권홍보에 나선 것이다.[258] 방송사들은 특히 10월 유신과 제8대 박 대통령의 취임에서 비롯하는 시국이념을 남북공동성명과 남북적십자회담과 연결하는 평화통일의 개념으로 설정하고 "대국을 바라보는 역사적인 안목으로 남북대화를 밀어줘야 할 단계에서 자칫 혼란으로 흐를 수 있는 여건이 꿈틀대고 있었으며 남북대화 자체를 정략의 대상으로 삼는 세력도 없지 않았다. 게다가 언론의 자유의지가 민심의 혼란을 빚는 결과를 몰고 왔다"[259]고 지적하고 방송의 편성을 거의 유신홍보의 특색으로 보강하게 된다.

유신관련 프로그램

| | 단독해설 | | 좌담 | | 비전제시프로 | | 스포츠 드라마 | |
|---|---|---|---|---|---|---|---|---|
| | 라디오 | TV | 라디오 | TV | 라디오 | TV | 라디오 | TV |
| KBS | 35 | 19 | 72 | 49 | 26 | 26 | 204 | 292 |
| MBC | 45 | 19 | 47 | 49 | 3 | 3 | 189 | 90 |
| TBC | 32 | 12 | 51 | 40 | – | – | 120 | 79 |
| DBS | 24 | – | 56 | – | – | – | 150 | – |
| CBS | 32 | – | – | – | – | – | 144 | – |
| 계 | 168 | 50 | 226 | 138 | 29 | 29 | 807 | 461 |

※ 당시 문공부 방송관리국 모니터 기록, 〈한국방송사〉, KBS, 1979년에서 재인용

---

257) 문화공보부, 〈문화공보 30년〉, p.207.
258) 김학천, '시대와 역사' 〈한국방송의 성찰과 개혁〉, 한국학술정보(주), 2007년, p.466.
259) KBS, 〈한국방송사〉, 1979년, p.352.

또한 박정희정권 당시 추진했던 새마을운동을 대대적으로 홍보한다. 〈한국방송사〉는 "새마을 방송은 범국민적으로 전개하고 있는 새마을운동을 뒷받침하기 위하여 모든 공·민영방송에 마련된 방송프로그램으로서 각 방송국은 이 방송시간을 통해 새마을운동의 주요 시책, 정부에서 역점을 두는 새마을 사업, 새마을 현장의 참모습, 그밖에 종자 개량법, 새마을운동에 따르는 성공사례 및 미담을 방송함으로써 새마을운동에 크게 공헌하였다"고 기록했다.

새마을 방송은 제도적 성격을 띠었기 때문에 모든 방송사들은 '새마을 방송본부'를 설치하고 종합계획을 세워 방송을 실시했다. 프로그램은 주로 농촌대상물로 설정되어 있었다. 역점을 두어 계획하고 방송하기로는 KBS가 선두에 섰다. 1975년도에 KBS 새마을 방송은 주당 라디오가 30개 프로그램, 텔레비전이 18개였으므로 시간에 관계없이 단위프로그램으로 매일 3~5개씩 편성된 셈이었다.(김학천, p.476.)

### 새마을운동 관련 방송 현황 (1975년)

| 내용 구분 | 라디오 | TV |
| --- | --- | --- |
| 새마을 실적 보도 | 583 | 336 |
| 영농기술 지도 | 699 | 227 |
| 성공사례 발표 | 122 | 71 |
| 새마을운동 극화방송 | 279 | 70 |
| 새마을 현지 공개방송 | 31 | 43 |
| 계 | 1,714 | 747 |

※ 문공부 방송관리국 모니터 기록, 〈한국방송사〉에서 재인용

### (2) 방송언어 및 프로그램 통제

박정희정권은 저속하고 퇴폐적인 프로그램을 금하고 애국적이고 유익한 성격을 지침으로 지시했다. 일정한 시간에 일정한 성격의 프로그램을 편성할 것을 지시했다면 이미 방송사의 편성권은 존재

한다고 볼 수 없다.(김학천, p.491.) 사회질서의 문란, 광란적 리듬, 과도한 노출, 저속한 언행, 퇴폐적 비관적 내용, 폭력, 살인, 선정 등이 규제대상이었으며 그 사이사이에 '주체성'이나 '국론 통일'과 같은 정치적 통제 개념이 포함되어 있었다.

통제의 가장 핵심적인 분야는 역시 보도 분야였다. 사실을 보도하는 적극적인 자세는 긴급조치에 의해 직접 통제를 받았다. 그리고 보도를 할 경우에도 사실대로 전달되는 것을 극구 피하는 방법을 썼다.

방송에 대한 통제는 히스테리 증세를 보이기도 했다. 1974년 2월 7일 MBC는 방송 프로그램과 연예인의 이름에서 외래어를 추방한다고 발표하고 그날부터 'MBC 페스티벌'은 'MBC 대향연', '가요 스테이지'는 '가요 선물' 등으로 바꿨다. 연예인, 특히 보컬그룹의 이름도 국산화했다. '어니언스'는 '양파들', '블루벨즈'는 '청종', '바니걸즈'는 '토끼 소녀'가 되었다. 눈치만 보던 TBC와 KBS는 MBC에 대한 여론의 지지가 높아지자 슬그머니 MBC 뒤를 따랐다. 8월말에는 방송윤리위원회가 가수의 예명을 우리말로 쓰라고 결정하면서 '패티 김'은 본인이 싫다고 막무가내로 버텼으나 결국 '김혜자'라는 이름으로 불려질 수밖에 없었다. KBS 출신인 정순일씨는 "온 세상이 히스테리 현상을 보이고 있었다"고 회고했다.[260]

1975년 들어서는 더욱 웃기는 일이 벌어졌다. 4월 16일 박정희 대통령은 국무회의에서 방송에 자주 나오는 외래어를 우리말로 고쳐 써보도록 하라는 지시를 내렸으며, 6월 3일에도 그 시안을 마련하라는 지시를 거듭 내렸다. 그 결과 나타난 것 가운데 하나가 스포츠 용어를 우리말로 고쳐 부르는 것이었다. 방송윤리위원회가 2년여의 심의 끝에 1978년 10월 1일에 최종 확정해 방송사에 사용을 권장한 '우리말 운동 용어'는 모두 541개였다. 야구의 경우 '번트'는 '살짝

---

260) 정순일, 〈한국방송의 어제와 오늘〉, 나남, 1991년, p.229.

대기', '볼 카운트'는 '던진 셈', '세이프'는 '살았음', '스퀴즈'는 짜내기, '슬라이딩'은 '미끄럼'이었다. 축구의 경우 '헤딩슛'은 '머리 쏘기', '포스트 플레이'는 '말뚝 작전'이었다.(정순일, pp.232~233.)

1977년 10월 26일에는 프로그램 가을개편을 앞두고 문공부가 TV 프로그램에서 코미디를 일제히 폐지하라는 지시를 내렸다. 코미디언들 대신 박정권이 직접 코미디를 하겠다는 것이었을까.(강준만, p.486.) 박정권의 코미디 같은 히스테리에 대해 "코미디가 저속하다고 해서 코미디 자체를 없앤다는 것은 본말의 전도라는 여론이 일자 11월 개편에서 이 문제는 방송사의 재량에 위임하는 선으로 방향이 바뀌어 주 1회의 코미디 프로그램만 생존하게 되었다. 그 여파로 '웃으면 복이 와요'는 캠페인 성 코미디로, '고전 유머극장'은 권선징악을 주제로 한 코믹 사극으로 변신했다."[261]

(3) 오락 프로그램의 대형화

전두환정권 시절 방송 상황도 박정권에 비해 크게 달라진 것은 없다. 방송 내용은 철저하게 통제를 받으면서도 그 밖의 프로그램은 상업화로 치달았다. 보도 시사프로그램에서는 과장과 왜곡 편파보도를 일삼으면서 정권에 불리한 보도는 철저하게 통제했다. 반면 오락 프로그램에서는 상업화, 오락화, 선정성을 추구했다.(김민남 외, p.487.) 컬러텔레비전 시대에 걸맞게 한다면서 쇼 프로그램은 밤무대를 연상케 하는 오락화 대형화를 시도했다.

쇼 프로그램의 이름도 거창하게 '100분 쇼' 'KBS 가요제전' '쇼 일요 특급' '쇼 2000' '쇼! 스타 24시' 등이 등장하여 시청자에게 화려한 밤무대를 제공했다. 또한 개그쇼라는 또 하나의 코미디 프로그램이 등장하여 시청자에게 엄청난 말장난 거리를 제공했다. '유모어 극장' '즐거운 소극장' '유모어 1번지' '코미디 출동' '웃으면 복이 와요' '폭

---

261) 정순일 · 장한성, 〈한국 TV 40년의 발자취 : TV 프로그램의 사회사〉, 한울아카데미, 2000년, p.111.

소 대작전' '청춘 만세' '일요일 밤의 대행진' 등이 그것이다.

스포츠 중계에도 많은 양의 시간을 투하하여 군부독재에 염증을 느끼고 있었던 시청자들에게 선물 아닌 선물을 선사하여 탈정치화에 기여했다. 거기에 '연중기획' '특별기획' '특별 생방송' '대형기획'이라는 형식이 등장하여 항상 시청자를 '특별'로 몰고 갔다. 한마디로 텔레비전의 탈정치화와 오락화가 판을 치며 편성과 내용은 사영방송 못지않은 상업주의 논리를 따른 것이다.(김민남 외, pp.487~488.)

### (4) '땡전 뉴스'의 등장

TV 방송의 뉴스와 보도 프로그램은 보도지침을 그대로 따르는 것이었다. 신문은 그나마 편집부 기자들의 소신과 부분적 저항으로 홍보정책실의 지시가 잘 지켜지지 않았지만, TV 방송매체가 가지고 있는 특성, 즉 취재에서 보도되기까지 거치는 여러 과정과 제약 때문에 최소한의 저항마저도 불가능했다.

밤 9시를 알리는 시보와 함께 어김없이 "전두환 대통령은 오늘…"로 시작하는 이른바 '땡전 뉴스'는 당시 방송사의 사정을 잘 말해 주고 있다. 방송은 전두환 대통령의 이미지 메이킹을 위해 유린당했다. 청와대 측근들은 이를 위해 방송담당 비서관이란 직제까지 신설했다. 1983년 KAL기 실종사건 뉴스와 대통령 동정 중 어느 것을 톱뉴스로 처리할 것인가를 두고 방송사들은 고민에 빠졌다. 결국 한 방송사에서는 '땡전뉴스'를 따랐다. 그 TV화면에는 전 대통령이 서울 어느 거리에서 빗자루를 들고 환히 웃으며 조기청소를 하는 모습이 비쳤다.[262]

TV의 왜곡보도는 특히 농촌 보도에서 극에 달했다. TV는 황폐화한 농촌을 풍요롭게 보도하느라 혈안이 되어, 농민들은 모이기만 하면 "울화통이 터져서 못 살겠다" "세상에 거짓말을 해도 분수가

---

262) 조선일보 1998년 12월 6일.

있지, 그렇게 지껄일 수가 있어"하는 분노와 한탄을 쏟곤 했다.[263]

전두환정권 치하의 TV 왜곡보도에 대한 불만과 저항은 농촌에서 먼저 터져 나왔다. 1982년부터 진남 강진과 무안, 함평, 구례를 비롯해 전북 부안, 임실, 고창, 완주, 김제 등에서부터 TV의 왜곡 보도에 항의하는 TV시청료 거부 움직임이 일기 시작했다. 1984년 천주교 전주교구 고산천주교회의 한국가톨릭농민회 전주교구연합회 완주 협의회는 "정의 복지 사회란 땀 흘려 일하는 사람에게 그 정당한 대가가 실현되는 사회임에도 불구하고 구호와는 달리 소수 가진 자들만이 판을 치는 세상이 되었으며, 선진 조국 복지 농촌을 떠들어 대면 댈수록 우리 농민의 삶은 더욱 어려워만 지고 있다"며 그러한 위선과 기만의 도가 가장 높은 TV를 겨냥하여 "TV시청료는 민정당과 정부만 내라"는 성명서를 발표했다.(강준만, p.531.)

TV시청료 거부운동은 1986년 4월 들어 기독교 단체를 중심으로 크게 확산되었다. 당시 보도지침엔 시청료 거부운동을 다루지 말라는 내용이 많았다. 그러나 동아일보는 시청료 거부운동을 지속적으로 보도해 나갔고 KBS와 대결을 벌였다. KBS는 이 대결에서 엄청난 상처를 입었다. 방송보도의 신뢰성과 공신력을 상실한 것이다. KBS는 안기부를 통해 정전을 모색했다. KBS 사장과 실무 책임자가 교체되었다.(이채주, p.475.)

(5) 방송사의 충성 경쟁

더 나아가 전두환정권 시절 방송사들은 "보도용이 아니라 보관하시라고 만든 기념 비디오"라며 직접 대통령의 생일과 자녀 결혼 등 개인 경조사를 찍어 상납했던 것으로 밝혀졌다. KBS 제1TV는 2007년 6월 9일 '미디어 포커스'의 6.10항쟁 20주년 특집 2부작 '각하 만수무강하십시오!'를 통해 이러한 사실을 공개했다.

---

263) 윤재걸, 'KBS의 편파성을 해부한다', 〈신동아〉 1986년 5월호, 동아일보사, pp.212~242.

언론사 통폐합 직전인 1980년 6월 19일에는 TBC가 이른바 '보안뉴스' '국보위 파티'를 찍어 보관했다. 당시 광주민중항쟁을 무력으로 진압한 신군부가 방송사와 함께 위문공연과 파티를 열어 '축배'를 드는 현장을 기록한 것이다. 1982년 1월 18일에 촬영된 '대통령 각하 51회 생신 비디오'에는 'MBC 보도국'이라는 크레딧(credit)이 찍힌 것으로 "보도용이 아니라 보관하시도록 비디오에 담은 것"이라는 설명도 나온다. 1985년 6월 16일에는 전두환대통령의 장녀 전효선씨 결혼식을 KBS가 찍어 상납했다. 2시간 30분 분량의 이 비디오는 함 들어오는 날, 밤늦게 이어지는 술자리, 야외촬영 등 결혼식 전후의 행사까지 충실하게 담았다.[264]

이런 식의 충성경쟁을 벌였던 방송사들의 보도지침에 대한 인식은 눈으로 보지 않아도 훤했다. 1988년 당시 KBS 노조위원장이었던 고희일씨는 "저희 KBS는 신문에 대한 홍보정책실의 보도지침 같이 아주 시시콜콜한 부분까지 지시할 필요가 없었습니다. 아마 이 점에서는 MBC도 같은 형편이었다고 생각합니다. … 이원홍과 이진희 두 사람 다 문공부장관 하려고 충성경쟁을 하는 바람에 사전에 알아서들 칼질을 했죠"라고 당시 방송계 사정을 이야기했다.

당시 KBS 일각에서는 보도지침이 폭로되자 "바보같이 어떻게 관리를 했으면 그 문서가 밖으로 새나가?"라는 말이 나올 정도로 보도지침이 당연시되어 신문사의 분위기와는 사뭇 달랐다. 또 KBS에 파견 나온 기관이 여럿이어서 어떤 때는 한 사건에 대해 각 기관에 따라 지침이 달라 어느 장단에 따를지 어리둥절해 하는 일이 비일비재하게 생겨나기도 했다.[265]

264) 서정은, http://www.mediatoday.co.kr, 2007년 6월 10일.
265) 김동수, '권언유착의 현장 홍조실', 〈월간경향〉 1988년 11월호, 경향신문사, p.140.

## 5. 외신에 대한 통제

박정희정권과 전두환정권은 외국의 정치인이나 언론이 한국의 정정이나 인권상황에 대해 언급한 내용도 보도를 통제했다. 또한 한국의 체제에 비판적인 외국 언론인의 입국 거부는 물론 외국의 한국 상주특파원을 추방하고, 언론사의 한국지국의 폐쇄도 서슴지 않았다. 심지어는 외국에서 일어나는 반정부 움직임이나 대규모 시위에 관한 기사도 국내 정정에 악영향을 미친다는 이유로 보도를 통제했다. 특히 전두환정권은 외신에 전 대통령을 찬양하는 기사를 내보내도록 외국 언론인을 초청하여 홍보한 뒤 국내 언론에 이를 다시 받아쓰게 하는 등 외신을 이용한 교묘한 여론조작 방식을 사용하기도 했다.

### 1) 박정희정권(1963년~1979년)

#### (1) 외국 간행물 삭제 및 배포 금지

박정희정권은 '외국 간행물 수입 배포에 관한 법률'을 제정해 외국신문이나 시사잡지에 게재된 특정기사 또는 기사의 부분적인 내용이 정권에 불리하다고 판단되는 경우에는 수시로 해당신문 지면을 가위로 절단하여 삭제해 버리거나, 그 부위에 검게 먹칠을 하여 국내 독자가 독해를 못하도록 했다. 결국 국민이 정보의 국제화 시대에 자기 면역성을 기르지 못하고 국내외의 변화에 낙후되는 결과만을 가져왔다고 하겠다.(임채정, p.435.)

중요한 국내기사들이 외신기자들의 취재활동에 의해 해외매체에서는 널리 보도되고 있었음에도 불구하고 내·외신을 불문하고 국내 보도만은 철저하게 통제했기 때문에 국민들은 중요한 국내외 정보를 접할 기회를 박탈당했다. 예컨대 미국의 석유 메이저인 걸프 오일(Gulf Oil)사가 한국의 여당에게 거액의 커미션을 제공했다는 외신은 처음부터 사전 봉쇄를 하다가 이를 일본신문들이 보도하자 이 날짜(1975년 5월 16일 조간과 17일자 석간) 일본신문의 국내 배포를 금지했으며, 이미 배포된 신문은 회수하도록 '명령'했다.

당시 중앙정보부가 1977년 작성한 '외국 간행물 삭제 배포현황 보고' 문건은 박정권의 외국 간행물 검열이 어떠했는지 알아볼 수 있다.(〈국정원Ⅴ〉, pp.197~198.)

> 외국 간행물 삭제 배포현황 보고
> - 외국으로부터 수입 배포되고 있는 신문, 잡지는 과거 불온내용의 경중에 따라 불온기사 부분 삭제 또는 먹칠 등으로 삭제 배포하였으나
> - 1976년 12월 31일부터는 상부지시에 따라 검열기준을 대폭 완화하여 국가원수를 극악하게 비방 모함하거나 국가안보를 현저하게 저해할 우려가 있는 내용만을 전면 삭제 배포하고 있어 1977년 1월 1일 이후 삭제된 외국신문은 영자지 6건, 일어지 6건, 계 12건임
> - 현재로서는 전면 삭제를 원칙으로 하고 있어 여타 기사를 활용토록 할 방안은 없음
> 3. 조치의견
> 본지는 월 36부 수입되는 정기간행물로서 청와대, 문공부용 9부를 제외한 잔여량 및 앞으로의 항공, 선편, 우편을 통한 국내 유입분 공히 압수조치 위계임

또한 박정희정권은 1974년 1월 8일 발동한 긴급조치 1호와 관련, 1월 11일 외신기자들에게도 똑같이 적용한다고 발표했다. 문공부 해외공보관장은 "긴급조치 선포 이후에도 일본의 신문이 한국의 유신체제 비방하는 내용과 유언비어를 보도하고 있다"며 "앞으로 이러한 사항에 대해서는 긴급조치에 의해 처리할 것임을 명확히 한다"고 발표했다.(나카가와 노부오(中川信夫)·마쓰우라 소조(松浦總三)편, p.83.) 박정권이 외국 특파원들의 기자활동을 금지시킨 것이나 다름없는 조치이다. 그러나 이에 대해 일본 정부는 사실상 용인하는 태도를 보였다.

(2) 일본 신문사 지국 폐쇄(1973년)

박정희정권은 1973년 8월 23일 김대중 납치사건에 중앙정보부의 관여를 특집으로 보도한 일본 요미우리신무의 지국을 폐쇄 처분했다. 윤주영 문화공보부 장관은 서울의 일본인 특파원단을 소집, "요미우리신문의 보도는 사실무근이다"라며 정정기사를 게재할 것을 요구하고 정정이 없을 경우 지국 폐쇄, 특파원 퇴거를 명한다고 발표했다. 요미우리신문은 "재 취재를 했지만 충분히 신뢰성이 있는 것을 재확인했다"며 하세가와(長谷川) 편집국장 명의의 성명을 발표했다. 그 결과 요미우리신문 서울지국은 8월 25일에 폐쇄되어 3명의 특파원이 국외 퇴거 처분을 받았다.

요미우리신문은 1966년 6월 7일 서울지국이 설치된 이래 1972년 9월 8일 '주간 요미우리'가 별책부록으로 '주체의 나라, 북조선' 특집을 실었다는 이유로 서울지국이 폐쇄됐다가 같은 해 12월 6일 다시 문을 열었다. 그리고 1973년 서울지국이 폐쇄됐다가 1975년 1월 10일 재개됐다. 이어 1977년 5월 4일에는 요미우리신문 편집국장이 북한을 방문하여 김일성 주석과 면담하는 자리에서 '적화통일을 지지하는' 발언을 했다는 이유로 다시 서울지국이 폐쇄되고 서울 특파원이 국외로 퇴거조치 당했다. 요미우리신문은 박정희정권 하에서 3차례에 걸쳐 서울지국이 폐쇄당하는 아픔을 겪었다.(나카가와 노부오(中川信夫) · 마쓰우라 소조(松浦總三)편, pp.47~48)

1977년 5월에는 요미우리신문 기자, 1979년 1월 8일에는 일본 마이니치신문의 서울주재 마에다(前田) 특파원이 국외로 추방됐다. 당시 교도통신 특파원이었던 오노다 아키히로(小野田明廣)씨는 "TV방송사의 경우 촬영필름을 해외로 들고 나갈 때 김포공항에서 한국 정부로부터 저지당하는 일이 종종 있었고, 일본에서 수입된 신문 지면이 잘려 있다든지, 아예 신문 배달 자체가 안 된 경우도 드물지 않았다"고 회고했다.[266]

전 RKB(TBS) 서울 특파원이었던 후카야 키이치로(深谷喜一朗)씨는 다음과 같이 증언했다. "나는 정부가 원치 않는 문제라 하더라도 기자의 양심에 따라 용기를 내어 취재 보도했다. 따라서 당시 문화 공보부 외신과에 불려가 경고를 받은 적도 있었다. 당시에는 이른바 '바스켓 룰'이라 하여, 경고를 5번 당하면 지국 폐쇄 및 국외 퇴거 명령을 받는다는 이야기를 들었다. 나는 경고를 세 번 받았는데, 당연히 인정받았어야 할 1년 체재연장 신청이 6개월 밖에 허가받지 못했다. 체재연장 교섭을 하기 위해 한국에 온 회사 상사를 안내하여 남산에 있는 중앙정보부를 방문했을 때 전재덕 차장이 '충고해 두지만, 앞으로는 민주화운동 등 정부 비판적인 취재는 그만두고, 문화 관광 분야의 원고를 늘리시오'라는 말을 한 것을 기억한다."[267]

군사독재시절 외신기자로 한국을 취재했던 21명의 해외언론인들이 2007년 6월 8일 국회의원회관 소회의실에서 열린 '6월 민주항쟁 20년 기념 국제언론인세미나'에서 나온 증언들이다.

(3) 외국 특파원 관리
박정희정권은 외신 기자들에 대해서도 엄격하게 통제했다. 전 일본 도쿄방송 서울특파원 후카야씨는 다음과 같이 증언했다.(후카야 키이치로(深谷喜一朗), p.25.)

1971년 대통령선거 당시 종로 개표장에서 투표함을 여는 순간 입회인석의 노인들이 달려와 그들의 양복 주머니에서 100장 정도의 투표용지 다발을 던져 뒤섞어 버렸다. 나는 방송 카메라맨에게 부정선거 증거라며 찍을 것을 요구했으나 카메라맨은 방관만 하고 있었다. 한국인인 이 카메라맨은 '중앙정보부가 감시하는 곳에서 카메라

---

266) 오노다 아키히로(小野田明廣), '유신말기 서울의 일본인 특파원', 〈6월 민주항쟁 20년 기념 국제 언론인 세미나〉 발제집, 민주화운동기념사업회, 2007년, p.18.
267) 후카야 키이치로(深谷喜一朗), '내가 본 한국의 민주화운동' 앞의 발제집, p.27.

를 돌리면 어떤 결과가 나오는지 아십니까. 일본인인 당신에게는 돌아갈 곳이 있지만, 이곳에 가족이 있는 나는 어디에도 갈 곳이 없습니다. 촬영하고 싶어도 카메라를 돌릴 수 없는 고통을 이해해 주십시요'라며 비통한 얼굴로 말했다.

민주화운동에 관한 취재가 늘어남에 따라 내 주위의 정보기관이나 경찰의 감시도 한층 심해져 동교동 김대중씨 댁, 안국동 윤보선씨 댁에 갔다 돌아오는 길에는 어김없이 정보원이 들러, 오늘 무슨 이야기를 했는지 집요하게 물어보곤 했다. 당시 중앙정보부 담당관 중 한명은 민주화운동에 대해 '야당 정치가나 종교인, 학자, 문화인이 정부 비판 성명서를 아무리 제출해도 눈 하나 깜짝하지 않는다. 학생 데모는 학내 에서 진압한다. 학생들의 움직임이 노동자나 시민들이 불만을 터뜨릴 배출구와 맞닿지 않도록 신경 쓰고 있다'고 이야기했다.

1970년대 일본 아사히신문 기자였던 미야타 히로토(宮田浩人)씨는 1973년 김대중 납치사건 이후 박정권의 일본 언론인 '포섭공작'을 증언했다. 그는 당시 주일 한국대사관에 문화공보담당 공사직이 신 설되어 전 한국일보 편집국장 이원홍씨가 임명됐다. 대사관은 일본 기자들에게 한국 취재 초청공세를 펼쳤다. 초청 일정에는 "유명한 기생이 나오는 연회 접대"가 포함됐다.

1975년 일본 오사카에 본사나 지사가 있는 아사히신문, 마이니치 신문, 요미우리신문, 산케이신문, 지지(時事)통신, NHK 등 6개 언론 사의 기자 6명이 방한해 '관광여행'을 했다고 비판을 받았으며 같은 해 TBS, 도쿄 12채널 보도부장이 방한했다가 일본 민방노련으로부 터 호된 비난을 받았다. 이들은 한국에 와서 기생파티에도 참여한 것으로 알려졌다.(나카가와 노부오(中川信夫) · 마쓰우라 소조(松浦總三) 편, pp.51~69.)

유신정권 때 일본 교도(共同)통신 특파원이었던 오노다 아키히로 씨는 기사에 '민주세력'이란 용어를 썼다는 이유로 자주 문화공보부의 호출을 받았다고 회고했다. 그는 "반정부 활동을 하고 있는 사람들을 민주세력이라고 지칭하는 것은, '한국정부가 비민주적이다'라는 메시지를 일본의 신문 독자나 방송 시청자에게 심어 주려는 행위가 아닌가'라는 압력을 받았다"고 회고했다. 유신 제2기 대통령으로 박정희씨가 선출된 것에 대항하여 후에 대통령이 된 김대중씨도 가세하여 비공식적으로 발표한 '민주주의 국민연합'의 성명과 참가자 리스트를 보도한 것이 정보 치안 당국의 미움을 산 듯했다는 것이다. 오노다씨는 "수도 없이 많은 빨간 줄이 그어져 있는 일본 신문들을 펼쳐 놓고 있던 공보부 담당자의 심상치 않은 모습에서 단지 단어 하나하나를 문제시하고 있는 것은 아니라는 것을 확연히 느낄 수 있었다"고 회고했다. 그는 당시 유신정권에 비판적인 기사를 썼던 이유는 "(언론에) 압력을 행사하는 방식을 인간적으로 용서할 수 없다는 생각을 했기 때문"이라고 밝혔다.(오노다 아키히로(小野田明廣), pp.18~19.)

전 로스앤젤레스 타임스 기자 샘 제임슨(Sam Jason)씨는 군사정권의 정보조작을 증언했다. 그는 군사정권 시절 서울의 미국 정보요원 말을 따 "50톤 북한 선박 한 척이 남한 수역을 침범했다는 미국 쪽 발표를 한국 국방부에서 500톤으로 발표했다"고 회고했다. 국방부는 이후 미국 쪽이 문의하자 "우리는 국내용으로 발표한 것뿐입니다"라고 답했다고 덧붙였다.[268]

전 미국 CBS 기자였던 브루스 더닝(Bruce G. Dunning)씨는 "외신에 근무한 한국기자들은 정부를 규탄하는 기사를 써 정부의 심기를 불편하게 했다"며 "이런 문제로 중앙정보부의 언론인 탄압이 극심했고 언론기관으로서가 아니라 한국정부에 충성하라는 경고와 함께 반정부 취재활동을 한다면 가족들이 위험해질 것이라는 협박까지 했다"고 밝혔다. 더닝씨는 또한 "우리 기자들이 서울이나 여타

---

268) 한겨레신문, 2007년 6월 11일.

다른 곳을 가게 될 때면 검은 색 자동차가 우리를 따르곤 했다"며 "정부는 이렇게 자신들이 계속 감시하고 있다는 사실을 기자들에게 주지시키고자 했다"고 회고했다.[269]

### (4) 특파원 도청과 미행

정부의 외국 특파원에 대한 전화 도청은 공공연한 사실이었다. 더닝씨는 "1980년대 어느 날 CBS뉴스의 한영도 기자가 중앙정보부에 억류되어 심문을 받게 되었다. 나는 도쿄에 있었는데 이 사실을 알고, 행정기관인 미국 공보원에 전화를 걸었다. 내가 자세히 상황을 설명하자 담당자는 도청을 하고 있는 한국 관리가 우리가 하는 말을 이해할 수 있게 계속 말하라고 했다"고 밝혔다.(브루스 더닝(Bruce Dunning), p.13.)

오노다씨는 "일본인 특파원들의 사무소, 자택의 전화는 모두 도청당하고 있었고, 도쿄에 전화로 원고를 송고하고 있으면 잡음이 들어간다든지 갑자기 회선이 끊기곤 했다"며 "인터넷이 생활화된 지금 생각해보면 웃기는 이야기이겠지만, 동네 문구점의 복사기에서 반정부 삐라(전단)를 복사하고 있는 자가 없는지, 경관이 매일 복사기 매수 기록을 점검하러 다니던 시대였다"고 회고했다.(오노다 아키히로(小野田明廣), p.18.)

전 미국 시카고 트리뷴지 특파원이었던 도날드 컥(Donald Kirk)씨는 "김영삼씨가 가택연금 상태였던 전두환정권 초기 우리는 미행당하고 있으며 전화는 도청되고 있음을 확신했다"며 "호텔 객실로 내가 무엇을 하려고 하는지 알고 싶어 하는 사람들의 전화를 몇 번 받은 적이 있었다"고 증언했다.[270]

후카야씨는 "사무실이나 자택의 전화를 도청당하는 것 정도는

---

269) 브루스 더닝(Bruce Dunning), '한국의 민주화 투쟁 취재' 앞의 발제집, p.13.
270) 도날드 컥(Donald Kirk), '한국의 민주주의 이행과정을 취재하면서' 앞의 발제집, p.23.

각오하고 있었지만, 부인이나 아이들은 '한국 전화는 왜 잡음이 많지?'하며 불만을 토로하곤 했다"며 "10.26사태로 박대통령이 암살된 후 일시적으로 민주화의 광명이 비추었을 때, 중앙정보부 정보원 한명이 '이제야 말을 할 수 있습니다만, 당신 집 전화는 중앙정보부, 치안본부, 서울시청, 용산 경찰서, 보안사령부에서 도청하고 있습니다'고 귀띔해 주었다"고 증언했다.(후카야 키이치로(深谷喜一朗), p.26.)

(5) 대미 언론공작

중앙정보부는 인권에 관한 비판을 순화시키기 위해 대미 언론공작을 벌였다. KCIA의 대미언론공작 계획에 따르면 북한의 대미 언론계 침투를 저지하고, 친한 여론을 육성하는 데 초점을 맞추고 있다. 이 공작계획은 1977년 11월 29일 미국 하원국제관계위원회 국제기관소위에 의해 발표된 '1976년도 대미공작방안'에 포함되어 있다.

이 공작계획은 우선 북한의 대미 언론계 침투를 저지하기 위해 미국의 반전 저널리스트들 사이에 반한적 논조가 나타나고 있어 이에 대처하기 위해 (한국의) 인권에 관한 반한논조를 경제문제에 대한 비판으로 돌리고 한국을 고립시키려는 선전이라고 지적한다. 이 목표를 위한 추진책으로 ① 미국의 반전 저널리스트 계통과 동향을 파악(특히 북한과의 관련성 조사)하고 2개의 미국 조직(명칭 삭제)을 이용하여 미 공보원(USIA)이나 FBI와 협조하며 ② 반한 저널리스트의 생각을 바꾸게 한다.(이를 위해 3명의 저널리스트를 한국에 초대. 항공운임은 1인 왕복 2,200달러, 3인분 계 6,600달러) 또한 (명칭 삭제) 반전조직에 침투하여 조직의 주요 멤버를 한국에 초청 등.

친한 여론을 육성하기 위해 재미 한국대사관과 영사관의 홍보활동을 시행한다. 한국 대통령의 대미 홍보활동 지시를 이행하고 워싱턴포스트의 모(이름 삭제)씨 등 6명의 미국인 기자를 친한파로 변화시킨다. 이를 위한 추진책으로 미국 유력기자를 한국에 초대하고(5인분 왕복여비로 1만1,000달러. 구체적으로 미국 ABC방송 기자, 2명의 뉴욕

타임스 기자, 평론가(이름 삭제)가 포함되어 있다. 5인분의 체류경비로 한국통화로 150만원을 계상) 미국인 기자 2명을 협력자로 고용하며(워싱턴 포스트, 그리스천 사이언스 모니터(Christian Science Monitor) 등 유력지에서 선발, 1인에 월 500달러, 1년치 1만2,000달러를 계상) 재미 한국인 신문(명칭 삭제)에 대해서 책동하는 미국인 기자 1명을 고용하고, 재미 한국인 특파원 3명(이름 삭제)에 대한 책동(비용 7,200달러)한다. (나카가와 노부오(中川信夫)·마쓰우라 소조(松浦總三) 편, pp.94~95.)

중앙정보부는 이 공작계획에 나타난 것처럼 엄청난 돈을 써가며 박정희정권의 인권탄압에 대한 외국 언론의 비판을 무마하려고 노력했다.

### 2) 전두환정권(1981년~1987년)

전두환정권은 외국 간행물에 대한 검열은 다소 완화했으나 외국에서 발행되는 한국어 신문에 대해서도 보도지침을 지키도록 강요했다. 또한 쿠데타 직후에는 박정권처럼 외국 신문의 서울지국을 폐쇄하고 특파원을 추방했다. 특히 전정권은 외신을 정권의 홍보도구로 이용하는 여론조작 방식을 활용하기도 했다.

### (1) 외국 간행물 검열

외국간행물에 관한 검열은 1981년 전두환정권 들어 다소 완화됐다. 전두환정권은 2월 14일부터 수입되고 있는 외국 신문과 잡지 등 정기간행물은 원칙적으로 삭제하지 않고 배포했다. 문화공보부는 '외국간행물심의(검열)기준 완화보고'를 통해 "해외 외국인에 대한 통제국가 인상을 배제하고 통제 경우에도 효율적 관제가 불가하고 유언비어 등 역효과를 시정하기 위해" 외국신문과 잡지 등 정기간행물은 원칙적으로 삭제하지 아니하고 배포한다고 보고했다. 그러나 ① 국가원수와 관련된 악의적인 비방 모독 내용과 ② 국헌을 심히 문란케 하는 내용에 대해서는 계속 통제했다. 외국의 일반 서적 중

공산주의 찬양 등 관계 법률에 위반되는 성격은 계속 규제했다.[271]

전두환정권의 안기부는 1982년 5월 17일 일본 마이니치신문에 실린 전면 의견광고를 삭제했다. 같은 해 5월 22일 작성된 '재일교포 국가보안법 위반 수감자와 관련 불온기사 적발보고'는 전정권 초기 외국간행물 검열기준을 잘 보여준다.

재일교포 국가보안법 위반 수감자와 관련 불온기사 적발 보고
김대중 및 국가보안법 위반 재일교포 수감자들의 석방을 요구하면서 인권문제를 구론하는 등 현 정부 체제를 비난하는 기사가 일본 참의원 우츠노미아 도구마(宇都宮德馬) 등 반한 인사들과 수감자 가족들과의 간담형식으로 일본 일간지 전면 의견광고로 게재된 내용 적발 검토 보고임.
1. 간행물 명 : 마이니치(每日)신문(1982년 5월 17일자 조간 6면)
   ※ 국내 수입부수 : 50부
제목 : "조용한 아침은 아직 오지 않았다"
   - 한국에 인권을, 한반도에 군축과 평화를 -

이 의견광고는 '한국은 전두환정권 하에서 어떻게 변할까', '정치범 석방 및 민주주의 증거는 없는가'라는 제하로 국내 수감자들 가족과의 간담형식의 글과 재일교포 국가보안법위반 수감자(26명) 명단에 게재되어 있었다. 이에 대한 안기부의 조치는 '본 기사는 재일교포 수감자 가족들이 광고를 이용, 반한인사를 동원하여 현 정부를 비난한 내용과 보도 금지된 광주사태 참상 사진이 게재되어 있어 전면 삭제 조치하겠음'이라고 밝혔다.

전정권은 텔렉스를 타고 전해지는 외신에 대해서도 보도유무를

---

271) 문화공보부, '외국간행물 심의(검열)기준 완화 보고', 1981년 2월 14일. 문공부는 이 문건에 수입되는 외국간행물의 이름과 수입 부수에 대해 자세하게 기록했다.

결정했다. 주로 안기부와 협조하여 통신사의 텔렉스 내용을 조절하고, 만일 사전조정이 안 된 외신이 신문사 텔렉스로 들어갔을 경우에는 곧 보도지침으로 통제하였다. 또한 해외에서 발행되는 교포신문에까지 영향력을 미쳤다. 전두환정권 당시 미국 시카고에서 한국일보 시카고지사 편집국장을 맡고 있던 조광동씨는 "나는 전두환정부를 비판하는 기사를 게재하고 칼럼을 썼다. 어느 날 한국 본사에서 사람이 나왔고, 나에게 양자택일을 하라고 했다. '보도지침을 따르든지, 아니면 그만두든지 하라'는 말에 나는 그만두는 것을 택했다"고 회고했다.[272]

### (2) 일본 언론사 지국 폐쇄(1980년)

정부의 마음에 들지 않는 기사를 작성한 외국 신문사의 지국을 폐쇄하거나 특파원을 추방하는 사례도 심심치 않게 일어났다.

1980년 5월 30일 신군부 세력은 일본 교도통신 서울지국 폐쇄와 특파원의 국외 추방을 명령한 데 이어 7월 3일에는 아사히신문과 지지통신의 서울지국 폐쇄와 특파원 국외추방, 7월 7일에는 산케이신문 지국장에게 17일까지 출국 권고 조치를 내렸다. 마이니치신문은 이미 1979년 1월부터 특파원 국외 추방과 신문의 한국 내 배포 금지 조치가 실시되고 있었다.

이러한 조치를 내린 이유는 교도통신의 경우 몇 번이나 한국의 국가이익에 반하는 악의적인 왜곡 허위보도를 하여 '신문·통신 등의 등록에 관한 법률' 제13조를 위반했다는 것이다. 아사히신문과 지지통신의 경우는 특별한 이유를 밝히지 않았다. 하지만, 아사히신문의 경우 '5월 23일의 광주민주화 사건을 다룬 기사와 잡지' '세카이(世界) 8월호' '한국으로부터의 통신-TK생', 지지통신의 경우 5월 20일의 광주민주화사건을 다룬 AFP-지지통신 전신과 '세카이 기사

---

272) 조광동, '시카고에서 감격과 아픔으로 회고하는 30년 세월', 〈1974년 겨울〉, 미디어집, 2005년, p.326.

408

소개' 등과 관련하여, 모두 '현지에서의 확인을 게을리 했다'고 해명을 요구했다. 산케이신문은 '5월 28일의 (일본에의) 귀국자 목격 담화를 전한 교도통신 전신'과 '세카이 기사 소개의 지지통신 전신을 게재했다'는 것으로 출국 권고를 받았다.

계엄사령부의 잇따른 강행조치에 대해 일본신문협회는 의견이 분분했지만 7월 14일 소위원회에서 ① 주일 한국대사와의 간담 ② 외무성에의 협조 요청 ③ 연기된 한일편집세미나의 연내 개최를 결정했을 뿐이다.[273]

결국 전두환정권의 배려로 1981년 3월에 교도통신, 지지통신의 서울지국, 5월에는 아사히신문과 마이니치신문의 서울지국이 재 개설됐다. 1981년 5월 현재 서울의 일본인 상주기자는 13개사 13명으로 회복됐다.


(3) 국내 여론 조작

또한 한국에 관한 외국의 신문 잡지 관련 기사를 각국에 주재하는 해외 공보관이 번역해서 문공부로 보내오면 내용을 분석 검토하여 국내 보도유무를 결정하였다. 물론 부정적이고 비판적인 기사는 일절 언급하지 못하게 하지만, 전두환정권에 도움이 되는 내용은 각 언론사에 보내 크게 보도하라는 지침을 내렸다.

대표적인 형태는 아프리카나 유럽의 신문(주로 3류 신문이나 지방의 작은 신문)이 '전두환 대통령 개인이나 5공화국 출범이래 한국의 경제 발전상'을 찬양하는 보도를 하면 문공부 홍보정책실을 이를 입수하여 신문과 방송에 이 내용을 보도할 것을 시달한다. 이때 방송의 경우는 이 내용을 다시 그 나라에 주재하는 방송사 특파원에게 보도하게 하여—물론 이때의 보도 원고는 방송사에서 작성하여 미리 특파원에게 알려준다. TV를 시청하는 국민들의 눈에는 마치 해

---

273) 미야타 히로토(宮田浩人), '한국 군사정권시대의 대일 언론공작' 앞의 발제집, p.61.

외 특파원이 '세계 속의 한국'을 현지에서 직접 취재하여 생동감 있게 보도하는 것처럼 보이게 했다.

이런 웃지 못 할 전두환 대통령의 찬양 보도 이면에는 몇 가지 사전준비 작업이 더 있었다. 그것은 외국 언론인들을 그 나라 주재 한국공보관의 주선으로 보통 부부동반으로 한국에 초청하는 일이었다. 초청된 외국 언론인들은 땅굴 등의 안보시설 및 산업시설 그리고 경주 등을 관광시켜 주면서 사전준비 활동을 하는 것이다. 1986년 가을 국회에서 조순형 의원이 "해외 언론인 1일 체재경비가 31만원이라는 것은 너무 과다하다"고 지적하면서 외국 언론인에 대한 로비 활동에 의문을 제기하였다. 당시 대통령의 해외체재 경비가 하루 32만원, 국무총리가 21만원인 점을 감안하면 1983년부터 실시해온 '외국 언론인 초청'의 실상이 어떠했는가를 쉽게 짐작할 수 있다.(김동수, pp.140~141.)

## 6. 신동아 · 월간조선 제작방해(1987년)

전두환정권의 강압 통치는 1987년 6.10시민항쟁을 불러 왔고 노태우 민정당 총재의 6.29선언으로 일단 시민의 승리로 끝났다. 6.29선언에는 언론자유 보장이 중요 항목으로 등장했다.

다섯째, 언론자유의 창달을 위해 관련제도와 관행을 획기적으로 개선해야 합니다. 아무리 그 의도가 좋다 해도 언론인 대부분의 비판의 표현이 되어온 언론기본법은 시급히 대폭 개정되거나 폐지하여 다른 법률로 대체되어야 할 것입니다. 지방주재 기자를 부활시키고 프레스카드제를 폐지하며 지면의 증면 등 언론의 자율성을 최대한 보장하여야 합니다. 정부는 언론을 장악할 수도 없고, 장악하려고 시도하여서도 아니 됩니다. 언론을 심판할 수 있는 것은 독립된 사법부와 개개인의 국민임을 다시 한 번 상기합니다.

이 선언으로 국민 대다수는 이제야 말로 한국에서 언론통제라는 말이 영원히 사라졌으면 하는 기대를 가졌다. 그러나 6.29선언이 있은 지 얼마 되지 않은 9월에 월간지 〈신동아〉와 〈월간조선〉 제작 방해사건이 발생했다.

## 1) 사건 경과

김대중 납치사건에 관한 이후락씨의 증언기사에서 발단된 이 사건은 기자들의 저항과 당국의 강경 입장이 맞서 정치 사회문제로까지 비화됐다. 9월 28일 이웅희 문공장관이 발표문을 통해 "신동아 및 월간조선의 이후락씨 인터뷰기사 취급은 양 언론사의 자체적 판단에 따라 인쇄·출판될 문제이며 더 이상 이 문제를 둘러싼 논란이 계속되기를 바라지 않는다"는 정부 입장을 밝힘으로써 해결됐다. 그러나 이 사건은 분명히 언론에 대한 '사전검열'이라는 점에서 충격을 주었다.(김동선, p.519.)

1987년 9월 20일 안기부는 김대중 납치사건 관련 이후락 전 중앙정보부장의 증언내용을 게재한 월간지 〈신동아〉와 〈월간조선〉 10월호 발행을 중단시키기 위해 인쇄소를 점거했다. 안기부 수사관 10명을 월간조선 및 신동아 10월호를 인쇄중인 서울 동아인쇄공업에 파견, 인쇄와 제본을 중단시켰다.[274]

당시 전두환정권은 신동아가 이 기사를 게재한다는 사실을 알고 동아일보 출판국 담당 안기부 직원과 여당 의원 등을 통해 기사를 게재하지 않도록 압력을 가했고 동아일보 경영진도 이에 맞춰 게재를 자제하도록 얘기했으나 받아들여지지 않았다. 사건 발생 전날 마지막으로 안기부가 요청한 기사게재 중지 요구가 받아들여지지

---

274) 조선일보, 1987년 9월 25일

않자 안기부가 기사게재를 물리적으로 저지한 것이다.

당시 동아일보 장행훈 출판국장은 "당시 신동아 입장에서 동기사와 관련하여 외교적 파장을 고려하지 않은 것은 아니지만 이미 지난 일이었고 세상에 다 알려진 사실인바 주저할 일이 아니라고 생각하였다"며 "그러나 게재 이후 사회·정치적으로 문제가 심각해지자 증언내용에 대한 위법성 논란이 제기됐다"며 이 사안을 해결하기 위해 정부측 타협안이 제시됐으나 타협안은 거부됐다.(〈국정원Ⅴ〉, pp.109~112.) 그러나 안기부가 신동아의 이후락 증언 내용을 동아일보에 보도하지 않도록 요청하자 동아일보는 보도하지 않기로 결정했다.

신동아 제작 방해에 반발하여 신동아와 월간조선 출판국 기자들이 9월 21일부터 철야농성에 들어간데 이어 편집국 기자들 역시 기자총회를 열고 언론탄압 중지를 요구하는 성명서를 발표했다. 9월 22일 이 사건이 AP통신, 마이니치신문 등 해외 언론을 통해 전파된 뒤 9월 25일 민주당, 민추협 등 정치권 및 국민적 비난여론이 높아지자 민정당은 9월 27일 신동아 등 제작 중단사건 관련 정부의 공명정대한 처리를 요구하는 성명을 발표하는 한편, 9월 28일 이웅희 문공부장관의 공식입장 발표로 사건은 종료됐다.(〈국정원Ⅴ〉, p.105.)

2) 위법성 논란

이 사건은 외교적 문제, 국익과 언론의 자유가 상충할 때 판단기준에 대한 문제, 위헌적 요소가 많아 폐기될 운명에 놓였던 언론기본법 적용 문제 등의 논란을 불러 일으켰다.

전두환정권은 이에 대해 김대중 납치사건이 한일간 외교문제 비화 가능성[275]과 전 중앙정보부장이 재직시 직무상 알게 된 비밀에

---

275) 문공부는 당시 다음과 같은 성명을 발표했다. "73년 말 소위 김대중 납치 사건과 관련하여 14년 전 일어났던 이 사건은 한일 양국이 상당기간의 수사결과 공권력의 개입은 없었고 사법적 외교적으로 마무리되었음은 국민 누구나 기억하고 있을 것이다. 정부는 현 단계에서 이 같은 한일 양국의 결론에 부합되지 않는 그 어떤 다른 상황을 가정할 수 없으며

대한 증언은 실정법 위반임을 주장하여 언론기본법 제53조 '편집인 등이 정당한 사유 없이 범죄를 구성하는 내용의 공표를 배제하지 아니한 때'에 위배된다며 삭제를 요구했다.

이에 대해 신동아, 월간조선 등은 이후락의 증언내용은 김대중 납치사건을 밝히는 중요한 사안이므로 국민의 알 권리를 충족시키기 위한 것이며 이 사건이 이미 공개된 사안임을 들어 국익에 반한 내용도 아니며 언론사에 김대중 납치 관련 이후락의 증언은 공직수행과 관련 없는 범법행위로 직무상 비밀 또는 국가이익과 무관하다는 반론을 제기했고 실정법 위반부분은 간행물 발행이후의 문제로 안기부의 인쇄소 점거는 강압적 사전 검열로 명백한 위헌이라고 주장했다.

동아일보 출판국 기자들은 9월 24일 '신동아 제작탄압에 대한 공개질의서'를 통해 이러한 주장에 대해 강력하게 반발했다.(〈국정원 V〉, p.252.)

① 국가기관의 동아인쇄공업(주)의 강제 점거에 의한 신동아 10월호 보도 억압은 노태우 민정당 총재가 '6.29선언'에서 '정부는 언론을 장악할 수도 없고, 장악하려고 시도해서도 안 된다. … 언론을 심판할 수 있는 것은 독립된 사법부와 국민일 뿐'이라고 언명한 언론자유 보장을 명백히 식언한 것이 아닌가? ② 정부가 동아인쇄소를 강점하고 신동아 보도내용에 간섭하는 것은 명백한 사전검열로써 헌법 위반이 아닌가? ③ 이미 14년 전에 발생하여 한·일 양국 정부 간에 완전히 타결을 보았고 중앙정보부의 개입 등 김대중씨 납치사건에 대한 세세한 사실이 국내외에 충분히 주지되었음에도 불구하고 정부가 외교문제를 이유로 신동아 출간을 막는 것은 오로지 정부 기구의 안전과 위신을 지키기 위한 것은 아닌가? ④ 만에 하나 신동아 기사 내용 중 실정법에 위반하는 사항이 있다고 하더라도 아직 보도

불투명한 발설을 토대로 동 사건을 재론하는 것이 국제 외교상 중대한 국익손상을 초래할 것으로 보고 있다." 동아일보, 1987년 9월 24일.

되지 않은 기사를 합법적 절차를 무시한 채 억류하는 것은 정부 자신이 실정법을 위반한 것이 아닌가? ⑤ 김대중씨 납치사건의 진상보도가 국민의 기본적 알 권리를 제약해야 할 만큼 이른바 '국가 이익'에 배치되는 것인가?

대한변협 인권위도 이후락 증언기사의 법률적 문제에 대한 검토 결과 아무런 하자가 없으며 위헌으로 폐지될 운명인 언론기본법의 독소조항을 적용한 것은 무리라는 성명서를 발표했다. 그러나 정부는 언론기본법 제53조 '편집인 등이 정당한 사유없이 범죄를 구성하는 내용의 공표를 배제하지 아니한 때'에 위배된다고 지속적으로 주장했다. 이에 대해 동아일보와 조선일보는 사설을 통해 "비록 언론보도가 법에 어긋난다 해도 사후의 사법적 대응을 강구하거나 사전억제의 필요성이 제기될 경우에도 법적 절차(가처분)를 거치지 않았다는 점에서 절차상 하자가 있다"고 주장했다.

전 중앙정보부장이 직무상 알게 된 비밀을 누설했다는 논란에 대해서는 김대중 납치사건이 사실상 공개사안이라는 점에서 비밀에 해당하는가, 박정희정권 당시 발생한 내용을 전두환정권이 책임질 사안인가, 납치와 같은 범죄 사실이 보호받을 가치가 있는가 등의 문제가 지속적으로 제기됐으나 앞서 이후락이 신동아와 인터뷰 내용을 부인하고 당시 공권력 개입이 없었다고 주장하였고, 정부가 인쇄저지 방침을 철회하면서 종료되었다.(〈국정원Ⅴ〉, pp. 106~120.)

당시 전두환정권과 안기부가 신동아와 월간조선의 이후락 증언을 물리적으로 중단시킨 위법성은 부정할 수 없다. 또한 당시 집권당 대표 노태우가 언론자유를 보장한 '6.29선언'을 천명한 이후 정부는 문제기사에 대한 법원의 출판금지 가처분신청 등을 통해 절차적 합법성과 정당성을 확보했어야 했음에도 불구하고 이러한 절차를 무시했다고 국정원 과거사위원회는 결론지었다.

### 제 3 부

'언론탄압의 완결판' 보도지침

보도지침은 독재정권 언론탄압의 완결판이라고 해도 과언은 아니다. 커뮤니케이션 모델에서 '메시지 통제'의 일부분인 것처럼 보이지만, 실제로는 커뮤니케이디와 미디어, 메시시를 함께 통제한 것이라고 보아도 무방하다. 박정희정권과 전두환정권은 언론사 편집국(보도국)에 보도지침을 하달한 뒤 기자와 언론사에 보도지침을 지키도록 강압을 가했다. 만약 보도지침을 이행하지 않으면, 기자들을 중앙정보부나 안전기획부 등 정보기관에 연행해 수사하거나 고문을 가했으며, 언론사에 대해서는 폐간 위협 등으로 경영진을 압박했다. 특히 전두환정권 시절에는 언론기본법에 문화공보부 장관이 신문사의 등록을 취소할 수 있는 권한을 가지고 있었다.

보도지침이 세상에 알려진 것은 전두환정권 막바지인 1986년 민주언론운동협의회가 펴낸 〈말〉지 특집호를 통해서였다. 전두환정권은 관련자 3명을 구속해 국가보안법 위반 등의 혐의로 기소하고 다른 관련자들을 수배했다. 1심 재판에서는 집행유예 등 유죄를 선고했으나 이후 9년여가 흐른 1995년 대법원은 무죄 확정 판결을 내렸다.

보도지침은 박정희정권에 시작되어 전두환정권에 의해 제도화했다. 이는 나치 독일이나 군국주의 일본과 똑같은 언론통제 방법이었다. 박정희정권은 보도지침을 중앙정보부에서 시달토록 했으며 전두환정권 들어서는 문화공보부 홍보조정실로 이관했다. 당시 중앙정보부와 안기부는 '정권의 첨병' 역할을 수행하며 무소불위의 권력을 휘둘렀기 때문에 언론을 장악할 수 있었다. 그러나 보도지침을 시달한 곳은 중앙정보부나 홍보조정실에 그치지 않았다. 청와대는 물론이고 보안사, 안기부, 국방부, 문공부 등 정부 각 부처에서 수시로 하달했다. 특히 전두환정권 때는 홍보조정실에 언론인 출신들을 기용해 '이언제언(以言制言)' 수법을 활용했다.

보도지침의 지시방향은 매우 시시콜콜하다. 'Hold'나 '보도 불가' 등은 가장 많이 사용된 지시어이지만, '눈에 띄게' '조그맣게' '적절하게' '조용히' 등 다양한 지시어를 사용했으며, 기사나 제목의 크기,

제목에 들어갈 표현까지 지정했다. 또한 특정인의 사진을 싣지 말라거나 스케치(sketch) 기사나 가십(gossip) 기사를 쓰지 말라고 지시했다. 1986년에 발생한 '부천서 성고문 사건'의 경우 '운동권 학생들은 성(性)을 혁명 도구화한다'는 공안당국의 발표내용을 쓰고, 제목에 '부천서 사건'으로 쓰라고 지시하기도 했다.

보도지침 내용을 보면, 주로 야당이나 재야, 학생 등 민주화운동 세력을 깎아내리거나 비난하도록 하고 학생 시위에 대해서는 과격성과 이념성을 부추기도록 여론을 조작했다. 반면 여당에 대해서는 우호적인 보도를 하도록 강요하고 특히 대통령 등 정부 고위인사에 대해서는 적극적으로 홍보하도록 했다. 공산권 국가나 북한 관련 보도는 거의 보도하지 못하게 하면서 북한을 비난하는 기사를 쓰도록 하여 '반공이데올로기'를 전파시켰다. 또한 미국과의 통상협상 등에 대해서는 저자세로 대응하면서 미국의 민주화 압력은 철저하게 보도를 통제했다. 물론 군 관련 뉴스나 정부 고위층의 부패도 보도관제 사항이었다.

보도지침 내용을 보면 정권의 성격을 그대로 알아볼 수 있다. 박정희정권이나 전두환정권 둘 다 마찬가지로 '반민주적'이며 '반민족적', '반민중적' 성격이 그대로 드러난다. 따라서 이들 정권이 권위주의에 기초한 '파시즘(fascism) 체제'였음을 쉽게 찾아볼 수 있다.

독재정권이 하달한 보도지침에 대해 언론 현장에서는 나름대로 저항하기도 했다. 지시내용이 불확실하면 미친 척하고 무시하거나 1단(段)으로 쓰라는 지시가 내려오면, 상하로 길게 흘려 기사를 편집하기도 했다. 그러나 무시할 수 없는 보도지침도 있었다. 신문 1면 왼쪽 상단에 반드시 대통령 동정 기사를 싣도록 한 지시사항을 어기지는 못했다. 그래서 기자들은 그곳을 '로얄 박스(royal box)'라고 불렀다. 특히 중요한 보도지침을 어겼을 경우에는 중앙정보부나 안전기획부로 연행해 조사하거나 심한 경우 혹독한 고문을 가하기도 했다. 특히 청와대나 문공부에서는 경영진에 압박을 가해 편집국장을 경

질서키기기도 했다. 보도지침의 이행률은 평균 70%를 넘었다. 언론현
장의 저항이 얼마나 소극적이었는가를 보여주는 통계이다.


## 제1장  보도지침 사건


　독재정권의 보도지침 실체에 대해 현장에서 일하던 언론인들은
잘 알고 있었으나, 구체적인 내용에 대해서는 해당 실무자들만 알
뿐이었다. 따라서 보도지침에 대해서는 정치권에서도 크게 논란이
된 적은 없다. 다만 전두환정권 시절 1986년 보도지침의 내용이 구체
적으로 공개됨으로써 정치적으로 커다란 논란을 일으켰다. 보도지침
사건은 1987년 6.10시민항쟁에도 영향을 끼친 것으로 평가되며 이후
9년 이상 재판을 이어가다 대법원에서 무죄로 확정 판결을 받았다.
　박정희정권 유신시대의 보도지침은 전두환정권이 끝난 뒤 공개
됐다. 당시 신문사나 방송사 기자들이 메모형식으로 기록했다가 공
개한 것이다. 신아일보 출신의 김희진씨, 경남일보 출신의 이수기씨,
동양방송 출신의 노계원씨 등이 공개한 보도지침은 시기는 약간씩
다르지만 비슷한 유형이다. 그러나 정확하게 보도지침이 언제부터
언론사에 하달됐는지는 분명하지 않다.
　1973년 4월부터 신아일보 정치부장으로 재직했던 김희진씨는
1995년 펴낸 〈유신체제와 언론통제-암울했던 시대 중앙일간지 정
치부장의 육필메모〉라는 책을 통해 1975년 1월부터 1976년 12월까
지 중앙정보부에서 신아일보로 하달된 보도지침을 상세하게 기록

하여 공개했다.

또한 언론전문 주간지 〈미디어 오늘〉은 1996년 1월 3일자 및 10일자에 동양방송(TBC) 관계자가 보존해 왔던 1975년 5월 16일부터 1979년 10.26직후인 11월 20일까지 4년 6개월여 동안 중앙정보부 등에서 언론사에 하달한 보도지침을 공개했다. 이 보도지침은 당시 보도지침을 전달받은 TBC 당직기자들이 열람하기 위해 작성했던 기록장부이다. 노계원씨는 1999년 성균관대 언론정보대학원 석사학위 논문 '제3공화국 말기 언론통제에 관한 분석적 연구—구 동양방송 '보도통제연락접수대장'을 중심으로'에서 이 보도지침을 상세하게 분석했다.

유신정권 말기 경남일보 기자로 근무했던 이수기씨는 2002년 〈보도지침과 신문의 이해〉라는 책을 통해 유신정권이 종말을 고하는 1979년 10.26사태를 전후로 1년 8개월간 메모형태로 기록한 283개항의 '보도지침'을 공개했다. 1979년 3월 10일부터 1980년 11월 24일까지, 경남일보가 11월 25일자를 끝으로 경남매일(현 경남신문)에 통합되기 직전까지 중앙정보부와 계엄사가 언론사에 통보한 보도지침이었다.

## 1. 보도지침 폭로(1986년)

보도지침은 박정희정권이 중앙정보부를 활용해 각 언론사에 내렸던 보도통제 수법에서 시작된다. 1980년 5월의 광주학살로 집권한 전두환 정권은 이를 더욱 정교하게 만들어 활용했다. 정권의 정통성이 없는 전두환정권은 '언론을 잡아야 정권이 산다'며 언론을 장악하기 위해 온갖 수단을 동원, 언론인 강제해직, 언론사 통폐합, 언론기본법 제정 등 일련의 조치를 시행했다. 언론에 재갈을 물리는 일련의 조치가 성공을 거두고 언론이 정권에 순치된 이후, 전두환정권은 세계에서 유례를 찾아보기 힘든 보도지침을 시달했다. 보도지침은 말 그대로 정권이 전두환정권이 신문사에 하달한 보도지침을 기록한 사본 중 일부. '부천서 성고문사건'의 보도지침이 상세하게 기록되어 있다.

언론에 내려 보낸 지침으로, 당시 문공부 홍보조정실에서 매일 언론사 편집국(보도국)에 은밀하게 시달하는 보도통제 가이드라인이었다.

　보도지침의 존재에 대해서는 언론현장에서 근무하던 언론인들은 물론, 해직언론인 사이에서도 일부 알려져 있었다. 1984년 3월 24일 발족한 80년 해직언론인 협의회는 같은 해 7월 10일 '정부의 언론탄압을 고발한다'는 성명을 통해 당시 언론의 본질적 문제인 '보도지침 언론'을 폭로했다. 이 성명은 "정부가 필요로 하는 중점 홍보과제, 홍보사항을 사전에 언론사에 통고함으로써 주요 보도내용을 통제하는 한편, 신문과 방송이 사설, 해설, 기획특집, 대담 등을 통해 어떻게 정부 사업을 집중 홍보할 것인가에 대한 보도방법까지 지시하고

420

있는 것이다"라고 밝혔다.276) 이 성명은 보도지침에 대해 구체적인
내용을 적시했다.

문공부는 이 같은 보도지침 이외에 홍보조정실을 두어 사사건건
언론을 간섭, 통제하고 있다. 홍조실에는 언론 개별사를 전담하는
통제요원이 배치되어 편집권에 대한 절대적인 권력을 휘두르고 있
다. 이 통제요원들은 기사게재 여부의 결정은 물론, 기사내용, 단수,
사진사용 여부, 심지어는 특정인의 호칭 사용 등 제작 전반에 걸쳐
간섭하고 있다. 이처럼 물샐 틈 없는 언론 탄압은 제도언론, 관제언론
이라는 참담한 결과를 초래, 국민의 언론불신감을 심화시키고 있다.

그러나 보도지침의 실체가 공개된 것은 아니었다. 보도지침의 실
체는 해직기자들이 중심이 되어 구성된 민주언론운동협의회의 기
관지 〈말〉 특집호를 통해 2년 뒤에나 밝혀졌다.

## 1) 민주언론운동협의회 기관지 〈말〉

보도지침은 해직기자들이 중심이 되어 결성된 민주언론운동협의
회가 발간한 〈말〉지 1986년 9월 특집호를 통해 1985년 10월부터 1986
년 8월까지 보도지침 내용이 공개됨으로써 일반에 알려졌다. 해직
기자들로 구성된 민주언론운동협의회는 1986년 9월 6일 기관지였던
〈말〉 특집호에 '권력과 언론의 음모-권력이 언론에 보내는 비밀통
신문'이라는 제목으로 보도지침을 세상에 폭로했다. 보도지침은 사
회적으로 커다란 반향을 불러 일으켰다. 전두환정권의 실체를 그대
로 보여주는 내용들이 실려 있었기 때문이다. 〈말〉 특집호에는 1985
년 10월 19일부터 1986년 8월 8일까지 약 10개월분의 보도지침이

---

276) 정상모, '해직기자들, 민주언론운동협의회 결성', 〈6월 항쟁을 기록하
다〉 2, (사)6월민주항쟁계승사업회 · 민주화운동기념사업회, 2007년,
pp.73~74.

수록되어 있다.

동아투위와 조선투위, 80년 해직언론인협의회, 진보적 출판인들이 언론민주화를 기치로 내걸고 1984년 12월 민주언론운동협의회(언협)를 발족시켰다. 〈말〉은 바로 언협의 기관지로 1985년 6월 '민중 민족 민주언론의 디딤돌'이라는 부제를 달고 창간된 매체였다. '말'이라는 제호는 신홍범이 작명했고 초대 편집장은 김도연이었다. 〈말〉은 발행될 때마다 압수수색을 당해야 했고 편집인이 번갈아 연행되어 1주일씩 구류를 살아야 했다. 언협은 구류를 번갈아 나누어살기 위해 구류담당 편집인의 순서를 미리 짜놓기까지 했다. 그 순서에 따라 성유보 신홍범 최장학 김태홍이 차례로 구류를 살았다.

〈말〉은 제도언론과 군사정권의 치부를 폭로했다. 대안언론의 표상으로 급부상한 것이다. 그러나 〈말〉은 언론기본법상 정식 등록된 매체는 아니었다. 일종의 비합법 지하언론이었다. 〈말〉을 만드는 사람들은 굳이 정식 등록을 요청할 생각이 없었다. 언협에서 활동한 해직 기자들은 〈말〉을 디딤돌로 삼아 종합일간지 창간을 꿈꾸었다.[277]

### 2) 보도지침 자료 전달

보도지침이 언론사에 하달되고 있다는 사실은 공공연한 비밀이었지만, 실체는 좀처럼 세상에 그 모습을 드러내지 않았다. 일찍부터 권력에 길들여진 언론사가 철저하게 은폐했기 때문이다. 그러나 신문사 기자들은 1986년 4월과 5월에 걸쳐 각 신문사별로 '우리의 결의'를 발표하면서 보도지침의 존재가 확인됐다. 기자들은 "기관원 출입과 홍보지침 등 일체의 외부 간섭을 거부한다"(4월 18일 한국일보) "언론조정과 협조라는 이름아래 계속되고 있는 정부기관의 부당한 언론간섭은 즉각 중단되어야 한다"(5월 15일 중앙일보)는 결의

---

277) 한겨레신문사, 〈희망으로 가는 길-한겨레 20년의 역사〉, 2008년, p.35.

를 연쇄적으로 주장하기에 이른다.

보도지침은 당시 신문사 편집국 간부를 비롯해 일부 편집부 기자들 사이에서는 잘 알려져 있었다. 한국일보사 내에서는 많은 기자들이 이른바 '홍보조정'으로 불리는 보도지침 사본을 본 적이 있다.[278] 한국일보 기자들은 언젠가 보도지침을 공개해 전두환정권의 언론통제 실상을 세상에 알려야 한다며 편집국에 나도는 보도지침 사본을 모았다. 그러나 보도지침 전부를 수집할 수는 없었다. 당시 편집

1986년 6월 27일자 보도지침. 연합통신이 보도한 '김대중 스웨덴 일간지 회견 기사' 보도 불가란 지침이 눈에 띈다.

---

278) 이 보도지침 사본은 당시 한국일보 이성춘 편집부국장이 전화로 받아 기록했던 것을 복사해 편집국 각부 데스크에 전달하여 편집 제작에 참고하도록 한 것이다.

부 기자였던 필자는 보도지침 사본이 편집국 서무 책상 위에 검정색 표지로 철해져 있다는 사실을 알게 되었고, 이를 세상에 알리게 된 것이다. 훗날 알려진 얘기지만 이 보도지침 철은 당시 장강재 한국일보 회장이 지시로 보관하게 됐다고 한다.[279]

필자는 편집국에 있던 보도지침 철을 보고 깜짝 놀랐으나 순간 이를 혼자 볼 수는 없다고 생각했다. 필자는 이를 가지고 나가 평소 친한 친구였던 김도연(당시 민주통일운동연합 홍보기획실장)에게 보여주었다. 김도연은 이를 민통련에 가지고 가 민통련 간부들과 회람한 뒤 매우 중요한 문건이라는 판단을 내렸으나, 이를 민통련에서 폭로하기 보다는 언협에서 자료로 발간하는 것이 좋다고 결론을 내렸다.

### 3) 〈말〉 특집호 제작

김도연은 언협 사무차장이던 친구 이석원과 상의했다. 언협에서는 보도지침 복사본을 놓고 이의 처리를 둘러싼 열띤 토론을 벌였다. 보도지침을 〈말〉지 특집호로 발간하는 데는 일단 합의했으나, 이를 세상에 내놓는 방식을 둘러싸고 여러 가지 의견이 제시됐다. 편집과정에서도 많은 의견이 나왔다. 이 자리에는 이석원 김태홍을 비롯하여 언협 간부였던 신홍범 백기범 홍수원 박우정 등이 참석했다.

〈말〉지의 편집책임을 맡고 있던 홍수원과 박우정이 책임을 맡고 박성득 이석원 최민희 김태광 정의길 김기석 권형철 등이 '아랫 다방'이라고 불리던 언협의 비밀편집실에서 편집 작업에 들어갔다. 이들은 창고를 사무실로 개조한 좁고 답답한 공간에서 그해 무덥던 여름 3개월을 688건의 보도지침을 항목에 따라 분류하고 해설을

---

279) 장강재 한국일보 회장의 지시에 따라 보도지침 철을 보관하고 있다는 사실은 1988년 국회언론청문회에서 박관용의원의 질의에 답변하는 과정에서 증인으로 출석했던 장 회장의 증언에 의해 밝혀졌다. 제144회 국회 문교공보위원회 회의록 제15호, 1988년, p.114.

붙여 편집을 끝냈다. 〈말〉지 특집호는 극비리에 인쇄를 끝내고 마침내 1986년 9월 6일 발간되어 대학가와 재야 및 종교단체 등에 배포되었다.[280]

한편 김도연과 이석원은 자료의 출처인 현직기자였던 필자를 보호하기 위한 여러 가지 방안을 강구했다. 당시 재야 출신 국회의원으로 명망이 있던 이철 의원과 상의, 현직기자가 우편으로 보도지침철을 우송한 것으로 각본을 만들자는 안이 처음 거론됐다. 그러나이 의원을 활용하는 방안은 당시 평민당 측의 사정으로 무산됐다. 김태홍은 이와 별도로 보도지침 공개 기자회견을 준비하고 있었다. 김태홍은 당시 민주화운동의 보루로 널리 인식됐던 천주교정의구현사제단과 함께 공동으로 기자회견을 하기 위해 천주교 쪽 인사들과 접촉했다. 특히 김태홍은 서울 문리대 선배로 이름이 높았던 김정남(전 청와대 교육문화수석비서관)과 만나 어떻게 보도지침을 압수나 수색당하지 않고 공개효과를 극대화할 지, 그리고 어떻게 현역기자인 김주언과 인쇄업소의 안전을 보호 할 수 있을 지를 놓고 고민했다.

고심 끝에 내놓은 결론은 김주언이 양심선언과 함께 보도지침 자료를 천주교정의구현전국사제단 앞으로 보내고 사제단이 이를 다시 언협에 비밀리에 전달한 것으로 하자는 것이었다. 지금도 마찬가지지만 당시 사제단은 민주화운동에 있어 가장 강력하고 신뢰할 수있는 모임이었다. 김정남은 함세웅 김승훈 신부와 상의했고 그들은 흔쾌히 동의했다. 김주언은 사제단 앞으로 경위를 담은 양심선언을 썼다. 이 각본은 결국 남영동 치안본부 대공분실에서 단숨에 무너져 버렸지만, 그때만 해도 가장 그럴듯한 방법으로 채택되었다. 사제단은 보도지침의 제작, 배포와 그 이후의 구명운동에도 개입하게 되었다. 실제로 제작비의 상당부분을 감당했고, 배포 과정에도 주도적

---

280) 김정남, '세상에 공개된 보도지침', 〈진실, 광장에 서다〉, 창비, 2005년, p.545.

역할을 했다.(김정남, p.547.)

〈말〉지 특집호도 잘 준비되어 갔다. '보도지침이란 어떤 것인가'라는 전문을 붙이고 일반인들을 위해 용어해설을 곁들였으며, 보도지침 내용을 실은 뒤 옆 부분에 이에 대한 해설도 곁들였다. 또 '제도언론 극복이 민주화의 선결문제'라는 해설도 썼다. 표지그림은 민족미술협의회 회원이던 박불똥이 그렸다.281)

1986년 9월 발간된 〈말〉지 특집호 표지

보도지침 공개기자회견이 있기 며칠 전 김정남과 김태홍 김주언은 명동의 한 다방에서 만나 각본을 실행에 옮기로 했다. 명동성당에 들러 양심선언을 작성한 뒤 김승훈 신부를 찾아가 의례적인 절차를 마쳤다. 김승훈 신부는 이들의 제의를 흔쾌하게 받아들였을 뿐만 아니라 오히려 격려해 주기까지 했다.

4) 보도지침 폭로 이유

보도지침을 폭로한 필자는 천주교정의구현전국사제단 김승훈 신부에게 맡겨 놓았던 양심선언을 통해 왜 보도지침을 폭로했는지에 대해 밝혔다.

김주언은 "여러 가지 언론통제 방식 가운데 빙산의 일각일 수밖에 없는 보도지침의 자료가 구체적으로 세상에 널리 알려졌으면 하는 생각을 가지게 된 것은 무엇보다 통제를 하는 정부나 통제를 받는

---

281) 당시 〈말〉 특집호 제작에 참여했던 박성득은 "전두환의 입장에서 보면 기사 쓴 놈들을 잡아다 때려죽이고 싶어질 정도로 발칙한 잡지였어요. 표지에다 전두환이 똥 누는 그림까지 그렸으니"라고 회고했다. 한겨레 신문사, 〈희망으로 가는 길─한겨레 20년의 역사〉, 2008년, p.35.

언론이 다 같이 언론탄압과 통제라는 치욕으로부터 마침내 해방되고 구원되어야 한다는 확신 때문이었다"며 "분명한 것처럼 시달리고 마땅히 그래야 되는 것처럼 보도지침을 받아들이는 정부와 언론사 사이의 분명히 잘못되고, 있어서는 안 될 타성과 관행은 결코 특별한 계기가 주어지지 않는 한, 없어지지 않을 것으로 내게는 보였던 것이다. 그리고 그것이 나 자신을 포함하여, 언론계 내부에 종사하고 있는 사람들의 부끄러움을 일깨우고 새로운 각성과 분발의 계기가 되기를 진심으로 바라고 있었던 것이다"고 밝혔다.

김주언은 또 "보도지침의 공개로 인하여 현 정권 당국은 물론이려니와 나를 포함한 현직 언론인들이 받아야 하는 상처가 얼마나 치명적인가를 잘 알고 있다. 언론계 내부적으로는 이미 관례화되고 숙지되어 있기는 하지만 보도지침의 내용을 한 자리에 묶어 국민 앞에 공개한다는 것은 그대로 이 나라 언론의 치부를 드러내는 자해행위이기도 하기 때문"이라며 "그럼에도 불구하고 그러한 치부는 마침내 드러내야 한다고 생각했다"고 강조했다. 다음은 당시 필자가 썼던 양심선언[282] 중 일부이다.

우리가 정말 이럴 수는 없다는 몸부림이 지난 4월 18일 한국일보 기자협회 분회 총회 때 '우리의 결의'라는 것으로 되어 나왔다. 이때 우리는 오늘의 언론이 어느 때보다도 위축되고 외부 압력에 무력하다는 비판을 뼈아프게 받아들이며, 국민의 알 권리와 알릴 권리가 침해되고 있는 현실에 대해 깊은 책임을 통감하면서 언론의 기능 회복과 자율권의 확보를 위해 기관원의 출입과 홍보지침(보도지침) 등 일체의 외부 간섭을 거부하고, 당시에 열화와 같이 분출되던 민주

---

282) 김주언, '양심선언', 〈보도지침〉, 민주언론운동협의회 편, 두레, 1988년, pp.361~372 이 글은 필자가 보도지침이 공개된 이후 1987년 11월초에 작성, 천주교정의구현전국사제단에 맡겨 놓았던 것으로, 만약의 사태에 발표하려 했으나 미발표되었던 글이다.

화에 대한 정당한 의사표시들을 공정하게 보도하여 민주발전의 일익을 담당하겠노라고 했다.

이때부터 우리는 총회의 결의에 따라 기관원이 올 때마다 '나가 달라'고 요구했고, 전화를 걸어오면 받지 않으며, 홍보지침은 눈에 띄는 대로 모아 두기로 했다. 나는 그보다 앞서 문화공보부의 홍보조정 또는 홍보지침의 내용이 어떤 것인지 자세히 살펴보기로 하고 예의 관찰하고 있었다. 그때까지만 해도 소위 정부의 홍보지침은 가끔씩 평기자들도 찾아 볼 수 있었고, 정부 홍보요원의 전화를 받아 편집국 간부들에게 전해주기도 했던 것이다. 그러나 전체적인 실상을 알아보기에는 힘겨웠다. 한국일보 기자협회 분회의 총회가 있던 때부터 훨씬 지난 어느 날 나는 우연치 않게 정부의 홍보 지침을 모아 둔 철을 찾아내게 되었다. 나는 전후 두 차례에 걸쳐 이것을 복사하였다. 그것이 보도지침이라 하여 말 특집호를 통하여 세상에 공개된 것이다.

이 지침은 언론으로 하여금 '있는 것을 없는 것으로, 없는 것을 있는 것으로', '작은 것을 큰 것으로, 큰 것을 작은 것으로' 만들게도 하는 위력을 지니고 있는 것이다. 실제로 '절대로 보도하지 말 것' '1단으로 보도할 것' '… 표현은 쓰지 말 것' 등으로 명백하고도 단정적인 지시용어를 쓰고 있다. 현역기자라면 하나도 새삼스러울 것도 없이 이미 알고 있던 사실임에도 불구하고 이 홍보지침 철은 나에게 새로운 충격이었다. 실상 보도지침은 현재의 언론계가 받고 있는 정치권력에 의한 유형무형의 언론통제 또는 간섭방식 가운데 극히 형식적인 한 부분에 불과한 것이다.

보도지침을 시달하는 문공부 홍보정책실과 신문사 편집국과의 관계는 실무차원의 그것에 불과하기 때문에 제도적이고 공식적인 수준을 넘어서지 못하는 것이다. 보다 높은 수준의 언론통제는 정치권력 내부 또는 정부의 핵심인물과 언론기관 발행인, 편집간부 사이에 수시로 마련되고 있는 각종 면담이나 집회 또는 회식의 형식을 통해 이루어지고 있음이 거의 공공연한 사실로 알려지고 있다. 이미 민주언론운동협의회가 8월 14일에 성명을 통해 폭로했듯이, 7월 16일의 부천경찰서 성 고문 사건에 대한 검찰수사 결과 발표를 전후하여 당시 정치권력의 핵심에 있던 고위관리와 문공부 고위관리가 신문사 사회부장 이상 관련간부들을 부산 및 도고 온천에 초치하여 이 사건 보도에 대한 협조요청과 함께 그 대가로 거액의 촌지를 주었다는 것 등은 그 한 예라 하겠다. 또한 보도지침과 같이 공식적이고도 실무적인 차원에서가 아니라 권력기관이나 부서에서 직접적으로 행사하는 언론통제 방식 또한 많이 애용되는 방식 중의 하나이다.

자유언론은 어느 날 갑자기 누구에 의해 주어지는 것은 아니라고 생각한다. 최근 들어 나라의 민주화와 민중의 생존권 그리고 민족의 존엄과 자주를 외치다가 구속된 수많은 양심수들이 법정에서 의연히 그들의 신념과 의지를 피력하며 일체의 사법적 절차를 거부하고 정권유지의 도식적 기관으로 전락한 사법부를 질타하는 것을 우리는 자주 보아 왔다. 사법부와 마찬가지로 언론에 대해서도 그 자체의 존립근거에 대한 심각한 불신과 회의가 국민 가운데서 광범위하게 제기되고 있는 것이다.

이것은 지극히 당연한 결과이며, 민주주의의 제3부와 제4부로서 사법과 언론이 본래의 모습을 회복하는 것 또한 어느 날 갑자기 누가 가져다주는 것이 아니라 스스로 찾아 나서서 바르게 일으켜 세우지 않으면 안 되는 것이다. 나는 만신창이가 된 이 나라 언론이 근본적인 자기부정 없이는 결코 국민적 신뢰를 회복할 수 있다고 결코 생각하지 않는다. 껍질을 깨는 아픔이 없이는 언론에 대한 희망은 배양될 수가 없는 것이다. 나는 그렇게 할 수밖에 없는 자신을 안타까워하면서 보도지침의 공개를 결심한 것이다.

양심선언은 "이 땅의 모든 민주국민과 더불어 내가 언제 어디서나 함께 있다는 믿음을 바탕으로 하여 나에게 닥쳐올 지도 모르는 사태에 대하여 의연히 대처하고자 한다. 나를 사랑하고 기억하는 동료와 이웃들에게 끝으로 부탁드리고 싶은 것은 내게 어떤 위험이 닥쳐왔을 때 아무 깃도 모르는 채 무척이나 당황할 내 가족들을 위로하고 돌봐 달라는 것이다. 이 모든 것을 고백하고 기도하는 심정으로 남기면서 내게 닥쳐올 일을 나는 조용히 기다리고 있다. 이돈명 변호사의 말처럼 민족이 당하는 수난에 나도 동참하는 것으로 기꺼이 받아들이고자 한다"[283]고 마무리 지었다.

## 5) 보도지침 공개 기자회견

1986년 9월 9일 오전 10시 명동성당 소강당(사도회관)에서 천주교정의구현전국사제단과 민주언론운동협의회 공동으로 보도지침 공개 기자회견이 열렸다. 이 자리에는 송건호 언협 의장, 최장학 조선투위 위원장, 김인한 동아투위 위원장, 사제단에서 김승훈 함세웅 정호경 김택암 신부가 참석했다. 송건호 의장이 읽은 '보도지침 자료공개 기자회견을 하면서'라는 성명 초안은 김정남이 작성했다. 15장 분량의 다른 성명은 신홍범이 썼다. 앞의 성명은 발표경위를, 뒤의 성명은 보도지침의 성격과 본질을 밝혔다.

이 보도지침 자료집은 현 정권의 언론정책은 물론 현 정권의 도덕성을 가름해 주는 귀중한 현대사 자료로서 그리고 자유언론 쟁취를 위한 획기적인 기원으로서 기억되고 평가될 것임을 믿어 의심치 않는다.(〈보도지침〉, p.374.)

그날의 보도지침은 '보도지침 공개 기자회견 보도 불가'였다. 그래도 몇몇 신문에서는 사회면 귀퉁이에 1단짜리로나마 지면을 차지했다. 김주언은 보도지침이 공개되고 난 뒤에도 시치미를 뗀 채 신

283) 김주언, '왜 보도지침을 폭로했나', 〈저널리즘〉 1988년 가을 복간호, 한국기자협회, p.81.

문사에서 근무했다. 신문사 후배들한테 당시 기자회견 내용을 묻기도 했으며 보도지침을 폭로한 간 큰 기자가 누구냐고 관심을 기울이기도 했다. 김태홍 등 언협 회원들은 사무실을 폐쇄한 채 모두 도피했다. 〈말〉 특집호는 불티 난 듯 팔려 나갔으며 복사본까지 나돌았다. 〈말〉 특집호는 2만5,000부를 찍어 국내외에 배포됐다.

보도지침 폭로로 그동안 소문으로만 나돌던 권력의 언론통제 실상과 제도언론의 가면이 여지없이 벗겨지게 되었다. 전두환정권은 권력 탈취이후 최대의 타격을 입었으며 제도언론에 대한 국민의 불신은 더욱 깊어졌다. 당시 문공부장관이던 이원홍은 보도지침이란 있어서도 안 되고 있을 수도 없다는 상투적인 강변을 늘어놓았지만, 이 말을 믿을 국민은 아무도 없었다. 보도지침이 세상에 그 모습을 드러내자 국민은 '어찌 이럴 수가…'하는 충격과 놀라움을 금치 못했다. 보도지침이 실린 〈말〉 특집호를 처음부터 끝까지 훑어보는 것만으로도 언론통제의 실상을 그대로 통절히 깨닫게 되었다.

## 6) 국내외 인권단체의 석방촉구

보도지침이 공개되자 권력당국은 〈말〉 특집호의 발행 및 배포와 관련하여 김태홍을 전국에 지명수배하고, 보도지침의 내용이 더 이상 국민에게 알려지지 않게 하기 위하여 곳곳에서 압수수색을 더욱 강화했다. 또한 정보수사능력을 총동원하여 보도지침이 어떠한 경로로 누출되었는지를 탐지하는데 혈안이 되었다.

1986년 12월 10일 그동안 도피 중이던 김태홍이 체포되어 남영동 치안본부 대공분실로 연행됐고, 그의 진술에 따라 12일에는 신홍범, 15일에는 김주언이 연행되어 구속됐다. 이어 박우정 실행위원이 구속됐으나 박우정 위원은 기소유예로 풀려났다.

이들 3명이 구속되자 언협은 물론이려니와 종교단체를 비롯해서 재야단체 문화단체 지식인단체들과 신민당 민추협 등 정치권에서도 항의성명, 연대농성, 공개 기자회견, 구속자 석방 서명운동 등을 전개했다. 필자가 근무하던 한국일보에서는 약간의 해프닝이 있었다. 한국일보 기자들은 모임을 갖고 논란을 벌였으나 결론을 내리지 못했다. 당시 한 젊은 기자의 넋두리[284]를 들어보자.

하오 9시 40분경부터 회의(懷疑?) 개최. 40~50명 참석(들락날락).
이때 차장 3명 등 4명의 선배가 들어와 그중 2명이 수첩 꺼내놓고 개개의 발언을 일일이 메모. 총 들고 지키는 것보다 더 무섭더라. 과연 'The pen is mightier than the sword.' 기자로서 전혀 엉뚱한 곳에서 그 격언을 실감하다니."

보도지침 소식과 이들 구속언론인에 대한 석방촉구운동은 국외에까지 파급되어 앰네스티 인터내셔널(Amnesty International), 언론인보호위원회(CPJ, Committee to Protection Journalists), 미국과 캐나다의 언론단체들에서 석방을 촉구하는 항의서한이 전두환대통령을 비롯한 정부 인사들에게 전달되었다. 1987년 1월 5일 앰네스티 인터내셔널이 〈말〉지 사건으로 구속된 3명의 언론인 즉각 석방을 촉구한 것을 시작으로 1987년 1월 9일에는 미국 언론인보호위원회, 1월 12일에는 국제자유출판위원회, 1월 14일 미국과 캐나다신문협회, 1월 22일 국제기자연맹(IFJ) 등에서 한국의 언론현실을 비난하는 성명서를 발표하고 구속자석방을 촉구하는 공한을 보내거나 운동을 벌이자고 촉구했다.

미국 뉴욕에 본부를 둔 언론인보호위원회는 조합국장 명의의 서한을 보내 보도지침 사건 사실을 알리고 구속 언론인들의 석방을

---

284) 당시 이 글을 쓴 사람은 필자의 후배인 한국일보 유종필 기자였다. 유 기자는 필자가 연행된 뒤 편집국의 농성 과정을 자세하게 기록했다. 필자의 연행 사실은 다음날 한국일보에 보도됐다. 당시 편집국 간부들은 "보도하면 김 기자에게 불리하다"고 강변했으나 어찌된 영문인지 모른 채 보도됐다는 것이다. 유 기자는 "장외 편집국장의 보도지침에 의해 장외 고위층이 기사를 손수 써 넘긴 결과인 걸로 추측"했다고 기록했다. 김주언, '왜 보도지침을 폭로했나', 〈저널리즘〉 1988년 가을 복간호, 한국기자협회, p.83.

촉구했다. 서한에는 보도지침과 관련한 구속이 인간의 기본권인 언론의 자유에 대한 탄압임을 주장한 앰네스티 인터내셔널의 '긴급행동 보고서'도 동봉했다. 이 서한은 특히 이들의 즉각적인 석방을 촉구하는 편지와 전보를 전두환 대통령과 김성기 법무부 장관, 이웅희 문공부 장관에게 보내고, 미국에 있는 언론인들은 김경원 주미 한국대사에게 발송하자고 호소했다. 이를 계기로 한국의 대통령과 법무장관 문공장관에게 석방촉구 서한을 보내자는 운동이 국제적으로 전개되기 시작했다.(정상모, p.87.)

이 운동은 미국 의회 등 정계까지 확산됐다. 미국 의회가 구속에 대한 항의와 석방 촉구를 위한 서명운동을 벌인 것이다. 이 서명운동은 미국 하원의 바바라 복서(Babara Boxer) 의원의 호소로 시작됐다. 복서 의원은 동료의원들에게 보낸 1월 22일자 공개서한에서 보도지침 사건의 내용을 설명하고 보도지침을 폭로한 언론인들을 구속한 것은 인권탄압이라고 주장하며 이들의 석방을 위한 서명운동 전개를 강조했다. 미국 하원의원 48명도 서명한 서한을 발송했다. '전두환 대통령에게 보내는 서한'은 구속된 언론인들을 즉각 석방하고 언론의 자유를 최우선으로 보장할 것을 촉구했다. 이 서한에는 미 하원 외교위원장, 아시아태평양 소위원장, 인권위원장, 노사위원장 등이 참여했다.285)

특히 미국 상원은 1987년 3월 18일 한국 관계 청문회를 개최하고 보도지침 사건을 자세히 청취했다. 청문회에서 국제인권변호인협회 소속 변호사는 "한국 민주화와 관련, 최우선적으로 조치해야 할 것은 언론기본법 폐지 등 언론자유 보장"이라고 주장하고, 보도지침과 관련된 사실들을 세밀하게 증언했다.

일본의 와다 하루키(和田春樹) 도쿄대 석좌교수는 1987년 2월호 〈세카이(世界)〉지에 기고한 '한국정세와 우리들-왜 우리들은 주목

---

285) 해외의 움직임과 관련해서는 앞의 책 〈보도지침〉, pp.386~401에 원문이 실려 있다.

하지 않으면 안 되는가'에서 이들 언론인들의 구속에 깊은 우려를 표명하고 일본 지식인들이 한국의 민주언론운동을 위해 연대할 것을 호소했다.(정상모, p.88.)

## 2. 재판과정의 의혹(1987년)

보도지침의 공개로 만천하에 웃음거리가 된 데 대한 정치보복으로 전두환정권은 이들에게 국가보안법 위반혐의를 적용했다. 국가보안법상의 국가기밀누설죄(국가기밀누설죄는 기소과정에서 법리상 적용이 어려워 삭제됨)와 외교상기밀누설죄, 그리고 집에서 찾아낸 영문서적을 걸고 넘어져 이적표현물 소지죄가 뒤집어 씌워졌다. 여기에 집회 및 시위에 관한 법률 위반과 외신기자들과 회견했다는 이유로 국가 모독죄가 추가됐다. 이들은 연말에 서대문 구치소로 송치되었다.

### 1) 국가보안법 등 위반 혐의

검찰은 이들 3명을 구속 기소했다. 공소장에 따르면 "F-16기 1차분 7일 인수식, 국방부 발표 때까지 보도하지 말 것(1986년 3월 5일) 미 국방성 '핵무기 적재 전투기 각국 배치'에서 우리나라는 빼고 보도할 것(1986년 7월 10일). F-15기 구매와 관련, 뇌물공여 조사차 내한하는 미 하원 전문위원 3명 관련기사 보도억제(1985년 11월 20일). 미 FBI 국장 방한사실 일체 보도억제(1986년 1월 11일). 북한의 국회회담 제의, 당국 발표 시까지 보도통제(1985년 10월 20일)" 등 11개항을 공개한 것이 외교상 기밀누설과 국가보안법 위반이라는 것이다.

김주언 기자와 민주언론운동협의회 김태홍 사무국장과 신홍범 실행위원 등 3명은 170여 일 동안 옥고를 치르면서 재판을 받은 결과

1심에서 집행유예와 선고유예를 받고 풀려났다. 이어 항소심과 상고심이 지루하게 진행됐다. 전두환정권 하에서 발생한 보도지침사건은 정권이 두 차례나 바뀐 뒤인 1995년 말에 이르러서야 마무리됐다. 1986년 9월 9일 당시 민주언론운동협의회의 기관지였던 〈말〉지를 통해 전두환정권의 언론통제 실상이 폭로된 지 9년 3개월여 만인 1995년 12월 5일 대법원에서 무죄 확정 판결을 받은 것이다.[286]

## 2) 인권변호사 총출동

1988년 4월 1일부터 시작된 보도지침 사건의 재판은 내외의 비상한 관심 속에 진행됐다. 변호인단은 한승헌 고영구 조준희 홍성우 황인철 이상수 조영래 김상철 박원순 신기하 함정호 등으로 구성되어 시국관련 재판의 인권변호사들이 총출동한 듯했다. 9년여 동안 재판이 진행되는 동안 조영래 황인철 신기하 등 세 분의 변호사가 타계했다. 세 분 변호사는 재판관의 '무죄'라는 반가운 판결도 듣지 못한 채 세상을 떠나고 말았던 것이다. 검찰 측은 서울지검 공안부의 안왕선 검사, 재판장은 박태범 판사였다.

피고인들의 모두 진술로 재판이 시작됐다. "보도지침을 폭로한 사실에 대해 그것을 '사건'이라고 칭하고 또 그것을 이유로 법정에 서 있다는 사실에 아연할 따름이다"(김태홍), "지금 우리가 이 자리에 서 있지만 이 법정에는 우리가 고발한 이 땅의 언론현실이 서 있는 것"(신홍범), "보도지침은 언론통제의 산 증거이다. 보도지침을 공개한 것은 정당한 행위였음을 자부한다"(김주언)라는 당당한 진술이었다.

모두 진술을 끝내고 변호인들은 검찰이 기소한 사실 가운데 불분명한 부분에 대한 석명(釋明)을 요구했다. 조영래 변호사는 "문화공보부 홍보정책실이 통상 국가적 기밀사항에 해당되는 내용이라 판

---

286) 보도지침 사건 공판 기록은 앞의 책 〈보도지침〉에 자세하게 기록되어 있다. pp.87~228.

단하여 언론보도에 신중을 기해 줄 것을 언론사에 협조 요청할 경우 그 요청을 받은 언론사는 독자적으로 판단하여 사실보도에 참고해 오는 것이 '국내외 언론계의 관행'이라고 썼는데, 여기에서 '국내외 언론계의 관행'이라는 말은 '국내의 언론계의 관행'이 잘못 타자된 것 아니냐"라고 물어 방청객의 웃음을 사기도 했다.

2차 공판에서도 변호인단의 날카로운 공격이 이어졌다. 변호인단은 외교상 기밀누설에 관한 공소사실 중 모호한 부분에 대해 집중 추궁하며 "보도통제의 대상이 된 내용이 외교상 기밀인지 아니면 그러한 내용사실에 대한 보도통제가 있었다는 사실이 기밀인지"를 밝히라고 요구했다. 이에 대해 검사는 머뭇거리다가 말을 더듬으며 "우리는 보도를 통제한 사실이 없다. 그런데 어떻게 보도통제 사실이 기밀이 되겠느냐"고 답변했다. 변호인단은 또 정부에서 언론에 대해 "보도해 달라"고 요청한 부분이 어떻게 공소사실에 해당되느냐며 공소장 변경을 요구하기도 했다.

3차 공판에서는 검찰이 이례적으로 11개항의 공소사실 가운데 4개항을 자진 철회했다. 이날 공판에서는 변호인 반대신문이 이루어졌는데, 김태홍이 신문 중에 "현 정권은 이 나라 최고의 범죄자다"라고 말하자 검사가 '국가원수 모독 발언'이라고 이의를 제기하고 나섰다. 김태홍은 "지금 검사가 하신 주문이 개인 의견인가, 아니면 보도지침인가"라고 되받아서 방청석에서는 웃음이 터져 나왔다.

2주일 간격으로 열린 공판은 흥미의 연속이었다. 변호인단의 날카로운 질문과 이에 대한 검사의 우둔하면서도 쇼맨십적 자질이 농후한 태도는 가끔 재판정을 웃음바다로 만들곤 했다. 8차 공판까지 진행된 보도지침 재판은 리영희 교수, 송건호 언협 의장 등이 첫 공판부터 마지막까지 지켜보았으며, 당시 김영삼 신민당총재가 다녀가기도 했다.

공판은 언론계 원로인 송건호 선생과 박권상 선생의 증언으로 이어지면서 차츰 열기를 더해갔다. 송건호 선생과 박권상 선생은

"보도지침은 민주주의 국가에서는 있을 수 없는 강제 언론통제지침"일 뿐이라고 증언하면서, "저들 피고인들의 용기에 경의를 표한다"고 말했다.(〈보도지침〉, pp.168~178.)

3) '증인 취소는 외압'

4차 공판에서는 변호인단이 증인으로 신청한 문공부 홍보정책실장과 동아일보 조선일보 중앙일보 한국일보의 편집국장 편집부장 정치부장 사회부장 외신부장 등을 무더기로 증인으로 받아 들여 바야흐로 한국의 언론현실이 법정에서 적나라하게 드러날 것이라는 기대를 갖게 했다. 훗날 알려진 얘기지만 당시 증인으로 신청됐던 신문사 간부들은 모임을 갖고 재판정에서 사실 그대로 증언하기로 합의했다고 한다.

그러나 6차 공판에 들어서 난관에 부닥쳤다. 변호인단의 증인신청을 이례적으로 받아 들였던 재판부가 증인 소환장까지 발부했다가 다음날 돌연 취소해버린 것이다. 재판부의 증인 취소결정은 엉뚱하게도 변호인단과 검사의 논쟁으로 비화되었다.

> 변호인단 : 과연 이것이 법원의 독자적인 판단인지 심히 의심스럽다.
> 검사 : 변호인들이 증인을 20여명이나 신청한 것은 당초부터 납득이 안 갔는데 재판부가 이를 취소한 것은 잘한 일이라고 생각한다. 어떻게 외부의 입김이 있을 수 있겠는가.
> 변호인단 : 이 재판에는 오늘날의 언론 자유, 사법부의 독립, 자유와 인권뿐 아니라 후손들의 삶까지 모든 것이 걸려 있다. 이제라도 재판장은 용기를 내달라. 어떤 압력이 있었는지 양심 선언하는 심정으로 밝혀 달라.

검사가 다시 발언에 나설 움직임을 보이자 재판장은 이를 제지하고 고통스러운 표정을 지으며 휴정을 선언했고, 20분 만에 다시 나와

폐정선언을 한 뒤 퇴장해 버렸다.[287]

7차 공판. 검찰의 논고가 끝난 뒤 변호인단의 변론이 있었다. 한승
헌 변호사의 논리정연하고 낭랑한 목소리가 재판정에 울려 퍼졌다.
한 변호사의 변론 요지(〈보도지침〉, p.189~203.)는 다음과 같다.

이 사건에 대한 재판은 하기 전에 이미 결론이 나 있었다고 본다.
오늘의 보도지침 사건 심판의 대상은 보도지침을 폭로한 세분의 행
동이 아니라 보도지침 그 자체이며, 그것을 고안 활용해온 압제자들
이기 때문이다. 아직도 남은 일이 있다면 집권세력이 국민 앞에 당장
그런 괴물을 없애는 결단을 내림으로써 개전의 정을 보여야 한다는
것이다. … 이것은 보도지침을 통한 언론통제 그 자체에 못지않은
죄악상이다. 비유컨대 이것은 불낸 자는 그냥 두고서 119에 신고한
사람을 잡아간 격이다. 아니, 불을 낸 자가 화재신고자들을 잡아다가
심문한 셈이 되었다. 방화와 소방의 업무를 맡은 자라면 화재신고를
한 사람에게 감사하고 뒤늦게나마 진화작업을 하고 화인(火因)을
규명하여 범인을 처벌했어야 한다. 그런데도 이 경우에는 외친 자를
구속하는 데만 급급했지 민주언론과 나라의 근본기틀을 불태우고
있는 악의 불길은 그대로 방치하고 있으니 개탄을 금할 수가 없다.

변호인단은 검찰의 논리를 조목조목 반박했다. 보도지침이 아니
라 어디까지나 보도협조사항이라고 내세우면서, 통상 국가적 기밀
사항에 대해 언론보도를 신중히 해줄 것을 요청하면 언론사가 독자
적으로 판단해 참고한다는 검찰의 주장에 대해, "김대중의 사진을
싣지 말라고 시달했는데(1986년 5월 27일) 그렇다면 김대중의 얼굴
이 기밀사항인가. 노태우 민정당대표의 회견 기사를 꼭 1면 머리기
사로 하라는 것(1986년 1월 22일)이 신중을 기해달라는 것인가. 독자

---

287) 류숙렬, '방청기', 〈보도지침〉, 민주언론운동협의회 편, 1988년, pp.80~81.

438

적으로 판단하라고 했다면서 그것을 어긴 언론인은 왜 정보기관에 끌고 가는가"를 신랄하게 지적했다. 피고인들은 최후진술에서 "언론은 캄캄한 밤중을 달리는 자동차의 전조등과 같다. 재판장과 우리는 이 법정에서 자동차의 전조등을 밝혀야 한다고 용감하게 말해야 한다"라고 말했다.

재판 중 필자의 첫딸이 돌을 맞이했는데, 회사 동료들이 돌잔치에 참석해 아빠를 대신해 주었다. 선고를 며칠 앞둔 5월 31일 이들은 천주교서울대교구가 제정한 제1회 가톨릭 자유언론상을 수상했다. 시상식에는 옥중의 남편을 대신해 부인들이 참석했다. "이들이야말로 시대의 고난 속에서도 참 언론인상을 구현한 사람들"이었다고 김수환 추기경은 시상이유를 밝혔다.

### 4) '갈등 끝의 타협'

1986년 6월 3일 상오 10시 113호 법정. 선고공판이 있던 날이었다. 박태범 재판장은 일부 무죄부분을 말한 뒤 3명 모두에게 유죄를 선고했다. 김태홍 징역 10월에 집행유예 2년, 신홍범 선고유예, 김주언 징역 8개월 자격정지 1년 집행유예 1년이었다. 재판장의 판결은 '갈등 끝의 타협의 산물'로 받아 들여졌다. 피고인들의 몸은 일단 풀려났다. 피고인들은 항소했다. 그리고 6.10시민항쟁이 일어났다. 보도지침 사건은 6월 시민항쟁을 예고하는 전조등이었던 것이다. (김정남, p.552.)

재판과정을 줄곧 지켜보았던 류숙렬(당시 뉴욕조선일보 기자)은 방청기를 통해 "특기할 것은 세 사람의 인적 구성 자체가 70년대와 80년대 한국의 언론현실을 그대로 보여주고 있다는 사실 이었다"고 밝혔다. "신홍범씨는 유신치하에서 언론자유운동을 하다가 160명의 기자들이 대거 쫓겨난 75년 해직기자로 '조선투위' 소속이고 김태홍씨는 680여명의 언론인이 해직되고 언론사가 통폐합된 80년 해직기자로 당시 기자협회 회장이었다. 김주언씨는 현역기자로 이번 구속으로 인하여 선배들의 언론투쟁에 맥을 잇는 역할을 한 것이다."
1심 재판은 이렇게 마무리되었다.

## 3. 대법원서 무죄 확정(1995년)

1심 재판은 마무리되었지만 지방법원 합의부 항소심은 세월 가는
줄 모르고 늘어지기만 했다. 그동안 세상도 많이 변했다. 정권이 두
차례나 바뀌었다. 전두환정권이 물러난 뒤 노태우정권의 뒤를 이어
김영삼정권이 탄생했다. 그래도 재판은 종결될 줄 몰랐다. 항소심
결심공판이 끝난 뒤에도 재판부가 변경되어 다시 재판을 열었다.
그동안 재판부는 네 번이나 변경됐다. 검사도 세 번이나 바뀌었다.

### 1) 변호인 3명 타계
항소심 재판에서는 몇 차례 증인신문이 있었다. 증인으로는 이효
성 교수와 주한 외국인 특파원 등이 참석해 보도지침이 국내외의
관행이라는 검찰 측 주장을 반박했다. 그러나 언론의 주목을 끌지
못했으며 세간의 관심도 끌지 못했다. 박원순 변호사가 공판 때마다
참석해 변론에 나섰다.
재판이 진행되는 동안 변호인단에도 우여곡절이 있었다. 무엇보
다도 가슴 아픈 일은 조영래 변호사와 황인철 변호사 그리고 국회의
원이었던 신기하 변호사의 갑작스런 타계였다. 조영래 변호사는
1990년 12월 12일 폐암으로 타계했다. 43세였다. 황인철 변호사는
1993년 53세의 나이로 세상을 떠났다. 신기하 변호사도 유명을 달리
했다.
한승헌 변호사는 국민의 정부 시절 감사원장, 참여정부 들어서는
사법개혁추진위원장을 지냈다. 고영구 변호사는 노무현정부 들어
국정원장을, 조준희 변호사는 언론중재위원장을 역임했다. 김상철

변호사는 김영삼정부 시절 서울시장에 임명되었다가 재산공개파동으로 물러나기도 했다. 김 변호사는 보수주의자로 변신했다. 보도지침 공개의 주역을 맡았던 김정남은 청와대 김영삼정부 시절교육문화수석비서관으로 발탁됐다가 조선일보의 사상검증에 걸려 중도하차했다. 김도연은 갑작스런 교통사고로 부인과 아들, 딸을 남겨둔 채 세상을 하직하고 말았다.

사건발생 7년 10개월만인 1994년 7월 5일. 1심 재판이 끝난 지 7년여 만에 항소심 선고공판이 열렸다. 서울형사지법 항소4부(재판장 성기창)은 "피고인들이 〈말〉지를 통해 공개한 F16기 인수식 및 미 FBI 국장 방한 등 7개항은 이미 외국의 언론을 통해 보도된 것들로, 현대 정보사회의 급속한 발전과 정보교환의 원활성 등을 감안할 때 외교상 기밀로 볼 수 없다"며 전원에 대해 무죄판결을 내렸다. 그 밖의 죄목들도 모두 무죄였다. 그러나 검찰은 재판부의 판결에 불복, 대법원에 상고했다.

## 2) 9년 여 만에 재판 끝나

항소심 재판이 끝난 지 1년 2개월이 흐른 1995년 12월 5일. '보도지침 삼총사'(언론계에서는 세 피고인들을 이렇게 불렀다)가 오랜만에 한자리에 모였다. 대법원 법정이었다. 천경송 재판장은 "상고를 기각한다"고 짧게 선고했다. 9년여에 걸친 보도지침사건 재판이 무죄로 확정되는 순간이었다. 대법원은 천경송 재판장, 신성택 주심, 지창권 판사 등 관여법관의 일치된 의견으로 검찰의 상고를 기각했다. 그러나 당시 언론은 크게 관심을 갖지 않았다. 당시 기자협회보 이창섭 기자만 현장에 동행해 사진과 함께 1면 머리기사로 보도했다. 선고 후 일주일이 지난 12월 12일에야 신문들이 일제히 보도했다. 대법원의 판결문은 다음과 같다.

대법원 1995. 12. 5. 선고 94도2379 판결 - 외교상기밀누설

사건명 및 사건번호 : 대법원 1995. 12. 5. 선고 94도2379 판결 ―
외교상기밀누설
신청인 상고인 : 검사
피신청인 피고인 : 김○○외 2인
주문 : 상고를 기각한다.
이유 : 검사의 상고이유를 본다.

형법 제113조 제1항 소정의 외교상의 기밀이라 함은, 외국과의
관계에서 국가가 보지해야 할 기밀로서, 외교정책상 외국에 대하여
비밀로 하거나 확인되지 아니함이 대한민국의 이익이 되는 모든 정
보자료를 말한다.
원심이 적법하게 확정한 사실에 의하면, 이 사건에서 피고인들이
〈말〉지 특집호에 공개한 사항 중 외교상의 기밀에 해당한다고 기소
된 사항들은 모두 위 공개 전에 이미 외국 언론에 보도된 내용들이거
나 외신을 통하여 국내 언론사에 배포된 것으로 추단된다는 것인
바, 사정이 그러하다면 오늘날 각종 언론매체의 성장과 정보산업의
급속한 발전 및 그에 따른 정보교환의 원활성 등을 감안해 볼 때
이러한 사항들은 보도된 나라 이외의 다른 외국도 그 내용을 쉽게
지득할 수 있었다고 봄이 상당하고, 이와 같은 경위로 외국에 이미
널리 알려져 있는 사항은 특단의 사정이 없는 한 이를 비밀로 하거나
확인되지 아니함이 외교정책상의 이익이 된다고 할 수 없는 것이어
서 외교상의 기밀에 해당하지 아니한다 할 것이다.
외국에 널리 알려진 사항이라고 하더라도 대한민국 정부가 외교
정책상 그 사항의 존재 또는 진위 여부 등을 외국에 대하여 공식적으
로 알리지 아니하거나 확인하지 아니함이 외교정책상의 이익으로
되는 예외적인 경우가 있을 수 있음은 소론이 지적하는 바와 같으나,
피고인들이 공개한 사항들 중 어느 사항이 어떠한 이유로 위와 같은
경우에 해당한다는 점에 관하여 검사의 주장·입증이 전혀 없을 뿐

442

만 아니라, 가사 피고인들이 공개한 사항 중 일부가 이에 해당한다고
하더라도, 외국에 널리 알려진 사항 그 자체가 외교상의 기밀이 되는
것은 아니고 다만 그러한 사항의 존재나 진위 여부에 대한 대한민국
정부의 공식적인 입장이나 견해가 외교상의 기밀이 될 수 있을 뿐이
라고 할 것인데, 기록에 의하면 피고인들은 외교상의 기밀에 해당된
다고 기소된 사항 등에 대하여 정부가 국내 언론사에 이른바 "보도지
침"을 보내 보도의 자제나 금지를 요청하는 형식으로 언론을 통제하
고 있다는 사실을 공개한 것으로 인정될 뿐이고, 나아가 피고인들이
공개한 내용만으로는 위와 같이 보도의 자제나 금지가 요청된 사항
에 대한 대한민국 정부의 공식적인 입장이나 견해는 물론 그 사항
자체의 존부나 진위조차 이를 알거나 확인할 수 없으므로, 피고인들
의 위 행위가 외교상의 기밀을 알리거나 확인함으로써 이를 누설한
경우에 해당한다고 볼 수도 없다.

따라서 원심이 피고들에 대한 이 사건 공소사실 중 외교상비밀누
설의 점에 관하여 무죄의 선고를 한 조치는 그 이유 설시에 다소
미흡한 점이 없지 아니하나 결과적으로 정당하고, 거기에 판결에
영향을 미친 법리오해의 위법이 있다 할 수 없다. 논지는 이유 없다.
그러므로 검사의 상고를 기각하기로 하여 관여 법관의 일치된 의견
으로 주문과 같이 판결한다.

관여법관 : 천경송(재판장), 지창권, 신성택(주심)

# 제2장 보도지침의 하달 및 이행

보도지침은 박정희정권의 경우 주로 중앙정보부에서 담당했으나 전두환정권이 들어선 이후에는 문공부로 업무를 넘겼다. 보도지침은 주로 문공부 홍보조정실에서 언론사 편집(보도)국에 유선이나 언론사에 상주하던 기관원을 통해 전달됐다. 언론사들은 보도지침을 거의 지켰다. 만약 보도지침을 이행하지 않으면 협박이나 공갈이 들어왔고 때로는 안전기획부로 끌려가 곤욕을 치렀다.

## 1. 보도지침의 산실

보도지침은 박정희정권 시절에는 중앙정보부에서 주관했으나 전두환정권 들어서는 문화공보부로 이관됐다. 1988년 12월 12일 열린 국회 언론청문회에서 이철 의원은 '해엄(解嚴) 후의 언론 종교 대책' 문건을 통해 해엄후의 언론 상황과 언론조정 내용을 폭로했다. 이의원은 "그 내용은 세 가지로 크게 분류되어 있다"고 밝혔다. 당시 이철 의원이 밝힌 내용은 다음과 같다.[288)]

첫째 검열의 해제 때문에 언론이 선동비판 부정확기사 등의 사전 통제기능을 상실한다. 언론의 경쟁적 보도 때문에 사소한 문제의 비판부터 시작해 언론 미디어간의 경쟁으로 정부비판 여론을 조성

---

288) '제144회 국회 문교공보위원회 회의록' 제14호, 1988년, pp.32~33.

한다. 또 언론인의 잠재적 불만과 비판이 가세된다고 되어 있다. 특히 언론조정기능을 유신체제 아래서는 주로 중앙정보부가 조정했다. 그래서 언론계 불만을 유발했다고 기재되어 있다. 두 번째로는 계엄 아래서는 보안사가 조정했다고 명기되어 있다. 세 번째는 계엄 해제 시에 문공부가 전면에서 효율적이고 강력한 조정기능을 발휘해야 하며 중앙정보부 등은 측면 지원해야 한다고 명문화되어 있다. 이 문건은 1980년 10월 7일 문공부 업무보고에서 전두환 대통령이 지시한 것으로 되어 있다.

이 문건은 또한 앞으로 국내 언론문제는 중정에서 맡지 말고 문공부가 전담해서 추진하라. 중앙정보부 언론관계 예산을 이관하라고 되어 있다. 그 다음으로는 '국가이익을 우선하는 언론자세의 확립하고 국가이익을 염두에 두고 기사화할 것은 하고 안 할 것은 안해야 하며 국가이익을 떠난 선동적 기사를 쓰는 것은 적대국에 도움을 주는 것임' '문공부는 고도의 정치 감각을 가지고 각 분야에 조예 있는 우수하고 능력 있는 요원들을 확보할 것'이라고 기재되어 있다.

이광표 전 문공부장관은 "계엄 해제 후에 언론조정 체제를 갖추어야 된다는 목적으로 당시 청와대 비서실에서 대통령의 재가를 얻어 가지고 계엄해제 후에 정부의 대 언론창구를 문공부로 일원화하고 언론 협조체제 구축을 기하라고 하는 배경아래 1981년 1월 6일 직제 개정안을 성안하여 총무처와 협의를 거쳐 국무회의 의결을 거쳐 1981년 1월 19일 발족했다"고 밝혔다.(국회회의록, p.30.)

전두환정권 하의 언론통제와 조작의 산실로 알려진 홍보조정실은 청와대 정무비서실의 지휘 하에 있었다. 홍조실 간부였던 K씨는 "항간에는 홍조실이 언론통제의 산실로 알려져 있지만 사실 홍조실은 하수인격이고 보도지침 등 언론통제의 모든 지시사항은 정무비서실에서 내려왔다"고 털어 놓았다. 다만 군이나 대공관계 사항은 안기부나 보안사에서 홍조실로 통보했다.[289]

보도지침은 대개 정무비서실의 언론담당 1급 비서관이 전화로 홍조실장에게 지시하면 실장은 문공장관의 결재를 받아 이 내용을 각 매체 담당인 보도담당관(1985년 직제 개편 뒤엔 홍보담당관으로 개칭)을 통해 언론사에 전달한다. 청와대 정무비서실과 홍조실의 이러한 유기적 관계는 홍조실의 탄생 배경에서부터 유래된다.

### 1) 홍보조정실 설치

홍조실이 신설된 때는 1981년 1월 19일, 계엄이 해제되기 16일 전이었다. 계엄해제를 얼마 앞두지 않은 신군부 세력은 80년대 초 1,000여 명의 언론인 대량 해직에 이어 11월 언론통폐합, 12월 언론기본법 제정 등으로 언론통제의 제도적 장치를 완비해 놓고 있었지만, 계엄해제 뒤에도 언론을 직접 통제할 수 있는 전담부서의 필요성을 느끼고 있었다. 이에 따라 계엄하의 보도검열단에 상응하는 새로운 조직을 구상했는데 이것이 보도지침으로 악명을 떨친 바로 홍조실이다.

유신시절부터 언론조정업무를 관장해왔던 문공부 내 보도담당관실과 홍보조사연구소를 폐지하고 대통령령 제10호, 제161호에 의거, 신설된 홍조실의 주요 업무는 공식적으로 '정부가 외교 안보 등 국가 이익과 직결된 사안 또는 사회 안정 유지를 위한 시책을 언론사에 배경설명과 함께 언론의 이해와 협조를 구하는 것'이었다. 그러나 홍조실의 실질적인 기능은 방송·보도의 기본방향은 물론 '누구의 사진은 불가' '이 기사는 몇 단 크기로' 등 시시콜콜한 사항에 이르기까지 관여하는 등 실상은 언론의 완전장악에 있었다.

문공부 직제 개정령 제7조2항의 홍보조정실 규정에는 홍보조정실장 밑에 기획관 1인, 보도담당관 8인, 심의관 3인을 두며, 홍보조정실장은 별정직 1급 상당 국가공무원으로, 기획관은 이사관 또는 별정직 2급 갑류 상당, 보도담당관은 부이사관 또는 별정직 2급 을류

---

289) 김진룡, '허문도와 홍보조정실', 〈월간중앙〉 1988년 12월호, 중앙일보사.

상당 도는 별정직 2급 을류 상당의 국가공무원으로 보(補)하도록 되어 있다. 기획관이나 보도담당관은 언론기관의 보도협조지원에 관한 종합계획수립과 보도협조지원을 하면서 홍보조정실장을 보좌하는 기능을 맡고 있다. 정부는 언론과 여론의 비판을 받자 1985년 10월 11일 국무회의에서 문공부 직제개정안을 의결, 명칭만 홍보정책실로 변경했다. 관장업무는 같았으며 오히려 정부홍보의 정책적 검토와 예방홍보를 위해 홍보기획관 3명이 보강됐다.

보통 3~6개월 주기로 담당 언론사를 바꿔가며 출입하는 홍보담당관은 흔히 기자들 사이에서는 홍보조정관 또는 신문사 출입기자(?)로 불릴 정도로 활동이 공공연하게 인정되고 있었다. 이들은 홍보정책실의 보도지침을 신문사에 전달하기도 하지만, 상황에 따라서는 신문사에 출입하는 안기부 보안사 직원들과 모여서 관계기관 대책회의를 갖고 그 자리에서 보도지침을 결정하기도 하였다. 그리고 언론사의 경영에 관한 전반적 점검이나 사내 기자들의 동태 파악 등 신문사내 정보를 홍보정책실에 보고하는 업무도 수행했다.

홍보조정실은 보도통제를 위해 세부적인 일일지침을 마련, 전화나 개별접촉을 통해 신문사와 방송사의 편집국과 보도국 간부에게 시달했다. 1981년 9월 3일 허만일 문공부 공보국장이 '언기법과 신문'이라는 세미나에서 "홍보조정실은 언론기관에서 하는 일을 다소 도와주고 정부가 필요로 하는 것을 언론사에 전달, 협조를 구하는데 그 목적이 있다"고 밝힌 것이 얼마나 허구인지 밝혀진 것이다.

문공부는 '월별 홍보계획서'와 '국민정신교육 지침서'를 언론매체에 배포함으로써 보도내용 및 방법까지 포괄적으로 통제하여 언론의 자주성을 원천적으로 봉쇄했다. 홍보계획서는 사전에 예상되는 흐름과 내용을 월별로 지시함으로써 주요 보도내용을 조정하도록 한 것으로 신문사와 방송사가 일반기사 외에도 사전에 사설, 해설, 기획, 특집, 좌담 등을 기획하여 정부사업을 집중 홍보토록 한 것이다. 국민교육지침서는 주요 정치 경제문제에 대한 게재방향, 기사형식을 사전에 지시해 주는 것으로 언론을 권력의 홍보 선전도구로 예속시키는 역할을 담당했다. 전두환정권은 홍보계획서와 국민교육지침서를 통한 정부사업의 홍보라는 거시적 계획을 짠 뒤 보도지침이라는 구체적이고도 세부적인 지시를 통해 정부나 여당에 유리한 내용은 적극적으로 홍보토록 하고 불리한 내용을 싣지 못하도록 통제했다.

### 2) 언론통제에 베테랑 기자 출신 포진

홍보조정실에 의한 언론통제는 박정희정권 시절의 언론통제 보다 여론 조작에 있어서 훨씬 더 적극적인 것이었다. 홍보 협력관들은 달랐다. 그들은 내로라하는 신문사에서 잔뼈가 굵은 베테랑 기자 출신이어서 신문의 생리를 너무 잘 알았다. 그만큼 보도를 조정하는데 능숙할 수밖에 없었다. 그들은 보도지침을 지켜줘도 끊임없는 요구를 했다. 검열시대에는 보도금지, 왜곡보도를 처음부터 까놓고 요구했고 그 요구는 지켜졌다.

초판에 나온 신문을 면밀히 읽고 '단어 하나, 조사 하나만'이라고 요청한다. 그러나 단어 하나와 조사 하나는 문장을 정반대로 만드는 마력을 가지고 있다는 걸 누가 모르랴. 그들은 그런 방법으로 사실을 허위로, 허위를 사실로 만들었다.[290]

1987년 12월 홍보정책실은 폐지됐지만 홍보조정실 실장과 홍보담당관 그리고 상부기관인 청와대 정부비서관실의 체제 홍보담당 비서관들이 언론인 출신들이었다는 사실은 언론의 권력이동이 가져오는 폐해를 단적으로 보여주는 사례로 보인다.[291]

전두환정권 당시 문공부 홍보정책실에서 활약한 언론인 출신은 총 47명 중 17명이었고 실장은 모두 언론인 출신이었다. 아울러 1988년 국정감사에서 문공부로부터 보도지침이 법률적 근거가 없다는 답변을 얻어냈으며 보도지침을 하달한 책임자가 이광표, 이진희,

---

290) 길윤석, 〈편집국 25시〉, 비봉출판사, 1994년, p.246.
291) 이효성, 〈정치언론〉, 이론과 실천, 1989년, p.10.

이응희 씨 등 4명의 언론인 출신 문공부장관이었다는 명시적 근거를 확보하게 됐다.

### 3) 안기부·보안사와 협의

홍조실이 누구의 작품인가에 대해서는 정확히 알려져 있지 않지만 당시의 시대적 상황과 정무비서실과의 관계, 사후 홍조실의 기능 등에 비추어 보아 언론통폐합의 주역인 허문도씨와 결코 무관하지 않을 것 같다.

설립 초기 홍조실은 모두 13명으로 구성되었는데 직제를 살펴보면 실장 1명(별정 1급), 홍보기획관 1명(별정 2갑), 보도담당관 8명(별정 2갑 또는 2을) 심의관 3명(부이사관 또는 별정 2을)이다.

홍조실은 계엄하의 보도 검열단에 버금가는 '언론통제와 조작'의 산실로 존재해온 것만은 틀림없다. 그러나 앞서 K씨의 증언대로 홍조실은 하수인에 불과하고 보도지침을 포함, 모든 언론통제 정책이 정무비서실의 엄격한 통제와 관리 하에 있었던 것이다. K씨와의 인터뷰 내용을 그대로 옮겨본다.(김진룡)

- 보도지침은 어떤 과정을 거쳐 각 언론사에 전달되었나.
- 항간에는 홍조실이 마치 보도지침의 총 지휘탑으로 알려져 있으나 사실은 그렇지 않다. 모든 구체적인 사항은 청와대로부터 내려오고 우린 그것을 전달하는 연락방에 불과하다.
- 청와대라면 구체적으로 어느 부서를 두고 하는 말이냐.
- 청와대 정무비서실이다. 보통의 경우 정무비서실의 언론담당 1급 비서관이 그날그날 지시사항을 전화로 통보한다.
- 그렇다면 문공부 쪽 수신자는 누구인가.
- 주로 홍조실장이 맡는다. 자리에 없을 땐 차하급자가 대신하기도 한다.
- 정무비서실로부터 전달받는 보도지침의 사후처리 과정이 궁금한데…

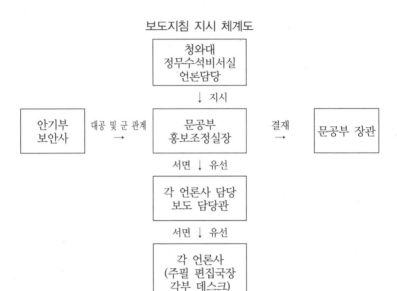

보도지침 지시 체계도

- 홍조실장 이하 전 실원이 참석하여 간단히 회의를 한다. 대신 불만적 사항이 있어도 위(정무비서실)로부터 떨어진 것인 만큼 반대의견이 있을 수 없다. 실 회의가 끝나면 장관한테 결재를 받고 각 언론사에 통보한다. 대개 유선으로 하고 군 관계나 대공문제는 문서화해서 전달하기도 한다.
● 보도지침은 청와대로부터만 받나.
- 아니다. 앞서 언급했듯이 군 대공관계 사항은 안기부, 보안사에서 홍조실로 통보한다.

1982년부터 1988년까지 근 7년여 동안 청와대 정무비서실 언론담당 비서관을 지냈던 김길홍씨도 정무비서실의 개입여부를 부인하지는 않았다. 다만 그는 "필요한 사항이 있을 경우 가이드라인만 지시하는 정도에 그쳤다"고 했다. 그러나 K씨의 증언은 이와 정반대다. "김 비서관은 상당히 다그치는 편이었지요. … '홍조실이 도대체 뭐

하는 곳이냐며 불벼락을 내렸어요. 집에 있다가도 밤중에 비상 출동하는 때가 한두 번이 아니었지요."

· 1988년 국회의 국정감사에서는 전두환정권의 언론통제 정책이 집중적으로 추궁됐다. 당시 국회 문공위의 문공부에 대한 국정감사에서는 문공부가 각 언론사에 시달한 보도지침의 물증을 찾아냈다. 또한 문공부로부터 보도지침이 법률적 근거가 없다는 답변을 얻어냈다.

### 4) 국회 언론청문회

국회문공위는 1988년 12월 12~13일 이틀간 전두환정권의 언론탄압 진상규명을 위한 2차 언론청문회를 열어 언론통제정책과 언론사주들의 언론인 강제해직 간여 여부를 추궁했다. 12월 12일 청문회에는 김주언 한국일보 기자, 신홍범 조선투위 위원, 김태홍 전 기자협회 회장 등이 참여했다.

의원들은 "언론기본법이 누구에 의해, 어떤 의도로, 어떤 과정을 거쳐 만들어졌느냐"를 따지고 문공부 홍보조정실의 설치 경위와 역할, 보도지침 작성자와 기준 및 시행과정을 추궁했다. 5공의 보도지침과 관련, 의원들은 "정부 측은 국익을 빙자, '협조요청'이라고 강변해 왔지만, 그 내용은 정부 여당관련 홍보기사의 확대보도와 3김씨 등 야권기사의 축소보도가 대부분이었을 뿐 아니라 심지어 기사크기와 용어까지 제한한 명백한 언론말살 정책이자 위헌행위"라고 주장했다.

이날 첫 증인으로 나선 필자는 전두환정권의 언론통제의 구체적 방식, 홍보지침의 통제방식을 묻는 강삼재 의원(민주당)의 질문에 대해 "언론통제는 홍보조정실의 보도지침뿐 아니라 개별적인 언론인 접촉을 통해서도 이루어졌으며 보도가 그들의 의사와 다르게 나올 경우 기자들을 불법 연행해 구금하고 구타했다"고 밝히고, "1975년 동아일보 광고사태 이후에는 경영진을 통해 광고에 제약을 가하는 식으로 간섭했다"고 증언했다.

필자는 보도지침이 만들어진 경로에 대해 "문공부 홍보조정실에서 담당하고는 있지만 본질적으로 청와대 정무비서관실이나 공보비서실, 안기부에서 지침이 만들어져 문공부에 하달되면 홍보정책관들이 유선 혹은 개별접촉을 통해 신문사에 전달했다"며 "각 기관원들이 신문사에 출입하면서 편집국 간부나 기자들에게 전달하는 것도 목격했다"고 폭로했다. 필자는 당시 신문사에 상주한 기관원의 수에 대해 "안기부 1명, 보안사 1명, 문공부 홍보조정실 직원 1명, 치안본부 1명, 관할경찰서 정보과 직원 1명 등이었으며 많을 때는 7명까지 됐다"고 밝혔다.

보도지침을 폭로하게 된 이유에 대해 필자는 "1985년과 1986년 당시에는 국민적인 민주화운동과 개헌운동이 고조됐을 때인데 각 신문들은 똑같은 논조로 학생들은 좌경으로, 시위는 폭력으로 매도했다"고 상기하고, "그러나 그것은 신문사의 자의적 판단에 따른 것이 아니라 정권안보를 위한 강압에 따른 것이므로 언론이 스스로 뭔가 해낼 수 없다는 분위기가 팽배해 있었으며 그 때문에 사실을 알려 민주화운동을 바로 알리려 했던 것"이라고 설명했다.

그러나 검찰과 법원 측은 계속 보도지침을 협조사항이라고 주장하지 않았느냐는 강 의원의 질문에 대해 필자는 "그랬다"면서 "당시 이원홍 문공부장관은 보도지침이란 있어서도 안 되고 있을 수도 없다고 말했지만 말 그대로 협조사항이라면 강제성은 없어야 하지 않겠는가"고 반문했다.

보도지침을 왜 보다 더 일찍 폭로하지 않았느냐는 질문에 대해 필자는 "당시 이원홍 문공장관 취임이후 보도지침이 더욱 강화됐고 강화된 지침을 신문사에서 모아 놓은 것을 뒤늦게 알았기 때문"이라고 밝혔다. 이어서 "보도지침은 1981년 홍조실이 생긴 이후 계속 있었으나 1985년 이원홍 문공장관과 허문도 정무수석이 들어서면서 강화됐고, 이 장관은 자신의 치사내용을 1면에 돋보이게 실어달라고 할 정도였고, 허씨는 직접 전화를 걸어 간섭했다"고 말했다.

이씨와 허씨의 언론간섭에 대해 필자는 "이 장관과 허씨는 야간에 전화를 걸어 보도관련 지침을 내리며 신문사 존폐와 관련된다는 등 협박조의 발언을 했다고 들은 적이 있다"고 말하고 "1985년 민중론 발언으로 이철 의원이 물의를 빚었을 때 이철이라는 이름도 쓰지 말라고 할 정도였다"고 소개했다.

이철 의원은 "언론보도에 대한 사전 사후 검열은 5공 헌법도 근거가 없는 일이며 심지어 악법 중 악법인 언기법에도 근거가 없는데 5공 정권 담당자들은 스스로 만든 법에도 없는 일을 저지른 것 아닌가"고 따졌다.

당시의 언론 상황과 지금의 언론 상황을 비교해 달라는 이 의원의 요청에 필자는 "약간 변화한 것은 부인할 수 없으나 6.29선언 이후 문공부의 홍보조정실이 홍보정책실로 이름이 바뀌고도 계속 언론인에 대한 개별 접촉이 있었으며 알게 모르게 정부의 구습은 계속되었다"고 대답했다.[292]

## 2. 언론사의 보도지침 처리

보도지침은 언론사에서 어떻게 처리했을까. 또한 언론사들은 보도지침을 실제로 얼마나 지면에 반영했을까.

전두환정권 때 동아일보 편집국장을 지낸 이채주씨는 회고록 〈언론통제와 신문의 저항 – 암울했던 시절 어느 편집국장 이야기〉에서 보도지침과 관련하여 다음과 같이 기록했다.(이채주, p.460.)

편집국장의 첫 일과는 아침에 출근하여 그날의 지면제작에 협조

---

292) 표완수, '진상규명 노력 국회 청문회', 〈80년 5월의 민주언론-80년 언론인 해직 백서〉, 나남, 1997년, pp.313~316.

를 요청하는 이른바 보도지침을 전화로 통고받는 데서 시작된다. 이 기사는 1단으로 해라, 이 기사는 2단을 넘어설 수 없다. 이 사진은 못 싣는다는 것 등이다. 사건의 중요도에 맞추어 담당관 또는 홍조실장 선에서 '선처'를 요망한다. 조금 있으면 안기부 담당관이 확인차 전화를 하거나 찾아온다. 문공부장관은 좀처럼 전화는 걸지 않는다. 큰 일이 있어 필요할 때만 신문사 편집국장과 방송의 보도국장을 한꺼번에 사무실로 부르는 것이다.

주요한 기사가 모든 신문에 사회면 1단으로 보도되던 때는 언론인들은 비통함에 젖어 낮술을 마시면서 한탄할 수밖에 없었다. 가판에는 크게 난 기사가 시내판에서 줄어들면 독자들은 어리둥절할 수밖에 없었다.

보도지침의 이행률에 대해 1988년 열린 국회 언론청문회에서 당시 이광표 문공부장관은 보도지침의 70% 가량이 지켜졌다고 증언했다.

### 1) 보도지침 이행률

신문사의 경우 이광표 장관의 말대로 보도지침은 대체로 70%정도 지켜졌다. 그러나 여권신문과 비여권신문의 차이는 많이 났다. 서강대 유재천 교수(신문학)가 간이분석을 한 결과를 〈기자협회보〉에 기고했다.[293] 유 교수는 "여권신문의 경우는 보도지침 가운데 '보도 불가'는 약 96%, '보도요망'은 100% 반영된 것으로 나타났고, 비여권신문의 경우는 '보도 불가'는 약 67%, '보도요망'은 약 30% 반영됐다"고 밝혔다. 좀 더 구체적인 내용은 다음과 같다.

비 여권신문의 사례를 좀 더 자세히 분석해 보면 ① 북한이나 중공과 관련된 보도지침은 '보도불가'나 '보도요망' 모두에서 그대로

---

293) 〈기자협회보〉, 1987년 7월 10일.

이행한 배분율이 높았고 ② 정부 여당 야당 학생운동 개헌문제 등과 관련된 보도지침의 이행률은 '보도불가'와 '보도요망'의 경우를 막론하고 이행률이 낮았으며 ③ 국회 재야 사회운동 등과 관련된 보도지침에는 '보도불가'에 대한 이행률이 높았던 반면, '보도요망'에 대한 이행률은 낮았다. 이렇게 볼 때 비 여권 신문은 '보도요망'의 협조요청을 대부분 따르지 않았으며, 북한이나 중공과 관련된 협조요청은 거의 모두 수용했다고 할 수 있다.

서강대 김동규 교수가 썼던 석사학위 논문 '뉴스의 결정양식에 관한 구조적 접근 : 사회적 이슈, 국가 권력, 미디어와 구조적 위치'를 보면 보도지침 이행률은 다음과 같다.[294] 김 교수는 서울, 조선, 한국, 경향, 동아, 중앙 등 6개 신문을 대상으로 체재개선(혁) 관련, 국가권력 정당성과 위기 관련, 국방 안보 관련, 대미 관련 등 4개 이슈의 보도지침 이행률을 분석했다.

### 보도지침 이행률(신문사 별)

건수(%)

| 이슈명 \ 신문 | 지침 건수 | 서울 | 조선 | 한국 | 경향 | 동아 | 중앙 |
|---|---|---|---|---|---|---|---|
| 체제개선(혁) 관련 이슈 | 51 | 49 (96.07) | 35 (68.62) | 38 (74.51) | 46 (90.19) | 29 (56.86) | 34 (66.66) |
| 국가권력 정당성 위기 관련 이슈 | 83 | 81 (97.59) | 59 (71.08) | 52 (62.65) | 76 (91.57) | 48 (57.83) | 60 (72.29) |
| 국방 안보 관련 이슈 | 89 | 84 (94.38) | 71 (79.77) | 73 (82.02) | 82 (92.13) | 70 (78.65) | 74 (83.14) |
| 대미 관련 이슈 | 18 | 15 (83.33) | 10 (55.56) | 12 (66.67) | 15 (83.33) | 11 (61.11) | 10 (55.56) |
| 계 | 241 | 220 (91.28) | 175 (72.61) | 175 (72.61) | 211 (90.87) | 158 (65.56) | 178 (73.85) |

※ 자료 : 김동규, '뉴스의 결정양식에 관한 구조적 접근' 〈언론문화연구〉 6집, 서강대 언론문화연구소, 1988년, p.167.

---

294) 김동규, '뉴스의 결정양식에 대한 구조적 접근: 사회적 이슈, 국가권력, 미디어와 구조적 위치', 〈언론문화연구〉 6집, 서강대 언론문화연구소, 1988년, p.167.

## 2) 보도지침에 얽힌 이야기

보도지침에 얽힌 신문사 내부의 이야기는 많다. 전두환정권 당시 한국일보 편집국장을 지낸 김성우 씨는 회고록 〈돌아기는 배〉에서 부끄러운 시대에 있었던 부끄러운 이야기를 부끄럽지 않게 담담하게 기록했다.

김씨는 "언론통제시대의 신문들은 그 압력을 신문끼리의 경쟁에 교묘히 이용했다. 신문마다 홍조실에 지침을 누가 먼저 위반했다고 고발성 항의를 하기가 일쑤였다"며 "서로를 헐뜯어 추태를 부리는 것 같았지만 사실은 그 핑계로 통제선을 조금이라고 돌파해 보자는 눈물겨운 작전이었다. 핑계를 경쟁의 수단으로 삼았던 것이다"라고 밝혔다.

간혹 경쟁사끼리의 경쟁으로 보도지침을 어기는 사례도 나타나곤 한다. 조간인 A신문과 B신문을 비교해 보면 A신문이 보도지침을 어기고 어떤 기사를 지방판 신문에 실었을 때였다. A신문은 밤새도록 기관의 전화에 시달려 결국엔 시내판 신문에는 빠지고 만다. 그러나 B신문은 A신문에 실렸다는 걸 내세워 지방판 신문에는 싣지 못했다가 시내판 신문에는 그 기사가 게재되는 등 웃지 못 할 해프닝이 벌어지곤 했다. 그러나 이러한 일은 해프닝이라고 웃어넘길 것이 아니다. 남의 신문을 핑계 대고서라도 자기 신문에는 꼭 실어야겠다는 그 시대 언론인의 집념의 산물이다.

동아일보 이채주 국장이 밝힌 보도지침과 관련된 몇 가지 사례를 더 들어 보자.

● 1983년 6월 9일 그동안 '정치현안' '재야문제'로 표현되어온 전 신민당 총재 김영삼씨의 단식관련 기사를 1면 2단으로 사진을 빼고 보도해야 한다는 엄격한 조건이 붙은 보도지침이 전달되었다. 크게

고민했다. 보도지침을 무시하기로 작정하였다. 1면 톱 5단 크기의 기사로 보도했다. 5단 크기의 기사가 나가자 편집국은 벌집을 쑤셔 놓은 듯했다. 압력을 더 이상 견디기 어려웠다. 서울시내 일부 지역에 배달되는 2판부터는 2단으로 줄였다.(이채주, p.26.)

• 1984년 3월 1일부터 6월 5일까지 학생시위 극렬 서울대 고려대 등 12개 대학에서만 216차례의 학생시위가 있었고 연 11만 8,000여명이 참석했다. 문교부가 국회에 제출한 자료였다. 학원의 시위를 구체적으로 보도하겠다고 다짐했으나 절대적으로 보도가 미흡했다. 이렇게 된 것은 보도지침이라고 불리는 정부의 압력 때문이었다. 산발적인 시위기사는 1단으로 해야 한다. 서울 1판에 2단으로 보도되었을 때는 2판에 어김없이 1단으로 줄여야 했다.(이채주, p.109.)

• 1984년 5월 3일 교황 바오로 2세가 내한했다. 5월 6일 일요일 오전 10시 30분이 조금 넘은 시간에 교황암살미수사건 때의 사진을 찍었다는 제보가 들어왔다. 11시가 조금 지났을까 편집국장실로 건장한 체격의 장년 서너 사람이 찾아왔다. 그들은 교황암살미수사건의 사진 필름을 내놓으라면서, 그 사진이 동아일보에 보도되면 우리나라가 국제적으로 크게 망신당한다고 했다. 기자가 사진을 받으러 갔으니 기다려 보자고 했다. 혹시 사진을 뺏어가기 위해 압수수색영장이나 권총은 가져왔느냐고 농담도 했다. 사진부장은 좀처럼 돌아오지 않았다. 편집국장 곁을 떠나지 않는 안기부 직원들과 어쩔 수 없이 광화문 근처에서 설렁탕을 먹고 난 다음에야 사진부 데스크가 빈손으로 돌아왔다는 것을 알았다. 대충 짐작은 했지만 안기부의 도청능력이 이처럼 신속할 줄은 그때까지만 해도 잘 몰랐다. 회사 교환대를 통한 구내전화도 완벽하게 도청당한 듯했다. 학생시위 사건이 일어나자 관계기관의 대책회의가 열렸다. 그 회의의 내용을 취재, 본사 사회부 데스크로 구내전화를 통해 보고한 내무부 출입기자를, 그 기사의 취재원을 밝혀내기 위해 안기부는 일주일 동안 찾았다. 사회부는 그 기자를 일주일 동안 피신시켰다.(이채주, pp.111~112.)

• 1985년 김대중씨 귀국과 관련하여 당국은 총선을 앞 둔 김씨의 귀국기사를 1면 2단으로 취급하도록 지침을 내렸다. 이 지침을 지키는 척 하면서 부국장이 교묘하게 편집기술을 발휘했다. 제목을 옆으로 크게 뽑고 김씨 귀국관련 기사를 모두 넣어 1면 중간 톱 자리에 놓은 것이다. 그러나 이 기사는 그대로 유지시킬 수가 없었다. 1.5판부터 2단기사로 얌전하고 조그맣게 자리 잡았다(이채주, pp.155~156.)

또한 당시 한국일보 편집국장이던 김성우씨는 〈돌아가는 배〉는 다음과 같이 기록하고 있다.

• 그해 2월 8일 김대중씨가 미국에서 귀국하게 되었다. 그 며칠 전에 대통령이 각 신문사 사장들을 초청하여 이 사실을 알렸고 문공부는 이것을 미리 발표하면서 '예고기사는 2단'이라고 지정했다. 한 석간신문이 가로제목을 크게 달고 금지된 사진까지 실었다. 노발한 문공부장관이 오후 4시 급히 편집국장들을 소집했다. "홍조실 주문은 어길 수 있는 것이 있고 어길 수 없는 것이 있다. 지침을 위반하는 보도가 정국불안과 연결되는 일이 있다면 이것은 문공부의 손을 떠나는 것이다. 그런 불행한 사태가 오지 않게 되기를 바란다."
　얼마 뒤 안기부 언론과장한테서 내게 전화가 왔다. "김대중씨 관계는 조금도 융통성이 없다. 다른 기사와 다르다는 것을 알고 있어 달라." 김대중씨가 귀국하던 날 아침 청와대 정무수석이 내게 전화를 걸었다. "지금 정국안정을 지키느냐 변조를 가져오느냐의 중대 기로에 있으니 잘 협조해 달라." 낮에는 문공부차관의 전화. "김대중씨 귀국관계는 정부 발표의 선을 절대로 넘지 말아 달라."
　김대중씨 귀국기사는 별 수 없이 나란한 키로 정렬했다. 주문대로 모두 2단이었다. 홍조실은 기사의 단수는 통제하면서 행수까지 일일이 지정하지 못했다. 그래서 제목의 키는 난쟁이인 채 기사는 꼬불꼬불 여러 단을 흘러 장강이었다.

• 1986년 6월 9일 김씨의 단식이 중단되었을 때 정부 당국은 '제목은 2단'이라는 단서를 붙여 기사를 해금했다. 이 단서에서 탈출하려는 각 신문의 숨바꼭질을 보면 가련하도록 가상하다. 석간의 A신문은 가판용 첫판에서 주문대로 2단을 지켰는데 B신문은 5단으로 껑충 위반했다. 당국의 불호령으로 배달판에서 B신문은 2단으로 복귀한 대신 A신문은 B신문의 위반을 핑계대고 4단으로 솟았다. 조간은 첫판인 지방판에서 C신문이 석간의 B신문을 견본 삼아 5단, 우리 신문은 석간 배달판의 단수를 평균하여 3단으로 정했다. 그러나 시내판에서는 C신문도 우리도 모두 2단의 철책 속으로 수용되고 말았다. 탈옥은 실패했다.

### 3) 보도지침 처리 유형

신문사들은 문공부 홍조실의 보도지침을 대체로 이행했으나 보도자제 요청을 무시하거나 보도금지 요청을 변형시켜 보도하는 경우도 있었으며, 보도지침을 어겼다가 어쩔 수 없는 경우 빠지는 게릴라 전법을 사용하기도 했다. 언론사로서는 보도지침을 그대로 지키지 않고 독자에게 알리기 위해 나름대로 노력한 것이다.

신문사들은 보도지침을 지키지 않으려고 갖은 방법을 동원했으나 유신시절부터 전두환정권에 이르기까지 거부할 수 없는 보도지침이 있었다. 대통령의 동정을 싣는 신문의 로열박스가 그것이다. 세로쓰기 신문시대에 1면 왼편 위쪽의 자리이다. 이채주씨는 동아일보 편집국장 재직시 보도지침은 대개 다음과 같은 유형으로 처리되었다고 밝혔다.(이채주, pp.465~470.)

① 보도하지 말라고 했지만 모든 신문이 일제히 보도했고 아무 탈 없이 넘어가는 수가 있다. 1983년 5월 '대도의 그늘'이 그것이다. 현직 부총리가 도난당하여 불태워진 유가증권 5억 원어치를 다시 발행받기 위해 공시 최고(催告)했다는 사회면 4단 기사가 그러한 예이다.

② 보도가 금지되었으나 변형을 하여 보도하는 경우가 많았다. 국회 국방위 회식사건이 그러한 예이다. 이 회식사건은 1986년 3월 21일 저녁 서울 회현동에 있는 고급요정 '회림'에서 육군참모총장을 비롯한 고급 장성들과 국방위소속 여야의원들이 술을 마시던 중 싸움이 일어나 여야의원들이 군 장성들로부터 폭행을 당한 일을 말한다. 신민당은 22일 오전 총재단 회의를 열고 21일 밤 '회식사건' 진상규명이 선행돼야 국회 운영에 임할 수 있다는 방침을 정하고 국회참석을 거부했다. 이러한 사실을 1면 톱기사로 보도한 것이다.

③ 보도자제 요청은 묵살하는 것이 보통이다. 그 강도가 약하기 때문이다. 1985년 10월 유태흥 대법원장이 신민당에 의해 탄핵소추가 발의되었을 때가 그러한 예이다. 1면 톱기사로, 해설기사로, 또 '격동 85' 사법부 인사파동 회오리에서 당당하게 보도되었다. 묵살된 보도자제 요청은 많다.

④ 어쩔 수 없이 사회면 1단짜리 기사로 처리할 수밖에 없는 일도 많았다. 1986년 2월 1,000만 명 개헌서명운동 때 김영삼 · 김대중씨의 가택연금 기사, 김영삼씨의 노상시위, 1986년 6월의 대학교수 시국선언 등의 기사이다. 외압이 심했고 언론의 활동이 하강기에 있었을 때의 일이다. 단 한 줄의 시위 기사 속에서도 민주회복의 열망을 확인하고 희망을 잃지 않던 시대였다. 1단기사가 거리의 정치를 지배하였다.

⑤ 보도지침을 일단 어기고 정세를 보아 어쩔 수 없는 경우 빠지는 게릴라전법이다. 1985년 2월 김대중씨가 미국에서 귀국할 때는 1면 2단이 지침이었다. 제목을 옆으로 뽑아 사실상 중간 톱기사로 처리했다. 거센 압력으로 2판에는 2단으로 후퇴했다. 1986년 6월 김영삼씨가 단식을 중단했다는 발표는 1면 2단이라는 엄격한 조건이 붙어 있었다. 무시하고 1면 5단 기사로 내보냈다. 거센 불호령으로 2판에서는 2단으로 낮추었다. 1판에서 5단으로 공격하고 2판에서 2단으로 후퇴하면 신문을 다루는 당국과 언론계에는 회오리바람이

일었다. 그때는 찻잔으로 바닷물을 퍼내는 것처럼 힘들었다.

⑥ 보도지침을 지키지 않은 사진의 단수가 타지를 규제하는 통제선이 된 예다. 1985년 3월 김영삼씨와 김대중씨 등 정치인이 전면 해금되었다. 이 기사가 1면 톱이라는 데는 정부도 이의를 달지 않았다. 다만 두 김씨가 만나는 사진은 3단이라고 했다. 이 지침을 무시하고 5단 사진을 1면에 실었다. 아무런 얘기가 없었으나 다른 신문에는 매우 곤혹스러운 일이 일어났다. 한국일보는 사진을 6단으로 실었다. 5단으로 낮추라는 홍조실의 주문을 끝내 거부하여 가장 큰 두 김씨의 사진을 실은 기록을 남겼다. 하지만 얼마 후 편집국장은 경질 발령을 받았다. 그 시절 편집국장은 장교 가운데 전사자가 가장 많았던 6.25전쟁 때의 일선 소대장에 비유되었다.

⑦ 지방판 신문과 서울판 신문의 보도지침이 다른 경우다. 1986년 3월. 지방도시에서 있었던 개헌 추진위 지부 결성대회 및 현판식 때의 일이다. 이 모임에는 이민우 신민당 총재, 김영삼 고문 등이 참석했고 김대중씨는 반드시 녹음연설을 했다. 대회는 오후 6시 30분까지 계속되었다. 지방에 기차로 발송하는 지방판 신문마감에 댈 수가 없었다. 이때 밤늦게 트럭으로 신문을 수송했다. 이 행사 기사는 지방판에 1면 톱 또는 중간 톱 정도의 크기로 다루었다. 그러나 다음날 서울판 신문에는 판에 박은 듯이 2단기사로 다루었다. 서울판에만 2단으로 다루어주면 지방판신문에는 어떻게 쓰던 자유였다. 이 무렵에는 홍조실도 매우 지쳐 있었고 편의주의가 통하던 때였다.

⑧ 가장 곤혹스러운 것은 북한과 공산권의 보도였다. 북한관계 보도는 보도지침대로, 또는 시키는 대로 할 수밖에 없었다. 북한관계 기사는 반드시 안보라는 이름의 덫에 걸리지 않게 국장의 사전승인을 받고 지면에 싣도록 각별하게 지시해 놓고 있었다. 어느 날 신문을 보니 북한에 교회가 생겨 예배를 보고 있다는 기사가 나 있었다. 외신부장을 불러 물어 보았더니 마감시간에 임박해서 외신으로 들어왔기 때문에 미처 보고를 하지 못했다고 했다. 다음 판부터 기사를

빼도록 지시했다. 눈에 띄지 않는 이 조그마한 기사를 안기부는 놓치지 않았다. 회사에 공문을 보내 안전보장상의 큰 문제라고 강력하게 경고하였다. 회사는 재발 방지를 약속하고 진사(陳謝)했다.

## 3. 보도지침 위반 시 보복

보도지침을 위반하면 중앙정보부(후에 안전기획부로 개명)는 해당 언론사의 경영진과 편집간부, 기자 등을 연행하여 취재 경위 등을 조사하는 한편으로 협박, 공갈, 폭언은 물론, 심지어는 고문까지 자행했다. 더 나아가 우회적인 방법으로 경영진에게 압력을 가해 편집국장을 경질하기도 했다. 중앙정보부는 연행된 편집간부들로부터 사표를 강요해 사표를 받아낸 뒤 경영진에게 사표를 수리하라고 요구하기도 했다.

1988년 12월 12일 열린 국회 언론청문회에서 필자는 "보도지침 이행여부를 확인하기 위해 기관원이 야간에까지 계속 전화를 한다든지 직접 편집국에 찾아와 확인하고 확인되지 않을 경우에는 신문사의 진퇴에 관한 문제라는 식의 협박까지 일삼고 보도지침을 어겼을 경우에는 모 기관으로 끌고 가서 구타를 하는 경우도 있고 경영진을 통해 광고 등을 통해 협박을 하기 때문에 견딜 수 없게 만들었다"고 밝히고 "당시 언론기본법에 의하면 문공부장관이 행정명령으로 신문사의 등록을 취소한다든지 정간을 명령할 수 있기 때문에 어쩔 수 없이 따라가는 경우가 많았다"고 말했다.295)

전두환정권의 서슬이 시퍼렇던 시절 동아일보 편집국장을 지낸 이채주씨는 "각사의 편집국장들이 청와대로 불려가 점심을 하는 공식적인 자리에서 대충 다음과 같은 무지막지한 말을 들었다. '좋

---

295) '제144회 국회 문교공보위원회 회의록' 제14호, 1988년, p.6.

은 말을 할 때 들으시오. 말 안 듣는 사람은 지하실로 끌고 가 거꾸로 매달아 몽둥이로 때릴 수도 있고. 하지만 그러고 싶지 않소. 우리 좋게 말로 합시다.' 테러로 위협하던 공포의 시대에 보도지침을 전면적으로 거부하기는 어려웠다"고 털어놓았다.

보도지침과 압력이 가해지는 경로는 여러 갈래다. 행정부 쪽에서는 문공부 홍보조정관, 홍보조정실장, 장관의 경우이며 안기부는 회사 담당 기관원과 그 윗선이 있었다. 가장 난감한 것은 대통령 이름을 인용하는 청와대의 압력이며, 편집국을 공포에 떨게 한 것은 보안사령부의 협조 요청이다. 이 협조를 거부했을 때는, 아무 것도 아닌 사회면 기사를 문제 삼아 사회부장을 불러 갔다. 사회면 기사 가운데 군 초소의 위치를 알렸다는 이유로 군사기밀보호법 위반으로 사회부장을 보안사령부에 출두시켜 무거운 분위기에서 각서를 쓰도록 하는 등 압력을 가한 사건이 편집국장 재직 시 일어났다.(이채주, p.110.)

### 1) 편집국장 경질

전두환정권 시절 한국일보 편집국장을 지낸 김성우씨는 저서 〈돌아가는 배〉에서 1985년 정치규제자 11명이 해금된 뒤 보도지침을 무시하고 김영삼씨와 김대중씨가 회동한 사진을 크게 실었다가 문공부에서 여러 가지 보복조치를 당한 뒤 편집국장에서 경질됐다. 김씨는 편집국장에서 물러난 경위를 다음과 같이 기록했다.(김성우, pp.468~469.)

1985년 3월 6일 정치규제자 11명이 모두 해금되어 4김씨도 포함되었다. 신임 문공부장관이 미리 편집국장들을 문공부로 소집해 지침을 시달했다. 해금자들의 움직임을 대서특필하지 말라. 김대중씨는 형 집행정지 상태여서 법률적으로 정치활동이 불가능한 데 신문이 정치활동을 시켜주면 안 된다. 3김씨를 단독 인터뷰하거나 해서 영웅시하는 과대 취급도 안 된다. … 해금 당일 김영삼씨와 김대중씨가 회동했다. 이 사진의 크기에 대한 홍조실의 척수는 3단. 실로 오랜만에 양 김씨의 얼굴이, 그것도 나란히 신문에 나타나는 역사적인 장면이다. 이 사진을 놓고 신문끼리 장애물 경주와도 같은 경쟁이 붙었다. 나는 사진 6단을 밤을 지키며 고수했다. 그 결과 한국일보는 김대중·김영삼씨 사진이 가장 크게 난 신문이 되었다.

보복은 금방 왔다. 홍조실장이 회장을 찾아와 면담하고 갔다. 신문사에 대한 각종 불이익을 통고하러 왔다는 소문이 돌았다. 한국일보 자매지인 주간여성이 김영삼씨 부인 손명순 여사의 인터뷰를 실었다고 가판대에 나간 것을 회수 당했다. 당시 문공부가 비용을 전담하여 각 신문사 기자들을 외국에 파견하는 선심을 쓰던 것을 한국일보 기자는 중단시켰다. 한국일보의 자매회사인 한주여행사에 대해 휴전선 땅굴 관광허가를 문공부가 취소했다. 문공부 차관이 사장을 사무실로 호출해서는 한국일보가 발행하는 일간스포츠가 스포츠 외의 일반기사를 많이 싣는 것은 창간 목적 위반이라고 트집을 잡았다. 문공부장관은 안기부에 대고 한국일보를 한 번 혼내줄 테니 두고 보라고 했다고 한다. 편집국장이 장관을 만나는 것이 좋겠다. 사내 의견들이어서 만나주지 않겠다는 것을 내가 억지로 찾아갔더니 장관이 하는 말이 "지금 한국일보에 대해 어떤 압력이 들어오는지 아느냐. 내 힘으로 막는 데는 한계가 있다"는 것이었다.

4월 1일자로 편집국장 경질 발령이 났다. 양 김씨의 6단 사진이 실린 지 채 한 달도 못 넘긴 때였다. 이렇게 해서 김영삼씨의 단식 개시와 함께 취임한 나의 한국일보 편집국장직은 3김씨의 해금과 함께 해임된 것이다.

## 2) 안기부 연행 고문

언론인들이 안기부에 연행되어 조사를 받는 경우는 대개 보도지침을 어겼거나 정권에 민감한 기사가 보도됐을 때 취재경위를 알아보기 위한 것이었다. 언론인에 대한 통제 부분에서 다룬 언론인 안기부 연행 사건을 보면 대부분 보도지침과 관련된 것이라고 볼 수 있다.

당시 동아일보 이채주 편집국장은 중공 폭격기 불시착 사건의 엠바고를 지키지 않았다는 이유로 중앙정보부에 끌려가 조사를 받았다. 이 국장은 중앙정보부에서 모진 고문을 당했으며 단지 이 사건만이 아닌 그동안의 보도지침 위반에 대해서도 강도 높은 조사를 받았다.

이채주 국장은 1985년 2.12총선이 끝난 뒤에도 이상하 정치부장과 함께 안기부에 다녀왔다. 총리 임명 발표 몇 일전 노신영 안기부장이 총리에 임명될 것이라는 조그마한 보도가 빌미가 되어 편집국장과 정치부장이 안기부에 불려가 장시간 취재경위에 대한 심문을 받았다. 이 국장은 당시의 상황을 다음과 같이 회고했다.(이채주, p.179.)

안기부에 들어가자마자 벽을 등지고 사진을 찍었다. 넥타이와 허리띠를 풀라고 했다. 말도 되지 않는 여러 질문을 위협조로 쏟아냈다. '우리 부장이 총리에 임명된다는 보도는 총리 임명을 방해하기 위한 고의적 보도가 아니냐'는 것이었다. 오랜 실랑이 끝에 해가 저물기 시작했다. 밤늦게 풀려날 때는 수사책임자와 나 그리고 이상하 정치부장 셋이서 소주를 마셨다. 대접을 받은 것이다. 수사책임자의 말은 이러했다. '이 국장이 말을 잘 안 듣는다고 해서 안기부로 불러 겁을 주라고 해서 이렇게 되었다. 정치를 제대로 못해 이렇게 되었는데 겁만 주라니 실로 난감하다. 잘 협조해주기 바란다'는 것이었다.

편집국장이 된 뒤 두 번째 안기부 행차였다. 첫 번째 안기부 행차는 정치부의 이도성 기자가 1984년 1월 7일자 신문 1면 톱기사로 북한이 '3자회담' 제의를 했다는 보도를 한 뒤 안기부에 연행됐을 때다. 북한 당국은 랭군테러사건 직전인 1983년 10월초 중공을 통해 남북한 및 미국을 포함한 3자회담 형식의 평화제의를 한 데 이어 2차로 12월초에도 유사한 내용의 제의를 같은 경로를 통해 미국 측에 제시해 온 것으로 알려졌다는 것이 보도의 큰 줄기였다.

이도성 기자는 1월 8일 안기부에 연행되었다. 당시 안기부는 이기자와 함께 안기부의 노재원 차관, 이상옥 차관보, 박건우 미주국장도 남산에 있는 안기부 지하실로 연행해 보도와 취재경위를 조사했다. 안기부는 이 기자를 데리고 나가려면 편집국장이 직접 와서 신병인수서를 써야 한다는 사리에 닿지 않는 이유를 달아 안기부 행차를 강요했다. 기자가 풀려나려면 부득불 갔어야 했다. 이 기자의 신병을 보증한다는 것을 비롯해 몇 장의 각서를 쓰고 돌아 온 뒤 이 기자는 풀려났다.

# 제3장 보도통제 지시방향

박정희정권의 보도지침이나 전두환정권의 보도지침 지시어는 비슷하다. 보도통제는 기사 내용 전체의 보도를 금지하는 전면통제와 기사 중 일부 또는 특정내용의 삭제를 요구하는 부분통제 방법을 사용했다. 또한 언론사가 특정사안을 취재하기 전에 기사화 자체를 봉쇄하는 사전 통제, 특정사안이 보도된 후에야 뒤늦게 알고 더 이상의 보도를 금지하는 방법, 그리고 보도는 하되 용어의 선택에 유의해서 전체적인 내용을 순화하도록 요청했다. 이러한 보도통제는 전두환정권 들어서는 더욱 세밀한 지시용어로 바뀌었다.

## 1. 박정희정권(1975년~1979년)

박정희정권시절 동양방송(TBC)에서 방송기자로 근무했던 노계원 씨는 성균관대 석사학위 논문 '제3공화국 말기 언론통제에 관한 분석적 연구'에서 1975년 6월 16일부터 1979년 12월 11일까지 박정희정권이 동양방송(TBC)에 하달한 879건의 보도지침을 기록한 '보도통제연락 접수대장'을 대상으로 보도통제 방향을 분석했다. 이 논문은 전면통제와 부분통제, 사전통제와 사후통제, 내용이 불분명한 통제, 방송통제의 강화 등으로 통제유형을 나누었다.[296)

---

296) 노계원, "제3공화국 말기 언론통제에 관한 분석적 연구-구 동양방송 '보도통제연락접수대장'을 중심으로", 성균관대 석사학위 논문, 1999년, pp.20~27.

## 1) 전면통제와 부분통제

보도지침의 방향은 전면통제가 대부분으로 야당과 재야 종교계의 반체제 활동을 주도하던 인사들과 학원의 반체제 운동을 주도하던 학생들에 대한 구속 재판 처벌 등은 전면통제 대상이었다. 또한 외국의 정치인들이나 언론의 한국정치에 대한 비판적 발언은 물론, 심지어는 외국의 반정부 운동이나 군중 소요에 관한 외신도 전면통제됐다. 이러한 외신 보도가 국내의 정치·사회적 안정에 부정적인 영향을 준다는 이유였다.

특히 정책부진이나 실패, 공직자들의 부패와 비리, 남북문제, 외교문제, 정부 요인들의 특정한 동정 및 군사문제도 전면 통제됐으며 군 장병들의 안전사고나 총기난동사건도 군기 확립에 도움이 안 되고 사회를 불안하게 한다는 이유로 일절 보도를 금지했다.

부분적으로 국민이 알아서는 안 되겠다고 박정희정권이 판단한 내용은 내외신을 막론하고 부분적으로 통제했다. 예컨대 국회 본회의(1975년 7월 1일)의 대정부 질문기사에서 야당인 신민당 김형일 의원의 질의내용 가운데 김영삼 대표 기자회견 때 언급한 '한반도 4대국 보장론', 김형욱의 권력형 부정부패, 걸프 오일(Gulf Oil)의 한국 여당에 대한 정치자금 제공, 월남 패망직후 월남 교민 철수작전의 실패, 서울대생의 반정부 데모, 유신헌법 철폐 요구 등은 기사에서 삭제하라는 식이었다.

야당의원들의 질의 뿐 아니라 정부 부처 장관들의 답변내용도 부분적인 통제를 가했다. 예컨대 긴급조치 위반으로 구속되거나 학사 징계를 받은 학생들의 숫자를 밝힌 총리의 답변(1975년 7월 2일) 등은 삭제를 요구했다. 박정희 대통령이 제9대 대통령선거에 단일 후보로 출마했을 때 발표된 그의 경력 중 '일본 육사 졸업'을 보도에서 삭제하도록 요청(1978년 7월 5일)한 것도 같은 사례이다.

외신기사에 대한 부분통제의 사례로는 일본 사회당의원들이 북한 방문을 마치고 귀국한 뒤 가진 기자회견(1975년 7월 16일) 기사에서 '북한이 남북한 간의 평화협상을 희망하고 있다'는 내용, 미국하원 외교위원회의 박동선 청문회 중 미 의원들이 박 대통령과 유신체제에 대해 비판한 내용, 필리핀 대통령 선거에서 야당후보인 베니그노 아키노(Benigno Aquino)의 유세 내용과 아키노를 지지하는 군중데모 내용 등은 삭제하라고 요구했다.

## 2) 사전통제와 사후통제

1971년 말에 실시된 프레스카드제와 지방주재 기자의 감축, 신문사 통폐합, 경찰서 출입기자실 폐쇄 등으로 언론사들은 취재력이 극도로 약화했다. 반면 언론통제의 선봉에 섰던 중앙정보부의 정보망은 대폭 확장 강화했다. 따라서 언론통제는 더욱 강화했고 언론인들의 취재의욕은 크게 떨어졌다. 언론의 취재력은 크게 위축됐다.

중앙정보부의 정보 수집력은 단연 언론을 앞섰다. 방대한 정보망을 동원하여 각종 정보를 취합 분석하고 있었기 때문이다. 중앙정보부는 특정 정보에 대한 기사화 여부를 판정하고, 통제할 내용을 결정하여 언론사에 통보했다. 언론사의 편집권을 중앙정보부가 행사한 셈이다. 중앙정보부는 사전에 보도를 원천적으로 봉쇄하는 경우가 많았다.

통신기사의 보도통제는 더욱 엄격했다. 통신사가 언론사에 송고를 끝낸 기사를 통제할 때는 우선 언론사에 통신기사의 전재를 봉쇄한 뒤 통신사가 송고한 기사를 취소하도록 조치했다. 중공이 북괴의 남침 기도에 대해 경고했다는 UPI-동양 통신기사(1975년 5월 29일), 현대조선이 사우디아라비아와 수주계약을 체결했다는 합동통신 기사(1977년 3월 12일), 주한미 지상군 철수를 위한 예비회담이 5월안에 열린다는 합동통신 기사(1977년 5월 11일), 주한미군 철수 1단계로 병력 7,000명 중 1진이 9월안에 철수한다는 동양통신 기사(1977년 8월 26일) 등이 그것이다.

## 3) 내용이 불분명한 통제

보도지침 중에는 통제의도가 분명하지만 구체적인 지시어가 명확하지 않고 '주의 요망', '순화하라', '약화하라', '너무 부각시키지 말라'고 요구하는 경우도 있다.

예컨대 '신민당 확대간부회의 내용은 주의 요망'(1975년 6월 2일)이라는 보도지침은 무엇을 어떻게 주의하라는 것인지 분명하지 않다. 정권에 이롭지 않다고 생각되는 내용은 스스로 판단해서 기사에서 삭제하라는 것이다. 이러한 경우는 통제한계가 불분명하기 때문에 말썽의 소지를 없애기 위해 해당기사를 전면적으로 보도하지 않는 결과를 초래하기도 했다.

예를 들면, 한승헌 변호사 공판기사는 간단히 취급하라(1975년 6월 26일), 신민당 성명은 순화해서 보도하라(1975년 8월 25일), 정성엽(포항 앞바다에서 유징을 처음 발견한 기업인)은 너무 부각시키지 말라(1976년 1월 15일)(이를 전적으로 박정희의 업적으로 돌리려는 의도였음), 카터 행정부의 대한 정책과 관련된 외신기자들의 작문기사는 억제 보도하라(1976년 11월 27일), 전당포 강도사건은 자극적인 것은 피할 것(1976년 12월 24일) 등이 있다.

이러한 사례에서 보듯이 '순화' '너무 부각' '작문' '억제' '자극적' '작계'와 같은 지시어의 의미와 한계는 매우 모호한 것이어서 판단하기 어렵기 때문에 언론사는 아예 보도하지 않는 쪽이 안전하다는 생각을 하게 되었다.

## 4) 방송통제의 강화

박정희정권의 보도지침은 대부분 언론매체나 언론사의 특성을 고려하지 않은 획일적인 것이었지만 사안에 따라서는 매체별로 차별화하여 방송매체에 더 많은 통제를 가했다. 방송, 특히 TV는 동시성과 확산성, 광역성을 지니고 있어 영향력과 파급효과 크기 때문이다. 특히 기사내용 보다는 보도에 수반되는 화면에 대한 통제가 심했다. 반체제 인사들과 학생들의 움직임이나 시위, 구속, 재판과 관련된 현장 화면은 동사진이나 정사진을 불문하고 일절 방송하지 못했다.

또한 방송보도는 북한이 즉각 정보를 입수하여 대응할 여유를 갖게 한다는 점을 우려한 조치였으므로 방송사도 수용태세를 갖췄다. 예컨대 청와대 주변에 설치된 대공포대가 비행금지구역에 실수로 들어온 여객기를 향해 위협사격을 가한 사건(1976년 9월 6일)은 국방부가 공식 발표를 했으면서도 '북괴가 즉각 인용 보도한다'는 이유를 내세워 방송은 일절 보도하지 못하게 했다. 6명의 딸을 가진 가장이 아내가 출산한 일곱 번째 딸을 살해한 사건(1976년 2월 26일)은 내용이 너무 참혹하다는 이유로 방송에서 뉴스로 취급하지 못하게 했으나 다음날 조간신문들은 화제기사로 보도했다.

방송사에 대한 보도지침은 기사 길이는 물론, 화면 구성과 보도형식에 이르기까지 다양하고 세밀했다. 방송보도의 통제는 동영상(필름) 사용여부나 특파원의 현지 리포트 및 해설방송 가부에 집중됐다. 예컨대 신민당 김한수 의원 구속에 관한 기사(1975년 5월 23일)나 명동성당 구국선언사건 공판(1976년 11월 23일)의 경우 동영상(필름) 방송을 금지시켰다. 또 기독교계의 반정부 활동이 심했던 1976년 크리스마스이브에는 교회와 성당의 행사 스케치 화면에 특정 성직자의 얼굴을 클로즈업하지 못하게 했다.

또한 북한 김정일의 판문점 시찰기사에는 외국 통신사가 제공한 전송사진을 사용하지 못하게 했고(1977년 7월 25일) 미 하원 윤리위의 박동선 청문회 기사는 현장 녹음이나 현지 특파원의 육성 리포트를 금지했다.(1977년 11월 29일) 이러한 조치 때문에 특파원의 현장대담이나 리포트는 허용되지 않았다. 특히 중국 화국봉(华国锋) 주석의 북한 방문(1978년 5월 4일) 보도에는 외신이 제공한 전송사진 사용을 금지하고 캐리커처(caricature)만 사용토록 했다.

## 2. 전두환정권 시절(1985년~1986년)

전두환정권의 언론통제는 박정희정권 보다 훨씬 더욱 교활하고 강력한 양상을 띠었다. 기사의 크기와 컷이나 제목의 사용, 해설용 보충기사의 가부, 보도지면의 지정은 물론, 사진 및 용어 사용 등에 대해 시시콜콜하게 간섭했다.

보도지침은 정권에 유리한 기사에 대해서는 홍보·선전성 보도를 하도록 했다. 이러한 보도는 크게, 눈에 띄게, 적절히, 강조해서 등과 같은 지시어를 사용했다. 축소보도는 신중히, 조용히, 단순히, 추측하지 않고 등의 단서가 붙었으며 보도 불가는 불가, 절대 불가, 별도 지침이 있을 때까지 불가 등으로 보도를 금지시켰다.

보도지침은 또한 특정 용어를 사용하지 못하도록 했다. '개헌 서명운동 확산'은 '개헌 서명운동 계속'으로, 공권력의 성폭행사건을 '폭행주장 관련' 또는 '성 모욕 행위'로 강제했다. 이러한 용어통제는 사건, 사고, 현상의 의미를 왜곡 축소하려는 시도였다. 보도사진의 전달효과는 매우 크기 때문에 집중적인 통제대상이 됐다. 사진통제는 '반드시 사진을 실을 것' '이러이러한 요건을 갖춘 사진만 허용됨' '사진 불가' 등의 지시어가 붙었다.297)

### 1) 치밀하고 구체적인 지시

보도지침에서 가장 빈번하게 사용된 단어는 '보도 불가'이다. 전두환정권은 자신에게 불리한 사건이나 사태가 널리 알려지는 것을 막는데 언론통제의 역점을 두고 있는 만큼 '보도 불가'란 용어가 끊임없이 되풀이됐다. 교묘한 언론통제는 '보도 불가'만을 능사로 삼지 않았다. 보도의 내용이나 형태, 방향을 지시하고 유도했다.

보도지침은 지시내용이 매우 치밀하고 구체적이다. 실례로 검찰이 부천경찰서 성고문사건에 대한 조사결과를 발표했던 1986년 7월

---

297) 고승우, '보도지침 내용 분석', 〈보도지침〉, 두레, 1988년, pp.52~61.

17일의 보도지침을 보면, 기사를 사회면에 싣되, 기자들의 독자적인 취재내용은 싣지 말고 검찰이 발표한 내용만을 보도하고 사건의 명칭을 '성추행'이라 하지 말고 '성 모욕 행위'로 표현하라고 지시했다. 또 공안당국이 배포한 분석자료 중 '사건의 성격' 부분에서 제목 (즉 '성을 혁명 도구화')을 뽑아주고 검찰 발표 내용은 반드시 전문을 그대로 싣되, 시중에 나도는 반체제 측의 고소장(변호인단의 고발장) 내용이나 NCC, 여성단체 등의 사건 관련 성명은 일체 보도하지 말라고 하달했다.

또 신민당의 인천 개헌 현판식 및 시위사태에 대한 1986년 5월 3일자 보도지침은 1면 톱기사를 한영(韓英) 정상회담으로 하고 시위기사는 1면 사이드 톱기사나 사회면 톱기사로 처리하라고 지시한 후 기사 내용과 방향에 대해서는 시위주체를 '학생 근로자들의 시위'로 하지 말고 '자민투, 민민투, 민통련 등의 시위'로 하고 비판적 시각으로 다루되, 과격시위를 유발한 신민당의 문제점을 지적하라고 지시했다.

신민당의 광주 개헌 현판식에 관한 1986년 3월 1일자 보도지침은 사진이나 스케치 없이 관례대로(즉 서울과 부산현판식 때 지시한 대로) 2단기사로 보도하되 시위 군중이 광주의 직할시 승격을 축하하는 아치를 불태우는 사진은 사회면에 쓰도록 지시했다.

보도지침은 기사를 어느 면에, 몇 단으로 싣고, 제목은 '이런' 표현 대신 '저런' 표현으로 뽑되(또는 뽑지 말고) 두 줄 정도로만 하고, 사진은 사용하지 말고(또는 폭력장면 사진은 쓰고), 당국의 분석 자료는 박스기사로 간지에 실으라고 시시콜콜하게 지시했다. 기사의 크기를 지시하는 수식어도 자못 다채로워 '조그맣게, 조용히, 너무 흥분하지 말고, 크지 않게, 눈에 띄게, 돋보이게, 균형있게, 적절하게' 등의 용어가 어지럽게 등장했다.

이러한 보도지침은 보도하지 않을 수 없는 사건이나 사태에 관한 것이다. 특정사건이나 행사, 대회가 널리 알려져 보도하지 않을 경우 유언비어의 확산이나 불신심화로 역효과를 자아낼 소지가 있을 때는 보도의 내용과 형식을 사전에 결정, 특정한 방향으로 유도함으로써 달갑지 않은 사건의 파장이나 충격을 가능한 한 축소, 완화시켜 빨리 가라앉히겠다는 계산이다. 물론 이와 달리 역효과 없이 간단히 처리할 수 있는 사건은 거리낌 없이 '보도 불가' 딱지를 붙여 묻어 버렸다. 보도지침에는 독자들의 눈에 쉽사리 띄지 않도록 '조그맣게' 1단기사로 보도하라는 지시도 적지 않다. 이런 사례는 묻어버리자니 찜찜하고 그대로 두자니 혹시 무딘(?) 기자들이 눈치 없이 2~3단으로 키울지 모른다는 걱정에서 1단기사로 못을 박아주는 경우였다.

이와 반대로 정치면이나 사회면 톱이나 사이드 톱으로 터무니없이 커지는 경우도 많았다. 정권 홍보용이거나 반대세력의 움직임을 왜곡 과장하거나 전가 오도시켜 유리한 국면을 조성하기 위한 것이었다. 현상의 핵심과 본질을 은폐, 왜곡하는 대신 지엽말단을 과장, 부각시키는 형태로 여론을 오도한 것이다.

전두환정권 당시에는 청년, 학생, 노동자들과 민주 민중운동 단체 활동가들의 거센 투쟁이 처참한 고문과 국가보안법 위반혐의로 투옥을 가져온 사건이 많았다. 그때마다 이들의 '주장과 활동'은 왜곡된 채 사회면 톱기사나 아니면 '눈에 띄게' 보도, 부각되었다. 이와 함께 정체불명의 공안당국 분석 자료가 사회면 오른쪽 지면에 박스기사로 실렸다. 서울대 '민추위' 사건과 연관되었다는 '민청련' 김근태씨 사건이 대표적인 경우였다. 1985년 11월초 종교계, 재야단체, '민추협', 신민당이 함께 구성했던 '고문 및 용공조작 저지 공동대책위원회'는 이러한 기도에 대항하기 위한 조직이었다.

또한 정기국회 회기 중인 1985년 12월초, 본회의장이 아닌 장소에서 여당인 민정당 의원들만 모여 단 2분 만에 새해 예산안을 날치기 통과시키자 이를 알고 달려온 신민당 의원들이 걸어 잠긴 문을 부수고 들어가 격렬한 항의를 했을 때 보도지침(12월 2일자)은 지면제작의 방향을 구체적으로 지시했다. 국회를 정쟁(政爭)의 장으로 만들었으니 책임은 야당에 있고, 예결위원장과 여당 총무를 폭행, 경상을 입힌 것은 불법이며, 협상을 제의했으나 신민당 측, 특히 김대중씨 측의 반대로 결렬되었다는 것이다. 그러나 이 지침은 예산안 관계기사의 제목에 '변칙 날치기 통과'라고 달지 말고 '여 단독처리 강행'으로 붙이라는 지시를 잊지 않았다.(〈말〉 특집호, pp.2~4.)

2) 내용 통제

외국어대 김춘식 교수가 썼던 석사학위 논문 '언론통제 요인으로서의 보도지침에 관한 실증 연구—제5공화국의 경우를 중심으로'에서 보도지침의 통제내용을 분석했다. 김 교수는 지시내용 통제를 전반적 편집통제, 사진 통제, 방향통제 등 세 가지로 구분하고 전반적 편집 통제는 절대 불가, 불가, 사전검열, 조건형, 축소형, 확대 요구형 등 6가지로 구분했다.[298]

① 전반적 편집통제 : 전반적 편집통제의 규제건수는 160건으로 불가 63건(39.4%), 축소형 39건(24.4%), 확대 요구형 28건(17.5%), 조건형 17건(10.6%), 절대불가 12건(7.5%), 사전검열 1건(0.6%) 등이었다.

불가와 절대 불가를 합한 지시 관련 대상은 외신통제(10건), 대 공산권관계(11건), 재야인사(10건), 야당관련(8건), 대 북한관계(7건) 등의 순이었다. 대 공산권관계의 규제는 동구권과 중공, 소련 등 공산권 국가와의 경제, 스포츠 등 실질적인 교류가 급격히 증대하고 있는데도 집권세력에 의한 관련정보가 철저히 은폐되고 있음을 나타낸다. 이는 집권세력이 반공이데올로기를 통치수단으로 이용하고 있다는 것을 의미한다.

축소형은 모두 39건으로 지시대상별로 살피면 야당관련(9건), 학생운동(6건), 대 북한관계(5건), 대통령 동정(4건) 등의 순이었다. 이중 인권침해에 대한 규제는 집권세력의 도덕성에 관련된 사항이며 개헌 관련 사항에 대한 축소보도의 강요는 체제유지에 대한 의도였다.

---

298) 김춘식, '언론통제 요인으로서의 보도지침에 관한 실증연구—제5공화국의 경우를 중심으로', 외국어대 석사학위 논문, 1988년, pp.46~75.

확대 요구형은 모두 28건으로 행정부 관련이 9건으로 가장 많았고, 대 북한관계(5건), 대통령 동정(4건) 등의 순이었다. 행정부 각료의 지시사항에 내한 보도의 확대요구는 신문을 정부의 홍보도구로 활용한 것이라고 할 수 있다.

② 사진 통제 : 사진통제의 유형은 '게재 불가, 조건부 게재, 확대 요구' 등 세 가지로 구분된다. 사진 속에 나타난 현실을 실재하는 진실로 받아들이게 하는 효과를 지니기 때문에 집중적인 통제대상이 되었다. 사진 게재불가의 규제건수는 모두 11건으로 학생운동(4건)이 집중적인 규제대상이었다. 야당관련 사항, 재야인사, 인권침해, 국내 언론관계, 대 미국관계, 대 공산권 관계가 각각 1건이었다. 조건부 게재는 모두 4건으로 학생운동 2건, 야당과 여당관련이 각각 1건이었다. 확대요구는 행정부 관련 1건이었다.

③ 방향통제 : 방향통제의 유형은 '긍정적, 중립적, 부정적' 3가지로 구분했다. 긍정적 방향으로의 통제건수는 5건으로 기타 국가와의 관계 3건(60%), 대 공산권 관계, 사회관계가 각각 1건이었다. 기타 국가와의 관계는 미국의 리비아(Libya) 침공사건이다. 부정적 방향으로의 통제건수는 모두 4건으로 학생운동 2건, 야당관련 사항 및 개헌 관련 사항이 각각 1건씩이었다.

3) 형식 통제

김춘식은 형식 통제의 유형을 '기사위치 통제, 지면 배정 통제, 기사 형태 통제, 컷(cut)과 제목의 통제' 등 4가지로 나누어 분석했다. (김춘식, pp.60~71.)

① 기사위치 : 기사 위치 통제는 톱, 중톱, 사이드 톱, 1~3단 등 3가지 유형으로 구분하였다. 톱기사 처리 요구는 모두 10건으로 대통령 동정이 4건(40%)으로 가장 많았고 여당관련 사항 2건, 행정부 관련사항, 경제 관계, 대북한 관계가 각각 1건이었다. 중톱 또는 사이드 톱 처리요구는 2건으로 학생운동과 외신통제가 1건씩이었다.

## 지시관련 대상별 내용통제

건수(%)

| 통제유형<br>지시관련 대상 | 전반적 편집 통제 | | | | | 사 진 통 제 | | | | 방 향 통 제 | | |
|---|---|---|---|---|---|---|---|---|---|---|---|---|
| | 절대<br>불가 | 불가 | 사전<br>검열 | 조건형 | 축소형 | 확대<br>요구형 | 게재<br>불가 | 조건부<br>게재 | 확대<br>요구 | 긍정적 | 중립적 | 부정적 |
| 대통령<br>동정 | | | | | | 4<br>(14.3) | | | | | | |
| 행정부<br>관련사항 | 2<br>(16.7) | 2<br>(3.2) | | | | 9<br>(32.1) | | | 1<br>(100) | 1<br>(25.0) | | |
| 여당<br>관련사항 | | 1<br>(1.6) | | | | 2<br>(7.1) | | 1<br>(25.0) | | 1<br>(25.0) | | |
| 야당<br>관련사항 | 1<br>(8.3) | 7<br>(11.1) | | 1<br>(5.9) | 9<br>(23.1) | | 1<br>(9.1) | 1<br>(25.0) | | 1<br>(25.0) | | 1<br>(25.0) |
| 재야인사 | | 10<br>(15.9) | | | 3<br>(7.7) | | 1<br>(9.1) | | | | | |
| 학생운동 | | 3<br>(4.7) | | | 6<br>(15.3) | 6<br>(15.3) | 4<br>(36.3) | 2<br>(50.0) | | | | 2<br>(50.0) |
| 인권침해 | 3<br>(25.1) | 1<br>(1.6) | | | 4<br>(10.1) | | 1<br>(9.1) | | | | | |
| 개헌<br>관련사항 | 1<br>(8.3) | 2<br>(3.2) | | | 3<br>(7.7) | | | | | | | 1<br>(25.0) |
| 국내언론<br>관계 | | 1<br>(1.6) | | | | 2<br>(7.1) | 1<br>(9.1) | | | | | |
| 외신통제 | 2<br>(16.7) | 10<br>(15.9) | | 2<br>(11.8) | 1<br>(2.6) | 1<br>(3.6) | | | | 1<br>(25.0) | | |
| 경제관계 | | | | | 1<br>(2.6) | 1<br>(3.6) | | | | | | |
| 사회관계 | 1<br>(8.3) | | | 1<br>(5.9) | 1<br>(2.6) | | | | | | 1<br>(20.0) | |
| 문화관계 | | 3<br>(4.7) | 1(100) | 1<br>(5.9) | | | | | | | | |
| 대북한<br>관계 | | 7<br>(11.1) | | 4<br>(23.5) | 5<br>(12.8) | 5<br>(17.9) | | | | | | |
| 대미국<br>관계 | | | | 1<br>(5.9) | 1<br>(2.6) | | 1<br>(9.1) | | | | | |
| 대공산권<br>관계 | 1<br>(8.3) | 10<br>(15.9) | | 2<br>(11.8) | 1<br>(2.6) | | 1<br>(9.1) | | | | 1<br>(20.0) | |
| 그외 국가<br>와의 관계 | 1<br>(8.3) | | | 3<br>(17.5) | 1<br>(2.6) | 1<br>(3.6) | | | | | 3<br>(60.0) | |
| 기타 | | 5<br>(7.9) | | 2<br>(11.8) | 3<br>(7.7) | 1<br>(3.6) | 1<br>(9.1) | | | | | |
| 합계 | 12<br>(100) | 63<br>(100) | | 17<br>(100) | 39<br>(100) | 28<br>(100) | 11<br>(100) | 4<br>(100) | 1<br>(100) | 4<br>(100) | 5<br>(100) | 4<br>(100) |

※ 자료 : 김춘식, '언론통제 요인으로서의 보도지침에 관한 실증연구 – 제5공화국의
경우를 중심으로' 외국어대 석사학위 논문, 1988년, p.58.

1~3단의 기사 축소형 기사처리 요구는 모두 14건으로 야당관련이 3건(21.6%)으로 제일 높았고 재야인사, 개헌관련, 대북한 관계가 각각 2건, 인권침해, 국내언론 관계, 문화관계, 대 미국관계 등이 각각 1건이었다. 이러한 통제유형은 내용통제에 있어서 축소형의 기사처리 요구와 비슷하다.

② 지면배정 : 지면배정에 대한 통제는 모두 20건이었다. 지면별로는 1면 12건(60%), 3면 1건, 11면 6건, 기타면 1건이었다. 관련 대상별로는 1면 배정의 경우 대통령 동정 3건(25%), 여당관련 사항 및 학생운동이 각각 2건이며 행정부 관련사항, 개헌관련 사항, 외신통제, 경제관계, 대북한관계가 각각 1건이었다.

③ 기사형태 : 기사형태의 유형은 스트레이트(straight), 해설·논평, 스케치(sketch), 박스(box), 가십(gossip)의 다섯 가지로 구분했다. 스트레이트는 주로 1면(정치면) 2면(경제면) 11면(사회면)에 실리는 기사로서 일어난 사건이나 상황, 사태진전에 관해서 쓰는 것이고 해설·논평은 사건이나 상황을 배경까지 더듬어 풀어서 설명하는 기사이며, 스케치 기사는 사태의 분위기나 정황을 전하는 보도형식이고 가십기사는 뒷이야기 거리를 다루는 기사이다.

기사형태의 통제는 스트레이트 15건(51%), 해설·논평 6건, 스케치 4건, 박스와 가십이 각각 2건이었다. 스트레이트 관련대상은 학생운동 7건, 야당관련 4건, 재야인사, 인권침해, 개헌관련, 대 북한관계가 각각 1건이었다. 해설·논평은 야당관련 3건(50.0%), 대 북한 관계 2건, 행정부 관련 1건이었다. 스케치는 대통령 동정 2건(50%), 기타 2건이었고 박스는 야당관련과 학생운동이 각각 1건, 가십은 야당관련과 대 미국 관계가 각각 1건이었다.

④ 컷과 제목 : 컷은 제목을 특별히 눈에 띄게 하기 위해서 검은 바탕에 글자를 희게 한 것으로서 각 면의 머리기사들은 거의 제목을 컷으로 처리한다. 통제유형은 '게재불가, 축소형, 확대요구' 3가지로 나누었다. 컷·제목 게재불가는 모두 6건으로 관련대상별로는 대

## 지시 관련대상별 형식 통제  건수(%)

| 보도지침 지시 관련 대상 | 기사위치 통제 | | | 지면 배정 | | | | | 기사형태 통제 | | | | | 컷제목 통제 | | |
|---|---|---|---|---|---|---|---|---|---|---|---|---|---|---|---|---|
| | 톱 | 중톱 또는 사이드톱 | 1~3단 | 1면 | 2면 | 3면 | 11면 | 기타면 | 스트레이트 | 해설·논평 | 스케치 | 박스 | 가십 | 게재불가 | 축소형 | 확대요구 |
| 대통령 동정 | 4(40.0) | | | 3(25.0) | 1(100) | | | | | | 2(50) | | | | | |
| 행정부 관련사항 | 1(10.0) | | | 1(8.3) | | | | 1(100) | | 1(16.7) | | | | | | |
| 여당 관련사항 | 2(20.0) | | | 2(16.8) | | | | | | | | | | | 1(16.7) | 1(25.0) |
| 야당 관련사항 | | | 3(21.6) | | | | 1(16.7) | | 4(26.7) | 3(50.0) | | 1 | 1 | 1(16.7) | 1(16.7) | |
| 재야인사 | | | 2(14.3) | | | | 1(16.7) | | 1(6.7) | | | | | | | |
| 학생운동 | 1(10.0) | 1(50.0) | | 2(16.7) | | | 1(16.7) | | 7(46.5) | | | 1 | | | | 1(25.0) |
| 인권침해 | | | 1(7.1) | | | | 2(33.2) | | 1(6.7) | | | | | 1(16.7) | | |
| 개헌 관련사항 | | | 2(14.3) | 1(8.3) | | | | | 1(6.7) | | | | | | 1(16.7) | 1(25.0) |
| 국내언론 관계 | | | 1(7.1) | | | | 1(16.7) | | | | | | | 1(16.7) | | 1(25.0) |
| 외신통제 | | 1(50.0) | | 1(8.3) | | | | | | | | | | | | |
| 경제관계 | 1(10.0) | | | 1(8.3) | | | | | | | | | | | 1(16.7) | |
| 사회관계 | | | | | | | | | | | | | | | | |
| 문화관계 | | | 1(7.1) | | | | | | | | | | | | | |
| 대북한 관계 | 1(10.0) | | 2(14.3) | 1(8.3) | | | | | 1(6.7) | 2(33.3) | | | | 2(33.2) | | |
| 대미국 관계 | | | 1(7.1) | | | | | | | | | | 1 | | | |
| 대공산권 관계 | | | | | | | | | | | | | | | | |
| 그외 국가와의 관계 | | | | | | | | | | | | | | | | |
| 기타 | | | 1(7.1) | | | | | | | | 2(50) | | | 1(16.7) | 2(33.2) | |
| 합계 | 10(100) | 2(100) | 14(100) | 12(100) | 1(100) | | 6(100) | 1(100) | 15(100) | 6(100) | 4(100) | 2 | 2 | 6(100) | 6(100) | 4(100) |

※ 자료 : 김춘식, 앞의 논문, p.70.

북한 관계 2건(33.3%), 야당관련사항, 인권침해, 국내 언론관계, 기타
가 각각 1건이었으며, 축소형은 기타 2건, 여당관련, 야당관련, 개헌
관련, 경제관계가 각각 1건이었다. 확대 요구형은 모두 4선으로 여당
관련, 학생운동, 개헌관련, 국내 언론관계가 각각 1건이었다.

### 4) 언어 통제

김춘식은 이 논문에서 언어통제의 유형을 특정언어 사용 불가,
의미(강도)의 축소화, 특정언어 사용허가 등의 3가지로 구분하였다.
언어통제는 모두 17건으로 특정언어 사용불가 12건(70%), 의미의
축소화 2건, 특정언어 사용허가 3건 등이었다.(김춘식, pp.72~75.)

지시 대상별로는 특정언어 사용불가의 경우 야당관련 3건, 학생
운동과 개헌관련이 각각 2건, 대통령 동정, 여당관련, 외신통제, 기타
국가와의 관계, 기타가 각각 1건이었다. 의미의 축소화는 2건으로
모두 인권침해에 관련된 것들이었다. 특정언어 사용허가는 3건으로
야당관련 2건, 개헌관련 1건이었다.

언어통제에 있어서 특정언어 사용불가와 의미(강도)의 축소화를
위한 구체적 언어통제를 살펴보면 다음 표와 같다. 특정언어 사용불
가 대상 중 학생과 야당에 대한 통제를 살펴보면 정책결정 과정에서
야당이 배제되고 있으며, 학생들의 체제변화 요구를 전두환정권이
철저하게 통제했음을 알 수 있다.

학생 재야인사에 대한 특정언어 사용불가의 예

| 지시관련대상 | 특정 언어 사용 불가 | 신문 |
|---|---|---|
| 야 당 | • 군사독재, 유신잔당, 전대미문의 정권<br>• 장외투쟁<br>• 협상정신 위배, 과잉조치, 의회민주주의의 끝장 | 순응<br>순응<br>불응 |
| 학 생 | • 야당의 개헌주장 지지<br>• 개헌 서명 | 순응<br>순응 |

※ 자료 : 김춘식, 앞의 논문, p.74.

내용통제 중 의미를 축소하거나 왜곡하기 위한 의미(강도)의 축소화는 모두 인권침해, 즉 부천서 성고문 사건에 관련된 통제이다. 부천서 성고문사건과 같은 인권침해에 대한 통제는 집권세력의 비도덕성을 감추기 위한 것으로 사건의 진실을 왜곡 축소하기 위한 의도라고 볼 수 있다.

의미(강도)의 축소화

| 지시관련대상 | 의미(강도)의 축소화 | 신 문 |
|---|---|---|
| 인 권 침 해 | • 성폭행사건 → 폭행주장 관련<br>• 성폭행사건 → 부천사건 | 성고문(불응)<br>성폭행사건(불응) |

※ 자료 : 김춘식, 앞의 논문, p.75.

# 제4장 보도지침과 군사정권의 성격

## 1. 박정희정권(1975년~1979년)

박정희정권과 전두환정권 등 독재정권은 국민의 인권은 안중에도 없이 정권유지에만 혈안이 된 파시즘체제를 유지했다. 두 정권 똑같이 반공 이데올로기를 앞세워 한민족의 염원인 민족통일을 가로막고 나섰으며 민중의 피폐한 삶은 외면했다. 또한 정권유지를 위해 야당과 민주세력을 엄혹하게 탄압했다. 보도지침을 세심하게 살펴보면 이들 정권의 성격을 그대로 찾아 볼 수 있다. 보도지침을 통해본 박정희정권의 성격은 크게 반민족성, 반민중성, 반민주성이라고 볼 수 있다.

### 1) 보도지침의 통제내용 분석

노계원씨는 자신의 논문에서 보도지침 기록 대장에 수록된 879건의 메모를 분석하여 내용별로 분류했다. 노씨는 8개의 범주와 23개의 소범주로 나누어 통제된 기사를 분석했다.(노계원, pp.28~29.)

이 분석에 따르면, 반체제활동에 관한 보도통제가 275건으로 전체의 31.3%에 이르렀다. 이중 특히 야당과 재야인사의 반체제 활동을 금지시킨 것이 109건으로 가장 많았다. 이어 외국의 정치인과 언론인의 한국 정정에 대한 비판이 62건을 차지해 당시 박정희정권에 대한 외국 언론의 비판을 봉쇄하려 했다는 의도를 엿볼 수 있다. 이밖에 공직자의 비리와 부패에 관한 사항이 43건에 달해 박정권 하의 극심한 부정부패를 은폐하려 했다는 의혹을 갖게 한다.

군사작전이나 훈련, 무기, 장비 수급이나 주한미군, 군사원조, 방위산업 등 군 관련 사항에 관한 보도통제는 143건에 달했다. 특히 군 관련 보도통제 중에는 군의 안전사고와 총기 사건, 탈영 및 대민 비행에 관한 보도통제가 106건에 달해 군사정권은 군의 비행에 관해 애써 숨기려 했다는 의혹에서 자유스러울 수가 없다.

또한 외교에 관한 사항은 153건으로 두 번째로 많았다. 외교 관련 사항 중에는 미수교국과의 교류 추진에 관한 사항이 59건으로 가장 많았다. 이는 미수교국과의 교류를 추진하면서도 이를 국민에 알리지 않고 극비리에 추진한 데다 반공이데올로기를 국정지표로 삼았기 때문인 것으로 풀이된다. 외교관련 보도통제 중에는 정부의 외교정책 부진 및 실패에 관한 사항이 50건으로 두 번째로 많았다. 이는 박정희정권이 외교적 고립을 자초했기 때문인 것으로 볼 수 있다.

### 2) 보도지침을 통해 본 정권의 특성

노계원씨가 분석한 박정희정권의 보도지침을 보면, 우선 반공이데올로기를 내세워 민족통일을 저해하고, 민주인사를 탄압하려 했다는 점이 분명하게 드러난다. 특히 박정권은 정권유지의 핵심인 유신체제에 반기를 드는 사람은 누구든지 철저하게 억압했으며 감옥에 처넣었다. 국민의 인권은 도외시한 채 반체제인사를 중앙정보부에 연행해 고문과 폭행을 일삼았으며 이에 대한 미국 등 외국의 비판에 대해서도 꿈쩍하지 않았다.

경제정책에서도 재벌 위주의 성장정책을 내세워 서민생활을 도외시했으며, 노동자의 임금인상 등 근로조건 개선 요구에는 폭력으로 대응했다. 노동자들의 노조운동도 폭력배를 동원해 강제 해산하는 등 강압적으로 해산시켰지만, 이를 보도하지 못하도록 엄격하게 통제했다. 정부의 주요정책에 대한 부정적 평가도 당연히 보도되지 못했다.

한국 정부의 대북정책이나 북한의 대남정책은 반공이데올로기를 위해 철저하게 차단됐다. 정부의 비밀주의는 '국가안보'라는 범주

## 통제된 기사의 내용별 분류

| 분류별 내용 | 건수 | 비율 |
|---|---|---|
| 1) 반체제활동에 관한 사항 | 275 | 31.3 |
| (1)야당, 재야인사의 반체제 활동 | (109) | (39.6) |
| (2)학원의 반체제 운동 | (48) | (17.5) |
| (3)시민, 종교계, 노동계, 농민 등의 반체제 활동 | (46) | (16.7) |
| (4)외국의 정치인, 언론인의 한국정정에 관한 언급 | (62) | (22.6) |
| (5)타국가 내부의 반체제 활동에 관한 사항 | (10) | (3.6) |
| 2) 언론통제 및 언론인 탄압에 관한 사항 | 13 | 1.5 |
| 3) 정부의 주요 정책(사업) 및 이에 대한 부정적 평가 | 54 | 6.1 |
| 4) 공직자의 비리 부정에 관한 사항 | 43 | 4.3 |
| 5) 군 관련 사항 | 143 | 16.3 |
| (1)군사작전, 훈련, 무기 및 장비의 수급에 관한 사항 | (18) | (12.6) |
| (2)주한미군, 군사원조 및 방위산업에 관한 사항 | (19) | (13.3) |
| (3)군의 안전사고, 총기사건, 탈영 및 대민 비행 | (106) | (74.1) |
| 6) 남북한 문제에 관한 사항 | 72 | 8.2 |
| (1)남북한의 대북 대남 정책에 관한 사항 | (19) | (26.4) |
| (2)남북한 긴장완화를 위한 외국인의 활동 사항 | (8) | (11.1) |
| (3)국내 인사의 납 월북 및 방북에 관한 사항 | (16) | (22.2) |
| (4)국제외교에서의 북한의 성과 | (3) | (4.2) |
| (5)북한 요인의 동정 | (2) | (2.8) |
| (6)북한의 도발, 귀순 | (24) | (33.3) |
| 7) 외교 관련 사항 | 153 | 17.4 |
| (1)외교활동 및 미수교국과의 교류 추진에 관한 사항 | (59) | (38.6) |
| (2)정부의 외교 정책 부진 및 실패에 관한 사항 | (50) | (32.7) |
| (3)국내 요인의 외국 망명에 관한 사항 | (8) | (5.2) |
| (4)외국 주요인사의 방한 및 국내 동정 | (36) | (23.5) |
| 8) 기타 사항 | 126 | 14.3 |
| (1)국내외의 특정 사건 사고 | (22) | (17.5) |
| (2)특정 요인의 동정, 발언, 경력, 불명예 사항 | (49) | (30.9) |
| (3)미수교국과의 스포츠 교류 | (6) | (4.7) |
| (4)주요 해외 경제사업 | (21) | (16.7) |
| (5)기타 | (28) | (22.2) |
| 총계 | 879 | 100 |

※ 자료 : 노계원, '제3공화국 말기 언론통제에 관한 분석적 연구', 성균관대 석사학위논문, 1999년, pp.28~29.

안에 성역화함으로써 정부의 발표나 사실상 중앙정보부가 운영했던 내외통신의 전재 외에는 언론사 자율적 취재나 보도가 전혀 허용되지 않았다.

보도지침의 내용을 면밀히 살펴보면 박정희정권은 반민주성, 반민족성, 반민중성을 특성으로 하는 파시즘체제였음을 한눈에 알아볼 수 있다. 이러한 정권의 성격은 전두환정권에도 그대로 이어졌으며, 오히려 박정희정권 보다 더욱 폭압적이었음을 알 수 있다.

(1) 반민주성

박정희정권은 유신체제 및 대통령 긴급조치에 대해 비판하는 언사나 행동은 집단적이든 개인적이든 일절 보도를 금지했다. 야당의원들의 원내외 발언이나 동정, 재야인사들의 단순한 동정은 물론, 반정부 발언, 법적 제재 및 긴급조치 위반자에 대한 연행 구속 재판 등에 대한 보도는 일절 허용되지 않았다. 특히 야당 지도자였던 김대중과 김영삼 두 사람에 관한 내용은 내외신을 막론하고 일절 보도하지 못하고 이름 자체를 언급하지 못하게 했다.

야당의원들의 국회 대정부 질의도 정부 비판이나 탄압 실상을 거론하는 내용은 보도단계에서 통제됐으며 재야인사들의 외국 언론과의 인터뷰 내용도 국내 언론에 보도되는 것만은 봉쇄했다. 민주인사들의 연행과 구금, 고문, 재판과정은 물론 법정에서의 진술, 변호인들의 변론내용도 통제대상이었다. 민주인사들의 반정부 발언이나 행위를 부정적이고 반국가적인 것으로 호도하기 위해서는 이들의 요구가 민주와 정의라는 사실을 국민에게 전달하는 것 자체를 원천적으로 봉쇄하려했기 때문이다.

대학생들의 유인물 살포와 집단 가두시위 등에 대해 박정희정권은 서울대 연세대 고려대 총장의 해임과 휴교령으로 대응했다. 이 와중에 서울대 농대생 김상진군이 할복자살(1975년 4월 11일)함으로써 학원가의 반정부운동 불길은 더욱 거세졌다. 학원의 반정부운동 소용돌이가 계속되는 상황에서 학원관련 보도는 엄혹하게 통제됐다. 박정권은 학생들의 시위로 인한 교통 혼잡과 거리질서의 혼란, 사회불안 등을 언론이 크게 부각하도록 유도하여 민심을 왜곡하려고 했다.

반정부운동에 나선 가톨릭, 개신교 등 기독교계의 움직임도 통제대상이었다. 윤보선 김대중 함석헌 함세웅 등이 종교계 원로들이 서울 명동성당에서 민주구국선언를 발표한 이후 이들이 구속되어 일어난 가톨릭과 개신교 등 기독교계의 움직임이나 이들에 대한 탄압사실은 언론에 보도되지 못했다.

외국 정치인과 언론인의 박정희정권에 대한 비판적 언급은 국내 언론에 한 줄도 보도되지 못했을 뿐더러 이러한 내용이 실린 외국 매체는 국내에서 접할 수 없었다. 미국은 한국의 인권상황에 대해 호된 비판을 가하고 인권유린과 강압정책을 이유로 카터행정부가 주한미군 철수계획을 승인하고 1진 약 6,000명을 철수시킨다는 계획을 구체화했다. 미국과 일본 등의 언론도 일제히 한국의 반정부운동과 인권유린을 경쟁적으로 보도하면서 한국에 대한 비판적 논조를 전개했다. 따라서 박정희정권은 외국의 방송 통신 신문 잡지 등 모든 매체의 한국 관련 보도에 통제의 칼을 휘둘렀다. 박정희정권을 부정적 또는 비판적으로 보는 일체의 기사는 '인용보도 불가'였다. 국내에서 직접 통제가 불가능한 신문과 잡지 등의 기사는 통제내용을 먹칠해서 읽을 수 없도록 하거나 가위로 절제한 뒤 배포해야만 했다. 이러한 조치는 국립중앙도서관과 국회도서관 등에 영구히 보존해 연구 자료로 활용할 신문과 잡지에 대해서도 예외가 아니었다.

박정권은 외국에서의 민주화운동에 관한 뉴스에도 과민반응을 보이면서 통제를 가했다. 외국의 민주화운동이 국내에 잠재적 동기를 자극한다는 우려에서 비롯된 조치였다.

중앙정보부는 대통령을 비롯한 정관계 고위인사들의 발언 동정 행적 경력 등에 대한 보도통제에도 재량권을 행사했다. 대통령의 사적인 동정이나 장관들의 국회 답변도 일부 또는 전체에 대해 보도하지 못하게 하고 이들의 행적이나 경력에 떳떳치 못한 부분은 삭제하도록 했다. 또한 외신기자에게는 보도를 허용하고 내신은 통제하는 경우도 드물지 않았다. 국민에게만 정보봉쇄 정책을 철저히 시행한 것이다. 통제기준은 즉흥적이고 무원칙한 것이었다.

박정희정권은 동아일보 광고탄압과 강제해직 이후 언론에 대한 통제와 감시를 더욱 강화했다. 언론자유수호 움직임은 일절 보도하지 못했다. 외국 언론사의 특파원 추방이나 서울지국 폐쇄, 배달이 끝난 신문의 회수 지시 등 언론탄압 역시 보도금지 사항이었다. 박정권은 보도통제 사실 자체를 비밀에 부칠 것을 강력히 요구했다.

박정희정권은 군사정권답게 군관련 취재보도는 성역으로 취급했다. 국방부는 대변인(공보관)실 이외에는 모든 곳이 '통제구역'으로 사전허가 없이는 접근하지 못했다. 따라서 군에 관한 기사는 보도자료 외에는 취재가 불가능했다. 베일에 가려진 성역의 내부에는 엄청난 부패와 기강 해이가 온존하고 있었다.

박정권은 군사장비나 무기의 수급에 관계되는 보도는 군의 전력을 외부에 누출시킬 우려가 있다는 이유로, 군사훈련 관련 사항은 군 작전이나 병력의 이동을 적에게 노출시킨다는 이유로 엄격하게 통제했다. 미국과 관련된 무기나 군장비의 수급에 관한 뉴스는 이미 외신을 통해 널리 알려졌으나 한국 국민에게만 차단하는 모순된 결과를 가져왔다.

특히 군부대 안에서의 안전 총기사고, 대민 비행, 탈영 등은 물론 보도통제 대상이었다. 심지어는 장병들이 민간인의 고기잡이배를 납치하고 물고기를 탈취하여 부식으로 사용하거나 무인도에 방목하는 민간인의 염소 수십 마리를 잡아먹다가 산불을 낸 사건조차 모두 보도금지 대상이었다. 군사정부는 군 내부의 안전사고나 병사들의 패싸움, 대민 총기난사 사건에 관한 보도를 통제하여 군에 대한 국민의 신뢰 훼손을 막고 군의 이미지 실추를 막아보려고 노력했다.

자칫 부메랑으로 자신에게 돌아올 것을 염려했기 때문이다.

(2) 반민중성

박정희정권이 재벌 위주의 성장정책을 고수하면서 노동자와 시민의 삶은 갈수록 피폐해졌다. 이러한 과정에서 노동자들의 생존권 투쟁은 철저히 외면하고 이들을 공권력을 동원해 탄압하면서 언론에는 보도하지 못하게 했다. 정부의 주요 시책에 대한 부정적 평가는 물론, 잘못된 정책에 대한 비판도 모두 통제대상이었다.

박정희정권의 언론통제는 국가안보와 경제발전, 사회 안정을 도모한다는 이유로 정부가 추진하는 주요정책이나 사업도 철저한 비밀주의를 유지했다. 또한 정책이나 사업계획이 확정된 뒤에는 부정적 평가를 내리지 못하게 언론에 압력을 가했다. 한국 건설업체들의 중동진출과 석유파동을 극복하기 위한 석유외교도 북한의 방해공작을 우려한다는 이유로 보도가 통제됐다. 특히 한국 대륙붕에서의 석유개발 사업은 홍보효과에만 치중한 나머지 불확실한 경제성에 대한 최종 결론은 통제로 일관하여 결국 국민을 기만하는 결과를 가져왔다. 노동자들의 생존투쟁은 엄격한 보도통제 대상이었다. YH무역과 동일방직 여공들의 임금인상과 근로조건 개선 요구에 정부는 주동자 해고로 맞섰으며 동일방직 노조대의원 선거장에 폭력배를 동원해 오물세례를 퍼부어 선거를 방해하는 사건이 벌어졌으나 이에 관한 보도는 모두 통제됐다. 노동자들의 과격한 행동이 사회불안을 야기함으로써 경제발전에 장애가 된다는 구실이었다. 노동자들의 생존투쟁에는 '불순세력'이 개입하고 있다는 이유로 이들을 무자비하게 탄압했다.

박정희정권은 노동자를 가혹하게 탄압하면서도 비리 공직자는 감싸는 태도로 일관했다. 고위 공직자들의 부패와 부정, 비리에 대한 언론보도를 철저하게 통제했기 때문이다. 공무원 사회에 만연된 수뢰, 외국의 대기업으로부터의 커미션 증수회(贈收賄), 은행의 부정대출, 경찰관과 세무공무원, 세관원들의 부정과 밀수 등 공직자들의 부정과 비리는 권력의 비호아래 감행됐고 그중 극히 일부가 법망에 포착됐으나 최종 단계인 언론보도에서는 권력의 비호를 받아 국민의 시선을 차단했다. 박정권이 내세운 '언론통제는 사회 안정과 국가안보를 위한 것'이라는 명분이 얼마나 허구인가를 단적으로 증명하는 확실한 사례 중 하나이다.

민중의 피폐한 삶 때문에 빚어진 사건 사고도 물론 언론에 보도되지 못했다. 생활고를 비관한 자살이나 참혹한 사건, 해외에서의 내국인 피해사건, 외국의 대형 참사 등도 국민의 사기를 떨어뜨린다는 이유로 보도를 통제했다. 사건 사고의 발생 원인이 치안 부재나 사전 대비책 부족, 빈부 격차, 인륜 타락 등 정권의 책임으로 귀착될 가능성이 있는 내용들이 대상이었다. 외국의 대형사고 기사마저 보도를 통제한 것은 즉흥적이고 자의적인 언론통제의 무원칙과 난맥상의 단면이 아닐 수 없다.

### (3) 반민족성

박정희정권은 1972년 7.4공동성명으로 남북화해와 평화통일을 천명했으나 이는 허구였음이 그대로 드러났다. 7.4공동성명이 공표된 직후 유신체제를 선포해 반공이데올로기를 더욱 강화하고 대북 대결의식을 고취시켰기 때문이다. 더구나 공산권과의 관계에서도 반공이데올로기를 고수했다. 외국과의 굴욕외교나 외교적 고립 등 외교적 실패는 국민이 알아서는 안 될 국가기밀이었다.

1970년대 중반 베트남과 캄보디아의 공산화 이후 남북한 관계가 극도의 긴장상태에 있었고 한반도에 대한 세계의 시선도 매우 불안했다. 그러나 박정권은 북한의 대남 화해적 발언이나 제스처에 대해서도 민감한 보도통제를 가했다. 북한의 말을 액면 그대로 받아들이면 대북전략에 혼선을 가져오기 때문에 진의를 확인해야 한다는 이유에서였다.

주변의 우방국 정치지도자들이 남북한 간의 긴장을 해소하려는 노력에 관한 기사도 보도통제 대상이었다. 이들은 실현성 여부를 고려하지 않고 무책임하게 발언하기 때문이라는 것이었다. 국민이 이들의 말을 그대로 믿고 기대함으로써 불필요한 환상을 갖게 될 우려가 있다는 논리였다. 우방국 정치지도자들은 북한의 진의를 탐색하는 데에 노력을 기울이는 한편 중국과 일본 등을 통해 북한의 도발을 저지하려는 노력을 활발히 진행했다. 한반도 평화를 유지하기 위한 미·소·중·일 등 4대국 보장론이 대두되기도 했다. 그러나 박정희정권은 한반도 안정을 위한 우방국들의 노력과 긍정적 동향에 대해 보도를 통제하는 한편, 북한의 남침 우려 등 부정적인 내용은 역점을 두어 보도하도록 요구했다. 4대국 보장론에 대해서는 야당의 주장이나 외국의 지지 움직임도 보도하지 못하게 했다.

이러한 보도통제는 국민에게 불안감을 조성하고 국가안보에 대한 위기의식을 극대화함으로써 유신체제의 불가피성을 부각시키려는 정권 안보 차원의 발상이었다. 북한의 위협을 사실 이상으로 부각시킴으로써 강력한 군사력의 유지와 자유 및 인권의 유보, 강력한 지도자(박정희)의 장기집권이 필수불가결하다는 인식을 국민에게 심어주기 위한 전술이었다. 이에 따라 정부가 자신감 부족으로 남북 화해를 기피하고 정권 연장에만 급급하다는 인상을 심어주었다.

또한 간첩 남파, 한국인 납북, 어선 납북, 월북 북한인 귀순 등에 관한 보도는 당국의 공식 발표가 있을 때까지 보류했고 가급적이면 당국의 발표대로만 보도할 것을 요구했다. 그러나 남한의 군인이나 민간인 월북기사는 끝까지 통제했다. 북한 인사들의 동정은 정부가 의도에서건 알릴 필요가 있다고 생각되는 것은 '내외통신'을 통해 기사를 공급했다. 그러나 외신이 전하는 북한 인사들의 동정 기사는 통제가 엄격했다.

미국 카터행정부는 주한미군 철수계획을 세우고 단계적 실행에 들어가 한미 간 정치적 불협화음이 외신을 통해 세계에 전파됐으나 국내에서는 보도되지 못했다. 국민에게 불필요한 불안감을 조성하여 사회 안정에 해악을 끼친다는 논리였다. 이러한 언론통제는 우방인 미국으로부터도 지지받지 못했으며 국제적으로 고립된 정권의 곤혹스런 입장을 국민에게 알리지 않겠다는 의도 이외에는 아무것도 아니었다.

박정희정권의 외교활동 부진 및 실패는 국민 알권리와는 무관한 사항이 되었다. 한국의 인권상황에 대한 우방국들의 압력이 가중되고 미국 의회에서 박동선 로비(lobby)사건을 조사했다. 김대중 납치사건 때문에 한일관계가 나빠지고 라오스(Laos) 다호메이(Dahomey) 요르단(Jordan) 아프가니스탄(Afghanistan) 등은 한국과의 외교관계를 단절했다. 물론 이러한 외교실패는 보도 금지 사항이었다. 베트남 패망에 대한 대비책을 사전에 면밀하게 수립하지 못해 외교관과 파월장병, 교민의 철수작전이 일부 실패하자 이에 관한 보도는 내외신을 불문하고 모두 통제했다. 그들이 베트남에서 겪은 고난이나 필사적인 탈출과정 등도 모두 통제대상이었다. 국교가 없던 중국과 소련의 어업분쟁과 한일 간의 어로구역을 둘러싼 분쟁도 보도통제가 가해졌다.

독재정권은 국제적인 여론의 협공을 당하고 있었으나 철저한 언론통제로 국민은 감지할 수 없었다. 외국 정치 지도자들에게 뇌물을 뿌린 사실이 밝혀져 상대국 국회에서 정부와 국민이 망신을 당하는데도 국민은 정확한 사실을 알 수 없었다. 권력의 권위와 힘을 내부에서 지탱하기 위해서는 외부로부터 받는 압력과 이로 인한 곤경은 차단해야 할 독소로 간주했다. 정부의 외교적 실책을 숨김으로써 정권안보의 기초가 흔들리는 것을 막겠다는 의도였다.

박정희정권 당시 정부 요직에 있는 공직자들이 자의적으로 망명하는 일도 일어났다. 중앙정보부 요원과 최덕신 전 외무장관의 미국 망명, 박동선이 워싱턴에서 살겠다고 희망하는 등 국가기밀을 많이 알고 있는 고위 공직자들의 망명은 국익 훼손이며 국가에 대한 배신

행위였다. 따라서 국민의 입장에서는 당연히 정부의 관리책임을 물어야 한다. 그러나 박정희정권은 이러한 사실 자체를 알리지 않음으로써 정권의 취약성과 책임추궁을 회피하려고 했다.

외국 주요인사의 방한 예정 및 국내 동정도 보도통제 대상이었다. 당시 인사교류 중에는 정부입장에서 달갑지 않은 인물도 있었기 때문이다. 미수교국 인사와 수교국의 공산당 관련 인사의 방한 동정은 모두 비공개였다. 박정희정권은 중립국 또는 공산국가와의 교류에 관심을 갖고 조심스럽게 접근을 시도했으나 이에 관한 사전 예고 기사는 언제나 금기사항이었다.

미수교국과의 스포츠 교류에 대한 보도도 엄격히 통제했다. 특히 교섭단계에서 실패할 경우 사실 자체가 알려지기를 꺼렸으며 스포츠 경기가 성사되어 한국 팀이 패배했을 경우에는 경기가 있었다는 사실 자체를 국민에게 알리지 않았다. 스포츠를 상대국과의 국력을 가늠하는 힘겨루기 정도로 간주했던 군사문화의 전형적인 행태였다. 스포츠 경기에서의 패배를 전투에서의 패전 정도로 인식한 군사정권이 국민의 사기를 우려한 과민반응이요 과대평가의 결과였다.

## 2. 전두환정권(1985년~1986년)

전두환정권은 말 그대로 파시즘 체제였다. 언론을 엄격하게 통제하여 국민의 입을 틀어막고 야당이나 학생 등 정치적 반대세력을 철저하게 탄압했다. 인권은 온데간데없이 공권력을 동원하여 고문 등을 일삼았다. 특히 반공을 통치 이데올로기로 내세워 민족통일은 철저하게 외면했다. 또한 민생을 외면하고 대기업 위주의 경제성장 정책을 폈다. 이러한 정권의 속성을 보도지침 속에 고스란히 녹아 있다.

〈말〉특집호에는 1985년 10월 19일부터 1986년 8월 8일까지 약

10개월분의 보도지침 내용이 수록되어 있다. 이 기간 중에는 정기국회의 '파란'과 '공전', 개헌서명 운동을 둘러싼 전두환정권과 야당간의 대립, 신민당의 장외투쟁(개헌 현판식), 개헌 움직임의 구체화등 정치적 격동과 대립의 반전, 타협이 연이어 터졌다. 전두환정권의 체제 전반에 대한 청년 학생 노동자들의 거센 투쟁과 이와 연관된 구속, 재판사례가 꼬리를 물고 계속되었다.

또한 민주 · 민중운동단체가 철저한 탄압을 받았고 교수들과 사회각계의 시국선언이 연이어 터져 나왔으며 KBS TV시청료 거부운동이 널리 확산되었다. 최은희 신상옥 사건이 많은 사람들의 화젯거리가 되었으며 부천경찰서 성고문사건과 독립기념관 화재사건이큰 충격을 던졌다. 밖으로는 마르코스의 20년 독재체제가 허물어지면서 신선한 충격을 안겨 주었다. 이 모든 사건과 사태 진전은 보도지침에 빠짐없이 언급됐다.

### 1) 보도지침의 통제대상

보도지침 가운데 집중적인 통제대상은 무엇이었는가. 한국외국어대 김춘식 교수는 앞서 밝힌 석사학위논문 '언론통제요인으로서의 보도지침에 관한 연구—제5공화국의 경우를 중심으로'에서 보도지침 지시 관련 대상을 18가지로 구분하고 항목별 건수를 비교했다.(김춘식, pp.46~48.)

다음의 표에서 보듯이 규제건수는 야당관련 사항 및 대북한 관계가 각각 22건(11.7%)으로 가장 많은 규제를 받았으며, 다음으로는외신 통제 16건(8.5%), 재야인사 및 학생운동과 대 공산권 관계가14건(7.4%) 등의 순으로 드러났다. 야당에 관련된 사항의 규제는야당의원의 발언, 야당의 활동 및 내부사정을 모두 포함하고 있다.중요한 정치커뮤니케이션 채널의 하나인 야당으로부터의 정보흐름을 차단하기 위한 것으로 전두환정권의 체제유지(정치안정)에 대한노력을 반증한다고 할 수 있다. 또한 북한의 정치 경제 사회 부문과 한국의 대북정책 등 북한 관련 사항의 규제(22건)와 동구권 및 소련 중공 등의 대 공산권국가 관련 규제건수가 15건이나 되는 것은 이데올로기와 남북한의 대치상황이라는 분단의 모순을 보여준다.

또한 국내 정치상황과 관련한 외국 정치인 및 언론들의 논평이나 보도에 관한 규제(16건)는 철저한 외부로부터의 정보유입의 통제로서 정치의 국제적 고립화를 자초한 것으로 볼 수 있다. 정치커뮤니케이션을 수행하는 사회구조적 하부체제의 하나인 언론에 대한 규제(7건)는 상의하달형 커뮤니케이션을 지나치게 강조하고 국민의 표현 및 요구를 차단함으로써 언론을 홍보·선전 도구로 인식한 것으로 분석된다. 비정상적 물리적 정치변동으로 점철된 특수한 한

보도지침 지시 관련 대상

| 보도지침 관련 대상 | 건 수 | (%) |
|---|---|---|
| 대통령 동정 | 7 | (3.7) |
| 행정부 관련 사항 | 13 | (6.9) |
| 여당 관련 사항 | 6 | (3.2) |
| 야당 관련 사항 | 22 | (11.7) |
| 재야인사 | 14 | (7.4) |
| 학생운동 | 14 | (7.4) |
| 인권침해 | 9 | (4.8) |
| 개헌 관련 사항 | 9 | (4.8) |
| 국내 언론 관계 | 7 | (3.7) |
| 외신 통제 | 16 | (8.5) |
| 경제 관계 | 2 | (1.1) |
| 사회 관계 | 3 | (1.6) |
| 문화 관계 | 6 | (3.2) |
| 대 북한 관계 | 22 | (11.7) |
| 대 미국 관계 | 2 | (1.1) |
| 대 공산권 관계 | 14 | (7.4) |
| 그 외 국가와의 관계 | 7 | (3.7) |
| 기타 | 16 | (8.0) |
| 합 계 | 188 | (100) |

※ 자료 : 김춘식 앞의 논문, pp.47~48.

국의 정치 상황에서 학생 및 재야인사는 중요한 정치적 행위체로 인식됐다. 이들에 대한 규제(28건)는 정권의 정통성을 요구하면서 정치참여를 주장하는 이들의 요구를 집권세력이 수용할 수 없기 때문이다. 이들을 철저히 규제하여 체제유지(정치안정)를 꾀하려고 하는 집권세력의 의도를 여실히 증명한다.

## 2) 보도지침을 통해 본 정권의 성격

보도지침은 전두환정권 당시, 국민의 삶의 현장에서 일어난 사실과 진실을 묵살, 은폐, 왜곡, 조작하고 특정 집단이나 세력에 대한 일방적인 선전을 강요하는 구체적 실상을 보여준다. 언론에 대해서는 부당한 간섭이요 통제이지만, 국민의 입장에서 본다면 언론을 통제한 전두환정권의 정체와 본질을 꿰뚫어 볼 수 있다. 특히 신문을 제작하는 과정에서 언론인이 스스로 가치를 판단하고 민중의 의사가 수렴하는 것이 아니라 전두환정권의 일방적 독선과 지시에 추종하여 신문을 제작했다는 사실을 알려준다.

보도지침 내용을 세심하게 살펴보면 전두환정권의 성격을 그대로 알아 볼 수 있다. 보도지침을 통해본 전두환정권의 특성은 크게 반민족성, 반민중성, 반민주성을 띠고 있다.

### (1) 반민족성

언론은 민족의 화해와 국민 내부의 일치와 화합을 지향하는 것이어야 한다. 그러나 보도지침은 분열과 미움, 위기의식을 고조시키고 있는 것을 볼 수 있다. 전두환정권의 반민족성을 여실하게 들여다 볼 수 있는 부분이다.

레바논에서 한국 외교관이 납치된 사건이 발생하자 "북한의 소행인 듯"이라고 부각시키고, 그것이 86대회 방해책동의 일환이라는 민정당 논평이 사실은 정부의 분석 논평이니 눈에 띄게 보도하라(1986년 1월 31일)고 한 것 등이 그것이다.

민족정기의 발양이나 민족적 권익의 옹호와 주장을 억제하는 지침도 있다. 독립기념관 원형극장의 시설이 모두 일본제로 되어 있다는 사실을 쓰지 말도록(1986년 8월 8일) 요구했다. 뿐만 아니라 이규호 주일대사가 '일본천황 방한'을 요청했다는 일본 언론의 보도를 묵살하라고 지시했고(1985년 10월 31일), 문공부장관이 발표한 '저작권협정 가입 방침' 운운한 것에 대한 출판인들의 반박성명을 보도하지 말라고 지시했다.(1986년 1월 18일)

또한 같은 해 7월 21일의 또한 한미 무역마찰의 기사와 제목을 냉정하게 다루고 가급적 1면 톱을 피하라고 지시했으며(1985년 10월 26일) 한미 통상협상이 일방적인 양보 또는 굴복임에도 불구하고 외신기사에 "미국의 압력에 굴복" 운운으로 나오더라도 기사 제목에서는 "우리 측의 능동적 대처"로 쓰라고(1986년 7월 22일) 지시했다.

저작권 문제에 대한 당초 방침의 후퇴를 '정부대책'으로 바꾸라고 하는 것 등은 통분할 일이 아닐 수 없다. 미국의 개방 압력에 대하여는 농민을 비롯, 재야 민주단체, 출판계 등에서 광범하고 눈물겨운 항의가 있어 왔는데도 이를 통상협상에서 지렛대로 이용하지도 못한 채, 이런 사실을 왜곡 보도하라는 것은 참으로 안타까운 일이 아닐 수 없다.

보도지침은 협상이 타결되자 사실과는 다른 '통상현안 일괄 타결'로 제목을 뽑으라고 요구했다. 그것이 일괄타결이 아닌 끝없는 굴복의 시작이란 것은 그 후 미국 측이 계속 새로운 요구를 들도 나오는 것으로 알 수 있다.

## (2) 반민중성

언론은 사회가 불균형으로 비뚤어지거나 부정부패와 권력의 남용으로 타락하는 것을 막는 자정기능을 하여야 함에도 불구하고 보도지침은 오히려 이를 제어하고 있다. 농촌경제의 심각성(소 값 파동 등)은 '송년특집에서 다루지 말라'(1985년 12월 12일), '30대 재벌의 여신내용은 보도하지 말라'(1986년 6월 2일)고 지시했다.

보도지침은 또한 전기 통신 우편 시외버스 요금 등이 인상되자 제목에 '00% 인상'으로 쓰지 말고 '00원 인상'으로 씀으로써 높은 인상률에서 오는 심각성을 은폐하도록 지시했다(1985년 1월 17일 및 1985년 11월 29일). 특히 '탄광 노동자들의 투쟁을 보도하지 말라'고 지시했지만(1986년 7월 27일) '경상수지 계속 흑자'라는 한국은행 발표는 1면 톱으로 다루라고 지시(1985년 10월 21일)하는 등 민중의 핍박한 삶은 외면하고 재벌 우호적인 정책을 펴면서도 이를 보도하지 말라고 지시하는 등 대기업 편향의 정책을 펴면서도 이를 국민에 알리지 못하게 했다.

(3) 반민주성

보도지침은 민족의 이익과 민중의 인간다운 생존권, 그리고 참여가 보장되는 참다운 민주주의에 대한 민중적 욕구를 용공좌경으로 매도, 모략했다. 민중은 인간다운 존엄을 가지고 살 수 있는 민주화된 사회에 대한 오랜 갈망이 좌절을 거듭한 끝에, 그리고 비조직성 때문에 때로는 거친 구호나 몸짓을 보여주었다. 전두환정권은 이들에 대한 탄압을 급격히 강화하고 보도지침을 통해 매도한 사례는 이루 열거할 수 없을 만큼 날로 가열되었다.

〈신동아〉 8월호에 실린 '유신체제 하의 용공조작' 기사와 관련, 남시욱 출판국장 등 3명을 조사 중인 사실 등 일체를 보도하지 말라(1986년 7월 25일)는 등으로 민주 민중운동 세력에 대한 대대적인 모략을 언론에 요구했다. 언론이 미움과 적대와 분열을 위해 동원되고 이를 위해 봉사한다는 것은 언론에 지극히 불행한 일이며 동시에 영원히 씻을 수 없는 오점이 되었다.

보도지침은 학생과 민주 민중운동 세력에 대해 왜곡과 과장을 통한 미움과 적대를 유발하게 하는 지시가 엄청나게 많다. 학생시위를 '적군파식 수법'이라고 제목 붙일 것(1985년 11월 18일), '유인물 압수'보다는 '화염병과 총기 등 압수'로 뽑을 것(1986년 2월 15일) 등 이러한 지침은 이루 열거할 수 없을 정도로 많다.

또한 군 탈영병 사건(1986년 3월 14일)이나 예비군 훈련장에서의 사망사고(1986년 3월 17일)는 보도하지 말라, 법정에서 교도관이 입틀어막는 장면 등은 보도하지 말라(1986년 1월 27일)고 강요했다. 특히 여성노동자에 대한 부천서 형사의 성 고문 사건에 대해 보도지침은 보도를 자제하고 기사와 제목에서 '성폭행 사건'이란 표현 대신 '부천서 사건'이라고 쓰라고 지시했으며(1986년 7월 10일) 검찰의 발표가 있은 후에는 검찰이 발표한 내용만 싣되 검찰 자료 중 '사건의 성격'에서 제목을 뽑으며, 검찰 발표 전문을 꼭 싣고, 발표 외에 독자적인 취재보도는 불가라고 지시했다.(1986년 7월 17일)

권력과 관련한 사항에 있어서도 '일해재단의 성격, 운영자금 내역, 규모 등에 관한 질문은 보도하지 말라'(1986년 3월 24일, 4월 2일)고 하고 있는 것이다. 뿐만 아니라 보도지침은 '민주화추진위원회 이적 행위'라는 검찰 발표를 1면 톱기사로 다루라고 지시했고(1985년 10월 29일) 서울대의 학생 시위는 비판적 시각으로 다루라고 강요했으며 (1985년 11월 1일) 대학생들의 민정당 연수원 점거기사는 비판적 시각으로 다루되 격렬한 구호가 실린 플래카드가 사진에 나오도록 하고 치안본부가 발표한 '최근 학생 시위 적군파 모방'을 크게 다루되 특히 '적군파식 수법'이라는 제목을 붙이라는 보도지침을 하달했다(1985년 11월 18일).

보도지침은 또한 당국의 학생들 유인물 분석 자료인 '좌경 극렬화…' 운운하는 자료는 박스기사로 취급하도록 요구하고(1986년 2월 7일), 전국대학 학생회 사무실 수색결과 관련기사는 제목을 '유인물 압수' 보다는 '화염병과 총기 등 압수'로 뽑으라고 지시했으며(1986년 2월 15일) 김수환 추기경의 강론 중 '개헌은 빠를수록 좋다'는 부분은 삭제하라고 지시했다(1986년 3월 10일).(〈보도지침〉, pp.62~64.)

# 군사정권 이후의 정부와 언론

이 나라에는 그 어느 집단, 어느 조직에 의해서도 도전받거나 비판받지 않는 거대한 권력이 있다. 정치권력과 재벌에 이은 '제3의 권력'이다. 정치권력에는 5년 임기가 있고, 재벌은 정치 · 사회적 변혁기마다 "반성하고 사죄"하는 성명서를 내야 했다. 그러나 '제3의 권력'은 잘못된 과거를 반성하고 청산한 적이 없고, 임기도 없다. 이 '제3의 권력'은 언론이다.

원로언론인 정경희 선생의 칼럼집 〈곧은 소리〉의 머리말의 일부이다. 한국 신문에 대해 이만큼 정곡을 찌른 표현은 없을 것이다.[299]
한국 신문은 권력을 감시하는 '제4부'가 아니라 '선출되지 않은 장기집권의 권부'로 행세하고 있다. '대통령을 만든 신문'이라며 은근히 과시하는 신문사가 있는가 하면 어떤 신문사는 1997년 대선 때 '우리도 한번 대통령을 만든 신문이 되겠다'는 의지로 무리한 승부수를 던지기도 했다. 중앙일간지의 한 기자는 "한국 정치판을 주도해갔던 고전적 주체가 권력과 정당 국회였다면 이제 여기에 언론을 포함시키지 않으면 안 될 만큼 언론은 정치판에서 주체로 행세하고 있다"고 진단했다.
1987년 6.10시민항쟁으로 독재정권은 손을 들었다. 그러나 전두환정권의 후계자인 노태우정권은 언론통제에 대한 끈을 놓지 않았다. 1987년 6.29선언 이후 신문사의 설립이 자유로워져 일간 신문사들이 우후죽순 격으로 창간되어 완전 경쟁체제로 들어섰다. 그러나 노태우정권은 과거 전두환정권의 보도지침과 비슷하게 언론인에 대한 사찰이나 '협조요청'이라는 명목으로 보도지침을 남발하기도 했다.
한국 사회의 민주화가 진전되면서 언론사 노동조합이 속속 결성되어 편집권 독립 운동이 벌어져 편집국장 선임방식 등에서 진전이 있었다. 또한 방송사 노조들은 방송민주화 투쟁을 벌여 공영방송

---

299) 정경희, 〈곧은 소리〉, 전국언론노동조합연맹, 1999년.

사장 선임과정에서 일정한 영향력을 행사했고 방송구조가 공영체제에서 공민영체제로 전환한 데 이어 인터넷이 활성화하고 케이블TV와 위성방송 등이 속속 도입되면서 언론환경이 일대 변환을 겪었다.

이 과정에서 일부 신문을 중심으로 한 언론사들은 정치권력 못지않은 언론권력으로 등장하여 무소불위의 힘을 발휘했다. 일부 보수신문은 특정 정파를 대변하는 논조를 보이며 민주화 이후의 대통령 선거 과정에서 여론 장악력을 이용하여 '대통령 만들기'에 나서기도 했다. 이러한 일부 언론의 움직임은 노태우·김영삼정부를 탄생시키는 데 일조했다. 그러나 이러한 '대통령 만들기'는 김대중정부에 이어 노무현정부까지 두 차례 실패하고 말았다.

이에 따라 김대중정부와 노무현정부는 권력화한 일부 언론과의 치열한 싸움을 벌일 수밖에 없었다. 김대중정부는 언론개혁을 위해 언론사에 대한 세무조사를 실시하고 그 결과를 발표한 뒤 일부 언론사주를 구속했다. 그러나 이들 신문사의 끈질긴 비판과 대통령 아들의 비리가 드러나면서 언론권력에 굴복할 수밖에 없었다.

노무현정부는 취임 초부터 언론과의 '건강한 긴장관계'를 내걸고 새로운 언론정책을 펼쳤다. 또 새롭게 활성화한 인터넷을 활용하여 국민과의 쌍방향 통신을 시도하는 등 새로운 매체환경에 맞는 홍보정책을 폈다. 그러나 노무현정부도 일부 신문의 끈질긴 비난과 '취재지원 선진화방안' 등 일부 언론정책이 진보적인 언론들로부터도 지지를 받지 못해 언론개혁을 이루지 못했다.

이후 새롭게 등장한 보수정권인 이명박정부는 과거 권위주의 시대의 언론정책을 답습하는 듯한 정책으로 언론계와 국민으로부터 비난을 받고 있다. 또한 새롭게 추진하는 언론법도 국민의 언론자유를 제한하려는 법이라는 비판에 직면해 있다.

# 제1장   언론권력의 등장

한국언론은 1987년 민주화를 거치며 생겨난 권력공백기를 틈타 새로운 권력으로 탄생했다. 권력공백은 성숙한 사회갈등 조정능력을 요구했지만 우리 사회는 그런 능력이나 시스템을 마련하지 못했다. 사회의제를 설정할 수 있는 힘을 가진 집단은 언론밖에 없었다. 권언유착으로 축적한 물적, 인적 토대를 바탕으로 정권에 대응할 수 있는 '의제 설정력'을 갖춘 언론은 서서히 새로운 권력으로 등장한 것이다.300)

언론권력은 1990년대 들어 정치권력과 경쟁하면서 때론 정치권력에 영향력을 행사하는 독자적 '권력기구'가 됐다. 기득권과 더불어 각종 경제적 특혜를 누리면서 독과점체제를 굳혔다. 시장과점은 여론과점으로 직결됐다. 상호유착과 이익교환에 기반한 권언유착 행태는 정치권력 주도형에서 언론주도형으로 바뀌기 시작했다. 그러나 문제의 심각성은 언론권력이 사실·진실보도, 사회권력 감시라는 본분을 망각한 채 자기 권력의 강화를 추구한 데 있다. 사주나 언론사의 이익을 위해 수단 방법을 가리지 않는가 하면 유착세력의 집권을 목적으로 권력창출까지 시도했다. 결국 언론과의 유착관계를 청산하지 못한 민주정부들은 정권 말기에 권력화한 언론의 공세에 밀려 무기력하게 레임덕에 빠지고 말았다.

이에 따라 한국언론은 '선출되지 않은 권력(Power without Election)'이라는 별칭을 얻었다. 더구나 북녘의 김정일의 세습이 있듯이 남녘

---

300) 군사정권 이후의 정부와 언론과의 관계에 대해서는 필자가 그동안 틈틈이 써 놓았던 글들을 다시 정리한 것이다.

에는 자본주의의 재벌이 세습되고 언론사의 사주들도 당당히 세습된다. 그럼에도 불구하고 시비 한마디 일어나지 않는다.[301] 소유와 독점과 세습이 당연히 이뤄지는 것이다.

## 1. 언론의 대통령 만들기

권력화한 정치언론의 가장 커다란 폐해는 '대통령 만들기' 보도였다. 1997년(15대)과 2002년(16대) 두 차례 대통령선거에서 일부 언론이 '특정 후보 대통령 만들기'에 나섰다는 것은 잘 알려진 사실이다. 이 시도는 국민의 엄정한 선택에 의해 실패로 끝났지만 해당 언론은 여전히 견제받지 않는 권력, 선출되지 않은 권력으로 남아 있다.

1987년 대선 이후 되풀이되는 특정신문의 '대통령 만들기' 논란은 언론권력의 대표적 정치개입 사례다. 선거보도는 무엇보다 공정해야 하는데 언론권력에겐 '특정후보 대통령 만들기, 특정후보 죽이기'가 저널리즘 규범보다 더 중요했다. 이들은 교묘한 여론조작과 편파·왜곡보도를 통해 특정 후보를 노골적으로 지원했다.

### 1) 편파·왜곡 보도로 특정후보 편들기

1992년 대선에서 조선일보는 극심한 편파·왜곡보도로 김영삼 후보를 대통령으로 당선시키는 데 크게 이바지했다. 정주영 국민당 후보는 그해 9월 일간지에 광고를 내고 '언론계 YS장학생'[302] 문제를 공론화했다. 한 달 뒤 연합통신 부국장이 언론사 주요 간부와 기자들의 동향을 김영삼 측근에게 수시로 보고하면서 이들을 끌어들이기 위한 언론공작을 펼친 사실이 폭로되어 세간을 놀라게 했다.

1997년 대선에서는 '언권선거'로 불릴 만큼 '대통령 만들기' 보도

---

301) 김중배, 〈미디어와 권력〉, 나남, 1999년, p.78.
302) 〈기자협회보〉, 한국기자협회, 1992년.

행태가 더욱 노골적으로 드러났다. 중앙일보와 조선일보는 국민신당 이인제 후보와 큰 마찰을 빚었다. 특히 중앙일보 정치부에서 작성한 '이회창 경신 전략의 문제섬 및 개선방향'이라는 문건이 공개되면서 언론계에 일대 파문을 불러 일으켰다.[303]

중앙일보는 1999년 9월말 홍석현 사장이 탈세혐의로 검찰에 출두한 뒤 국제언론인협회(IPI)에 보낸 긴급편지에서 "1997년 12월 대선 당시 홍씨가 사장 겸 발행인으로 있는 중앙일보는 김대중씨에 패배한 이회창 후보를 지지했다"고 밝혔지만 10월 7일자 지면을 통해서는 "대선 때 특정후보를 공개 지지한 적이 없다"고 썼다. '공개'라는 표현이 눈에 띈다. 그러나 2005년 7월 공개되어 파문을 불러일으킨 이른바 '삼성 X파일'에는 97년 대선 당시 중앙일보의 이회창 후보 적극 지원 사실이 담겨있다.

조선일보도 'DJ비자금의 약효'(10월 11일), '이회창의 선택'(10월 18일) 등의 칼럼을 통해 '반DJP연대-이인제 죽이기' 목소리를 높였다. 직후 조선일보 노동조합의 설문조사 결과, 응답자의 67%(134명)는 '조선일보가 특정후보를 지지하거나 반대한다는 인상을 주었다'고 응답했다. 당시 한국기자협회 전국기자 여론조사에서도 응답자들은 '이회창 후보편향'으로 중앙일보(64%)와 조선일보(10%)를 가장 많이 꼽았다. 1998년 5월 언론노조 등 3단체 여론조사에 따르면 국민은 불공정한 신문사로 중앙일보(40.8%)와 조선일보(30.3%)를 들었다.

그러나 정치언론의 '대통령 만들기'는 더 이상 통하지 않았다. 김대중 후보는 지역연합 창출 등 특유의 정치력을 발휘, 이회창 후보보

---

303) 언론개혁시민연대, 〈언론연대 10년사〉, 2008년, p.77. 언론개혁시민연대는 이러한 정치 편향적인 보도와 논평이 한국 민주화의 걸림돌이라고 판단하고 이를 바로잡기 위한 언론개혁운동의 필요성을 강조했다. 언론개혁시민연대는 1998년 8월 27일, 전국언론노조연맹, 한국기자협회, 한국방송프로듀서연합회 등 언론단체와 참여연대, 경실련, 여성민우회 등 시민단체, 언론정보학회 등 언론학계, 한국노총, 민주노총 등 노동단체 등 모두 32개 단체가 참여한 언론개혁운동 시민단체이다.

다 40만 표 가량 앞서며 승리를 거뒀다. 선거 1~2개월 전만 해도 각종 여론조사에서 이회창 후보를 여유 있게 앞서던 이인제 후보는 3위에 머물렀다. 그것도 500만 표나 뒤졌다. 중앙일보와 조선일보의 편파보도 논란이 주요 쟁점이 됐던 사실과 무관하지 않은 결과였다.

## 2) 지역감정 · 색깔론 조장

2002년은 1997년 대선정국과는 달랐다. 민주당 대선경선 출마를 선언했던 노무현 당시 상임고문은 조선일보의 '특정후보 편들기' 보도가 시작되자 즉각 공개적인 '음모중단' 요구로 맞섰다. 경선과 정에서는 "동아 · 조선일보는 민주당 경선에서 손을 떼라"고 공개 지목해 파문을 일으키기도 했다.

노 후보는 대선기간 내내 조선일보와 전면전을 치렀다. 노 후보는 정치언론의 집중 공격대상이 됐고, 색깔론 · 품성론 · DJ 양자론 등 다양한 공세를 당했다. 2002년 대선에서 정치언론의 편파왜곡 보도 행태는 '한나라당 기관지냐'라고 빈축을 살 정도로 특정후보 편들기 가 노골적이었다. 조선일보, 중앙일보에 이어 동아일보, SBS까지 특정후보 대통령 만들기 논란에 합세했다.

16대 대통령선거를 1년 3개월이나 남겨놓은 때였지만 대선의 열 기는 수면 밑에서 달아오르고 있었다. 15대 대선에서 '이회창 대통령 만들기'에 실패했던 정치언론은 일찌감치 대선정국을 보수 대 진보 의 갈등구조도 설정하고 다시 한 번 '이회창 대통령 만들기'에 나섰 기 때문이다.

미디어 전문지인 〈미디어오늘〉이 2002년 5월 기자 400명을 대상 으로 실시한 여론조사에서 82.8%의 기자들은 국민경선 등 대선 관 련보도에서 일부 언론사가 특정 후보에게 유리하게 보도했다고 응 답했다. 기자들은 어느 언론사가 어떤 후보에게 유리하게, 또는 불 리하게 보도했느냐는 질문에 조선일보를 가장 많이 꼽았다.

기자들의 40.6%가 특정 후보에 유리하게 보도한 언론사로 조선일보를 지목했고 93.3%는 유리하게 보도된 후보로 이회창 후보를 들었다. 또, 조선일보(55.1%)가 노무현 후보(92.7%)에게는 불리하게 보도했다고 응답했다. 특정 후보에게 불리한 보도를 한 언론사로는 조선일보, 동아일보(16%), '조중동'(13.6%)의 순서로 들었다.

선거보도의 구태도 여전했다. 국정원 도청 의혹, 4억 달러 북한 지원설 등은 선거를 의식한 정치권의 '전술'일 수 있는 사건이지만 언론은 검증 없이 중계했다. 경마식 보도나 지역감정 조장, 색깔론 조장 등도 개선되지 않았다. 동아일보는 '대구 부산엔 추석이 없다', '부도 직격탄'(9월 9일), '믿습니다, PK-충청'(11월 27일) 등 대선을 겨냥한 지역감정 조장보도로 구설에 올랐다.

16대 대선 편파보도의 백미는 정몽준 대표의 노무현 후보 지지철회 직후인 선거 당일(12월 19일) 조선일보 사설 '정몽준, 노무현 버렸다'이다. 선거 전날 밤 늦게 '정몽준 폭탄선언'이 터지자 새벽에 바꾼 사설이다. 연재 '이회창-노무현, 이것이 다르다'(11월 28일~)와 칼럼 '폭력도 제도화 되는가'(12월 17일), 북핵 시설 관련 '신북풍' 보도, 행정 수도 충청권 이전 공방 등도 이회창 후보에 유리한 보도로 지적됐다.

### 3) 기자 80% "2002년 대선보도는 편파적"

선거가 끝난 뒤인 2003년 1월 3일, 동아일보 노동조합 공정보도위원회(공보위)에서는 내부진통 끝에 자사 보도를 비판하는 소식지를 내놔 언론계의 주목을 받았다. 공보위는 '사회변화 못 읽은 대선보도'를 통해 "동아일보는 사내 안팎에서 따가운 질책의 시선을 받아야 했고, 역대 어느 선거에서도 듣지 못한 '편향보도'의 한 축이었다는 비판을 받았다"고 밝혔다. 또 "사설과 칼럼에서의 편향성이 지면의 아젠다 세팅(agenda setting)에서부터 불공정한 방향타 역할을 했고, 여기에 편집과 제목까지 어우러지면서 편향보도라는 큰 그림을 그려낸 것"이라고 지적했다. 구체적으로 "행정수도 이전 공약에 대해 '수도'라는 용어를 고집하면서 사실상 한쪽의 시각을 대변했고, 여중생 사망사건 추모집회 보도도 이해하기 힘들 정도로 축소 보도하는 태도를 보였다"고 공보위는 적시했다.

실제로 선거가 끝나고 2003년 1월 〈미디어오늘〉이 전국 기자 307명을 대상으로 실시한 여론조사에서 무려 79.9%의 기자들이 '대선 보도가 편파적이었다'고 응답했다. 공정했다는 응답은 16.2%에 그쳤다. 또 대선보도의 가장 큰 문제점으로 61.9%의 기자들이 특정후보 편들기 행태를 지적했다.

그러나 이들 언론의 '이회창 대통령 만들기'는 또 실패했다.

12월 19일 저녁 노 후보의 당선이 확실해지자 송영길 민주당 의원은 "오늘 조선일보는 '정몽준이 노무현을 버렸다'고 했으나 국민은 조선일보를 버렸다"고 일갈해 눈길을 끌었다. 특히 3월 민주당 국민경선부터 유권자의 정치참여 공간으로 급부상한 '인터넷 여론'의 힘은 매우 컸다.

여기에 오마이뉴스 등 인터넷언론의 약진도 큰 몫을 했다. 유권자들이 인터넷을 통해 정치언론의 논리를 비판하고 반론을 펼치는 한편 직접 정보를 생산, 유포하면서 기존 매체의 의제 설정력에 타격을 입혔다. 여론은 더 이상 정치언론의 조작대상이 아니었다. '네티즌(netizen) 혁명'으로 불린 2002년 대선결과는 수 십 년간 우리 사회여론을 좌지우지 해온 정치언론의 퇴출이 시작됨을 뜻했다.

## 2. 자본통제의 심화

언론이 무소불위의 막강한 권력집단으로 등장하면서 권력의 언론개입 강도는 현저하게 완화되었고 정치권력조차 언론을 무서워하는 지경으로 변화했다. 이제 언론은 어느 집단도 건드리기 어려운 권력기관이 되어버렸다. 오죽하면 "이제 언론이 권력을 탄압한다"는 말까지 나왔겠는가.

동아일보에서 신문의 편집권이 철저하게 자본에 유린당한 상징적 사건이 발생했다. 당시 김병관 사장이 김중배 편집국장을 돌연 경질하면서 그 이유를 공개적으로 적시한 문건을 편집국 기자들에게 회람시켰다.(송건호 외, p.550.)

동아일보의 사시가 말하듯이 동아는 어디까지나 민족, 민주, 문화주의를 소명으로 삼고 있으며, 내가 말하는 제2의 창간도 이 사시를 한층 더 높은 경지로 승화시키는 데 있다. 더욱이 통일을 앞두고 급변하는 국제 정세 속에서 이 사시를 시대성에 맞게 구현하는 데 제2의 창간의 뜻이 있는 것이지 동아의 근본이념이나 철학을 재정리하는 데 있지 않다.

그러나 어떤 이가 혹 내 제2창간의 뜻을 잘못 이해하거나 자기 나름의 해석을 통해서 우리 동아가 흡사 사회계층 간 위화감을 조장하고, 또 극소수의 반체제 인사들에 의한 체제의 성토 광장으로 이용될 소지나 우려를 준다면 이 기회에 제2창간의 뜻을 분명히 해야겠다.

불의나 부정이나 독재 등을 묵과하는 신문이 되어서는 절대로 안 되지만 우리의 사시인 민주, 민족, 문화주의와 자본주의 체제를 부정하고 극소수의 극렬분자들을 단지 '소수'요, '약자'이기 때문에 비호할 수는 없는 것이다.

근래 우리 지면에 특히 서평란(예 : 윤정모 책, 폴 바란(Paul Baran) 책), 난맥 매듭을 풀자(안병욱), 자전수필 필자(빈민운동가)의 선택이나 그들 말의 인용 등은 동아를 아끼는 독자들의 빈축을 사고 있을 뿐만 아니라 동아의 노선을 의심할 정도의 비판이 있음은 매우 유감스러운 일이다.

비판 없는 체제의 옹호도 우리의 사시가 용납하지 않을 터이지만 체제부정이나 국민의 위화감 조성에 지면을 할애함은 용납할 수가 없어 편집진의 변화를 통해 동아 편집방향의 재정비를 제2창간 실현의 시작으로 삼으려고 한다.

김중배 편집국장은 편집국장 이·취임식장에서 "과거 언론자유를 위협한 세력은 정치권력이었지만 90년대 들어서면서 자본이 언론자유를 위협하는 최대세력으로 등장했다"며 "이에 맞서 언론인들이 응전"할 것을 촉구하고 동아일보사에 사표를 던졌다.(송건호 외, p.551.)

실제로 기자들도 권력 보다는 광고주(자본)를 더 무서워하는 것으로 나타나 자본의 언론통제가 심각한 지경에 이르렀음을 드러내 주고 있다. 이러한 사실은 한국언론재단이나 기자협회 등에서 전국 언론인을 대상으로 실시한 여론조사 결과를 비교해보면 명확하게 드러난다. 한국언론재단은 1999년 8월 미디어 리서치와 공동으로 전국 신문 방송 통신사 기자 703명을 대상으로 실시한 언론인 의식 조사 자료에 기초해 '현업기자들이 인식하는 언론자유의 수준'을 분석했다. 이 결과에 따르면, 자유로운 취재활동을 제약하는 가장 큰 요인은 '기업이나 광고주 압력'으로 15점 만점에 9.03점을 기록했다. 이어 '언론사 내부의 제약이나 압력'이 8.59로 높은 반면, '정부 영향 또는 통제'(7.69), '언론법제 및 정책'(6.41)에 의한 제약은 상대적으로 낮았다.

10개 중앙일간지 기자들은 '기업 또는 광고주 압력'이 취재보도 활동을 제약하는 가장 큰 요인으로 지적했고 이어 '언론사 내부의 제약이나 압력'(8.53) '정부 영향이나 통제'(7.55) '언론법제 및 정책'(6.09)의 순을 보였다. 이들의 언론자유도 인식은 주요 제약요인인 '기업 또는 광고주 압력'에서 각 사별로 차이가 있었다. 8개사는 이를 가장 큰 제약요인으로 꼽았지만 2개사의 경우 '언론사 내부의 제약이나 압력'이 더 큰 제약요인으로 작용하는 것으로 나타나 대조를 이뤘다.

이 조사는 과거의 조사결과와 비교해 몇 가지 시사점을 제공한다.

첫째는 언론인의 취재보도 활동에서 기업 또는 광고주의 압력이 점점 더 커지고 있다는 점이다. 예컨대 한국언론연구원(현 한국언론재단)이 1995년 전국 신문 방송 통신사 기자 1,024명을 대상으로 취재 및 보도활동을 위협하는 요인을 조사한 결과 '기업이나 광고주의 압력'은 기타 항목에 포함될 정도로 영향력이 미미했다. 그러나 1997년 한국기자협회가 602명의 기자를 대상으로 한 조사에서 언론보도에 대해 가장 영향을 미치는 세력이나 집단으로 '광고주'(11.5%)는 '언론사주 경영진'(51.3%) '편집간부 및 일선기자'(12.0%)에 이어 세 번째를 차지했다. 이 두 가지 조사결과와 언론재단의 분석결과를 종합하면 취재보도 활동을 제약하는 요인으로 기업 또는 광고주의 영향력이 일관성있게 점점 더 커지고 있다는 점에서 심각한 문제점을 드러내준다.

둘째는 기업 또는 광고주의 제약 못지않게 언론사 내부의 제약이나 압력이 자유로운 취재보도활동을 제약하는 중요 요인으로 작용하고 있다는 점이다. 1995년 한국언론연구원의 기자의식 조사결과에서 전체기자의 58.2%가 취재보도 활동을 위협하는 주요인으로 '언론사주의 상업주의적 경영관'을 들었다. 또 1997년 기자협회가 실시한 조사에서 언론보도에 가장 큰 영향을 미치는 세력이나 집단으로 '언론사주 경영진'(51.3%)이 가장 높은 비율을 보였으며 한국언론연구원이 1995년 조사의 연속선상에서 실시한 1997년 조사에서도 '언론사주 경영진'이 가장 많은 44.6%를 차지했다. 조사기관과 조사연도에 따라 수치상 다소의 차이는 있지만 전체적인 결과는 언론인의 자유로운 취재보도 활동에 언론사주나 경영진의 압력이 크게 작용하고 있음을 보여준다.

셋째는 정부로부터의 영향이나 통제가 상존하고 있으나 그 영향의 정도는 점차로 작아지고 있다는 점이다. 예컨대 1995년의 한국언론연구원 기자의식조사에서 취재보도 활동을 제약하는 요인으로 권력자의 권위주의 언론관을 제시하는 기자는 22.0%로 두 번째였으나 1997년의 조사에서는 13.6%로 떨어졌다. 1997년 한국기자협회가 실시한 기자의식조사에서 언론보도에 대해 가장 큰 영향을 미치는 세력이나 집단으로 '정부'를 든 기자는 8.3%로 떨어졌다는 점도 이를 뒷받침한다.

# 제2장  역대 정부와 언론의 관계

한국에서는 이승만정권부터 전두환정권까지 정부는 일방적으로 메시지를 전달하기 위해 언론을 통제했고 언론은 권력에 굴종했다. 따라서 언론의 편파·왜곡 보도가 극에 달했다. 국민을 대상으로 한 홍보와 언론정책은 김대중정부 때부터 시작됐다. 언론과의 갈등도 함께 뒤따랐다.

## 1. 언론과 국가, 자본

한국홍보학회가 2007년 서강대 가브리엘관에서 개최한 '참여정부 정부-언론 관계에 대한 대토론회'에서 영산대 신문방송학과 이진로 교수는 1980년대 이후 한국 사회 언론구조의 변화과정을 역대정부별로 나누어 설명했다.304) 이 교수는 시기별로 변화하는 언론과 국가, 자본, 시민과의 관계를 살폈다. 이 중 노태우정권 이후 부분만 정리한다.

### 1) 노태우정부

언론기본법의 폐지에 따라 새로운 매체들이 대거 신설되면서 언론은 자유경쟁체제로 들어갔다. 국가의 언론에 대한 개입이 완화되어 비공식적이고 개별적 차원의 통제로 전환되었고, 완화된 통제

---

304) 이진로, '참여정부 정부-언론 관계에 대한 대토론회', 2007년.

시도도 언론단체로부터 비판받으면서 더욱 줄어들었다. 따라서 언론은 국가로부터 비교적 자유스러운 입장에서 활동했다. 그러나 자유경쟁 체제는 언론으로 하여금 자본의 통제에 취약하게 만들었다. 언론이 광고수입을 늘리기 위해 자본에 더욱 의존하도록 만들었기 때문이다. 반면, 자본으로서는 광고 매체를 선택할 수 있다는 측면에서 언론에 대한 개별적 대응이 가능했고 이에 따라 언론 보도에서 자본을 비판하는 정도가 더욱 약화했다.

### 2) 김영삼정부

언론은 점차 대등한 입장에서 국가와 상호작용을 미칠 수 있을 정도로 권력을 행사했다. 그동안 언론은 국가로부터 일방적인 영향을 받아왔으나 정치적 자유가 진전된 가운데 대통령 선거와 국회의원 선거가 실시되면서 일정정도 영향을 미치는 것도 가능해졌기 때문이다. 또한 보다 민주적인 집단으로 구성된 정부의 정책 추진과정에서 언론의 입장과 반응을 중시하게 되자, 시민의 여론에 영향을 미친다는 점에서 언론의 위상은 높아졌다. 자본은 언론 내의 경쟁이 치열해짐에 따라 기존의 불리한 구조가 지속되었고, 이에 따라 자본의 입장에서는 직접적인 언론소유에 대해 재고하고, 언론사에 대한 소유주식을 조정하는 등 공식적인 관계를 축소하기도 했다. 한편 언론은 시민의 주요한 정보원으로 국가와 자본에 대한 이미지 형성과 대응에 일정한 영향을 미쳤으나, 자본에 대한 편향된 보도와 국가에 대한 불균형한 보도로 인해 권력화했다는 비판을 초래했다.

### 3) 김대중정부

언론은 대통령 선거과정에 개입정도를 둘러싸고, 감정적인 대립을 벌인 후 국가의 언론개혁 제기 및 전격적인 세무조사에 대한 반발과 탈세액 추징 등으로 인해 상당한 경제적 타격을 받고 위상이 흔들렸다. 그러나 정부의 직접적인 통제를 받지 않는 상황에서 지속적인 비판보도를 유지했다는 점에서 독립적이고 대등한 관계를 유지했다. 자본과의 관계에서는 언론계의 경쟁이 더욱 치열해지는 상황에서 여전히 광고를 매개로 하여 상당한 정도의 비공식적 통제구조 속에 있었다. 또한 시민과의 관계는 다양한 매체의 이용가능성으로 인해 개별 매체의 영향력이 감소하는 한편 새로운 매체인 인터넷이 시민에 의해 선호되고 급속히 확산하는 과정을 겪었다.

### 4) 노무현정부

인터넷이 대통령선거 과정에서 영향력을 발휘하고 그 후 사회의 주요이슈를 제기하는 등 주도적인 매체의 하나로 자리매김했다. 신문은 보수적 입장의 과점신문과 다양한 입장의 신문으로 나뉘어서 당파적 갈등을 보였다. 신문법의 개정에 따라 신문시장이 개선될 가능성은 보였으나 현실적으로 과점구조는 유지됐다. 과점신문은 참여정부의 진보적 정책에 맞섰다. 과점신문의 보도에서 참여정부 정책에 대한 비판이 일상화했다. 참여정부의 빈틈에는 크고 작고를 가릴 것 없이 이들 신문의 부정적 평가가 자리 잡았다. 이들 신문의 비판적 논조와 관련해서, 참여정부의 정책실패에 대한 비판적 측면보다는 경제적 측면에서 어려움에 처한 신문 산업의 참여정부 미디어산업 정책에 대한 비판과 무관하지 않다는 주장도 가능하다. 신문산업은 방송산업과 통신산업의 성장으로 인해 주요한 정보매체로서 위상을 점점 상실하고, 종사자의 사회적 위상도 상대적으로 하락하고 있다. 신문매체는 비중이 축소되는 시장에서 무한경쟁에 들어갔고 과점신문은 상대적으로 보수적인 독자와 광고주 확보 경쟁에 들어섰다. 보도논조 측면에서 개혁을 내세운 참여정부와 대립이 심화할 수밖에 없었다.

## 2. 역대 정부에 대한 언론의 보도태도

일부 신문의 역대 내통령에 내한 보도태도를 보면 매우 흥미로운 결과를 얻을 수 있다. 일부 언론은 노무현 대통령에 대한 감정적인 적대와 노골적인 정책 흔들기 의도를 감추지 않았다. 노무현정부에 대한 적대감은 역대 대통령과 비교해도 가장 높았다.

2003년 6월 〈미디어오늘〉이 기자 300명을 대상으로 실시한 조사에서 '일부 언론이 참여정부에 대해 흠집 내기 식 보도를 하고 있다'는 답이 69.7%에 이르렀다는 것은 이들 언론의 노무현정부에 대한 공격이 어떠했는지를 보여주는 좋은 예이다.

### 1) 조선, 부정적 보도 '전두환 0.8%, 노무현 50%'

한림대 언론정보학부 최영재 교수가 2005년 2월 월간 〈신문과 방송〉에 기고한 논문을 보면 일부 언론의 노무현정부에 대한 적대감이 가장 높다. 조선일보와 동아일보는 노무현 대통령에 대해 50%가 넘게 부정적으로 보도했다. 전두환정권 때보다도 높았다. 물론, 전두환 정권시절에는 언론통제가 극심했기 때문에 부정적 평가를 내리기 어렵다는 측면도 고려해야 한다. 그렇지만 이후 등장한 노태우정부

역대 대통령별 조선일보 1면 논조 변화 (단위 : 건)

|      | 긍정적 | 중립적 | 부정적 | 합　계 |
|------|--------|--------|--------|--------|
| 이승만 | 3( 9.7%) | 28(90.3%) |  | 31(100.0%) |
| 박정희 | 5(14.7%) | 29(85.3%) |  | 34(100.0%) |
| 전두환 | 46(35.9%) | 81(63.3%) | 1( 0.8%) | 128(100.0%) |
| 노태우 | 85(39.9%) | 94(44.1%) | 34(16.0%) | 213(100.0%) |
| 김영삼 | 19(33.9%) | 28(50.0%) | 9(16.1%) | 56(100.0%) |
| 김대중 | 10(10.4%) | 59(61.5%) | 27(28.1%) | 96(100.0%) |
| 노무현 | 2( 5.9%) | 15(44.1%) | 17(50.0%) | 34(100.0%) |
| 합　계 | 170(28.7%) | 334(56.4%) | 88(14.9%) | 592(100.0%) |

※ 자료 : 〈신문과 방송〉, 2005년 2월호, 한국언론재단.

나 김영삼정부, 김대중정부에 비해서도 부정적 보도가 높았다.

최 교수가 조선일보 1면에 게재된 기사 중 무작위로 추출한 대통령 관련기사 592건에 대한 분석 결과, 조선일보의 대통령 관련 부정적 기사비율은 전두환 대통령 당시 0.8%였다가 노무현 대통령 들어서 50%로 급증했다. 긍정적인 기사 비율 역시 노무현 대통령이 가장 낮은 5.9%였다.

최 교수가 같은 기간 동안 동아일보의 노태우 대통령 3년, 김영삼 · 김대중 대통령 5년, 노무현 대통령 2년치 사설을 분석한 결과도 비슷하다. 노무현 대통령 때가 부정적 사설 비율이 82.2%로 가장 높고 긍정적 사설비율은 4.3%로 가장 낮았다.

## 2) 조선 · 동아, 노대통령 부정적 사설 압도적

KBS '미디어 포커스'가 서울대 언론정보연구소에 의뢰해 역대 대통령에 대한 조선일보, 동아일보, 한겨레신문의 사설을 분석한 자료에서도 조선, 동아의 참여정부에 대한 적대감은 여실히 드러난다.

서울대 언론정보연구소가 3개 신문의 1980년 전두환정권 출범부터 2007년 1월 말까지 '대통령'이 제목에 들어간 사설 1,183건을 분석한 바에 따르면, 조선일보와 동아일보의 사설 건수가 노무현 대통령 들어 급격히 늘어났다.

조선의 경우 전두환, 노태우, 김영삼 대통령 때까지는 '대통령'을 언급한 사설이 50건 미만이었지만 김대중 대통령 시절 100건을 넘어

역대 대통령별 동아일보 사설의 긍정/부정 비율    (단위 : 건)

|  | 노태우 | 김영삼 | 김대중 | 노무현 | 합 계 |
|---|---|---|---|---|---|
| 긍정적 사설 | 7(20.6%) | 27(41.5%) | 12(7.9%) | 5(4.3%) | 51(13.9%) |
| 중립적 사설 | 7(20.6%) | 18(27.7%) | 15(9.9%) | 15(12.8%) | 55(14.9%) |
| 부정적 사설 | 20(58.8%) | 20(30.8%) | 125(82.2%) | 97(82.9%) | 262(71.2%) |
| 합 계 | 34(100.0%) | 65(100.0%) | 152(100.0%) | 117(100.0%) | 368(100.0%) |

※ 자료 : 〈신문과 방송〉, 2007년 2월호, 한국언론재단.

서더니 노무현 대통령 때는 276건이나 됐다. 동아일보도 조선일보와 비슷한 추세로 참여정부 들어서 대통령 사설이 대폭 늘어났다. 반면 노태우정권 초기 창간된 한겨레는 성권별로 큰 차이는 없었으나 김대중 대통령 시절 상대적으로 대통령 사설 수가 가장 적었다. 또 조선과 동아는 역대 대통령 시절에는 거의 찾아볼 수 없었던 언론 관련 주제를 노무현 대통령과 관련해서는 각각 14건씩 28건을 실었다.

사설 논조를 크게 대통령에 대한 긍정적 평가와 부정적 평가로 나누어 보면 조선과 동아는 전두환 대통령을 가장 긍정적으로 평가했고 노무현 대통령에 대해서는 부정적 사설이 압도적으로 많았다. 조선일보는 전두환 대통령을 긍정적으로 평가한 사설이 분석 대상 사설 전체의 98%에 이르는 반면, 노무현 대통령의 경우는 부정적으로 평가한 사설이 전체의 89%가량이나 됐다. 동아일보의 경우 분석 대상 사설의 87%가량이 전두환 대통령을 긍정적으로 평가했으며 노무현 대통령에 대해서는 93%가 부정적이었다.

각 신문이 대통령에 대한 부정적 평가를 내린 이유를 분석한 결과, 조선은 노무현, 김대중 대통령의 경우 인성, 품성 태도를 문제 삼아 비판했으며 김영삼, 노태우 대통령의 경우에는 정책능력의 부족을 주된 이유로 꼽았다. 동아는 노무현, 김대중, 김영삼 대통령의 경우 인성, 품성, 태도에서 부정적 평가이유를 가장 많이 찾았으며 노태우 대통령은 주로 정책능력의 부족을 들어 비판했다. 특히 조선과 동아의 경우 이전 대통령에 대해서는 거의 적용하지 않았던 이념성향과 역사관을 문제 삼아 노무현 대통령을 비판한 사설이 각각 분석 대상의 27%와 24%에 달했다.

# KBS 미디어포커스 · 서울대 언론정보연구소 '대통령 사설' 분석
### (1980.1~2007.1, 조선 · 동아 · 한겨레, 총 대통령 사설 1,183건)

| | | 전두환 | 노태우 | 김영삼 | 김대중 | 노무현 |
|---|---|---|---|---|---|---|
| 대통령별 사설량(건) | 조선일보 | 49 | 45 | 38 | 101 | 276 |
| | 동아일보 | 41 | 63 | 40 | 90 | 240 |
| | 한겨레 | | 63 | 42 | 28 | 67 |
| 연도별 사설량 추세 (건) | 언론사별로 20~30건을 오가던 대통령 관련 사설이 2003년에 50건 내외로 급증 | | | | | |
| 조선 동아 사설주제(건) | 언론 | 1 | 1 | 1 | 4 | 28 |
| | 인사 · 친인척 | 0 | 6 | 6 | 50 | 76 |
| 조선일보 사설논조(%) | 긍정적 | 98 | 12 | 6 | 7 | 6 |
| | 부정적 | 0 | 71 | 47 | 82 | 89 |
| 동아일보 사설논조(%) | 긍정적 | 87 | 21 | 39 | 9 | 4 |
| | 부정적 | 0 | 59 | 39 | 80 | 93 |
| 한겨레 사설논조(%) | 긍정적 | | 0 | 5 | 23 | 11 |
| | 부정적 | | 91 | 11 | 50 | 68 |
| 조선일보 부정적 논조이유(%)<br>(*전두환 전 대통령에 대해서는 부정<br>적 사설이 없어 분석대상에서 제외) | 인성 · 품성 · 태도 | | 31 | 13 | 51 | 56 |
| | 정책능력 | | 66 | 87 | 42 | 17 |
| | 이념성향 · 역사관 | | 3 | 0 | 7 | 27 |
| 동아일보 부정적 논조 이유(%)<br>(*전두환 전 대통령에 대해서는 부정<br>적 사설이 없어 분석대상에서 제외) | 인성 · 품성 · 태도 | | 32 | 71 | 79 | 51 |
| | 정책능력 | | 65 | 29 | 18 | 25 |
| | 이념성향 · 역사관 | | 3 | 0 | 3 | 24 |
| 대통령별 정책능력 평가 | 조선 동아 | | 추진력/<br>갈등조정능력/<br>정책이해도<br>모두높음 | 여론수렴능력<br>좋으나<br>추진력부족 | 정책이해도/<br>갈등조정능력<br>긍정적 | 정책몰이해/<br>추진력부족 | 갈등조장/<br>여론수렴부족/<br>정책몰이해 |
| | 한겨레 | | | | | | 추진력 정책<br>이해도 높으나<br>갈등조정능력<br>부족지적 |
| 대통령 품성평가 | 조선 동아 | | 결단력 | 우유부단 | 신중 · 책임감 ·<br>겸손 | 변덕 · 책임전가 | 오만 · 경망 ·<br>책임전가 |
| | 한겨레 | | | 변덕 · 경망<br>책임전가 | 오만 | 우유부단 | 책임감 · 신중 ·<br>겸손 · 결단력 |
| 이념평가 | 조선 동아 | | 개혁 · 혁신적<br>긍정적 대북관 | 시장친화적 | 개혁 · 혁신적 ·<br>안정적 | 부정적<br>대북관 ·<br>포퓰리즘 | 급진 · 반시장적<br>· 부정적대미관<br>· 신자유주의적<br>· 포퓰리즘적 |

## 3. 해직언론인 원상회복 노력

민주정부가 들어선 이후 1975년과 1980년 강제로 해직된 언론인의 원상회복 문제가 대두되었다. 그러나 이들의 원상회복은 아직이뤄지지 않고 있다.

해직 언론인들은 강제로 해직당한 뒤 삼삼오오 짝을 지어 모임을이루고 있었고 이들 모임이 모태가 되어 1984년 3월 80년 해직언론인협의회(해언협)가 구성됐다. 해언협은 창립선언문을 통해 "민주화는 조속히 실현되어야 하며 언론자유는 보장되어야 한다"고 전제하고 "국민 각계각층의 침해당한 생존권에 대한 정당한 회복노력을지지한다" "부당 해직된 언론인은 즉각 원상회복되어야 한다"고 주장했다.

동아 · 조선 양 투위와 80년 해직언론인협의회, 진보적 출판인 대표들은 1984년 12월 19일 민주언론운동협의회(언협)를 결성했다. 언협은 창립선언문을 통해 "오늘의 언론은 반민중적인 언론기관에의해 독점되어 권력의 소리만 일방적으로 전달, 권력의 지배도구로전락했다"며 "1975년과 1980년 죽어가는 언론을 되살리고자 민주언론을 외치며 싸우던 언론인들을 언론기관 스스로가 대거 수백 명씩이나 언론현장에서 추방한 언론에 의한 언론부정의 극치를 경험했다"고 밝혔다. 언협은 새 언론 창간, 민주화와 통일에의 노력, 제도언론 개선투쟁 등을 목표로 제시했으며 1985년 6월 〈말〉지를 창간했다. 〈말〉은 1986년 9월 특집호로 보도지침을 특종 보도함으로써 성가를 높이기도 했다.

### 1) 해직 언론인 복직 촉구

해직언론인의 복직문제는 1987년 6.10시민항쟁이후 언론계 전체의 문제로 급부상했다. 1987년 8월까지 전국 언론사에서 발표한 언론자유수호선언에는 한결같이 해직언론인 복직을 촉구하는 내용이 포함되어 있다. 한국기자협회는 1987년 7월 16일 해직기자의 명예회복과 복직 등 언론자유의 근본 보장을 위한 결의사항을 천명했다. 언협도 '해직언론인 원상회복에 대한 우리의 입장' 성명을 통해 ① 해직기자의 복직 ② 경영진의 공개 사과 ③ 해직기간의 임금지급 등 구체적인 원상회복 방안을 제시했다. 그러나 1988년 5월 16일까지 복직자는 고작 103명에 불과했다.

1989년 2월 10에는 언론노련, 80년 해직언론인협의회, 한국방송프로듀서연합회, 기자협회 등 7개 단체가 '전국해직언론인 원상회복 쟁취협의회(원상협)'를 발족시켜 본격적인 활동에 나섰다. 원상협은 법적 구속력을 갖추기 위해 1989년 5월 2일 '75·80 해직언론인의 복직과 보상 등에 관한 특별조치법' 시안을 마련하여 정치권과 협의에 들어갔다. 이해 10월 17일 이 법안은 국회문공위의 발의로 야3당의 단일안으로 마련됐으나 여당의원들이 '언론학살은 공적이었으나 개별적 기업경영체이기 때문에 국고 배상은 불가하다'는 논리를 펴며 법안 통과를 막았다. 원상협은 국회를 점거하고 농성까지 벌였으나 문공위에서 정부에 해직언론인이 복직과 보상을 받을 수 있도록 노력을 기울일 것을 촉구하는 대정부 권고결의안을 작성했을 뿐이다. 특별법의 입법도 무산되고 결의안도 채택되지 못했다.

## 2) 언론인 해직 진상 규명

1988년 11~12월에는 2차례에 걸쳐 국회에서 진상규명을 위한 청문회가 열렸다. 국회문공위는 언론인 해직과 언론사 통폐합 등 5공의 언론탄압문제를 다뤘다. 청문회에는 허문도씨를 비롯한 언론학살 입안 및 실행자들과 피해자들이 증인으로 나섰다. 의원들은 강제해직 조치의 근본 목적, 발의시기와 이를 추진한 보안사 언론대책반의 실체, 이상재씨의 역할, 해직자 명단 작성과정에서 안기부 경찰 언론사의 역할, 강제해직 집행경위, 해직언론인의 명예회복 복직 보상문제 등을 중점적으로 따졌다. 청문회에서는 언론사 전체에서 실제로 해직된 인원은 933명에 달했으며 이 중 635명은 언론사 자체에서 끼워 넣기에 의해 해직된 것이 밝혀졌을 뿐 언론학살의 장본인들이 자신들의 역할을 숨기거나 축소해서 말하는 등 회피적 태도로 일관, 실체적 진실을 밝혀내지는 못했다.

1980년 언론인 해직의 진상이 일부나마 밝혀진 것은 1995년 법 제정이 계기가 되었다. 5.18특별법은 광주항쟁을 무력으로 진압한 가해자들을 처벌하도록 했으나 대상이 지나치게 축소됐다는 아쉬움을 남겼다. 이후 전두환 노태우씨가 내란혐의로 구속되면서 또 한 차례 전기를 맞았다. 검찰의 기소장에서 1980년 언론학살은 내란 과정에서 이뤄진 불법행위라는 것이 16년만에 밝혀졌다. 검찰이 언론학살을 자행한 범죄인으로 지목한 사람은 전두환 노태우 허삼수 허화평 등 4명이다. 검찰의 수사결과는 1, 2심재판을 통해 대부분 사실로 인정됐다.

이들의 범죄사실을 통해 언론학살이 어떻게 자행됐는지 윤곽은 드러났지만 진상이 철저히 규명되어야 할 필요성은 더욱 절실해졌다. 언론학살의 실무를 담당했던 당시 문공부장관이나 권정달씨 등은 왜 기소대상에서 제외됐는지, 당시 언론대책반이 작성했다는 해직대상 언론인은 누구인지, 어떤 과정을 통해 최종 해직대상자가 933명으로 늘어났는지, 해직대상자가 늘어나는 과정에서 언론사주들이 얼마나 개입했는지, 언론사주들이 신군부의 압력에 의해 언론인을 해직시킬 수밖에 없었던 피해자였는지, 언론사주들이 적극적으로 신군부의 내란행위에 동조했는지 등에 대해서는 언급조차 되지 않았다.

3) 행정심판 · 국가배상 기각

1980년 해직언론인 118명은 언론인 해직이 내란목적으로 이뤄졌다는 검찰의 수사결과 공표에 따라 1996년 3월 11일 공보처를 상대로 행정심판을 청구했다. 해직언론인들은 공보처가 1980년 부당한 공권력 행사로 해직당한 언론인들이 원상회복과 함께 피해배상을 받을 수 있도록 언론인 배상특별법이 제정되도록 하는 등의 행정적 조처를 취해 줄 것을 촉구했다.

정부는 1996년 5월 31일 "80년 당시 언론인 해직에 공권력이 부당하게 행사됐다며 명예회복 및 피해배상을 위한 특별법 제정을 촉구한 청구인들의 주장은 행정심판의 대상이 될 수 없다"는 공보처의 견해를 받아들여 각하 결정을 내렸다. 해직언론인 105명은 이어 1996년 7월말에서 9월초에 걸쳐 서울지구배상심의위원회에 국가배상을 청구했다. 그러나 국가배상심의위원회는 시효소멸 등의 이유를 들어 1997년 3월 27일 기각결정을 내렸다.

# 제3장 노태우정권의 언론통제(1987년~1992년)

1987년 6월항쟁 이후 언론계에는 많은 변화가 생겼다. 이어 등장한 노태우정권은 11월 언론기본법을 폐지하고 '정기간행물의 등록 등에 관한 법률'과 '방송법'을 분리, 제정했다. 새로 제정된 법에서는 여전히 정기간행물의 등록요건으로 일정한 시설기준을 명시하여 발행의 자유를 제한했으며 등록취소의 경우 사법적 심판을 받도록 개정했지만 현실적으로 발행정지의 권한은 행정부에 존속시킴으로써 언론통제의 여지를 남겨놓았다.

그럼에도 불구하고 발행의 자유가 어느 정도 주어지면서 새로운 신문들이 창간되었다. 1962년 이후 계속되어 왔던 카르텔체제가 무너져 과점적 언론구조가 경쟁적인 구조로 변화했다. 전두환정권 당시에는 중앙과 지방에 각각 10개 신문만 있었으나 노태우정권 이후에는 많은 신문들이 새로 발행되어 91년에는 신문수가 3배 가까이 늘어났다.

노태우정권에서는 새로운 상업방송인 서울방송(SBS)의 설립인가를 비롯해 교육방송의 KBS로부터 분리, 교통방송의 설립, 불교방송의 설립 인가 등으로 방송구조의 개편이 이뤄졌다. 불과 10년 전에 상업방송의 폐해를 명분으로 공영화했던 방송체제가 다시 공민영 이원체계로 개편됐다. 노태우정권은 방송구조 개편을 위해 공론화를 위장했다. 1989년 구성된 '방송제도연구회'에서 마련한 연구보고서 가운데 방송구조 개편 시나리오에 맞는 일부분만을 채택하여 1990년 7월 방송법 개정 근거로 삼았다. 노태우정권은 자신이 의도한 방송정책 시나리오를 합리화하기 위한 전술로 공론화를 위장한 것이다.

## 1. 언론노조의 결성

1987년 7~8월에 진행된 노동자들의 민주화운동과 맞물려 언론사 종사자들도 사회변혁운동의 한 부분으로 참여하면서 언론노조가 결성되기 시작됐다. 같은 해 10월 29일 한국일보 기자들이 노동조합을 결성한 뒤를 이어 11월 18일에는 동아일보 기자들이 노동조합을 구성했다. 이후 앞뒤를 다퉈가며 신문사와 방송사에서 노동조합을 설립했다. 언론노조는 정치권력과 언론자본권력의 언론에 대한 간섭과 횡포에 맞선 연대투쟁으로 전개됐다. 이러한 연대투쟁의 결과로 1988년 4월 전국언론사노동조합협의회가 구성됐으며, 같은 해 11월에는 전국언론노동조합연맹(언론노련)이 설립됐다.

언론노련은 창립선언문에서 "독재정권과 언론소유주의 야합에 의해 저질러진 대규모 기자 숙청, 편집권의 제도적 침탈, 언론관계 악법 등 왜곡된 언론질서를 척결하고 자유롭고 민주적인 언론질서를 수립할 것"을 천명했다. 또한 '국민에게 드리는 글'에서 "시대와 역사의 민주적 진전을 가로막는 데 일조를 했다는 사실을 뼈저리게 뉘우칩니다. 우리는 한 시대의 거대한 악에 편승해 있었고, 겁에 질려 있었으며, 우리들 자신이 시대의 피해자가 되었을 뿐 아니라 동시에 시대의 가해자가 되었던 것입니다"라고 고백하고 어두운 과거와 결별하여 역사 앞에서 다시 태어날 것을 천명했다.

언론사 노조는 무엇보다도 편집권 독립과 공정보도 운동에 역점을 두고 활동을 벌였다. 경영진과 정부 권력에 편집·편성권이 장악되어 왜곡·편파보도를 막을 수 없었다는 반성에서 출발한 편집권 독립과 공정보도운동은 일부 언론의 파업에 이르는 투쟁 끝에 제도적 장치를 얻어내는 데 성공했다. 이러한 운동은 수용자운동과도 상호 침투되어 시민사회단체의 적극적 지지를 얻어냈다.

특히 이후 등장한 노태우정부와 김영삼정부는 방송장악의 끈을 놓지 않아 방송노조들과 방송사 직능단체들은 '방송독립'을 내걸고 청와대가 임명한 사장을 축출하거나 축출하기 위해 사회단체와 공동투쟁을 벌이기도 했다. 방송민주화운동은 공영방송사 사장 선임 방식의 개선 등 방송독립을 뒷받침할 구체적인 제도개선 운동의 밑거름이 되었다. 특히 1988년 5월 결성된 KBS노조는 2년 만인 1990년 36일간의 4월 투쟁을 시작했다. 노조는 정권이 임명한 서기원 사장에 대한 반대운동으로 낙하산 사장 거부투쟁과 출근저지 투쟁을 벌였으며 여의치 않자 바로 전면적인 제작거부에 돌입했다. 그러나 노태우정권은 강경일변도였다. 경찰병력을 KBS 사내에 투입하여 사장 퇴진투쟁을 벌이던 노조위원장 등을 체포했다.

서기원 사장 퇴진요구는 이후 민가협 등 시민단체와 야당, 다른 언론사로 들불처럼 번졌다. 특히 MBC노조와 CBS노조는 KBS사태에 항의하기 위해 동맹 제작거부운동을 벌였다. 1990년 4월 투쟁은 결국 KBS 노조원 수 백 명이 연행되고 14명이 구속되면서 일단락되었다.

## 2. 언론인 개별접촉 보고서

권력의 언론개입은 지속됐다. 군사정권 시절처럼 노골적이지는 않았지만 전화를 통해 언론보도에 개입한 사례는 헤아릴 수 없이 많다. 이는 대부분 청와대 정무수석실이나 공보수석실을 통해 이뤄졌다. 이에 대해 언론사와 언론노조가 저항하기도 했지만 많은 부분 권력의 의도대로 받아들여졌다. 게다가 권력의 언론통제는 대부분 언론인 출신들이 직접 담당해 '이언제언'이라는 말이 실감나게 했다. 특히 방송의 경우 공영방송 사장을 권력이 직접 임명함으로써 보도 내용도 권력의 의도대로 시행되기가 일쑤였다.

정보의 유통을 통제하던 보도지침은 자취를 감추었지만 정보유통에 대한 통제는 여전히 지속됐다. 홍보정책실에서 매체조정활동

계획에 따라 언론사 간부들을 접촉하여 작성한 언론인개별접촉보고서, 노태우 후보를 대통령으로 당선시키기 위한 방송지침인 '향후 시국대책 방송 안' '북한 및 공산권 국가에 대한 보도요강' 등이 보도 지침의 맥을 잇는 정보통제 문건들이다. 기관원에 의한 언론사찰 역시 계속됐다.

### 1) 은밀하게 언론인 접촉

노태우정권은 음성적으로 언론인들을 개별 접촉하면서 언론사 내부의 정보를 얻는 한편, 정부 정책 또는 시책에 대한 홍보활동을 벌였다. 담당공무원이 정부 경비로 개별적으로 접촉해 접대하는 과정에서 언론조정이 은밀하게 이루어졌다. 마치 하급 행정기관을 대하듯이 언론인들에게 또는 언론사에 강압적으로 보도지침을 내려보내는 방식 보다는 한 사람씩 불러내 음식을 대접하는 것이 무엇보다 언론인의 자존심을 세워주는 좋은 방식이었다. 또한 접촉한 사실에 대한 비밀유지가 가능하므로 언론인들도 쉽게 속내를 털어 놓기도 했다. 이 때문에 언론계의 치부가 알알이 드러나기도 했다.

1988년 국회언론청문회가 열렸을 때 국회 문공위원들이 문공부를 현장 방문해 캐비닛에서 언론인 개별접촉 보고서를 찾아내 공개했다. 언론인 개별접촉 보고서는 당시 〈기자협회보〉에 공개됐고 이후 잡지 〈여론시대〉에서 1989년 1월호 별책부록 〈언론인 개별접촉 보고서－현 정권과 언론은 어떻게 여론을 조작했는가〉를 발간했다. 여론시대가 공개한 언론인 개별접촉보고서는 1987년 5월, 6월, 11월, 12월, 1988년 3월, 4월의 활동현황보고서이다.

언론인 개별접촉보고서는 신문사 사장에서 말단기자에 이르기까지 개별적인 접촉으로 이루어진 통제였다. 보도지침이 직접적으로 강제성을 동반한 규제였다면 언론인개별접촉보고서는 '협조와 조정'이란 미명하에 우회적으로 자행한 언론통제이다. 보도지침이 권력의 언론에 대한 일방적 조치였다면 언론인 개별접촉보고서는 권

력의 추파에 대한 언론의 자주적(?)인 협조를 통한 권력과 언론의
합주곡이다.

## 2) 기사 삭제, 뉴스순서 조정 요구

만찬이나 오찬을 통해 고급음식점에서 행해진 이 활동은 기사의
축소 또는 삭제, 컷이나 제목의 크기 변화 요구, 기사나 제목 중에
주요 단어 사용여부, 텔레비전 뉴스의 경우 기사 순서와 시간의 조정
요구 등으로 결과되었음을 볼 때 명백히 알 수 있다. 언론인 개별접
촉보고서는 다음과 같은 형태로 되어 있다.[305]

일시 : 1987.5.11

장소 : 서울 ○○호텔 ○○○

구분 : 오찬

접촉대상자 : ○○○보도국장 ○○○

경비집행내역 : 수령액 50,000

  집행액 38,540

  잔 액 11,460

보고자 : ○○○

{활동 접촉 결과보고(대화내용/조치 의견 등)}

- 교수 시국선언에 이어 기자선언 움직임을 경계하고 있음. 아직
  뚜렷한 계획은 없으나 언론연수원 동기라는 연대감을 악용하여
  일부사의 기자들이 선동하는 가능성을 예상할 수 있음.
- 문공부의 방송조정 창구를 일원화했으면 좋겠다. 6일 공보국장이
  특집담당 부국장을 불러서 학원에 면학분위기를 강조한 프로를
  종용하고 특히 뉴스데스크에 이를 반영할 것을 요구했는데 보도
  국 관할 사항은 정책실을 통해서만 협의했으면 좋겠다.

---

305) '언론인 개별접촉 보고서' 〈여론시대〉 1989년 1월호 별책부록, (주)여론
   시대, p.10 .

노태우정권은 총선에 영향을 줄 것 같은 선거보도에 대해서는 노골적으로 항의했다. 제13대 국회의원 선거를 고작 1주일 앞두고, 1988년 4월 19일 언론담당관은 동아일보 성낙오 편집부장을 음식점 빅토리로 초청해 선거예측 기사 부분 가운데 표제까지 들먹이며 항의했다.(여론시대 p.192)

최근 동아일보의 보도는 이해 못할 부분이 많습니다. 4월 18일 1면 톱기사는 총선 취재반이 집계한 자료를 바탕으로 통계를 작성한 것인데, 민정은 87석, 민주 평화 공화당은 죄다 합해도 74석으로 나타나 민정당이 우세한 것으로 보도하면서, 정작 제목에서는 '민정 과반 의석 힘들 듯'으로 표현했습니다.

제가 알기로는 민정 과반의석 힘들 듯 하다는 표제는 회사가 정책적으로 정하여 담았다고 봅니다. 지금 여당인 민정당이 엄살을 부리고 있다는 게 일반여론입니다. 노 대통령, 채문식 대표, 그리고 당 간부들이 같은 목소리로 나오고 있습니다. 그래서 어제 신문은 야측의 대여 비난을 한 데 묶어서 톱으로 다뤘다고 보아야 합니다. 신문은 어느 당의 책략이나 계략에 말려들지 않는 게 가장 현명한 제작 방법입니다.

전두환정권의 반민주성의 상징으로 지탄받았던 언론통제가 정치, 노동, 학원 및 사회 등 모든 분야에 적용되고 있음이 확인된 것이다. 6월 민주항쟁 이후 정부 당국자에 의해 근절된 것으로 확인된 보도지침이 방송국에 계속 시달되고 있는 것으로 확인[306]된 것이다.

### 3) 안기부 등과 언론통제 협의
문공부는 안기부 등과도 언론통제에 대해 협의한 것으로 밝혀졌

---

306) '아직도 보도지침 언론' 〈말〉 14호, 민주언론운동협의회, 1987년 10월, pp.11~14.

다. 1988년 12월 12일 열린 국회 언론청문회에서 이철 의원은 "문공부의 공보실에는 상황실 근무일지를 쓰고 있는데 홍보조정이란 이름만 바뀌었을 뿐 본질은 바뀌지 않았다"고 지적했다. 근무일지에는 타 기관으로부터 접수한 상황과 조치라는 기재란이 있는데 1988년 2월 9일 안모라는 근무자가 작성한 일지에는 안기부 협력과 이 기획관이 연락해온 내용이 기재되어 있다는 것이다.

같은 해 2월 12일에는 서모라는 근무자의 기록에 "안기부 기획반 조선일보 2면에 '미국이 88인권보고서 한국 부분 기사 중에서 사실이 아닌 부분이 있다'고 지적했다"는 내용이 있고 "한겨레신문 창간사를 분석했다"는 기록도 나왔다. 또 안기부 언론과에 한겨레신문의 배포가 지연된 경위를 보고했다고 기재되어 있다. 이철 의원은 이를 토대로 "당시 홍보조정실이 지금은 공보실로 이름만 바뀌어 문공부에서 아직도 안기부나 타 기관의 지시를 받아서 처리하고 그것을 보고한다"고 밝혔다.(이철 '국회회의록', p.16.)

## 3. 권언유착의 지속

노태우정권 들어서도 권언유착의 행태는 계속 이어졌다. 당시 권언유착의 상징적인 사건으로 일컬어지는 사례를 들어보자.

1989년 10월 26일 저녁 청와대. 노태우 대통령과 신문사주 4명이 한자리에 모였다. 자신의 방미 사실을 언론이 작게 다룬 것에 서운함을 느낀 노 대통령이 다음부터 기사를 좀 크게 내달라는 부탁을 하기 위한 초청 자리였다. 이런 저런 이야기가 오가고 동동주와 생선회로 회식 분위기가 무르익었다.

갑자기 A사장이 무릎을 꿇고 앉았다.

"각하, 제 술 한잔 받으시죠."

A사장은 동동주를 두 손으로 받쳐 들고 잔에 따랐다. 순간 대통령

은 당황했다.

"아니 편하게 앉으시죠."

"아닙니다. 저는 이게 더 편합니다."

옆에서 보고 있던 B사장이 "각하, 각하, 하는 것은 옛날 호칭 아닙니까"라고 면박을 주었다. A사장은 약간 얼굴을 붉히며 "나는 일제시대 때 교육을 받았으니 옛날식으로 하는 것 아니오. 해방 후에 교육을 받은 사람들 하고는 다르지"라고 응수했다.

B사장은 "아니 이런 식으로 사람을 너무 어린애 취급하면 곤란합니다. 나도 환갑이 내일 모레입니다"라고 화를 내며 위스키 한 병을 따로 시켰다. B사장은 양주병을 들고 대통령에게 "자, 제 술도 한잔 받으시죠"라고 말했다.

노 대통령은 "미안합니다. 위스키를 좋아하지 않습니다. 좋은 자리에서 다투지 마시고 즐겁게 마십시다"라고 분위기를 잡았다. 그러나 분위기가 점점 더 어색해지자 노 대통령은 슬그머니 자리를 떴다.

노 대통령이 나가자 A사장은 B사장에게 화를 냈다. "아니 이 사람, 나는 자네보다 인생 경험도 많고 언론계 선배이기도 한데 그런 식으로 대할 수 있나. 나는 자네 아버지한테 그렇게 대하지 않았어." B사장이 "아니 무슨 말을 그렇게 하는 거요. 아버님까지 들먹거릴 필요는 없지 않소"라고 말하자 A사장은 "뭐라고. 아니 이게 무슨 말버르장머리야. 너 혼 좀 나볼래"하고 되받았다. A사장이 B사장의 멱살을 잡자 B사장도 지지 않고 A사장의 멱살을 잡고 싸우는 것을 다른 사장들이 간신히 말려 술자리가 끝났다.

이날 다툼의 계기는 회식 때 A사장이 대통령에게 "방미 기간 중 기사가 작게 취급된데 대해 미안하게 생각한다"는 말을 하면서 "언론계 대표로서…"라는 말을 덧붙여 경쟁신문사인 B사장의 감정을 상하게 했던 것으로 알려졌다.

코미디 같은 이 이야기에는 아부와 굴종, 배신이란 언론과 권력의 함수관계가 압축적으로 담겨 있다. 노 대통령은 수십 개가 넘는 전국의 신문·방송·통신사 중에 유독 특정 신문사주들만 뽑아 이날 청와대 회식자리에 초청했다. 노 대통령은 이들 신문사주들만 잡으면 언론 논조를 얼마든지 좌지우지할 수 있다고 믿었던 것이다.

당시 노 대통령 앞에서 "방미 기사가 작아서 미안하다"며 무릎을 꿇고 술잔을 바치던 사주는 뒷날 자기 회사 사보를 통해 노 대통령에 대해 다음과 같은 인색한 평가를 했다.

"… 참 싱거운 사람이다. 한 가지 특색이라면 외유를 선호했고 그때마다 크게 써주지 않았다고 불만을 표시하곤 했다.…"

# 제4장 김영삼정부와 언론(1992년~1997년)

국민의 힘으로 민주화를 쟁취한 뒤 등장한 김영삼정부는 확고한 언론정책을 제시하지 못했다. 보도지침 시달, 언론인 강제해직 등 언론탄압은 사라졌지만, 독재정권의 잔재인 언론과의 유착을 청산하지 못했다. 정권은 언론과 유착함으로써 언론사에 특혜를 베풀어 언론을 회유하려 했다. 그러나 권력화한 언론은 자신의 이익을 위해 권력을 남용했으며, 정부는 집권 말기에 언론에 끌려 다닐 수밖에 없었다. 결국 언론의 무차별 공격으로 극심한 레임덕에 빠져 버렸다.

대통령 선거일 다음날 당선자 자격으로 조선일보 방우영 사장 자택을 찾아 부부동반 만찬을 하며 승리를 자축했던 김영삼 대통령. 대통령 당선 뒤 첫 민간행사로 동아일보 미술관 개막식에 참석하고 두 번째로 조선일보 방일영 회장의 칠순잔치 출판기념회를 찾았던 김대중 대통령. 두 대통령은 집권 초기 사주의 개인행사에 가까운 자리까지 챙기며 언론권력과의 '상생'을 도모했지만 모두 실패로 끝났다.

## 1. 언론개혁 정책 추진

김영삼정부는 언론시장의 정상화를 위해 언론개혁 정책을 펼쳤으나 실효를 거두지 못했다. 정부는 발행부수의 공개를 위해 ABC (Audit Bureau of Circulations, 신문발행부수공사)의 조기 실시를 강력히 촉구했다. 그러나 조사의 신뢰성 문제 등이 불거져 나와 시행되지는 못했다. 또한 공직자 재산공개 차원에서 언론사 주요간부 재산공개를 추진했으나 KBS와 MBC 등 공영방송 사장이 재산을 공개했을 뿐이다. 다만 CBS가 자발적으로 임원들의 재산을 공개했을 뿐이다. 이와 함께 언론인에 대한 근로소득세 면세조치와 언론사에 대한 부가가치세 면세조치의 폐지를 검토됐으나 시행하지는 않았다.

## 1) 신문시장 불공정거래 조사

신문시장의 불공정거래행위에 대해 공정거래위원회가 최초로 개입했다. 공정거래위는 서울지역 12개 신문사들이 1993년 1월 월정 구독료를 동시 인상한 것과 신문협회 산하 광고협의회가 광고대행사 자격요건 및 수수료를 일률적으로 결정한 것에 대해 시장경쟁을 제한하는 부당한 공동행위라고 지적, 시정명령을 내렸다. 이 조치로 신문업계의 고질적인 관행에 커다란 경종을 불러일으키면서 과열경쟁의 열기를 다소 진정시키는 듯했으나 전반적으로는 실효를 거두지 못했다.

방송계는 커다란 변화를 겪었다. 케이블TV시대의 개막, 지역민방의 출범, 무궁화위성 발사와 위성시험방송 등으로 이른바 다매체 다채널 시대가 도래했다. 케이블TV는 1995년 3월 본방송을 시작했으며 5월부터 유료방송을 시작했다. 케이블TV는 프로그램 공급사, 종합유선방송국, 전송망 사업자의 3분할 구조로 운영됐다. 개국 초에는 보도 영화 스포츠 등 11개 분야의 21개 채널로 시작했으며 12월 홈쇼핑 만화 문화예술 바둑 기독교 채널 등이 본방송에 들어갔다. 1996년 7월에는 KBS에서 실시하고 있는 위성시험방송이 케이블TV를 통해 서비스됐다.

또 1차 지역민방인 부산방송 대구방송 광주방송 대전방송이 1995년 5월, 인천방송 청주방송 전주방송 울산방송 등 2차 민방이 1997년 하반기에 본방송을 시작했다. 지역민방은 지역방송의 제도적 변화를 가져왔다는 점과 지역주민의 다양한 문화적 욕구를 충족시키는 계기가 됐다는 점에서 의미를 찾을 수 있다.

그러나 현실적으로는 SBS의 전국 네트워크화에 불과하다는 비판을 들었으며 지역민방 및 케이블TV의 도입으로 방송사의 부실을 초래했다. 이에 따라 방송의 파행구조를 바로잡아야 한다는 어려운 과제만 남기고 말았다. 게다가 부처 이기주의로 방송정책이 표류되고 기형화했다. 케이블TV 도입과정에서 중계유선방송사업자의 시장진입을 불허한 결정, 위성방송의 실시를 둘러싸고 일어났던 부처 간 갈등 등이 부처이기주의가 빚은 파행적 방송정책의 사례들이다.

## 2) 언론사 세무조사

김영삼 대통령은 취임 다음해인 1994년 처음으로 10개 신문사와 방송사에 대한 세무조사를 단행했다. 그러나 시민단체 등의 요구에도 불구하고 정작 탈세내역 등 세무조사 결과는 공개하지 않았다. 이에 따라 세무조사 결과를 이용해 언론을 간접적으로 통제하려는 것 아니냐는 의도로 비쳐졌다.

김 대통령은 퇴임 후인 2001년 2월 "당시 언론사주들의 비리 문제가 포착됐고 가족이 가져서는 안 될 재산도 가지고 있었다. 국세청 조사결과 대로라면 여러 신문사에 상당한 세금을 추징해야 했다"고 밝혔다.

김영삼정부 초기 청와대의 핵심위치에서 일했던 한 인사는 언론사의 반발로 세무조사 결과를 공개하지 못했다고 밝혔다. "김 대통령이 집권 초기 개혁대상으로 꼽았다가 당사자들의 반발 때문에 실패한 분야가 두 개 있는데 바로 언론과 종교였지요. ABC와 언론사 사주의 재산공개부터 유도했지요. 과거정권처럼 언론 길들이기 차원이 아니라 사회의 목탁인 언론의 경영도 이제는 투명해야 한다는 원칙론에서 나온 것이지요. 그런데 언론사주들의 반발이 엄청났습니다. 왜 우리 밥그릇에 손을 대려고 하느냐는 것이었지요. 언론사에 대한 세무조사를 시작했더니 몇몇 사주들은 청와대로 찾아와 협박을 합디다. '권력이 센지 신문이 센지 어디 한번 해 볼테냐'라고 말입니다. 이때부터 기가 꺾인 겁니다. 언론이 하자는 대로 끌려 다닐 수밖에 없게 된 것이지요."

그러나 세무조사로 덜미를 잡힌 언론들은 고분고분하게 기사를 쓸 수밖에 없었다. 실제로 당시 청와대 모 수석의 전화는 언론계에서 원성이 높았다. 권력 핵심에 불리한 사안이 발생할 때마다, 특히 방송사 보도국장실엔 '기사를 빼라', '비중을 줄여라'는 이 수석의 전화가 어김없이 걸려왔고 대부분 반영됐다.

## 2. 언론권력의 '대통령 만들기'

권언유착의 행태는 권력주도형이 아닌 언론주도형으로 변화했다. 1987년 6.10시민항쟁 이후 언론자유가 어느 정도 주어진 이후 언론은 권력기관으로 등장, "대통령을 만들 수 있다"는 오만함에 빠지게 됐다. 또한 언론은 정부 인사나 정책에 일일이 간섭하여 커다란 영향력을 행사했으며, 자신의 이익을 지키기 위해 매체를 동원했다. 더 나아가서 임기 말에는 권력의 비리를 들춰내 자신이 만든 정권을 몰락시키는 데 일조하기도 했다.

### 1) 언론의 권력 행사

언론이 정책결정에 대한 영향력뿐만 아니라 때로는 횡포에 가까운 권력을 직접 행사하기도 했다. 북한 핵사찰 문제로 시끄럽던 시절 모 외무장관은 김 대통령에 대한 청와대 보고시간에 늦어 혼쭐이 났다. 그가 보고시간에 늦은 것은 모 언론사 사장과의 점심 때문이었다. 언론사 사장은 외국손님과의 오찬을 빛내기 위해 외무장관을 느닷없이 호출했으며 장관은 반강제로 폭탄주까지 먹어야 했다.

언론과의 알력으로 쫓겨난 장관들도 많았다. 한완상 통일부총리가 조선일보의 집요한 밀어내기에 의해 그만뒀다는 것은 다 알려진 사실이다. 또 황산성 환경부장관이 제대로 일도 해보지 못하고 물러난 것도 언론에 밉보였던 측면이 강하다. 그래서 '문민정부는 언론공화국' '문민정부는 언론 때문에 망쳤다'는 말까지 나왔다.

언론이 막강한 힘을 지니게 된 것은 무엇보다도 김영삼정부의 탄생에 언론이 앞장서 지원했기 때문이다. 여론을 만들고 전파하는 언론이 특정후보를 대통령으로 만드는 구실을 해온 데 비결이 있다는 것이다. 1992년 대선 때 김영삼 후보를 가장 열심히 밀었던 언론사는 조선일보였다. 조선일보는 당시 사설과 칼럼, 기사를 통해 '국민당 정주영 후보 죽이기와 김영삼 후보 키우기'에 앞장섰다. 국민당은 이에 조선일보의 취재를 일절 거부하고 신문 불매운동을 벌이는 등 항전을 벌였다.

대통령선거 바로 다음날 김영삼 당선자가 맨 처음 만난 사람은 방일영 조선일보 회장이었다. 방 회장은 이날 김 당선자 부부를 흑석동 자택으로 초청해 만찬을 가졌다. 이날 만찬회동으로 방 회장은 최고 권력자를 사저로 부를 수 있는 힘을 만천하에 과시했다.

대선과정에서 일부 언론인들은 권력에 줄을 대기 위해 김영삼 후보 캠프에서 정보원이나 정치참모 역할을 하기도 했다. 이른바 'YS장학생'이 그들이다.[307) 1992년 선거직전에는 말로만 떠돌던 'YS 장학생'의 실체가 밝혀져 물의를 일으키기도 했다. 당시 연합통신 부국장이었던 김징훈씨는 정치부장과 정치부 기자들의 동향을 파악해 정기적으로 김영삼후보 진영에 보고했다. 이 보고서 내용을 〈기자협회보〉가 폭로함으로써 특정 정치세력과 일부 정치부기자 간의 은밀한 유착관계가 드러난 것이다.

## 2) 노골적인 '권력 만들기'

1997년 대통령선거에서는 좀 더 노골적인 '권력 만들기' 행태가

---

307) 〈기자협회보〉 1998년 10월 1일, 10월 9일, 10월 15일. 기자협회보는 언론사 간부가 김영삼 총재에게 기자동향을 보고한 문건을 입수해 공개했다.

드러났다. 중앙일보가 노골적으로 이회창 대통령 만들기에 나선 것이다. 당시 국민신당은 "중앙일보와 조선일보 등이 국민신당에 대한 김영삼 대통령의 신당 지원설을 악의적으로 보도하고 있다"며 "언론이 특정후보를 지원하려고 한다면 당당하게 지지사실과 이유를 밝혀 줄 것"을 요구하기도 했다. 국민신당 대변인은 "조선일보와 중앙일보가 이인제 후보가 앞서는 여론조사 결과는 보도하지 않다가 이회창 후보가 상승한 조사는 제목을 뻥튀기하면서까지 보도하는 등 이회창 띄우기와 이인제 죽이기를 선도하고 있다"고 밝히기도 했다. 실제로 중앙일보에서는 '이회창 후보 경선전략'이라는 문건을 작성해 이 후보에게 전달한 것으로 밝혀져 커다란 파문이 일기도 했다.

양대 대통령선거가 진행되면서 불거진 이러한 사태는 한국언론의 일그러진 모습을 증명하는 것이다. 오죽하면 이런 말이 나왔을까. "비싼 돈을 들여 대통령선거를 왜 하는지 모르겠다. 언론사 사주들이 모여서 대통령을 뽑으면 되지 않느냐." 권력과 언론의 실상을 잘 말해 주는 풍자다. 언론사들의 비정상적인 정치개입과 오만한 권력창출 행보는 일부 정치부기자들의 정치적 유착을 부추기는 데 큰 영향을 미쳤다. 언론사 차원의 조직적인 정치개입은 정치권에 대한 언론계의 정서적 거리를 적지 않게 붕괴시켜 많은 언론인들이 부담 없이 정치권에 진출하게 했다. 실제로 15대 국회의원 299명 중 언론인 출신은 전국구를 포함해 33명에 이르러 전체의 11%를 차지했다.


## 3. 언론권력의 '정권 죽이기'

김영삼정부는 집권후반기인 1997년 한보사태, 아들 현철씨 국정개입 논란 등이 터지면서 국정장악력에 큰 손상을 입었고 IMF 금융위기가 닥치자 침몰했다. 대통령 아들의 비리의혹이 터지자 언론은 이 사건을 연일 집중 보도했으며 김영삼정부는 쇠락의 길로 들어섰

다. 초기 단순 금융사고로 인식됐던 한보사건의 경우 야당과 언론이
부실대출 과정에 대통령 측근 다수와 아들 현철씨가 개입됐다는
의혹을 제기하면서 '권력형 비리사건'으로 전환됐다. 1월 23일 한보
철강 부도처리 발표 나흘 뒤 조선일보는 이미 1996년 10월경 한보의
금융악화설이 퍼졌고 정부고위층도 심각성을 파악했으나 부도시기
를 지연시켰다고 보도했다. 4월 30일에는 중앙일보가 1992년 대선
불법정치자금 문제를 터뜨리자 사건은 대선자금 정국으로 급속히
이동했다. 급기야 조선일보는 김영삼 대통령이 정태수 한보 회장으
로부터 대선자금 900억 원을 받았다는 보도까지 했다. 그러나 이는
확인되지 않았다.

25일간의 청문회를 포함한 4개월 동안 한보사태에 대해 주요 언
론은 무차별 폭격을 가했다. 그러나 천문학적인 특혜대출과 인허가
과정의 불법·부당성, 권력의 비호와 배후실체 깨기 등은 외면했다.
본질에 대한 궁금증은 풀리지 않은 채 일부 정치인 수사로 변질됐고,
대선주자들의 권력투쟁 양상에만 초점이 맞춰졌다. 한보사태는 국
내 금융시장에 연쇄파급을 미쳤고, 외국자본 이탈 등이 가속화되면
서 김영삼정부를 위기국면으로 몰았다. 보수언론의 절대적 '후광'을
업고 대통령에 당선됐던 김 대통령은 아들 구속 뒤 국정에서 완전히
손을 놔버리게 됐다. 당시 한보사태를 취재했던 전영기 중앙일보
기자는 그해 6월 〈신문과 방송〉 기고에서 "'김영삼의 홍위병'이라는
별명을 받은 바 있던 1993년 당시의 언론들이 지금은 앞 다퉈 '김영
삼 죽이기'에 앞장서고 있다는 따가운 비판도 마음을 무겁게 했다"
고 자평했다. 김 전대통령은 언론권력의 '정권 만들기'와 '정권 죽이
기'에 완벽하게 이용된 첫 번째 대통령이 된 셈이다.

# 제5장  김대중정부와 언론(1997년~2002년)


김대중정부는 1997년 외환위기 아래서 태어났기 때문에 위기극
복을 위해 강력한 정책을 추진했다. 김대중정부는 초기에 국제통화
기금(IMF)과 협의하여 신자유주의 정책을 도입, 보수 세력과 크게
대립하지 않았다. 그러나 김태정 법무장관 부인의 옷 로비 사건이
발생하면서 보수언론의 끈질긴 공격에 봉착했다.

김대중정부는 통합방송법을 제정하여 방송위원회를 개혁하고 위
성방송 소유구조의 방향도 정했다. 그러나 신문시장의 정상화를 추
진하면서 보수신문과 사사건건 부닥쳤다. 김대중정부는 언론사 세
무조사와 신문고시 부활 등 신문시장의 정상화를 추진했다. 그러나
보수신문들은 언론탄압이라며 반기를 들었다.

김대중 대통령은 "찬양 보다는 우정 있는 비판이 중요하다"며 새
로운 권언관계의 정립을 모색했다. 그러나 정부와 언론의 비정상적
인 관계가 지속됐다. 때로 폭탄주를 돌리고 촌지를 제공하면서 회유
와 읍소를 계속했다. 그러나 임기 말 대통령 아들의 비리가 불거지
면서 언론의 공세로 치명타를 입었다.


## 1. 통합방송법의 제정


김대중정부는 방송법 개정을 통해 방송의 발전전략을 수립하려
고 노력했다. 당면한 문제는 방송의 독립성 확보와 위성방송의 허가
였다. 집권 여당인 새정치국민회의는 KBS의 독립성을 보장하는 것

이 시급하다고 보고 방송법 제정에 나섰다.

김대중정부는 이를 위해 방송개혁위원회(방개위)를 설치했다. 방개위는 방송위원회의 위상 정립과 위성방송 사업 허가 등에 대한 방향을 정했다. 그러나 언론노조와 시민단체는 방개위와 이견을 드러냈다. 여야 갈라먹기 식의 방송위원 구성, 대기업과 외국자본 그리고 언론사에 지분의 33%를 허가한 위성방송사업자 선정, 외주비율 강제 편성위원회 설치 등을 두고 분란이 일어났다. 우여곡절을 겪은 끝에 국회는 2000년 통합방송법을 제정했다.

### 1) 방송의 독립성

방송의 독립성 확보는 오랫동안 방송계의 숙원이었다. 김대중정부는 방송의 독립을 보장해야 한다는 명제는 인정했지만 울타리를 넘지 못했다. 그럼에도 불구하고 몇 가지 점에서 방송 독립성 확보에 진전이 있었다. 사회 각계각층이 참여하여 '조합주의' 모델로 구성한 방개위가 방송법 개정안을 냈고 이중 많은 부분이 방송법에 반영됐다. 그동안 공영방송인 KBS는 예결산과 사장 선임 방식 등에서 철저하게 정부의 통제를 받았다. 통합방송법은 KBS가 국회의 결산승인을 받도록 했다. 또한 KBS 사장의 임기를 보장하기 위해 한국방송공사법에서 대통령의 사장 임면권 규정을 해임권을 빼고 임명권만 남겨두었다. 그러나 대통령이 KBS 사장을 임명하도록 함으로써 사장 선임을 두고 낙하산 논쟁이 벌어졌다.

김대중정부의 방송정책에 대한 논란은 많지 않았다. 대부분의 정책은 대부분 시장경제 원리를 따랐기 때문에 야당이나 보수언론의 견제는 많지 않았다. 위성방송 사업자도 대기업과 외국자본의 진입을 허용함으로써 KT(한국통신)가 위성방송 스카이라이프의 대주주로 선정됐다. 그러나 공영방송과 방송광고공사 등 언론유관기관에 친정부 인사가 경영진에 선임되어 인직 독립성은 이뤄지지 못했다.

2) 방송위원회의 위상

방송법에서 가장 중요한 내용은 방송위원회의 위상이었다. 2000년 제정된 통합방송법은 9명의 방송위원 중 대통령이 3인, 국회의장이 3인을 추천하고 나머지 3인은 시청자의 대표성을 고려하려 국회의장이 추천하면 대통령이 임명하도록 했다. 종전에 사법부가 3명의 위원을 추천하는 방식을 없앤 대신 시청자를 대표하는 시민사회 인사를 방송위원으로 임명토록 한 것이다. 그러나 언론단체와 언론학계에서 요구해 왔던 방송위원, 특히 방송위원장에 대한 인사청문회와 정책실명제, 정보공개제도는 도입하지 않았다.

방송법은 방송위원회를 독립된 합의제 행정위원회로 위상을 정했다. 그러나 방송위원회는 법령 제정권이 없는 빈껍데기가 될 가능성이 컸다. 감사원이나 헌법재판소 수준의 권한을 갖지 못한 채 형식적으로 독립됐기 때문이다.

더구나 국회와 대통령이 방송위원을 나누어 선임토록 했기 때문에 정파적 이해관계에 따라 방송위원이 선임되는 문제가 발생했다. 방송규제 기구가 대통령에 휘둘려서는 안 된다는 논리가 앞섰기 때문에 정당에 의존하는 정치적 통제 구조를 만들었다. 국회가 방송을 통제하도록 함으로써 방송의 독립성이 훼손되고 다원주의 원리에 위배되는 구조로 되어버린 것이다.


## 2. 언론개혁 정책 추진

김대중정부는 신문에 대해서도 경제적 차원으로 접근하여 신문사의 경영투명성 확보와 신문시장 정상화를 추진했다. 그동안 신문에 대해서는 언론자유를 보장한다는 이유로 신문사의 경영이나 신문시장 문제는 관심권 밖이었다. 이에 따라 신문사의 경영은 아무도 손을 댈 수 없는 성역처럼 여겨졌다. 또한 무가지와 경품이 난무하는 신문시장은 사회적으로도 커다란 문제를 일으켰다. 이에 따라 김대중정부는 언론사에 대한 세무조사를 실시하고 신문고시를 강화했다. 이에 대해 개혁대상이었던 신문들은 크게 반발했다.

## 1) 언론사 세무조사

김대중정부는 언론개혁 차원에서 언론사에 대한 세무조사를 실시했다. 검찰은 1999년 10월 보광그룹의 실질적인 소유주인 홍석현 중앙일보 사장을 특정범죄가중처벌법 및 특정경제범죄가중처벌법 위반혐의로 구속했다. 홍 사장의 구속은 보광그룹 탈세 때문이었지만 신문개혁의 신호탄이었다.

김대중 대통령은 2001년 1월 연두 기자회견에서 "투명하고 공정한 언론개혁을 위한 대책을 세워야 할 것"을 천명하였다. 신문시장을 개혁하겠다는 의지를 표명한 것이다. 이어 공정거래위원회의 신문시장 조사와 국세청의 언론사 세무조사가 시작됐다.

공정거래위원회는 13개 언론사에 242억 원의 과징금을 부과했다. 국세청은 23개 중앙 언론사와 계열기업 및 대주주 등에 대한 세무조사를 실시한 결과 총 탈루소득이 1조3,594억 원, 탈루 법인세가 5,056억 원에 이른다고 발표했다. 세무조사 결과 발표 이후 검찰은 방상훈 조선일보 사장, 김병관 동아일보 전 명예회장, 조희준 국민일보 전 회장을 구속했다. 또한 송필호 중앙일보 사장, 이재홍 중앙일보 경영지원실장 등이 탈세혐의로 최종심에서 유죄판결을 받았다.

이에 대해 보수언론을 비롯한 보수진영은 언론탄압이라고 비난했고 진보진영은 언론권력도 법의 통제를 받는 것이 당연하다고 맞섰다. 보수진영은 김대중정부를 비판하는 세력에 재갈을 물리고 선거를 앞두고 정권에 비판적인 신문의 논조를 바꾸려는 의도가 강하다고 비판했다. 언론사 세무조사가 다른 업종에 비해 강력하게 진행됨으로써 특정한 의도를 관철하려는 목적이 있는 것으로 공정성이나 형평성에서 문제가 있다는 것이다. 진보진영은 언론사도 기업인데다 그동안 세무조사를 받지 않았고 김영삼정부 때 세무조사를 받았지만, 아무런 후속조치도 취하지 않았다며 언론사만 성역으로 남아 있을 수는 없다고 반박했다.

## 2) 신문고시의 부활

신문고시는 신문 판매 및 광고 시장을 공정하고 합리적인 경쟁시장으로 정상화시키기 위해 공정거래위원회가 시행하는 시장규제이다. 신문고시가 공정경쟁을 촉진하면 신문 산업과 광고주, 독자 모두에게 이익이 돌아간다. 그러나 시장 지배적인 신문사들은 자신들의 기득권 침해를 이유로 반발할 수밖에 없다.

공정거래위원회는 2001년 사문화했던 신문고시를 부활했다. '신문업에 있어서의 불공정 거래 행위 및 시장 지배적 지위 남용 행위의 유형 및 기준'이라는 기다란 이름을 가진 신문고시는 무가지와 경품류를 제한하여 신문사간의 무분별한 출혈경쟁을 막아 신문시장을 정상화시키는 기능을 갖고 있었다.

신문고시는 신문발행업자가 신문판매업자에게 1개월 동안 제공하는 무가지와 경품류를 합한 금액이 신문판매업자로부터 받는 유료신문대금의 20%를 초과하면 부당행위로 처벌할 수 있다(제3조 제1항). 또한 신문을 7일 이상 강제 투입하면 부당한 고객유인 행위에 해당되어 처벌받도록 되어 있다(제4조 제1항)

이런 정도의 규제로는 탈법적인 신문시장을 바로잡는데 한계가 있을 수밖에 없다. 무가지와 경품, 상품권이 난무하는 신문시장에서 강력한 신문고시를 제대로 시행하지 않고서는 신문시장을 정상화시키기 어렵다. 그런데도 신문고시는 규제의 속성이 있기 때문에 정부가 신문을 통제한다는 비판을 받을 수밖에 없었다. 사문화했던 신문고시를 부활시켜 시행하는 데 대해 보수신문은 정치적 통제를 의심했다. 김대중정부가 보수신문과 대립하는 상황에서 신문고시의 부활은 정치적 압박이라는 비판으로 이어졌다.

## 3. 언론권력의 파상 공격

김대중 대통령은 언론과의 새로운 관계 정립을 모색하며 언론사에 대한 세무조사와 불공정거래 행위를 조사해 공표하고 수백억 원대의 벌금 및 과징금을 물렸으나 임기 말에는 언론의 공격으로 치명타를 입었다. 세무조사 이후 언론사주 몇 명을 구속했던 김대중정부에는 '언론을 탄압하는 독재정권'이란 꼬리표가 붙었다.

김대중정부는 언론과의 비공식적인 관계를 계속 이어갔다. 때로는 기자들에게 폭탄주를 돌리고 촌지를 제공하면서 회유와 읍소를 계속했다. 이 때문에 '위스키 앤 캐시(Whisky & Cash)'라는 말이 회자되기도 했다.

그러나 보수언론은 "정권에 대한 비판과 감시는 언론의 사명"이라며 김대중정부에 파상공격을 감행했다. 일부 신문의 논조는 자사 이익에 따라 춤을 췄다. 자사 이익에 부합하는 내용은 확대 과장했고, 일만 터지면 정부를 공격했다.

야당과 보수언론의 협공 속에 각종 '설'이 난무해졌고 '게이트(gate)' 시리즈가 줄을 이었다. 한나라당의 임동원 통일부 장관 해임안 통과, DJP 공조붕괴가 일어나더니 대통령의 세 아들 비리 의혹이 확산됐다. 결국 2002년 5월 김대중 대통령의 3남 홍걸씨가 구속되고 대통령이 사과했다. 이후 김대중정부는 국정 장악력을 급속히 상실했다.

보수언론은 이전에도 옷로비 의혹 사건(1999년)부터 시작해 정형준·진승현 게이트(2000년), 이용호·윤태식 게이트(2001년), 최규선 게이트(2002년) 논란 등을 통해 국민의 정부에 대한 공세의 고삐를 더욱 죄었다. 건국 50년 만에 처음으로 정권교체를 이뤘던 김대중정부의 도덕성은 회복 불가능한 상태로 훼손됐고 국민의 불신은 높아갔다.

# 제6장 노무현정부의 언론정책(2002년~2007년)

노무현정부는 과거 정권과는 달리 임기 내내 보수언론과 대립각을 세웠다. 노무현정부는 역대 정권의 잘못을 답습하지 않기 위해 새로운 언론정책의 청사진을 마련하여 시행했다. 이러한 언론정책은 정치인 시절부터 보수언론의 공세를 받아온 노 대통령의 언론관도 커다란 작용을 했다. 이에 대해 보수언론은 취임식 당일부터 노 대통령을 공격하고 나섰다.[308] 언론정책은 물론, 거의 모든 정책에 대해 끈질긴 공세를 이어갔다. 행정수도 이전은 물론, 전시작전통제권 환수, 지역균형발전, 부동산 대책 등 내놓은 정책마다 보수 언론은 반대와 시비걸기에 나섰다.

## 1. 보수언론 끈질긴 공세

보수언론은 노무현정부가 추진한 정책에 대해 비판 일변도의 논조를 보였다. 이들은 경제위기, 안보위기 등을 내세우며 '위기론'을 되풀이했고 정책에 대해서는 비판으로 일관했다. 부동산정책의 경우 종합부동산세 부과를 세금폭탄으로 매도하고 조세저항을 부추겼다. 행정수도 이전, 작전통제권 환수와 자주국방 등을 본격 추진하자 '천도론' '한미동맹 균열' '대선용, 정치판 흔들기' 등으로 공세가 이어졌다.

---

308) 노무현정부의 언론정책은 〈참여정부 국정운영 백서 제2권 민주주의〉, 국정홍보처, 2008년에서 참조했다.

보수언론은 노무현 대통령을 '계륵'에 비유하는가 하면, '반 언론 정부의 노 응원단장' '자기가 키운 괴물방송에 거꾸로 물린 정권' '사이비 좌파' '사이버 테러리스트' '교육 쿠데타' '세금 테러' '홍위병' '후안무치' '노이동풍(盧耳東風)' '자주(自主) 놀음' '약탈 정부' '도둑정치' 등의 자극적인 표현을 사용하기도 했다.

보수 언론의 '노무현정부 죽이기'의 결정판은 2004년 국회에서 대통령 탄핵소추안이 가결된 전후이다. 한나라당과 열린우리당은 탄핵사유로 선거법 위반 발언, 측근비리 문제, 실정에 따른 경제파탄, 재신임 총선연계 발언 등을 꼽았다. 3월 12일 대통령 탄핵소추안이 가결된 이후 보수 언론은 탄핵무효를 주장하는 운동을 '친노'로 규정하면서 정국을 '친노 대 반노'의 구도로 몰아갔다. 또 탄핵반대 촛불집회의 불법성을 부각하고 KBS, MBC 등 공영방송의 탄핵관련 보도가 중립성을 상실했다는 야당의 '편파시비'를 확대하고 정당화했다.

탄핵소추안 가결 다음날 조선일보는 사설 '나라를 생각해야 한다'에서 "한 사람 한 사람이 자기를 절제하고 법이 제시한 길을 따라가는 것이 지금 이 순간 이 나라를 지키고 위기를 극복하는 유일한 방안"이라고 주장했다. 이날 한겨레신문 사설은 "'야만의 정치'로 후퇴한 날"이었다. 동아일보는 '법 지켜야 평화시위다'(3월 17일) 사설에서 "촛불집회로 시민불편이 이어지고 있다"며 "불법집회로 다른 시민들의 권리가 침해받는 일이 계속되어서는 안 된다"고 지적했다.

조선일보의 대표논객인 조갑제 〈월간조선〉 대표가 2003년 8월부터 본인 인터넷 홈페이지와 강연 등을 통해 대통령 탄핵을 조장하고 공공연히 쿠데타를 선동하는 듯한 글을 쓰기도 했다. 헌법재판소의 탄핵심판 기각결정까지(5월 14일) 보수언론의 집요한 대통령 흔들기 보도는 계속됐다.

## 2. 노무현 대통령의 언론관

노무현 대통령은 정치인 시절부터 보수 언론에 대해 비판적 인식을 가져왔다. 일부 보수언론의 공격에 대해 이들을 '최후의 독재권력' '조폭' 등으로 부르기도 했다. 또한 대통령이 되기까지 이들 보수 언론의 끈질긴 비난에 시달렸지만 새롭게 부상한 인터넷 매체의 도움을 받았다. 이러한 과정을 밟으며 형성된 노무현 대통령의 언론관은 대통령에 당선된 이후 언론정책으로 추진됐으며 이렇게 형성된 언론정책은 보수언론의 적대적 공격 대상이 되었다.

### 1) 언론관의 핵심

노무현 대통령은 집권 초기부터 언론과의 건전한 긴장관계를 표방했다. 언론사주와의 비공식적인 만남이나 기사를 둘러싼 노골적인 협박과 회유, 정보기관을 동원한 압력이나 탄압을 하지 않겠다고 선언했다. 정부가 비상식적인 방법으로 언론을 압박하는 일도 없지만, 언론에 예외적인 특권이 용납되어서도 안 된다는 것이 노대통령 언론관의 핵심이었다.

노무현정부의 언론정책은 과거 정권의 대 언론관계가 잘못됐다는 전제에서 출발했다. 정치권력은 당근과 채찍으로, 언론은 유착과 굴종으로 공생관계를 이루었으며 이러한 부도덕한 공생관계에서 비롯된 언론의 침묵과 왜곡으로 민주주의는 후퇴했다는 것이다. 또한 이를 통해 언론은 정치권력에 버금가는 권력으로 성장했으며 정치권력이 민주화했어도 언론은 여전히 견제 받지 않는 권력으로 남아 있다는 분석이다.

노무현 대통령은 당선자 시절인 2003년 2월 22일 오마이뉴스와의 인터뷰에서 "새 정부에서는 기존의 정권과 언론의 유착관계를 완전히 끊고 원칙대로 해나가겠다"고 밝혔다. 과거 정권처럼 불리한 보도가 나오면 '좀 빼 달라' '고쳐 달라'며 향응을 제공하고 세무조사,

뒷조사를 통해 불법적인 압력을 행사하는 일은 없을 것이라고 못박았다. 노 대통령은 "언론개혁을 하려고 금융제재나 세무조사, 뒷조사를 통한 압력을 행사하는 것은 불법일 뿐더러 효과도 없다"면서 가판을 보고 비정상적으로 협상하는 것을 일체 금지하고, 모든 보도에 대해 원칙대로 대응할 것임을 천명했다.

노무현정부 언론정책의 뼈대는 '정부는 정부의 길을, 언론은 언론의 길을 가야 한다'는 논리로 집약된다. 정부와 언론 모두 각자의 소임에 충실하고, 정정당당하게 서로 견제해 '건전한 긴장관계'를 유지해야 한다는 것이다. 노 대통령은 같은 해 9월 대한매일(현 서울신문) 지령 2만호 특별 기고에서 "정치권력이든 언론권력이든 모든 권력은 상호 견제를 통해 반드시 절제되어야 하며, 언론과 정치권력이 결탁하고 야합할 때마다 시대정신이 후퇴했고 선량한 국민만 피해를 봤다"며 정언관계 개조론을 설파했다.

2) 보수언론의 비판

보수언론들은 노무현대통령의 '적대적인 언론관'을 문제 삼고 노무현정부를 '비판언론을 탄압하는 정부'로 몰아세웠다. 정부 출범초기 허니문(honey moon) 기간도 없었다. 집권초기부터 대통령에 비판적이던 보수언론은 "대통령 잘못 뽑았다"며 비토 심리를 확산시켰으며 정부비판이라는 명분을 내세워 거의 모든 정책을 헐뜯고 나섰다.

보수언론은 2003년 2월 25일 취임식 당일부터 노대통령을 비난했다. 동아일보는 '노, 당선 기여한 매체 외엔 부정적'이란 제목의 기사를 실었다. 조선일보는 '노무현식 언론개혁' '이름만 바꾼 대북정책' 등 4건의 부정적인 기사를 내보냈다. 중앙일보도 '문창극 칼럼 – 취임식 날 이 아침에'를 통해 노대통령에 대한 불편한 심기를 드러냈다. 취임 직후인 2월 27~28일 이틀간 각 신문의 사설은 노대통령에 적대적인 태도를 보였다. 조선일보는 사설 6건 모두를 참여정부 공격논조로 일관했다. 이중 노대통령의 언론관과 관련 있는 사설은

'역시 언론공격 뒤에는 권력 있었다'가 대표적이다. 동아일보와 중앙일보도 '인터넷 심리전이 민족공조인가' 등의 사설로 비판했다.

특히 문화일보는 3월 31일자 '노대통령의 언론관' 제하의 사설을 통해 "언론과 정부의 관계를 상호 경쟁하는 권력투쟁의 관계로 말하는 것은 잘못된 인식"이며 "권력비판을 시샘이나 박해로 보면 언론의 설 땅도 없어지고 만다"고 지적했다. 같은 날 국민일보도 '지나친 노대통령의 언론관' 사설을 통해 "정부에 대한 비판이 대통령으로부터 '정부에 대한 시샘과 박해'라는 지탄 혹은 비난을 받아야 한다면 이야말로 심각한 권력의 언론 박해 조짐이라고 하지 않을 수 없다"고 지적했다.

보수언론들은 같은 해 4월 2일 노 대통령의 첫 국정연설에 대해서도 노 대통령의 언론관을 집중 공격했다. 중앙일보는 다음날 '노 대통령 "언론이 부당한 공격" 개인적 피해의식 여과 없이 드러내' 기사에서 노 대통령의 언론감정을 "터무니없는 피해의식"으로 몰아갔다. 동아일보는 4월 4일자 '정신분석학자 신용구씨가 본 노 대통령의 언론관'이란 기고로 노 대통령의 '피해의식'을 강조했다.

## 3. 대통령과 보수언론의 대립각

노무현정부의 언론정책은 보수 언론으로부터 끈질긴 표적이 됐다. 보수 언론은 노무현정부의 언론홍보정책을 이해하려 들지 않았다. 오히려 지속적으로 비난하고 나섰다. 노 대통령은 이에 굴하지 않고 언론정책의 원칙을 지켰고 보수언론과의 대립각을 이어갔다.

### 1) 대통령의 보수언론 공격

노무현 대통령의 언론관을 한마디로 요약하면, "부실한 상품이 돌아다니는 영역이 미디어 세계"이다. 노 대통령은 2007년 1월 4일과천 정부청사에서 열린 국장급 이상 공무원 격려 오찬에서 언론에 대한 불편한 심기를 그대로 드러냈다. 일부 언론은 사실과 다른 내용들을 마치 사실인 것처럼 기사로 쏟아내고, 누구의 말을 빌렸는지 출처도 불분명한 의견으로 흉기처럼 사람을 상해하고 다니고, 아무 대안도 없고, 대안이 없어도 상관없고, 그 결과에 대해서 아무런 책임도 지지 않고 배상도 안하는 상품이라는 것이다. 노대통령은 감시받지 않는 유일한 권력이 한국의 언론권력인 만큼 소비자 행동으로만 제어가 가능한 분야라고 지적하기도 했다.

노 대통령은 이어 같은 해 1월 23일 신년 특별연설을 통해 "군사독재가 무너진 이후 언론이 새로운 권력으로 등장해 시민과 정부 위에 군림하고 있다"며 "언론에 대한 어떤 특권도 용납이 안 된다"고 말했다. 노 대통령은 특히 "공정한 언론, 책임 있게 대안을 말하는 언론, 보도에 책임을 지는 언론이 될 때까지, 그리고 정치권력이 아니라 시민의 권력으로 돌아가고 사주의 언론이 아닌 시민의 언론이 될 때까지 할 수 있는 모든 노력을 다하겠다"고 다짐했다.

노 대통령은 또한 특권과 유착 관계의 청산에 가장 반발하고 있는 집단은 언론이므로 이를 바로잡는 것이 시대적 과제라고 역설했다. 노 대통령은 1월 16일 국무회의에서 특권과 유착, 반칙과 뒷거래 구조의 청산에 가장 완강하게 저항하고 있는 집단이 바로 언론이라며 '87년 체제'가 마무리되고 다음 정부에 정권을 넘겨줄 것으로 생각하지만 언론분야 하나만은 제대로 정리가 안 될 것 같다"고 소회를 피력하기도 했다.

노무현 대통령의 이러한 언론관은 2007년 6월 8일의 원광대 특강에 잘 드러나 있다.

언론권력은 가장 강력한 권력수단을 보유한 집단입니다. 독재시대에는 독재와 결탁하고, 시장이 지배하는 시대에는 시장 또는 시장의 지배자와 결탁하고, 권력에 참여해서 버스럭치를 얻어먹던 잘못된 언론들이 많이 있었지요. 그리고 독재가 무너지고 나니까 스스로 권력으로 등장해서 누구는 대통령이 된다, 누구는 안 된다까지 결정하려고 했었죠? 1992년에는 성공했고, 1997년에 실패하고, 2002년에 또 실패했습니다만, 또 2007년에 그들은 성공하려고 하고 있지 않습니까?

역사적으로 언론이 민주주의의 무기였습니다. 권력에 맞선 시민사회의 무기였기 때문에, 그리고 우리 헌법의 정치적 자유의 핵심적인 제도로 인정받고 있기 때문에 언론은 보호받고 있습니다만, 그것은 권력에 맞선 언론, 시민사회의 언론일 때 그와 같은 특수한 지위를 우리가 인정한 것이지요. 그것이 수행하는 행위의 가치성 때문에 거기에 우리가 정통성을 부여했던 것인데, 어느덧 민중을 억압하는 기제로, 민중을 억압하는 편에 서서 민중을 속이는 데 앞장서 있다면 그 정통성은 어디서 인정할 수 있는 것인가? 이것이 우리 민주주의의 하나의 위기라고 생각합니다.

규칙과 절제 없는 대립과 투쟁, 언론과 여론은 불신과 혐오를 부추기는 경향이 있습니다. 왜냐하면 강자에 대해서는 어쩐지 나쁘게 말하는 것이 좋지요. 요즘 그것 갖고 한 몫 보려는 언론들이 있습니다. 제가 언제 강자입니까? 정부에는 옛날에는 강자가 있었지만 지금은 대한민국 정부에 강자가 없습니다. 제가 별로 그렇게 강자라고 생각하지 않는데, 여전히 정부라는 이유라 해서 정부를 비틀고 꼬집고 흔들면 한몫 보는 줄 아는 언론들이 있지요.

언론의 권력화, 누가 제어할 것이냐. 저희가 정경유착, 언론의 지배에 맞설 수 있는 사회적 힘과 제도는 무엇인가. 아무리 찾아봐도 없습니다. 결국 국민 개개인의 목소리, 그리고 국민들이 단결해서 대응하는 수밖에 없습니다.

## 2) 보수언론의 반박
노무현 대통령의 언론 공격에 대해서는 모든 언론이 반박하고 나섰다. 부산일보는 2007년 1월 17일자 사설 '노무현 대통령의 일그러진 언론관'을 통해 "언론은 권력의 축인 정부의 정책이 올바른 것인지, 예산 낭비는 없는지, 국민들을 현혹하는 눈가림용은 아닌지를 끊임없이 주시한다. 그러므로 언론은 정부와 충돌이 잦을 수밖에 없다"고 지적하고 "정부의 수장이자 최고 권력자인 대통령이 언론의 고유 기능을 무시하고 폄훼하는 것은 잘못된 일이다"고 주장했다.

중앙일보도 같은 해 5월 30일자 사설 '노 대통령, 조폭식으로 언론자유 협박하나'에서 노골적으로 노 대통령을 비난했다. 사설은 기자실 통폐합 방침에 대해 "모든 것을 흑백으로 가르는 유아적 발상이요, 자기 생각과 다르면 민주주의의 기초인 언론의 자유마저 짓뭉개버리겠다는 독선"이라며 "노무현 대통령의 언론관은 정말 위험하다"고 주장했다. 사설은 "정부가 일방적으로 전달하는 정보를 받아쓰게 해 과거 군사정부시절의 '붕어빵 신문'을 만들겠다는 의도"라며 "TV, 라디오 11개 채널, 인터넷신문으로 자화자찬하는 것도 모자라 이제 독립 언론마저 손아귀에 넣겠다는 것"이라고 폄하했다.

서울신문은 같은 해 9월 3일자 사설 '결국은 노 대통령 언론관이 문제다'에서 "언론을 특권집단으로 호도하고 언론의 정권에 대한 도전으로 몰아가려는 대통령의 시도는 그의 지지자 말고는 아무도 납득하지 않는다"고 주장했다. 이 사설은 "언론을 적군으로 분류해 국민으로부터 떼어 놓으려는 이분법"이라고 비아냥댔다.

한국방송편집인협회는 같은 해 1월 5일 낸 성명을 통해 언론에 대한 '불량상품'이란 표현은 "사실에도 맞지 않거니와 언론자유를 보장한 헌법정신을 침해하는 위헌적 발언"이라며 "대통령이 특히 공익을 위해 언론에 협조해야 할 공무원들에게 갈등적 언론관을 부추기는 것은 정부와 언론의 건강한 관계에 매우 바람직하지 않다"고 비판했다. 이어 "노 대통령은 피해의식과 강박관념에서 벗어나 건강한 언론관을 세우기를 다시 한 번 촉구한다"고 주장했다.

## 4. 새로운 언론정책 시행

노무현 대통령이 보수언론의 집중적인 공격을 받으면서 내세운 언론정책의 기본 목표는 정부와 언론의 건강한 긴장관계 정립이다. 정부와 언론이 공론의 장에서 의제경쟁을 펼치고 함께 대안을 모색하는 창조적 협력관계를 만들어 나가자는 것이다. 노 대통령은 달라진 정치 환경과 미디어 환경을 활용하여 언론정책 틀을 만들었다.

### 1) '거버넌스 시대에 맞는 언론'

노 대통령은 '민주화 이후의 민주주의 시대'에 접어들어 국가운영 방식이 정부중심 통치에서 시민단체 및 민간기구 등과 협의하여 운영하는 '거버넌스(governance) 시대'로 전환되고 있기 때문에 언론정책도 변화해야 한다고 믿었다.

노무현 대통령은 2005년 8월 9일 국무위원 간담회에서 "우리 사회를 '거버넌스 시대'(협치(協治)의 시대)라고 얘기 한다"며 "여러 합리적인 수단에 의한 상호작용을 통해 언론이 올바른 의제를 제기하고 올바르게 의제를 주도해 나갈 수 있도록 영향을 미쳐가야 한다"고 지적했다. 이어 8월 26일 KBS TV의 '대통령에게 듣는다' 프로그램에 출연, 언론과는 "권력분산, 협치에 걸맞은 대안 경쟁과 협력관계를 지향하고 있다"고 밝혔다. 노 대통령은 "언론과 공직사회가, 정치가, 정부가, 서로 경쟁하고 상호 비판하는 수준까지 감으로써 대안 경쟁을 통한 생산적인 경쟁과 협력의 관계로 가자는 것"이라고 강조했다.

인터넷의 확산과 다매체시대의 도래 등 미디어시장의 변화도 노무현정부의 언론정책 틀을 세우는 데 기여했다. 다매체시대를 맞아 '정부는 공권력, 언론은 담론권력'을 담당하는 이분법이 붕괴되고 정부와 언론간의 의제경쟁이 자연스럽고 바람직한 현상이 되었다는 분석이다. 노무현정부는 쌍방향 통신이 가능한 인터넷을 활용하여 언론보도에 대한 대응·수용시스템과 정책과 홍보를 결합한 정책홍보시스템을 구축했다. 또한 청와대 브리핑과 국정브리핑 등 다양한 대국민 직접 커뮤니케이션 통로를 만들어냈다.

## 2) 언론 관련법 제정과 위헌소송

노무현정부는 역대 어느 정부도 시행하지 못한 언론관련 정책을 실행에 옮겼다. '언론과의 건강한 긴장관계'를 선언한 노 대통령은 임기 내내 언론을 개혁하기 위한 정책을 펼쳤다. 취임 초 기자실 개방과 가판 구독 중단으로 시작된 노무현정부의 언론정책은 신문법과 언론중재법 제정, 오보 대응 시스템의 구축, 대국민 직접 커뮤니케이션 창구 마련 등으로 이어졌다. 특히 임기 말인데도 불구하고 선진국의 취재시스템을 도입한 '취재지원 선진화 방안'을 전 언론계의 반발에도 불구하고 밀어 붙였다.

이러한 언론정책은 다매체 다채널 시대를 맞아 여론다양성을 추구하고, 정부는 물론 시민단체 및 민간기구가 함께 협의하여 국가를 통치하는 '거버넌스 시대'에 합당한 정책이라고 할 수 있다. 또한 언론의 공정성과 공익성을 강조하고 수용자 권익을 향상시키기 위한 여러 가지 정책 방안을 도입함으로써 언론의 자유 보다는 사회적 책임을 강조하는 방향으로 언론정책을 펼쳤다. 이에 대해 보수언론은 '언론의 자유를 침해하는 정책'이라며 '비판언론 죽이기'라고 반발했다. 그러나 실제로 노무현정부 들어 언론자유가 축소됐다고 평가하는 사람은 드물다. 보수언론들은 거의 욕설에 가까운 독설로 노무현 대통령과 정부를 비난하기도 했기 때문이다.

그동안 언론단체와 시민단체의 끈질긴 요구에도 꿈쩍 않던 국회는 여당이 과반이상 의석을 차지하면서 신문법과 언론중재법을 제정했다. 그동안 언론개혁을 촉구하며 5년 이상 요구해 왔던 언론개혁 법안을 통과시킨 것이다. 비록 언론 개혁 진영의 입법 청원안이 모두 반영된 것은 아니지만, 골격은 유지됐다. 독립법으로 제정된 언론피해구제법도 수용자의 권익을 향상시키기 위한 피해구제

제도를 새로 도입했다. 특히 노무현정부는 언론중재법과는 별도로 언론보도에 대한 오보 대응 시스템을 구축하여 언론의 오보 및 편파 보도에 적극적으로 대응했다. 최대의 언론 수용자이기도 한 정부가 언론의 잘못된 보도로 정상적인 정책 추진이 어렵다고 생각했기 때문이다. 그러나 뒤편으로는 언론보도에 대한 강한 불신이 있었기 때문이라고 보아야 한다.

그러나 방송에 대한 적극적인 정책은 펼치지 못했다. 노 대통령의 공약이기도 한 방송 통신 융합에 대비한 방송통신위원회의 설립이나 인터넷TV(IPTV)의 도입에 관한 많은 논란이 있었지만, 이익집단의 이해관계를 해소하지 못해 무위에 그치고 말았다. 특히 공영방송의 보도에 관한 논란, 그중에서도 탄핵방송에 대한 논란이 사회문제로 비화하면서 방송의 공정성 원칙에 대한 갈등이 노출됐다. 이로 인해 TV 수신료를 인상하지 못해 KBS의 재정 건전성을 확보하지 못했다.

노무현정부 언론정책은 다매체다채널 시대에서 인터넷신문 등 소규모 매체에 대한 차별금지와 지원을 통한 여론다양성 확보라고 할 수 있다. 이를 위해 기자실을 개방하고 신문발전기금을 지원했다. 또한 신문시장의 정상화를 위해 신문고시를 강화하고, 신문유통원을 설립했다. 이에 대해서도 보수언론은 소규모 매체들을 육성하여 거대매체인 주류언론의 영향력을 축소시키기 위한 것이라고 비난했다. 이 역시 주류언론들이 불법과 탈법을 통해 시장을 장악하려는 시도에 대한 정당한 요구이기도 했다. 그러나 신문시장의 정상화 및 경영의 투명성 확보는 쇠퇴해가는 인쇄매체의 시장성을 더욱 축소시켜 방송 등 전파매체와의 경쟁에서 퇴보하는 부작용을 낳기도 했다.

### 3) 언론정책에 대한 반발

노무현정부는 전통적인 주류매체인 신문과 관련하여 신문시장의 정상화를 위해 신문고시를 개정하고, 신고 포상금제를 도입했으며, 공정거래위원회의 신문사에 대한 직권조사를 실시했다. 이와 함께 국회에서 신문법이 제정된 이후 신문발전위원회와 신문유통원을 설립하여 신문사 경영투명성 및 여론다양성 확보를 위한 사업을 시행했으며 신문 공동 배달망 구축에 들어갔다.

이에 대해 보수언론은 '비판언론을 옥죄고 친여매체를 지원하기 위한 것'이라고 비난했다. 또한 조선일보와 동아일보는 신문법이 제정된 이후 헌법재판소에 신문법 위헌소송을 제기했다. 헌법재판소는 2005년 6월 29일 신문법 대부분의 조항에 대해 합헌 결정을 내렸다.

노무현정부 기간 동안 방송매체와 관련해서는 공영방송, 특히 KBS를 둘러싼 논란이 이어졌다. KBS 사장 선임을 둘러싸고 보수언론은 '코드(code)인사'라고 비난했으며 정연주 사장이 들어선 뒤에는 프로그램에 대한 이념공세와 정 사장에 대한 인식공격이 보수언론의 지면을 장식했다. 특히 2004년 국회의 대통령 탄핵소추안 의결이후 빚어진 '탄핵방송'을 둘러싼 공방과 일부 프로그램의 공정성 시비는 감정싸움으로까지 비화했다. 또한 KBS 수신료 인상을 두고 보수언론 및 야당과 KBS 및 시민단체, 두 진영으로 나뉘어 논란을 벌였으나 수신료는 인상되지 않았다.

노무현정부를 둘러싼 미디어 환경은 우호적이지 않았다. 일부 언론은 대통령 취임식 당일부터 노 대통령을 비판하고 거의 모든 정책에 대해 비판적인 논조를 보였다. 노 대통령은 정부의 정책이 국민에게 정확하게 전달되지 못하고 있다는 판단 아래 언론의 오보 또는 왜곡 편파보도에 정정 또는 반론 보도로 대응하고 건전한 비판은 수용하는 정책기사점검시스템을 구축해 활용했다.

이에 대해 보수언론들은 언론탄압이라며 거세게 반발했다. 국민과의 직접 소통방식은 검증되지 않은 정부 정책을 홍보하거나 언론을 비난하는 수단으로 활용하고 있다는 것이다. 언론의 오보 등에 대한 대응은 '언론 길들이기'라고 공격했다.

신문법과 함께 국회를 통과한 '언론중재 및 피해구제에 관한 법률'은 언론중재위원회의 권한을 강화해 조정 및 중재 대상의 범위를 손해배상 청구로까지 확대하고 언론사의 고의 과실이나 위법성이 없어도 정정 보도를 청구할 수 있도록 했다.

이에 대해 동아일보와 조선일보 등은 헌법재판소에 위헌소송을 제기했다. 이들 신문은 이 법의 "최종 목표는 언론에 대한 사후검열과 보도통제를 통해 권력형 비리 보도나 정권 비판에 재갈을 물리려는 것"이라고 주장했다.

노무현정부는 출범과 함께 신문의 가판구독 중단과 기자실 개방 및 개방형 브리핑제도를 도입했다. 권언유착을 청산하고 언론과의 건전한 긴장관계를 유지한다는 취지였다. 이에 대해 보수언론들은 언론자유를 내세워 저항했으나 별다른 무리 없이 진행됐으며 인터넷매체나 기자들, 시민으로부터 좋은 평가를 받았다.

그러나 시간이 흐르면서 개방형 브리핑제가 유명무실해졌다고 판단한 정부는 좀 더 구체적이고 체계적이며 강화된 내용의 '취재지원 시스템 선진화' 방안을 추진했다. 이에 대해 일선 기자들은 물론, 거의 모든 언론사들이 반발하고 나섰다. 야당인 한나라당도 예외는 아니었다. 그러나 노무현정부는 이를 강행했다.

이와 함께 정부는 정책홍보를 강화한다는 취지로 청와대 브리핑과 국정브리핑 등 인터넷매체를 만들어 직접 관리했으며 전문가들에게 정책내용을 전자우편으로 직접 보내주는 정책고객서비스(PCRM)를 시행했다. 이에 대해 보수언론은 정부가 정책홍보 일색의 언론을 운영하고 네티즌을 관리한다며 공격했다.

# 제7장 이명박정부의 언론장악 시도

2008년 막판까지 이명박정부의 7대 언론악법 처리를 놓고 한나라당과 민주당, 민주노동당 등 정치권은 물론, 언론노조 등 언론단체는 물론, 시민단체까지 가세해 치열한 싸움을 벌였다. 이명박정부의 언론장악을 위한 '7대 언론악법'의 강행처리를 놓고 언론노조는 치열한 파업투쟁을 벌였고, 민주당과 민주노동당 등 야권은 국회 본회의장을 점거한 채 'MB 악법'의 통과를 저지하기 위해 총력전을 벌였다. 이에 대해 한나라당은 2008년 연내 통과를 위한 '속도전'을 선포하고 김형오 국회의장이 질서유지권을 발동한 뒤 한나라당은 국회의장의 직권상정을 요청했으나 해를 넘겼다. 이명박정부와 시민단체, 그리고 이명박 대통령의 '지시'에 따른 한나라당과 이에 반대하는 야당의, 문자 그대로 '입법 전쟁'에 다름 아니었다. '입법전쟁'은 김형오 의장의 직권상정 거부로 여야가 합의하여 2009년 2월 임시국회로 미뤄졌다. 여야는 민생법안만 1월 임시 국회에서 처리하고 나머지 쟁점법안은 협의 또는 합의 처리하도록 노력키로 했다.

이처럼 이명박정부가 '7대 언론악법'을 강행처리하려 하는 이유는 자명하다. 방송법과 신문법 등 미디어 관련법을 개정하여 자신에 우호적인 언론환경을 조성하기 위한 것이다. 재벌과 거대신문에 지상파 방송과 케이블 TV 및 IPTV(Internet Protocol TV) 등의 뉴스채널을 허용하여 자신에 우호적인 미디어 환경을 조성하고 이를 통해 장기집권을 꾀하려 하는 것이다. 또한 취임 초 촛불정국에서 보았듯이 자신에 비판적인 여론을 사전에 차단하기 위해 인터넷에 재갈을 물리려 하고 있는 것이다.

이명박정부는 취임 초 '프레스 프렌들리'를 선언했지만, 실제로는 이와 반대로 언론을 장악하기 위해 각종 수단을 동원했다. 우선 방송장악을 목표로 방송통신위원회를 설립한 뒤 대통령의 멘토인 최시중씨를 위원장으로 선임했다. 뒤를 이어 방송광고공사, 한국교육방송, 스카이라이프 등에 대선캠프의 특보 출신들을 앉혔다. 더구나 최시중 위원장 주재로 열린 언론대책회의에 국가정보원 제2차장이 참석하는 등 독재정권의 정보기관 언론통제를 방불케 했다.

또한 온갖 무리수를 동원해 KBS 사장을 몰아낸 뒤 결국엔 특보 출신 대신에 자신에 우호적인 이병순 사장을 임명했다. 또 다른 특보 출신인 구본홍씨는 YTN 사장으로 임명됐으나 YTN노조의 출근저지 투쟁과 시민의 지원 등으로 150일 이상 사장실에 출근하지 못했다. YTN은 노조원들을 경찰에 고소하는 한편, 노조원 6명을 해고하고 27명을 중징계하기도 했다. 특히 이명박정부는 자신에 비판적인 프로그램을 내보낸 MBC TV 'PD수첩' 제작진과 조선일보 등 보수신문의 광고 불매운동을 벌이거나 비판적 글을 게시한 누리꾼을 구속하여 수사하기도 했다.

이렇듯 취임 초부터 언론장악에 혈안인 이명박정부는 언론장악을 제도화하기 위한 법률제정에 착수했다. 신문과 방송의 겸영 허용, 재벌의 방송 진출 규제 완화 등을 통해 공영방송 체제를 허물어뜨리고 비판여론의 형성을 막기 위해 포털 등 인터넷을 규제하기 위한 법률의 제·개정 작업을 추진했다. 이명박정부는 헌법상 국민의 기본권인 '표현의 자유'를 침해할 우려가 큰 미디어 관련법의 개정을 추진하면서도 사회적 합의를 위한 노력을 기울이지 않았다. 밀실에서 몇몇 관계자들이 모여 국민의 기본권을 침해하는 법률을 만들어 다수의 힘으로 밀어붙이려 하고 있다.

이명박정부의 언론장악을 위한 법률 제정은 단순히 미디어 관련법에 머물지는 않는다. 미디어 관련법이 미디어를 장악해 언론을 통제하는 것이라면 통신비밀보호법 등 국민의 기본권을 제약하는

'MB 악법'은 일선 현장에서 취재하는 기자, 즉 커뮤니케이터의 취재 자유를 옥죌 수 있는 규정을 담고 있다. 특히 국정원법을 개정해 국정원의 직무범위를 넓힘으로써 언론인들을 사찰할 수 있는 길을 열어 놓아 취재를 크게 위축시킬 우려가 크다. 또한 정보통신망법을 개정해 '사이버 모욕죄'를 신설하겠다는 의도는 누리꾼의 자유로운 의사소통을 방해해 表現의 자유를 크게 제한할 우려가 크다.

이명박정부의 이러한 언론장악 음모는 과거 군사정권의 그것을 방불케 한다. 이명박정부가 과거 전두환정권을 벤치마킹하는 것 아니냐는 의혹이 부풀려지면서 '신 공안정국' 조성을 통한 '민간독재'라는 말이 회자하는 것을 보면 과거로 회귀하는 것이 분명하다. 이명박정부가 과거처럼 물리력을 동원하여 폭력적으로 언론을 통제하지는 않지만, 앞서 살펴본 것처럼 커뮤니케이터 통제(검찰 수사), 미디어 통제(신문·방송 겸영 허용 등), 메시지 통제(인터넷 규제) 등 커뮤니케이션 과정의 모든 통로를 틀어막으려 하고 있는 것이다.

## 1. '7대 언론악법' 추진과 반발

한나라당이 2008년 12월 3일 신문 방송 겸영을 포함한 7개 언론법 개정안을 발의한 뒤 이들 법안을 연내에 통과시키겠다고 공언하면서 이른바 '법안 전쟁'의 막이 올랐다. 한나라당은 미디어 관련법 등 114개 법안을 정기국회에서 의원수의 절대우위를 내세워 속도전으로 밀어붙이겠다고 다짐했다. 이에 대해 민주당과 민주노동당 등 야권은 국회의장실과 국회본회의장을 점거하며 반발했고 언론학계와 시민단체는 이에 반발, 성명서를 발표하거나 반대 집회를 열고 시위를 벌였다. 특히 언론노조는 10년 만에 총파업에 돌입했다.

'법안 전쟁'을 둘러싼 양측의 대치국면은 2009년 새해 들어서도 멈추지 않았다. 김형오 국회의장이 임시국회가 마무리되는 2009년

1월 8일까지 여야 합의를 통해 법안을 통과시키자고 제의했지만, 여야의 협상은 타결되지 못했다.

### 1) 한나라당 언론악법 추진

한나라당은 2008년 12월 3일 신문·방송 겸영을 포함한 언론법 개정안을 발의했다. 정병국 한나라당 미디어산업발전특별위원장과 나경원 제6정책조정위원장은 3일 오전 서울 여의도 한나라당 당사에서 기자회견을 열고 신문법 개정안, 언론중재법 개정안, 방송법 개정안, 인터넷 멀티미디어 개정안, 전파법 개정안, 지상파 텔레비전방송의 디지털 전환과 디지털방송의 활성화를 위한 특별법 개정안, 정보통신망 이용촉진 및 정보보호 개정안 등 총 7개 법률 개정안을 발표했다.

신문법 개정안에는 위헌 및 헌법불합치 판결 부분 개정, 신방 겸영 금지 조항 삭제, 신문발전위원회·지역신문발전위원회·신문유통원의 통폐합 후 한국언론진흥재단 신설(지역신문발전위원회는 2010년까지 존치), 인터넷 포털을 신문법 규율 대상으로 하되 인터넷 서비스로 분류, 기사배열 방침 및 책임자 공개 관련 준수사항 신설 등이 포함됐다.

또한 방송법 개정안은 대기업이 지상파 방송의 20%, 종합 및 보도 채널의 각각 49%까지 지분 소유, 외국인의 경우 지상파를 제외한 종합 편성 채널의 20%·위성방송의 49% 지분 소유, 지상파·종합편성PP·보도PP의 1인 지분 49%로 제한, 신문·통신의 SO 및 위성방송 소유 49%로 완화, 대기업의 위성방송 소유 제한 폐지, 방송허가 또는 승인의 유효기간은 현행 5년에서 7년으로 연장, 가상광고 및 간접광고 개념을 신설했다. 인터넷 멀티미디어 개정안도 방송법안과 동일하게 수정됐다.

정병국 위원장은 "미디어 환경은 변화하는데 환경에 맞지 않는 낡은 규제, 불균형 규제, 위헌 규제를 과감히 개선하는 데 중점을 두었다"며 "특위는 언론 자유의 신장, 미디어 산업의 활성화, 대국민

서비스의 향성이라는 기조 하에 법 개정을 했다"고 밝혔다.

나경원 위원장도 "의미 없는 칸막이 규제는 미디어산업의 건전한 발전을 할 수 없다. 언론 자유 확대하면서 미디어 산업을 발전시키고 국민의 언론에 대한 서비스를 위해 제정했다"며 "모든 매체가 매체 변화에 따른 발 빠른 변화가 필요하지 않을까. 규제 풀어줌으로써 경쟁력 가지는 것이 법안 취지"라고 설명했다.

한나라당이 추진한 미디어 관련 7개 법안을 요약하여 소개하면 다음과 같다.

● 신문법 : 한나라당 강승규 의원이 대표 발의한 법안이다. 현행 '신문 · 방송 간의 겸영 금지 조항'을 삭제한 것이 골자이며 시장지배적 사업자 조항 등 헌법재판소에서 위헌 및 헌법불합치 판결이 난 부분도 개정했다. 2006년 헌재는 시장점유율 합계 60% 이상인 3개 신문사(조선, 중앙, 동아)를 독점 규제 대상으로 규정한 조항(17조)과 시장지배적 사업자를 신문발전기금 지원 대상에서 배제한 조항(34조 2항 2호)이 '평등원칙에 위배된다'는 이유로 위헌 결정을 내린 바 있다. 또한 신문의 발행부수와 판매부수, 구독수입과 광고수입을 신문발전위원회에 신고하기로 했던 '경영자료 신고 의무 조항'을 삭제하여 신문사의 공적 영역과 투명성 확보 의무에서 벗어날 수 있게 됐다. 또한 '규제 완화'를 부르짖으면서도 문화체육관광부가 신문 산업에 간여할 수 있는 여지를 넓혀 놓았다.

● 방송법 : 한나라당 나경원 의원이 대표 발의한 법안이다. 쟁점 부분의 골자는 모든 대기업과 신문사, 뉴스통신사의 지상파 지분 소유를 20%까지 허용하고, 보도 · 종합편성채널은 49%까지 지분을 소유토록 허용한다는 점이다. 이에 따라 삼성, 현대자동차, LS 등 대기업 대부분이 방송을 소유할 수 있다. 삼성과 현대자동차 등 대기업들이 MBC, SBS 등 지상파 방송사의 지분 20%를 소유할 수 있고 조중동과 같은 대규모의 신문사가 20%를 소유할 수 있다. 또 종합편

성채널(케이블방송과 위성방송 등)과 보도채널 등의 지분을 49%까지 대기업과 조중동이 소유할 수 있게 된다. 삼성과 중앙일보에 기회가 주어지면 이들은 연합하여 총 98%의 지분을 소유할 수 있다.

● 정보통신망법 : 나경원 의원이 대표 발의한 법안이다. 이른바 '사이버모욕죄' 신설이 이 개정안에 담겨 있다. 정보통신망을 통해 공공연하게 사람을 모욕한 자는 2년 이하의 징역이나 금고 또는 1,000만 원 이하의 벌금에 처하도록 하고 있다. 문제는 사이버 모욕죄가 '피해자의 고소 없이도' 수사와 처벌이 가능한 '반의사 불벌죄'로 규정되었다는 점이다. 명예훼손죄와 달리 모욕죄는 주관적인 체면을 보호하고 있어 정부 또는 여당을 향한 비판이나 개인의 정치적 의사 표현도 수사당국이 인지하면 수사에 착수할 수 있다. 누리꾼에게는 인터넷 여론의 다양성 훼손과 정권 비판 의견을 원천 봉쇄하겠다는 취지로 읽혀질 수밖에 없다.

● 전파법 : 한나라당 진성호 의원이 대표 발의한 전파법은 지상파 및 위성방송 사업에 사용되는 방송사를 포함한 무선국의 법정 최장 허가 유효기간을 현행 5년에서 7년으로 연장하는 것이 주 내용이다. 방송법 개정사항과 균형을 맞추기 위한 입법으로 대기업 및 신문사, 뉴스통신사의 지상파방송 소유를 안정적으로 열어주는 토대가 된다.

● IPTV(Internet Protocol TV)사업법 : 한나라당 구본철 의원이 대표 발의한 IPTV 사업법 개정안은 IPTV에서도 종합편성 및 보도전문 PP도 방송법처럼 대기업과 신문사, 외국 자본 등이 참여할 수 있도록 했다.

● 언론중재법 : 한나라당 성윤환 의원이 대표 발의한 언론중재법 개정안은 포털 및 언론사 닷컴, IPTV를 통한 언론보도로 인한 피해를 받은 경우, 중재 또는 조정신청이 가능토록 했다. 현재까지 언론중재 대상에서 제외되어 있던 이들의 보도 등에 대해서도 언론중재가 가능하도록 했다. 이와 함께 '제3자 시정권고의 시정권고 신청권 부여 조항'을 삭제하여 언론보도를 모니터하고 있는 언론시민단체

의 활동을 제약하고 있다.

● DTV(Digital TV)특별법 : 한나라당 안형환 의원이 대표 발의한 DTV특별법은 2012년 말로 예정된 디지털 전환을 촉진·지원하기 위한 법안이다. 저소득층 지원 문제 뿐 아니라 아날로그 수상기를 계속 이용하는 자 등 디지털 전환 거부자에 대한 지원책 등 검토해야 할 부분이 산적되어 있는데도 불구하고 디지털 주파수를 지정받은 사업자 등에 대해 디지털 방송국의 구축, 아날로그 방송의 병행 등 의무나 조건을 부과했다는 것이 문제점이다.

한나라당이 처리를 강행한 법률안은 미디어 관련법을 포함하여 114건에 이른다. 야당과의 줄다리기 과정에서 일단 85개로 줄였지만, 이들 법안은 재벌위주의 경제개편을 포함한 경제 법안은 물론이려니와, 집회 및 시위의 자유나 표현의 자유 등 국민의 기본권을 침해하는 법률들이 많다. 또한 국정원의 직무범위를 확대해 국정원을 '정권안보의 첨병'으로 키우려는 과거 군사독재 정권의 음모도 녹아 있다. 민주화를 위한 변호사 모임이 법안 통과에 반대하여 농성을 벌인 것도 이러한 이유 때문이다.

물론 이러한 법들은 언론자유의 저해 요인으로 작용할 수도 있다. 통신비밀보호법과 비밀보호법 등은 기자들의 취재를 제한할 우려가 크다. 또한 국정원법 등이 개정되어 국정원의 직무 범위가 확대될 경우 정치인은 물론, 언론인에 대한 사찰도 이뤄질 가능성이 크다. 과거 군사정권이 중앙정보부와 안전기획부 등 정보기관을 정권안보의 첨병으로 활용하면서 언론통제의 전위기구로 활용했던 전철을 밟지 않을까 우려되는 대목이다.

한나라당은 미디어 관련법이 포함된 85개 법안을 강행처리하려고 시도했다. 이에 대해 야권과 시민단체 등은 크게 반발했다. 특히 미디어 관련 법안에 대해서는 언론노조가 총파업을 벌이면서 저지하고 나섰고 MBC 등 방송과 한겨레신문과 경향신문 등 개혁 성향의 논조를 가진 신문도 비판대열에 참여했다. 그러나 조선일보와 중앙일보, 동아일보 등 이른바 '조중동'은 한나라당 편에 서서 미디어악법의 통과를 강력 지지했다. 이들은 지상파 방송이나 종합편성 또는 보도전문 채널의 겸영의도를 노골적으로 드러냈다.

### 2) 야권과 언론노조 등의 통과 저지

한나라당이 신문·방송 겸영을 전면 허용하고 대기업과 외국 자본의 방송사 소유지분 한도를 대폭 완화한 신문법·방송법 개정안을 내놓자 언론계는 거세게 반발하고 나섰다.

전국언론노동조합은 '재벌·수구족벌신문·외국자본에게 언론을 팔아먹고 무슨 언론자유를 신장하겠다는 것인가'라는 제목의 논평을 내어 "드디어 한나라당이 수구반동 복합체의 구심점으로서 방송을 재벌과 수구족벌 조중동, 외국자본에게 넘겨주고 영구집권을 꾀하려는 본색을 만천하에 공포했다"고 비난했다. 언론노조는 "이번 개정 시도 악법은 2003년 한나라당 '언론대책특별위원회'의 KBS 2TV 분리, MBC 민영화, 수신료 폐지, 신문방송 겸영금지 조항 폐지 정책과 2004년 '언론발전특별위원회'의 신문법 개악, 국가기간방송법, 언론중재법 개악 도발에 이은 10년 한풀이의 결정판"이라고 지적했다.

언론노조는 또 "재벌과 조중동에게 방송을 쥐어주어 자당에 유리한 언론환경을 조성하고 신문지원기관을 통폐합하여 조중동의 언론독점을 더욱 공고히 하며 이명박정부와 한나라당을 비판하는 목소리를 구속하기 위한 반의사 불벌의 사이버 모욕죄 신설"이 한나라당 개정안의 핵심이라며 "방송, 신문, 인터넷을 국민의 삶과 연속한 사회, 문화적 제도와 현상으로 보지 않고 정권 연장과 처절하게 바닥낸 경제나 살려 볼 요량으로 재벌과 외국자본에 넘겨주는 것은 국민모독이며 매국행위"라고 비판했다.

언론노조 MBC본부와 SBS본부도 한나라당의 미디어관계법 개정안에 대해 강하게 반발했다. MBC본부는 '언론악법 개정 시도에 총파업으로 맞서겠다'는 제목의 성명에서 "재벌과 조중동이 방송마저 장악해 그들만의 이익과 논리를 확대 재생산하도록 하는 것이 어떻게 자유로운 경제활동에 해당하느냐'고 반문한 뒤 "차라리 이번 미디어법 개정안 추진은 방송을 장악해 평소 입바른 소리를 해 권력의 심기를 불편하게 했던 지상파(방송사)를 꼼짝 못하게 하고, 한편으론 재벌과 조중동의 새로운 수익창출을 돕기 위한 일석이조의 노림수라고 솔직히 고백하라"고 밝혔다.

MBC본부는 "무차별적인 약육강식의 언론소유가 가능해지면 돈 있고 힘 있는 자들의 논리만이 득세할 수밖에 없고, 그럴수록 그나마 존재하는 언론의 정의와 공익성은 사라질 것"이라며 "우리는 전국 언론노동조합과 시민단체 등이 이미 누차 공언한 것처럼 이 같은 악법 추진 움직임에 맞서 총파업 등 모든 수단을 동원해 결사 항전에 나설 것"이라고 경고하는 한편 경영진을 향해 "혹세무민의 논리를 앞세워 자본의 이익만 보장해주고 결국 특권층만의 세계를 만들려는 권력의 횡포에 당당히 맞서라"고 촉구했다.

SBS본부도 '결국은 조중동과 재벌에게 방송을 주려는 것인가'라는 제목의 성명을 내어 한나라당이 발의한 신문·방송법이 통과될 경우 "삼성 20%, 중앙일보 20%를 합쳐 삼성가(家)가 40% 지분을 갖는, 범 삼성 지상파방송이 출현할 수 있게 된다"며 "지상파와 종합편성, 보도전문 채널 진출이 금지된 대기업 범위를 자산 3조 원 미만에서 10조 원 미만으로 올린 것이 엊그제인데, 이제는 아예 재벌에게 보도 기능을 포함한 방송을 주겠다는 것"이라고 비판했다.

SBS본부는 또 "한나라당 특위의 법률 개정안들에는, 미디어 분야에서 어느 정도를 여론 독점으로 볼 것인지, 또 이런 여론 독점을 막기 위해 필요한 규제가 어떤 것인지, 미디어 산업의 경쟁력 확보를 위해 어느 정도의 규제 완화를 우리 사회가 수용할 것인지 등에 대한 기본적인 논의가 통째로 빠져 있다"며 "만약 한나라당이 비이성적이고 반언론적인, '조중동과 자본의 논리'만을 내세운 법률 개정안들을 고집한다면 모든 언론인들의 강력한 저항에 직면할 것"이라고 경고했다.

언론노조와 민주당, 민주노동당 야권은 물론, 시민단체 등이 가세해 언론악법의 저지에 총력투쟁을 벌였는데도 불구하고 한나라당과 이명박정부는 악법의 강행처리에 나섰다. 이에 대해 민주당과 민주노동당은 국회의장실과 국회본회의장을 점거해 연말연시에 농성장에서 밤을 새웠다. 이에 호응해 전국언론노동조합은 26일 새벽 6시부터 한나라당의 '언론장악 7대 악법'을 저지하기 위해 총파업에 들어갔다.

언론노조의 총파업은 당연하고 불가피한 측면이 많다. 한나라당은 방송법과 신문법 등 언론관련 법안들을 다수의 힘을 동원해 강행처리하겠다고 공언했다. 야당과 시민사회 단체, 언론노조, 학계의 반대에도 귀를 막은 채, 발의한 지 20일 남짓한 법안들을 2008년 안에 '속도전'으로 처리하겠다고 나선 것이다. 한나라당의 무조건 밀어붙이겠다는 발상 자체가 비민주적이고 반의회적이다.

한나라당 언론 관련 법안의 문제점은 너무 많다. 한나라당은 방송법의 방송사 지분제한 규정을 바꿔 대기업과 신문사의 참여를 전면 허용했다. 방송법 시행령에 뒀던 자산규모 10조 원 미만 규정까지 무력화해 재벌의 방송소유 길을 활짝 열어 놓은 것이다. 신문법에선 신문·방송 겸영 금지 규정을 아예 없앴다. 헌법재판소가 여론다양성 보호를 위한 장치로 합헌 결정까지 내렸던 조항이다. 더구나 한나라당도 제한적 겸영 등 최소한의 제한장치는 둬야 한다고 강조했던 대목이다.

방송법과 신문법이 개정되면 재벌방송과 조중동 방송이 등장할 것은 불문가지이다. 방송이 대기업의 사익추구 수단으로 이용될 때의 해악은 불을 본 듯 뻔하다. 신문시장의 75% 이상을 장악한 조중동이 지상파 방송까지 겸영하면 비판적 목소리는 아예 들리지 않을 것이다. 여기에 공영방송의 예산권과 사장 선임권까지 정권이 장악하면, 방송은 온통 친정권·친보수·친재벌의 목소리로만 채워질 수밖에 없다. 가난하고 힘없는 서민의 목소리는 방송과 신문에서 사라지고 경제가 무너지고 교육과 문화가 해체되고 있다는 지역 주민의 외침은 어디에서도 들리지 않게 될 것이다. 오로지 힘있는 자, 가진 자들의 목소리만 들리게 될 것이다. 민주적 여론형성의 기초인 여론 다양성은 아예 꿈꾸기조차 어렵게 된다. 한나라당의 언론 법안들이 한국 민주주의의 앞날을 위태롭게 하는 독소가 되는 이유다.

진보적인 언론학자들로 구성된 '미디어공공성포럼'도 한나라당의 미디어 관련법에 대한 분명한 반대의 목소리를 냈다. 이들은 "한나라당의 법안은 단순한 언론자유의 침해 문제를 넘어 민주주의의 근간을 훼손하는 내용을 담고 있다. 사회 각계각층의 철회요구에도 미동조차 없다. 전문가라면 누구나 다 아는 거짓말까지 동원되고 있다"고 한나라당의 주장을 조목조목 반박했다.

이들은 신문·방송 겸영 허용에 대해 "70년대와 80년대에 세계적인 추세였던 신문과 방송 겸영을 규제하거나 규제하려는 것이 오히려 지금의 세계적인 추세"라며 "신문과 방송의 겸영은 지금의 세계적인 '추세'가 아니라 세계적인 '문제'"라고 지적했다.

한나라당이 입법 강행 명분으로 내세우는 '미디어 산업의 경쟁력 제고'에 대해서는 "한나라당 법안은 족벌 신문과 재벌 기업에게 '뉴스보도와 해설'을 할 수 있는 지상파, 종합편성 채널, 보도 채널 진출을 허용하겠다는 것"이라며 "순수한 사업이 목적이라기보다는 보도 가능한 방송을 통해 정치적 사회적 영향력을 행사할 수 있게 해주겠다는 것이다. 결과적으로 정부의 뜻에 맞는 재벌과 신문에게 여론시장을 내주겠다는 것"이라고 비판했다.

'미디어관련법이 경제살리기 법'이라는 주장에 대해서도 "가뜩이나 경영실적이 부진한 신문사가 방송 사업까지 하면 경제가 살아난다는 것이 우선 이해가 안 된다"며 "삼성의 중앙방송, KT의 스카이라이프, SK텔레콤의 TU미디어 등이 방송 때문에 엄청난 누적 적자에 시달리고 있는데, 재벌의 방송 진출이 경제를 살린다는 그 또한 이해가 안 된다"고 반박했다.

미디어공공성포럼은 미디어 악법의 즉각 철회, 재벌기업과 족벌
신문에게 보도방송을 넘기려는 일체의 시도 포기, 표현의 자유 제한
하는 법개정 시도 중단, 미디어관련 법 개정을 위해 충분한 사회적
공론화·여론수렴 과정을 거칠 것, 미디어법 개정을 논의할 사회적
합의기구 구성, 여야 합의에 의한 미디어법 개정 등을 요구했다.

### 3) 국민 62.4% '대기업 방송소유 반대'

국민 대부분은 한나라당이 추진하는 대기업과 조중동의 방송소유
에 반대의견을 가지고 있었다. 특히 조선 중앙 동아 등의 독자들도
반대의견을 가진 사람이 많았다. 이명박정부와 한나라당이 강행하
고 있는 언론법 개정안에 대해 국민 대다수가 반대하고 있지만, 이러
한 여론을 눈 감은 채 한나라당은 언론법 개정안을 강행 처리하려
하고 있는 것이다. 한국기자협회, 한국PD연합회 그리고 〈미디어오
늘〉이 여론조사 전문기관인 한길리서치에 의뢰해 2008년 12월 18일
부터 사흘 동안 전국 만 19세 이상의 성인남녀 1,000명을 상대로 한나
라당의 언론법 개정안을 포함한 언론 현안 전반에 대한 공동 설문조
사를 실시한 결과는 다음과 같다.(신뢰수준 95%, 표본오차 ±3.1%p)

● 대기업 방송 소유 반대 62.4% : 대기업의 방송사 소유와 방송뉴
스 진출에 대해 응답자의 62.4%는 '반대'입장을 밝혔다. 반대의견
중에서도 '적극 반대'(34.4%)가 '다소 반대'(28%)보다 많았다. 찬성은
반대의 3분의 1 수준인 21.6%에 그쳤다. (적극 찬성 6.4%, 다소 찬성
15.2%) 대기업의 방송뉴스 진출 등에 반대한다고 답한 이들의 61.1%
는 반대 이유로 '비판기능이 사라지고 뉴스의 공정성이 약해질 것'이
란 점을 들었다. '서민보다 재벌과 기득권층을 위한 뉴스가 많아질
것'(20.8%), '지역방송·지역신문 등이 약화되어 다양한 여론형성이
어려워질 것'(14.1%) 등도 반대 이유로 꼽았다.

대기업의 방송뉴스 진출 등에 찬성하는 이들은 '방송뉴스가 공정

해져서 알 권리가 더 많이 보장될 것'(37.7%), '대기업 자본이 진출하면 방송 산업이 더욱 활성화될 것'(29.8%), '방송매체가 많아지는 만큼 뉴스도 더욱 다양해질 것'(21.5%) 등의 의견을 밝혔다.

대기업의 방송사 소유 등에 반대한다는 응답은 연령별로 30대(74.2%)와 40대(71.4%)에서, 직업별로는 화이트칼라(84.1%)와 자영업(72.9%) 층에서 상대적으로 높았으며, 구독신문별로는 〈조선일보〉와 〈중앙일보〉, 〈동아일보〉 외의 '기타 중앙일간지'(73.8%) 구독층에서 상대적으로 높게 나타났다. 조·중·동을 구독하는 응답자의 63.3%도 대기업의 방송 진출을 반대했다.

반면 찬성의견은 연령별로 19~29세(26.7%)와 50대 이상(25%), 직업별로는 학생(31.2%)층에서 구독신문별로는 경제지(24.9%)에서 상대적으로 많았다. 2007년 대선에서 정동영 민주당 후보를 지지했다고 밝힌 응답자의 85.1%, 이명박 한나라당 후보를 지지했다고 밝힌 응답자의 58.4%가 대기업의 방송 진출에 대해 반대했다.

· 조·중·동 구독자도 신문의 방송 진출 반대 : 설문 응답자의 63.1%는 신문사의 방송사 소유와 방송뉴스 진출에 대해 반대했다(적극 반대 32.3%, 다소 반대 30.8%). 이들은 신문의 방송뉴스 참여 반대 이유로 '특정신문이 영향력이 커져 다양한 여론형성이 어려워질 것이다'(40.2%)를 가장 많이 들었다. 또 '특정 정치세력에 대한 비판이 사라져 뉴스의 공정성이 약해질 것이다'(39.2%), '서민보다는 재벌과 기득권층을 위한 뉴스가 많아질 것이다'(14.9%) 등도 반대 이유로 꼽았다.

반면 찬성의견은 반대의 3분의 1보다 적은 수준인 18.4%에 불과했다(적극 찬성 4.6%, 다소 찬성 13.8%). 이들은 '방송뉴스가 공정해져서 알 권리가 더 많이 보장될 것'(42.8%), '방송뉴스가 더욱 다양해질 것'(28.4%), '신문사의 경영개선에 도움이 될 것'(24.5%)이라는 이유를 들었다.

신문의 방송뉴스 진출 반대 의견은 연령별로 연령이 낮을수록 많았다(19~29세 75%, 30대 67.6%, 40대 67.4%, 50대 이상 49.5%). 구독 신문별로는 기타 중앙일간지(80.2%)에서 반대 의견이 상대적으로 높게 나타났다. 눈에 띄는 것은 조·중·동을 구독한다는 응답사 중 61.1%가 신문의 방송진출 반대의견을 밝힌 점이다. 찬성 의견은 반대의 절반에도 미치지 않는 24%였다. 연령별로는 50대 이상(23.4%)에서 신문의 방송뉴스 진출 찬성 의견이 상대적으로 높았다.

2007년 대선에서 정동영 후보를 지지했다고 밝힌 응답자의 85.7%가 신문사의 방송뉴스 진출을 반대했으며, 이명박 후보를 지지했다고 밝힌 응답자의 53.2%도 같은 입장을 보였다. 이명박 후보를 지지했던 응답자의 29%만이 신문의 방송뉴스 진출에 찬성했다.

● 언론기관 대통령 측근 임명 반대 86.2% : 이명박정부 출범 이후 대통령후보 특보 출신을 비롯한 측근 인사들이 언론사와 언론 유관기관 수장으로 줄줄이 임명되고 있는 것과 관련해 설문 응답자의 86.2%가 반대 의견을 나타냈다. '적극 반대'가 50%로 '다소 반대' 36.2% 보다도 높았다. 반면 '찬성'은 9.8%에 불과했다(적극 찬성 1.6%, 다소 찬성 8.2%).

언론기관의 대통령 측근 임명 반대 의견의 경우 권역별로는 인천·경기(89.8%), 학력별로는 전문대졸(92.1%)·대졸이상(91.7%), 구독신문별로는 기타 중앙일간지(92.6%)와 조·중·동(90.2%)에서 상대적으로 높게 나타났다. 반면 찬성의견은 권역별로는 대구·경북(18.9%)과 서울(15.1%), 학력별로는 고졸(13.2%), 구독신문별로는 경제지(23.7%)에서 상대적으로 높게 나타났다.

● YTN사태 해법은 구본홍 사장 퇴진 : 응답자의 65.2%는 YTN 사태 해결 방안으로 '구본홍씨가 사장직에서 사퇴해야 한다'고 밝혔다. 반면 'YTN 노조가 사장 반대 투쟁을 중단해야 한다'는 의견은 12.2%에 그쳤다. '기타'와 '잘 모르겠다'는 응답은 각각 5.4%, 17.2%였다.

구본홍씨가 YTN사장에서 물러나야 한다는 응답은 연령별로 30대(74%)와 19~29세(71.8%), 권역별로는 대전·충청(77.3%) 대구·

경북(72.7%) 광주·전북·전남(69%) 서울(68.5%)에서 골고루 높게 나타났다. 직업별로는 화이트칼라(78.1%) 자영업(71.5%) 학생(69.7%) 순으로 높았으며, 구독신문별로는 기타 중앙일간지(91%)에서 상대적으로 높게 나타났다.

● 참여정부 시절보다 언론자유 위축 : 이명박정부 들어 언론자유가 위축되고 있다는 의견이 많았다. '이명박정부와 언론과의 관계에서 언론자유가 지난 정부에 비해 신장됐다고 생각하느냐'는 질문에 응답자의 64.1%가 "위축됐다"고 답했다. 언론자유가 신장됐다는 응답은 11.5%에 불과했다. '기타'와 '잘 모르겠다'는 각각 7.1%, 17.3%였다.

지난 정부에 비해 언론의 자유가 위축됐다는 응답은 모든 연령에서 과반 이상이었으며, 특히 30대(77%)와 19~29세(71.6%)에서 높았다. 직업별로도 화이트칼라(86.7%) 학생(70.6%) 블루칼라(69.9%) 자영업(68.3%) 등 골고루 높았다. 2007년 대선에서 정동영 후보를 지지한 응답자의 89.8%, 이명박 후보를 지지했던 응답자의 57.2%가 언론자유 위축을 지적했다. 구독신문별로는 기타 중앙일간지(81.3%)에서 언론자유 위축을 지적하는 목소리가 상대적으로 많았다.


## 2. 전방위적 언론장악 기도


2008년 10월 24일 저녁 YTN타워 앞에서 '국민주권과 언론자유 수호를 위한 언론인 시국선언' 전국대회가 열렸다. 이들은 "이명박 정권의 국민주권 유린과 언론자유 탄압에 맞서 끝까지 투쟁할 것"을 다짐했다. 시국선언에는 전국 141개 언론사에서 모두 7,847명의 전·현직 언론인이 서명했다.

1974년 박정희정권 치하에서 10월 24일 동아일보 기자들이 자유 언론실천선언을 한 뒤 34년 만에 제2의 '자유언론실천선언'이 나왔다. 그만큼 한국의 언론 상황이 과거로 돌아가고 있다는 반증일 것이다. 이명박정부는 언론장악 음모를 즉각 중단하고 음모에 가담했던 고위 공직자들을 하루 빨리 교체해야 한다. 그렇지 않으면 대통령 퇴임 후 '언론탄압 정권'으로 낙인찍힐 것이다.

실제로 이명박정부가 취임 1년여 동안 보여 온 언론관련 정책은 과거 박정희독재정권의 언론통제와 궤를 같이 한다. 자유언론실천을 위해 싸우다가 박정희정권과 경영진에 의해 강제로 해고당했던 동아투위 언론인들의 모습이 낙하산 사장 반대투쟁으로 150일 이상 싸우다가 해고당한 6명의 YTN 노조원 모습에 오버랩 되는 것은 당연한 것인지도 모른다.

이명박정부는 과거 박정희정권이나 전두환정권이 자행했던 전방위적인 언론통제를 그대로 답습하고 있다고 해도 과언은 아닐 것이다. 다만 중앙정보부나 안기부 등을 동원한 고문 협박 사찰 연행 등 물리적 탄압만 없을 뿐이다. 합법을 가장한 '민간 독재'라고나 할까. 이명박정부는 자신들의 언론통제를 합법화하기 위해 이른바 언론악법을 강행 추진하고 있다. 특히 국정원법을 개정해 국정원의 직무범위를 확대하겠다는 것은 어쩌면 국정원을 과거의 중앙정보부나 안전기획부처럼 정권안보의 첨병으로 동원해 언론통제를 시도하겠다는 의지의 표현인지도 모르겠다.

이명박정부는 과거 파시즘 체제의 독재정권처럼 커뮤니케이션 전 과정에 전방위적인 통제의 칼날을 들이대고 있다. 기자, 즉 커뮤니케이터의 취재자유를 봉쇄하기 위해 자신에 비판적인 기사를 쓴 기자를 구속 수사하거나 재판에 회부한다. 또한 사이버 모욕죄를 도입해 누리꾼의 입을 틀어막고 비밀보호법을 제정하거나 통신비빌보호법을 개정해 기자들의 취재를 방해하려고 한다.

특히 자신에 우호적인 언론사를 육성하기 위해 신문과 방송의 겸영을 허용해 재벌방송과 조중동 방송을 육성하려 한다. 공영 방송사와 언론유관기관의 수장으로는 자신의 측근을 앉혀 자신에 비판적인 보도는 제한하고 유리한 보도만 내보내도록 통제하려 한다.

커뮤니케이터 통제에 이어 미디어를 통제함으로써 비판적인 여론 조성을 억제하려는 것이다.

이명박정부가 KBS를 장악한 뒤 전두환정권의 '땡전뉴스'에 버금 가는 '땡박뉴스'가 나오고 있다고 한다. 그만큼 정권에 비판적인 뉴스를 찾아보기 어렵다는 지적이다. 이와 함께 사이버 모욕죄 등을 도입하는 등 인터넷을 통제해 자신에게 불리한 정보를 차단하기 위한 시도를 하고 있다. 이동관 청와대 대변인은 신문사 간부에게 전화를 걸어 청탁 아닌 협조를 요청하고 대통령 발언에 대해 보도유예(embargo)나 비보도 협정(off the record)을 남발했다. 독재정권 시대의 완벽한 미디어 통제 수단이었던 보도지침에 버금가는 것이다.

### 1) 커뮤니케이터 통제

이명박정부는 자신에 불리한 정보를 제공하거나 논조를 보인 언론인과 누리꾼에 대해 검찰을 동원하여 구속 수사하거나 재판에 회부했다. 특히 YTN은 구본홍 사장 출근 저지투쟁에 나선 노조원 6명을 해고하고 27명을 중징계하는 폭거를 저질렀다. 또한 미국산 쇠고기의 광우병 위험성을 보도한 MBC TV의 'PD수첩' 제작진에 대한 수사를 진행하고, 이 때문에 PD들은 회사에서 기거하고 있다. 더구나 KBS와 MBC에선 비판적인 언론인들을 한직으로 쫓아내 인사상 불이익을 주었다. 또한 이명박 대통령이 직접 나서 '인터넷은 독'이라느니, '정보 전염병'이라며 인터넷상 표현의 자유를 억압하고 있다. 일종의 '겁주기 효과'로 언론인과 누리꾼을 '자기검열'로 끌어들이기 위한 것이다.

이명박정부는 여기에서 더 나아가 통신비밀보호법과 비밀보호법을 제·개정하고 국정원법을 개정하여 국정원의 국내 사찰을 허용하는 등 커뮤니케이터의 통제를 위한 법률 제정에 힘을 쏟고 있다. 또한 사이버모욕죄를 신설하여 누리꾼의 댓글 여론을 봉쇄하기 위한 조치를 서두르고 있다. 이 대통령 취임 초 '촛불시위'에 데인 이명박정부가 인터넷상의 댓글을 통해 타인을 모욕하는 '불법 정보'를 차단하겠다는 것이다.

### (1) 법적 통제

이명박정부와 한나라당은 사이버모욕죄 등을 신설하여 인터넷 상의 비판적 댓글을 차단하고 통신비밀보호법과 비밀보호법을 개정하거나 제정하여 기자들의 취재를 제한하겠다는 의도를 내비치고 있다. 특히 국정원법과 테러방지법 등 국정원의 직무 범위를 넓히는 국정원 관련 5개법의 제·개정을 추진, 국정원을 명실상부한 '정권의 첨병'으로 만들려고 시도하고 있다. 국정원이 정치인은 물론, 언론인을 사찰하고 휴대폰 등 개인의 통신비밀에 대한 감청을 허용하여 기자들의 취재활동을 감시하겠다는 것이다.

### 가. 사이버모욕죄의 신설

나경원 한나라당 의원이 대표 발의한 '정보통신망 이용촉진 및 정보보호 등에 관한 법률' 개정안은 '사이버모욕죄' 신설을 핵심으로 한다. 타인을 모욕하는 정보를 '불법정보'로 규정하고 정보통신망을 통해 타인을 모욕한 자를 2년 이하의 징역이나 금고 또는 1,000만원 이하의 벌금에 처하도록 했다. 피해자의 고소 없이도 경찰이나 검찰의 수사가 가능토록 한 '반의사 불벌죄'가 핵심 독소조항이다.

개인에 대한 모욕을 규제하는 것은 다른 사람에 대한 의견과 감정 표현에 법적 책임을 지우는 것으로 헌법에서 용인되지 않는다. 상대에게 듣기 싫은 의견을 제시하는 것에 법적 책임을 부과하면 민주주의의 핵심 권리인 '표현의 자유'가 심각하게 훼손되기 때문이다. 대법원 판례를 보면 모욕죄로 고소한 사람의 지위가 높을수록 유죄판결이 나올 가능성이 크다. 인권보호법임을 자처하는 사이버모욕죄는 결국 사회적 지위가 낮은 사람들의 평등권을 침해하는 인권침해법이다.

더구나 사이버모욕죄는 단순모욕을 불법정보로 규정했다. 그러나 불법정보와 단순모욕은 확실하게 구별해야 한다. 불법정보는 저작권 침해, 명예훼손, 음란물 배포 등 인터넷상의 책임을 강화하여 적용하면 된다. 이른바 한나라당에서 '최진실 법'이란 이름을 붙여 사이버모욕죄를 신설하려고 추진했는데, 실제로 최진실씨 죽음은 명예훼손 문제지 모욕죄와는 관련이 없다. 피해자의 주관적 감정에 근거한 '모욕'을 판명하는 것 자체가 쉽지 않다. 선진국에서는 형법상 모욕죄조차 사문화하는 추세다. 인터넷이든 대면이든 현행 모욕죄로 규제가 가능한데도 굳이 새로운 모욕죄를 만드는 것은 표현의 자유를 옥죄는 행위일 뿐이다.

더구나 한나라당은 '친고죄'인 형법의 모욕죄 처벌규정을 강화해 '반의사 불벌죄'로 사이버모욕죄를 도입해야 효과적 수사가 가능하다고 주장한다. 가해자를 꼭 집어낼 수 없는 인터넷의 특성상 피해자가 직접 신고·고소하기가 어렵다는 이유다. 수사기관은 반의사 불벌죄 조항을 악용해 피해자가 느낀 모욕감의 정도를 자의적으로 판단해 수사할 가능성이 커진다. 수사기관이 힘없는 일반 누리꾼을 위해 수사하겠는가. 사이버모욕죄는 '권력자 보호법'으로 전락하고 말 것이다. 따라서 사이버모욕죄는 대통령이나 고위관료, 정치인 등에 대한 누리꾼의 비판을 사전에 봉쇄하자는 의도에서 비롯된 것에 다름 아니다.

나. 통신비밀보호법의 개정

이한성 한나라당 의원이 발의한 통신비밀보호법 개정안의 핵심은 휴대전화와 인터넷도 쉽게 감청할 수 있게 하는 것이다. 휴대전화와 인터넷 사업자들에게 감청을 가능하게 하는 설비를 통신망에 추가하고, 정보·수사기관의 감청협조 요청에 응하도록 강제한다. 요청에 따르지 않으면 해마다 10억 원씩 이행강제금을 물린다. 사업자들은 가입자들의 통신사실 확인 자료를 의무적으로 1년 동안 보관하고, 위성을 이용해 오차 반경을 5m이하로 줄인 위치정보까지 통신사실 확인 자료에 포함하는 조항도 추가됐다.

통신비밀보호법 개정안은 통신망을 감청에 적합하게 바꾸고, 통신사실 확인자료 보관 절차도 정보·수사기관의 편의에 맞춰 변경하도록 강제한다. 모든 통신 이용자를 잠재적인 범죄자이자, 테러리스트로 취급하는 것이다. 국가인권위원회는 통신비밀보호법 개정안에 반대의견을 냈다. 위치정보 추가는 "개인의 프라이버시 침해와 수사기관의 남용 가능성이 있다"는 이유로, 감청장비 설치 의무화는 "감청이 상시적으로 행해질 수 있다", 통신사실 확인자료 보관 의무화는 "통신비밀보호법 제정 취지에 위배되고 인권침해 가능성이 크다"며 삭제를 권고했다.

통신비밀보호법이 강화하면 기자들의 취재 내용을 정보기관이나 수사기관이 언제든 감청할 수 있기 때문에 기자들의 취재활동을 위축시킬 우려가 크다. 기자들이 취재원을 밝히지 않고 정보를 캐내기가 사실상 불가능해질 뿐더러 취재원들도 기자들의 취재에 쉽게 응하지 않을 것이기 때문이다.

다. 국정원법의 개정

이철우 한나라당 의원이 대표 발의한 국정원법은 '국제 정보 및 국내 보안정보(대공·대정부 전복·방첩·대테러 및 국제 범죄조직)의 수집·작성 및 배포'로 엄격히 제한된 현행 국정원의 국내 정보활동 범위를 '국가 안전보장 및 국익에 중대한 영향을 미치는 국가정책 수립 정보, 중대한 재난과 위기 예방관리 정보' 등으로 확대하는 내용이다.

국정원은 국가안전보장을 위한 보안업무를 하는 정보기관이지 정책수립 기관이 아니다. 따라서 정책정보 수집 자체가 월권이다. 국정원의 모든 활동은 비공개로 진행되고 외부의 감시와 통제도 어렵기 때문에 직무범위는 법에 의해 명확히 규정되어야 직권남용을 막을 수 있다. 국정원법 개정안은 국익관련 정책정보, 위기관리

정보 수집을 명분으로 국정원이 정치·경제·사회 모든 분야를 다들여다 볼 수 있게 하고, 과거와 같은 사찰행위의 양성화를 불러올 가능성이 높다.

더구나 국가정보통신망에 대한 사이버 안전업무는 방송통신위원회 등의 업무로 국가 기밀보장을 위한 보안업무를 다루는 국정원 영역 밖의 업무다. 국정원이 이 업무를 수행할 경우 정부와 민간 영역의 모든 사이버 정보통신망을 사실상 국정원이 장악하는 상황이 올 수 있다.

국정원의 직무 범위가 확대되면 자연스레 과거 독재정권처럼 국정원이 정권반대세력인 정치인이나 시민사회단체 인사들에 대한 정보 수집 등 사찰업무를 수행하도록 허용하는 셈이 된다. 물론 정권에 비판적인 언론인에 대한 사찰이 이뤄져 이들에 대해 강력한 통제 기제로 작동할 수 있다. 과거 중앙정보부와 안전기획부의 언론인 사찰이 공연스레 이뤄질 수 있기 때문에 커뮤니케이터의 취재활동은 엄격하게 제한될 수밖에 없다.

### 라. 비밀보호법의 제정

이명박정부가 제안한 '비밀의 보호 및 관리에 관한 법률안'은 국방·외교 등 국가 안전보장에 관한 사항으로 한정된 비밀의 범위를 통상·과학·기술개발 등 국가이익과 관련된 사항까지 확대하고, 비밀을 수집·탐지·누설한 자를 7~10년 이하의 징역, 1억~2억 원의 벌금으로 엄벌하는 내용이다.

비밀은 명확한 근거에 의해 분류되어야 한다. 그러나 정부가 국익 관련 사항이라는 이유를 들면 무엇이든 비밀로 지정될 수 있다. 미국산 쇠고기 수입 관련 자료도 비밀로 지정하면 그만이다. 더구나 국정원에 비밀의 분실 및 누설에 대한 조사권과 검찰 고발권까지 줌으로써 정부기관은 물론, 국익 관련 기술을 다루는 기업까지 국정원의 감시와 통제 아래 두는 '시대 역행' 법안이다. 국익 관련으로 비밀의 범위를 확대하고, 수집·탐지·누설이라는 모호한 규정을 근거로 엄벌하는 것은 정부에 불리한 정보를 통제하려는 것이다.

따라서 기자들은 정부가 국익이라는 이유로 비밀로 제정한 정책 실패에 대해서는 접근하기 어려울 뿐더러 설령 이를 취재했다고 하더라도 처벌이 두려워 보도할 수 없다. 더구나 정부는 자신의 정책 실패를 은폐하기 위해 거의 모든 정보를 비밀로 지정할 수 있기 때문에 언론의 비판적 기능은 사라질 수밖에 없고 정부가 원하는 정보만 보도할 수밖에 없게 된다. 언론의 사회감시 기능을 없애기 위한 악법이라고 할 수밖에 없다.

### (2) 검찰 수사 및 기소

이명박정부는 자신에게 불리한 내용을 보도하거나 자신의 우군인 보수언론에 피해를 준다고 생각되는 누리꾼의 행동에는 검찰을 동원하여 수사하고 구속 기소하는 등 공안태풍을 몰고 왔다. 이에 따라 언론인과 누리꾼은 '겁주기 효과(Chilling Effect)'로 기사를 작성하기 전에 스스로 검열하는 '자기 검열'에 빠져 권력 비판기능이 무뎌지기도 했다.

### 가. 누리꾼 등 재판 회부

청와대는 이명박 대통령의 발언을 잘못 보도했다며 오마이뉴스에 5억 원의 손해배상 청구소송을 제기했다. 말로 해서는 통하지 않으니까 돈으로 피해를 주겠다는 의도이다. 5억 원은 오마이뉴스처럼 작은 언론사의 명운을 좌우할 수 있는 금액이다.

이명박정부는 검찰을 동원하여 조선일보 광고주 상품 불매운동을 벌인 누리꾼과 미국산 쇠고기의 광우병 위험성을 보도한 MBC TV 'PD수첩'을 수사했다. 검찰은 특히 '조중동 광고 불매'운동을 벌인 누리꾼을 구속 기소하여 법원에서 재판을 받았다. 검찰은 또 KBS 정연주 사장을 쫓아내기 위해 정사장을 배임혐의로 기소, 2008년

11월 현재 재판이 진행 중이다.

나. 전문가 "법적 타당성 없다"

언론학자들과 법률전문가들은 PD수첩과 누리꾼, KBS에 대한 수사는 법적 타당성을 갖추지 못했다고 비판했다. PD수첩의 경우 "보도내용이 공공성을 갖춘 국민의 알 권리 대상일 경우 부적절한 용어의 선택, 자극적 언어의 사용, 단정적 표현이 있더라도 전체적인 내용이 왜곡되지 않았을 경우 위법적이라고 평가되지 않는다"고 지적했다. 특히 검찰이 방송사에 원본 테이프를 제출하라고 요구한 것은 터무니없다는 것이다.

조선일보 등 보수 언론에 광고를 실은 기업의 상품에 대해 불매운동을 벌였다는 이유로 누리꾼들을 수사하는 것도 어불성설이다. 검찰은 이들을 처벌할 마땅한 근거를 찾을 수 없어 미국 등의 판례를 검토하기까지 했다. 미국에서 광고 끊기 운동은 합법이자 일상이기도 하다. 검찰은 불매운동 대상이 된 기업에 누리꾼들을 고발하라고 권고하기도 했다. 어떤 기업은 검찰의 종용을 들어주지 않았다고 '양심선언'(?)을 하기도 했다. 더구나 누리꾼들을 출국 금지시키고 이들의 자택을 압수 수색했다.

누리꾼들은 포털 사이트의 '조중동' 광고주 리스트가 삭제되자 미국 포털 사이트 '구글'로 옮겨가는 '사이버 망명'을 단행하고 대검찰청 홈페이지 게시판에 광고주 리스트를 올리고 "검찰청 사이트도 조사하라"고 비아냥거리기도 했다. 누리꾼들은 검찰을 '조선일보 서초지국', '조선일보 대검찰청 지국'으로 삼아 신문 구독 및 해지를 요구하는 내용의 글을 실어 검찰을 조롱했다.

다. '겁주기 효과'로 자기 검열

언론인도 예외가 아니다. 정부의 정책에 반하는 보도·프로그램을 내보내 정부에 '밉상'으로 찍힐 경우 사과방송을 시키기도 했다.

'PD수첩'의 김보슬 PD와 이춘근 PD는 집에 들어가지도 못한 채 숙직실에서 새우잠을 자야 했다.

이에 따라 언론인들과 누리꾼은 글 쓰는 것에 대해 내면화하고 자기검열을 하기도 했다. '겁주기 효과'의 약발이 먹힌 것이다. 대표적 희생양인 '언론소비자주권 국민캠페인(언소주)' 소속 회원들도 많이 위축됐다. 이정기 언소주 사무처장은 "오프라인에서 회원들을 만나면 '검찰의 행태가 치졸하긴 하지만 혹시라도 문제가 될까봐 글 올리기 무섭다' '댓글 달기도 두렵다'라는 이야기를 많이 한다"고 말했다.

### (3) 기자 해고 및 인사 보복

YTN은 100일 이상 구본홍 사장 출근 저지 투쟁을 벌여온 노조원 6명을 전격적으로 해고하는 한편 16명에 대해 중징계 처분을 내렸다. 이어 KBS도 낙하산 사장 반대와 공영방송 지키기 운동을 벌인 사원들을 지방이나 한직으로 발령 내는 등 보복인사를 강행했다. MBC도 'PD수첩' 사태와 관련 담당자들을 전보했다. 특히 YTN은 사원들의 성향조사를 벌이는 등 독재정권 당시 중앙정보부와 안전기획부 등에서 벌여졌던 언론인 사찰이 시행되어 논란을 벌였다.

### 가. YTN, 해고 등 33명 중징계

YTN노조는 구본홍 사장이 이사회에서 선임된 뒤 다양한 방식의 투쟁을 벌였다. YTN노조는 아침마다 구본홍 사장 출근저지 투쟁을 벌였고, 조합원들이 조를 짜 가면서 단식투쟁을 이어갔다. 사장실 앞을 저지하는 것은 물론 '공정방송' 의지를 담아 리본을 단 채 취재를 했다. YTN 노조원들은 투쟁 때마다 주먹을 불끈 쥔 채 '임을 위한 행진곡'을 불렀다.

이러한 움직임에 대해 YTN 사측은 '징계'와 '고소'라는 카드로 노조원들을 압박했다. 회사는 노조원 12명을 업무방해와 노동조합 및 노동관계조정법 위반 혐의로 서울 남대문경찰서에 고소했다. 그리고 인사위원회를 열어 노조 활동에 앞장선 노조원 6명을 해임하고 27명을 중징계하는 등 모두 33명에게 징계 조치를 내렸다.

나. KBS 인사보복

온갖 무리수를 두어가며 정연주 사장을 쫓아내고 들어선 이병순 KBS 신임 사장은 95명의 사원 인사에서 '공영방송 사수를 위한 KBS 사원행동'에서 활동했던 사원 47명과 사내게시판에 비판적인 글을 올렸던 사원 등을 대거 지방 또는 한직으로 전보 조치했다. 보도본부 탐사보도팀의 경우 소속 기자들의 절반가량을 다른 부서로 이동시켰고 기술직 사원 중 사원행동 활동을 했던 사원은 지방 송신소로 발령을 냈다. '사원행동'은 이병순 사장의 출근 저지투쟁에 나섰던 KBS 사내 모임이다.

또 KBS 감사팀은 비슷한 시기에 이사회의 요청을 받아들여 사원행동 소속 사원들에 대한 내부감사에 착수했다. 감사팀은 일부 책임자에 대해서는 해임·정직 등 중징계 방안을 검토 중이다.

한편 KBS는 '생방송 시사투나잇' 제작진을 대규모로 전출시키는 인사도 단행했다. TV제작본부 시사정보팀에 소속된 제작진 중 강희중 앵커는 스페셜팀, 송재헌 CP(Chief Producer)는 환경정보팀으로 전보됐다. 정병권 최필곤 우현공 안상미 PD는 각각 교양제작팀으로 옮겨졌고, 이지희 PD는 문화예술팀으로, 김범수 PD는 어린이 청소년팀으로 자리를 옮기게 됐다.

이들을 대신해 새로 신설될 '시사터치 오늘'로 발령을 받은 이들은 김정은 PD(전 환경정보팀) 임현진 PD(전 교양제작팀)과 이제석 정혜경 유재우 진정회 PD(각각 전 교양제작팀), 손종호 PD(전 어린이 청소년팀) 등이다.

다. MBC 'PD수첩' 제작진 물갈이

MBC의 경우도 마찬가지이다. 엄기영 MBC 사장은 'PD수첩'에 대한 방송통신심의위원회의 '시청자에 대한 사과' 제재를 받아 들여 사과방송을 한 뒤 여기에서 그치지 않고 PD수첩 CP와 진행자와 책임자인 시사교양 국장을 교체하는 등 물갈이를 이어갔다. 그러나 MBC 내부는 "사과방송은 PD수첩의 정당성을 훼손한다"면서 "정권 눈치보기 하는 것이냐"고 반발했고, 집단 연가 투쟁, PD수첩 CP · 진행자 보직 사퇴, 일부 PD들의 보직 줄 사퇴, 후임 시사교양국장 사퇴, 부사장 퇴진 요구 등으로 저항했다.

(4) 기자성향 조사

강철원 YTN 보도국장 직무대행(부국장)이 보도국 기자들의 노조 활동지지 여부와 가담정도 등으로 기자의 성향을 분류한 뒤 일부 기자를 상대로 설득 작업을 벌여 독재정권 하의 언론인 사찰이 재개됐다는 지적도 있었다. YTN은 강철원 국장직무대행의 지시로 기자들에 대해 YTN노조에 대한 지지여부, 인사명령 수용 여부, 설득 가능 여부 등으로 성향을 분류한 뒤 성향에 따라 '전향 설득', '기사 승인권 차별 부여' 등을 시행했다. YTN노조가 공개한 '보도국 기자 성향 분류'라는 제목의 자료에 따르면, 강 부국장이 보도국장 직무대행을 맡은 뒤 정치 경제 사회 문화 국제 등 각 취재부서와 편성운영 팀과 영상취재팀 등 부서별 기자들의 성향을 분류했다.

(5) 청와대 기자단이 기자를 중징계

이명박정부 하에서는 같은 출입처 기자들이 동료 기자를 징계하기도 했다. 청와대 출입기자단은 미국산 쇠고기와 관련해 청와대의 엠바고 요청을 폭로한 코리아타임스 김연세 기자와 대통령의 독도 발언을 보도한 오마이뉴스 등에 대해 '일시 출입 정지'라는 중징계를 내려 '기자단과 청와대가 일심동체가 됐느냐'는 비판을 받기도 했다. 특히 김연세 기자는 타부서로 전출되자 아예 회사를 그만두기도 했다.

노무현정부 때는 사전 엠바고 요청이 들어오면 기자단이 논의를 해서 수용여부를 통보했다. 그러나 이명박정부는 먼저 말실수를 해놓고 사후에 비보도 요청을 했다. 엠바고는 1개사라도 반대하면 성립되지 않는 것이 원칙이지만 청와대 출입기자단은 이를 지키지 않았다.

## 2) 미디어 통제

이명박정부는 취임 직후 방송통신위원회를 설립한 뒤 위원장에 최시중씨를 임명했다. 방송위와 정통부가 통합된 방통위는 '합의제 독립기구'라는 설립 취지가 무색하게 이명박 대통령의 정신적 멘토인 최시중씨가 수장을 맡으면서 예상을 훨씬 뛰어넘는 '슈퍼 파워'가 됐다. 최시중 위원장은 취임 이후 막강한 '정치력'을 발휘하여 방송 장악에 나섰다. 그는 이른바 'KBS 대책회의' 등 청와대 및 정치권 인사들과 함께 자리하는 자리를 만들어 이명박정부의 언론계 인사와 언론정책을 조율했다. 최 위원장은 이런 자리들을 통해 정연주 KBS 사장 퇴진 및 새 사장 인선, YTN 구본홍 사장 선임 등 각종 언론계 현안을 논의했다. 이는 방통위원장의 권한 밖 사안이었다.

언론통제의 선봉장으로 나선 인물들이 거의 대부분 언론인 출신이라는 점에서 전두환정권의 '이언제언'을 떠올리게 한다. 최시중 방통위원장과 청와대 대변인은 동아일보 출신이며, 신재민 문화체육관광부 제2차관은 주간조선 편집장 출신이다.

이밖에 이명박 대통령의 대선 캠프 특보 출신으로 언론관련 기관에 낙하산으로 투입된 전직 언론인으로는 김현일 전 중앙일보 논설위원(한국방송광고공사 감사) 양휘부 전 KBS 창원방송 총국장(한국방송광고공사 사장) 임은순 전 경향신문 논설위원(신문유통원장)을 들 수 있다. 또한 'YTN 사태'의 주인공인 구본홍 YTN 사장, KBS 사장설이 무성했던 김인규 디지털미디어산업협회 초대회장, 올해

초 자리를 잡은 정국록 아리랑 TV 사장, 이몽룡 스카이라이프 대표 등도 특보를 지냈다.

이명박정부와 한나라당은 특히 미디어 통제에 혈안이 되어 있다. 이른바 '7대 언론악법'으로 일컬어지는 방송법과 신문법, IPTV법 등 제·개정안을 통해 재벌과 신문사에 지상파 방송사 및 종합편성 및 보도전문 채널의 소유를 허용하여 자신에 유리한 방송체제를 구축하려 시도하고 있다. 이를 통해 자본 및 보수진영에 우호적인 미디어를 확보하여 보수정권의 장기집권 체제를 구축하려 하는 것이다. 자신에 우호적인 자본이나 대형 신문사에게 '선물'을 제공하고 이들의 영향력을 확대하여 정권유지를 위한 동반자로 삼겠다는 뜻이다. 더 나아가 '일공영 다민영' 체제의 추진과 방송광고공사 해체 및 민영 미디어렙 도입, 공영방송법 제정, 신문·방송 겸영 허용 등을 통해 현행 공영방송 체제를 해체하고 더 나아가 방송을 자본에 예속화하려는 목적을 갖고 있다.

(1) 국가정보원의 개입

이명박정부 들어 국가정보원이 '언론대책회의'에 참석하여 물의를 빚었다. 이명박 대통령이 정연주 KBS사장의 해임을 제청한 8월 11일 김회선 국정원 2차장이 최시중 방송통신위원장, 이동관 청와대 대변인, 나경원 한나라당 의원 등과 오찬모임을 갖고 언론대책을 논의한 사실이 뒤늦게 밝혀졌다. 민주당의 지적대로 '국가정보기관이 개입한 전방위적인 언론장악 기도'라고 할 수 있다.

이명박정부의 고위관료들은 언론을 장악하기 위해 혈안이 되어 있는 것 같다. 유인촌 문화부장관은 국회 국정감사장에서 막말을 해대며 사진기자들에게 "사진 찍지마 ○○"라고 소리쳤다. 뒤늦게 '뒷짐 지고' 사과했지만 이미 뱉은 말을 주워 삼킬 수는 없었다. 같은 부처의 신재민 차관은 언론대책회의의 국정원 개입이 떳떳하다는 태도를 보였다. 언론정책을 책임진 부서의 장차관의 이러한 태도야

말로 어떤 방식으로든 언론을 주무를 수 있다는 과거지향적 언론관
이라고 할 수밖에 없다.

### (2) 공영방송 수장 교체

이명박정부 출범 이후 공영방송은 위기를 맞았다. 기술발전에 따
라 진전되고 있는 방송과 통신의 융합은 공공성을 지향하는 공영방
송 체제에도 영향을 끼칠 수밖에 없다. 그러나 이에 앞서 이명박정
부는 권력을 동원하여 공영방송을 장악하려 시도했다.

대표적인 사례는 정연주 KBS 사장의 강제 해임이다. 이명박정부
의 국정철학을 전달하는 데 적합하지 않다는 이유를 들어 '인적 관제
화'를 노골화했다. 또한 YTN 사장에 자신의 측근을 앉혔다.

### 가. KBS사장 교체

이명박정부는 우선 '눈엣가시'였던 정연주 KBS 사장을 몰아내고
자신의 측근을 KBS 사장에 앉혀 KBS를 장악하려 했다. 국가기간방
송인 KBS를 자신의 영향력 아래 두려고 한 것이다. 청와대의 박재완
국정기획수석은 "KBS는 정부 산하기관으로서 새 정부의 국정철학
을 구현해야 한다"고 말했다. 정연주 사장을 몰아내기 위한 수순을
시작한 것이다.

방송법 제50조 2항에는 KBS 사장은 이사회의 제청으로 대통령이
임명한다고 규정되어 있다 해임조항은 없다. 그런데도 MB정권 고
위관료인 신재민 문화체육관광부 제2차관은 '임명한다'는 조항에는
'해임할 수 있다'는 의미도 포함된 것이라며 대통령에게 KBS 사장
해임권한이 있다고 주장했다.

대통령에게 KBS 사장의 임명권만 부여한 것은 방송사의 독립성
을 강조하기 위한 입법 취지이다. 강대인 전 방송위원장은 "이전
한국방송공사법에는 대통령의 KBS 사장 임명권과 해임권이 동시에
규정되어 있었다"고 지적하고 "2000년 통합방송법이 제정되면서 임

명권만 명기한 이유는 공영방송의 독립성을 보장하기 위한 것으로 대통령의 임명권 역시 대통령이 특정인물을 지명할 수 있는 것이 아니고 KBS 이사회의 제청으로 형식적인 절차만 갖는 것"이라고 지적했다.

이명박정부는 정연주 사장을 몰아내기 위해 다각도로 압력을 가했다. 최시중 방송통신위원장이 김금수 전 KBS 이사장에게 정연주 사장 퇴진 압력을 가하고 감사원이 KBS에 대한 특별감사에 나섰으며 검찰은 정 사장을 배임혐의로 수사한다며 소환장을 발부했다. 그것도 여의치 않자 KBS 이사회를 친정권 인사들로 채우기 위해 신태섭 이사를 사실상 해임했다. 유재천 KBS 이사장이 정사장에게 명예롭게 퇴진하라고 최후통첩을 보내기도 했다.

이에 맞서 야당과 언론단체, 시민단체, 누리꾼들이 공영방송 수호를 내걸고 하나로 뭉쳤다. 자연스레 여의도로 옮겨 붙은 촛불이 활활 타 올랐다. 그럼에도 불구하고 KBS에 대한 감사원의 감사결과가 발표되고 검찰의 수사가 진행되면서 정연주 사장은 물러났으며 후임에는 이병순씨가 임명됐다. KBS에 대한 수사는 어처구니없는 사안이었다. KBS가 법원의 조정을 받아들여 세금 환급액을 조절했는데도 불구하고 이를 수사하는 것은 검찰이 법원의 결정을 수사하겠다는 것과 다름없다.

정연주 사장 해임사태는 권력에 예속되는 공영방송의 위치를 단적으로 보여준다. 동시에 공영방송을 자본에 종속시키려는 시도들이 이명박정부의 신자유주의 정책과 맞물려 가시화한 것이라고 볼 수 있다.

나. YTN 낙하산 사장 선임

이명박정부는 언론계와 시민단체 노조의 반대를 무릅쓰고 대선 후보 시절 자신의 방송특보였던 구본홍씨를 보도전문 채널 YTN 사장에 앉혔다. 구본홍 사장이 이사회에서 신임사장으로 내정된 이후 YTN노조를 중심으로 언론계와 시민단체들이 크게 반발했으나 주주총회장을 용역들로 방패막이한 뒤 60여 초 만에 날치기로 사장 선임안을 통과시켰다.

이에 대해 YTN노조는 150일 이상 매일 아침 사장 출근저지 투쟁을 벌였다. 단식투쟁과 피켓시위, 공정방송 리본 달기 등 투쟁방식도 다양했다. 언론단체와 시민단체의 동조 움직임도 크게 확산되어 구사장은 사장실에 출근하지 못한 채 인근 호텔 등에 머물러야 하는 곤욕을 치렀다.

### (3) 언론법제의 개편

이른바 '7대 언론악법'이 국회에서 통과된다면 새로운 언론사 통폐합으로 역사에 기록될 지도 모른다. 박정희정권이 5.16쿠데타와 유신체제 직후에 단행한 언론사 통폐합과 전두환정권이 신군부 시절 대대적으로 단행한 언론사 통폐합과 맞먹는 언론사 통폐합이 이뤄질 가능성이 크기 때문이다. 한국의 여론시장과 사상의 자유시장을 하루아침에 최고 권력자의 입맛대로 재편하고, 권력과 유착한 재벌과 신문에 엄청난 특혜를 준다는 점에서 그렇다. 한나라당이 최소한의 절차와 의회정치의 기본을 무시하고 언론악법을 날치기로 통과시킨다면 국회는 1980년 전두환정권의 국보위와 다를 것도 없다는 지적도 나온다.

전두환 신군부는 1980년 11월 14일 '건전한 언론을 육성하고 창달'한다는 명목으로 언론사 통폐합을 단행했다. 이를 통해 수많은 독립 군소언론사를 제거했고 살아남은 거대언론사의 자발적 복종을 이끌어냈으며 지상파방송을 정권홍보나 통치수단으로 만들었다. 전두환 신군부에 뒤질세라 이명박정부도 '7대 악법'을 통해 공영방송 구조의 해체와 재벌의 지상파방송 진입 허용, 독과점 신문사의 지상파방송 겸영허용을 통해 언론장악을 꿈꾸고 있는 것이다.

일부 한나라당 의원은 현재의 방송체제가 1980년 언론사 통폐합의 산물이라고 주장한다. 현재의 청와대가 조선총독부의 산물이라고 주장하는 것과 마찬가지다. 한국의 공영방송 중심 미디어 구조는 신군부의 언론사 통폐합 이후 20여 년간 방송인과 시민사회가 치열한 싸움을 통해 확보한 것이다.

한나라당 미디어 관련법의 핵심은 신문사와 대기업의 지상파방송 진출 허용이다. 언론계에서는 '보도·종합편성 채널 허용은 예상했지만 지상파 방송까지 푼 것은 예상 밖'이라는 반응이 많다. 특정 신문과 대기업의 여론 지배력이 방송으로 전이될 게 뻔한 상황에서 지상파까지 열 것이라곤 솔직히 상상도 못했다는 지적이 많다. 지분 보유 한도 20%이면 보도의 논조나 프로그램 내용에 충분히 영향을 끼칠 수 있기 때문이다.

한나라당은 지상파방송 진출 허용의 명분으로 미디어기업의 경쟁력 강화를 내세우고 있다. 세계적인 미디어 그룹을 육성하기 위한 방안이라는 주장이다. 그러나 진짜 이유는 공영방송 체제 개편을 위한 정부·여당의 사전 포석이라는 해석이 지배적이다. 신문사와 대기업의 방송 진출은 종합편성 채널만으로도 충분한데 굳이 지상파 방송까지 열겠다는 것은 현재의 '다공영 일민영' 체제를 '일공영 다민영'으로 바꾸려는 방송구조 지각변동을 염두에 둔 것이라는 지적이다.

지상파방송 1대주주 지분을 20%로 확대한 것이나 민영미디어렙 도입의 추진도 사업진출을 망설이는 대기업에 제공하는 당근이다. 방송에 진출한 기업이 수익을 내려면 시청률 경쟁에 매몰될 수밖에 없으므로, 이를 비판하는 내외부 반발에 휘둘리지 않을 만큼 1대 주주의 지배력을 확고히 해 줄 필요가 있다는 것이다. 또한 한미자유무역협정(FTA)에서 '미래유보'(협정 체결 후 양국 간 협의를 통해 개방수준 재조정 가능) 사항으로 막았던 외국인의 종합편성 채널 지분 보유를 열어준 부분도 '외국 자본의 방송 지배를 가능하게 한 행위'란 비판을 받고 있다.

## 가. 방송법 개정안

나경원 한나라당 의원이 대표 발의한 방송법 개정안의 핵심은 그동안 금지됐던 대기업과 신문·통신사의 지상파방송사 및 종합편성·보도전문 채널 진출을 전면 허용하는 것이다. 자산규모 10조 원 이상 대기업과 신문·통신사는 지상파방송사의 20%, 종합편성 및 보도전문 채널의 49%(수정안 30%)까지 소유할 수 있고, 1인 소유 지분도 30%에서 49%로 늘렸다. 외국인도 종합편성과 보도전문 채널의 20%까지 소유할 수 있도록 했다.

재벌과 보수신문의 방송장악은 여론시장의 균형추를 보수로 기울게 함으로써 여론다양성을 훼손시킬 우려가 크다. 한나라당이 대기업과 조중동 등 거대신문에게 지상파방송 등에 진출할 수 있는 길을 열어 주려는 것은 방송환경을 친 한나라당 구도로 만들려는 의도가 다분하다. 한나라당은 두 차례의 대선 패배를 지상파방송 탓으로 돌리면서 방송장악을 위해 여러 각도에서 힘을 기울여 왔다. 개정안대로 방송법이 개정되면 대기업과 조중동 등 거대 신문사가 짝을 이룬 뒤 20%씩 출자해 40%의 지분으로 지상파 방송사를 소유할 수 있다. 한나라당은 보수지가 신문시장을 사실상 장악하고 있는 상황에서 방송을 재벌과 조중동에게 넘기면 장기집권에 유리한 환경이 조성된다고 보고 있다.

언론권력과 자본이 결합하면 정치 및 자본권력에 대한 감시와 비판 기능은 실종될 수밖에 없다. 특히 재벌이 방송을 직접 소유하면 방송의 공적 영역은 상실되고 자본의 이윤추구를 위한 이전투구의 장으로 전락할 수 있다. 특히 정보 내용이 선정적, 저질화 할 우려가 크다. 미디어의 공공성은 사라지게 되고 그만큼 우리 사회의 위험성도 커질 것이다.

현행 방송법은 여론형성에 정치적 영향력을 미치는 지상파방송과 종합편성·보도전문 채널만 허용하지 않을 뿐 영화·드라마·스포츠·오락·다큐멘터리 등 산업으로서의 방송사업은 모두 허용하고 있다. 세계적인 미디어그룹을 지향한다면 지금도 완전히 허용되어 있는 분야에서 전문적인 콘텐츠를 제작해 국외로 진출하는 길이 빠르고 현명한 방법이다.

나. 신문법 개정안

강승규 한나라당 의원이 대표 발의한 신문법 개정안의 핵심은 신문사가 지상파 방송 및 종합편성 · 보도전문 채널을 가질 수 없도록 한 조항을 삭제해 조중동 등 거대신문의 지상파방송 진출 등을 허용하는 것이다. 헌법재판소에서 헌법불합치 결정이 내려진 일간신문의 복수소유 제한 조항도 모두 삭제했다.

현 신문법에서는 지상파방송과 케이블TV의 종합편성 및 보도전문 채널만 허용하지 않을 뿐 나머지 채널은 신문사의 방송 겸영을 인정하고 있기 때문에 한국만 신문 방송 겸영을 제한하고 있다는 것은 맞지 않다. 각 나라는 신문과 방송을 교차 소유함으로써 발생하는 여론독과점을 막기 위해 다양한 규제방식을 동원하고 있다.

미국 연방통신위원회(FCC)는 신문 · 방송 교차소유 범위를 확대하려는 개정안을 발의했지만 2005년 연방법원이 제동을 걸었고 2008년에는 상원이 부결시켰다. 미국은 신문사의 지상파방송 진출을 허용하지 않고 있으며 영국도 시장점유율 등 여러 조건을 충족시키지 못하면 신문사와 방송사의 겸영이 불가능하다. 신문 · 방송 겸영의 전면허용은 민주사회를 유지하기 위한 여론다양성을 훼손할 우려가 크다. 헌법재판소도 2006년 신문법의 신문 · 방송 겸영금지 조항을 합헌이라고 결정했다.

헌재가 헌법불합치 결정을 내린 부분은 특정신문의 지분 1/2이상을 소유한 개인이나 법인은 다른 신문의 1/2이상 지분을 소유할 수 없다는 조항이다. 헌재의 결정취지는 복수 소유를 통해 생존할 수밖에 없는 작은 신문사의 현실을 고려해 신문의 다양성을 강화하는 방향으로 개정해야 한다는 것이다. 그러나 개정안은 일간신문사의 복수소유 제한 조항을 완전히 없애 신문사간 인수·합병이 무제한적으로 가능하도록 했다. 이럴 경우 신문시장은 거대신문사 중심으로 재편될 수밖에 없다.

신문법 개정안은 또한 한국언론재단과 신문발전위원회 지역신문발전위원회 신문유통원 등 4개 언론지원기구를 통폐합해 독임제 한국언론진흥재단을 만들도록 했다. 다만 한시법인 지역신문발전지원특별법에 따라 만들어진 지역신문발전위원회는 법이 만료되는 2010년까지 존속시키기로 했다. 또한 언론진흥재단에 이사장 1명과 상임이사 3명을 포함해 9인 이내의 이사와 비상임 감사 1인을 두도록 하고, 문화부장관이 이사장의 임명권뿐만 아니라 해임권도 갖게 했다. 상임이사 3명에 대한 임면도 문화부장관의 승인을 받도록 했다.

개정안은 또 언론진흥재단의 직무에 '문화체육관광부 장관이 위탁하는 사업'을 넣었다. 문화부는 기금사용의 성과를 측정·평가한 뒤재단에 시정을 요구할 수 있다. 새 기구의 예산도 매년 예산편성의기본방향과 규모에 대해 문화부장관의 승인을 받도록 했다. 결국언론진흥재단의 인사와 사업, 예산까지 전 분야에 걸쳐 정부가 권한을 갖겠다는 뜻이다. 이에 대해 현 언론재단은 언론단체 대표를 이사로 선임해 독립성을 갖추어야 한다고 의견서를 제출했다. 신문발전위원회도 독임제가 아닌 합의제 기구로 개편해야 한다고 밝혔다.

다. 방송체제 지각변동

이명박정부의 계획대로 신문과 방송의 겸영이 이뤄지면 방송계의 지각변동이 이뤄질 전망이다. 현재 2개인 보도전문채널이 늘어날 수 있고, 지상파 방송에 맞먹는 종합편성채널이 새로 생기면서기존 지상파방송의 영향력 축소가 예상된다. 특히 대기업과 거대신문사에게는 커다란 호재가 된다. 신문사들은 영향력을 더욱 확대할 수 있다. 신문과 방송의 겸영허용은 여론 형성 기능을 독점하는막강한 미디어그룹의 탄생을 통해 여론다양성과 민주적 여론 형성

기능을 심각하게 훼손할 수 있다.

재벌이 정치적 영향력이 매우 큰 방송을 소유할 경우 방송이 시청자의 이익보다 기업의 이윤이나 정치권력의 이해에 이용할 수 있는 위험요소가 높아진다. 따라서 현행 방송법은 이를 엄격하게 규제하고 있다. 지상파방송에서는 사적 이익보다 공중의 이익이 우선되어야 한다. 따라서 대기업의 방송 진입규제 완화 문제는 사회적 합의가 필요하다. 공공영역의 훼손을 불러올 대기업의 지상파 방송진출 확대는 방송 프로그램의 질 하락과 경쟁 과열로 인한 시청자 피해를 발생시킬 것으로 우려되기 때문이다.

이명박정부의 한국방송광고공사 해체와 민영미디어렙 도입 방침도 자본의 논리에 기초한 것이다. 단순히 방송광고판매 제도를 경쟁체제로 전환하는 데 그치지 않고 엄청난 파급 효과를 불러올 것이 분명하다. 공공영역의 후퇴는 불을 보듯 뻔하다. 정부와 여당은 경쟁을 활성화해 광고시장이 확대된다고 주장하지만 이면의 문제는 애써 외면하고 있다.

방송광고판매에 경쟁체제가 도입되면 광고수주를 위한 방송사간 경쟁이 본격화하고 시청률을 올리기 위해 상업적 콘텐츠가 범람하게 될 것이다. 또한 광고판매 연계제도가 사라지면 그동안 공적 기여를 해온 종교·지역방송이 엄청난 경영난에 시달리게 될 것이다. 결국 방송은 적자생존이라는 자본의 논리에 휘말려 생존을 위해 공적 역할을 뒤로 할 수밖에 없게 된다.

공영방송 체제를 허무는 또 하나의 법안이 공영방송법이다. 한나라당은 2008년 공영방송법안을 발표했다. 공영방송법은 한나라당의 MBC 및 KBS 2TV의 민영화 작업에 마침표를 찍는 법안으로, 한나라당이 17대 국회 때 제출했던 국가기간방송법을 모태로 한다.

공영방송법의 뼈대는 공영방송의 광고수입 재원을 20% 이내로 한정하고 80%를 수신료로 운영토록 하는 한편, 예산과 결산의 국회 승인을 의무화해 공영방송 통제권을 강화했다. 모두 국가기간방송법의 핵심 내용을 충실히 따른 것이다. 두 법안의 결정적 차이는 최고 의사결정기구의 구성 방식이다. 국가기간방송법은 공영방송의 최고 의사결정기구로 경영위원회를 두되, 위원 9인을 국회의장 추천을 거쳐 대통령이 임명토록 했다. 반면 공영방송법에선 공영방송경영위원회를 5인으로 구성하되, 여야가 각 2명씩을 추천하고 대통령이 1명을 임명하도록 바꿨다.

위원회 구성방식의 변화엔 한나라당의 '태도 바꾸기'가 숨어 있다. 국가기간방송법은 한나라당이 당시 여권을 견제하기 위해 만든 법안이다. '방송 때문에 정권을 빼앗겼다'고 할 만큼 KBS와 MBC에 대한 피해의식이 컸던 한나라당은 대통령이 공영방송에 개입할 수 있는 길을 차단하기 위해 경영위원회 위원 전원을 국회의장이 추천하는 방식으로 법을 입안했다. 반면 공영방송경영위원회를 여야 비율을 3대2로 구성함으로써, 한나라당이 방송사 운영을 좌지우지할 수 있는 시스템을 갖춘 것이다. 여당이 된 한나라당의 '공영방송 장악' 속셈이 드러나는 부분이다.

이명박정부는 끈질기게 MBC의 민영화를 꾀하고 있다. 한나라당이 추진 중인 언론악법은 MBC를 겨냥한 것이다. 방송법 개정안이 민영화를 통해 MBC가 조중동과 재벌 소유가 될 수 있는 가능성을 터주었기 때문이다. 신문법 개정으로 신문과 방송의 겸영이 허용되고 방송법 개정으로 신문사와 재벌이 방송사의 지분을 소유할 수 있게 되면 MBC는 조중동과 재벌 소유가 될지도 모른다.

이러한 이명박정부의 의도는 2008년 12월 19일 MBC 대주주인 방송문화진흥회 20주년 기념식장에서 최시중 방송통신위원장의 MBC에 대한 선전포고에서 잘 드러난다. 최 위원장은 "MBC의 '정명(正名)'이 무엇인지 스스로 돌아봐야 할 시점이다"라고 말하며 MBC를 압박했다.

공영방송법은 일민영 다공영 방송체제를 일공영 다민영 체제로 개편하겠다는 계획을 본격적으로 실행하는 것이다. 또한 KBS와 EBS

만 공적 소유형태를 띠고 공적 재원으로 운영되는 방송만을 공영방송으로 하고 광고를 재원으로 하는 MBC는 상업방송으로 분류된다.

## 3) 메시지 통제

이명박정부는 전두환 시대의 '땡전뉴스'가 그리운지 모르겠다. KBS를 장악하여 '땡박뉴스'를 만들려 하고 인터넷을 통제해 자신에게 불리한 정보를 차단하겠다는 의도를 내비치고 있다. 이는 독재정권 시절의 '보도지침'과 영락없이 닮은꼴이다. 게다가 이동관 청와대 대변인은 국민일보 편집국장에게 자신에게 불리한 기사를 빼주면 은혜를 갚겠다는 청탁 아닌 협조를 요청하기도 했으며 걸핏하면 대통령 발언에 대해서도 보도유예나 비보도 협정을 남발했다.

### (1) KBS 프로그램 통제 강화

이명박정부는 새로운 사장이 임명된 KBS에 대해 노골적으로 대통령과의 대화를 정규적으로 편성하도록 강요했으며, KBS 경영진은 그동안 보수언론과 여당 등 보수 세력의 표적이 되어 왔던 프로그램들을 교체했다. 또한 KBS 뉴스도 정부 여당 편향으로 바뀌고 있다. MBC도 이명박정부의 강압에 적극 대응하지 못하고 미국산 쇠고기의 광우병 위험을 다룬 'PD수첩'에 대해 사과방송을 하게 된다. 특히 새로 탄생한 방송통신심의위원회는 정권의 코드에 맞춰 제재를 가하는 등 방송프로그램에 대한 통제를 강화했다.

### 가. '대통령 방송'이 된 KBS

KBS는 청와대의 요청을 받아 들여 '대통령 방송'을 표면화했다. 이병순 사장 취임 이후 열린 '대통령과의 대화' 방영에서 외압 논란을 아슬아슬 비껴간 KBS는 결국 가을 개편에서 대통령의 라디오 연설을 정규 프로그램으로 편성했다. 첫 방송 때 지상파 방송사 중 유일하게 대통령 연설을 방송한 KBS는 프로그램 개편 때 라디오

PD들과 협의하겠다는 약속을 외면한 채 편성을 강요해 내부 구성원들의 반발을 초래했다.

KBS 내부 구성원들은 이를 '굴욕'으로 받아들였으며, KBS PD협회와 기자협회가 "KBS는 청와대의 입이 아니다"며 "방송의 독립성과 자율성을 내팽개치고 KBS를 관영방송으로 전락시켰다"는 성명을 내놓으며 라디오본부장의 공식사과를 요구했다.

나. '미디어 포커스' '시사투나잇' 사실상 폐지

KBS는 이어 TV와 라디오 가을 개편에서 1TV '미디어 포커스'의 명칭을 '미디어 비평'으로 바꿔 금요일 밤 11시 30분부터 30분간 방송하고 2TV '생방송 시사투나잇'도 '시사터치 오늘'로 명칭을 바꿔 월~목요일 밤 12시 15분~12시 45분 방송하도록 결정했다. 프로그램 자체가 폐지되진 않았으나 명칭과 시간대의 변경에 따라 제작진의 교체로 이어지는 등 사실상의 폐지와 다름없다는 반발이 나왔다.

KBS 경영진의 일방적인 '미디어 포커스'와 '생방송 시사투나잇'의 사실상 폐지와 이명박 대통령 라디오 연설 일방 편성 등 가을 개편에 대해 시사투나잇 제작진인 PD들과 미디어포커스 제작진인 기자들, 그리고 대통령 연설 일방 편성에 항의하는 라디오 PD들이 합류해 투쟁을 벌였다. PD와 기자 150여명은 "굴욕적인 관제개편을 거부한다"고 회사 쪽을 규탄했다. 특히 '미디어 포커스' 제작진은 "조중동과 한나라당이 '미디어 포커스' 폐지를 줄기차게 요구해 온 상황에서, '미디어 포커스'라는 이름을 버리고 새로운 포맷으로 프로그램을 만든다는 것은 KBS가 권력에 굴복하는 것이라고 판단했기 때문"이라고 밝혔다.

이들은 이세강 시사보도팀장이 갖가지 압력을 행사한 사실도 공개했다. 이들은 팀장의 요구로 프로그램 내용 중 '이명박 OUT'이라고 쓰인 손 팻말 그림이 다른 그림으로 대체됐다. 6명이 해임된 YTN 사태는 취재 기자가 밤늦게까지 팀장과 격한 논쟁을 벌인 끝에 겨우

방송을 탈 수 있었다고 밝혔다. 특히 "'유인촌 장관 막말 파문' 보도 때는 유 장관의 품위가 손상될만한 민감한 내용들은 빼라는 지시를 받았다"고 밝혔다. 이들은 "팀장이 연합뉴스 인쇄물을 들고 와, 아이템으로 다룰 것을 지시하는 구태도 벌어졌다"며 "민감한 현안에 대한 신문 보도 비평을 하기 위해서는 소모적인 싸움을 되풀이해야 했다"고 밝혔다.

KBS 내부에서는 이전부터 "제작국 내부에 '자기 검열'의 기운이 나타나고 있다"는 우려가 흘러 나왔다. 가을 개편을 앞두고 시사교양국 모 간부가 회의에서 뜬금없이 "이제는 공정성과 팩트를 제대로 챙겨야 한다"고 발언해 반발을 샀으며 보도국에서는 "윗선의 아이템 선정과 데스킹(desking) 시간이 배로 늘어났다"는 얘기도 나왔다. 간부들을 중심으로 '눈치보기'가 시작됐다는 것이다.

다. '뉴스 9'의 친정부 보도태도

KBS 뉴스가 친정부적 보도태도를 보이고 있다는 비판도 KBS 시청자위원회에서도 나왔다. KBS 시청자위원회는 '뉴스 9'를 통해 이명박 대통령의 동정 또는 발언을 주말을 제외하고 거의 매일 단독꼭지로 보도했다고 지적했다. KBS는 '이 대통령, 외화 유동성 공급해 시장불안 막아야' '이 대통령, 초당적 협력당부' '이 대통령, 달러 사재기 욕심 가져선 안 돼' '모두 제역할 해야' '공세적 대응 촉구' 등 모두 11건의 이 대통령관련 뉴스를 전했다. 공식 활동이 없는 주말을 제외하면 평일 14일 중 11일 동안 매일 방영한 셈이다.

한 시청자위원은 "새 사장이 들어선 이후의 KBS는 이 대통령의 발언이나 정책을 진지하게 성찰하거나 논의하기보다는 직접적·노골적·반복적으로 홍보하는 방식으로 전달하는 방향으로 변하는 모습이 보인다"며 "이는 오히려 시청자들의 반감을 사거나 부정적 효과로 이어질 수 있다"고 지적했다.

KBS 시청자위원회는 앞선 회의에서도 이명박 대통령의 발언 보도를 두고 "최근 경제위기 속에 대통령의 발언에 대해 많은 국민이 궁금해 하고 관심을 갖겠지만 구체적인 대안제시가 결여된 대통령의 발언을 선전하듯이 매일같이 보도하는 것은 과거 '땡전뉴스'의 회귀에 대한 우려가 단지 기우가 아님을 보여주고 있다"고 지적했다.

이에 앞서 권혁부 KBS 이사는 정연주 전 KBS 사장을 상대로 '정권 친화적인 보도'를 노골적으로 요구하기도 했다. 권 이사는 "KBS는 허니문이 없는가"라며 "'뉴스 9'를 보면서 걱정되는 부분들이 (눈에) 띈다"고 따졌다. KBS 출신 이사가 KBS에 대놓고 저널리즘에 대한 자기부정을 요구하는 촌극이었다.

(2) 방송통신심의위원회 제재와 MBC 굴욕

방송통신심의위원회는 옛 방송위원회와 정보통신윤리위원회의 내용심의 기능을 통합한 조직으로 출범했다. 심의기능만 맡고 제재를 내릴 처분기능이 없기 때문에 애매한 위상을 갖추고 있었다.

하지만 방통심의위는 'PD수첩 광우병 보도'와 '조중동 불매운동 게시물' 등 이명박정부 초기의 민감한 사안에서 MBC의 사과방송과 사이버 공안선풍을 이끌어냈다. 방송통신심의위원회는 야당 추천 위원 3명이 모두 퇴장한 가운데 PD수첩 보도에 대해 '시청자에 대한 사과'라는 중징계 결정을 내렸다.

민간기구로 출범한 방통심의위(위원장 박명진)는 방송사는 물론 누리꾼, 시청자에게 실제로는 커다란 영향을 미치고 있다. 방송인과 누리꾼의 자기검열을 이끌어 낼 수 있는 막강한 힘을 갖추고 있는 것이다. 한나라당이 임명한 6명의 위원은 문화산업의 콘텐츠를 재단하는 문화 권력이자, 사법부의 권능조차 넘어서는 행정·사법 권력이 될 수도 있기 때문이다.

MBC는 방송통신심의위원회의 결정을 그대로 받아 들여 권력에 굴복했다는 지적을 받았다. 엄기영 사장은 2008년 4월말 'PD수첩 광우병 보도'를 놓고 검찰이 오역을 이유로 이례적으로 수사를 진행하고 방송통신심의위원회의 '시청자에 대한 사과' 결정을 받아들였다. 'PD수첩을 지키자'는 촛불 시민들의 응원과 사원들의 격렬한 저항을 무시하고 2008년 8월 12일 밤 전격적으로 사과방송을 내보냈다. 방송통신심의위원회의 사과 결정을 수용함으로써 권력 앞에 석고 대죄한 것이다.

### (3) 인터넷 규제 강화

이명박정부는 임기 초 미국산 쇠고기 수입과 관련한 촛불시위에 짓눌려 촛불시위의 발원지이자 여론의 파급력이 강한 포털 사이트 등 인터넷을 통제하기 위한 각종 법률의 제정을 추진하고 있다. 정치권을 깜짝 놀라게 한 촛불 정국은 포털의 영향력이 웬만한 언론보다 앞선다는 점을 여실히 보여주었기 때문이다. 이명박정부와 한나라당은 포털에게도 영향력에 걸맞은 책임을 지우겠다고 나선 것이다.

법률로 포털을 다루는 첫 번째 방법은 포털을 언론의 범주에 넣는 것이다. 포털도 언론중재 대상이 되도록 하여 규제하겠다는 의도이다. 이번에 제출된 언론중재법 개정안은 포털을 중재대상으로 포함시키도록 했다.

포털에 대한 두 번째 규제는 저작권 침해와 명예훼손 등과 관련하여 콘텐츠에 대한 사업자의 모니터링을 강화하자는 것이다. 사업자가 불법자료를 유통하지 않았더라도 사업자의 서비스를 통해 불법자료가 유통되면 사업자가 책임져야 한다는 것이 골자이다. 포털에 대한 규제는 저작권법이나 정보통신망법의 개정을 통해 시행하려고 한다.

방송통신위원회는 2008년 11월 5일 36차 회의에서 본인 확인제 강화와 임시조치 불응시 포털 등 정보통신서비스제공자 처벌을 뼈대로 하는 '정보통신망 이용촉진 및 정보보호 등에 관한 법률 개정안'을 의결했다.

개정안은 침해사고 발생시 정보통신망에의 접속 요청권 신설과 불법정보 유통 방지를 위한 모니터링 의무 부과 등을 규정했다. 특히 하루 평균 접속자 30만 명 이상의 사이트에만 적용해 온 본인 확인제를 강화하여 구체적인 기준은 대통령령으로 정하도록 했다(개정안 제120조). 또한 명예훼손 등 권리침해 정보에 대해 사업자가 삭제, 임시조치 등 의무조치(정보통신망법 제44조의2)를 취하지 않을 경우 실효성 확보를 위해 과태료를 부과하는 것으로 했다(개정안 제143조).

이와 함께 개정안은 소방방재청과 해양경찰청에만 인정되는 개인 위치정보 제공 요청권을 유괴 · 납치 등 범죄로부터 생명과 신체를 보호하기 위하여 경찰에 신고하는 경우 경찰에도 부여하며(개정안 제83조), 정보검색 결과의 부정조작을 금지하고 정보검색서비스를 제공하는 자에게 정보검색의 조작을 방지하기 위한 기술적 · 관리적 조치를 취하도록 의무화했다(개정안 제108조).

이에 대해 방통위는 "해킹, 개인정보 유출, 불법 유해정보 유통 등 인터넷 역기능 문제에 대응하고 법령 선진화를 위한 유사법령 정비방침에 따른 것"이라고 밝혔으나 영향력이 커진 인터넷을 규제하기 위한 것으로 분석된다.

특히 나경원 의원 등 한나라당 의원들은 사이버모욕죄를 신설하는 법안을 발의했다. 이 법안은 '정보통신망을 통하여 공공연하게 사람을 모욕한 자는 2년 이하의 징역이나 금고 또는 1,000만 원 이하의 벌금'에 처하도록 하고 있다.

이러한 개정안은 포털 등 인터넷의 쌍방향통신을 제한하고 여론 형성 기능을 제한하는 개악적인 요소를 갖고 있다. 제한적 본인 확인제의 확대는 표현의 자유를 보호하는 익명권을 침해하는 규정이다. 익명권이 보장되어야 민주주의가 필요로 하는 진정한 토론이 보장되기 때문이다. 신문 사설마저 철저하게 익명으로 쓰이고 있는데도 인터넷만 차별적으로 실명을 강요한다는 지적이다.

사업자가 타인의 권리가 침해된 경우 게시물의 삭제 및 임시차단을 하지 않을 경우 3,000만 원 이하의 과태료를 부과하겠다는 조항도

자기검열을 통한 위축효과를 불러 올 수밖에 없다. 이의제기가 있을 때 방송통신심의위원회가 분쟁을 해결토록 한 것은 인터넷을 권력 기관의 영향력 하에 두기 때문에 '위헌적 사전 검열'이라는 것이다.

불법정보의 유동을 방지하기 위해 도입한 모니터링 의무는 서비스 제공자들이 법적 책임을 회피하기 위해 불법 여부가 의심되는 게시물을 폭넓게 삭제할 수밖에 없으므로 이용자들의 정당한 표현 행위마저 심각하게 위축시키는 효과를 가져 올 수밖에 없다. 특히 이명박정부가 도입을 추진 중인 사이버모욕죄는 "세계 유일의 사례로서 '국가에 대한 모욕'이 될 것"이다. 모욕죄의 시초는 유럽의 국왕 모욕죄로 자유민주주의 체제가 자리 잡힌 국가들에서는 대부분 폐지되거나 사문화되었음에도 불구하고 사이버모욕죄를 신설하겠다는 것은 역사를 거꾸로 돌리겠다는 발상에 다름 아니다.

이명박정부가 추진하는 인터넷 규제는 인터넷을 차별하는 방식으로 이뤄질 뿐더러 표현의 자유 원리를 위반하는 형태로 이뤄지고 있다. 인터넷 규제는 언론의 편집권 침해와 다르지 않으므로 검열문제를 들먹이지 않더라고 사람들 사이의 소통을 가로막는 것이다.

보도지침

박정희정권과 전두환정권 당시의 보도지침으로 세상에 공개된 것은 네 가지 정도가 있다. 박정권의 보도지침은 신문사나 방송사의 기자들이 메모형식으로 기록했다가 민주화 이후 논문이나 책을 통해 공개한 것들이 있다. 신아일보 출신의 김희진씨, 경남일보 출신의 이수기씨, 동양방송(TBC) 출신의 노계원씨 등이 공개한 보도지침이 그것이다. 시기는 약간씩 다르지만 내용은 비슷하다. 전두환정권의 보도지침은 전두환정권이 막바지에 달하던 1986년에 〈말〉지 특집호를 통해 폭로된 것이다.

1973년 4월부터 신아일보 정치부장으로 재직했던 김희진씨는 1995년 펴낸 〈유신체제와 언론통제-암울했던 시대 중앙일간지 정치부장의 육필메모〉라는 책을 통해 1975년 1월부터 1976년 12월까지 신아일보로 하달된 보도지침을 상세하게 기록했다.

또한 언론전문 주간지 〈미디어오늘〉은 1996년 1월 3일자 및 10일자에 동양방송(TBC) 관계자가 보존해왔던 1975년 5월 16일부터 1979년 10.26 직후인 11월 20일까지 4년 6개월여 동안의 보도지침을 공개했다. 이 보도지침은 TBC 당직기자들이 열람하기 위해 작성했던 기록장부이다.

유신정권 말기에 지역신문에 하달된 보도지침도 있다. 1980년 언론사 통폐합 직전까지 경남일보 기자로 근무하던 이수기씨는 2002년 〈보도지침과 신문의 이해〉라는 책을 통해 1979년 3월 10일부터 1980년 11월 24일까지 1년 8개월간 메모형태로 기록한 283개항의 보도지침을 공개했다.

전두환정권의 보도지침은 1986년 9월 해직기자들을 중심으로 구성된 민주언론운동협의회(언협)의 기관지였던 〈말〉지 특집호를 통해 공개됐다. 언협은 한국일보 김주언 기자(필자)가 전달한 보도지침을 '권력과 언론의 음모 - 권력이 언론에 보내는 비밀통신문'이라는 제목을 붙인 〈말〉지 특집호로 제작해 배포했다. 〈말〉지 특집호에는 1985년 10월부터 1986년 8월까지 688건의 보도지침이 수록되어 있다.

보도지침은 내용을 읽어보면 알 수 있겠지만, 거의 모든 분야에 걸쳐 시시콜콜하게 보도 방향을 지시한다. '보도 불가' 등 전단적(專斷的) 지시어를 사용하는 것은 물론이고 기사를 어느 면에 얼마만한 크기로 싣고 제목에는 어떤 용어를 사용하거나 사용해서는 안 되며, 사진 사용 여부나 기사 형태까지 지시했다.

이 책에는 박정희정권의 세 가지 보도지침 중 TBC에 하달된 보도지침과 전두환정권의 보도지침 전문을 싣는다. 이들 보도지침은 메모 형식으로 전달됐기 때문에 의미 파악이 어려운 부분도 있고 약어도 많다. 특히 박정권 시절의 보도지침에는 많이 나오는 'hold'란 표현은 '보도하지 말라'는 뜻으로 보면 된다. 또한 지시어가 없는 경우에도 보도하지 말라는 뜻이다.

특히 이들 보도지침에는 외국 언론사 명칭이나 외국 유명인사들의 이름이 많이 나오고 특정 사건이나 각종 기관의 약어가 많이 등장한다. 이들 사건이나 기관에 대해서는 당시 신문 등을 참조하기 바란다. 원문을 훼손하지 않는 범위에서 원어를 찾아 넣었다. 그럼에도 몇몇 사람의 경우 원어를 찾지 못한 경우도 있다. 또한 외국인 이름의 경우 원문에 나와 있는 대로 성(姓)만 쓴 경우도 있다.

보도지침에는 신문 편집이나 방송 제작과 관련한 용어들이 많이 등장한다. 자주 등장하는 용어에 대해 간략하게 설명한다.

- 컷(cut) : 현재는 사용하지 않지만 기사 제목이 눈에 띄도록 검은 바탕에 흰 글자를 쓰거나 각종 무늬 바탕에 글자를 넣어 처리한 것을 일컫는다.
- 스트레이트(straight) 기사 : 주로 사건 기사에 쓰이는 형태로 사태의 진전 등을 나열하는 기사.
- 해설기사 : 사건이나 상황을 배경까지 더듬어 설명하는 기사.
- 스케치(sketch) 기사 : 사태의 분위기나 정황을 전하는 기사.
- 가십(gossip) 기사 : 사건의 배경을 이야기 거리로 다루는 짤막한 기사.
- 박스(box) 기사 : 기획이나 해설 기사를 상자 속에 넣는 형태로 다룬 기사.
- 톱(top) 기사 : 각 면에서 가장 크게 다룬 머리기사로 가장 비중이 큰 기사.
- 사이드 톱(side top) 기사 : 각 면에서 두 번째로 비중이 큰 기사.
- 단(段) 수 : 신문을 상하로 구역을 분할한 것으로 기사 단수는 제목 크기를 일컫는다.
- 간지(間紙) : 신문의 가운데 부분으로 과거에는 문화생활 등 비중이 떨어지는 기사를 실었다.

# 부록 1. 박정희정권 시절 동양방송(TBC)에 내린 보도지침
## (《미디어오늘》, 1996년 1월 17일)

※ 보도지침 내용 중 〈 〉표시 안은 보도지침 시달처 및 시달자를 말한다. ( )안의 표시는
이해를 돕기 위한 각주이다. '남산 · CIA · A · C' 등은 당시 언론통제의 주무 부서였
던 중앙정보부를 지칭한다.


## 1975년

05.16. • NYT(NewYork Times) 도쿄(東京) 지사장 핼로란(Halloran) 기사, 〈외〉
　　　 • 걸프(GULF) 수뢰 기사, 〈외〉
　　　 • 로스앤젤레스타임스(LA Times) 색 제임스(Sack James), 박종규 회견 기사
　　　 • 프랭크 처치(Frank Church) 의원 청문회 기사
05.17. • IFJ(국제기자연맹)〈기자〉…〈외〉
　　　 • 월남 내 한국인 동정, 외신
　　　 • 한전, 조달청 수뢰기사
05.19. • 김일성, 다카키(高木) 회견-합동TT(※통신)로 사용 가
　　　 • NYT 김대중 · 김영삼 회견
05.20. • 16, 17일자 일본신문 회수에 대한 외신 보도
　　　 • 김지하 · 김대중 공판에 대한 외신
　　　 • 청문회저지 좌절 운운
05.21. • 걸프(GULF) 관계 외신
　　　 • GULF에 대한 통일당 성명
05.22. 오후 9시 3분
　　　 • 김한수 가석방 운운 〈박광서〉, 5월 23일 해제. 단 발표만
　　　 • 외무부 여권과 파업 〈박광서〉
　　　 • 여권 부정 수사 중 총리실 공보비서실 운운은 정부부처 관리로-사회부
　　　 • 서울대생 2명 고 김상진군 가장 장례식 기사-서울대 도서관 앞에서 거행
　　　 • 사이공발 외신 국제적십자 조사결과 사이공에 외국인수 6천6백35,
　　　　 한국인 2백8-기사전체 〈남산 박〉
05.23. • 서울대생 제적기사 〈남산 박〉
　　　 • 쌍용호 기사 중 월남군인 삭제할 것
　　　 • 김한수 법무부 발표기사로만-필름도 안 됨
　　　 • 신직수 박사학위 기사 내지 말 것
05.26. • 교민 사이공(Saigon) 탈출 외신 Hold
05.27. • 북괴 남침 의사 없다는 동경 발 UPI · 동양통신 보도 Hold 〈남산 박〉

05.28. • 국제정치학회 월례회, 코리아나 기사 Hold 〈남산〉
05.29. 오후 8시
　　　• 중공 북괴 남침 기도에 경고-UPI · 동양-〈전(全)〉〈전문 취소됨〉-
　　　　No more
05.30. • 김상진군 추모식 Hold
　　　• 유택형 서울대 사태 비난성명 Hold
　　　• 설탕값 인상과 관련 생필품 인상 관계 취급 불가
　　　• 고대 추가 3명 제적 Hold
06.02. • 신민당 확대간부회의 내용 주의 요망
　　　• 김일성이 알제리(Alreria) 떠나면서 남한에 미군이 핵무기를 장치했다
　　　　고 한 발언 Hold
06.03. • 한국에 핵무기 1백개 지급 운운 Hold 〈남산〉
　　　• 여행사 수사 중 세방 관계는 뺄 것
06.04. • 세계편집인연맹 동아에 수상 Hold 〈남산〉
06.05. • 사이공 억류 교민 관계 일체 Hold
06.07. • 북괴간첩 한국 정치인과 접촉시도-동경 발 합동통신, 상기 하선(下
　　　　線) 부분만 Hold
　　　• 프레이저(Frazer) 청문회(※박동선 사건을 다뤘던 미국 하원의원), 10일
　　　　예정 일체 Hold
06.09. • 김동운 서기관 한일회담 운운 Hold
　　　• 국회 도서관 체코(Czech) 도서자료 곤란 Hold
　　　• K모 교수 자살 No more 〈국장〉
　　　• 명동서 금융노조 농성 운운 Hold 〈남산 곽〉
06.10. • 프레이저 청문회 일절 Hold 〈남산 박〉
　　　• 타임(Time)지 여론조사 Hold 〈남산 박〉
06.11. • 신민당, 월남 잔류 교민 대책관계, 프레이저 청문회 보류 〈남산 박〉
　　　• WS(Wall Street Journal)지 한국방위성금 관계기사 Hold 〈남산〉
06.12. • 월남교민 관계, 한국 비동맹 가입 관계 기사 Hold 〈남산〉
　　　• 긴급조치9호 위반 서울대생 송치 Hold 〈남산 박〉
06.13. • 12/12 데모 Hold 〈남산 박〉
06.14. • 괌(Guam)도 발 로이터(Reuter), 월남 피난민 중 고국 희망자 속에 수명
　　　　의 한인포함 Hold
　　　• 도쿄 발 AP지국장의 한국정치와 민권 운동 기사 Hold
　　　• 일 마이니치(每日) 보도-일인 21, 한국인 15명 항공편으로 월남 PRG
　　　　기 출국시켜 Hold 〈곽〉
　　　• 콜럼비아(Columbia) 학생 데모 Hold 〈박〉

06.16. • 미 맨스필드(Mansfield) 의원 4대국 방위론 기사-UPI Hold 〈남산 박〉
       • 중공 남침 동의 근거 대라-이택돈 대변인 성명 Hold 〈남산 박〉
06.17. • F16 구입 기사 Hold 〈문공부〉
06.20. • 로이터 호주 윌러시 외상-김일성이 조건 없이 남북평화회담 운운
       Hold 〈남산 박〉
       • 뉴스위크(Newsweek) 동경지국장 크리샤, 한국경제 발전했지만 독재
       정권에 의한 것으로 국민들 불만 많다 Hold 요청 〈남산 박〉
06.23. • 서울대 데모학생 구속송치 Hold 〈남산 곽〉
       • 뉴스위크 한국 핵무기개발, NYT 김영삼 4대국 보장론, 타임(Time)
       대통령 인터뷰 중-인권문제, 미 청문회-마지막 Hold 〈남산〉
       • 삼영화학 국제전선-세금 Hold
       • 조총련 전향자 14명 한국시찰 발표할 때까지 Hold 〈남산 박〉, 25일
       해제〈남산〉
06.25. 아침
       • 하비브(Habib) 한국인권 언급-청문회 Hold
       • 호주외상 북괴에 평화회담 제의 Hold
       • 방적협회 Hold
06.26. • 로이터 · 합동 발 한국 북침준비 운운 기사 Hold
       • 한승헌 변호사 공판기사 간단히
       • 이용운-전 해군제독 일본서 6 · 25도발 운운 Hold
06.27. • 국회의장 공한 중 속기록 삭제부분 Hold 〈남산 방송과 곽〉
06.28. • 임시국회에 대한 통일당 성명 Hold
       • 한국 비동맹그룹 가입 논의 외무부 발표할 때까지 Hold 〈남산 박〉
06.29. • 방적협회 Hold, 낼 때는 보고하고 낼 것
       • 강원도에서 예비군 차가 사람 친 기사 Hold 〈남산 박〉
07.01. • ① 국회 질의 중 김형욱(신민당) 김영삼 회견시 4대국 보장론, 권력
       구조부패(김형욱), 걸프 오일 정치자금, 월남교민 철수 작전 실패,
       서울대생 데모, 헌법개정 ② 통일당 성명
07.02. • 가봉(Gabon) 대통령 방한 일시 Hold
       • 총리 답변 중 긴급조치 9호로 구속된 학생 80여명 운운 Hold
07.03. • 국회 질의 답변 중 Hold 사항
       • 학원 군대가 수습, 경찰 제지 수습
       • 학원은 통치 당하는 곳 아니다
       • 유 문교(柳 文敎)는 장래성 있는 학생 · 교수 감방에 보냈다
       • 5월 22일 서울대 데모 때 322명 제적시켰다
       • 이로 인해 한심석 총장은 스스로 물러났다

- 동아 해약사태 CIA가 개입했건 안했건 정부가 책임져야 한다
- 170명을 정치 재판했다
- 김대중을 정치보복하고 있다
- 한국적 민주주의는 한국적 독재주의로 오해받기 쉽다
- 유문교 조크와 소란
07.04. • 중대생 지하 신문 '시론정부' 구속 Hold 〈박〉
07.05. • 봉고(Bongo) 대통령 경희의료원에서 침 맞는다 Hold 〈문공부 지도과〉
- 일 사회당 의원·신민 공동성명 중 4항, 4국 보장론 운운 Hold 〈남산 박〉
07.11. • 동대생 공판 Hold
07.15. • 광산 군 차량 전복 15명 사망, 14명 중경상 〈국방부〉
- 우쓰노미야(宇都宮) 동정 Hold 〈남산 박〉
- 적십자에 관한 북쪽 동정기사 발표할 때까지 Hold 〈남산 박〉
07.16. • 서울은행과 위생사 부정 Hold
- 일 사회당의원 북괴 다녀와 회견. 북괴 평화협상 바라 운운 Hold 〈남산 방송과〉
07.17. • 한일 외상 회의 난관에 봉착 Hold
07.18. • 김일성 20일 중대발표 기사 Hold 〈남산 방송과〉
- 김대중·미야자와(宮澤) 한일관계 외신 Hold 〈남산 방송과〉
- 국세청장 특명반서 뇌물 먹다 Hold 〈김사장〉
- 긴급조치법 연대생 3명 집행유예 선고 Hold 〈남산 박〉
07.20. • 북괴 유엔 가입하면 일본 북괴 승인 용의
- 한일외상회담 김대중 문제 **뺄** 것
- 일본 올 가을 평양에 통상대표부 설치할 듯
07.21. • 일 사민당 한반도 평화 보장위해 미·소·중·일 4국 협상 제의, 동경 AP·합동 Hold
07.22. • 한국 비동맹회의 가입 신청 운운 Hold 요망 〈남산〉
07.23. • 추악한 경찰관 사건에 관한 통일당 논평 Hold 〈남산 박〉
07.24. • 감호대상자 244명 검거 정부 공식 발표 때까지 Hold 〈남산 박〉
- 미 하원 한국서 핵무기 철수 주장 Hold 〈남산 박〉
07.25. • 일본서 미야자와(宮澤) 회견내용—외신 또는 특파원 Hold 〈남산 곽계장〉
- 김대중·김동운 완전 해결, 8·15수사는 한국에 계속 통보, 야당에서 공세 OK
- AFP·합동 라오스(Laos) 국방상 발표—한국과 라오스 국교 단절 발표 Hold 〈박광수〉
07.26. • Hold 해제
07.30. • 한덕수 광복 30주년 기념식 동시 개최 제의, 합동통신기사 Hold 〈남산〉

07.31. • 김지하 · 한승헌 공판 Hold
     • 미야자와 김대중 사건 관련자 공표 Hold
08.06. • 신민 김영삼 외유에 대한 통일당 성명 Hold
08.11. • 김일성 부탁 미키(三木)가 포드(Ford)에 전달했을지도 Hold 〈홍이사〉
     • 수하르토(Soeharto) 이재설 대사에 비동맹 가입 주선 약속 Hold 〈남산 박〉
08.15. • 문세광 관련 기사 Hold 〈남산 박〉
08.18. • 김대중 8 · 15 성명 Hold 〈남산 박〉
08.22. • 한국인 2명 월남 탈출 방콕 도착 Hold 〈남산 박〉
08.25. • 신민 성명 순화 보도, GULF 정치자금 관계 Hold 〈남산 박〉
08.26. • 김포 의사콜레라 발생, 콜레라를 급성 식중독으로 〈남산〉
09.01. • 상은 은행원 돈 사취, 조흥은행 관계도 Hold 〈이상무〉
09.05. • 일본인 한승헌에 공정 판결 탄원 〈남산〉
09.10. • 한승헌 관대 처분 진정—교회협의회 〈남산〉
09.11. • 일 사회당 사절단 한반도 문제 토의 〈남산〉
09.12. • 이태영 YWCA연설 〈남산〉
     • 한승헌 구제, 재판 등 외신〈남산〉
     • 김대중 구형 사실 보도할 것 〈남산〉
     • 김대중 공판에 대한 한병채 논평 〈남산〉
09.16. • 연고전 부활 건의 성명서—ROTC 〈남산 박지근〉
     • 소련 선박 우리 어선 구조 〈남산〉
09.17. • 조총련 교포 경주서 식중독 〈남산〉
09.23. • 대만 CIA장 방한 〈남산〉
09.24. • 통일당 외교정책 비난 〈남산〉
09.25. • 김대중 재판 다시 해달라고 〈남산〉
09.26. • 국군의 날 행사 계획
09.30. • 중공 석방 한국인 2명 귀국 방침. PP(※박정희 대통령) 58회 생일〈남산〉
     • IOC(국제올림픽위원회) 장기영 일행 모스크바행 보도 관제 〈남산〉
10.01. • 모스크바(Moscow) 유엔협회 회의 민관식 등 6명 참석
10.04. • 워싱턴(Washington) 발 한국이 야전용 교환대를 말레이시아(Malaysia)
     에 매각키로 운운—동양통신
10.08. • 긴급조치 위반 구속자 · 긴급조치 위반 징계 학생에 관한 황 법무 ·
     유 문교 국회답변 Hold요청
10.14. • 노총대회 국가보위법 쟁의조정특례법 철폐요구
10.18. • 찰스 윌슨(Charles Wilson) · 장현주 결혼 12시
10.27. • 일본 산케이(産經)신문에 난 한국군 장비 국산화 가능 기사 전재
     불가—도쿄(東京) 발

10.29. • 프랑스 한국에 핵장치 판매, AFP · 동양 〈남산〉
10.31. • 남아연방 참전비제막 등 참전비 관계
      • 동화세무서 부정
      • 22시 20분에 경주에서 조총련계 모국방문단 탑승한 차량의 교통사
        고로 1명 사망 〈남산〉
11.01. • 도쿄 발 AP · 합동, 북괴 · 유고슬라비아 공동성명 Hold 〈남산 박〉
11.07. • 영국 가디언(Guardian)지 김일성 인터뷰 기사 〈남산〉
11.13. • 주일 박재경 영사 추방요구—일 사회당 전영부(田英夫)의원 조총련
        활동을 방해한다고
11.20. • 김외무 조찬회견 남공(南共)대화 정부간 회담으로 대체
11.22. • 영월 탄좌 세무관계 〈이상 무〉
11.26. • 오사카 AFP · 동양, 학원 간첩단 관련 학생 가족 궐기대회 Hold〈박〉
      • 미원판매, 샘표식품도〈홍이사〉
12.03. • 가수 이장희 구속기사에서 이장희 빼고 이종영 등으로
12.10. • 박형규 5년 구형 Hold 〈남산〉
12.11. • 부산 밀수 Hold〈남산〉
12.12. • 신민당 총리 해임안 · 긴급조치9호 해제안 제출 방침
12.13. • 신민당 총리 해임안 · 긴급조치9호 해제안 제출
12.19. • 일 사회당 사절단 방한 검토, WP(Washington Post)지 주월 대사관 직원
        8명 미철수인 중 5인 투옥 Hold 〈박〉
12.29. • 동아일보 이부영 공판 최후진술 Hold 〈남산〉

**1976년**
01.05. • 포항 석유관계 국제신문 보도 Hold 〈남산〉
01.09. • 석유관계 일체 Hold 〈남산〉
01.10. • 크라운맥주 농성
01.12. • 이란 파견 기술자 석유 소식에 기쁨의 눈물
      • 국민회의 2월 유정회의원 선출 〈남산〉
01.13. • 고대 수학 출제 문제점 〈부사장〉
01.14. • 일반미 최고 가격제
01.15. • 정성엽씨 너무 부각시키지 말라 〈남산 박〉
01.16. • 부산 경비정 밀수 〈남산〉
01.19. • 석유관계(영일 광구 공히) 〈남산〉
01.22. • 조총련계 교포 모국방문에 관한 주일공보관장 이원홍씨 발언 〈남산〉
02.03. • 한국일보 정판부 파업 〈남산 박 밤 9시 30분〉
02.04. • 김대중 제소 〈남산〉

02.05. • 조총련 변사체 서린호텔서 〈남산〉
02.07. • 서린호텔 투신 재일동포는 민단계였다고 〈남산 박〉
02.09. • 미 의회 국방서 보고서 공개 내용 (한국은 63~74사이 군원으로 한국
　　　　에 20억 달러 제공했다) Hold 〈남산 박〉
02.13. • 양산화약 공장 불
02.17. • 초중고 교원 줄어든 월급 받아 〈중역실〉
02.19. • 신민 유정회 선거 비난
　　　 • 현대 사우디(Saudi) 건설 계약
　　　 • 미 하원의원에 한국 정부 증뢰, WP(AP)
02.20. • 미 곡물협회 한국 뇌물 먹어
　　　 • KAL · 록히드(Lockheed) 관련설(신민 주장)
　　　 • 김철 징역 5년 구형 〈남산〉
02.21. • 중동 진출, 록히드 · KAL 관련설 일체 Hold 〈홍 이사〉
02.25. • 김지하에 노벨문학상
02.26. • 김관석목사 NCC회장 당선
　　　 • 7번째 딸 죽인 여자에 기소유예 〈남산〉
03.02. • 학원 침투 간첩공판 오후 1시
　　　 • 신민 교수 재임용관계 성명
　　　 • 뉴욕 한국교회 부인회 체포 〈남산 박〉
03.04. • 유학생 간첩 공판 〈남산 박〉
03.05. • 주일공보관 구국선언대회 반박 〈문공부 서정강〉
03.06. • 신민당 구국선언 내용 밝혀라
　　　 • 통일당 출판사 등록 문공부 이관 성명 〈정보사〉
03.08. • 통일당 경북지구 현판식 거행
　　　 • 신민당 인권위 논평
　　　 • 김대중 부부 연행(마포서) 구국선언
　　　 • 일본서 구국선언 지지성명 〈정보사〉
03.11. • 화양동 CIA 비서실장 윤선용 강도사건
　　　 • 김성용 군수 UPI · 아사히(朝日) · 요미우리(讀賣) 신문 회견 〈문공부〉
03.15. • 학생 간첩 공판
　　　 • 집회 움직임(구국선언 구속자 대책) 〈남산〉
03.20. • 총영사급 이하는 인적 사항 보도 금지
　　　 • 사할린 동포 최정식 방한 〈남산〉
03.22. • 소련 국적 한인 최정식 동정 〈남산〉
03.23. • 중부 국세청 법인 세계 장수배 〈중역실〉
03.27. • 중앙대생 농성 등록금 인상 〈남산〉

03.29. • 육참총장 방미 〈육본〉
 • 서울대 학생사단장 처벌학생 구제 건의 〈남산〉
 • 육참총장 동정 보도금지 (미일 방문 중) 〈육본〉
04.01. • 박대통령 오지리(Austria)지 회견 〈남산〉
04.02. • 이호 조총련 반박
 • 가톨릭학생회 항소심 〈남산〉
04.07. • 한국 전략 에너지개발 산케이(産經) 보도
 • 정오 김영삼 비서 김덕룡에 징역 2년 〈남산〉
04.11. • 강원도 정선군 영내 관사에서 대대장 일가족 피살 〈남산 보안사
 육본보도실〉
04.12. • 육참총장 도쿄 착 〈육본〉
04.15. • 프레이저(Frazer) 규탄 No more 〈남산〉
04.16. • 신탁은행원 2명 구속 〈이종기 상무〉
 • 서울대 학도호국단 간부 기사 Hold 〈남산〉
04.17. • 화국봉(华国锋) 동생 간첩수사 〈남산〉
04.19. • 한국 축구팀 리비아(Libya)·시리아(Syria) 팀과 대전 〈축구협〉
04.21. • 신민당 긴급조치위반자 선고
 • 펜클럽(PEN Club) 사무국장 회견 중 김지하 관계〈남산〉
04.26. • 쿠웨이트(Kuwait) 외상 내한 〈남산 박〉
04.27. • 김달남 상고 기각 〈남산 박〉
04.28. • 육군 대학령 중 개정령(4.24), 육군 중앙 경리단령 동 폐지령(4.26)
 동해안 경비사 폐지 내용 중 관보게재 Hold 〈국방부〉
04.29. • 정읍 대처승 자살미수 Hold
04.30. • 반공대회에 크메르(Khmer) 월남 대표 참석
 • 대동벽지 수수 상은 용산 지점 부정 〈삼성〉
05.01. • 대동벽지 탈세 〈삼성〉
05.07. • 사이공(Saigon)에 있던 한국 외교관 5명 목사 1명 9일 김포 착 보도 Hold
05.14. • 제주 오현—제일고 투석전 〈남산〉
05.17. • 한일합작 카타르(Quatar) 진출 〈건설부〉
05.18. • 한미안보협의회 〈국방부〉
05.25. • 군법무관 부정
 • 북괴전단 습득 통계
 • 세계청소년 역도선수단(6.6~14)일 입국 후 보도
 • 부산 해군기 추락 4명 사망
 • 대한군수(對韓軍授)관계 WP지 사설 〈남산〉
06.01. • 사우디 부호 이엔 카쇼기(Khashoggi)씨의 일체의 국내 동정

- 인삼사건 속보는 앞으로 계속해서 Hold 요청(이유 : 국제시장에서 한국 인삼 엉터리라고 선전하고 있다) 〈남산 김과장 박광서〉
- 08.02. • 불국사 다보탑 금가 〈문공부〉
- 08.04. • 한일은행 묵호지점 5천만 원 결손 수사
  - 명동사건 변호인단 사퇴 〈남산〉
- 08.07. • 충북 대의원 박대통령 비방 〈남산〉
- 08.10. • 제네바(Geneva) WCC 총회 〈남산〉
- 08.11. • 정건영 구속 〈남산〉
- 08.12. • 피서인파 밝히지 말 것 〈문공부 협조요청〉
  - 오사노(小佐野) 중개 KAL 3대 구입 관계 Hold 〈박〉
- 08.13. • 문공부장관 외신기자 간담회 내용
  - 석유 경제성 3개월 내 판명 운운〈문공부〉
- 08.17. • 비동맹회의 박성철 연설 전면 Hold 〈남산 박〉
- 08.18. • 해양대학에서 열리고 있는 전국기독교 청장년대회 기사 (16~20일 까지 1천명 모여서 집회) Hold 〈남산 박〉
  - 판문점 회의 사고 UN측 공식발표 외에는 전면 Hold
- 08.19. • 북괴 5명 부상 주장 Hold 〈남산〉
- 08.21. • 김포서 적군파 1명 체포
  - 미류나무 절단에 북괴 항의〈남산〉
- 08.22. • 소련인 입국 〈남산〉
- 08.24. • 김덕룡 공판(김영삼 비서)
  - 북괴군 표류 시체 〈국방부 보도 과장〉
- 08.26. • 중부전선 김종섭 일병 M16 5백발 갖고 탈영 〈육군 보도실〉
  - 북괴 초소 파괴 〈국방부〉
- 08.27. • M16 탈영병 인질 소동 〈남산〉
- 08.30. • 어선 거진서 피납 중 〈남산〉
  - 어선 거진서 피납 중 해제
- 08.31. • 키신저(Kissinger) 한국 인권 발언
  - 김지하 공판
  - 납북어부 송환요구 성명 엠바고 31일 밤 9시 10분
- 09.02. • 경남 창원의 통일산업 화재 〈육본 이찬식 대령〉
  - 신진호 납북관계 〈남산〉
  - 미 무기판매 전반 Hold
  - 조총련 김학선 여인 남편(지부장) 살해 운운, 미확인 〈남산〉
- 09.03. • 민관식 폴란드(Poland) 입국 〈남산〉
  - 윤중제 통행 국군의 날 행사 준비 〈국방부〉

- 비서장회의 추측기사 〈남산〉
09.04. • 스리랑카(SriLanka) 박스 컵 참가 거부(목하 교섭 중) 〈남산〉
- 선산 구미국교 행사(박대통령 모교) 〈청와대 공보실〉
09.06. • 판문점 비준 관계 Hold 공식 요청 〈국방부 보도과장〉
- 헬기사건(국민대학 상공) 보도보류 요청 〈국방부 보도과장〉
- 마산교대 폐교 반대 시위 〈남산〉
- 신진호 어부 송환 시 가족 SK 등 과열 보도 금지 〈남산〉
- 청와대 상공 대공포 발포관계 국방부서 발표해도 방송은 금지, 북괴 즉각 인용 보도 〈남산〉
09.07. • 군인 트럭 추락 군인 4명 사망 2명 부상(오후 5시 김해 남해 고속도로) 〈육본〉
09.09. • 무장 탈영병 2명 헌병 1명과 민간인 여자 1명 사살(4시 45분 양주군 화천면 덕정리) 〈육본〉
- 명동사건 구속자 위한 기도회, 신민전당대회 무효소송 사실심리
- 풍천화섬 단식농성
- 선원 석방할 듯(북괴 중앙통신) 〈남산〉
- 육군 정찰기 추락(경기 포천군 임무 수행 중 9일 오후 3시 30분) 〈국방부〉
09.10. • 코헨(Cohen)교수 한반도와 중공 대화 가능성, 암스트롱(Armstrong) 미 국무차관보 발언 취소
- 월남 억류 한국인 40명 방콕(Bangkok) 도착 〈남산〉
09.14. • 군산 F86 추락 〈공군 이대령〉
09.18. • 풍천화섬 주모자 구속 〈남산〉
09.20. • 남해서 대간첩작전 중 〈국방부〉
- 조총련 어장 관계 회견
09.21. • 서방안 철회
- 관악구 철거민 동회 파괴
09.22. • 미 의회 군사위 한국 구축함 7척 판매 〈국방부〉
- 미 흑인부부 내한(카터(Carter) 심복)
09.25. • 폴란드(Poland) 유네스코 사무총장대리 내한(26~10월 1일)
09.26. • 김해 상공서 작전 중 C46 추락 〈국방부〉
09.28. • 상공위 석유개발관계 브리핑 포항 것만 Hold 〈김과장〉
- 김지하 관계 일체 〈남산〉
09.29. • 서울 거지 수용소에 집단 수용
- 김대중 등 11명 보석 신청 〈박광서 사무실〉
10.10. • 납북어부 조선중앙방송 회견 외신 들어오더라도 일체 Hold 〈남산 박광서 사무실〉

10.11. • 나의 조국—박대통령 작사
       • 소·한 외교관 접촉—유엔서 양국 외교관 〈남산 박〉
10.14. • 납북됐던 신진호 선원 귀환 내외통신 보도
       • 신진호 귀환 금지 해제, 내외통신
       • 인왕산에서 대공초소 수 천 발 발사 〈남산 박〉
10.18. • 작전 중 팬텀기 추락 상주 상공에서(조종사 탈출) 〈공군 정훈감〉
10.20. • 연합철강 기사
10.23. • 군함·어선 충돌—군함이 어선 들이받아 어부 8명중 7명 구조 1명 실종
10.24. • 군 트럭 사고—23일 12시 양주군 진곤면 트럭사고 군인 1명 사망
       2명 중상 〈육본 최대령〉
       • 한국서 뇌물공여—WP지 한국 관리가 미 의원과 관리에 뇌물 제공 보도
       • 한승헌 법관기피 신청—2심에서 징역 1년6월, 자격정지 1년6월 〈남산〉
10.26. • 박동선 관계—유엔 로비스트 박동선 관계 NYT WP 보도에 대한
       청와대 대변인 반박 성명 (외지용) 〈남산〉
       • 박동선 관계 청와대 대변인 회견
10.27. • 강문봉 공판—수뢰·긴급조치 위반 등 〈남산 방송과장〉
10.30. • 총기사고—보령에서 육군 총기사고로 민간인 1명 중상 중사 자살 〈육본〉
11.03. • 중동에 학생 파견—공고출신 1천 5백 명 중동에 인력 수출 〈문교부
       대변인〉
11.07. • 포항 총기사고— 군인 1명이 탄창분실로 주막에 들어가 술을 마시던
       중 주인 노파에게 카빈 난사. 노파 1명 숨지고 1명 중상 〈육군본부
       이찬식〉
11.09. • 종근당—종근당 스트렙토마이신에 불량품 나와 〈영업국 황동성〉
11.11. • AP기사—미 국무성 대변인 밝힌 한국과의 유대강화 〈남산〉
11.10. • 인천 군인 인질 〈육본〉
11.13. • 광주 한빛교회 집회, 전태일 추모모임, 명동 공판 불허 사실보도만
11.15. • 국세청장 고소. 양승열 변호사 체납자 명단 오보 〈이종기 상무〉
11.18. • 준장 순직, 일 군사 작전참모 18일 오전 7시 30분 이천서 작전회의
       참석차 고속도로에서 동부고속과 충돌 〈육본〉
       • 탈영병 자폭—오후 4시 5분 춘천, 민간피해 없어 〈최대령〉
       • 이철 등 항소심 선고공판
       • 박 대통령, 김형욱 암살지시 외신 보도금지
       • 남북 탁구단일팀 구성 제의 정부 발표 때까지 보도하지 말 것
11.22. • 화물선 좌초—대마도 근해서 극동해운 좌초 〈이종기〉
11.23. • 한승헌 상고심 선고
       • 김지하 기록검증 실시

11.24. • 김지하 공판, 풍천화섬 집단시위 공판, 구속자 위반 천주교기도회
〈남산 박〉
11.25. • 원자력병원서 병사 원자력연구소 직원 사망 〈문공부 남산〉
11.27. • 카터 행정부의 대한정책관계 외신기자들의 작문 억제 보도 〈남산 박〉
11.28. • 육·해군장병 패싸움 끝에 살인(인천) 〈육본〉
• 육군 트럭과 순환열차 충돌. 군인 2명 사망(경기 고양 벽제) 〈육본〉
12.01. • 영빈관 부정 〈국장〉
12.03. • 국세청 뇌물 : 국세청 세무직원 뇌물 먹고 세금 짜게 매기다 구속된
법원기사
12.07. • 고려원양 주식위장 분산 : 의명국장(依名局長)
12.08. • 풍천화섬 데모공판
12.14. • 김지하 구형 공판 : 재판 자체가 hold임
12.15. • 학원침투 간첩 백광옥 구형
12.17. • 공수부대 헌병대 패싸움 : 김해에서 1명 죽어 〈육본 최대령〉
12.23. • 김지하 : 선고 공판
• 강문봉 사건 : 긴급조치 위반 부분 삭제
• 한빛교회 기도회 : 파주자살 사건
12.24. • 백승민 사건 : 작게 취급
• 전당포 강도 : 자극적인 것 피해 줄 것
• 교회, 성탄 이브 : 특정인 목사, 신부 잡지 말 것
12.27. • 귀화간첩 석방 : 일본에서 일본에 귀화 간첩 석방 〈박광서〉

**1977년**
01.04. • T-14훈련기 불시착 : 4일 오후 3시반 영동(永同) 야산에 불시착 2명
부상 〈공군본부〉
01.08. • 북괴병 1명 귀순 : 동부전선 〈국방부〉
01.09. • 군인끼리 싸워 열차 유리 파손, 9일 02시 동대구역 구내 서울 발
부산 행 열차 내 육군 해군 사병 난투극 〈육본 최대령〉
01.17. • NYT : 주한미군 철수문제, 한국 내 모든 정파의 일치 야기 〈문공부〉
• 대통령 모독죄 무죄, 술 먹고 명동사건 관련 대통령 비난
01.18. • 긴급조치 9호 위반 공판 : 목사 등 긴급조치 선고 공판
• 해외 공보관 회의 : 3월 세포에서 해외 공보관 회의 〈문공부〉
• 김종락씨 수뢰 보도 : 김종락씨 초계정 1기 구입하면서 140만 불
수뢰 / LA타임스(LA Times), 요미우리(讀賣) 보도 〈박광서〉
01.19. • 반체제 기사 삼갈 것 : 동구 반체제, 이집트(Egypt) 데모, 인도총선
기사 보류 〈박광서〉

01.24. • 긴급조치 위반사건 : 함윤식 사실 심리 〈남산〉
      • 통일당 성명
01.26. • 긴급조치, 3·1사건 : 두 사건 관계 일절 보도금지 〈박광서〉
      • 중공 어부 중공으로 귀환 : 황봉영 중공 어부 27, 28일 쯤에 돌아가는
        데 hold해 달라 〈남산 김〉
01.27. • 주한미군 관계 : Cool down
      • 남북정리 협상 : Hold
      • 긴급조치 9호 위반 공판 : 이재학 전도사 — 고법
      • 목요기도회 : Hold
      • 소·루마니아(Romania) 체육인 내한 : 세계 사격연맹 준비위 참석차 〈남산〉
01.28. • 김정일 신년사 : 1월 26일 내외통신 김정일 신년사 〈남산〉
      • 양구, 탱크 벽 촬영 : 대치 중 〈육본 최대령〉
01.29. • 미 원자력 회사, 한국에 뇌물 제공 UPI 외신보도
01.30. • 문대일 방한 거부 : 문대일 초청 거부 〈남산〉
02.01. • 고중령 실종 : 육본 작전 참모부 고중령 천호동 근처서 실종, 수사
        중 〈육본 최대령〉
02.04. • 조민련(朝民聯) 3자회담 제의 : 조민련이 민단·조총련에 통일을 위
        한 3자회담 갖자고 제의 〈박광서〉
02.06. • 육군 일등병 여급 살해 : 강원도 어음리 육군부대 사병이 술 마시고
        접대부와 시비 끝에 오발로 접대부 살해 〈육본 최대령〉
02.07. • 긴급조치 위반 공판 : 함 전도사
02.11. • PP(※박정희 대통령), 알리 타이틀 유치관련 : 알리(Ali) 타이틀 유치에
        PP 관련, UPI 〈청와대〉
02.14. • 사법기관 강남이전 〈홍사장〉
      • 문공장관 홍콩 회견 : 회견내용 중 김대중사건과 관련된 문명자,
        김형욱에 언급된 부분
02.15. • 제천에서 기재 도난 사고 hold
02.19. • 휴가병 투신 자살 : 제3한강교에서 18일 오후 5시반경 육군 강일병이
        제증명을 한강교에 놓고 실종. 시체인양 때까지 보류 〈육본 최대령〉
02.26. • 한국 인권, 외자도입난관 : ① 피코크(Peacock) 호주외상 한국 인권
        경고 ② 비즈니스 뉴스 매거진(Business News Magazine), 한국 정부로부
        터 외자도입 어렵다 〈남산 박 사무실〉
02.28. • 자민당 안보조사위 주한미군 반대 내용 중 M60 탱크, 마이크 호크
        미사일 등 명칭부분 보도 삭제 〈남산 박〉
03.04. • 민주 통일당 메시지 : 구속자 석방 등 〈남산〉
03.07. • 주한미군 : 마이니치(每日) 보도 3월 하순 미 국가안보회의가 주한미

군 철수문제를 카터에게 제출 〈남산〉

03.08. • 윤보선 NYT 회견 : 윤보선 주한미군 철수반대. 미국은 한국 내 정치
제도를 이유로 한국민을 버려선 안 돼
• 신민 성명 : 부여지구당 관계

03.09. • 청년, 일 대사 면담 요청 : 인천출신 청년이 독도 영유문제를 항의하
기 위해 일 대사 면담요청 즉심회부 〈경찰〉

03.12. • 국정교과서 부정 수사 : 청와대 사정서 수사 중 끝나면 기사화 〈치안본부〉
• 현대조선 사우디와 공사 계약 대 북괴 방해공작 때문 합동 통신사
취소전문

03.15. • 소련 목사 내한 : 소 목사 내한해서 설교도 〈박광서〉

03.16. • 긴급조치 공판 : ① 고영근 목사 상고심 대법 ② 김수근 등 공판
형사지법
• 44살 긴급조치 9호 위반 원심 징역 7년 자격정지 2년 고법에 환부

03.17. • 한국화약 불 : 화약고에서 불 3명 화상, 수류탄 총포화약 생산 〈국방
부 보도과장〉

03.18. • 청주대 데모 : 청주대 ROTC 62명 17일 오후 1시~5시 20분 교정에서
교육거부 농성 : 1명 제적 부당하다고 〈육본 최대령〉
• 새로운 땅굴 : 판문점 근처에 새로운 북괴 땅굴 발견, 동양통신 보도
〈남산 박〉

03.22. • 명동사건 공판 외신보도 : 이에 관한 외신보도 일절 방송 금지 〈남산 박〉

03.25. • 외무부 명동사건 선고 논평 : 대법원 법관 양심에 따라 독립해서
판결내린 것 〈남산 박〉

03.26. • 탱크 불 1명 소사 : 26일 오전, 파주에서 훈련도중 TANK에서 불이나
사병 1명 소사 〈육본 최대령〉

03.30. • 육본 중령 시체로 : 육본 작전참모부 77년 2월 11일 천호동 근처서
실종됐다가 시체로 발견 〈육본 최대령〉

03.31. • 한빛교회 : 한빛교회 기도회 〈남산〉

04.02. • 탈영 : 인제군 모 부대 23살 김창수 일병 1일 오후 3시 M16 갖고
탈영 〈남산〉

04.04. • 탈영병 벽제 : 동료2명 사살, M16 소지 〈최대령〉
• CIA 사칭 4명 구속 : CIA 사칭 4인조가 삼강산업 공장장에게 사퇴 공갈

04.08. • 긴급조치 9호 위반 공판 : 연대 경제과 4년 김영준 사실심리
• 불온유인물 : 서울법대 4년 이범영 등 3명에 대한 사실심리
• 남대문 교회, 기독교회관 : NCC 고난주간 기념예배
• 한신대, 서울사회대 : 농성 유인물

04.09. • 한신대 휴교 : 유인물 농성 끝에 〈남산〉

04.11. • 서울 공대생 시위 〈남산〉
04.12. • 서울 미대 데모 : 서울대 미대생 데모 〈남산〉
04.14. • NYT 보도 : 박대통령, 한국 야당연사가 반정부 활동 안하겠다고 약속하면 구속자 풀어주겠다고
       • 일본 산케이신문 : 다음 한국 대통령은 김종필이다 〈남산 박〉
04.18. • NCC 구속자를 위한 기도회 : 기독회관
       • 천주교 구속자를 위한 기도회 : 명동성당
       • KSCF(한국기독교청년연맹), 4 · 19 기념강연회 : 기독교회관
       • 서울대 4 · 19 전후한 야외 학습 : 학과별 고궁관람 등
04.23. • 이슬람교 위한 회견 : 홍영기 복지 안전법 위반 〈남산 박〉
       • 37사단 난동 : 22일 오후 9시 반 영동 예비군 10명 삭발 난동
       • 인도네시아 CIA장 보좌관 내한 : 인도네시아 CIA 보좌관 24일 내한
04.25. • 향린 교회 사태
       • 사제총회 : 제주교구
       • NCC 인권위 : 기독교회관
       • 구속신부 위한 기도회 원주교구
04.29. • 육군사병이 휘발유 팔다 불 : 4월 29일 부산에서 육군부대 앰뷸런스 (ambulance) 운전사가 휘발유 5통을 팔려고 오복례 여인 집에 갖고 들어 갔다가 연탄불에 인화 화재, 오여인 화상 〈육군 보도실 최대령〉
04.30. • 육군 탄약고 화재 : 경북 울진군 울진면 육군 모 부대 탄약고 불 04시부터 타고 있음 〈육군 보도국 최대령〉
05.02. • 사우디 대표 방한 : 카쇼기(Khashoggi) 회장 등 14명 5월 2일~6일까지 〈남산〉
05.04. • 사병 총기 난동 : 4일 오전 3시 화천 이진수상병 음주 내무반 M16 난사 3명 중경상 5발 갖고 도주 〈최대령〉
       • 요미우리 해명 : 요미우리가 사고를 통해 해명 안하고 구두로 해명 한 것을 해명이 끝났다고 주장하는 보도는 금지
05.09. • 한반도 국제회의 개최 : 일 우쓰노미야(宇都宮)의원 9월중 한반도 국제회의 개최 〈남산〉
05.10. • 중동진출 한국 : 현황을 알 수 있는 구체적 통계숫자는 Hold할 것
       • 하비브(Habib) · 브라운(Brown) 방한 : 외무부 공식발표할 때까지 일 절 Hold 〈남산 박〉
05.11. • 괴선박 침몰 : 10일 저녁 삼천포 앞바다 괴선 침몰, 조사 중 〈국방부〉
       • 5월내 철군 예비회의 : 워싱턴 발 합동통신, 주한 미 지상군 철수 예비회담
       • 장경근 귀국 : 발포 책임자 〈남산〉
05.13. • 부완혁 선고유예 : 김지하 '5적'시 게재 반공법위반 상고기각 〈남산〉

05.14. • 하비브 · 브라운 : 양인 내한 공식발표 외에는 Hold 〈남산 박〉
05.16. • 요미우리 보도 : 주한미군 78회계연도 3~4,000 철수 Hold
      • 장전두 출국 : 사할린 동포 모국 방문 마치고 〈남산〉
05.18. • 군인 총기 난동 : 18일 01시 삼척 일병 수류탄 터뜨려 일가 노부부
      사망 및 중상, 일병 자살 〈육본 최대령〉
      • 청와대 경제 제2비서실 이석표 중상 : 빙위산업실험 중 시험사격하
      다 중상 수술 〈청와대〉
05.20. • 중공 어선에 피해 : 지난 17일 602 일성호 등 어선 3척이 조업 중
      중공선박의 공격을 받아 어망 등을 탈취당한 내용. 〈정보부〉
05.21. • 여야관계 악화 : 종로 보선 앞두고 불참 등 악화 〈남산〉
05.23. • 통일당 성명 : 민주통일당보 조판원고 압수, 관계자 강제연행규탄
      〈남산〉
      • 창서국교 불 : 마포구 창서국교 불
05.25. • 강변도로 교통사고 : 유조차 공군 지프차 충돌 공군 운전병 사망
      〈공군 이대장〉
05.26. • 군화약 폭발사고 : 26일 오전 11시 양산 화약 폭발 사병 3명 폭사
      〈육본 최대령〉
05.27. • 검사 이동 : 검사 3명 CIA로 전보 〈남산〉
      • 박대통령, 이철승 · 정의장 면담 : 철군 설명기사는 청와대 발표에
      한한다
      • 목포 앞 피납어선 귀환 : 중공에 납치 됐던 어선 오후 5시 귀환 중
05.29. • 부산 사병탈영 체포 : 부산 해운대 부근 경비중대 사병이 탈영했다
      가 20:40 체포 〈육본 보도실〉
05.31. • 대한전선 TV 시청료 : 민사지법, TV시청료 1년 치 선납 법적 근거
      없다 〈홍이사〉
06.02. • 일 자민당원로 의원 방한—합동통신 당국 요청으로 취소
06.04. • 박정훈 제소 : 선거공보 송부금지 가처분 신청 〈남산〉
06.06. • 주한미군 78년 말까지 6,000명 철수 NHK보도 Hold
06.08. • 국제박물관협의회 참석한 대표 귀국 : 이난영, 백승길 〈남산〉
06.09. • 군수품 수출 : 한일산업 5월 26일 이디오피아(Ethiopia)에 군수품 661
      만 불 선적
06.10. • KCIA 외신 삭제요구 : 미 의회가 박동선사건 조사 특별검사 임명을
      요청했다는 기사 중 KCIA 활동 언급부분 삭제 요망 〈남산 김과장〉
      • 하비브 · 브라운 청문회 : 인권관계 삭제 보도 〈남산 박〉
06.11. • 월남난민구조 : 호남정유 유조선이 월남난민 38명 구조 〈남산〉
06.12. • 군인이 술집주인 총살 : 시흥군 군자면 반월공업단지 김상한 상병이

원시 2리 원동용(20) 술집주인 총으로 쏴 죽여 〈육본 최대령〉

06.13. • 군인 총기 난동 : 파주군 신탄면 20사단 일병 내무반에서 M16 난사 2명 사망, 1명 부상, 자살 〈최대령〉
　　　 • 미도파 시계점 : 밀수시계 압수

06.15. • 신탁은행 : 효성물산, 수출서류 위조 은행돈 3천만 원 사취 〈김사장〉

06.16. • 월남 난민 상륙 : 공해 상에서 우리 유조선에 구조된 월남난민 30명 여수항에 상륙허가 보도보류 〈남산 박〉

06.17. • WCC 총무 강연 : 정동교회 강연후 구속자 석방 요구 시위

06.18. • 총기 오발사고, 울산에서 헌병 M16 반입 중 민간인 1명 사망 〈최대령〉

06.20. • KBS 기자 폭행 : 귀성단 입국 취재하다 CIA요원으로부터 폭행·연행·석방

06.22. • 박대통령 미 로비활동 축소지시 : 김상근 사건 후 로비활동 축소지시 NYT 〈남산〉

06.29. • 군차량 전복사고 : 6월 29일 오전 11:30 충남 서천면 훈련병사 태운 군 트럭 전복 2명 사망 5명 부상 〈육본〉
　　　 • 중공과 대륙붕 협상할 수도 : 국회 엄영달 의원 질문의 답변 중 "중공과 협상할 수도" 〈남산〉

07.04. • NYT 보도 : 박대통령이 김형욱 암살 지시했다
　　　 • 박동선 가족걱정 : 모든 사실 다 밝히고 싶어도 한국에 있는 가족 보복 두려워 못 한다
　　　 • 프레이저 주장 : 박 대통령이 권리를 국민에게 넘겨주지 않는 한 주한미군 전면 철수해야 〈남산 남〉
　　　 • 간첩조사 중 자살 : 남대문서에서 간첩혐의 조사 중 안창민 3층 아래로 뛰어 내려 자살 〈남산 박〉

07.15. • 추콩 나이지리아(Nigeria) 판무관 일행 3명 내한 : 현대그룹 초청으로 〈남산 박〉

07.21. • 소련인 5명 관광, 소련인 5명 선편으로 부산에 도착 관광 중 〈남산 박〉

07.22. • 리비아(Libya) 연수생 내한 : 북괴와 수교국인 리비아 연초제조기술 연수생 129명 1차 23명 7/29 입국 77/8~78/1 6개월 연수 〈남산〉
　　　 • 휴가병 충돌 : 22일 오전 11시 대구서 육군 휴가병이 개머리판 없는 카빈총 휴대하고 가다가 민간인과 충돌, 총 버리고 도주 〈육본 최대령〉

07.23. • 북괴 200해리 부작용 : 외무부 부인 / 조절 후 협의제의 / 어민 조업 영향, 정치 군사 영향, 정부의 조치 전망, 정부 조치 마련 중 그 때까지 Hold 〈남산 김과장〉

07.24. • 민간인 사살 : 울진군 가산면 동산리 해안초소에서 24일 01:40 민간인이 수하 불응 M16발사 2명 사망 3명 중상 〈육본 최대령〉

07.25. • 김형욱은 민족반역자가 아니다 Hold
　　　 • 김정일 판문점 시찰 : 전송사진 방영 불가
07.26. • 군인 난동 : 25일 밤 11시 부산 동래구 연산 PB 2관구 군인 15명
　　　　기물파손 난동 〈최대령〉
　　　 • 긴급조치 위반자 : NCC위원회(기독회관) 미석방자 대책
　　　 • 양임교회 사건 선고 공판 대법원
　　　 • 연극가 이재호 공판 : 긴급조치위반 체제 비판 형사지방 공판 〈박〉
07.27. • 일 우익단체 DMZ(비무장지대)에서 군사훈련 : 서울로 곧 올 예정
　　　 • 현대건설 사원 2명 조사 : 사우디 현지 경찰이 〈박〉
07.30. • NYT, 박동선 : 브라운 일행 중 1인이 한국에 남아 박동선건 한국정
　　　　부와 모종의 노력 중 〈남산 박〉
08.04. • NYT, 정치범석방 : ① 미 석방자로부터의 각서 ② 8·15 석방 ③
　　　　미측 압력에 의한 것 〈남산 김〉
　　　 • 일 사회당의원 4명이 김대중사건 조사 위해 향미(向美), 프레이저
　　　　등과 만날 예정 〈남산 박광서씨 사무실〉
08.12. • 울진에서 군 초소 내 민간인 사망 : 군인이 행패부리는 민간인 때려
　　　　〈육본 민〉
08.15. • 휴가병 강도 검거 : 휴가 중인 사병이 강도 상해 후 체포돼 〈최대령〉
08.16. • 제일교회 집회 : 공덕귀 여사 등 모여 구속자 석방운운 〈남산 박〉
08.24. • 방위병 총기사건 : 23일 춘천에서 방위병끼리 충돌 2명 사망 〈육본
　　　　최대령〉
08.25. • 김재권 전 주일공사가 김대중씨 돕겠다는 기사 허위임으로 보도 불가
　　　 • 채석 운반 : 의정부 호원동 77 김부관씨 동산에서 돌 깨서 운반 중—
　　　　청와대 공사용
　　　 • 박동선에 뇌물 받았다 시인 : 미 의원 42명이 뇌물 받았다고 시인
　　　　〈남산 박〉
　　　 • 필리핀 데모 : 필리핀 학생데모
08.26. • 카터 방한설 : 조지아(Georgia)주 신문 보도 Hold
　　　 • 친한 의원망 구성기도 : CSM(Christian Science Monitor)지 보도 / 박동선
　　　　Hold 〈박〉
08.30. • 국회의원 연행 : CIA 김재광 노승환 연행 〈박〉
　　　 • 거동 수상자 출현 : 8월 30일 00:00 충남 청양군 적곡면에 거동수상
　　　　자 출현 〈국방부 보도실〉
08.31. • 김재광 노승환 연행 석방 : CIA 두 의원 연행했다가 석방 〈박〉
09.01. • 일진 철군 : 워싱턴 발 동양통신 1단계 6,000명 가운데 다수의 일진
　　　　9월내 철수

09.02. • WP 보도 Hold : 미국은 박동선이 영국에 돌아갈 경우 범인인도 요청 〈남산 박〉

09.07. • 신민, 선거법 개정 시안 : 대의원선거 6개월 전 대통령후보 지명해서 등록(대통령선거법만 Hold)

09.13. • 박동선 사건 중 : 긴장고조 내용 등 과격표현은 피할 것

09.15. • 카터 제2의 친서 : 박대통령에게 보냄 / 박동선 사건에 관한 것 〈노〉

09.23. • 군 교통사고 (훈련 중) : 9월 23일 02:30 화천에서 훈련 중이던 트럭 전복으로 사병 1명 사망 3명 부상 〈육본 민중령〉

09.26. • 육군 헬기 추락 : 여의도 광장에 육군헬기 추락
       • 재일동포 국군의 날 참석 재일동포들 귀국해서 국군의 날 행사 참관 〈육본〉

09.28. • 김한조 뇌물사건 : 박동선과 함께 미대법원 기소 60만불 제공
       • NYT 핼로란(Halloran)기자 박동선 사건 한국정부 은폐 증거 있다
       • 시카고 트리뷴(Chicago Tribune)지 : 한국경제 발전 근로자의 저임금과 인권희생 위에 근거한다
       • 10.13 미국 대사관 : 리셉션에 미국 저명인사들 참석 꺼려 박동선 사건 때문에
       • 한국 정보부 요원 미국에 망명 〈남산 박〉

09.29. • 주미영사 손호영 : 공금 갖고 도주 〈남산 박〉

10.01. • 국군의 날 행사장병 50여명 식중독 〈남산 박 국방부 보도과장〉

10.06. • 육군 오발로 민간인 2명 사망 : 경기도 양주군 백석면 모 부대에서 15:00경 병기 수입 중 총기오발로 민간인 버스 관통 2명 사망 〈육본 보도실 민중령〉

10.07. • 김형욱 일본 증언용의 표명 : 고바야시(小林) 의원에 일 의회 증언 용의 〈박〉

10.09. • 학원동정 : 학원의 불미스런 동정은 일체 보도 금지

10.10. • 마산 코리아 타코마(Korea Tacoma) 선박회사 불 : 2명 사망 군수산업 체임으로 Hold 요청 〈남산 이〉

10.12. • 김형욱 증언 청취 반대 : 일 자민당 김형욱 의회 증언 반대키로 〈박〉
       • 고바야시 발언 : 김대중 조사에 소극적이라는 발언
       • 육군 경비행기 1대 월선 : 진해에서 정비하던 육군 경비행기 L-19 1대를 문관 4급갑 2명이 조종하고 10월 12일 12:00쯤 월선 〈국방부 보도과장 박대령〉

10.13. • 미 하원윤리위 자워스키(Zaworski) 발언 : 자워스키 로비활동에 관해 새 정보 많이 나오리라 〈남산〉

10.14. • 미 하원윤리위 KCIA 증언 : 2명의 KCIA 요원이 윤리위에서 증언하리라는 것 〈남산 김〉

- 비행사 망명 회견 : ① 박정권은 미국 앞잡이 조국 망치고 있다 ② 남조선 식민지로 만들고 있다
10.15. • 10월 19일 워싱턴 하원윤리위 : 김형욱 김상근 등 4명 증언 참가할 예정 Hold 〈남산 박〉
10.17. • 이란(Iran) 노무자 자살 : 이란 파견노무자 사장실서 분신 자살
- CIA 유충국 : 유충국사건 〈박〉
10.19. • 포탄 폭발 : 10월 18일 밤 10:13 강원도 인제 105㎜ 포탄 폭발 차 2대 파괴됨 〈육본 민중령〉
- 미 하원 윤리위 : ① 양 줄여 보도 ② 박대통령 관계 부분 Hold ③ 특파원 육성보도 삼가 〈문공부〉
10.20. • 장병 월북 : 대대장과 사병 등 2명 20일 최전방서 월북
10.21. • 12월 중 : 수도권 방위훈련계획
10.25. • 연세대 데모 : 10월 25일 12:00부터 천여 명 유신철폐요구 데모 경찰과 대치
- 이후락씨 거액빌딩 매수 사실 무근 : HR(※이후락을 뜻함) 거액 빌딩 매수설 무근 〈남산 박〉
10.27. • 방위병 탈영자살 : 경북 영덕군에서 방위병이 총기와 실탄을 갖고 탈영. 민간인을 쏘아 중상 입히고 자살 〈육본 민중령〉
10.29. • 연세대 개강 연기
11.03. • 군 트럭 전복 : 1명 사망 3명 부상
11.04. • 군 트럭 전복 : 포천서 훈련도중 트럭전복 포탄 터져 1명 사망 〈육본 조대령〉
11.08. • 자워스키 김동조 전 주미대사 조사희망 Hold
11.09. • 미 하원 윤리위 : 김동조 · 이후락 등 증언 청취 요구 Hold
- 박동선 심문 : 도미니카(Dominica)에서 NYT 보도 Hold 〈박〉
11.10. • 선거법 개정 중 : 통일주체회의 대의원 선거법 개정 관계
11.14. • NYT 보도 : 미 하원 윤리위도 150명 의원 조사 〈박〉
11.16. • 302 삼해호 귀환 : 선원 19명도 소련 지도선에 끌려갔던 배 〈박〉
11.18. • 최덕신 미국 망명 Hold 〈박〉
11.29. • 미 하원 청문회 : 사실보도만, 정확한 소스에 한해 TOP 안되고 박대통령에 관한 것 안 됨. 유신체제에 관해 안 됨, 녹음해설 · 스케치. 특파원
11.30. • 서울대 징계 : 소요관련 28명 제명 34명 무기 6명 유기
12.02. • 박동선 방송취소 : 1일 밤 9시 40분 KAL 006편 예약취소
12.05. • 자워스키 TEC : 대한 원조 중단 촉구 〈박〉
- 한양대 리영희 교수 구속
12.18. • 김대중 석방설 : 사실무근이니 현혹되지 말라고 〈남산 박〉

## 1978년

01.09. • 브레진스키(Brezinsky) 발언 : 한·미 정상회담 올해 불가 〈남산, 청와대〉
 • 육군 유류 보급차 강에 추락 : 1월 9일 14:20 강원 화천 북한강에 육군 유류 보급차 추락 운전병 1명 현장 사망 〈육군 보도실 민중령〉
01.12. • 에드워드 케네디(Edward Kennedy) 도쿄 외신기자 클럽(Correspondents Club) 연설 일절 보도 불허〈박〉
01.14. • 카터의 한국 인권 문제 발언 : 카터대통령이 미 편집인협회에서 행한 한국의 인권문제 발언 〈남산 박사무실〉
01.15. • 카파토(Capato) 의원 발언 : 박동선의 미 의회 증언과 이후락 등의 의회 증언을 한국 대사관과 협상결정 밝혀 〈남산 박사무실〉
01.17. • NYT 보도 : 2주후 박동선 도미 증언 이뤄질 듯
 • 자워스키 대한군사원조 안 된다〈박〉
 • 군인 총기 난사 사고 : 17일 새벽 강릉 모 부대 육군 일등병 음주 총기 난사 군인 2명 사살, 민간인 1명 등 3명 중상 〈육본 민중령〉
01.21. • 프레이저 북괴관련설 : 프레이저의원이 친 북괴단체로부터 정보를 제공받고 있다.
 • 아렌아델 미 하원의원 한국로비 관련 김동조·이후락 신변인도요구 결의안 제출방침—하원 본회의서—일 요미우리 보도 〈남산 박〉
01.25. • 미 하원 초선의원 48명 에르텔(Ertel) 의원결의안 지지 Hold 〈남산 김과장〉
 • 소 빅토르 루이스(Victor Lewis) 기자 : 27일 방일 한국관리 면담 〈남산 박〉
02.01. • 박화춘씨 : 협상교섭 액수 기사화하지 말 것 〈서정강〉
02.03. • 순경난동 총기 : 군위군에서 순경이 총기난사 사고 〈박광서〉
 • 전 필리핀 육참총장 : 나수치온(Nasution) 마르코스(Marcos) 정책 비판
02.04. • 일본사회당 국제국장 쓰키야마(築山) 내한 기사 Hold 〈남산 박사무실〉
 • 동남기업 세무사찰 본사 지시
02.06. • 자워스키(Zaworski) NBC 인터뷰 〈박〉
02.08. • 군 교통사고 11명 사망 : 2월 8일 08:00 강원 인제 군축령 모범용사 38명 싣고 서울로 가던 육군 트럭 굴러 7명 사망 30여명 부상, 산업시찰 계획이었음 〈육군 보도실〉
02.10. • 최은희사건 KCIA 관련 : 외신에 KCIA 관련설 보도 사실무근
02.11. • 육군하사 인질 난동 : 2월 10일 23:00 논산에서 M16으로 군 트럭 탈취, 서울로 오다가 제1한강교에서 검문에 걸리자 신림동에서 주부 인질 난동 검거 2월 11일 02:00 〈육군 보도실〉
 • 부산에서 육군 장교 강도 미수 : 2월 11일 03:20 부산 — 소위 권오찬, 방위병 장세철이 버스회사 숙직실에 들어가 무기로 경비원 위협

금품 뺏으려다 붙잡힘 〈육군 조대령〉

02.14. • 민주전선 발행 강행 : 긴급조치 위반 사항 불구하고

02.21. • 김해 공군 수송기 추락 : 21일 오전 이륙하다 기체고장으로 1명 사망 〈공군본부〉

02.22. • 존 사르(John Saar)기자 : 마닐라 발언 박정권 비난 Hold 〈박〉
　　　 • 호주 CIA장 내한
　　　 • 한국·이집트 합자은행 설치 〈남산〉

02.24. • 박동선, 워싱턴서 살겠다 : AP 외신 Hold 〈남산 박〉

02.26. • 이라크 처녀 한국기술자 찾아 가출 내한 : 처녀 부모는 기술자의 납치행위라고 최규하 총리에게 진정서 〈박〉

03.02. • 국회 회기 중 금기사항 : 체제비판·긴급조치 거론금지

03.04. • 한일안보의원협의회 구성위해 이종찬의원 등 5명 도일(渡日) 관계기사 취급 말 것 〈정보부〉

03.06. • 국회 재무위 중동 현대건설 사태 자료 요구
　　　 • 야근자 : 학원 체제, 종교, 군·경찰 관련 기사는 국장에게 연락바람 〈정보부〉

03.07. • 김동조 소환 : 면책특권 편법으로 불러들인다 〈문공부〉

03.08. • 민성식의원 등 5명 도일 〈박광서〉

03.09. • 국일 피혁공원 나병기 자살 : "도둑 누명" 억울하다는 이유 노동절 앞둔 근로자 자살
　　　 • 버스-군 트럭 스리쿼터 충돌 : 대령 사망, 부사령관 중상 〈육군본부〉

03.10. • 통일당 노동절 메시지 : 노동3권 부활
　　　 • 동일방직 소동 : 근로자의 날 기념식장 〈박〉

03.11. • 김동조 증언 주장 : 유진오 전 하원의장 미 의회서 증언해야 한다고 〈박〉
　　　 • 동일방직 화재 〈육본〉
　　　 • 원자력이용협정 개정 〈박〉

03.12. • 인도네시아(Indonesia), 학생 데모로 긴장 : 수하르토(Soeharto) 3선 확실, 학생데모대 군인과 충돌 대부분 상가 철시 〈박〉

03.13. • 모로코(Moroco) 군사훈련생 입국 : 모로코 전세기편 모로코 훈련생 입국기사 Hold 〈박〉

03.14. • 일본에서 참사관 미국에 영주권 신청 요미우리 Hold 〈박〉

03.15. • 프레이저 청문회 특파원과 전화, 박대통령 관계, 박동선 한국관계 요구설
　　　 • 세계 배트민턴연맹 사무총장 내한, 말레이시아 테진수이 20일 방한 예정, 대 중공 스포츠외교 추진

03.18. • 조민련(朝民聯) 대표 50명 입국

- 일양약품 기사, 먼저 국장에게 보고함
03.19. • 북괴, 남북적십자회담 제의 거부. 북괴적십자회는 대한적십자사가 요청한 제26차 남북 적십자 회담 개최에 대해 78 팀 스피리트(Team Spirit) 작전을 핑계로 거절. 정식발표는 20일(월)에 함
03.20. • 남북적십자회담 연기에 대한 외신보도는 일체 금한다 〈남산 박〉
03.22. • FBI문서 공개, 박동선 로비활동관련 후버국장 71년 키신저에 보내 〈박〉
03.23. • KAL 월남영공 통과, 미국 등이 통과허가를 받은 데 이어 한국도 교섭 중
03.28. • 김대중 탈당(내, 외신) 〈박〉
03.29. • 육군사병 처녀 강간, 28일 23시 원주에서 78 항공중대 병사 1명이 지나가던 처녀 강간, 헌병대 이첩 〈육본 조대령〉
03.30. • 한–베트남(Vietnam) 상담, 공산 베트남과 석탄 상담
     • 대한전척 채권자 농성 풍전호텔 사무실 앞 농성 〈남산 박〉
04.03. • 김동조 미국의회 증언에 관한 내외신 일체 〈박〉
     • 통일당 전대열 석방
     • 동일방직 여공 공청회
     • 포터(Porter) 전 주한 미 대사 도청, 외신은 통신 인용만 가
04.07. • 필리핀 총선에서 아키노(Aquino) 군사재판, 아키노 유세, 군중 아키노 지지데모 〈남산〉
04.08. • 이후락 비행, 일본 주간 현대 이후락 지하철 건설 싸고 1억엔 수뢰. 주간 포스트(POST) 이후락 일본기생과 3년 동거 〈박〉
04.12. • 필리핀 정정(政情), 데모, 구속, 자유유보 〈박〉
04.13. • 석탄수입 〈남산 박〉
04.19. • 김형욱 전 KCIA부장 방일설 〈박Office〉
04.27. • 동해안 경비사 해안초소 폭발물, 26일 23시 30분 동경사 56R 113N 해안초소. 제대회식 중 병사 1명이 수류탄 폭발 군인 1명 사망, 1명 중상, 민간인 1명 부상 〈육군 조대령〉
05.04. • 진주에서 정찰기 추락, 진주에서 정찰기 1대 훈련비행 중 추락, 1명 부상
     • 서해안 초소병 무기 난사 0시 30분 보령군 해안초소에서 초소병이 다른 병사 1명을 사살. 2군단 지역 산불 3명 질식사 오전 2군단 지역 산불로 진화 작업하던 장병 중 5명 질식, 그 가운데 3명 사망 〈육군 박대령〉
     • 화국봉 북괴 방문, 동영상·사진전송 안 됨. 만화만 가능.
05.06. • 캐나다 공보직원 망명 요청
05.08. • 서울대생 유인물 배포, 시위 중, 안 된다 △독도 주변 일어선 조업 중, 안 된다

05.11. • 자위스키 한국정부
　　　　• 김동조 증언 비협조 발언 〈박〉
05.12. • 이서옹 전 종정 성명, 현재 종정은 자신이며 모든 권한을 행사하겠다
　　　　〈문공부〉
05.15. • 계엄조치 위반자 석방 여야 논평 취급 말라 〈남산 박〉
05.16. • 민주전선 편집국장 연행, 취급하지 말라
　　　　• 한국 신학대 휴교 불가 취재
05.19. • 거문도 간첩선 인양, 보도관제 〈국방부 보도과장〉
05.21. • 33사단 무장탈영병 자살, 20일 오전 33사단 무장탈영병 인천에서
　　　　자살, 민간인 피해 없음 〈육군 보도실 조대령〉
05.26. • 독도 보도 삼가
06.04. • 소르본(Sorbonne) 학생 오태식 북괴로
06.05. • MBC 방해전파 받다
　　　　• 박 대통령 제주도 동정 〈청와대〉
06.13. • 대의원 소송, 충남 당진군 함덕면 낙선자가 당선자 걸어 서울고법에 제기
　　　　• 이성용 민청학련 관련, 경북대 재중 제적 자살 〈남산〉
06.14. • 203 정보대 이중광 소령 월북
　　　　• 특전 훈련 중 헬기추락, 12시 2분 특전훈련 도중 코브라 헬기 1대가
　　　　기총 소사 중 안에서 불이나 팔당호에 추락, 2명 실종 〈육본 조대령〉
06.15. • 한국인 노무자 필리핀서 피살, 박화춘씨 소속회사 노무자 1명이 모
　　　　슬렘 반도에 의해 피살된 시체로 발견됨 〈남산 박〉
06.19. • 호주 선교사 라벤드 추방, 목적 외 활동 체류 연장 불허
　　　　• 자유중국 정보부장 내한 〈남산 박〉
06.22. • 모로코 훈련생 100명 입국
06.28. • 양영실 영주권 신청 캐나다 토론토(Toronto) 주재 영사
　　　　• 프레이저 청문회 기사 이름은 한글로, 사진 불가
07.01. • 신민 대통령 선거 거부〈남산 김〉
07.05. • 일 자민당 정조회장 에사키(江崎) 방한
　　　　• 한일안보협력기구 창설 〈남산 김〉
07.06. • F5E기 추락, 5일 8시 47분 광주공군기 야간공중 초계 후 귀환하던 F5E기
　　　　1대 논바닥에 추락, 조종사 이병숙 중위 사망, 민간인 피해 전무
07.15. • 박정희 후보의 경력 중 일본 육사 졸은 뺄 것 〈남산〉
07.19. • 회원 명단 〈남산〉
07.25. • 미 하원 의원 파한, 박대통령 면담 추진 중, 박대통령 면담 거부 〈남
　　　　산 박〉
07.27. • 수도사 군인 민간인 발포, 26일 오후 1시 창신동, 2명 중상 〈육본〉

08.01. • 한전 원자력 기획부장 실종 〈남산〉
08.03. • 해군장교 갓 임관한 소위 20명이 육군보안대사병 30명과 패싸움 〈해군본부 공보실〉
08.07. • 공명당 부위원장 내한, 8일 입국예정
08.08. • 김대중 피랍 5주년에 대한 일지(日紙) 보도
08.10. • 진양 금곡중 체육교사 서수호 여학생 농간
08.11. • 상위 질의 중 학원관계 〈남산 박〉
08.12. • 3대 사건, 검찰의 발표만(3단), 오프 더 레코드(off the record) 철저히 지킬 것, 사도갱생(師道更生)을 위해 협조, APT 명단작업 분류 금지 〈남산〉
08.14. • 박대통령, 국립묘지 참배 〈청와대〉
08.18. • 이용훈 해군총장 기사 전부 보도금지, 24일 발표 예정 〈남산〉
08.25. • 육군 초병 M16 탈취사건 〈군〉
08.28. • 광주 F5E 추락사고 〈군〉
09.07. • 전남 농민 병충해 피해 비관 자살 〈남산 박〉
       • 소련과 전화방송 금지 〈문공부 국장〉
09.09. • 9·9절은 내외통신만
       • 조선신보는 사실보도만 간단히
09.10. • 월남수상 월남 잔류 한국인 관계 언급 홀드
09.12. • 보사장관 소련관계 단순한 동정만 가
09.18. • 요르단(Yordan) 퇴거령, 요르단 정부 한국 영사관에 퇴거령
       • 아프가니스탄(Afghanistan) 단교선언, 한국과 단교
       • 행정수도 군수산업 관련기사 〈남산〉
09.20. • 사격대회 이스라엘(Israel), 로데지아(Rhodesia) 남아연방 참가사실
09.22. • 소련에서 열리는 자연보호대회에 한국대표참가 계획, 입국 시까지 보류
09.23. • 노풍 피해 또 자살 또 hold 〈남산 박의 사무실〉
09.26. • 소련입국 한국학자 내외신 전화 보도 hold
       • 한미정상회담 관계 축소해서 보도 〈문공부〉
10.01. • 미수교국 입국 숫자, 내용은 좋으나 각국별로 순위와 입국자 숫자를 내지 말 것 〈남산 박〉
       • 김대중 사건, 일본경찰 김대중 사건 계속 수사 중 후쿠다(福田) 발언 〈박광서 사무실〉
10.11. • 김치열 국회답변 학원소요로 서울대생 10명, 고려대생 6명 입건 〈박광서〉
       • 일본서 수류탄부품 밀수입, 76년 5월 4일 일본 후지(富士) 인더스트리 알(Industrial)사가 수류탄 부품 11,000개 한국에 밀수출, 한국이 완제품 만들어 필리핀에 수출 〈도쿄 강 부장 송고 자체서 통제〉

10.16. • 말레이시아(Malaysia)인 3명 연탄가스 중독사 〈박광서〉
10.18. • 노재현 국방 국회답변, 주한미군 철수시기, 주한미군 병력, 북괴군사 기지 건설 상황 〈국방부 대변인실〉
10.19. • 신민 한영수 의원 질의, 광화문의 삼엄한 경계 해제하라, 무차별 검색 철폐하라 〈남산 방송과장〉
       • 내무위 광화문검문검색 시비 진상해명 위해 장관출석 요구 〈남산 김과장〉
       • 파키스탄(Pakistan) 반정부운동 〈남산 박광서〉
10.20. • 싱가포르 국방상 부외상 내한, 20일 입국 예정 〈남산 박광서〉
10.23. • 등소평(鄧小平) 방일기사 사실보도만 논평은 안 됨 〈문공부 유우열 보도담당〉
       • 울산 농민데모, 공해피해 농민 항의데모 〈남산 박〉
10.25. • 법사위 간담회, 긴급조치 해제건의안과 3·1사태 구속인사 석방건 의안 처리는 내일 다시 논의하기로
       • 의사당 앞 1인 데모, 국회의사당 앞서 육군 하사 1명 긴급조치 철폐 포스터 붙이다 검거 〈남산 박광서〉
       • 재미교포 존 김(John Kim)이 행정수도 설계 맡았다는 이야기 〈국장〉
10.27. • 김대중 사건, '김대중 납치는 KCIA 소행이다' 외신 〈남산 박광서〉
10.30. • 우정의 사절단 구매건, 한국대표단 272명이 27만 달러어치 상품구입 으로 미국의 웃음거리가 됨, 몬태나(Montana)주 헬레나(Helena)시 상 점 휩쓸어, 바늘에서 카메라까지 〈박광서〉
11.01. • 프레이저위 보고서 발표 기사로만 간단히 취급, 논평 해설 특파원 불가
11.07. • 재일한국인청년회 남북간 접촉, 재일대한청년회 간부 2명 조총련 청년간부 2명 도쿄서 접촉, 상호교차방문 제의
       • 경북대 휴교, 서장 직위 해제, 대구 대학생 데모, 경북대 학생 3,000명 대구의 500명은 반정부 데모, 매일신문까지 진출 〈김철진, 김차장〉
       • 정찰기 실종, 7일 오후 4시 30분 RF-5 두 대 가운데 1대가 금산 대둔산 상공서 레이더에서 사라져 수색 중 〈공군본부 정훈차감〉
11.08. • 대법원 판결, 데모주동자 아닌 학생처벌 못해
       • 한미정상회담, 카터가 정상회담 제의 친서 박 대통령에 전달 〈문공부〉
11.09. • 학생데모, 학술강연 도중 고대생 1,000여명 교내서 데모, 1명 분신자 살 기도, 교수규탄
11.17. • 독도분쟁, 한일 각료회담에서 독도 영유권 분쟁 피하기로 합의, 일 외무성 대변인 얘기
11.19. • 일본 도박단 관계기사
12.06. • 홀부르크(Holbrooke) 차관보 발표 가운데 북괴 남침위협은 중공 등

공산 태국이 견제 가능, 한미 우호에 합치되지 않는 인권은 계속
관심, 3대 현안은 한미현안으로 〈남산 박광서〉

12.07. • 손주항 의원 구속 (선거법 위반), 손 의원 구속에 대한 통일당 성명
〈남산 박광서〉

12.11. • 무소속 입후보자 연행, 서울 도봉구 박경희 후보, 자신이 박대통령
6촌이라 선전 경찰서 연행

• 중공에 있던 교포 귀국, 안학진씨 일가 4명 11일 오후 7시 귀국 〈남산
박광서〉

12.18. • 맥도날드(Mcdonald)항공사 스캔들, 맥도날드항공사서 한국관리에 커
미션제공(KAL 항공기 구입 시 미 의회서 공개) 〈박광서〉

12.22. • 김대중 석방결정, 필름, 슬라이드 방영 불가, 제목 넣지 말고, 라디오
는 2회만 논평 〈박광서〉

12.26. • 김대중 석방, 내용은 22일과 동일

12.29. • 장안동 강효식 분신자살 미수

## 1979년

01.01. • 마이니치(每日), 마에다(前田) 일본 특파원 출국령, 발표 때까지 협조
〈남산 박광서〉

01.05. • 박외무 스노베(須之部) 주한일본대사 요담, 마에다 특파원 출국령에
관한 건 〈남산 박광서〉

01.09. • 방위병 카빈총 자살, 9일 오전 강원 정선 북면에서 방위병이 근무를
마치고 민가에 들어가 카빈 두발 발사하고 자살 〈육군 이정수중령〉

01.13. • 김대중씨 공보비서 구속, 김대중씨 공보비서 40살 한화갑씨 긴급조
치 9호 2항 위반으로 구속 동대문서, 78년 12월 29일 한국기독교협의
회 기도회서 김대중씨 성명서 배포

• 박대통령, 카터에 친서, 미중 수교에 관한 한국의 입장을 카터에 친
서를 보낼 것이라는 설, 김용식 대사 편으로 〈박광서〉

01.22. • 문학사상 '특집호' 1월호, 호남인 시비관계 기사 보류요청, 총화단결
저해, 지방색 조장

01.23. • 남북회담 북괴수락 hold, 박대통령 제의 북괴서 수락 내용 방송금지,
9월 평양이나 서울서 만나자 〈남산 박광서〉

01.25. • 한국 중국과 대화 희망, 박대통령이 소노다 외상에게 중재 요구했다
는 니혼게이자이(日本經濟)신문 보도 (김옥조 송고) 〈박광서〉

• 금괴밀수범으로부터 뇌물 받은 경찰관 파면, 중부서 경찰관 2명 금
괴밀수범의 판매현장 덮쳐 500g짜리 금괴 7개 받고 봐줘 파면 (시경
서 송고) 〈김덕보 시장 이종기 전무〉

01.27. • 북한 측 반응 제안 등은 내외통신만 인용 보도할 것
       • 외국의 반응 외신도 한국 정부 지지 외신은 좋으나 판단이 어려운
         것은 박광서씨에게 직접 물어볼 것 〈남산 박광서〉
01.29. • 김대중 면담 취재, AP통신 앤더슨(Anderson)기자가 김대중 면담 취재
         〈남산 박〉
02.01. • 탈영병 난동, 1일 오후 1시 40분 포천군 산정리 산정호텔 주차장서
         탈영병 유웅길 이병이 서울보성 여중교사 등 36명이 탄 관광버스
         탈취하고 M-16소총으로 위협 발사 여교사 송혜선(36) 사살, 기동타
         격대원 사살, 3시 20분 만에 교사 2명이 격투 끝에 체포 (오후 5시
         뉴스 1차 방송 후 보류) 〈남산 박〉
02.02. • 코헨(Cohen)교수 일본발언 (내용은 입전되지 않았음) 〈남산 박〉
02.05. • 코헨 발언
       • 김대중 하버드(Harvard) 초청, 기타 코헨 관계 모두
       • 이란, 석유 수입선 바꿔 동자부 박대통령 보고내용 중 이란 메이저
         (major) 석유 감산으로 국내석유 수입 줄어 〈박광서〉
02.07. • 남북대화 외신, 북한제의 대화재개에 도움 된다는 미 관리의 말 인용
         보도 보류 요청 〈남산 박〉
       • 합동통신, 김동조—우쓰노미아(宇都宮)
02.10. • 송원영 신민당 총무 CIA에 연행, 카터대통령을 위한 조찬기도회에
         참석하러 미국에 간 1월 중순께 신한민보 주최 좌담회에서 긴급조치
         에 어긋나는 발언을 한 혐의
02.12. • 신민 최고위 성명, 송원영 원내총무연행 비난 〈남산 CIA〉
02.14. • 미국 불법입국 한국인 101명이 미국에 근무, 수사—LA 타임스(LA
         Times) 보도, 이 가운데는 KCIA 요원도 있다 〈박광서〉
02.15. • 초병이 근무 중 소총으로 구멍가게 여주인 총살, 본인은 자해 중상
         (14일 0시 20분 고양군 일산 모 식당), 피살자 일산 1리 문복순(55)
       • 한미합동훈련-팀 스피리트 훈련관계 내외신 불문 발표 때까지 보류
         요청 〈국방부 보도과장〉
       • 폭발사고, 인천 한국화약 공장서 국산수류탄 조작 중 터져 장교 2명,
         예비역 병장 1명 폭사 〈국방부〉
02.16. • 김영삼도 여론조사서, 대통령 간선제 지지여부, 평화적 정권교체에
         관한 의견, 유정회 국회의원에 대한 의견, 공화당이 집권당 구실을
         하고 있나 등 정치 경제 사회문제에 걸친 여론 조사서를 체신부나
         응답예정자에 배부하지 않은 것을 조사 주동자인 김씨 측에서 항의
         했다는 내용 〈남산 KCIA 박광서〉
       • 통일당 성명

02.17. • 남북조절위가 판문점에서 만나는 것을 심하게 비판함 〈남산 박 사무실〉

02.21. • 남북탁구단일팀 구성 제의, 우리 측 채영철 탁구협회회장 만날 용의 있다, 정부 공식발표 있을 때까지 보류 〈박광서〉

02.24. • 백두진 국회의장에 대한 반응, 백두진 유정회의장이 국회의장에 내정됐다는 보도에 대한 야당의 반대방침 〈박광서〉

03.04. • 윤보선 · 김대중 · 함석헌씨 민주주의와 민족통일을 위한 국민연합 형성 발표, 윤씨 등 3명은 오전 윤씨 집에서 내외신 기자회견을 갖고 3 · 1운동 60돌을 맞아 민주회복 평화적인 남북통일을 위해 3인이 공동의장이 된 국민연합을 형성했다고 발표함

03.06. • 올리브에 장군 내한 (나이지리아 대통령 측근), 7~17일까지 보류
• 한국인 어부 강제 송환, 박점세(23), 78년 5월 17일 스페인서 특공대에서 4일간 활약하다 체포 강제송환
• 베트남 영공 통과 실무회의, 15~16일 방콕서 KAL 통과 베트남 실무자와 KAL의 중동노선 조정 협의
• 김대중씨 연행, 6일 오후 6시 전후 CIA서 연행조사 (3 · 1절 선언 관계) 〈박광서〉

03.07. • 원유특별도입 합의, 남덕우 특별보좌관은 사우디아라비아와 4월 1일부터 일당 5만 배럴씩 도입 합의 〈박광서〉
• 2월의 물가 3.5% 상승, 2월 소비자물가 3.5% 상승 공식 발표 시까지 보류 요청 〈문공부 박경진〉

03.15. • 공고생 수업거부, 오전 10시 진주기계공고(대공기계공고) 3년생 2백명이 수업거부, 교사부족하다 해서 매일 자습을 시킨 데 불만 보류 요청 〈남산 박〉

03.19. • 해군병사들 무인도 염소 도살, 15일 어청도 주둔 레이더 기지 해군병사들이 무인도인 황도에 방목 중이던 염소 20마리 도살해 먹으려다 산불까지 내 10여 정보 소실 〈해군 정훈차감 허대령〉
• 중공 무장어선, 18척이 전남여수 진입 후 전관선 내에서 해군명령으로 철수 홀드 요망 〈박광서〉

03.20. • 미 이민국 조사원 입국, 미 이민국 조사관 2명이 입국 후 통일교 실태조사하다 적발돼 항의 받고 사과후 조사 중단 〈박광서〉

03.21. • 신민 헌정심의위 구성 결의안 제출 101회 임시총회에 제출 (12시 뉴스는 방송됨) 〈문공부 박경진〉

03.26. • 경북 도교위 부정, 국민정신교육연구위원 순회강연 경비와 강사료를 시군교육청이 부담하도록 했다는 보도는 사실과 다르다
• 충남대 입시부정소요, 충남대생들 26일 오전 교정에 모여 신입생 입시부정 항의, 학교 측은 교수 2명 인책 면직 〈박광서〉

03.28. • 이집트(Egypt) 항공성 차관일행 방한 hold 〈박광서〉

03.31. • 중공침술사, 원광대학에서 중공침술사 초청 세미나

04.09. • 김영삼 연설문집 수거, 한국문제연구 책자 14호에 김영삼의 미국 연설문 수록, 당국서 이 책자 수거중임 〈박광서〉

04.10. • 김영삼 성명 발표(오전 8시), 9일 오후 7시 한기태 노량진 서장 지휘로 상도동 자택과 한국문제연구소 수색, 자신이 예일(Yale)대서 행한 연설문 수록 책자 압수 주장
 • 김영삼과 김대중씨 집 방문, 종로 중구 개편대회 후 오후 3시 30분쯤 김영삼씨 등이 김대중씨 집 방문하려 했으나 경찰저지로 못 들어가고 옥신각신, 김대중씨가 나와 김영삼씨 등과 악수 〈박광서〉

04.17. • 간첩 피의자 조사 중, 불(佛) 감마(Gamma) 통신사 도쿄 특파원 지정관씨 간첩피의자로 치안본부서 조사 중 〈박광서〉

04.18. • 대학생 투신자살, 17일 부산대 상대 경영학과 2학년 학생이 생활고로 학교 4층서 투신자살 〈남산 박〉

04.19. • 한국탁구대표단과 이스라엘대표단 공동보조협의 위해 제네바서 접촉
 • 이스라엘 국방상 다얀(Dayan) 내한, 아랍권과의 마찰 우려로 보류 〈남산 박〉

04.23. • 조지 고노시마(George 神都) 내한, 카터 측근 고노시마가 KCIA 초청으로 내한한다
 • 김지하 문학의 밤, 오후 7시 장위동 성당에서 김지하 문학의 밤 개최 〈남산 박〉

04.24. • 평양탁구 화면 필름, 슬라이드 불가, 탁구기사는 내외통신 보도만 가능, 단 불상사에 관한 기사는 무방
 • 지정관 무죄 주장, 간첩혐의로 구속된 지정관씨 부인이 도쿄에서 기자회견 갖고 무죄 주장 〈남산 박〉

05.01. • 300만 섬 쌀 도입, 미국에서 300만 섬 쌀 도입한다는 한국일보 기사는 군량미이므로 보도 삼가바람
 • 남미 재향군인회장 입국, 동정 〈남산 박〉

05.02. • 한국 88년 올림픽 유치 추진, 한국이 88년 제 24회 세계 올림픽대회를 개최한다는 방침아래 이의 유치에 나섰다 〈남산 박〉

05.04. • 한국 석유공급 체결, 한국이 오는 7월 1일부터 이란에서 1일 3만 배럴 원유 공급받기로 체결 〈조동국〉

05.12. • 김대중 기사, 내외신 막론하고 김대중 기사 일체 금지 〈남산 박〉
 • 군인 트럭 굴러 2명 사망, 경북 문경서 군 트럭 호수에 빠져 2명 죽고 7명 부상 〈육군 보도실〉

05.16. • 중공 한국인 교포 송환 허가, 만주에 살고 있는 한국인 교포 2가구

9명에 대해 한국에 이들을 송환할 준비가 돼 있다 〈남산〉

05.21. • 시아누크(Sihanouk)-김일성 회담
　　　 • 한국 휴전선에 장벽 구축
　　　 • 전직 일본수상 2명 서울지하철 차관에 관련돼 커미션 받았다
　　　 • 파리주재 코트라(KOTRA) 직원 행불〈남산 박, 김〉
05.28. • 육군소속 헬기 추락, 오늘 오전 10시 40분 작전수행 중 충남연기군
　　　 전 의병 상공서 추락, 조종사 2명 중상, 기체 파손 〈육군본부〉
06.01. • 북 예멘(Yemen) 정보부장 겸 내무장관 일행 동정 〈남산 박〉
06.10. • 중공 함정 한국어선 납치 〈남산 박〉
06.13. • 공군기 추락, 13일 구례에서 공군 T-28기 추락 2명 사망 〈국방부〉
06.14. • 청소년축구 교섭 중, 10월 중공서 열리는 청소년축구 참가 위해 일본
　　　 통해 중공과 교섭 중(AFP) 〈남산 박〉
06.18. • 평양방송 보도, 김일성이 김영삼 만날 용의 있으니 예비 접촉을 갖자
　　　 는 내용 〈남산 박〉
06.26. • 한국 어부 귀환, 중공경비대에 나포됐던 미성호 풍어호 명부호 선원
　　　 중공서 억류됐다가 귀환 중 〈남산 박〉
07.05. • 북괴장교 귀순
　　　 • 니카라과(Nicaragua)에서 한국인용병 시체 발견돼, 이는 사실과 다름
07.12. • 보령 앞바다 여자시체, 발견된 시체는 여자간첩임
07.24. • 긴급조치 수감자 폭행, 긴급조치 수감자를 교도서서 폭행했다고 신
　　　 민당 박용만의원이 국회발언
　　　 • 스나이더(Snijder) 미 인권담당차관 방한 24일 오후 방한 보류 〈남산〉
07.25. • 보리 수매 않는다고 두 가마 태워, 전남 나주에서 수매해주지 않는다
　　　 고 농민이 보리 두 가마를 태워버림
07.31. • 코트라(KOTRA) 직원 귀환, 파리주재 KOTRA 직원 딸 인질로 북괴가
　　　 납치기도 했다 무사귀환, 그러나 아직 딸 안 풀려 〈남산 박〉
08.01. • 삼환호 납치, 선장 마권수 등 34명 소련 수역 내에서 어로 작업 중
　　　 나포, 나홋카지 억류
08.07. • 문부식 구속, 미 국무성 논평
　　　 • 한국계 미군 (서독 주둔) 일병 공산권으로 탈주
　　　 • 기독교방송 파업, 공무원의 의식구조 조사를 특종 보도한 사회부기
　　　 자를 CIA가 연행한 것 항의 〈남산 박〉
08.09. • YH여공 신민당사 농성, 200여명 신민당사서 임금 고용문제해결 요
　　　 구하며 농성 〈남산 박〉
08.14. • IMF 원화평가절하, UPI통신보도 올가을에 원화평가절하한다는 보도
08.15. • 미 국무성 부대변인 YH여공사건 논평 "인권탄압이다"

08.17. • 미 국무성 아세아국대변인 논평, 8.11사태 국무성논평 내정간섭 아니다, 경찰관계자는 문책해야
• 지학순 주교 회견, 오후 5시 동대문성당 산업선교 협의회장 자격으로 YH관계
08.30. • 미 조지아(Georgia)대학 교수 박한식씨 중공, 북괴방문 〈남산 박〉
09.02. • 제 4땅굴 발견, 워싱턴포스트지 보도 내용(폭 6피트, 높이 6피트) 〈중앙정보부 박광서〉
09.27. • 공군훈련기 추락, 남해에서 공군훈련기 1대 추락 〈공군당국 목철수〉
10.06. • 김총재 제명 유감, 미국 E 케네디(Kennedy)의원 김총재 제명 유감 표명 홀드
10.10. • 주한미군철수 주장 CO-P, 크리스턴 사이언스 모니터(Christian Science Monitor)지 보도
10.11. • 김영삼 제명 보도, 영국 파이낸셜 타임스(Financial Times), 야당 미 압력 기대, 경제적 보복
10.14. • 카터 시민과 대화, 인권… 김영삼…
10.15. • 미 기자 입국거절, NYT 핼로란(Halloran)기자 안보협의회 취재 내용 달라
10.17. • 부산대생과 시민 데모, 오전 10시부터 부산대생 3천~4천명 현 정부 비판 비라 살포, 11시 500명이 밖으로 나와 2km 행군 버스 편으로 중심가 진출, 시민과 합세 데모
10.18. • 부산관계 내외신 협조, 비상계엄령선포에 따른 내외신
• F 86F 추락, 18일 오후 3시 30분 일산 부근 산 추락 조종사 최상욱 중령 순직 〈국방부〉
10.19. • 김형욱 완전 보류, 김형욱관계 일체 보도금지
10.24. • 대공산권 교역 추진 보류
• 전남대생 방화미수범, 학생 5명이 지난주에 학교 불을 지르려다가 미수에 그친 사건 〈남산〉
11.08. • 국회 예산안 12월 1일 통과 〈계엄사〉
11.10. • 최대통령 담화에 대한 반응 일체 보도 금지
• 장항선 열차사고 보도금지, 군 렉카차 무인 건널목서 엔진고장으로 열차 충돌
• 남대문서 관내 계엄군 가장 강도사건 보도금지
• 해설 사설은 허용하되 심층보도는 금한다 〈계엄사〉
11.19. • 가짜 100원짜리 주화, 버스안내양으로부터 거스름돈 100원짜리 주화 가짜 평택서 신고 〈계엄사〉
11.20. • 하버드대 북괴에 대표단 내년 3월 파견하기 위해 일본사회당에 협조 요청 〈계엄사〉

## 부록 2. 전두환정권시절 보도지침
### (《말》 특집호 '보도지침-권력과 언론의 음모', 1986년 9월 6일.)

### 1985년
**10.19.** • 최근 연행, 억압사건에 관한 건
  1. 김영삼, 이민우 민추협 사무실에서 기자회견
  2. 이 회견에 합류하려던 김대중, 문익환, 송건호씨 등 재야 인사
     가택연금
  3. 이 회견과 관련한 미국무성 논평
• 북한부주석 박성철, 유엔서 연설
  1. 오늘 아침 조간 수준의 내용으로 하되 스케치(sketch)성 기사는
     보도하지 말 것
  2. 박의 연설 중 ① "남북대화, 유엔동시가입, 리셉션 취소" 등은 보도
     해도 좋음 ② '한반도에서의 외세 추방, 정치, 군사 동맹 가입 반대,
     비핵지대 설치, 외채 해결기구 설립' 등은 보도하지 말 것
     ※ 한국 특파원들의 일문일답 내용도 보도하지 말 것
• 중공인 2명 대만(臺灣) 보낸 것, AFP보도 내용은 게재 말 것(18일
  인천서 보냄) 내일 외무부서 발표 예정
• 국회관계
  1. 김한수 의원(신민) 질문 중 ① 김근태(민주화운동청년연합 전의
     장) 허인회(고대 총학생회장) 등 고문행위 ② 광주의 홍기일에
     이어 경원대의 송광영군 분신자살, 서울대 오정근의 의문의 자살
     ③ 올 들어 농민 연 32회, 15,000명 시위, 이는 동학란 이래 최대
     농민저항 ④ 국민의 95%가 군부통치 아닌 문민통치 희망
     이상의 내용 보도하지 말 것
  2. 신민선 의원(국민) 질문 중 ① 농촌 파멸 직전, 매년 60만 명이 이농
     ② '정부가 광부들 살인하고 있다' 등의 내용은 보도하지 말 것
**10.20.** • 대통령, 민속박물관, 현대미술관 시찰, 충실하게 보도해 주기 바람
• 기능올림픽 6연패, 특히 일본서 올린 쾌거이므로 크게 보도 요망
• 한미무역마찰. 기사나 제목 냉정하게 다뤄줄 것. 가급적 1면 톱을
  피해 주었으면 좋겠음. 내주에 브리핑 예정
• 북한, 국회회담(11월초) 제의. 발표 때까지 보도하지 말 것
• 민족중흥동지회. 고 박대통령 6주기 추도행사. 사회면에서 크지 않

게 (사진도 크지 않게) 보도할 것. 특히 '민족중흥동지회 주최'라는 표현이나 제목은 뽑지 말 것

- 월드컵 축구 예선 1차 한일전에서 승리해 대통령이 선수단에게 전화했으니 1면 톱기사로 써주었으면 좋겠음
- 일본 요미우리(讀賣)신문. '뉴욕서 노신영, 박성철 회담 위해 양측 실무자 비밀회담. 한국이 응하면 이루어질 것'이 내용은 보도하지 말 것

10.21. • 한국은행이 발표한 '지난 4개월간 경상수지, 계속 흑자' 1면 톱기사로 다뤄주기 바람

- 국회 대법원장 탄핵안
  1. 제안 설명 등 요지, 별도 기사로 싣지 말 것
  2. 요지 등은 스트레이트(사실보도)기사 속에 포함시킬 것
  3. 기사 단수는 적게(가급적)
- 신민당 개헌 시안 마련
  내일 정무회의에서 확정될 때까지 일체 보도하지 말 것
- 노신영 총리, 유엔 연설 (한국 시간 22일 오전 5:45~6:00) (현지시간 21일 오후에 17번째로) 연설 전문 미리 배포할 것이니 23일자 신문에 취급할 것
- 유네스코 소피아(Sofia) 총회 관계, 특파원들의 총회 결산 기사는 비정치적 풍물 등 섞어서 15매 한으로 허용, 가급적 빨리 사전 심사(검열) 받을 것

10.22. • 노신영 국무총리 유엔 연설, 외교 및 통일정책에 관한 우리 입장 재천명, 대외적 선언의 의미가 있으므로 반드시 1면 톱기사 (사진 넣어)로 보도할 것. 간지에 요지와 해설 보도 바람

- 국회 송천영 의원(신민) 질문 대목. 일부 문제된 독한 내용을 뺐다고 하나 나머지 내용도 기사나 발언 요지 보도에 넣을 수 없는 내용이므로 (유언비어의 집대성) 그저 했다는 정도로 보도하기 바람
- 신민당 정무회의 개헌시안 확정. 간략하게 1단으로 보도하기 바람

10.23. • 국회 대정부 질문 (경제 부문)
  1. 자극적인 내용은 제목이나 발언요지 보도에 넣지 않도록
  2. 발언요지 보도량도 많지 않게

10.24. • 노신영 총리, 박성철 만난 것 (뉴욕)
  1. 1단으로 보도할 것
    톱기사로 올리는 것은 너무 크니 1단 기사가 적당. 양자 만난 것에 의미를 부여하지 말 것
  2. 정총리 공보관, 남북회담에 관한 현지 해명이나 코멘트(논평)는 1단 기사로 보도할 것

- 미, 북 과학자 3인에게 비자 발급. 사실 보도할 것, 해설기사는 쓰지 말 것. 북한학자 인터뷰, 스케치, 논문내용도 보도하지 말 것, 학술회 자체는 보도해도 무방. 민간레벨의 한, 미, 북한 3자 회동이라는 식으로 보도하지 말 것
- 대사 3명 임명. 각의 통과됐으나 대통령 재가가 아직 안 나왔으니 재가가 날 때까지 보도 보류
- 김영남 북괴 외상, 뉴욕서 회견. '88올림픽 공동 개최 안 되면 동구 불참 권유할 것'이라는 내용은 보도하지 말 것
- 국회, 오늘 발언자 중, 김봉호 의원(신민) 질의 중
  1. 우리나라에는 군(軍), 재(財), 지(地) 등 3벌(閥)이 있다
  2. '도시민의 저항은 데모와 폭력이고 농촌, 농민의 저항은 자살과 죽음이다'라는 발언내용은 삭제할 것
  3. 선경의 유공 주식 매입 경위 등에 대한 추궁은 보도하지 말 것
- 서울에 와 있는 공산권 선수들, 인터뷰하지 말 것

10.25.
- 국회 야당 의원 보좌관 3명의 검찰 소환으로 국회가 유회, 공전된 것
  ① 스트레이트 3-4단 기사로 보도할 것
  ② 스케치 기사는 안 되고 해설박스 기사는 좋음
  ③ 야당의원들의 의사진행, 신상발언 등을 모은 박스기사는 보도하지 말 것
- 재미 박한식 교수가 중국 하얼빈(哈尔濱)-여순 등 안중근 의사가 있었던 감옥사진을 독립기념관에 기증했는데 독립기념관 개관할 때까지 보도하지 말 것
- 이재형 국회의장 '정부는 국회의원을 미행, 도청, 잠복하지 말라'는 표현을 보도하지 말도록

10.28.
- 국회부의장 선출, 여당 때문에 혼선이 있는 듯한 보도는 삼갈 것
- 미 조지 워싱턴(George Washington)대 학술세미나. 북괴학자 논문을 인용보도하지 말 것. 세미나가 열렸다는 것과 누가 누가 참석했다는 것만 보도할 것
- 일본 산케이(産經)신문의 시바다(柴田)논설위원이 쓴 '한국의 개헌 주장, 성급하기 그지없다'는 내용의 사설은 눈에 띄게 적절하게 보고해 주기 바람

10.29.
- 검찰이 발표한 민주화추진위원회('민추협' 이 아닌 '민추위') 이적행위 관계
  ① 꼭 1면 톱기사로 써줄 것(부탁)
  ② 주모자인 김근태 가족의 월북상황, 출신배경 등 신상에 관한 기사가 연합통신 기사로 자세하게 나올 것이니 꼭 박스기사로

취급할 것

　　③ 해설기사도 요망

10.30. • 안전기획부 연락. 북한의 11월 1일 국회회담 제의에 우리 측 12월 18일 이후 수정제의에 즈음하여, 내외통신에 "북한의 최고인민회의 (소위 국회)는 허구"라는 해설기사를 실었으니, 적절히 다뤄주기를.

　　• 문공부 요망(이원홍 문공장관)

　　1. 문화대회 치사내용, 박스기사로 취급요망.

　　2. 행사내용은 간지에서 취급해주기 바람.

　　3. 대통령, 문화계 인사들과 가진 오찬은 충실하게 취급해 주기 바람.

10.31. • 영국 파이낸셜 타임스(Financial Times)지가 보도한 "한·중공 합작회사 설립" 기사는 보도하지 말 것.

　　• 일본 공동통신과 NHK가 보도한 이규호 주일대사의 "일본천황 방한 초청" 운운한 기사는 보도하지 말 것.

　　• 이 문공장관이 대한인쇄협회 창립 37주년 기념행사에서 치사한 내용, 적절하게 보도 바람.

　　• 내일 보안사, 간첩사건 발표. 오늘 UPI통신에 보도됐다가 최소 되었음. 사전에 보도하지 말 것.

　　• 영국 국제전략연구소가 발표한 "남북한 군사력 대등"은 제목으로 뽑지 말 것.

　　• 서울대 삼민제, 사진 쓰지 말기 바람.

11.01. • 보안사, 간첩사건 발표, 크게 보도 요망.

　　• 오늘 하오 6연패한 기능 올림픽 대표단 개선, 눈에 띄게 보도 요망.

　　• 미국의 사설 정보자문 기관인 프러스트 설리반(Frost Sullivan)사에서 10월 29일 '한국정치문제 분석' 발표

　　(주요내용)

　　① 향후 18개월간 쿠데타 가능성 : 15%, 현 정권 집권 가능선 : 65%

　　② 현 정권이 교체될 경우

　　　노태우 집권 가능성 : 50%

　　　야당집권 가능성 : 30%

　　　군부집권 가능성 : 20%

　　③ 정치상황이 잘못될 경우, 88정권 교체 저해 가능성 이상의 내용은 일체 보도하지 말 것.

　　• 서울대 학생 시위기사

　　① 비판적 시각으로 다뤄줄 것.

　　② 교수회의 사진은 1면에 싣지 말 것.

　　③ 학생데모 기사 중 사회대등 일부 학생의 수업거부 움직임 등은

제목이나 기사에 쓰지 않도록. (학생자극 우려)

- 오늘 있은 김대중 · 김영삼 · 이민우 등 3자회동한 사진은 싣지 말도록.

11.02. • 3일 학생의 날을 앞두고 전국 대학생들 2일에 데모 예상. 학생의 날과 관련한 데모기사 보도하지 말 것. 단, 전국 13개 시도 학생의 날 기념 '학생 대축전'은 보도해도 좋음.

- 한국 수사기관이 간첩혐의로 지명 수배 중인 이좌영, 함태수 부부 (재일교포), 10월 24일 뉴욕 착. 미 이민국의 비자 취소로 억류됐다가 10월 31일 일본귀환.—이 내용은 보도하지 말 것.

- 서울대 출신 야당의원들이 박봉식 총장 방문, 사퇴논의 했다는 사실은 1단 기사로 보도 할 것. 사진은 쓰지 말 것.

- KBS, 월드컵 축구 대일전 이길 경우 내일 현장서 축하쇼 예정. 미리 보도하지 말 것.

- 안기부 연락사항

  전국 기독교 청장년 연합회, 전국 40개 교파 100여명, 오늘 하오 3시 강남 유스호스텔에서 결성식, 적절하게 보도 바람.

11.04. • 새마을 본부에 오늘 오전 9시, 4명이 침입해 입구서 화염병 3~4개 던지고 현관 유리창 깨다 강서경찰서에 연행. 이 사실은 조사, 발표 때까지 보도 보류 요망.

- 3일(일요일) 밤 경찰, 연세대 수색 (오늘 학생시위 예고 있어서). 수색 결과 돌 0.5톤, 각목 10여개, 플래카드 등 압수.

  치안본부에서 기자들에게 브리핑. 크지 않게 사실보도만 할 것.

- 내일 국회 등원 앞두고 여야 움직임.

  ① 신민, 민정 회의 균형 보도할 것. 특히 신민당 의원총회에서 나온 고문 관련 발언은 기사나 제목에서 모두 다루지 말 것. 또 '개헌' 이란 표현은 제목에서 뽑지 말 것.

- 대학생들, 조선호텔 내 주한 미상공회의소 점거. 오후 1시 8분에 경찰에 모두 연행.

  ① 사회면 톱기사로 쓰지 말 것.

  ② 사진 쓰지 않도록.

  ③ 제목에 '서울대 민족자주수호투쟁위' 소속이라고 쓰지 않도록.

- 기사 제목에 '호헌' '개헌'이란 문구는 일체 쓰지 말 것.

- NCC, "고문 대책위" 구성 사실은 보도하지 말 것.

11.05. • 국회 내무위에서 전경환 새마을중앙회장이 새마을본부에 대한 학생들의 화염병 투척사건을 보고하고 질의에 답변한 내용은 보도하지 말 것.

- 서울시경, 오늘 오후 6시에 주한미상공회의소(조선호텔 내) 학생난

입 사건의 처리방침을 발표할 예정. 사회면 톱기사나 중간 톱기사로 다루지 않기를. (사이드 톱기사 정도가 좋다고 판단)

- 오늘 산발적인 학생시위, 일일이 떼어서 보도하지 말고 묶어서 적당히 크지 않게 보도하기 바람.

11.06. • '민추협'과 '민추위'는 별개단체이므로 '민추위'를 쓸 때에는 반드시 '서울대 민추위'로 표기할 것.

11.07. • 북한, 서울 남북적 회담 때 자국 비행기로 오겠다는 데 대한 우리 측 반응(거부), 기사 크기는 자유롭게 결정해서 보도하도록.

- 전기, 통신, 우편요금 인상을 보도할 때 제목에서 몇 % 올랐다고 하지 말고 액수로 표현할 것. 예를 들면 "10원에서 20원으로"인상되었다는 식.

- 전숙희 펜클럽(PEN club)회장, 내년 총회 때, 중공, 동구 작가들 초청 (보도하지 말 것)

- 재무부, 전매청을 전매공사로 바꾸기로 한 것. 반드시 "미국의 담배 수입 개방 압력에 의한 것이 아니라"는 점을 분명히 할 것.

11.11. • 오늘 상오에 있는 민주화추진협의회 주최의 고문 보고대회는 보도하지 말 것.

- 노점상 2,000여명에 금품갈취, 사회면 2~3단 정도 다뤄 줄 것. 해설은 쓰지 말고.

- 중공 연변(延邊) 한인자치주 가무단의 미국공연 사실은 물론 사진도 보도하지 말 것.

11.12. • 국회 '개헌특위' 관계. '개헌'이란 문구는 빼고 그냥 '특위'라고 표현할 것.

- 민추협 고문항의 농성과 관련, 농성 사실 자체와 양 김씨 동정, 김동영 총무 움직임, 부근 교통 차단 사실 등은 오늘도 스트레이트 기사나 스케치 기사로 쓰지 말 것.

- 11일 저녁 서울 강동구 가락동 소재 민정당 정치연수원에 대학생 9명 들어가려고 시도하다 경찰에 연행되어 조사 중. 기사 제목에서 "연수원에 들어가려고" 운운하는 표현 쓰지 말고 "서성거리다"식으로 할 것.

11.15. • 예결위원회에서 유준상(신민)의원이 질의한 다음 내용은 일체 보도하지 말 것. 특히 언론정책관계는 보도하지 말 것.

① 당국이 최일남(동아일보 논설위원), 김중배(동아일보 논설위원), 장명수(한국일보 여기자) 등에게 컬럼과 관련, 경고했다는 데 사실인가.

② 언론사 사장들 수시로 청와대 초치, 언론대책위 구성 사실인가.

③ 언론인 50여명, 사생활 관련, 곧 제2 숙정한다는데 사실인가.

④ 각 언론사에 문공부, 안기부, 보안사 요원 상주하고 어떤 때는 최고 7개 부처가 관여한다는데 사실인가.

⑤ 홍보조정실 예산 165억설 내역 밝혀라.

⑥ 홍보조정실에서 각 신문의 제목, 기사 일일이 통보, 간섭한다는데 사실인가.

⑦ 이원홍 문공장관이 지난번 수해기사와 공무원 부정기사 못 싣게 했다는데…

⑧ IFJ(국제기자연맹)이 전 대통령에게 해직언론인 복직건의서(공한)를 보냈는데 기자협회가 이를 협회보에 못 싣게 한 이유는?

⑨ 당국이 최근 서울대 시위와 관련, 2페이지짜리 보도지침을 각사에 보냈다는데?

⑩ '선경'이 '유공(油公)'을 인수한 배경을 밝혀라.

11.18. • 대학생들 "민정당 연수원 난입, 해산"
　　　이 기사는 사회면에서 다루되, 비판적 시각으로 해 줄 것. 단, 사진은 구호나 격렬한 플래카드 등이 담긴 것은 피할 것.
　　• 치안본부 발표. "최근 학생 시위 적군파식 모방"
　　　이 발표문을 크게 다뤄줄 것과 특히 "적군파식 수법"이라는 제목을 붙여 줄 것.
　　• 김 건설장관 회견. "일부 그린벨트 완화설 부인"은 제목에 크게 실어 둘 것.

11.19. • 20일 대입고사. 치안본부의 입시 수송작전 등 입시 관계 요란하게 보도(예고)하지 말 것.
　　• 민정당연수원 난입 학생 수사 관계 보도.
　　　① 관련 사진 자극적인 것 피할 것.
　　　② "영장 없이 가택수사" 등은 제목으로 뽑지 말 것.
　　• 목사 등 30여명의 고문저지 보고회는 싣지 말 것.

11.20. • 미 하원 에너지 통상위원회 소속 전문위원 3명 오늘 오후 9시 35분 내한. 이들은 한국의 F-15기 대미 구매와 관련, 뇌물공여에 따른 조사청문(하원소위) 결과를 한국정부에 설명하고 그동안 한국 측의 자체조사 내용을 듣기위해 온 것. 방한자체는 물론, 이들이 한국에 머무는 동안의 움직임은 일체 보도하지 말 것.(11월 23일까지 머물 예정)

11.25. • 당국, 대학가의 지하유인물 '민주선언' '백만학도' 등 분석.
　　　"현행 헌법 부인, 삼민 통일헌법 주장…" 이 분석내용 발표는 박스기사로 처리하고 사회면에도 스트레이트(사실보도) 기사로 다룰 것.

11.26. • 예결위원회에서 신민당 의원들의 단상점거 관계.
　　　　1. 야당은 "여당의 날치기 진행" 운운하나 사실과 다르므로 제목에
　　　　　서 '날치기'라는 표현 안 쓰도록.
　　　　2. 이 사태를 비판적 시각으로 다뤄줄 것.
　　　• 앞으로 민추협 인사발령은 물론, 민추협 관계 움직임은 보도하지
　　　　말 것.
　　　• 사기 쿠데타설 관계.
　　　　① 검찰서 발표, 제공한 해설 자료에는 유언비어성 내용이 많으므
　　　　　로 제목에 그대로 옮기지 말 것.
　　　　② 박스(box) 물을 통해 "이 같은 일에 국민이 현혹, 사기당하지
　　　　　말라"는 등 교훈적인 내용을 실어줄 것.
　　　• 워싱턴 타임스(Washington Times)지, "전두환과 김일성이 이달 중 어
　　　　느 날 이미 판문점에서 비밀리에 접촉, 요담했다"고 보도. 사실무근
　　　　이므로 일체 보도하지 말 것.
11.27. • 국회 운영위에서 오늘 하오 2시부터 개헌특위 안에 대한 찬반토론
　　　　예정. 해설, 사설 불가. 1면 스트레이트(사실보도) 기사는 3단으로
　　　　할 것. 꼭 엄수할 것.
11.28. • 국회기사 중
　　　　① '운영위'나 '특위 안' 등을 1면 톱기사로 세우지 말 것.
　　　　② 운영위 찬반토론은 1면 3단으로 쓸 것.
　　　　③ 스케치 기사량을 많이 하지 말 것.
　　　　오늘은 엄수할 것.
11.29. • 시외버스 요금 등 인상관계(평균 7.5%~7.8% 인상)
　　　　제목에 "몇 % 올랐다" 하지 말고 "○○요금인상" 또는 "액수" 등을
　　　　내세울 것.
　　　• 스즈키(鈴木) 전 일본수상, 방한 후 귀국 기상회견 중, "전 대통령이
　　　　나에게 일본은 한반도 평화정착을 위해 한 · 중공간의 가교역할을
　　　　맡아 달라" 운운. 보도하지 말 것.
11.30. • 전 대통령 '수출의 날' 치사. 1면 톱기사로 보도할 것.
　　　• 국회 농성관계
　　　　재무위 관계나 전체기사에서 "여당의 법안 단독처리 잘못"식으로
　　　　표현하지 말 것.
12.02. • 국회, 여당단독으로 예산안을 통과시킨 점과 관련, 다음과 같은 방향
　　　　으로 제작바람.
　　　　① 민정당은 예산안을 정상 처리하고 개헌특위 문제는 대폭 양보해
　　　　　서 오늘 새벽 최종안을 냈음에도 불구하고 협상을 외면한 채 야당

은 국회를 정쟁(政爭)의 장으로, 만들었다. 책임은 야당에…

② 여당은 정치의안과 예산안을 일괄타결하려 했으나 (즉 협상을 제의했으나) 야측, 특히 김대중 측의 반대로 결렬됐음.

③ 예결위원장과 여당 총무를 야측이 폭행, 경상을 입힌 것은 불법.

④ 야당으로 하여금 협상 결과를 준수하는 자세를 지키도록 언론이 유도할 것.

⑤ 예산안 처리 관계 기사 제목에 "변칙 날치기 통과"라 하지 말고 "여 단독 처리강행"식으로 할 것.

- 3일자와 4일자 신문에서는 기왕에 북적(北赤) 대표단도 와 있는 만큼 새해 예산 중 민생·복지관계 사업계획의 소개를 시리즈로 해 줄 것.
- 광주 미문화원 농성(난입) 사건은 사회면 톱기사로 쓰지 말 것.
- 북적(北赤) 대표단 입경, 일정을 개시. 내일부터 회담 등 관련기사들을 묶어 최소한 1면 사이드 톱기사로 할 것.

12.12. • 아래 사항을 연말 및 송년특집에서 다루지 말 것.

① 개헌공방 전말.

② 남북대화에 관한 성급한 추측과 전망.

③ 재야권 현황.

④ 양 김씨 인터뷰.

⑤ 88년 후계자 전망.

⑥ 88올림픽 중계료 시비.

⑦ 각종 유언비어.

⑧ 농촌경제의 심각성. (소값 파동 등)

⑨ 중공기 불시착 사건.

⑩ 주미 대사관 무관 사건.

12.13. • 내일부터 지하철 중앙청역에서 실시되는 남북한 물품 비교전시회는 일체 보도하지 말 것.

- 사회 정화위원회가 발표한 '겨울철 기강 확립과 검소한 연말연시 보내기' 지침, 잘 취급해 주기 바람.
- 인천 동보전기 근로자 14명, 한때 점거, 농성, 사진 쓰지 말고 사회면에서 조그맣게 취급 바람.
- 민추협, 인사빌령 쓰지 말도록.
- '내년 경제운용 계획', 내일 부총리가 기획원에서 기자들에게 브리핑할 예정. (여당 측에서 취재해 사전에 보도하지 말 것).
- 민정연수원 농성학생 관련 기사를 취급함에 있어, 제목에서 "교육…"운운 하지 말고 "특별 선도 절차" 식으로 뽑을 것.

12.17. • 워싱턴 타임스지 한국 주재 특파원 티모시 엘러(Timothy Eller) 기자, 지난번 남북정상회담 기사와 관련, 17일 출국 조치. 이 기사를 다룰 때 "전 대통령과 김일성 회담…" 하지 말고 "남북 수뇌회담과 관련한 허위보도로…"로 해 줄 것.
    • 국회 관계 해설 기사에서
      ① 신민당의 등원거부는 "본분 사보타지, 구시대적 작태"라고 하고
      ② 국민당 등원은 '들러리', '사쿠라'라고 하지 말고 "민생법안을 처리하기 위해 독자 등원했다"고 할 것.
    • 내외통신 보도, "16일 북한, 일본 사회당 전당대회에 축전." 이 사실을 적절히 보도 바람.
12.18. • 신민당 이민우 총재 회견은 2단 이상으로 보도해서는 안 됨. 제목에서 "군사독재" "유신잔당" "전대미문의 정권" 등의 표현은 쓰지 말 것.
    • 민정연수원 점거학생 석방 관계
      ① 스케치 기사 쓰지 말 것. (버스 안에서의 행동이나 땅굴 등 전방 견학, 부모와 재회 모습 등)
      ② 사진은 출감 등 단순한 모습만 나오도록.
12.19. • 국회 폐회 후, 정국 전망 기사 중 제목에서 '장외대결' '원외공방' 등의 표현을 쓰지 말 것. 특히 '장외정치'를 부추기지 않도록.
    • 김근태('민주화운동청년연합' 전 의장) 첫 공판, 김은 정치범이 아닌 보안사범이므로 스케치 기사나 사진 쓰지 말고 공판 사실만 1단으로 보도할 것.
    • 민추협 성명, "안기부에서 민추협 직원 1명 연행한 점"을 비난한 성명은 싣지 말 것.
12.20. • 이상옥 외무차관, 일본에서 아베(安倍)외상과 요담한 후 "북한이 88 서울 올림픽을 인정하면 경기를 분산 개최할 용의가 있다"는 내용의 외신보도는 기사화하지 말 것.
    • 민정연수원 점거농성 학생 일부 석방관계, 속보 쓰지 말 것.
    • 불가리아(Bulgaria) 축구팀 방한 제의, 공산권 보도이므로 불가.
    • '민주통일 민중운동연합'(문익환)이 안전기획부에서 사무국장 연행한 점에 항의하는 성명을 발표. 이 내용은 보도하지 말 것.
    • 경향신문의 1면 톱기사(도서실의 '반국가' 조항 신설), 잘 다뤄주도록.
12.21. • 민추협 사무실에서 농성 중이던 대학생들이 기자회견한 내용은 싣지 말 것.
    • 박형규 목사 등 반체제인사들, "고문추방 및 창작과 비평사 폐간" 등에 항의한 기자회견 내용은 보도하지 말 것.

- 박연순 교사 자살, 보다 정확하고 신중하게 보도하기 바람.(아들 시위, 구속 사실에 쇼크 받고 자살했다지만 사실과 다르다는 이야기 있음)
- 신민당 대책회의(오늘), "지난번 여당의 예산안 단독처리 이후에 신민당원들이 국회에서 소란을 피운 화면을 KBS-TV가 반복해서 방영한 점을 규탄, 고소하기로 한 것"은 보도하지 말 것.
- MBC-TV의 소련 영화 '전쟁과 평화' 방영문제는 방송위원회에서 심의 자체를 유보한 것임. 대 소 관계에 미묘한 문제가 있으니 보도에 신중을 기할 것.

12.23. • UPI통신이 보도한 "86한국경제 악화 가능성" 기사는 취급하지 말기 바람.
- 신민당 국회의원 보좌관 등 연행, 조사한 내용은 사회면에서 축소 보도하기 바람.
- 신민당, 새해부터 "1,000만 명 서명운동" 개시기사는 표현에 장외라는 문구를 쓰지 말 것.
- 노태우 회견내용은 제목에서 "대통령선거법 개정용의"로 뽑지 말 것. ("…하자"란 내용은 "…하겠다"로)

12.24. • 이민우 총재 회견은 1면 톱기사로 세우지 말고, 제목에서도 "1,000만 명 서명운동", "개헌", "헌법논의" 등의 표현을 쓰지 말 것.
- 신민당의원 보좌관, 비서관, 조사 속보) 취급에서 스케치기사는 쓰지 말 것.
- 홍콩에서 발행되는 아시안 월스트리트 저널(Asian Wallstreet Journal)지의 23일자 전 대통령 관계기사는 전재하지 말 것.

12.25. • 일본 요미우리신문이 보도한 올해 세계 100대 지도자 순위내용, 전 대통령 20위(작년 2위), 김대중 6위, 보도하지 말 것.

12.26. • 남북체육회담 대표단의 출발(1월 3일)에 관한 연합통신 보도는 싣지 말 것.
- 문화인들, '창작과 비평사' 복간 건의문과, 안전기획부와 청와대에 진정서 제출한 사실은 쓰지 말 것.
- 와다 하루키(和田春樹, 반한 일본 지식인)가 이끄는 일본 지식인단체에서 '창비' 복간건의와 전 대통령에 탄원서 제출(외신보도)한 사실은 일체 보도하지 말 것.

## 1986년

01.04. • 김일성 신년사 관계,
일반외신을 쓰지 말고 내외통신 기사를 쓸 것. 제목도 "남북 수뇌회담"으로는 뽑지 말 것.

- 북괴군하사 귀순, 크게 보도요망.
- 신민당서 12명 의원 탈당 관계기사, 해설에서 특정정당에 유리하지 않게 다룰 것.
- 일본 황태자 방한가능(아사히신문 보도) 1단으로 보도할 것.
- 일본 사회당 이시바시(石橋) 위원장, "3월 방한 때 전 대통령 예방" 운운한 발언, 대통령 동정이나 일정은 확정 발표하기 전에는 보도 않는 것이 관례이므로 싣지 말 것.
- 실천문학사 발행인 (이문구 등)이 이원홍 문공부장관을 상대로 제소한 것(정기간행물 등록취소) 보도하지 말 것.

01.06. • 대입지원관계
　① 눈치작전과열을 막기 위해 각 대학교별 접수상황과 도표 등을 만들어 싣지 말 것.
　② 접수관계 스케치나 뒷이야기 등은 싣지 말 것.
- 김일성 신년사에 대한 친공산주의 국가들의 지지관계 기사는 내외통신보도 이외에는 일체 싣지 말 것.
- 니카라과 내정에 관한 잭 앤더슨(Jack Anderson)의 집필칼럼, "대만정부와 통일교에서 반란군 지원"(연합통신)한다는 내용은 싣지 말 것.
- 윤이상(재독 작곡가). 최근 들어 아들을 북한에서 결혼식을 올리게하는 등 북한편향이 더욱 극심. 앞으로 그가 작곡한 작품이나 그의 동정을 소개하지 말 것.
- 정치관계
　① 1월은 정국이 조용해질 전망이므로 일부러 추측보도나 전망보도를 하지 말 것.
　② 개각관계는 일체 추측보도하지 말 것.

01.08. • 박동진 통일원장관, 일본 아사히신문과 회견 중 "남북 수뇌회담에 대해 북한 측이 전제조건을 내세우지만 작년 1월부터 긍정적인 반응이 있어왔다"는 대목은 보도하지 말 것.
- 제2차 로잔느(Lausanne) 남북체육회담
　① 합의전망이 없으므로 가급적 적게 취급할 것.
　② 해설, 칼럼, 만화, 만평 등은 싣지 말 것.
　③ 이 회담에 대한 외신반응 중 『북한 옹호, 한국 비판 내용』은 싣지 말 것.

01.09. • 로잔느 남북체육회담
　① 체육면에서 작게 취급할 것.
　② 외신 대신 특파원기사를 실을 것.
　③ 소련 체육차관이 "이번 회담에서 북한 측 주장이 채택되지 않을

경우 소련은 88올림픽에 불참할 터"라는 발언은 보도하지 말 것.
- 8일자 북한 노동신문, "김일성 신년사"에 대한 해외외신 반응보도 반드시 내외통신으로 쓸 것.
- 미국의 대 리비아(Libya) 제재관계
    ① 미국 시각으로만 보도하지 말고 우리 건설회사가 진출해 있는 만큼 국익차원에서 신중하게 보도하기 바람.
    ② 미국의 제재이후 현지 한국건설업체들의 움직임 등을 보도하지 말 것.
- 북한과 페루(Peru) 수교설, 보도하지 말 것. 페루 대통령 보좌관 중 친북한 인사가 의식적으로 흘리고 있으나 대통령은 아직 결단을 내리지 못한 상태.
- 김근태 공판. 사진과 스케치 기사 싣지 말고 사회면에서 크지 않게 취급할 것.

01.10.
- 신민당의원 소환관계
    ① 1면 톱기사로 다루지 말 것.
    ② 이와 관련된 신민당 움직임을 해설, 스케치 기사에서 다루되 너무 노골적인 표현을 쓰지 말 것.
    ③ 자극적인 사진은 쓰지 말 것.
- 신민당 대변인 성명 중, "대입제도… 과오를 반성할 줄 모르는 현 정부" "신보수회 탈당의원들…" "공작정치" 등 심한 표현은 걸러낼 것.
- 로스앤젤레스(Los Angeles) 거주 교포 산악인들, 티베트(Tibet) 거쳐 에베레스트(Everest) 정찰 계획, 공식 발표 때까지 사전보도하지 말 것.
- 로잔느 남북 체육회담은 반드시 현지 특파원기사를 쓸 것.
- 출판사 '전예원'에서 발간하는 계간 '외국문학'에 동구권문학과 중공의 대표적 시작품 등이 소개되어 있는데, 전재나 소개하지 말 것.

01.11.
- 신민당 의원 농성관계
    ① 1면 톱기사로 쓰지 말 것.
    ② "경찰 구인대"란 표현은 오해를 일으킬 소지가 있으므로 그런 표현을 쓰지 말 것.
- 서울대 전학련 주최 "반파쇼 투쟁 신년 시무식" 관련기사는 쓰지 말 것.
- 미국 FBI국장의 방한(1월 13일~16일) 사실은 일체 보도하지 말 것.
- 미국의 대리비아 제재와 관련, 한국에 동조요청. 이에 대한 대책을 협의 중이니 이 내용은 일체 보도하지 말 것.

01.13.
- 국회의사당 농성 타결과 관련한 스케치기사는 3면 등에 가지 벌이지 말고 한데 모아서 보도할 것.

01.14.
- 워싱턴 발 AFP통신이 보도한 "남북한 인권상황 비교분석"은 보도하

지 말 것.
- 13일 발표된 재야인사, 교수들의 시국선언은 보도하지 말 것.
- 귀순용사 회견, 크게 보도하기 바람.
- 중공산 호랑이 구입문제, 확정될 때가지 보도를 자제할 것.
- 미문화원 2심 공판, 사진 없이 공판사실만 보도할 것.
- "민정당 의원의 검찰출두"는 사진 쓰지 말 것.
- 여야의원 조사관계는 스케치 기사량을 너무 많이 하지 말 것.

01.15. - 신민의원 기소 관계
　① 기사나 제목에서 "협상 정신 위배", "과잉조치", "의회민주주의
　　끝장" 등 야당의 극단적인 것 쓰지 말 것.
　② 스케치기사는 여러 면에 벌이지 말고 가십 기사 속에 소화할 것.
　③ 사진은 자극적인 것 쓰지 말 것.
　④ 이번 기소 결정이 고위층과 연결된 인상을 주지 말 것.
- 민정 창당대회에서 대통령 치사, 1면 톱기사로 보도하기 바람.
- 이원홍 문공부장관이 발표한 "저작권관계 자문위원회 구성"은 크게
　보도해 주기 바람.
- 문교부 교육정책실장, 14일 "각 대학 학생처장과 비밀회의" 중에 "문
　제 학생 휴학 또는 입영조치" 운운한 내용은 보도하지 말 것.
- 워싱턴에 있는 아시아인권위원회 14일 회견, "한국에도 필리핀처럼
　렉설트 의원 보내 인권탄압을 주지하도록 촉구해야…"하는 내용은
　보도하지 말 것.
- 일본 TBS방송의 "팀 스피리트 훈련 중지설" 보도는 사실무근이므로
　보도하지 말 것.
- 주한 리비아대사관, 한국 정부에 "한국 신문이 리비아관계를 보도함
　에 있어 미국 통신에 너무 치중, 즉 편파보도하고 있다"고 항의. 이점
　참고할 것.

01.16. - 대통령 국정연석에 대한 일본 NHK의 논평, 분석 보도 중 "국회 해산
　설" 운운한 내용은 일체 기사화하지 말 것.

01.17. - 정국관계기사에서 제목에 "여야 이견 심각", "개헌에 대한 대통령
　발언…시기, 고유 권한이다, 아니다" 등은 뽑지 말 것.
- 신민당의 개헌 1,000만 명 서명운동관계, 제목에서는 "장외투쟁"으
　로 뽑을 것.
- "일본 황태자 방한"(연합통신 보도), 전재하지 말 것.
- 국제육상연맹의 "서울~평양 마라톤 추진"은 보도하지 말 것.
- "미국 의회, 19일 김대중 사면·복권 촉구 결의안 제기"는 보도하지
　말 것.

01.18. • 다니 요오이치(谷陽一) 일·북한 의원연맹회장 대리, 최근 평양방문 중 김일성과 요담, 김일성 "올해 안에 남북정상회담 용의… 전쟁의사 없다" 운운한 내용은 보도하지 말 것.
- 이문공장관이 발표한 "청소년지도관계" 크게 보도해 주기 바람.
- 민정당연수원 난입학생공판은 사진이나 스케치기사를 쓰지 말 것.
- 신민당 창당기념식에서 한 이총재 치사 중, 대통령 국정연설을 비판한 대목은 제목으로 뽑지 말 것.
- '팀 스피리트 86' 실시발표는 3단기사로, 이에 관한 남북대화 사무국 논평은 2단으로 실을 것.
- 지난 번 이원홍 문공부장관의 "저작권협정 가입방침 발표"에 출판인들이 발표한 반박성명은 싣지 말 것.

01.19. • 북한, 팀 스피리트 훈련기간 중 남북대화 중단 선언
   ① 내외통신보도 전문을 실어 줄 것.
   ② 남북대화사무국에서 자료를 배포하니 사설 등에서 활용할 것.
   ③ 남북대화사무국, 각 분야 (국회, 적십자 등)의 우리 측 대표가 공동으로 대북 비판성명을 발표한 내용은 크게 보도하기 바람.
- 서울시의 아시아경기대회 준비상황보고 모임은 눈에 띄게 부각시켜주기 바람.
- 서울대 삼민투 공판, 작게 보도하기 바람, 그리고 사진, 스케치 기사 없이.
- 중공피아니스트, 서울, 부산, 인천 등 공연 예정. 이 내용은 보도하지 말 것.
- 중공 홍콩여행사에서 북한관광단 모집한다는 내용은 보도하지 말 것.
- 의사당 폭력사건과 관련해 나머지 신민의원 10명도 추가기소 가능성. 이것은 18일 낮 대통령과 청와대 출입기자단과의 오찬 때 나온 이야기를 확대해석한 것이므로 일체 보도하지 말 것.
- 이민우 총재, "전 대통령 국정연설 영문 텍스트에는 89년에 개헌"이라고 지적한 것은 사실과 다름. 이총재가 잘못 오해. 이 내용은 일부 가십에서 다루었으나 쓰지 말 것.

01.22. • 노태우 대표 회견관계
   ① 꼭 1면 톱기사로 쓸 것.
   ② 컷에는 "88년 후까지 정쟁사양", "88올림픽 거국지원 협의회" 등으로 크게 뽑을 것.
   각계 반응 모아서 취급 요망.(각계 원로 등)
- 고대 삼민투 허인회 등의 3차 공판은 사진이나 스케치 기사 없이 공판사실만 보도할 것.

- 21일, 출판문화협의회 주최로 산하회원들이 국제저작권 가입문제를 논의했는데 이는 한미간 지적소유권협상에 장애가 되므로 취급하지 않도록.

01.23.
- 김영삼씨의 '민족문제연구소' 주최 세미나는 정치집회이므로 보도하지 말 것.
- 대통령 국정연석의 보도제목에서 가급적 '개헌'이란 표현을 쓰지 말 것.
- 남북경제회담 북한 측 대표, 오늘 회담 연기 전화 통지를 보내왔는데 보도하지 말 것.
- 국제육상연맹이 추진하는 "남북한 종단마라톤" 관계는 보도하지 말 것.
- 이하우 올림픽조직위원장이 로스앤젤레스에서 UPI통신과 회견 중, "남북한 올림픽 공동참여" 운운한 것은 보도하지 말 것.
- 김근태 공판. 그가 "고문당하고 변호인 접견을 차단당했다"는 등의 주장은 보도하지 말도록. 사진이나 스케치 기사 쓰지 말 것.
- 조순형, 박찬종 의원 공판, 사진, 스케치 기사 쓰지 말 것. 피고인 진술도 부드럽게 걸러서 쓰도록.
- 최근 안전기획부와 청와대 사칭 사기사건 기사에서 기관명이 나오지 않도록 할 것.
- 금일 서울대생 300여명 시위 중 "야당의 개헌주장 지지" 부분은 보도하지 말 것.
- 신문 제목에 야당이 주장하는 "개헌" 또는 "1,000만 명 서명운동"이라는 표현이 나오지 않도록 할 것.

01.24.
- 정치관계기사에서 '개헌', '헌법'이라는 용어가 들어가지 않도록.
- 홍콩에서 발행되는 사우스 차이나 모닝 포스트(South China Morning Post) 지에서 남북정상회담관계 보도한 것을 일체 싣지 말 것.
- 소련 올림픽 위원, 88올림픽 참가 시사한 것(프랑스 방송 보도)은 보도하지 말 것.
- 필리핀 대통령선거전 보도에서 "코라손 여사 이야기"를 부각시키지 말 것.

01.25.
- 이민우 총재 회견 관계
  ① 1면 톱기사로 쓰지 말고, 1면 톱기사는 "대통령 서울시 순시 보도 청취"로 할 것.
  ② 이민우 회견 요지를 별도 박스 기사로 싣지 말 것.
  ③ 내용 중 "개헌논의, 88년 이후"를 부정하는 내용은 쓰지 말 것. 큰 정치가 곧 민주화라는 "큰 정치 제창"에 찬물을 끼얹는 내용은 쓰지 말 것.
  대통령은 직접 지적, 거명하는 내용을 쓰지 말 것. 단 면담제의 정도

는 써도 무방.

　　④ 긍정적인 부분이나 여야 공동타협 등을 부각시킬 것.

01.27. • 민정연수원 난입 1차 공판

　　① 크지 않게 조용히 다룰 것.

　　② 학생들 주장 중 "헌법 철폐" 등은 너무 부각시키지 말고 또한
　　　정당화 시키지 말 것.

　　③ 사회면 톱기사로 쓰거나 해설기사로 쓰지 말 것.

　　④ 사진도 '입 틀어막는 장면' 등은 싣지 말 것.

　• 제목에 "개헌논의", "헌법논의" 등의 표현을 쓰지 말 것.

　• 필리핀 선거. 외신, 특히 미국시각의 보도를 크게 싣지 말 것.

01.28. • 필리핀 선거기사, 너무 크게 취급하지 말 것.

　• 미 문화원 난입 공판관계, 증인들의 광주사태에 관한 증언내용은
　　보도하지 말 것.

　• 워싱턴 포스트 지의 대통령 회견기사는 보도 보류기간(엠바고)을
　　엄수할 것.

01.29. • 일본 요미우리, 마이니치신문 등 보도. 일 · 조(日 · 朝) 의원연맹회장
　　대리 다니 요오이치(谷陽一) 귀국후 나카소네(中曽根) 수상에게 보
　　도한 내용 중 "김일성, 남북정상회담 희망" 운운한 내용은 절대 보도
　　하지 말 것.

　• 당국, 신민당 기관지 '신민주전선' 1월호 배포중지 건에 대해서는
　　배포 중지시킨 사실 자체를 보도하지 말 것.

01.30. • 김근태, 김병오 공판관계 간단하게 취급할 것. 특히, 김병오 피고의
　　주장은 싣지 말 것.

　• 김대중, 로이터(Reuter)통신과 회견한 내용 일체 보도하지 말 것.

　• 법무부 보고관계 제목에서 "개헌논의 저지"운운을 "헌법논의 저지"
　　운운으로 할 것.

　• 사회정화위원회가 발표한 '검소한 민속의 날 보내기'는 돋보이게 보
　　도해 주기 바람.

　• 일본 아사히신문이 보도한 "중공, 86아시안게임 참가"는 보도하지 말 것.

01.31. • 각 대학 데모 점차 가열, 크게 보도하지 말 것. "개헌찬성, 헌법철폐"
　　등 학생들의 주장은 일체 싣지 말 것.

　• 레바논(Lebanon)에서 납치된 우리 외교관 관계 기사는 톱기사나 사
　　이드 톱기사를 피하고 너무 흥분해서 보도하지 말 것.

　• 레바논 납치사건 관계

　　① 어느 파 소행이라고 추측보도하지 말 것.

　　② "북한의 소행인 듯" 식으로 부각시킬 것.

③ 현지 경찰의 수사 상황을 중점 추적하도록 특파원에게 시달할 것.

④ 민정당 소식통의 "86대회 방해책동의 일환"이란 논평은 정부의 분석, 논평이나 정부가 공식으로 할 수 없어 민정당을 빌린 것이니 눈에 띄게 보도할 것.

• 학생시위는 결정적인 상황 외에는 묵살할 것.

02.03. • 레바논 외교관 납치사건 보도

① 전체적으로 톤다운(축소보도) 요망.

② 현지에 들어간 한국 특파원 철수 방향.

③ 현지 한국대사관 직원의 말은 인용하지 말 것.

④ 외신보도를 인용한 추측보도를 삼가할 것.

• 일본 산케이(産經)신문이 기사에서 다룬 "북한, 팀 스피리트 비난, 명분 없다" 등 내용은 크게 보도할 것.

• 필리핀선거에 관한 기사를 외신 톱기사로 쓰지 말 것.

02.07. • 필리핀 선거관련 기사는 1면에 싣지 말고 외신면에 실을 것 또 "필리핀, 운명 걸린 민주주의 갈림길" 따위의 컷이나 제목은 피할 것.

• 김영삼 신민당 입당 환영식은 1면에 1단기사로 보도.

• 당국의 학생들 유인물 분석자료, "좌경 격렬화…"는 박스 기사로 취급 바람.

02.08. • 필리핀선거 관련기사, 1면에 나오지 않도록 할 것.

• 김대중 귀국 1주년. 김영삼 초청회합과 김대중 1주년 회고담은 1단기사로 취급할 것. 김대중 '연금(자택)'이라 하지 말고 '보호조치'라고 표현할 것.

• 기자회견에서 이민우 총재가 "20일부터 개헌 서명할 터"라고 밝힌 내용은 조그맣게 쓸 것.

02.10. • 필리핀선거 관련기사.

① 1면에 내지 말 것.

② 가급적 간지의 한 면으로 소화시키되 여러 면으로 확대 보도하지 말 것.

③ AFP통신의 '가상 시나리오'와 '미·일, 유럽에서 본 필리핀 선거', '정국전망' 등은 박스 기사로 싣지 말 것.

• 민정당 정치연수원 점거농성사건 공판은 사진이나 스케치 기사는 쓰지 말고 조그맣게 보도할 것.

02.11. • 필리핀 관계기사는 외신면에 축소 보도할 것.

• 민정당 정치연수원사건 공판보도에서 사진이나 스케치기사는 쓰지 말 것.

• NCC(한국기독교교회협의회)의 KBS시청료 거부운동은 보도하지 말 것.

- 김동완 목사, 개헌서명운동 움직임 관련해 자택보호(연금), 금치된 사실은 보도하지 말 것.
02.14. • "한국정부 개헌서명에 강경 조치"에 대한 미 국무성 논평은 보도하지 말 것.
- 김법무 회견(담화 발표), 1면 톱기사로 보도하기 바람.
- 신민당 정무회의, 의원총회 관계는 스케치기사나 사진 쓰지 말고 스트레이트 기사는 2단으로 할 것.
- 민추협 의장단회의와 김대중 동정은 보도하지 말 것.
- 이 외무장관, 오늘 하오 워커(Walker) 미 대사 초치 요담(최근 사태 협의)은 1단 기사로 보도 요망.
- 중공인 FAO(식량농업기구) 직원의 입국사실은 보도하지 말 것.
02.15. • 일본 〈군사연구〉 3월호에 실린 북한군 전력조사는 크게 보도하기 바람.
- 16일 김정일 생일 비판기사는 연합통신 또는 내외 통신 기사로 크게 보도 요망.
- 서울대 시위, 학생무더기 송치했으나 기소 숫자는 미정이므로 작게 보도하기 바람.
- '1,000만 명 이산가족재회추진위'에서 행한 통일원장관의 연설은 크게 보도해 주기 바람.
- 민추협 동정기사 일체 보도하지 말 것.
- 전국대학의 학생회 사무실 수색결과 관련기사는 제목을 "유인물 압수"보다는 "화염병과 총기 압수"로 뽑을 것.
02.18. • 서명관련 야권인사들에 대한 연행조사관계는 사법적 조치이므로 사회면에서 다룰 것.
02.19. • 전국 대학 학장회의의 결의문과 문교장관의 치사내용은 별도 박스기사 등으로 크게 보도해 주기 바람.
- 풍산금속, 서독에 반도체 기술수출, 크게 보도 요망.
- 미 조지타운(George Town) 대학의 김영진(金英鎭)교수가 작년 북한 김영남 외상과 회견, 토론한 내용이 최근 학술지에 발표되었는데 이는 보도하지 말 것.
02.20. • 신민당 중앙상임위 개최 불발, 기사는 신되 제목은 컷을 뜨지 말고 사진(특히 전경들과 실랑이하는 모습 등)은 어느 면에서도 쓰지 말 것.
- 좌경학생들 유인물 분석내용, 가급적 전문을 박스기사로 취급할 것.
- 박찬종 의원 공판내용은 스케치기사나 사진 없이 다룰 것.
02.21. • 신민당 확대간부회의 관계기사는 "서명운동 확산키로" 등의 제목을 뽑지 말 것. '확산'대신 '계속'으로.
- 신민당의 개헌청원권 문제에 대한 미 국무성 논평은 보도하지 말 것.

- 아테네(Athens)발 AFP통신의 "올림픽 성화 북한 통과" 운운한 기사는 보도하지 말 것.
02.22. · 미국 백악관 부대변인, 브리핑 도중 기자들과 한국의 야당규제 문제와 관련한 문답내용을 보도하지 말 것.
- 중공기 불시착사건과 관련한 해외반응, 특히 처리전망에 대한 외신보도는 싣지 말 것.
- 마드리드(Madrid) 발 AFP통신보도 "88올림픽 때 남북한 관통 50km 마라톤코스 검토 중", 사실무근이므로 전재하지 말 것.
- 다음 내용은 보도하지 말 것.
  ① 서명관계로 연행됐던 목사들, 조사 후 귀가한 내용.
  ② 이을호 '민청련' 정책실장, 구속 후 정신분열증세 일으켜 감호유치기간 연장된 사실.
  ③ 문익환 등 '민통련' 간부 자택 보도(연금)된 사실.
02.24. · 청와대 여야영수회담, 1면 톱기사로 싣고, 해설 등에서 정부 여당의 마지막 카드(시국수습)가 확고한 방향임을 인정하고 강조, 부각시킬 것. 그래도 안 되면 신문책임임.
- 필리핀사태, 스트레이트기사는 1면 사이드 톱으로 처리하고 나머지는 간지(間紙)에 취급할 것.
- 미국 하원 아시아·태평양지역 소위원회의 솔라즈(Solarz) 위원장이 전두환 대통령에게 야당개헌서명을 저지하지 말도록 촉구하는 서한을 보냈는데 보도하지 말 것.
02.25. · 필리핀사태, 1면 톱기사로 올리지 말 것.
- 3당 대표회담서 거론된 89년 개헌 관계기사를 취급할 때 개헌내용에 관한 (직선제, 이원집정부제 등) 해설기사나 기고, 논쟁 등은 싣지 말 것.
- 오늘 열린 검사장회의 관련 보도는 제목에서 "서명기도… 엄벌" 운운으로 뽑지 말 것. 대신 "헌정질서 문란…"으로 할 것.
02.26. · 이민우 총재가 청와대회담에서 밝힌 "89년 개헌반대" 의사는 신민당의 공식당론이 아니므로 쓰지 말 것.
- 서울대 졸업식 소동은 사회면 2단 정도로 조용하게 보도할 것. "4,000명 참석한 졸업식에서 박봉식 총장이 축사를 하자, 2,000여명의 졸업생이 노래를 부르며 방해하면서 퇴장했고, 이어 손재석 문교장관이 축사를 하자, 1,000여명이 퇴장…"
02.27. · 대통령 유럽순방기사는 1면 톱기사로 쓰고 또 해설 등 기획물로 눈에 띄게 보도바람.
- 필리핀사태
  ① 1면 3단 정도로 취급하고 나머지는 간지에 싣되, 4면(외신면)과

5면(체육면)에만 한정시킬 것.

② 국내 정치인들의 개별적인 논평은 가급적 보도하지 않도록 하고 대변인 논평만 실을 것.

③ 해설, 좌담 등에서 '시민불복종 운동'을 우리 현실과 비교하거나 강조하지 말 것.

④ '세계 독재자 시리즈', '독재정권의 발자취', '마르코스(Marcos) 20년 독재' 등의 시리즈를 싣지 말 것.

- 한국도덕정치연구소 주최 세미나에서 이원홍 문공장관이 연설한 내용, 눈에 띄게 보도 바람.

- 기독교교회협의회(NCC)가 27일 임원을 개선하고 선언문을 발표했는데 보도하지 말 것.

02.28. • 필리핀사태 관련기사는 1면에 싣지 말고 외신면에서 취급, 소화할 것.

- 서울대 졸업식 퇴장소동을 가십 형태로 다루지 말 것.

- 각사 문화부에 돌린 저작권법시안을 기사화하지 말 것.

- 농어촌 대책, 사전에 보도하지 말 것.

- 팀 스피리트(Team Spirit) 훈련 도중 바지선 실종으로 미군 1명 사망, 한국인 수명 실종한 내용은 사령부가 발표할 때까지 보도하지 말 것.

- 미 국무성 대변인, 정례 브리핑에서 "한국인 개헌서명권리 있다"고 언급한 내용은 보도하지 말 것.

03.01. • 대통령 3·1절 경축사 중 '남북정상회담' 언급부문에 대한 부연 해설 쓰지 말 것.

- 신민당, 파고다공원 3·1절 집회, 스트레이트 기사는 좋으나 사진은 사용하지 말 것.

- 천주교 시국기도회는 기사화하지 말 것.

- 김영삼 3·1절 기념사는 부드럽게 녹여서(순화해서) 보도할 것.

03.03. • 오늘 학생시위 중 외대학생과장이 얻어맞아 중태인데 주 제목을 "학생 폭력화" 등으로 할 것. '서명'이란 말을 뽑지 말 것. 또 압수한 사진을 사용할 것.

- 일본 산케이신문이 3월 3일자에 전대통령취임 5돌을 맞아 사설을 게재했는데 연합통신 보도로 싣기 바람.

03.04. • 천주교정의평화위원회 회장이 기자회견을 통해 '민주화를 위한 시대적 요청'이란 성명서를 발표했는데 이 내용은 사회면 1단으로 보도할 것.

- 전학련 주최 서울대 시위사건 수사 본격화, 적절히 보도할 것.

- 필리핀사태는 안팎의 모든 상황을 균형있게 보도할 것. 예를 들면 신인민군의 정부군 공격, 또는 흘부르크(Holbrooke)차관보나 아마코

스트(Armacost)차관이 발언한 "한국은 필리핀과 다르다" 등.

03.05. • F-16기 1차분, 7월(워싱턴시간) 인수식, 국방부 발표 때까지 보도하지 말 것.

• 정부 농어촌대책발표, 크게 보도해 주기 바람.

• 민통련회장 문익환, 개헌서명관계 기자회견하려다 경찰차단으로 불발, 이 사실은 보도하지 말 것.

• 신민당, 개헌일정 결정(총재단회의 확정)은 작게 보도하기 바람.

• 민주화추진협의회(민추협) 동정은 보도하지 말 것.

• 대한교련, 교육제도 개선안 발표, 이 개선안 보도에서 제목을 "정치적 중립보장" 등으로 뽑지 말 것.

03.06. • 서울대 연합시위사건 사건수사결과 발표, 1면 톱기사로 취급, 기소장, 발표문, 해설 등은 별도 박스 기사로 취급할 것.

• 미 국무성 대변인의 브리핑과 월포비츠(Wolfowitz) 차관보의 고별회견에서 언급된 "한국은 필리핀과 다르다"는 내용은 1면에 4단 이상으로 쓸 것.

• 신민당 서명자 명단 발표, 명단은 물론이고 발표 사실 자체도 보도하지 말 것.

• 중공기 처리방식 발표. (외무부 대변인). 조용하게(요란하지 않게) 취급하기 바람.

03.08. • 민정당 중앙위원회 전체회의에서의 89년 개헌확인은 1면 톱기사로 크게 보도하기 바람.

• 방한 중인 포클리에터 미국 하원의원의 동정은 1단 기사로 취급. 가십 기사는 괜찮으나 회견 내용이나 사진을 쓰지 말 것.

• 학생 시위는 소규모 시위를 토막토막 떼어서 보도하지 말 것. 결정적으로 큰 시위만 보도하기 바람.

03.10. • 김수환 추기경 강론 관계
　　① 1단으로 취급하기 바람.
　　② 내용 중에서 "개헌은 빠를수록 좋다"는 것은 삭제하기 바람.
　　※ 헌법관계 신경 쓸 것.

• 노동부장관 회견 중에 밝힌 "구속노동자 사면건의 검토 하겠다"는 내용은 싣지 말 것. ※ 노동부장관이 건의할 성질의 것이 아님.

• 근로자의 날 기념식은 노신영 총리 치사 중 "경제호기를 맞아"라는 대목을 제목으로 뽑을 것.

• 방한 중인 포글리에터 미국 하원의원이 9일 미사, 기도회에 참석하고 김수환 추기경 등과 회담했는데 기도회 참석과 회담사실은 보도하지 말 것. 단 내일 한국 떠나는 동정만 1단기사로 보도할 것.

03.11. • 신민, 서울개헌추진본부 결성식 관계
① 별도 스케치기사 쓰지 말고 묶어서 2단 기사로 보도할 것.
② 제목은 세 줄이나 네 줄씩 뽑지 말고 보도하지 말도록.
③ 김대중 가택연금 사실은 가급적 보도하지 말도록.
• "서울대, 경찰투입 자제 촉구"는 사실과 다르니(결정한 것이 아님) 보도하지 말 것.
• 와인버거(Weinberger) 미국방장관의 회견내용은 반드시 눈에 띄게 1면에 보도할 것(이원홍 문공장관의 요청임)
03.13. • 사정협의회와 대통령 지시내용은 1면 톱기사로 보도할 것.
• 당국, 전국 서점, 출판사 수색, 불온서적 압수수색, 금명간 결과 발표 때까지 보도 말 것.
03.14. • 조계종 총무원장 메시지, 사회면에 2단 이상으로 보도할 것.
• NCC(기독교교회협의회) 시국선언문 발표, 사회면 1단 이하로 할 것.
• 김대중, UPI통신과 회견한 내용은 보도하지 말 것.
• 군 탈영병 사건, 충남 조치원 부근, 보도하지 말 것.
• 서울대 학장회의 "학생회 선거운동 자제 촉구", 눈에 띄게 보도 요망.
• 슐츠(Schultz) 미 국무장관과 미태평양지구 사령관, "한국안보 중요" 발언, 눈에 띄게 보도 요망.
03.17. • 반체제 목사들 중심으로 오늘 민주헌법실현회 결성식, 보도하지 말 것.
• 시흥 예비군 훈련장에서 사구(사상자 발행), 보도하지 말 것.
• 최은희, 신상옥 탈출관계 보도지침.
① 전반적으로 북한탈출 환영무드를 기사에 반영할 것.
② 발생기사(일본 교도(共同)통신), 미 국무성 논평 등 기사 크기, 면수는 자유 재량.
③ 당분간 최, 신 두 사람의 앞으로의 결정에 악영향을 줄 우려가 있는 기사는 자제할 것.
④ 사진관계
• 피납 전의 사진을 쓰되 너무 많이 쓰지 말 것.
• 이들의 재 북한 사진은 지난 84년 4월 안전기획부에서 제공한 사진만 쓸 것.
• 그 후 런던, 서베를린 및 동독의 각 영화제 참석과 그 밖의 동정에 관한 사진(예 : 일본잡지에 실린 것 등)은 일체 사용하지 말 것.
⑤ 북한 탈출 관련 • 동기, 목적, 경위, 현재의 심경 등을 추측보도 하지 말 것. (예) 교도통신 기사 중 신상옥이 말한 "북한에 폐 끼치고 싶지 않다" 등은 보도하지 말고 인용도 하지 말도록. • 그러나

신이 "나는 사회주의자가 아니다" 운운은 보도해도 좋음.

⑥ 신병처리 관련 미국, 오스트리아(Austria) 등 각국의 입장을 추측 보도하지 말 것.

⑦ 이들 문제의 처리방향이나 전망은 일체 추측보도하지 말 것.

⑧ (예) "북한 다녀왔으니 국내에 올 경우 형사 소추될 것" 운운 (예) "제3국에 가기를 희망", "귀국 희망" 등 일체 성급한 보도 불가.(기사, 해설)

⑨ 신병처리 관련한 한미간의 교섭관계, 내외신보도 등 일체 싣지 말 것.

⑩ 이들의 재 북한 활동 보도에 있어서 • 북한에서의 대우, 영화제작 활동, 유럽에서의 활동, 북측요인들과 접촉 및 북한 예술인들과의 접촉 등에 관해서는 쓰지 않도록. • 그러나 김일성부자 우상화와 공산주의 선전영화에 동원, 이용되었다는 식의 보도는 괜찮음.

⑪ 지난번 베를린영화제에서 우리 영화인들과 재회해 나눈 이야기 중 부정적인 것은 보도하지 말도록.

⑫ 두 사람, 국내 친지와의 연락관계는 과거 당국의 발표사항 이외에는 쓰지 말 것.

⑬ 납북상황 관계 중 • 대체로 과거의 당국발표 내용은 써도 좋음. • 그러나 납북 전 양인의 개인적인 상황과 문제들(예, 사업실패, 가정적인 불행, 스캔들)은 쓰지 말 것.

⑭ 컷, 제목, 기사에서 "망명"이란 말을 쓰지 말고 "서방으로 탈출", "북한에서 탈출" 등으로 할 것.

⑮ 양인의 프로필(profile)과 예술 활동 실적 등은 보도해도 좋음.

⑯ 해설, 사설에서 "이번 탈출이 보여주듯이 북한사회의 자유부재, 탈출할 수밖에 없었다는 숨 막히는 상황, 자유민주사회의 우월성" 등을 특히 강조할 것.

⑰ 이번 각지 기자들이 국내가족들 취재 때 일부 경찰 등이 취재를 제지한 상황은 보도하지 말 것.

03.18. • 신상옥, 최은희 관계

① 현재 그들의 행방에 관해 일체 추측보도하지 말 것. (예) "비엔나(Vienna)에 있는지", "서독으로 갔는지", "미국에 갔는지", 또는 "제3국으로 갔는지"

② 양인(兩人)의 사진, 78년 납북 후 사진은 가급적 싣지 말 것.

• 일부 대학생들, 오늘 한때 전국경제인연합회 회장실 점거했다가 연행됐음. 일체 보도 불가.

- 신흥정밀 직원, 임금인상 스트라이크(strike) 도중 본신기도, 1명 사망. 1단 기사로 보도할 것.
03.19. • 신상옥, 최은희 관계
　　① 78년 납북이후의 사진을 일체 쓰지 말 것. 단 84년 CIA가 배포한 사진을 써도 좋음.
　　② 양인 가족의 프라이버시(privacy) 침해 내용은, 어떤 방식이든 쓰지 말 것.
　　③ 탈출 동기, 목적에 대한 일체의 추측보도나 의문제기는 안 됨. 내외신 불구.
　　④ 양인을 파렴치한으로 몰려는 북한 주장에 동조하지 말 것.
　　⑤ 신상옥의 자녀들을 기사에서 다루지 말 것.
03.20. • 신상옥, 최은희 관계
　　① 이들의 행방("어디로 갔을 듯", "어디에 있을 듯" 하는 식의)을 일체 추측보도하지 말 것.
　　② 78년 납북 후의 자신을 쓸 경우에는 사전에 문공부의 심사를 반드시 받을 것.
- 이기백 국방장관 회견, 1면 톱으로 하고 해설, 발표문 요지 게재할 것.
- 앞으로 북한 관계 기사는 일반외신 대신 반드시 내외통신을 쓸 것.
- 김윤환 문공부차관이 속리산 '기독교언론인회'에 참석해 치사한 내용은 꼭 실어주기 바람.
- 안기부요원 사칭한 사기꾼 중부서에 구속 중, 보도하지 말 것.
- 알프스(Alps) 계획(대통령의 유럽방문) 관련, 미 CIA 브리핑팀 방한(3월 22일~27일)사실은 일체 보도하지 말 것.
- 최근 서울근교 예비군 훈련장에서 사망사고 발생. 보도하지 말 것.
03.21. • 이원홍 문공장관, "북한의 대남선전 경고" 회견, 1면 톱기사로 싣기 바람.
　　※ 이와 함께 최근 (올 들어) 대남 모략선전과 교란책동을 벌이고 있는 북한동향(선전공세)에 관한 특집 기사를 눈에 띄게 다뤄줄 것.
- 북한 관계 뉴스 보도 지침.
　　① 북괴 중앙통신, 방송, 신문 등 선전매체들의 발표, 또는 보도하는 내용은 일체 내외통신 보도만 싣는다.
　　② 북괴매체들의 보도 또는 논설내용을 일본신문 등 외신보도 기관들이 보도한 것을 간접적으로 인용하는 것을 금지한다. 단 긴박한 상황과 관련, 외신보도를 인용보도하지 않을 수 없다고 판단될 때는 문공부와 사전에 협의한다.
　　※ 이를 위반할 경우 모든 책임은 언론기관이 진다.

03.24. • 국회 3당 대표 연설(하게 될 경우)
　　① 이민우 대목 중, "쿠데타 재연방지", "국민헌장 제창", "일해(日海)
　　　재단 운영자금 내역 밝혀라"
　　② 이만섭 대목 중, "재임 중 직선제 개헌을"
　　이상의 내용은 쓰지 말 것.
• 신민당 부산 개헌추진본부 현판식 관계
　　① 2단 기사로 처리하고 제목은 2줄로만.
　　② 사진, 스케치기사 쓰지 말 것.
　　③ 경찰이 추산한 청중수 옥내 2,500, 옥외 2,000, 계 4,500, 각 신문이
　　　양심적으로 알아서 할 것.
　　④ 김영삼, "대통령과 양 김씨 회담제의"는 별도 기사로 처리하지 말 것.
• 국방위 회식관계, 쓰지 않도록
03.25. • 대통령 유럽순방 일정발표, 1면 톱기사로 처리하고 관련 박스기사도
　　쓰기 바람.
• 국회 대정부질문 개시, 질의요지는 4면에 싣되 3분의 1면을 넘지
　　않을 크기로 할 것.
• 기독교청년회 개헌 추진위 발족, 기사화하지 말도록.
03.26. • 남북회담 재개촉구 통지문 발송. 1면 톱기사로 하고 해설 기사 써주
　　기 바람.
• 국회, 의원의 질의요지를 4면(외신면)에 싣되 양도 4면의 3분의 1
　　정도로 줄일 것.
• 지난 주 주(駐)유엔 북한대표부 성명, "한국에 에이즈(AIDS) 환자 1만
　　명" 운운, 오늘 UPI통신에서 "한국 측이 이를 반박하는 내용"을 보도
　　했으나 두 기사 모두 보도하지 말 것.
03.27. • 국회의원의 질의 요지, 4면에 싣고 양도 3분의 1이 넘지 않도록.
• 공정거래법 개정안, 1면 톱기사로 보도하기 바람.
• 안경직 목사가 주도하는 기독교 교역자협의회에서 시국선언문 발
　　표, 사회면에 눈에 띄게 보도하기 바람.
03.31. • 신민, 광주 개헌집회 관계.
　　1. 사진, 스케치 없이 기사 2단으로(길지 않게).
　　2. 치안본부장 발표, 눈에 띄게 보도할 것.
　　3. 시위군중들, '축, 직할시 승격'아치 불태우는 것(사진), 사회면에
　　　쓸 것.
• 해직교수들, 고대 교수들의 개헌지지 성명관계, 사회면에 크지 않게
　　1단기사로 할 것.
• 국회관계

① 야당의원 질문 중, "최근 예비군 훈련장서 대통령 사진 훼손으로 조사받다 죽은 (장이기씨) 진상" 쓰지 않도록.

② 정동성 의원(민정) 질문 중 •광주사태(개헌 현판식 관계), 신민당이 군중 선동. •야당은 각성하고 민주투쟁에 참여하라. •김대중, 김영삼은 대통령직 야욕 버려야. 이상의 내용은 눈에 띄게 보도할 것.

• 연합통신의 동경 발 기사. '조총련의 대 민단(民團) 교란공작 내용'은 눈에 띄게 보도할 것.

04.01. • 6차 5개년 계획 중 중소기업 육성방안은 크게 보도하기 바람.

• 한미안보회의 관계기사는 폐막 때까지 눈에 띄게 보도하기 바람.

• 기독교교회협의회(NCC) KBS-TV시청료 납부 거부운동을 4월초부터 개시하고 세미나 등도 개최할 예정이라고 발표. 이 사실은 보도하지 말 것.

04.02. • 한미안보의 관계기사는 폐막 때까지 크게 보도하기 바람.

• 국회 상임위 관계 기사 중 야당의원들의 "일해(日海) 재단의 성격, 용도, 규모 등에 관한 질문"은 보도하지 말 것.

• 한국신학대 시국선언문 중 "조속한 개헌을…" 대목과 서명교수 명단은 빼고 간략하게 사회면에 1단 기사로 보도할 것.

04.03. • 한미안보회의 폐막과 공동 성명 등은 1면 톱기사로 쓸 것.

• 일본 시사주간지 세카이슈보(世界週報)에 실린 전 대통령 특집기사를 눈에 띄게 전재하기 바람.

• 김종필씨, 일본 산케이신문과 회견한 내용은 옮겨 싣지 말 것.

04.04. • 전 대통령 내일 출국기사는 눈에 잘 띄게 보도하기 바람.

• 국회 외무위원에서 야당의원 질의 중, "남북정상 접촉설"을 해명하라는 내용은 보도하지 말 것.

• 성공회 신부들이 발표한 시국선언문 및 명단을 보도하지 말 것.

04.07. • 대통령의 유럽방문관계

① 각종 연설은 가급적 전문을 게재할 것.

② 공동취재기사와 가십기사를 축소 또는 삭제하지 말고 그대로 보도할 것.

• 신민당의 KBS법 개정 추진 사항은 보도하지 말 것.

• 기독교교회협의회(NCC)가 기독교회관에서 개헌서명자 2,000명의 명단을 발표한 사실은 보도하지 말 것.

• 전 고대학생회장 한봉찬, 반성표현으로 선고유예 받은 사실은 크게 보도하지 말 것.

• 중공교포잡지 〈장백산〉에서 국내 '지식산업사'에 한국문학 전집 보

내달라고 요청한 사실은 보도하지 말 것.
04.08. • 대통령 유럽방문 관계.
공동취재 (풀)기사, 연설문 등을 계속 충실하게 보도하기 바람.
• KBS-TV시청료 거부 관계.
① 기사를 사회면에서 가급적 작게 취급할 것.
② 특히 천주교의 캠페인 참가 사실은 사회면 1단 기사로 취급할 것.
• 성균관대 총장, 집체훈련 거부 학생 연행에 대해 동대문경찰서에
항의한 사실은 보도하지 말 것.
• 김대중 관계.
4월 7일 미국 NBC-TV에서 12분간 방영한 정치 상황에 관한 김대
중의 회견 사실은 보도하지 말 것.
04.11. • KBS-TV시청료 거부운동은 가급적 보도하지 말 것.
• 이디오피아(Ethiopia)가 북한이 88올림픽에 불참할 경우 자국도 불참
하겠다고 밝힌 외신 기사는 보도하지 말 것.
• 일본 산케이신문이 보도한 (동경 발 연합통신 기사) "최은희·신상옥
UN 난민수용소에 가게 될 듯"이라는 기사는 보도하지 말 것.
• KBS-TV시청료 거부운동 관계는 이제 더 이상 보도하지 말 것.
• 명동성당 신도들이 13일(일요일) 예배 후 개헌서명운동 벌인 사실,
보도하지 말 것.
04.15. • KBS-TV시청료 거부운동 관계 기사는 자제해 주기 바람.
• 리브시(Livesey) 한미연합사령관의 연설에서 언급된 북괴군 동향 발
표 내용은 눈에 띄게 보도할 것.
4.16. • 대통령 순방기사, 톱기사로 처리할 것. 스케치기사도 3면 앞쪽으로
실을 것.
• KBS 운영개선 관계 기사, 제목에서 "국민들의 여론을 수렴해서"라
는 표현을 쓸 것.
• AL · 리비아 관계 기사는 신중하게, 편중보도하지 말 것. 예를 들어
레이건(Reagan)이 "카다피(Qadafi)는 미친 개"라고 한 내용은 보도하지
말 것.
04.17. • 대통령 순방 관계 기사는 계속 1면 톱기사로 보도할 것.
• 미국 하원 아시아 태평양 소위원회에서 시구어 국무성 동아시아담당
차관보가 행한 한국 사태 증언내용 중 거친 표현은 보도하지 말 것.
• 아노크(ANOC) 총회 참가국 중 미수교국 대표 등의 경우, 개별 인터
뷰 사진은 싣지 말 것. 다만 다른 기사와 섞어서는 보도할 수 있음.
• 기독교청년연합회(EYC)의 민주민중발대식 사실, 보도하지 말 것.
04.19. • 대통령 기상 회견에 대한 스케치기사에서, 기내 임시집무실에 "다산

의 목민심서(牧民心書)가 있는 것이 눈길을 끈다"는 식으로 뽑을 것.

- 대전 신민당 개헌 현판식 대회는 전례대로 1면 2단 기사로 처리하되, 길지 않게 보도하고 스케치성 기사는 싣지 말 것.

04.21. • 정부 · 여당의 시청료 개선안 중 "전파료, 텔레비전세 등 검토하겠다"는 내용은 '오프 더 레코드'(보도하지 않는다는 전제 아래 제공하는 정보)로 이원홍 문공부장관이 브리핑한 내용이니 보도하지 말 것.

04.23. • 기독교의 KBS-TV 시청료거부운동 추진본부에서 당국에 공개 질의한 사실은 사회면 1단으로 보도하기 바람.
- 86 · 88대회 방송 결단식 관계 기사에서 이원홍 문공장관의 치사 등은 눈에 띄게 보도하기 바람.

04.24. • 성균관대 사태 기사는 사회면에서 처리하고 1면(정치면)에 나오지 않게 할 것.
- 김영삼씨, 자유중국신문과의 회견에서 "개헌 않을 경우, 큰 혼란, 혁명 등의 사태 초래할 것"이란 발언내용은 보도하지 말 것.

04.26. • 신민당 청주 개헌대회 기사는 1단으로 처리할 것.
- 솔라즈(Solarz) 의원(하원 외교위 아시아 · 태평양지역 소위 위원장)의 워싱턴 포스트지 기고 내용.
  ① 외신면에서 처리하는 것을 원칙으로 하되.
  ② 1면에 기사를 실을 경우엔 "한국의 불행 피하려면 민주화되어야 한다"는 식의 제목은 쓰지 말 것.
  ③ 요지에 "여야가 합의적 타협이 필요하다"는 내용은 눈에 띄게 쓸 것.
  ④ "자유선거 할 경우 야당이 우세할 것으로 관측", "인권문제에 관한 김수환 추기경이 도덕적 기준", "가톨릭과 미 대사관이 중재에 나서야 한다" 등은 내용이 매우 불유쾌한 대목이니 칼럼기사 따위로 비판하기 바람.
- 서울대 사태 관계
  ① 기사 크기, 게재하는 면(面)은 재량에 맡김.
  ② 사진은 적절한 것으로 하되 자극적인 사진을 피할 것.
  ③ 단, "입소거부 가능성"이란 표현을 기사 도입부에서 꼭 넣을 것.
- 천주교에서 27일(일) "신도 개헌 서명자 4,000여명"이란 발표 내용은 사회면 1단 기사로 처리할 것.
- 분신자살한 박영진 장례식은 기사 짧게, 사회면 1단으로 처리하기 바람.

04.29. • 야권 지도자 회의 관계
  ① 1면 톱기사로 처리하지 말 것.
  ② 사진 싣지 말 것.

③ 제목 중 "전방입소 일단 중지 촉구" 등의 내용은 쓰지 말 것.
- 금일부터 KBS-TV 시청료 관계 기사 및 'KBS'라는 표현도 일체 쓰지 말 것.

04.30. • 청와대 3당 대표회담 관계.

전 대통령

① "국회에서 합의, 건의하면 임기 중 개헌을 반대하지 않을 것"("…용의가 있음"이 아님)

② "89년 개헌 소신에는 변함없다"

이상 두 가지는 오늘 회담의 주 골자이므로 꼭 컷이나 제목에 이 표현을 쓸 것.

05.01. • 미국 기독교교회협의회(NCC) 대표단 방한, 한국 기독교교회협의회(NCC) 대표들과 한국에서의 인권탄압(고문) 사례 발표, 이 내용은 보도하지 말 것.

05.03. • 인천 개헌현판식 및 시위관계

① 1면 머리기사(톱기사)는 반드시 한·영 정상회담으로 할 것. 따라서 시위기사는 1면 사이드 톱기사, 사회면 톱기사 또는 중간 톱기사 등 자유재량으로 할 것.

② 기사내용과 방향 ○ 과격시위-"학생, 근로자들의 시위"로 하지 말고 "자민투", "민민투", "민통련" 등의 시위로 할 것. (실제로 각 단체가 플래카드를 들고 시위) ○ 폭동에 가까운 과격, 격렬시위인 만큼 비판적 시각으로 다룰 것. ○ 이 같은 과격시위를 유발한 신민당의 문제점을 지적할 것.

05.05. • 서울대 분신사망학생의 장례식은 주변 정황에 대한 스케치 기사를 쓰지 말도록.
- 인천시위 관계 기사 및 해설에서 "경찰의 과잉 개입이 과격데모를 유발"했다는 식으로 하지 않도록.

05.07. • '향토 예비군의 날'(5월 8일) 행사는 눈에 띄게 보도하기 바람. 행사는 5월 7일부터 개시함.
- 코미디언 심철호, 장애자 복지기금 관계로 5월 8일부터 30일간 중공 방문. 이 내용은 보도하지 말 것.
- 슐츠 방한, 마치 미국의 민주화 압력을 위해 온 것 같은 회신들의 시각에 치우치지 않도록.

05.09. • 전국비상기획관 회의, 눈에 띄게 보도하기 바람.
- 불교 승려들 시국선언, 사회면 1단 기사로 처리하기 바람.
- 신민당 마산 개헌 현판식 대회 앞두고 경찰을 모략중상(대회방해 획책)하는 전단 1만매가 인쇄 중에 발견되어 압수(민추협 부대변인 의뢰)되

었음. 곧 경찰에서 발표할 예정이니 눈에 띄게 보도해 주기 바람.

05.11. • 월드컵 축구팀, 최근 샌프란시스코(San Francisco)에서 금품 도난당해 사기에 영향, 보도하지 말도록.
- 사마란치(Samaranch) IOC(국제올림픽위원회) 위원장, 프랑스 에비앙에서 가진 전 대통령과의 회담내용을 최근 방한 중에 공개. 이 중 "북한이 88올림픽에 참가할 듯하다"는 내용은 보도하지 말 것.(대통령사항이므로)

05.12. • 평통(平統) 자문회의에서의 대통령 치사, 눈에 띄게 보도 요망.
- 최은희, 신상옥 관계 발표사항 외에
  ① 외신 및 재미교포신문의 기사를 인용하지 말 것.
  ② 서울의 가족회견 및 영화계 반응은 보도하지 말 것.
  ※ 2~3일 후 미국에서 회견예정.

05.14. • 김수환 추기경이 미국 CBS방송과 대담한 내용은 보도하지 말 것.
- '민주언론운동협의회'가 발표한 "각 언론사 기자들 선언 지지성명"은 보도하지 말 것.
- 기독교교회협의회(NCC), "시청료 계속 거부, KBS 개선안 수락 못해" 등의 회견 내용은 사회면 1단 기사로 처리할 것.
- 노동신문(북한) 13일자 사설, 대남학생시위 선동, 내외통신 기사, 눈에 띄게 보도바람.
- '자민투' 학생들 (당국 발표). 북한방송 전재한 유인물 살포. 1면 사이드 톱 또는 사회면 톱기사로 싣기 바람.

05.15. • 광주 사태(5.18) 관계 보도지침.
  ① 행사예고, 회고, 특집, 기획기사 등 불가(不可).
  ② 5.18 추모행사는 간단히 보도할 것.
  ③ 5.18 관계 각 당 성명만 간단히 보도. 재야성명은 불가(不可)
  ④ 학생 및 사태 관련자들의 소요와 주장(특히 자극적인 것) 불가(不可)
  ⑤ 극렬한 요소는 비판적으로 다룰 것.
  ⑥ 광주 표정 스케치 기사나 부상자 현황 유가족 인터뷰 등은 싣지 말 것.
- 최은희, 신상옥 회견 관계
  ① 내용 중 "김정일 머리 좋고 잔인, 일에 열중" 등의 표현은 삭제.
  ② "1976년, 신상옥이 정부와 싸운 끝에 영화사 설립 취소" 운운도 보도하지 말 것.
  ③ "나와 김정일 매년 300만 달러" 운운 불가.
  ④ "미국 CIA에서 집중 심문" 불가.
  ⑤ 제목에서 "북한 정보 캐널 큰 고기" 등의 표현 불가(不可)

- 김수환 추기경, CBS(기독교방송)와의 대담 내용은 조그맣게 보도하기 바람.
- 신민당의 인천사태 보도는 치안당국이 발표한 내용과 균형 있게 보도할 것.

05.16.
- 김 추기경, CBS 대담 중 "KBS–TV 시청료 거부" 운운한 것은 제목으로 뽑지 말 것.
- "KBS시청료 특집기사"에 사진을 쓰지 말 것.
- '민주교육실천협의회' 창립관계는 1단 기사 처리할 것.
- 최은희, 신상옥 관계 중 내용, 제목에서 "김일성 주석", "김정일 그분" 운운으로 지칭한 것은 삭제할 것.

05.17.
- 이원홍 문공부장관이 문협 세미나에서 치사한 내용은 눈에 띄게 보도하기 바람.
- 중공 거주 한국 교포로서 중공외국어대 교수인 조복순, 현재 고려대 민족문화연구소에서 중한(中韓)사전 편찬 중, 5월 20일 YMCA 주최 강연, 인터뷰 및 강연예고 기사를 쓰지 말 것.

05.19.
- 대검의 인천사태 조사 발표, 사회면 톱 또는 1면 사이드 톱기사로 눈에 띄게 보도할 것.
- 광주사태 추도행사, 사회면 2단 기사로 쓸 것.
- 명동성당 추도미사 및 시위는 사회면 1단 기사로 할 것.

05.20.
- 두 김씨 회동, 1면 2단 이하로 하고 사진 쓰지 말 것.

05.21.
- 대통령
  ① 정부 헌정제도 연구위원들에게 위촉장.
  ② 하오에 첫 전체회의.
  이상 눈에 띄게 보도하기 바람.

05.22.
- 미 하원 소위(외교위 아시아·태평양 소위원회), 한국(남북한) 관계 결의안 채택. 제목에서 '한국'(남)만 뽑지 말고 남북한 모두 뽑을 것.
- 서울대, 모의 대통령 선거.
  다른 글에서 인용보도는 좋으나 이것만 따로 떼어서 상세하게 보도하지 말 것.

05.24.
- 이원홍 문공의 지방 연극제 치사, 1면(정치면)에 실어줄 것.
- 문익환 목사, 구속 전에 AFP 기자와 회견한 내용 "분신후보 학생 40여명 있다"는 발언은 보도하기 바람.

05.26.
- 인천사태 관련 구속학생 60여명, 26~30일까지 순화교육. 순화 교육 사실 자체를 보도하지 말 것.
- CBS(기독교방송) 편성국 직원들이 "광고 허가, 뉴스 보도 허용하라"고 요구한 성명 발표는 보도하지 말 것.

- KBS-TV 시청료 납부거부 가두 캠페인 관계자들, 한때 자택연금 후 낮 12시부터 연금해제, 착오 없기 바람.
- 영국 옵저버(Observer) 지의 5월 20일자 보도, "북한, 탁구, 배드민턴 등 분산 개최안 (한국 측의) 수락할 듯". 보도하지 말 것. (AP, AFP 통신 보도)
- KBS 개선안 당정협의, 민정당 문공위원들의 발언, 지적내용이 상당 부분 틀리므로 정확히 취재, 보도하기 바람.

05.27. • 워싱턴 타임스 지 보도, "중공, 대 북한 압력으로 서울올림픽에 참가 케 시도" 이 내용은 보도하지 말 것.
- 김대중 사진 싣지 말 것.
- 김대중 기사, 너무 부각시키지 않도록(단독으로).
- '민통련' 간부들 회견, 조그맣게 보도할 것.
- 민통련 수사 관계, 너무 앞지르지 말도록. (예) "이 단체를 반국가단체로 낙인찍었다"는 식은 사실과 다름.

05.28. • 앞으로의 개헌 논의 보도지침
  ① 논란현상보다 앞질러 보도하지 말 것.
  ② 개헌공개논의의 초반이니 어느 개인의 사견이나 추측보도를 하지 말고 '논의'의 공식발표, 견해, 활동 등을 보도할 것.
  ③ '사면, 복권'은 대통령의 고유권한이므로 이에 관한 추측이나 기대, 희망을 보도하지 말 것.
  ④ 김대중 사진이나 단독회견 불가(不可).

05.29. • 서울에서 29일부터 6월 3일가지 아시아·태평양 농업협의회 개최. 22개국 중 중공대표 3인도 참가 중이나 이들에 대해서는 보도하지 말 것.
- 교육 중인 인천사태관련 구속학생 60여명, 6월 1일께 발표(교육관계), 사전에 보도하지 말 것.

05.30. • 일본 산케이신문 30일자 조간에 "남북정상회담, 아시안게임 전에 평양서 열릴 듯", 이 추측 보도는 전재하지 말 것.
- 한미은행 영등포지점 난입자들, 기사 제목에서 "과거 위장취업으로 해고됐던 제적학생"이라고 뽑을 것.

05.31. • 기독교교회협의회(NCC) KBS-TV 시청료 거부관계 회견. 다분히 정치적이므로 사회면에 조그맣게 실을 것.
- 한국은행, 외국신문의 외화도피 관계 해명자료 발표. 월스트리트 저널 기사는 사실과 크게 다르므로 적절하게 취급하기 바람.
- 3일 청와대 회담.
  의제는 "개헌, 구속자 석방"을 제목으로 할 것. "사면"은 불투명하므로 내세우지 않도록.

- 전주 신민당 개헌 현판식대회, 상황이 복잡하므로 분석적으로 기사를 다룰 것.

06.02. • 23개 대학교수 시국관계 서명(연합선언), 사회면 1단 기사로 보도할 것.
- 연합통신에 보도됐다가 취소된 "30대 재벌의 여신내용" 대외신용관계를 고려하여 보도하지 말 것.

06.03. • "23개 대 교수들 시국선언"에 대한 정부 당국자의 비판 및 반박논평 외신보도(서울 발 AP, UPI 보도)는 사회면에 2단이나 3단기사로 보도하기 바람.
- 미 국무성, 최근 일본신문에서 추측 보도한 "남북한 수뇌회담"에 대해 부인하는 논평 발표, 일본신문 기사가 보도되지 않았으므로 미 국무성 논평도 기사화하지 말 것.

06.04. • 오는 10·11일 스위스 로잔느에서 재개되는 "남북 체육회담" 관계기사는 상례대로 회담기간 중 체육면에서 회담사실만 스트레이트(사실보도) 기사로 조그맣게 보도할 것. (해설은 회담이 끝난 뒤 할 것).
- 제목에서 "영수대좌"(대통령과 이민우 총대 단독회담), '영수'라는 표현은 쓰지 말 것.

06.07. • 개헌작업이나 헌특(憲特) 등 시국관련 정치기사는 너무 앞지르거나 추측보도하지 말고 자제할 것.
- 김법무의 해명에도 불구하고 신민당이 구속자 관계 자료를 배포했는데 이 내용은 스트레이트 기사로 취급하지 말 것.

06.09. • KBS 개선안에 대한 국민반응이나 비판하는 내용의 특집을 싣지 말 것.
- 국회 3당 대표 연설 중에서 이민우 총재의 연설 내용 중 "대학생 전방입소", "대통령 동정, 저녁 텔레비전 보도"에 대한 비판 대목은 쓰지 말 것.
- 로잔느 남북 체육회담 관련 기사는 외신기사를 쓰지 말고 가급적 한국 특파원의 기사를 쓸 것.
- 재미 최은희, 신상옥 수기 연재는 일체불가(일부 국내 유력지에서 연재교섭 중이지만…)
- 수원지법의 "개헌데모 학생 무죄판결" 관련 기사는 사회면에서 조그맣게 취급할 것.
- 국회 대정부질문 중 독한 내용은 걸러낼 것.

06.11. • 국회 대정부질문 중에서 신민당 명화섭, 김형래 의원 질문 중에서 자극적이고 독한 내용은 삭제할 것.

06.13. • 국회 대정부 질문에서 야당의원 질문 중 뜬소문, 모호한 내용, 사실무근의 지적 등은 컷이나 제목으로 뽑지 말 것.
- 17일부터 개막되는 '아시아 종교인 평화회의'에 중공인 5명도 참석.

중공인들 이야기는 개막전까지 보도하지 말 것. 개막 후에 기사 속에 참가사실을 보도하는 것이 좋으나 큰 제목으로 뽑지는 말 것. 또 이들에 대한 인터뷰와 발언 내용은 보도하지 말 것.

06.16. • 지난 5월 20일 김일성의 유고 신문 회견 내용, "남북한이 88올림픽을 공동주최하면 북한은 훌륭한 시설을 제공하고 방문객과 선수를 환영, 서울은 대회에 부적격" 주장. 6월 15일 북한 중앙통신이 뒤늦게 보도한 것을 UPI통신이 15일 동경발로 보도, 이 내용은 보도하지 말 것.

• "KBS-TV 시청료 안내면 단전, 단수한다"는 내용은 보도하지 말 것.

06.17. • 중공 어선 망명, 당국 발표 시까지 보도하지 말 것.

• 판문점에서 전달받는 북한 오진우 서한, 국방부 발표만 보도할 것.

• 신민당 고문 사례발표, 가급적 보도하지 말 것.

• '아시아 종교인 평화회의' 개막식에서의 이원홍 장관 치사내용, 눈에 띄게 보도해 줄 것.

06.18. • 미국 웨스트 일리노이주(Illinois)에 거주하는 미국학생 2명 (한국에 유학), 간첩혐의로 사형, 무기형. 이에 대한 미 국무성 대변인의 "한국측 처리 주시"라는 논평내용은 보도하지 말 것.

• 북한 오진우 군사회담제의 서한, 스트레이트 기사는 1면 3단 크기로, 제목은 "3자 군사회담"으로 하지 말고 "남북한 · 유엔사령관 회담"으로 하며 해설기사는 간지에 실을 것.

• "대통령 해외순방 7차례에 동원학생 182만 명"이란 기사는 보도하지 말 것.

• 19일 중공체조협회 관계자 2명 입국, 사저에 보도하지 말 것.

06.19. • 표류 중공어선 어부들 관계, 관계기관의 조사가 계속 중이어서 최종 처리방침이 아직 미정상태, 따라서 이에 대한 추측보도나 가십 기사 등 일체의 보도를 당분간 하지 말 것.

06.23. • "중공 표류인들, 대만에 송환키로" 했다는 대북 발 로이터통신 보도는 사실무근이니 보도하지 말 것.

• 북괴 NOC(올림픽조직위) 부위원장, "남북 체육회담에 성과 없었다"고 비난한 내용은 체육면, 또는 외신면 1단 기사로.

• 강원용 목사 등 2명, 오늘 중공입국. 보도하지 말 것.

• KBS-TV 시청료 거부센터의 사례발표 중, "문공장관은 사과하라"는 대목은 보도하지 말 것.

• 호남 YMCA중등교사협의회의 "교육민주화 결의" 사실은 1단 기사로 처리할 것.

• 출판문화운동협의회 발족, 1단 기사로.

- 검찰, 기자들의 공안부 출입 억제 조치, 보도하지 말도록.
- 이란 경제사절단이 내한한 사실은 25일 미국 경제대표단이 출국할 때가지 보도 보류.

06.24. • 6.25 특집기사는 계속 충실하게 다룰 것.
- 북괴 오진우 서한에 대한 답신관련 기사는 국방부 발표대로 3단으로 보도할 것. 단 답신 내용은 쓰지 말고 보도자료만 기사화할 것.
- 최은희, 신상옥이 워싱턴에서 일본 요미우리신문과 회견한 내용은 동경 발 연합통신 기사를 사용할 것.

06.26. • 중공 어선 표류 관계, 박수길 외무차관보가 "난민으로 취급할 것을 검토 중"이라고 밝혔다는 외신보도(UPI, 로이터) 내용은 보도하지 말 것.
- 이원홍 문공장관이 주한 미상공회의소에서 연설한 내용은 적절하게 보도하기 바람.

06.27. • 북괴에서 띄워 보낸 고무풍선이 터져 충북 중원군에서 2명이 부상했다는 연합통신기사는 보도하지 말 것.
- 스웨덴(Sweden) 일간지의 김대중 회견기사는 보도하지 말 것.
- 지방자치제 관련 내용은 확정된 것 외에, 검토 중이거나 안(案)으로 제시된 것은 다루지 말도록.

06.30. • 김대중의 AP통신 회견내용은 보도하지 말 것.
- "소련, 7월의 국제경기대회에 한국과 이스라엘은 초청거부"했다는 모스크바(Moscow) 발 AP통신 기사는 체육면에 1단 기사로 보도할 것.
- "KBS-TV 시청료 징수원이 또 행패 부렸다"는 내용은 가급적 보도하지 않도록.
- "해남지역 YMCA 중등교사 50명과 충남북지역 64명의 교육민주화 선언" 사실은 보도하지 말도록.

07.01. • "한국 민주화에 개입하기 곤란"하다는 30일자 월스트리트 저널(Wallstreet Journal) 지의 사설은 눈에 띄게 보도할 것.
- 김영삼, 외신클럽 회견 기사는 2~3단으로.
- 한국올림픽위원회가 국제올림픽위원회(IOC)에 보낸 답신 관계 기사에서 88올림픽 4개 종목의 북한 "분산개최 고려"란 표현 대신 "지역 배정고려"로 할 것. '분산개최'로 할 경우, 공동개최로 오해시킬 우려가 있으므로 제목과 기사 내용에서 이 점을 유의하기 바람.

07.02. • 하곡수매가 결정 관계.
3~4% 인상에 위로금(출하 장려금)을 더하면 7~8%의 인상 효과가 있다고 보도하되 물가 등을 자극할 우려가 있으니 대폭인상 이란 제목은 피하고 인상분(3~4%)과 출하 장려금(3~4%) 등으로 나누

어서 붙이도록.
- 교육개혁심의회의 교육개선안 속에는 대입 본고사를 부활한다는 내용이 없으나 유추해석하면 그런 인상을 줄 수 있음. 본고사 부활 문제는 해설기사에서 다루도록.
- 미ㆍ아주지역공보관회의에서의 이원홍 문공장관의 지시사항은 보도하지 말 것.

07.03. • IOC, 남북한에서 보낸 88올림픽관계 회신내용을 곧 발표할 예정, 발표할 경우
1. 발표관계 기사 제목에서 "북한에 분산개최"라는 표현은 쓰지 말 것. 이는 "북괴의 분산개최 주장"과 같은 용어임. 그 대신 "몇 개 경기 북한 지역 배정"으로 표현할 것.
2. 해설은 독자적으로 쓰지 말고 내외통신의 해설을 쓸 것.
3. 이 관계 외신 논평기사 중에서 "북한을 두둔하고 한국과 IOC(국제올림픽위원회)를 비난"하는 기사는 쓰지 말 것. 단 "한국 제안 지지" 기사는 보도해도 좋음.

07.04. • IOC, 88올림픽에 관한 남북한 회신 내용 발표. 이 기사는 1면에 3단 이하로 보도할 것.
- 미국대사관 주최 독립기념일 리셉션에 김대중 참석관계.
① 스케치기사는 쓰지 말 것.
② 사진 쓰지 말 것.
③ 김대중에 대한(참석사실에 대한) 외신보도는 전재하지 말 것.

07.05. • "주한 자유중국대사, 중공어선 어부 190명과 면담. 곧 대만 행. 한국, 중공과 자유중국 틈에 끼어 처리 문제로 고민" 이상과 같은 7월 4일자 로이터통신 보도내용은 싣지 말 것.
- 5일부터 8일까지 평양에서 열리는 '비동맹 체육상 회의'를 계기로 북한 측은 방송과 공산권 매체를 통해 88올림픽 공동개최요구 등을 대대적으로 선전할 계획. 이 관계 기사는 내외통신 기사 외에는 일체 보도하지 말 것.
- 베트남 전자수입공사 사장 등 일행 4명이 6일 상담차 내한 예정. 공산화 이후 베트남인으로서는 처음 내한하는 것이므로 각별히 신경 쓸 것. 이 관계 기사는 일체 보도하지 말 것.

07.08. • 중공 표류 어부 19명 오늘 대만으로. 외무부에서 발표할 때까지 보도하지 말 것. (빠르면 금일 중 발표 예정)
- 북한의 오진우 인민무력부장이 또 이기백 국방장관에게 서신 보내겠다고 연락(일본 NHK방송 보도). 우리측 서류 접수여부는 미정 상태이므로 국방부가 발표할 때까지 일체 보도하지 말 것.

- 오늘 평양서 '비동맹 체육상 회의' 개막. 내외통신 보도기사 외에는 일체의 외신보도를 전재하지 말 것.
- '창비사', '창작사'로 등록 운운한 일부보도는 아직 구체화된 것이 없어 사실과 다름. 또 출판사 등록요건의 대폭 완화설도 사실 무근임.
- 양 김씨 (김대중, 김영삼) 회동, 기자회견 내용은 너무 크지 않게 보도할 것.

07.09.
- 부천서 형사의 여피의자 폭행(추행)사건은 당국에서 조사 중이고 곧 발표할 예정. '성폭행사건'으로 표현하면 마치 기정사실화한 인상을 주므로 '폭행주장 관련'으로 표현 바꾸도록.
- 대북에 도착한 중공어부 19명에 대한 보도는 외신기사를 전재하는 것은 좋으나 사진을 쓰지 말 것.
- "판금조치 불온서적, 20종"이란 기사는 일부내용이 사실과 다르므로 정확하게 취재한 후 보도할 것. 또 '책 목록표'(20종)는 보도하지 않도록.

07.10.
- 부천서의 '성폭행사건'
  ① 현재 운동권 측의 지시로 피해 여성이 계속 허위 진술.
  ② 검찰서 엄중조사 중이므로 내주 초 사건 전모를 발표할 때까지 보도를 자제해 줄 것.
  ③ 기사제목에서 '성폭행사건'이란 표현 대신 '부천사건'이라고 표현하기 바람.
- 중공, 오늘 19명의 대만 송환을 비난하는 성명 발표. 일체 보도하지 않도록.
- 건물 벽에 의식화 그림을 그린 사건은 보도하지 말 것.
- 미 국방성, "핵 적재 전투기 각국배치"에서 '한국'은 빼고 보도할 것.

07.11.
- 8월 중 중단되었던 각종 대화(적십자, 국회예비, 경제회담)의 재개를 촉구한 남북대회사무국의 대북성명 발표는 1면 톱이나 사이드 톱기사로 크게 보도하고 해설도 곁들이기 바람.
- 부천서 성폭행사건, 검찰 발표 때까지 관련된 모든 기사를 일체 보도하지 말 것. 부천사건의 검찰 발표 시기에 관한 것이나 부천사건 항의 시위, 김대중의 부천사건 언급 등 이와 관련된 일체를 보도하지 말 것.

07.12.
- '부천 성고문' 관계는 발표 때까지 일체 보도 자제 요망. 모든 보도를 자제 할 것.
- 우리 측의 각종 남북회담 조속 재개 촉구 성명에 대해 북한 방송, "군사회담을 기피하려는 상투적인 수법"이라고 비난. 내외통신 보도기사 외에는 그 밖의 외신기사는 모두 보도하지 말 것.

07.15. • 14일부터 시작되는 을지연습은 충실 보도요망.
　　　① 등화관제, 차량제한 운행 등 세부적인 실시 요령을 상세하게
　　　　보도할 것.
　　　② 이원홍장관의 담화는 눈에 띄게 보도할 것.
　　　③ 공무원들의 비상근무 관계는 보도하지 말 것.
　　• 성균관 대학생, 괴산서 농촌활동 하러 가다가 경찰과 투석전, 이 내
　　　용은 보도할 것.
　　• '부천 성고문 사건'은 계속 보도를 자제할 것. 오늘 기독교교회협의
　　　회(NCC) 등 6개 단체에서 엄정수사와 관련자 처벌을 촉구했는데 이
　　　사실은 보도하지 말 것.
07.16. • 부천 성폭행 사건, 계속 발표 때까지 보도를 자제할 것.
07.17. • 부천서 성고문사건 보도지침.
　　　① 오늘 오후 4시 검찰이 발표한 조사결과 내용만 보도할 것.
　　　② 사회면에서 취급할 것. (크기는 재량에 맡김)
　　　③ 자료 중 "사건의 성격"에서 제목을 뽑아 줄 것.
　　　⑤ 이 사건의 명칭을 '성추행'이라고 하지 말고 '성 모욕 행위'로 할 것.
　　　⑥ 발표 외에 독자적인 취재 보도 내용은 불가.
　　　⑦ 시중에 나도는 "반체제 측의 고소장 내용"이나 "NCC, 여성단체
　　　　등의 사건 관계 성명"은 일체 보도하지 말 것.
07.19. • 18일 오전 8시부터 서울 기독교회관에서 NCC인권위원회, 여성위,
　　　구속자 가족 등이 공동으로 부천사건 폭로대회를 가질 예정. 이 내
　　　용은 보도하지 말 것.
　　• 부천사건 변호인단 회견은 회견했다는 사실만 보도할 것.
　　• 신민당의 확대간부회의 결과(부천사건 규탄)와 의원 4명의 노 총리
　　　방문, 항의한 사실은 조그맣게 실어줄 것.
　　• 상공차관, 특허청장이 오늘 민정당에서 대미 물질특허 개방관계 브
　　　리핑. 이 내용은 21일까지 보도하지 말도록.
07.20. • 범야권의 '부천 성폭행사건' 규탄대회관계(명동성당)
　　　① 경찰저지로 무산된 사실은 2단 이하로 조그맣게 싣고 사진 쓰지
　　　　말 것.
　　　② 이 사건과 관련해 김수환 추기경이 피해 당사자인 권양에게 편
　　　　지 보낸 사실과 신민당 대변인의 집회방해 비난성명은 간략하
　　　　게 보도할 것.
　　　③ 재야 5개 단체의 재수사 촉구 성명은 보도하지 않도록.
　　　※ 안전기획부 측, '명동집회'는 홍보조정지침 대로 보도할 것을 요망.
　　• KSCF(기독학생회총연맹)의 부천사건 규탄 회견은 보도하지 말 것.

07.22. • 한미통상협상 일괄타결 관계
　　　① 주 제목은 "통상현안 일괄타결"로 할 것.
　　　② 지적소유권, 담배, 보험 등 관계 부처에서 발표한 대책(보완대
　　　　책)을 상세히 보도할 것.
　　　③ 야당, 재야 및 각 이해집단의 논평은 조그맣게 보도할 것.
　　　④ 외신기사에 "미국의 압력에 굴복" 운운으로 나오더라도 기사
　　　　제목에서는 "우리 측의 능동적 처리" 등으로 쓸 것.
　　　⑤ 일부 해설기사의 주 제목에 "저작권 당초 방침서 후퇴" 등으로
　　　　나갔으나 "정부대책"으로 바꾸도록 조종했음.
07.23. • 민정당, 덕유산대회 관계
　　　① 대통령 치사는 1면 톱기사로 써주기 바람.
　　　② 노 대표 연설 및 결의문 등도 크게 보도하기 바람.
　　• 한미통상협상 타결시리즈 기사에서는 내용이나 제목을 덜 자극적
　　　으로 쓰고 긍정적 기사에서 다뤄주도록.
　　• 대한 변협, 부천 성고문사건 재조사요구는 1단 기사로 처리할 것.
　　• 명동 수녀들의 성 고문 규탄기도회는 1단 기사로 처리하기 바람.
　　　※ 일부 신문에 김 추기경 강론요지가 실렸으나 즉각 삭제시켰음.
07.24. • "북한, IOC에 88올림픽 분리개최에 관한 회신을 내고 회견 통해 내
　　　용 공개". 이에 관한 기사는 조그맣게 실을 것.
　　• 신민당의 당원 연수 관계.
　　　① 기사, 크지 않게 쓰기 바람.
　　　② 간지(間紙)에 각 연사들의 강연내용을 종합보도하지 않기 바람.
07.25. • 정부의 헌정제도연구위원회가 오늘 권력구조 관계 세미나를 열었
　　　음. 이에 대해서는 스트레이트 기사와 더불어 박스기사로 세미나
　　　요지를 충실하게 보도하기 바람.
　　• 중공에서 열리는 '국제 에스페란토(esperanto)학회 총회'에 한국대표
　　　16명이 참가하기 위해 오늘 저녁 출발. 회의 개막, 진행 때까지 보도
　　　하지 말 것.
　　• 신동아 8월호에 실린 "유신하의 용공조작" 기사와 관련, 남시욱 출판
　　　국장 등 3명을 당국에서 조사 중. 이 사건과 관련한 신민당의 논평은
　　　기사로 쓰지 말 것.
　　• 고려대 윤용 교수의 소위 '시국선언 시'는 보도하지 않도록.
07.26. • 신민당 개헌 공청회에 관한 기사나 공청회 요지 보도(박스기사)는
　　　크지 않게 할 것.
　　• 김대중, 가택연금(신민당 개헌공청회 참가 못하도록)은 사회면 1단
　　　기사로 보도하기 바람.

- 김대중이 이끄는 재미 한국인권문제연구소에서 의회에 대한(對韓) 결의안을 낸 미국의원 2명을 표창한 사실은 보도하지 말 것.
- 이원홍 문공장관의 경주 토용(土俑) 관계 설명은 눈에 띄게 보도할 것.
- '창비사', '창작사'로. 김윤수 사장의 새 출발 성명은 눈에 띄게 보도하기 바람.

07.27.
- 삼척의 '경동탄좌'에서 광부 및 가족이 휴가비와 6월 봉급 지급을 요구하며 집단행동을 벌이면서 현재 회사 측과 절충 중임. 이 사실은 사회 불안 요인이 되므로 일체 보도하지 말도록.
- 양 김씨와 재야인사들, 부천사건으로 단식농성중인 권양에게 위로 편지. 묶어서 사회면에 간략히 보도하되 김대중이 제목에 안 나오도록.
- 미 국무성, "성고문 사건에 개탄 성명". 이 내용은 보도하지 말도록.

07.29.
- 이민우 기자회견, "김형배 국무총리실 전문위원이 지난 번 명동 성 고문 규탄대회 때 양심 선언했다"고 밝힌 내용은 일체 보도하지 말 것.
- 성공회 주최의 '부천사건규탄' 모임은 사회면에 조그맣게 1단 기사로 보도할 것.
- 북경서 현재 진행 중인 '에스페란토 학회 총회'에 김현욱 의원(민정당) 등 한국 대표가 참가했다는 북경 발 AP 통신기사는 보도를 자제해 주기 바람.
- 이원홍 문공장관이 27일 독립기념관 부근 목천에서 주민과 대화 중에 언급한 북한 관계(군사준비), 일본관계 발언(독립기념관은 그들의 교육장이 될 것 운운) 등의 것은 일체 기사로 쓰지 말 것.
- '몽유도원도' 관계. 한국에 왔다가 "한국에서 돌려주지 말라"는 논의가 나올까봐 일본 측이 과민상태. 일본에 불반송(不返送) 등의 시비나 논란을 일체 신문에서 제기하지 않도록.
- 민정당, 국회 상임위 열어 부천사건 규명하겠다고 제의한 내용을 보도할 때, 부천사건을 '성고문', '성추행'으로 표현하지 말 것.

07.30.
- 이원홍 문공이 일본 마이니치(每日)신문과 회견한 내용과 경주서 고분 발굴관계 발언한 내용은 눈에 띄게 보도하기 바람.
- 미 국무성, "부천 성고문 사건에 유감"이라는 논평은 보도하지 않도록.
- 부천 성고문 사건에 대한 각 단체의 항의 움직임은 보도하지 않도록.
- 민추협, 항의단 구성에 각 언론사 순방하면서 항의. (김형배 총리실 전문위원의 "양심선언, 명동성담 데모 참가" 등을 일체 보도하지 않았다고). 이 사실은 보도하지 말 것.
- 일본 후지오(不二雄) 문부상 망언에 관해 일본 측이 우리 정부에 해명 통보. 외무부에서 이 내용을 브리핑하니 자세히 보도하기 바람.
- 방송윤리위원회의 성명과 심의과정 브리핑 내용은 충실하게 보도

하기 바람. 공연윤리위원회에 대한 영화인협회의 성명은 2단 기사
로 처리하기 바람.
- 일본 산케이신문이 보도한 "한·베트남 무역 거래 활발"은 보도 불
  가. (예) 선경, 베트남에 합판공장 설립. 한국은 석탄 수입 등.
- 체육의학전문가, "서울은 공해 심해 88올림픽 부적합"이라는 에딘버
  러(Edinburgh)(영국) 발신 AFP 통신 기사는 보도하지 말 것.
- 아시안게임 50일 앞두고 신문협회에서 배포한 표어는 꼭 싣기 바람.

08.03. - 공연윤리위원회와 영화인협회 화해 움직임. 따라서 앞으로는 양측
  의 '대결' 보다는 '타협' '화해방향'으로 기사를 쓸 것.

08.04. - 독립기념관 화재 관계.
  ① 컷이나 제목에 '전소(全燒)' '참화' '수십억 피해' (아직 조사 중)
     등으로 뽑지 말 것.
  ② 또 "국민경악" 등 자극적인 내용은 뽑지 말 것.
  ③ 이원홍 문공장관 담화 중 "책임통감" "유물피해는 전무" "관리
     철저히 할 터" 등은 눈에 띄게 부각시켜 주기 바람.
  ④ 화재에 관한 "각계 의견 청취"는 쓰지 말 것.
- 오늘 국회상임위가 열리나 "부천사건 문답"은 너무 크게 하지 말 것.
- 외신에 보도된 "유럽 섹스 시장에 한국 아동 등 밀매"는 싣지 않도록.

08.05. - 이원홍 문공장관이 청소년 대책회의에서 치사한 내용은 눈에 띄게
  보도하기 바람.
- 4일 저녁, 서울 홍제동 성당에서 '정의구현사제단' 주최로 성고문
  규탄 집회. 이 사실은 보도하지 않도록.
- 중공 신화사(新華社) 통신의 체육부장과 차장이 아시안게임을 사전
  취재하기 위해 3일 내한. 이 사실은 보도하지 말도록.

08.07. - 이문공장관이 "사퇴용의를 표명"했다고 일부 신문이 보도했으나 이
  는 전혀 사실무근이며 문공위원회에서는 그 같은 의사를 표명한
  바 없었음.
- "신민주전선 호외 압수" 관련 기사에서 "전 국무총리실 사무관 김형
  배의 양심선언이 게재되었다"는 사실은 보도하지 말 것.

08.08. - 독립기념관 원형극장의 시설이 모두 일제로 되었다는 사실은 화재
  전 담당 기자들에게 사전 브리핑을 통해 양해를 구했던 것이므로
  쓰지 말도록.

## ■ 참고문헌

### ■ 단행본

강명구, 〈한국언론전문직의 사회학〉, 나남, 1993년.

강준만, 〈권력변환─한국언론 117년사〉, 인물과 사상사, 2006년.

강준만, 〈한국현대사산책 1970년대편 2권〉, 인물과 사상사, 2002년.

강준만, 〈한국현대사 산책 1970년대편 1권〉, 인물과 사상사, 2002년.

길윤석, 〈편집국 25시〉, 비봉출판사, 1994년.

김경재, 〈혁명과 우상 : 김형욱 회고록〉, 전예원, 1991년.

김기철, 〈합수부 사람들과 오리발 각서〉, 중앙일보사, 1993년.

김민남 외, 〈새로 쓰는 한국언론사〉, 아침, 1993년.

김민환, 〈민족일보 연구〉, 나남, 2006년.

김삼웅, 〈한국 필화사〉, 동광출판사, 1987년.

김삼웅, 〈한국현대사 바로잡기〉, 가람기획, 1999년.

김영삼, 〈김영삼 회고록 제2권〉, 백산서당, 2000년.

김정남, 〈진실, 광장에 서다〉, 창비, 2005년.

김중배, 〈미디어와 권력〉, 나남, 1999년.

김지운 외, 〈비판커뮤니케이션 이론〉, 나남, 1994년.

김 진, 〈청와대 비서실〉, 중앙일보사, 1992년.

김진홍, 〈언론통제의 정치학〉, 홍성신서, 1983년.

김충식, 〈정치공작 사령부 남산의 부장들 I〉, 동아일보사, 1992년.

김충식, 〈정치공작 사령부 남산의 부장들 II〉, 동아일보사, 1992년.

김학천, 〈한국방송의 성찰과 개혁〉, 한국학술정보(주), 2007년.

김해식, 〈한국언론의 사회학〉, 나남출판, 1994년.

김희진, 〈유신체제와 언론통제〉, 아이엔, 1999년.

박상건, 〈김대중 살리기〉, 올림사, 1995년.

송건호, 〈민주언론 민족 언론〉, 두레, 1987년.

송건호, 〈한국 현대언론사〉, 삼민사, 1990년.

송건호 외, 〈민중과 자유언론〉, 아침, 1984년.

송건호 외, 〈한국언론 바로보기〉, 다섯수레, 2000년.

유재천 외, 〈한국사회변동과 언론〉, 소화, 1995년.

이수기, 〈보도지침과 신문의 이해〉, 금호출판사, 2002년.

이채주, 〈언론통제와 신문의 저항-암울했던 시절 어느 편집국장 이야기〉, 나
　남, 2003년.
이효성, 〈정치언론〉, 이론과 실천, 1989년.
임동욱 외, 〈너마저 배신하면 이민 갈 거야〉, 월간 말, 2002년.
정경희, 〈곧은 소리〉, 전국언론노동조합연맹, 1999년.
정순일, 〈한국방송의 어제와 오늘〉, 나남, 1991년.
정순일 · 장한성, 〈한국 TV 40년의 발자취: TV 프로그램의 사회사〉, 한울아카
　데미, 2000년.
정진석, 〈한국 현대언론사론〉, 전예원, 1985년.
조상호, 〈한국언론과 출판저널리즘〉, 나남, 1999년.
주동황 외, 〈한국언론사의 이해〉, 전국언론노동조합연맹, 1997년.

한겨레신문사, 〈희망으로 가는 길-한겨레 20년의 역사〉, 2008년.
한국언론학회, 〈언론학 원론〉, 1994년.

동아일보사 노동조합, 〈동아자유언론실천운동 백서〉, 1989년.
동아자유언론수호투쟁위원회, 〈1974~1987 자료 동아투위 자유언론운동 13년
　사〉, 1987년.
동아자유언론수호투쟁위원회, 〈자유언론-1975~2005 동아투위 30년 발자취〉,
　해담솔, 2005년.
동아자유언론수호투쟁위원회, 〈동아자유언론수호투쟁위원회 민주화운동 25
　년〉, 다섯수레, 2000년.
민주언론운동협의회, 〈보도지침 권력과 언론의 음모-권력이 언론에 보내는
　비밀통신문〉, 〈말〉 특집호, 1986년.
민주언론운동협의회 편, 〈보도지침〉, 두레, 1988년.
조선자유언론수호투쟁위원회, 〈자유언론, 내릴 수 없는 깃발〉, 두레, 1993년.
한국기자협회 · 80년 해직언론인협의회 공편, 〈80년 5월의 민주언론〉, 나남,
　1997년.
한국일보 '74노조 출판위원회, 〈유신치하 한국일보 기자노조 투쟁사-1974년
　겨울〉, 미디어집, 2005년.

국가정보원, 〈과거와 대화 미래의 성찰〉 주요 의혹사건 편 상권(Ⅱ), 2007년.
국가정보원, 〈과거와 대화 미래의 성찰〉 언론 · 노동편(Ⅴ), 2007년.
국방부, 〈국방부 과거사진상규명위원회 종합보고서〉 제3권, 2007년.
국정홍보처, 〈참여정부 국정운영 백서 제2권 민주주의〉, 2008년.

KBS, 〈한국방송사〉, 1979년.

기아자동차, 〈기아 50년사〉, 1994년.

문화공보부, 〈문화공보 30년〉.

보안사, 〈국보위 백서〉, 1980년.

부산문화방송, 〈부산문화방송 30년사〉, 1990년.

(사)6월민주항쟁계승사업회 · 민주화운동기념사업회, 〈6월 항쟁을 기록하다 2〉, 2007년.

언론개혁시민연대, 〈언론연대 10년사〉, 2008년.

육군본부, 〈계엄사〉, 1982년.

조선일보사, 〈조선일보 70년사〉, 1990년.

한국기자협회, 〈기자협회 30년사〉, 1994년.

한국신문방송편집인협회, 〈한국신문방송편집인협회 50년사〉, 2007년.


Denis Mcquail, 〈*Mass Communication Theories*〉, Sage, 2000년(국내 번역판은 〈매스 커뮤니케이션 이론〉, 양승찬 · 강미은 · 도준호 공역, 나남, 2002년).

Roger Manvell · Heinrich Fränkel, 〈*Doctor Goebbels: His Life & Death*〉(국내 번역 판은 〈제3세계와 선전〉, 김진욱 옮김, 자유문학사, 1988년).

Richard H. Mitchel, 〈*Thought Control in Prewar Japan*〉, Cornell University Press, 1976년 (국내 번역판은 〈일제의 사상통제〉, 김윤식 옮김, 일지사, 1982년).

Denis Mcquail · Sven Windahl, 〈*Communition Models : for the Study of Mass Communition*〉(국내 번역판은 〈커뮤니케이션 모델〉, 임상원 옮김, 나 남, 2001년).

F. S. Siebert · T. A. Perterson · W. Schramm, 〈*Four Theories of the Press*〉 Stanford University Press(국내 번역판은 〈매스컴 4이론〉, 이규종 · 한병규 공역, 문맥사, 1991년).

J. Herbert Altschull, 〈*Agents of Power : The Roles of News Media in Human Affairs*〉, Longman, 1984년(국내 번역판은 〈지배권력과 제도언론〉, 강상현 · 윤 영철 공역, 나남, 1991년).

Nicos Poulantzas, 〈*Fascism and Dictatorship*〉, London New Left Books.

Okudaira Yasushiro, 〈*Political Censorship in Japan from 1931 to 1945*〉.

James Sinnott, 〈현장증언 1975년 4월 9일〉, 빛두레, 2004년.


쓰노이에 후미오(角家文雄), 〈昭和言論史〉, 學陽書房, 1971년.

사이구사 시게오(三枝重雄), 〈言論昭和史〉, 日本評論新社, 1958년.

야마모토 후미에(山本文雄) · 야마타 이노루(山田實) · 도키노야 히로시(時野 谷浩), 〈日本 マス · コミュニケーション史〉, 1981년, 도카이(東海)대

출판사(국내 번역판은 〈일본 매스커뮤니케이션사〉, 김재홍 옮김, 커
　　뮤니케이션북스, 2000년).
오쿠비라 야쓰히로(奧平康弘) 감수, 〈戰時下の言論統制〉, 言論統制文獻資料集
　　成 第11卷, 日本圖書センター, 1992년.
쿠마구라 마사야(熊倉正彌), 〈言論統制下の記者〉, 朝日新聞社, 1988년.
하타나카 시게오(畑中繁雄), 〈日本ファシズムの言論彈壓少史〉, 高文硏, 1986년.
나카가와 노부오(中川信夫)·마쓰우라 소조(松浦總三)편, 〈KCIAの對日マス
　　コミ工作〉, 晩聲社, 1978년.
쿠로다 히데토시(黑田秀俊), 〈知識人·言論彈壓の記錄〉, 白石書店, 1976년.


■ 논 문
고승우, '보도지침 내용 분석', 〈보도지침〉, 두레, 1988년.
금장환, '우리나라 언론정책의 특성에 관한 연구─제5,6공화국의 언론통제구
　　조를 중심으로', 중앙대 석사학위 논문, 1996년.
김동규, '뉴스의 결정양식에 대한 구조적 접근: 사회적 이슈, 국가권력, 미디어
　　와 구조적 위치', 〈언론문화연구〉 6집, 서강대 언론문화연구소, 1988년.
김민남, '유신체제 하의 언론통제 연구', 〈사회과학 논총 제6집〉, 1968년.
김상철, '법리적 측면에서' 언론기본법 심포지엄, 〈신문연구〉 1987년 여름호,
　　관훈클럽.
김세현, '한국의 언론통제 정책에 관한 연구', 중앙대 신문방송대학원 석사학위
　　논문, 1987년.
김영주, '한국언론의 이데올로기 지형 결정요인에 관한 연구─사회적 갈등상황
　　에 대한 보도 분석을 중심으로', 서강대 석사학위 논문 1994년.
김재홍, '국가 정보기관과 언론', 〈98 언론연구〉, 삼성언론재단, 1988년.
김지운, '언론인의 권력지향 사례에 대한 고찰', 〈사상과 정책〉 vol. 6 no. 1,
　　경향신문사, 1989년.
김춘식, '언론통제 요인으로서의 보도지침에 관한 실증연구─제5공화국의 경
　　우를 중심으로' 외국어대 석사학위 논문, 1988년.
김해식, '1960년대 이후 한국언론의 성격변화과정에 대한 사회학적 연구', 서울
　　대 박사학위 논문, 1993년.
남영진, '우리나라 언론통제정책의 유형분석' 고려대 석사학위논문, 1991년.
노계원, '제3공화국 말기 언론통제에 관한 분석적 연구─구 동양방송 '보도통제
　　연락접수대장'을 중심으로', 성균관대 석사학위 논문, 1999년.
서정우, '새로운 언론 패러다임 탐색과 한국언론의 과제', 〈연세대 사회과학논
　　총〉 제16집 별책본, 1985년.

은혜정, '노동운동에 대한 언론의 이데올로기적 기능—조선 한겨레신문의 내용 분석을 중심으로', 고려대 석사학위 논문, 1988년.

이현구, '정부의 언론통제와 신문 산업의 변화', 서강대 언론대학원 석사학위 논문, 1995년.

임채정, '70년대 언론규제법과 그 적용연구', 〈홍남순선생 고희기념논총〉, 형성사, 1983년.

정종찬, '80년대 한국 사회의 지배이데올로기에 관한 연구—보도지침 내용분석을 중심으로', 고려대 신문방송학과 석사학위 논문, 1989년.

정진석, '한국언론의 법·윤리환경의 변천' 계간 〈언론중재〉 1990년 봄호, 언론중재위원회.

주동황, '한국 정부의 언론정책이 신문산업의 변천에 미친 영향에 관한 고찰' 서울대 박사학위 논문, 1992년.


■ 신문 기사

'다큐멘터리 5공의 언론수난'(13), 〈동아일보〉, 1988년 11월 16일.

'건전언론육성방안', 〈한국일보〉, 1988년 10월 22일~12월 15일.

'동아광고 전면 탄압 한 달째', 〈동아일보〉, 1975년 1월 25일.

'본사 광고담당자 좌담회', 〈동아일보〉, 1975년 1월 23일.


김병익, '폐간… 투쟁… 그 아픈 상흔들', 〈기자협회보〉, 1990년 7월 6일.

김학천, '권력과 방송 본질의 무한 대립', 〈PD저널〉, 한국방송프로듀서연합회, 2006년 12월.

손석희, '부끄러운 언론의 얼굴', 〈노동자 신문〉, 1993년 9월 10일.

이봉산, '민주적 사회주의의 길', 〈민족일보〉, 1961년 4월 16일, 17일, 11일.

최석채, '신문은 편집인의 손에서 떠났다', 〈기자협회보〉, 1968년 12월 27일.


〈기자협회보〉, 1967년 3월 15일, 1974년 3월 1일·5월 4일, 1987년 7월 10일, 1989년 7월 7일, 1992년 10월 1일·10월 9일·10월 15일.

〈미디어 오늘〉, 1993년 1월 3일, 1995년 5월 17일, 1995년 12월 20일, 1996년 2월 21일.

〈언론노보〉, 1989년 5월 17일, 1989년 7월 6일.

〈조선일보〉, 1987년 9월 25일, 1998년 12월 6일.

〈동아일보〉, 1987년 9월 24일.

〈한겨레신문〉, 2007년 6월 11일.

〈한국일보〉, 1974년 10월 25일.

■ 잡지 기사

강성재, '박정권과 언론탄압', 〈신동아〉 1985년 4월호, 동아일보사.

강준식, '독재정권과 언론', 〈저널리즘〉 1988년 겨울호, 한국기자협회.

김동선, '제5공화국의 언론통제 실태', 〈신동아〉 1987년 11월호, 동아일보사.

김동수, '권언유착의 현장 홍조실', 〈월간경향〉 1988년 11월호, 경향신문사.

김언호, '르뽀 자유언론운동', 〈신동아〉 1975년 3월호, 동아일보사.

김종철, '6공화국의 언론통제 실상', 〈세계와 나〉 1992년 2월호, 세계일보사.

김주언, '언론학살과 5공 핵심 언론인 집중탐구−이진희·이원홍·허문도',
　　　　〈저널리즘〉 1988년 겨울호, 한국기자협회.

김주언, '역대 청와대 출입기자와 권언유착', 월간 〈엔터프라이즈〉 1988년 11월호.

김주언, '왜 보도지침을 폭로했나', 〈저널리즘〉 1988년 가을 복간호, 한국기자협회.

김진룡, '허문도와 홍보조정실', 〈월간중앙〉 1988년 12월호, 중앙일보사.

방정배, '한국언론 자정운동의 방향과 대안−나찌스 독일 언론의 민주화 원상
　　　　회복 경험을 토대로', 〈저널리즘〉 1988년 겨울호, 한국기자협회.

윤재걸, 'KBS의 편파성을 해부한다', 〈신동아〉 1986년 5월호, 동아일보사.

이상우, '박정권 하의 언론탄압', 〈신동아〉 1986년 10월호, 동아일보사 .

김진홍, '박정희정권의 언론정책과 동아광고 통제', '너마저 배신하면 이민 갈
　　　　거야 월간 〈말〉.

박권상, '군정 하의 신문', 〈신문평론〉 27호, 1968년 가을.

박권상, '언론기본법을 해부한다', 〈신문연구〉 1987년 여름호, 관훈클럽.

정진석, '80년대 한국언론의 붕괴', 〈신문과 방송〉 1989년 11월호, 한국언론연구원.

주동황, '권언유착의 실상과 배경', 〈저널리즘〉 1988년 겨울호, 한국가자협회.


■ 잡지

경향신문사, 〈월간경향〉 1988년 11월호.

경향신문사, 〈사상과 정책〉 vol. 6 no. 1, 1989년.

동아일보사, 〈신동아〉 1975년 3월호, 1985년 4월호, 1986년 5월호, 1986년 10월호,
　　　　1987년 11월호.

세계일보사, 〈세계와 나〉 1992년 2월호.

엔터프라이즈사, 〈엔터프라이즈〉 1988년 11월호.

중앙일보사, 〈월간중앙〉 1988년 12월호.

관훈클럽, 〈신문연구〉 1987년 여름호.

민주언론운동협의회, 월간 〈말〉 14호 1987년 10월호.

(주)여론사, 〈여론시대〉 1989년 1월호 별책부록.

한국기자협회, 〈저널리즘〉 1988년 가을 복간호, 1988년 겨울호.

한국언론연구원, 〈신문과 방송〉 1981년 9월호, 1989년 11월호.
한국언론재단, 〈신문과 방송〉 2007년 2월호.


■ 세미나
박용상, '입법 배경과 개정 논의상의 제 문제', 언론기본법 심포지엄, 1981년.
이수정, '언론기본법―그 입법정신면에서의 소견', 제17회 편협 매스컴세미나,
        1981년.
이진로, '참여정부 정부―언론 관계에 대한 대토론회', 2007년 .

도날드 컥(Donald Kirk), '한국의 민주주의 이행과정을 취재하면서'(6월 민주항
        쟁 20년 기념 국제 언론인 세미나 발제집, 민주화운동기념사업회)
        2007년.
브루스 더닝(Bruce Dunning), '한국의 민주화 투쟁 취재'(6월 민주항쟁 20년 기
        념 국제 언론인 세미나 발제집, 민주화운동기념사업회) 2007년.
미야타 히로토(宮田浩人), '한국 군사정권시대의 대일 언론공작'(6월 민주항쟁
        20년 기념 국제 언론인 세미나 발제집, 민주화운동기념사업회) 2007년.
오노다 아키히로(小野田明廣), '유신말기 서울의 일본인 특파원'(6월 민주항쟁
        20년 기념 국제 언론인 세미나 발제집, 민주화운동기념사업회) 2007년.
후카야 키이치로(深谷喜一朗), '내가 본 한국의 민주화운동'(6월 민주항쟁 20년
        기념 국제 언론인 세미나 발제집, 민주화운동기념사업회) 2007년.


■ 기타
권정달 진술조서(제3회), 서울지방검찰청, 1996년 1월 4일.
권정달 진술조서(제4회), 서울지방검찰청, 1996년 1월 13일.
김기철 진술조서, 서울지방검찰청, 1996년 2월 6일.
김충우 진술조서, 서울지방검찰청, 1996년 1월 13일.
이상재 진술조서(제2회), 서울지방검찰청, 1996년 1월 9일.
허문도 진술조서, 서울지방검찰청, 1996년 1월 11일 .

※ 주요인사의 검찰 진술조서는 〈국방부 과거사진상규명위원회 종합보고서
    제3권〉 국방부 2007년에서 재인용했음을 밝혀둔다.

제67회 국회 회의록 제34호, 1968년 12월 16일.
제91회 국회 회의록 제2호, 1975년.

제144회 국회 문교공보위원회 회의록 제9호, 1988년.
제144회 국회 문교공보위원회 회의록 제10호, 1988년.
제144회 국회 문교공보위원회 회의록 제11호, 1988년.
제144회 국회 문교공보위원회 회의록 제14호, 1988년.
제144회 국회 문교공보위원회 회의록 제15호, 1988년.

문화공보부, 대외비 문서 '정화언론인 취업문제', 1980년 9월 10일.
문화공보부, '언론인 정화 결과', 1980년 8월 16일.
문화공보부, '외국간행물 심의(검열)기준 완화 보고', 1981년 2월 14일.
문화공보부, '불온·불법 간행물 근절대책', 1985년 5월 7일 .
문화공보부, '학원안정법 제정 홍보대책', 1985년 8월 12일.
문화공보부, '건전문화풍토 조성 추진 및 언론정상화를 위한 정비작업 제3차
          보고', 1985년 11월 28일.
문화공보부, '시국안정 홍보대책', 1986년 5월 6일.
문화공보부, '제5공화국 치적 선양 및 홍보대책', 1986년 9월 24일.
문화공보부, '언론발전 대책', 1987년 5월 1일.
문화공보부, '언론활성화 추진계획 보고', 1987년 8월 6일.

중앙정보부, '경향신문 오보사건 조사결과 보고', 1961년 6월 29일.
중앙정보부, '불온신문 기사에 대한 진상 보고', 1961년 7월 11일.
중앙정보부, '허위사실 유포', 1962년 8월 9일.
중앙정보부 대공활동국, '경향신문사 간첩사건 송치서', 1965년 5월 27일.
중앙정보부, '주간 보안정보지' 52호, 1965년 6월 10일.
중앙정보부 대공활동국, '공작계획 보고', 1965년 6월 3~21일.
중앙정보부, '반공법 위반혐의 기사에 대한 인지 보고', 1965년 6월 11일.
중앙정보부, '조선일보 중요논조 분석 自 1965.1.1 至 1966. 6. 30'.
중앙정보부, '송추간첩사건에 대한 조선일보 필화사건 조사결과', 1965년 9월 20일.
중앙정보부 대공활동국, '인물신상추가기록', 1966년 3월 8일.
중앙정보부, '경향신문 불온자금 유입사건 의견서', 1966년 5월 14일.
중앙정보부, '신문보도 경위 진상조사 결과 보고', 1966년 11월 8일.
중앙정보부, '대한일보 불순기사 보도경위 조사보고', 1967년 6월 21일.
중앙정보부, '중앙일보 반공법 위반 사건철', 1968년 1월 27일.
중앙정보부, '동아방송 허위사실 보도경위 조사보고', 1968년 2월 28일.
중앙정보부, '신동아 박창래 김진배 조사결과', 1968년 12월 7일.
중앙정보부, '불온 신문기사 수사기록', 1969년 1월.
중앙정보부, '이○○ 외 1명에 대한 수사기록', 1969년 9월 10일.

중앙정보부, '언론인 부역사실 조사보고'.

중앙정보부, '동아일보 박○○ 비위 내사 보고'.

중앙정보부, '사상계사 세금포탈에 대한 내사'.

중앙정보부, 'KAL기 납북 미귀환자 송환대책 보도경위 조사 보고', 1970년 2월 25일.

중앙정보부, '조선일보 필화사건 조사 결과보고', 1972년 7월 24일.

중앙정보부, '기자협회 주보발간에 대한 경위 조사결과 보고', 1973년 7월.

중앙정보부, '불온논단 "신문은 하나 둘 사라지는데"에 대한 조사결과 보고', 1973년 7월 19일.

중앙정보부, '동아일보 석유화학 합작투자 관계기사 보도경위 조사결과 보고', 1973년 9월 12일.

중앙정보부, '불순언론인 파악보고 문건', 1973년 12월 18일.

중앙정보부, '불온만화 배포자에 대한 조사결과 보고', 1974년 2월 8일.

중앙정보부, '본적지 긴급신원내사 지시', 1974년 3월 23일.

중앙정보부, '반공법 위반 등 피의사건 수사결과 보고', 1974년 6월 3일.

중앙정보부, '동아일보 학생 데모기사 보도경위 조사 결과 보고', 1974년 10월 26일.

중앙정보부, '긴급 신원내사 지시', 1975년 2월 8일.

중앙정보부, '김한수 옥중수기 신동아 투고 저지 보고', 1975년 6월 16일.

중앙정보부, '한국일보 월남사태 특집해설기사 보도경위 조사보고'.

중앙정보부, '경향신문 불온기사 수사결과', 1979년 4월.

중앙정보부, '동아방송, 중공의 한국 배드민턴선수단 입국사증 발급 거부 보도 경위 조사결과 보고', 1979년 6월 8일.

중앙정보부, '조선일보 농림문제 과장보도 경위 조사결과 보고', 1979년 6월 19일.

중앙정보부, '문제기자 동아일보 ○○○ 등 12명에 대한 성분 및 비위내사 결과 보고', 1979년 11월 7일.


안기부, '동아 조선 등 야경지의 야당 개헌안 동조 관련대책', 1986년 9월 10일.

안기부, '중앙일보 국민의식 조사 중 일부내용 삭제 조정 결과', 1986년 9월 10일.

안기부, '언론 현안문제 관련 대책회의 결과', 1987년 11월 13일.

안기부, '금품수수 언론인 조사 보고'.

안기부, '동아일보 오보 제소사건 추진상황'.


※ 중앙정보부와 안기부 등의 문건은 〈과거와 대화 미래의 성찰〉 언론·노동 편(V) 국가정보원 2007년에서 재인용하였음.


보도검열단, '검열관 수첩'.

보안사, '사령관님 언론계 사장 면담 반응 보고'.

보안사, '언론건전육성 종합방안 보고'.
보안사, '언론창달계획 추진을 위한 언론사 대표 각서징구 계획'.
보안사, '지방지 통합에 따른 해결방안 수립 보고'.
보안사 언론반, '검열관제 성향분석표'.
보안사 언론반, '사령관님 언론인 면담반응 보고'.
보안사 정보2처, '해엄에 대처한 언론인 순화계획'.
보안사 정보2처 2과, '숙정 위해 언론인', '위해 요인자(정화 언론인)'.
보안사, '중앙일보 연재소설에 대한 독자 반응'.
보안사, '중앙일보 작가 한수산 조사결과'.
보안사 정보2처, '정화언론인 취업허용 제한기준'.
보안사 언론반, '5.17 계엄지역 확대 조치 및 포고령 제10호에 의한 보도통제 지침'.
보안사, '계엄위원회 회의결과 보고', 1979년 11월 30일.
보안사 언론반, '간담회 보도성향 분석 및 언론계 반응', 1980년 4월 30일.
보안사 언론대책반, '동아 · 조선 투위 현황', 1980년 4월.
보안사 3국, '일선기자 반발에 따른 당면 언론대책', 1980년 5월 24일.
보안사 정보2처, '광주소요사태 언론인 취재유도계획', 1980년 5월 24일.
보안사 언론반, '중앙 각 언론사 제작거부사태 분석보고', 1980년 5월 26일.
보안사 정보2처, '광주소요사태 중진언론인 국민계도 유도계획', 1980년 5월 29일.
보안사, '언론계 내 불온용의자 정보 입수 보고', 1980년 6월 7일.
보안사 정보2처, '중진언론인 접촉순화계획', 1980년 7월 11일.
보안사 정보2처, '정화언론인 타업종 취업허용 건의', 1980년 9월 15일.
보안사, '정화언론인 취업허용건의', 1980년 9월 30일.
보안사 정보과, '언론인 현황', 1980년 10월 28일.
502 보안부대, '지방지 통폐합조치 시현방안 검토'.

※ 보안사 관련 문건은 〈국방부 과거사진상규명위원회 종합보고서 제3권〉 국
  방부 2007년에서 재인용하였음.

청와대 정무1, '조선일보 데스크 칼럼 논조 보고 - 눈치보는 경제장관들 -
  소신있는 정책 기조 · 조정기능을', 1981년 9월.
청와대 정무1, '조선일보 데스크 칼럼 - 정기국회와 정치인 논조 보고'.
육군고등군사법원, 1988년 11월 12일, 선고 88항309 판결.
이  철, "거대한 음모, 정권 찬탈의 시나리오-'K공작 계획'을 공개하면서" 1989
  년 12월 29일.